Schriften
der Internationalen Arnim-Gesellschaft

Band 12

Romantik und Recht

Recht und Sprache, Rechtsfälle und Gerechtigkeit

Herausgegeben von
Antje Arnold und Walter Pape

De Gruyter

ISBN 978-3-060983-7
e-ISBN (PDF) 978-3-061207-3
e-ISBN (EPUB) 978-3-061093-2
ISSN 1439-7889

Library of Congress Control Number: 2018951158

Bibliografische Information der Deutschen Nationalbibliothek
Die Deutsche Nationalbibliothek verzeichnet diese Publikation in der Deutschen Nationalbibliografie; detaillierte bibliografische Daten sind im Internet über http://dnb.dnb.de abrufbar.

Satz: Walter Pape, Köln
Druck und Bindung: CPI books GmbH, Leck

www.degruyter.com

Inhalt

Recht und (poetische) Gerechtigkeit

Recht, Sprache und Leidenschaft

Vorwort

Wenn nach Savigny »der eigentliche Sitz des Rechts das gemeinsame Bewußtseyn des Volkes« ist[1], wenn Jacob Grimm 1815 in Savignys Zeitschrift für geschichtliche Rechtswissenschaft einen Aufsatz »Von der Poesie im Recht« veröffentlicht, wird deutlich, wie sehr Recht und Gesetze damals im Mittelpunkt nicht nur der beginnenden Germanistik standen, sondern wie stark sich das Rechtssystem änderte und ändern sollte. Wolfgang Frühwald bedauert dabei aber sicher zu Recht, dass im Laufe des 19. Jahrhunderts »die heute gemeinhin ›Germanistik‹ genannte Wissenschaft von deutscher Sprache und Literatur sich auf ihrem Weg zur Professionalisierung von Geschichte und Jurisprudenz getrennt und nur noch die Verbindung zur (Klassischen) Philologie gesucht« habe, was »ihr nicht zum Segen geraten« sei.[2]

Nach dem *Allgemeinen Landrecht für die Preußischen Staaten*, das als »naturrechtliche (Naturrecht) Kodifikation« gedacht war, und gleichzeitig mit der auf Herder und der romantischen Bewegung fußenden »Begründung der Historischen Rechtsschule« erhielt die »Rechtswissenschaft eine neue ideelle und konzeptionelle Grundlage«[3]. Hinzu kam der *Code civil*, »ein Produkt der Aufklärung und gewissermaßen des aufgeklärten Despotismus. Er stellte einen wichtigen Schritt für die Konstruktion des modernen Staates und für die Nationalisierung der europ. Ges. dar«, der vor allem in den von Napoleon besetzten linksrheinischen Gebieten in Kraft gesetzt wurde.[4]

Parallel dazu entstand ebenfalls im Zuge der Aufklärung ein wachsendes Interesse an Rechtsfällen, ihrer Aufklärung mithilfe von Indizien sowie am Verbrecher und seinen Beweggründen; durch die Aufklärung wurde überhaupt erst dafür relevantes neues anthropologisches Wissen darüber generiert. Schillers[5] Einleitung zur Pitaval-Übersetzung *Merkwürdige Rechtsfälle als ein Beitrag zur Geschichte der Menschheit* (1792) ist ein herausragendes Beispiel:

> Man erblickt hier den Menschen in den verwickeltesten Lagen, welche die ganze Erwartung spannen, und deren Auflösung der Divinationsgabe des Lesers eine angenehme Beschäftigung gibt. Das geheime Spiel der Leidenschaft entfaltet sich hier vor unsern Augen, und über die

---

1 Savigny: Vom Beruf unsrer Zeit für Gesetzgebung und Rechtswissenschaft, S. 11.

2 Wolfgang Frühwald: »Von der Poesie im Recht«: Über die Brüder Grimm und die Rechtsauffassung der deutschen Romantik, S. 283.

3 Gerhard Dilcher: Germanisches Recht – Handwörterbuch zur deutschen Rechtsgeschichte, Bd. 2, Sp. 241–252 (http://www.hrgdigital.de/HRG.germanisches_recht; Zugriff: 15.08.2015).

4 Jean-Louis Halpérin: Code Civil – ebenda, Bd. 1, Sp. 861–866.

5 Vgl. jetzt auch Yvonne Nilges: Schiller und das Recht.

verborgenen Gänge der Intrigue, über die Machinationen des geistlichen sowohl als weltlichen Betruges wird mancher Strahl der Wahrheit verbreitet. Triebfedern, welche sich im gewöhnlichen Leben dem Auge des Beobachters verstecken, treten bei solchen Anlässen, wo Leben, Freiheit und Eigenthum auf dem Spiele steht, sichtbarer hervor, und so ist der Kriminalrichter im Stande, tiefere Blicke in das Menschenherz zu thun.

(Literarische) Anthropologie und Erfahrungsseelenkunde bildeten also die Grundlage für die neuen tiefen Blicke.[6]

Zweifelsohne aber kam die Literatur ohne Schuld und Sühne, Belohnung und Strafe, ohne Verbrechen und Leidenschaft, Opfer und Täter nie aus, bilden diese Themen doch grundlegende Handlungsmotivationen und -begründungen. So ist die Literatur der Romantik ebenso wie die Zeit davor und danach durchzogen von Rechtsfällen[7] – man denke u.a. an Goethes *Götz* oder Schillers *Räuber* oder *Maria Stuart*, man denke an Arnims *Der tolle Invalide auf dem Fort Ratonneau* oder *Das wiedergefundene Paradies* (eine arnimsche Bearbeitung von Schnabels *Insel Felsenburg*), an seine Erzählung *Mistris Lee*, Kleists Erzählungen, den *Zerbrochenen Krug* oder den *Prinzen Friedrich von Homburg*, an E.T.A Hoffmanns *Fräulein von Scuderi*, Brentanos *Geschichte vom braven Kasperl und dem schönen Annerl.* Himmlische, irdische und poetische Gerechtigkeit konkurrierten dabei. Recht und Gerechtigkeit stehen dabei mitunter in einem Spannungsverhältnis; die beispielhaft genannte romantische Literatur verhandelt die Diskursregeln neu und hinterfragt poetologische Normen wie die so genannte poetische Gerechtigkeit. Hinzu kommt: Hoffmann[8] und Eichendorff hatten wie die Grimms, Friedrich und August Wilhelm Schlegel, Achim von Arnim[9], August von Kotzebue, Ludwig Uhland, Heinrich Heine, Franz Grillparzer oder Robert Schumann Jura studiert – ebenso bereits Goethe.[10] Arnim hatte selbst als Gerichtshalter auf seinen Gütern gewirkt und eine Idylle *Patrimonialgerichtsbarkeit* in Reaktion auf Kleists *Zerbrochenen Krug* geschrieben; seine Gerichtstätigkeit wird in Brentanos Erzählung *Die Schachtel mit der Friedenspuppe* thematisiert.

Recht und Gerechtigkeit in der Zeit der Romantik sind auch nicht zu denken ohne den Modernisierungsschub seit dem *Allgemeinen Landrecht* und den Versuchen Savignys[11] und der Grimms, das Recht »einmal als Theil des ganzen Volkslebens, was es zu seyn nicht aufhört, dann als besondere Wissenschaft in den Händen der Juristen«[12] zu sehen. Auch neue Verfahrensweisen werden literarisch erprobt, so kommen Kriminalgeschichten seit dem ausgehenden 18. Jahrhundert nicht mehr ohne das Indizienverfahren aus, das die Foltergeständnisse von nun an ablöste.

---

6 Vgl. etwa Riedel: Literarische Anthropologie; Košenina: Literarische Anthropologie.

7 Vgl. Lüderssen: Produktive Spiegelungen: Recht und Kriminalität in der Literatur; neuerdings: Nilges (Hrsg.): Dichterjuristen und Friedrich (Hrsg.): Recht und Moral.

8 Vgl. z.B. Segebrecht: Beamte, Künstler, Außenseiter: Analogien zwischen der juristischen und der dichterischen Praxis E.T.A. Hoffmanns.

9 Vgl. z.B. Ulfert Ricklefs: Geschichte, Volk, Verfassung und das Recht der Gegenwart.

10 Vgl. bereits, postum erschienen, Wohlhaupter: Dichterjuristen.

11 Vgl. z. B. Rotraut Fischer: Recht, Poesie, Geschichte: Friedrich Carl von Savigny und der Kreis Marburger Romantiker, ferner Joachim Rückert: Savigny und die Philologie seiner Zeit.

12 Savigny: Vom Beruf unsrer Zeit für Gesetzgebung und Rechtswissenschaft, S. 12.

Das Thema »Romantik und Recht« ist bislang vor allem durch den Blick auf die Tradition (juristischer und medizinischer) Fallgeschichten und Einzeluntersuchungen besonders zu Kleist[13] und E.T.A. Hoffmann[14] bestimmt. Das elfte Kolloquium der Internationalen Arnim-Gesellschaft geht den Fragen von Recht und Gerechtigkeit[15], Verbrechen und Strafe – unter Berücksichtigung des Wandels im Rechtsverständnis und im Kontext der Rechtsgeschichte – in rechtshistorischen und literarischen Werken nach, und wird auf diese Weise auch der zeitgenössischen Rechtspraxis gerecht, die sowohl den Stoff – die Fälle – als auch die Problemkonstellationen für die Literatur liefern. Die Breite der Themen, angefangen von den theoretischen Schriften Savignys, Georg Friedrich Puchtas und Jacob Grimms bis zu den literarischen Beispielen (Bettina und Achim von Arnim, den Kinder- und Hausmärchen, Kleist, E.T.A. Hoffmann, Tieck, A.W. Schlegel, Bonaventura, Eichendorff) bietet ein komplexes und vielseitiges Untersuchungsmaterial. Die Konferenzteilnehmer argumentierten daher interdisziplinär; die Expertise aus den jeweiligen Disziplinen trägt dazu bei, das Desiderat der ebenso auffälligen wie wichtigen Vernetzung des Wissens im 19. Jahrhundert aufzuarbeiten. Das Verhältnis von Recht und Literatur[16] wird somit aus wissens-, diskurs- und sozialgeschichtlicher Perspektive beleuchtet und auf seine Relevanz für literaturwissenschaftliche Interpretationen ausgewertet.

Der erste Kolloquiumsabschnitt wendet sich, vor allem aus rechtsgeschichtlicher Perspektive, in vier Beiträgen dem »Rechtsdenken und der Rechtspolitik« um 1800 zu. Hans-Peter Haferkamp geht von Puchtas Argumentation in der Nachfolge Savignys aus, dass Volkspoesie wie das Recht autonom entstehe, und betont dabei insbesondere eine Betrachtung des Volksgeist-Konzepts jenseits geisteswissenschaftlicher Etikettierungen. Die rechtshistorische Funktionalisierung des ›Volksgeists‹ zeichnet er anschließend umfassend von der Jahrhundertwende bis in die 1870er Jahre nach. Karin Raude fokussiert dagegen den Volksgeistgedanken im engeren Sinne im Werk Jacob Grimms. Sie differenziert zunächst die verschiedenen ›Volksgeist‹-Begriffe des 19. Jahrhunderts. Grimms Studium der Rechtsquellen brachten, im Kontext dessen, stets den Vergleich von Sprache, Poesie und Recht hervor, besonders prominent dabei in »Von der Poesie im Recht«. Christoph-Eric Mecke stellt die Prägung Savignys, insbesondere bezogen auf das Privatrecht, nicht zuletzt durch die literarische Früh- und Hochromantik und ihre Konzepte von Geselligkeit und Individualität heraus. So zeigt er in seinem Beitrag, wie Savigny schließlich zu einem »Kant in der Rechtsgelehrsamkeit« avancierte. Christina Marie Kimmel-Schröder fokussiert die Polysemie der Begriffe ›Sinn‹ und ›Sinnlichkeit‹ in der historischen Rechtssprache und diskutiert anhand dessen die Forschungsland-

---

13 Vgl. z.B. Fischer: Gerechtigkeit erzählen oder Kleist vor Gericht; siehe auch: Mehigan: Legality as a »fact of reason«: Heinrich von Kleist's Concept of Law; auch: Ensberg (Hrsg.): Recht und Gerechtigkeit bei Heinrich von Kleist.

14 Unlängst: Prinz, Winko: Wertungen und Wertmaßstäbe in literarischen Texten: Analyse von Recht und Moral in E. T. A. Hoffmanns »Das Fräulein von Scurderi«.

15 Vgl. z.B. Maximilian Bergengruen und Antonia Eder: Literatur und Recht. – In: Neumeyer, Pethes, Wübben (Hrsg.): Literatur und Wissen, S. 142–151.

16 Vgl. etwa Joachimsthaler: Rechtsfiktionen, Gerichtsaufführungen und das »als ob« der Gesetze, S. 31–49, Weitin: Recht und Literatur.

schaft zu den so genannten ›Rechtswörtern‹. Sinn, früher aber auch Sinnlichkeit konnte auch für Verstand, Verständigkeit, Klugheit stehen (Grimm). Stets ging es bei den diesen Rechtswörtern auch um Definitionsfragen und die Gegenüberstellung des Sinnlichen und Sittlichen, ein zentrales Thema auch um 1800.

Folgerichtig wendet sich *der zweite Abschnitt des Kolloquiums* der »Rechtspraxis um 1800« zu: Christof Wingertszahn charakterisiert Arnim als gemäßigt konservativ. Er zeigt, wie sich dessen Orientierung an der Rechtspraxis in seinen Werken, der *Gräfin Dolores*, aber insbesondere in der postum veröffentlichten Idylle »Patrimonialgerichtsbarkeit« niederschlägt, die so zu einem Gegenstück von Kleists *Zerbrochenem Krug* zu lesen ist. Einen neuen Blick auf die Bürger-Künstler-Dichotomie im Leben Clemens Brentanos wirft Konrad Feilchenfeldt, indem er Brentanos studentisches Dasein der Vergesellschaftungs- und Rechtsform des Bürgers gegenüberstellt und als Grundlage für den romantischen Original-Schriftsteller interpretiert, dessen literarisches Vorbild nicht zuletzt die goethesche Faust-Figur liefert. Einem zeitgenössischen komplizierten Rechtsfall Bettina von Arnims wendet sich Barbara Becker-Cantarino zu und diskutiert im Laufe des 19. Jahrhunderts entstandene Gesetze, die sich mit Veröffentlichungen aus dem Nachlass beschäftigen. Das öffentlichkeitswirksame Gerichtsverfahren um Rachel Fanny Antonia Lee und den Gordon-Brüdern von 1804, das Achim von Arnim in London rezipierte, stellt Sheila Dickson der fünf Jahre später erschienen Erzählung *Mistris Lee* gegenüber. Dabei zeigt sie, dass die Abweichungen der literarischen Fall-Geschichte auch eine Kritik am Rechtssystem beinhalten. Steffen Dietzsch liest Bonaventuras/August Klingemanns *Nachtwachen* als Rechtssatire und stellt die stets aktuelle Frage, was Satire eigentlich dürfe und wie in dieser Hinsicht mit Injurien umzugehen sei. Abschließend stellt er Klingemanns *Faust* als eine Camouflage auf den Code civil vor.

Im *dritten Teil des Kolloquiums* – »Recht und (poetische) Gerechtigkeit« – wird anhand literarischer Texte der Romantik gezeigt, wie Fragen der historischen und zeitgenössischen Rechtspraxis für die Poetologie, formal wie inhaltlich, nutzbar gemacht werden. Christopher Burwick spürt dem Juristen E.T.A. Hoffmann in der ›Fallgeschichte‹ des *Fräuleins von Scuderi* nach, indem er wissenpoetologisch vom juristischen Gutachten zu Daniel Schmolling ausgeht. Es zeige sich, dass der ›Richter‹ Hoffmann Fragen des Rechts und der Moral nicht eindeutig beantworte, sondern als ambivalent inszeniere. Mehrdeutig funktionalisiert werden Recht und Gerechtigkeit auch bei Achim von Arnim. So interpretiert Antje Arnold Arnims Novelle *Isabella von Ägypten* als doppelbödige Inszenierung poetischer und historischer Gerechtigkeit in einer Apologie der so genannten ›Zigeuner‹. Dabei veranschauliche Arnim, gewohnt selbstreflexiv, die ›Schuldlosigkeit‹ literarischer Erfindungen am Beispiel der unverschuldeten Stigmatisierung einer Minderheit und verknüpfe so (Heils-)geschichte und Fiktion miteinander. Dass Recht und Gerechtigkeit nicht immer konvergieren, zeigt ebenso Lothar Ehrlichs Beitrag. Er widmet sich den juristischen Hintergründen von Arnims *Marino Caboga*, indem er die Reformbedürftigkeit Preußens und den Code Napoléon im Briefwechsel Arnims mit Savigny aus der Entstehungszeit des Geschichtsdramas sowie Arnims Bewertung der westfälischen Verfassung analysiert. Auch Roswitha Burwick vermag anhand zahlreicher Beispiele aus den Kinder- und Hausmärchen und der rechtshistorischen Schriften der Grimms zu zeigen, dass Rechtsfragen diskursiv und ambivalent verhandelt werden, ohne dass die Märchen und ihre Symbolstrukturen ihren volkspädagogischen Anspruch einbüßen. Durch Pluriperspektivität werden Rechtsfragen zur Deutungsangelegenheit, anhand derer das vermeintlich Stereotype im Märchen zu hinterfragen ist.

Recht, Bedeutungsgenerierung und die ›unsichere‹ Wertungsinstanz Mensch werden in der Literatur mit der Darstellung von Affekten verbunden; den sprachlichen und narratologischen Darstellungsmodi widmet sich der *vierte Abschnitt des Kolloquiums* »Recht, Sprache und Leidenschaft«. Zunächst entfaltet Friederike von Schwerin-High am Beispiel von August Wilhelm Schlegels metrischen Shakespeare-Übersetzungen den Diskurs um Geschmacksurteil und Literaturkritik sowie Schlegels Rechtfertigungen für den ›lyrischen Übersetzer‹, die sie insbesondere an rechtssprachlichen Übersetzungen und Themen analysiert. Die Rechtssprache wird dabei teils durch die Affekthandlung konterkariert. Jan Wittmann geht daher in seinem Beitrag von der Figur des Richters Adam für die Interpretation des *Zerbrochnen Krug*s aus und konstatiert einen Paradigmawechsel der Rechtsprechung. Diskursanalytisch betrachtet, finden sich die Problemkonstellationen gerechter Urteilsfindung in den Rechtshandbüchern um 1800 sämtlich wieder, wie Wittmann ausführt. Dass Gerichtsprozesse »theatrale Ereignisse« sind, stellt Yasmine Salimi fest, indem sie Probe und Untersuchung in Kleists *Zweikampf* diskursanalytisch als juristische Formen der Wahrheitssuche kontrastiert.

Norman Kasper stellt in seiner Lektüre des *Schlosses Dürande* fest, dass die Verhandlung von Rechtsfragen bei Eichendorff signifikant vom Kleist'schen Vorgehen, mit dem die Forschung den Text stets vergleicht, abweicht. Er vollzieht die an Roland Barthes' Textverständnis angelehnte »juristische Textur« im Lektüreprozess nach. Stefan Nienhaus schließlich analysiert Tiecks historische Novellen der Dresdner Periode unter dem Gesichtspunkt der Rechtsunsicherheit, wie sie durch Amtsmissbrauch und Inquisition hervorgerufen werden. Als Diskussionsgrundlage dient ihm dazu Carl Schmitts »Tyrannei der Werte«. Mit Tiecks *Phantasus* ließe sich an dieser Stelle letztlich auch abschließen, denn dessen Rahmengeschichte, wie Nienhaus hervorhebt, reflektiert die zeitgenössische Rezeption von Verbrechenserzählungen so: »Die Phantasie, die Dichtung wollt ihr verklagen? Aber eure Wirklichkeit! Tut doch die Augen auf [...].«[17] Daran zeigt sich, wie prägend die Diskursüberschneidung von fiktionaler Literatur und Recht für die Romantik gewesen ist, nicht zuletzt gerade weil sich die Disziplinen in dieser Zeit, wie anfangs skizziert, formieren und auseinander treten und auf diese Weise sprachliche und stilistische Eigentümlichkeiten zu profilieren suchen.

Christof Wingertszahn bot mit dem Goethe-Museum Düsseldorf / Anton-und-Katharina-Kippenberg-Stiftung dem Kolloquium der *Internationalen Arnim-Gesellschaft* einen würdigen Rahmen. Rechtshistoriker aus Köln, Hannover und Heidelberg bestätigten, dass die Germanisten sich ihrer ursprünglichen Verbindung zur Rechtsgeschichte richtig und zu Recht erinnerten. Zum siebten Mal hintereinander

---

[17] Tieck: Schriften in zwölf Bänden, Bd. 6, S. 242, näher im Beitrag von Stefan Nienhaus, S. 243.

seit 2004 hat die Deutsche Forschungsgemeinschaft das alle zwei Jahre stattfindende Kolloquium der *Internationalen Arnim-Gesellschaft* gefördert (und fördert in diesem Jahr auch ihr 12. Kolloquium »Einsame und Fremde, Einsiedler und Pilger in der Romantik«). Der Verlag de Gruyter, in dem auch die Weimarer Arnim-Ausgabe erscheint, hat sich wiederum dieses Bandes angenommen.

Wie aktuell viele der im vorliegenden Band diskutierten rechtlichen und moralischen Fragen sind, vermag das am Beispiel von E.T.A. Hoffmanns *Fräulein von Scuderi* von Christopher Burwick in seinem Beitrag diskutierte Begnadigungsrecht (jus majestatis) des Königs zu zeigen; denn stets »ist sich der König bewusst, dass die Begnadigung eine Entscheidung ist, die einem inneren Gefühl der Tugend und nicht rechtsstaatlichen Gesetzen folgt« (S. 166). So leitet denn das innere Gefühl, ob zu Recht oder zu Unrecht sei dahingestellt, auch gegenwärtige Potentaten auf eindrucksvolle Weise: »As has been stated by numerous legal scholars, I have the absolute right to PARDON myself, but why would I do that when I have done nothing wrong?«[18]

Köln, im Juni 2018
Antje Arnold und Walter Pape

18 Donald J. Trump Verifizierter Account @realDonaldTrump, 4. Juni 2018. (Zugriff: 5. Juni 2018).

RECHTSDENKEN UND RECHTSPOLITIK

Hans-Peter Haferkamp

Die Funktion des ›Volksgeistes‹ im Rechtsdenken der Historischen Rechtsschule

1. Einleitung

Georg Friedrich Puchta, bekennender Anhänger Savignys und sein späterer Nachfolger auf dem Berliner Lehrstuhl, legte sich 1828 mit August Wilhelm Schlegel an. Schlegel hatte Jacob Grimms Volkspoesiekonzept angegriffen und betont:

> Die Sage [...] war allerdings das Gesamteigenthum der Zeiten und Völker, aber nicht eben so ihre gemeinsame Hervorbringung. Was man an Zeitaltern und Völkern rühmt, löset sich immer bey näherer Betrachtung in die Eigenschaften und Handlungen einzelner Menschen auf.[19]

Puchta nannte diese Ansicht Schlegels schlicht eine »höchst oberflächliche und triviale«. Sie erinnere an den »ungebildeten Verstande«, der »bey der äußeren Erscheinung stehen« bleibe und für den »das unsichtbare nicht vorhanden« sei.[20] Der ältere Schlegel musste sich von Puchta nun den Volksgeist erklären lassen. Wahre »Volkspoesie« entgleite »dem Munde irgend einer einsamen Sennerin oder eines frischen Buben«, werde jedoch sofort »das Eigenthum aller so sehr [...], daß kaum jemand denjenigen kenne, dessen sich der Volksgeist zuerst als Werkzeug zu dieser Schöpfung bediente.«[21] So wie die Volkspoesie im Munde »eines frischen Buben« nur zum Vorschein kam, diesen als »Werkzeug« nutzte, so nahm der Volksgeist auch bei der Rechtsbildung »eine analoge Stelle«[22] ein. Recht entstand wie Volkspoesie. Es war irgendwie schon da, kam nur zum Vorschein. Der Volksgeist war »[dunkle] Werkstätte«[23], dem menschlichen Auge entzogen. Wie Volkspoesie konnte man also auch Recht nicht einfach bewusst produzieren, »weil überhaupt etwas, was sich von selbst macht, nicht gemacht werden kann.«[24] Der Volksgeist war Glaube an die geheimnisvolle Selbststeuerung der Welt, antiaufklärerisch, organisch. Die Einordnung liegt nahe: Puchta war ein Romantiker.

---

19 Schlegel: Rezension Gebrüder Grimm, Altdeutsche Wälder, S. 723; zur Signifikanz des Konflikts von Puchta mit Schlegel auch Behrends: Die Gewohnheit des Rechts und das Gewohnheitsrecht. – In: Willoweit (Hrsg.): Die Begründung des Rechts, S. 19–135, hier S. 125, Anm. 216.

20 Puchta: Gewohnheitsrecht. Erster Theil, S. 153–154.

21 Puchta: Juristische Beobachtungen, S. 186.

22 Ebenda.

23 Puchta: Cursus der Institutionen, Bd. 1, S. 30.

24 Puchta: Gewohnheitsrecht. Erster Theil, S. 152.

https://doi.org/10.1515/9783110612073-001

Das Thema dieses Bandes lädt ein ins Elend der geistesgeschichtlichen Klassifikation. In meinem Beitrag möchte ich mich dieser Versuchung, den Volksgeist geistesgeschichtlich einzuordnen, gleichwohl entziehen. Meines Erachtens bieten solche Einordnungen oft eher Zugangshindernisse als Verständnishilfen. Geistesgeschichtliche Rubrizierungen entwickeln schnell eine zirkuläre Eigendynamik, indem vom Autor aufs Etikett und von diesem wieder auf den Autor zurückgeschlossen wird. Bleiben wir bei Puchta. Wenn Puchta Romantiker war, dann muss er auch als Romantiker interpretiert werden. Dann wird Puchta zum Juristen des Volksgeistes und andere Punkte seiner Lehre geraten aus dem Blick. Etwa, dass Schlegel offenbar für ihn keine Leitfigur war, dass er die Antike mehr als das Mittelalter bewunderte, mehr von einem Weltrecht träumte als von einem urdeutschen Recht, dass er als Jurist trotz Volksgeist Vertreter eines hochrationalen Rechts war, dabei politisch staatsnah und mit der Monarchie versöhnt. Also doch eher ein Klassiker? Wollte man das betonen, dann stört freilich der Volksgeist. Schon oft meinte man in der Forschung sich entscheiden zu müssen zwischen dem Romantiker und dem Rationalisten. Wenn Walter Wilhelm zu Puchtas Rechtswissenschaft meinte: »Der Nebel des Volksgeistes hob sich von diesem wissenschaftlichen Recht, und hervor traten die kahlen Gesetze des Denkens«,[25] dann dachte er antithetisch: rational oder anschauend, beides geht nicht. Neben diesem Korsett, das von geistesgeschichtlichen Rubriken ausgeht, ergibt sich beim Volksgeist ein zweites Problem: Selbst wenn man Savigny noch als Romantiker einordnen will, vielleicht sogar den Puchta der 1820er Jahre noch in diese Schublade schiebt – Bernhard Windscheid, den großen Pandektenwissenschaftler der zweiten Jahrhunderthälfte, wird man damit sicher nicht etikettieren können. Wenn er 1854 meinte, der rechtsbildende Volksgeist sei eine »Wahrheit, die auf den Strassen ausgerufen wird«,[26] dann lässt sich das wohl kaum mit einem Fortwirken der Romantik erklären. Um nun nicht unterscheiden zu müssen zwischen den romantischen und den nicht romantischen Volksgeistfreunden werde ich also jenseits üblicher Etikettierungen funktional an die Aufgabe gehen und fragen, welches juristische Problem dieses Konzept eigentlich lösen sollte. Auch dahinter steht natürlich eine These: Juristen, so glaube ich, nutzten den Volksgeist nicht primär, um ein Bekenntnis zum Geheimnis im Sein abzulegen, sondern um damit eine Antwort auf zentrale Fragen ihrer Rechtslehre zu bekommen.

Nachfolgend möchte ich dies in vier Perspektiven untersuchen. Zunächst geht es um die Jahre zwischen 1806 und 1814, also um die Entstehungsjahre dieses Konzepts. Hier übernimmt der Volksgeist nicht nur die Aufgabe, eine Selbststeuerung des Rechts gegen die staatliche Gesetzgebung zu formulieren, sondern trägt argumentativ vor allem die Vision eines nationalen Zivilrechts ohne Nationalstaat.

Im zweiten Kontext, den 1830er Jahren, zeigt sich ein ganz anderer Volksgeist. Nun wird er zum Mittelpunkt einer Rechtsphilosophie der Historischen Rechtsschule. Er wird nun christlich gedeutet und zugleich präzisiert. In meiner dritten Perspektive möchte ich die konkreten Auswirkungen dieses rechtsphilosophisch

---

25 Wilhelm: Zur juristischen Methodenlehre, S. 79.

26 Windscheid: Recht und Rechtswissenschaft, S. 5–6.

fundierten Volksgeistes auf die Methodologie der Historischen Rechtsschule skizzieren. Abschließend werde ich in wenigen Sätzen andeuten, warum das Konzept am Jahrhundertende dann sehr schnell verschwand.

2. Nationales Privatrecht ohne Staat

Seit etwa 1800 sprach man von den Historischen Juristen, seit 1808 gab es, zunächst polemisch, die Gruppenbezeichnung Historische Schule. Die Historische Schule ist damit deutlich älter als ihre Ausrufung durch Savigny im Zuge des Kodifikationsstreites im Jahr 1815. Es lohnt also ein Blick in diese Jahre vor 1815, um die Bedeutung des Volksgeistparadigmas besser zu verstehen. Gustav Hugo hatte seit 1789 ein neues Reformmodell entwickelt. Er wollte am Leitbild der antiken Römischen Juristen eine neue Elite bilden. Hugo schuf das Ideal einer freien Rechtswissenschaft als Träger der Rechtsentwicklung, das Savigny dann 1814 im »Beruf« mit seinem Bild der römischen Juristen als »fungible Personen«[27] fortschrieb. Am Anfang stand also eine Ausbildungsreform, ganz im später »Humboldtsch« genannten Sinne: Der Jurist sollte Recht nicht einfach anwenden, sondern wissenschaftlich durchdringen. Mittel waren Quellenexegese, Geschichte und System. In diesen ersten Jahren der Schule war vom Volksgeist oder, wie Savigny es zunächst nannte, vom gemeinsamen Bewusstsein des Volkes nicht die Rede. Dennoch war schon hier ein wichtiger Zusammenhang deutlich. Hugo betonte stets, dass das Recht sich auch von selbst mache. Die Metaphysik eines Volksgeistes war ihm dabei freilich völlig fremd. Er blickte nüchtern auf seinen Forschungsgegenstand, das Römische Recht, wie es sich seit der Antike gebildet hatte. Schon in seiner idealen Zeit, unter der Herrschaft der Antoninen, war Recht in Rom überwiegend nicht gesetzt, sondern im Rahmen eines Kommunikationsprozesses unter Juristen langsam entwickelt worden. Schon Hugo nutzte den zeitgenössisich seit Herder populären Vergleich des Rechts mit der Sprache. Recht entstand ungeplant – eine Falllösung überzeugte, wurde verallgemeinert, mit anderen Fällen verglichen und verdichtete sich zu einer dogmatischen Struktur. So war es auch seit dem Mittelalter gewesen.

Das Jus Commune hatte sich in das Deutsche Recht hineingemendelt, auf stillem Wege, getragen insbesondere von der Überzeugung und Überzeugungskraft der Juristen, aber jedenfalls nicht geplant oder rational organisiert. Der Anteil des Reiches oder der Kirche an diesen Entwicklungen war untergeordnet. Dass also das Recht sich selbst macht, nicht bewusst gesetzt wird, war für Juristen des Jus Commune eine Banalität, die für den späteren Erfolg des Volksgeistes wesentlich verantwortlich war. Wenn Savigny in seiner »Geschichte des Römischen Rechts im Mittelalter« dann nachwies, »wie der Rechtszustand neuerer Zeiten, soweit er auf Römischem Grunde beruht, aus dem Zustand des bestehenden Weströmischen Reichs durch bloße Entwicklung und Verwandlung, ohne Unterbrechung,« hervorgegangen[28] und »nicht durch den Willen einer Regierung, nur durch innere Noth

---

[27] Savigny: Vom Beruf unsrer Zeit für Gesetzgebung und Rechtswissenschaft, S. 157.

[28] Savigny: Geschichte des römischen Rechts, Bd. 1, S. V (Vorrede); vgl. auch Rückert: Friedrich

wendigkeit hervorgerufen worden« ist[29] – dann war das für Juristen des Jus Commune unmittelbar einleuchtend. Dieses Jus Commune als einen lebendigen Organismus zu beschreiben, passte gut zum Gegenstand und gefiel auch dem metaphysikkritischen Hugo, dem romantische Anleihen sonst ganz fremd waren.

Demgegenüber stieß die Vorstellung, dass dieser Organismus durch einen Volksgeist gebildet worden sei, nicht nur bei Hugo sofort auf Widerstand. Das Jus Commune war ein kontinentaleuropäisches Phänomen. Es war unter Einfluss der Kirche in einem Gebiet entstanden, das jedenfalls kaum eine volksmäßige Einheit war. Hinzu kamen die alten Klagen des Volkes, dieses Recht nicht zu verstehen, was dann später bei den Germanisten zum Gegensatz zwischen Volksrecht und Juristenrecht führte. Dass das Jus Commune irgendwie sich selbst gemacht hatte, leuchtete leicht ein. Dass dafür ein Volk verantwortlich sein sollte, blieb stets eine Achillesferse des Volksgeistkonzepts. Denkt man funktional, leuchtet zunächst ebenfalls kaum ein, warum es das Volk sein musste. Im Kodifikationsstreit konnte man den Gesetzgeber schon dadurch zurückweisen, dass die überlegene Selbstbildungskraft eines Rechts durch das Jus Commune nachgewiesen war. Der zusätzliche Hinweis auf das Volk brachte das Bild des so leistungsfähigen wissenschaftlichen Rechts eher in Bedrängnis. Dennoch brauchte Savigny gerade den Volksgeist.

Die Ursprünge dieser Idee bei Savigny führen nach Landshut ins Jahr 1807. Savigny war 1804, zeitweise mit Jacob Grimm, zu einer Bibliotheksreise unter anderem nach Paris aufgebrochen. Er war tief in Quellenfragen versunken, als 1806 das Heilige Römische Reich Deutscher Nation zusammenbrach. Als er 1807 in Landshut eine Professur antrat, traf er erstmals auf Nikolaus Thaddeus Gönner, der dann auch im Kodifikationsstreit sein Hauptgegner sein sollte. Gönner kämpfte zu diesem Zeitpunkt für eine Übernahme des Code civil in Bayern und trat vehement für eine Abschaffung der auch subsidiären Geltung des Jus Commune ein. Damit stand 1807 nicht nur eine Entscheidung zwischen dem Gesetzgeber oder der freien Rechtswissenschaft als Träger des Privatrechts an, sondern es ging viel weitergehend darum, ob es überhaupt noch ein nationales Zivilrecht geben sollte oder ob alles künftige Zivilrecht territorial war. 1806 war ein nationaler Gesetzgeber gar nicht in Sicht und auch 1814 war ein solcher ja nur ein kurzer Traum. Nur indem Savigny das Jus Commune zum nationaldeutschen Recht machte, konnte er einer Territorialisierung des Zivilrechts wirkungsvoll entgegentreten. Wenn es ein *deutsches* Jus Commune gab, dann war etwa die Übernahme des Code civil offenbar eine Verletzung des nationalen Rechtsbewusstseins. Träger eines nationalen Rechts konnten nicht die stark übernational organisierten Juristen des Jus Commune sein, sondern nur ein nationales Volk. Savigny betonte nun 1811: »[D]as Recht jedes Volks ist ein Ausdruck seines Lebens und Daseyns, eine Function, wie Kunst, Wissenschaft«.[30]

Carl von Savigny (1779–1861). Geschichte des Römischen Rechts im Mittelalter. – In: Reinhardt (Hrsg.): Hauptwerke der Geschichtsschreibung, S. 560–564.

29 Savigny: Geschichte des Römischen Rechts, Bd. 3, hier nach 2. Aufl. 1834, S. 84.

30 Savigny: Vorlesungen über juristische Methodologie, S. 250 (Einleitung zu den Pandekten 1811).

Der Volksgeist verdankt seine Entstehung also weniger dem ganz romantischen Gegensatz zwischen Gesetzgebung und Von-selbst-Machen, wofür es eines Hinausgehens über Hugo kaum bedurft hätte, sondern dem Konflikt zwischen Territorium und Nation. Im Volksgeist steckte in dieser Perspektive ein dem Volk als gemeines Recht eher untergeschobenes nationales Juristenrecht, getragen von einer einheitlichen nationalen Juristenausbildung und einer hierdurch geprägten, zunehmend vereinheitlichend wirkenden Justiz. Man brauchte das dem Jus Commune eigentlich fremde Volk als Träger, um durch die Nation den fehlenden Staat zu kompensieren. Die später häufigen Klarstellungen, dass Juristen, nicht das Volk, bestimmte Rechtssätze entwickelt hätten, machten deutlich, dass man das Volk funktional brauchte, aber nicht übertrieben einer Volksromantik anhing, wie man sie bisweilen bei Germanisten durchaus fand.

3. Recht zwischen Vernunftherrschaft und Theokratie

Ich komme zu meiner zweiten Perspektive. Nachdem Savigny 1814 in verschiedenen Wendungen von einem gemeinsamen Bewusstsein des Volkes gesprochen hatte, brachte Puchta 1826 den Terminus »Volksgeist« auf, der sich nun schnell durchsetzte und von Savigny 1840 im »System« als Schulterminus bestätigt wurde. »Volksgeist«, zu dieser Zeit eigentlich eine Allerweltsbezeichnung für verschiedenste Phänomene, wurde von Puchta in Auseinandersetzung mit Eduard Gans eingeführt, also in begrifflicher Annäherung an Hegels Volksgeist. Puchta übernahm ab Ende der 1820er Jahre die Aufgabe, die Historische Rechtsschule gegen den Vorwurf zu verteidigen, philosophisch auf tönernen Füßen zu stehen. Savigny hatte sich einer philosophischen Begründung der Volksgeistmetaphysik entzogen und 1814 betont, diese Frage sei auf historischem Wege nicht zu beantworten. Auch Puchta meinte noch 1828 schlicht: »Ich setze das daher voraus«. Bald machten sich die Hegelianer über diesen philosophischen Luftikus Volksgeist öffentlich lustig. Ruge witzelte: »Dies Mysteriöse ist ein sehr schwacher Punkt, es ist die Aporia und Penia, so zu sagen die reine Sehnsucht nach der Klarheit«.[31] Als Gans 1827 kurzerhand von einer »Nichtphilosophischen« Schule sprach,[32] begann innerhalb der Schule die Diskussion darüber, was es mit dem Volksgeist philosophisch auf sich habe. Und spätestens jetzt sprach niemand mehr von den Romantikern. Ausgangspunkt waren zwei Positionen, denen man entgegentreten wollte. Einerseits wurde Hegels These, dass Gott als absoluter Geist im Menschen zum Bewusstsein und zur Verwirklichung seiner selbst gekommen sei,[33] als Übergriff auf die Herrschaft Gottes über die Welt zurückgewiesen. Dies meinte Savigny 1822, als er Hegel und seinen Schülern vorwarf, dass sich ihr wissenschaftlicher Dünkel »auf alles in der

---

31 Ruge: Die berliner Juristenfacultät, S. 509.

32 Gans: System des Römischen Civilrechts, S. 163; so auch bereits 1821 Henning: Verhältnis der Philosophie zu den positiven Wissenschaften, S. 104.

33 Zu den theologischen Implikationen Hegels vgl. den guten Überblick in Andresen (Hrsg.): Handbuch der Dogmen- und Theologiegeschichte, Bd. 3, S. 158ff.

Welt erstreckt, so daß seine eifrigen Schüler sich auch von allem religiösen Zusammenhang lossagen«.[34] Es ging in dieser Perspektive darum, die Geschichte vor der Unterwerfung unter die Vernunft zu retten. Der Volksgeist war in dieser Hinsicht die »dunkle Werkstätte«, die dem Auge Gottes und nicht dem des Menschen zugewendet war.

1830 hatte aus diesem Grund bereits Stahl den philosophischen Kampf gegen Hegels »Vernichtung aller wahrhaften Realität«[35] aufgenommen. Seine Lösung war jedoch das entgegengesetzte Extrem, dem Savigny und seine Schüler ebenfalls entgegentreten wollten. Stahl betonte gegen Hegel, Recht werde nie »aus der leeren Vernunft geschöpft«, sondern aus »den Fingerzeigen, welche die Führung Gottes in der Geschichte gibt.«[36] Die Folgerungen dieser Position für die Rechtswissenschaft waren dramatisch. Rechtswissenschaft habe, so Stahl, die »bescheidenere Aufgabe«, ein »Mittel [...] für die Verherrlichung Gottes, für die Verkündigung seiner Weisheit und Gerechtigkeit und seiner auch ihr unergründlichen Tiefe«[37] zu sein. Indem die Wissenschaft nur dann noch bestehen könne, »wenn sie in Uebereinstimmung mit der öffentlichen Religion, wenn sie im Dienste der Kirche ist«,[38] war die Wissenschaft politisch entmachtet: »Sie wird nicht es unternehmen, selbst die Ordnungen der Völker zu gründen, sondern die Ehrfurcht pflegen vor allen Ordnungen und Obrigkeiten, die Gott über die Menschen gesetzt, und vor allen Zuständen und Rechten, die ordnungsgemäß unter seiner Fügung geworden.«[39]

In dem philosophischen Gespräch, das in dieser doppelten Frontstellung nun zwischen Savigny, Puchta, Bethmann-Hollweg, Klenze, Huschke, Bluhme und Keller stattfand, bekam der Volksgeist Konturen. Aufgabe war es, den Rechtsbegriff so zu bestimmen, dass er weder der Notwendigkeit der menschlichen Vernunft noch der Freiheit Gottes ausgeliefert wurde. Einigkeit bestand darin, dass im Volksgeist Notwendigkeit als letztlich göttliche Festlegung der menschlichen Möglichkeiten und menschliche Freiheit als die Möglichkeit, gegen Gott das Böse zu wählen, aufeinandertrafen. Die menschliche Freiheit als die eine Ursache der Rechtsentstehung war also nicht Gott unterworfen, folgte nicht schlicht seiner Offenbarung. Dies war die freie, zufällige, kontingente Seite des Rechts. Wenn gleichwohl das Recht nicht nur Zufall war, dann folgte das aus der Naturnotwendigkeit, die auf diesen freien Willen einwirkte. Begrenzt wurde die Freiheit durch natürliche Notwendigkeiten, etwa die Gegenstände, die der menschliche Wille sich unterwerfen wollte, aber auch durch die kreatürliche Ausstattung des Menschen. Der Mensch war nicht nur, wie seit dem Sündenfall bekannt, in seiner Entscheidung frei, sondern hatte auch andere geistige Eigenschaften. Als solche wurden die erkenntnisleitende Vernunft und die Liebe genannt, die einen bellum omnium contra omnes verhindern und den Mitmenschen als gleichermaßen frei, als Person, behandeln

---

34 Savigny an Creuzer vom 6.4.1822, bei Stoll: Savigny – Ein Bild seines Lebens, Bd. 2, Nr. 372, S. 288.

35 Stahl: Philosophie des Rechts, Bd. 1, hier nach 3. Aufl. 1854, S. 455.

36 Ebenda, Bd. 2, Abtheilung 1, S. 16.

37 Ebenda, Bd. 2, hier nach 3. Aufl. 1854, S. XXI (Vorrede zur dritten Auflage).

38 Ebenda, S. XXIX.

39 Ebenda, S. XXII.

wollten. Infolge dieser Liebe zum Mitmenschen organisierte sich die Menschheit sozial, von der Familie über die Corporation zum Staat, und mit dieser Selbstorganisation organisierte sich das Recht, bekam es eine Struktur, wurde auch-vernünftig. Im Volksgeist agierte also die menschliche Freiheit im Zusammenspiel mit der göttlich vorgegebenen Naturnotwendigkeit. Das Recht war frei und notwendig zugleich.

Hinter diesem spannungsreichen rechtsphilosophischen Konzept versteckte sich eine gemeinsame religiöse Überzeugung von Savigny und den meisten seiner Schüler. Unter dem Einfluss seines geistlichen Beistands Sailer hatte sich Savigny seit 1817 der so genannten Erweckungsbewegung angeschlossen, die als Spielart des Pietismus eine Einwohnung Christi im Herzen des Gläubigen predigte, der sich, so Johannes Goßner, »klein und demüthig [...] wie ein Kind«[40] dieser Christusoffenbarung öffnen musste. Damit stand freilich außer Frage, dass es Gut und Böse gab, alles andere wäre Atheismus gewesen. Der Mensch musste das Gute im Herzen erfahren und – das war nie sicher – danach handeln. Wenn nur die freie Wahl des Guten den Menschen nach dem Sündenfall zurück zu Gott führen konnte, dann durfte diese Freiheit weder der hegelianische Vernunft noch der Stahl'schen Theokratie ausgeliefert werden. Der Volksgeist trug diese Freiheit als sein Geheimnis. Recht war nie sicher, vorhersehbar, ableitbar oder festgelegt. Es hatte andererseits aber auch Struktur, war auch geordnet, verstehbar, rational.

Das philosophische Bekenntnis zu einem frei-notwendigen Erkenntnisgegenstand war nun, dies ist meine nächste Perspektive, bis in die Tagesarbeit des Juristen hochproduktiv. Nicht die bald und bis heute weitgehend vergessenen philosophischen Erwägungen waren es, die so viele Juristen des 19. Jahrhunderts für diese Lösung einnahmen, sondern die Problemlösungen, die ein solcher Rechtsbegriff ermöglichte.

Vergegenwärtigen wir uns nochmals den Stoff, den diese Juristen den Gesetzen entgegenhielten, das so genannte heutige Römische Recht. Dieses Recht bestand aus einer kaum noch überschaubaren Fülle von antiken Texten, von Kommentierungen dieser Texte seit dem Mittelalter, von Gerichtsurteilen und wissenschaftlichen Ansichten. Welche dieser Ansichten sollte gelten? Es hatten sich bestimmte Regeln eingebürgert. Rezipiert war nur, was in der mittelalterlichen glossa ordinaria kommentiert worden war. Bei konkurrierenden Ansichten ging die neuere Ansicht der älteren Ansicht vor. Sätze, die seit langem angewendet wurden, galten als usus fori, eine Unterform des Gewohnheitsrechts. Interpretationen, die seit langem Konsens waren, galten als Usualinterpretation. Auch Sätze, für die sich communis opinio doctorum finden ließ, galten wegen dieser übereinstimmenden Lehrmeinung.

Eine Rechtswissenschaft, die um 1800 antrat, um die Rechtszustände grundlegend zu verbessern, musste gegen solche Sätze aufbegehren. Das Römische Recht drohte festgeschrieben zu werden, wenn sich etwa bei Gerichten ein neues Gewohnheitsrecht nicht bilden konnte, da bereits die erste abweichende Gerichtsentscheidung rechtswidrig gewesen wäre. Vieles, was seit langem üblich war, war aber doch gerade schlecht. Vieles, was frühere Juristen einhellig glaubten, wusste man nun

---

[40] Goßner (Hrsg.): Martin Boos, S. 44; hierzu Weigelt: Martin Boos, S. 90.

besser. Sich Autoritäten wie Gerichten oder älteren Juristen zu unterwerfen, war der Historischen Rechtsschule völlig fremd. Das Römische Recht musste nach seiner Qualität bemessen werden, nicht nur nach dem Grad der Gewöhnung daran. Gewöhnung konnte doch nicht einfach Recht schaffen. Der Skeptiker Hugo provozierte seine Zeitgenossen mit seinem Sklavereibeispiel: Wenn so große Männer wie Cicero oder Seneca die Sklaverei befürwortet hätten, dann könne man nicht sagen, die Sklaverei sei falsch, sondern nur, dass sie nicht mehr einem Lebensstil entspräche, an den wir uns gewöhnt hatten. Solche Aussagen empörten christlich gesinnte Juristen wie Savigny, Bethmann-Hollweg oder Puchta.

Und nun kam der Volksgeist ins Spiel. Wenn der Volksgeist, nicht die Gewohnheit, das Recht schuf, dann war die Gewöhnung nur die sichtbare Folge der im Volksgeist bestehenden Überzeugung, nicht deren Grund. Die Gewohnheit wurde vom Geltungsgrund zum Geltungsindiz. Puchta, als Urheber dieser Ideen, erläuterte das Zusammenspiel:

> Es entsteht eine Vermuthung für die Wahrheit einer Ansicht, wenn sie von den bewährtesten Rechtsgelehrten übereinstimmend vorgetragen wird (communis opinio), und wenn sie sich auch in der Anwendung constant geltend gemacht hat (usus fori), und ein gewissenhafter Richter wird im Zweifel dabei stehen bleiben. Aber diese Vermuthung muß der Wahrheit weichen; sowie ein Richter sich von ihrer Unrichtigkeit fest überzeugt hat, würde er pflichtwidrig handeln, wollte er sie noch ferner anwenden, und hätte man sie Jahrhunderte lang für wahr gehalten, und seit Menschengedenken in den Gerichten befolgt.[41]

Der Volksgeist dynamisierte das Römische Recht. An die Stelle äußerer Kriterien wie Gewohnheit und Zahl der Befürworter trat das innere Kriterium: die Überzeugung des Juristen.

4. Volksgeist und Juristengeist

War das ein Plädoyer dafür, dass jeder Jurist nun nach Gutdünken Recht setzen sollte? Das hätte den Juristengeist an die Stelle des Volksgeistes gesetzt. Nicht der Jurist, der Volksgeist schuf das Recht. Ein Jurist durfte also nur dann abweichen, wenn er davon überzeugt war, dass der Volksgeist eine solche Abweichung fordert. An die Stelle der ›äußeren Wahrheit‹, also des Gebrauchs, der Übung, der herrschenden Meinung, trat die innere Wahrheit der ›Überzeugung‹.

Was bedeutete Überzeugung? Der Volksgeist machte die Rechtsentstehung auf den ersten Blick zur black box. Gleichwohl hatten die rechtsphilosophischen Erörterungen ein paar Präzisierungen gebracht. Recht entstand durch menschliche Freiheit zum Guten oder zum Bösen. Das Gute stand also nicht irgendwie fest. Die Historische Rechtsschule hatte keine materiale Ethik. Erweckungstheologisches Credo war, dass das Gute von dem erkannt wird, der demütig wie ein Kind sich Christus in seinem Herzen öffnet. Sailer hatte von »Kindersinn« gesprochen. Dass es hierbei

---

41 Puchta: Vorlesungen römisches Recht, Bd. 1, S. 40; die Rechtssicherheit fordere freilich, dass der Irrtum »ganz entschieden« sein müsse, S. 41.

nicht nur um Religion ging, machte Savigny deutlich. Er betonte, vor Unwahrheit schütze in Wissenschaft wie im Glauben »ein stilles demüthiges Herz, treue Liebe zur Wahrheit und herzliches Gebet [...], denn hier und dort ist es doch am Ende der einfältige Kindersinn, dem allein die Wahrheit offenbart wird.«[42] Im »System« sprach er dann vorsichtiger vom »reine[n], unbefangene[n] Wahrheitssinn«.[43] Wahrheit war also nicht einfach erkennbar, sie offenbarte sich dem, der dafür empfänglich war. Bethmann-Hollweg sprach davon, es gehe für den Juristen bei der Erkenntnis ethischer Richtigkeit um

> jenen andern demüthigen Weg [...], den Weg des Glaubens, auf dem ein höheres Licht ihm entgegenstrahlt, und, indem es sein ganzes Wesen ergreift, verjüngt und belebt, jeder Kraft in ihm einen neuen Schwung verleiht. Was er dort sehnsüchtig zu schauen trachtet, empfängt er hier zu eigen, das ewige Recht, das göttliche Gesetz, nicht bloß als dunkles Gefühl, sondern als erleuchteten innersten Trieb seiner Seele.[44]

Damit war klar, dass der Zugriff auf den Volksgeist immer auch ein intuitives, in der Sprache der Zeit anschauendes Element hatte. Im »Beruf« hatte Savigny von einem Herausfühlen der leitenden Grundsätze gesprochen.[45] Wenn also der Jurist entscheiden sollte, welche äußere Erscheinung des Rechts – also ein antiker Text, ein Gerichtsurteil, eine Ansicht eines oder vieler Juristen – auch das aussprach, was dem heutigen Volksgeist entsprach, dann war er auch auf die innere Stimme Christi angewiesen, die zu hören seine religiöse, aber eben auch juristische Aufgabe war. Der Volksgeist war in den 1830er Jahren zu einem christlichen Projekt geworden. Auswirkungen hatte dieser offen intuitive Zugriff auf das Recht in einer Abneigung der meisten Anhänger Savignys gegen feste hermeneutische Regeln. Insbesondere das römische Recht sollte nicht schematisch interpretiert werden. Hier musste immer Raum sein für das, was Puchta als entscheidend herausgestellt hatte, die Überzeugung. Interpretation war insofern Überzeugungsarbeit und, nach Ansicht Puchtas, damit eben identisch mit Rechtswissenschaft überhaupt.

Wäre man dabei stehen geblieben, dann hätte das Geheimnis des Volksgeistes alle wissenschaftlichen Wahrheitsansprüche zerstört, da es keinerlei rationale Kriterien gegeben hätte, um eine richtige von einer falschen Überzeugung zu unterscheiden. Man wäre bei Stahls Unterwerfung unter die ethische Deutungshoheit von Kirche und Staat gelandet. Die Hybris des Gesetzmachens solchermaßen durch die Ohnmacht des Gläubigen zu ersetzen, ging Savigny und seinen Anhängern viel zu weit. Rechtswissenschaft musste neben diesem intuitiven Anteil an der Rechtserkenntnis auch andere Richtigkeitskriterien entwickeln. Das Recht war auch vernünftig. Und dies konnte nur bedeuten, auch der Rationalität einen entscheidenden Anteil an der Juristenarbeit einzuräumen. Man konnte dies in kantischer Tradition

---

[42] Brief Savignys an Jacob Grimm vom 29.12.1817, bei Stoll: Savigny – Ein Bild seines Lebens, Bd. 2, Nr. 338, S. 239; hierzu auch Nörr: Savignys philosophische Lehrjahre, S. 263.

[43] Savigny: System des Römischen Rechts, Bd. 1, S. 94; zu den damit verbundenen hermeneutischen Überlegungen Savignys, allerdings unter Ausblendung der religiösen Aspekte: Meder: Mißverstehen und Verstehen, S. 85–105 und passim.

[44] Bethmann-Hollweg: Grundriß, hier nach 3. Ausgabe 1832, S. XIV.

[45] Savigny: Vom Beruf unsrer Zeit für Gesetzgebung und Rechtswissenschaft, S. 22.

begründen. Dass etwas erst verstanden ist, wenn man es rational in einen Systemzusammenhang eingeordnet hat, war für Savigny und seine Anhänger selbstverständlich. Bethmann-Hollweg betonte, dass erst durch eine Systematisierung »der Stoff dem Gedanken angeeignet wird«.[46] Rationalisierung war Kernkompetenz und Kernaufgabe der Rechtswissenschaft. Keller betonte, das Geschäft der Juristen sei, »das im Gefühl des Volkes lebende Recht aufzufassen, zu erkennen, in bestimmte Begriffe zu fassen und diese im inneren Zusammenhange zu einem regelmäßigen Ganzen zu bilden.«[47]

Systeme sollten dabei freilich nicht willkürlich gebaut, sondern verstanden werden. Sie waren schon da. Man hatte in den Diskussionen um den Rechtsbegriff aus der Selbstorganisation der Gesellschaft, aus der Betonung des Gleichen im Wirklichen, aus der Vernunft des Volkes als Einheit und aus der begrenzten Zahl der Gegenstände des menschlichen Willens gefolgert, dass der Volksgeist in gewissen Grenzen rationalen Zusammenhängen folgte. Puchta formulierte:

> Für die Freiheit des Menschen haben wir eine Schranke in seiner Eigenschaft als Naturwesen gefunden, sie ist eine endliche Freiheit. Diese Schranke ist gegeben durch ein außer der Freiheit Liegendes, nicht durch sie selbst, sie ist eine äußerliche. Der Mensch erkennt sie durch die Vernunft, sein Wille ist ein unvernünftiger, wenn er diese Gränze zu durchbrechen sucht, wenn er auf etwas natürlich unmögliches sich richtet, sey es, daß die Natur des Körpers oder der Seele das Gewählte versagt.[48]
>
> Der menschliche Geist, welcher sich der Vernunft entschlägt, ist Wahnsinn. Die Freiheit des Menschen, um bestehen zu können, soll eine vernünftige seyn, d.h. innerhalb der Schranken der menschlichen Natur sich halten. Das Recht ist ein Vernünftiges, und dieß ist die Seite, von welcher es ein System ist, einen Organismus von Gattungen und Arten bildet.[49]

Dies war die ›vernünftige Seite‹ des Rechts. Hätte man alles Recht für vernünftig erklärt, wäre man beim alten Naturrecht oder beim zeitgenössischen Gegner Hegel gelandet. Recht war also nicht nur organisch; es könnten, so Bethmann-Hollweg, »auch Zufälligkeiten sich in [dasselbe] eindrängen«.[50] Alles andere hätte den Volksgeist als Geheimnis zerstört. Seit den 1830er Jahren nannte man auch einen Grund, warum Recht manchmal systemwidrig entstand. Bethmann-Hollweg meinte:

> Wie in der ganzen Geschichte der Völker, so auch in der Entwickelung ihres Rechts wirkt eine unbekannte Größe, ein x mit. Kein Volk ist der Einheit seines Rechts sich vollständig bewußt, es trägt sie mehr oder weniger nur im Gefühle. Eben deshalb producirt es auch sein Recht nicht in absoluter Einheit oder Consequenz, sondern durch die Manigfaltigkeit des Lebens und das practische Bedürfnis gedrängt, bildet es mit Ueberspringung der Mittelglieder Einzelnheiten, die nun den Character der Anomalie, der Ausnahme haben.[51]

---

46 Bethmann-Hollweg: Rezension Savigny, System. Erster Band, S. 1576.

47 Nach Oppert: Skript Encyclopädie und Methodologie des Rechtes nach Keller, Teil IV, Abschnitt VIII.

48 Puchta: Cursus der Institutionen, Bd. 1, S. 7.

49 Ebenda, S. 6.

50 Nach Albert von Sachsen-Coburg: Skript Juristische Encyclopädie nach Bethmann-Hollweg, Fol. 082.

51 Bethmann-Hollweg: Rezension Savigny, System. Erster Band, S. 1580.

Bei Puchta hieß es ähnlich,

> das Recht ist etwas Vernünftiges, in seiner Entwickelung einer logischen Nothwendigkeit Unterliegendes. Wenn z. B. der Gesetzgeber das Eigenthum als unmittelbare Herrschaft über eine Sache anerkennt, so anerkennt er damit nothwendig auch die vernünftigen Consequenzen aus dieser seiner Natur, wonach es z. B. in seiner Wirkung eine ganz andere Beschaffenheit hat, als die Obligatio, wiewohl freilich unter Umständen das Bedürfnis zu einer Abweichung von diesen Consequenzen führen kann.[52]

Bedürfnisse waren also physische oder psychische Notwendigkeiten, welche die Entscheidungsoptionen der Freiheit begrenzten und sich zugleich der ordnenden Leistung der Vernunft entzogen. Rechtswissenschaftlich mussten Systeme also Ausnahmen zulassen, nach dem antiken Vorbild des Jus Singulare. Hatte die Rechtswissenschaft auch das Ziel, alles, was sie fand, als Bestandteil des Systemzusammenhangs zu rationalisieren, so ging doch das Recht in Rationalität nicht auf. Auch durch die ordnende Kraft der Vernunft war der Volksgeist nicht völlig zu entzaubern. Savigny fügte seinem Hinweis auf die »Einsicht in den Zusammenhang« des einzelnen Begriffs »mit dem Ganzen« hinzu: »Aufgabe, nur in steter Annäherung zu lösen«.[53] Gleiches galt für die Quelleninterpretation: »Die Quellen [werden] gebraucht als Kennzeichen, Merkmale, Aussprüche des wirklichen Rechts, aus welchen man dasselbe, als ein inneres Factum von großem, unübersehbarem Zusammenhang nur allmählig und nur in Annäherung finden kann«.[54] Rechtswissenschaft betrieb durch Rationalisierung unendliche Annäherung an den Volksgeist, der sich abschließender Entzauberung entzog.

›Überzeugung‹ als entscheidendes Qualitätsmerkmal bedeutet also nicht bloßes Bekenntnis zu subjektiven Empfindungen, sondern gerade auch überzeugen, also Arbeit mit wissenschaftlichen Argumenten, die sich rationaler Kritik stellen mussten. Savigny betonte:

> Findet sich einmal ein eigentlicher Gelehrter auf dem Richterstuhl, so soll diesem damit das Recht nicht abgesprochen werden, seine wohl begründete und geprüfte Überzeugung auch in der Rechtspflege geltend zu machen. – Woran nun das Daseyn einer solchen wahren und guten Autorität zu erkennen ist, das läßt sich freylich nicht durch eine äußere formelle Regel bestimmen. Auf die Zahl der übereinstimmenden Schriftsteller kann es nicht ankommen, noch weniger kann bey fortdauerndem Streit an eine Stimmenzählung gedacht werden. Alles hängt vielmehr davon ab, daß diejenigen Rechtslehrer, die im Ruf besonnener und gründlicher Forschung stehen, in einer solchen Meynung übereinstimmen, daß also von Keinem derselben ein scheinbar bedeutender, mit Gründen unterstützter Widerspruch fortdauernd erhoben worden ist.[55]

Das Volksgeistkonzept mag man daher romantisch nennen. Es war jedoch vor allem eines: juristisch hochproduktiv. Das hier konstruierte Zusammenspiel zwischen Notwendigkeit und Freiheit schuf Regeln für eine sich frei im wissenschaftlichen

---

52 Puchta: Vorlesungen römisches Recht, Bd. 1, S. 22.

53 Savigny: Vorlesungen über juristische Methodologie. Hrsg. von Aldo Mazzacane, S. 283 (Einleitung zu den Pandekten 1827/1828–1841/1842).

54 Ebenda, S. 264 (Einleitung zu den Pandekten 1813/1814).

55 Savigny: System des Römischen Rechts, Bd. 1, S. 89.

Diskurs bewegende, hochrationale und gleichwohl stets veränderlich-dynamische Rechtswissenschaft, die in der Lage war, auf dem Boden antiker Regeln ein leistungsfähiges Warenverkehrsrecht für das 19. Jahrhundert zu entwickeln.

5. Wendepunkte

Infolge dieser produktiven Unsicherheit trug der Volksgeist die Pandektenwissenschaft noch lange. Noch in den 1860er Jahren schleppten die Pandektenlehrbücher den Volksgeist weiter mit, zu einer Zeit, in der die Romantik und die idealistische Philosophie weitgehend abgewirtschaftet hatten, niemand mehr von einem christlichen Privatrecht sprach, als die Naturwissenschaften zur Leitwissenschaft aufzusteigen schienen und die Mystik eines Volksgeistes eigentlich völlig fern der nüchternen Weltsicht der sich nun als Positivisten gerierenden Rechtswissenschaftler lag. Noch immer trug der Volksgeist das nationale Recht ohne Staat, schuf einen Ausgleich zwischen Dynamik und Statik des Rechts und zwischen Rechtsgefühl und Rationalität. Seine Leistungsfähigkeit in diesen Kernfragen der Pandektenwissenschaft war ungebrochen.

Nach 1871 kam sein Ende jedoch prompt. Als Träger einer erkenntnistheoretischen Unsicherheit wurde er nicht mehr benötigt, nun trennte man neukantianisch zwischen Sein und Sollen. Vor allem aber war nun der nationale Gesetzgeber da. Nun konnte der Staat die Trägerschaft über das nationale Recht wieder übernehmen. Damit verschoben sich alle Fragen von der Ebene der Produktion von Recht auf die Anwendung von Recht. Die Rechtswissenschaft wurde entmachtet und dem Gesetz unterworfen. Die Pandektenwissenschaft hatte inzwischen wenig entgegenzusetzen. Seitenlange Fußnoten in Windscheids Pandektenlehrbuch zeigten, dass Rechtswissenschaft vor allem nicht enden wollende Meinungsstreitigkeiten hervorrief. Von einem diese bändigenden Volksgeist schien sich keine Spur zu finden. Erschöpft warf sich auch Windscheid dem Gesetzgeber in die Arme und arbeitete am Bürgerlichen Gesetzbuch mit. Der Volksgeist hatte seine Schuldigkeit getan.

Karin Raude

Jacob Grimm und der ›Volksgeist‹

> Dasz recht und poesie miteinander aus einem bette aufgestanden waren, hält nicht schwer zu glauben. In ihnen beiden, sobald man sie zerlegen will, stöszt man auf etwas gegebenes, zugebrachtes, das man ein auszergeschichtliches nennen könnte, wiewol es eben jedesmal an die besondere geschichte anwächst; in keinem ist blosze satzung noch eitle erfindung zu haus. Ihr beider ursprung beruhet auf zweierlei wesentlichem, auf dem wunderbaren und dem glaubreichen.
>
> Jacob Grimm: Von der Poesie im Recht, 1815

1. Einleitung

Bereits früh in seinem wissenschaftlichen Schaffen begann Jacob Grimm, vor allem unter dem Eindruck Herders und Savignys, sich mit der Frage nach dem Ursprung von Recht, Sprache und Poesie zu beschäftigen. Diese Frage nach dem Ursprung und damit verbunden die Frage nach der Essenz der deutschen Kultur, in Grimms Augen nach dem Grundstein der deutschen Nation, entwickelte sich zu einem Leitthema seiner Wissenschaft. Eindeutig kam diese Grundfrage der Forschungen Grimms bereits in seinem berühmten Aufsatz »Von der Poesie im Recht« aus dem Jahr 1815 zum Ausdruck, aus dem auch das eingangs angeführte Zitat stammt.[1]

Die Antwort auf diese Leitfrage nach dem Ursprung und der nationalen Idendität lautete für Grimm schnell: Der Ursprung aller Kulturerscheinungen, der Sprache, des Rechts, der Poesie war das gemeinsame nationale Volksbewusstsein. Unbewusster Schöpfer sämtlicher Kulturerscheinungen eines Volkes war der deutsche ›Volksgeist‹. Obwohl Grimm die Grundlagen dieses Volksgeistkonzeptes nie eindeutig zur Sprache brachte und damit die Basis seiner Forschungen nie ausdrücklich thematisierte,[2] ergibt eine Gesamtschau seines Schaffens, dass die Überzeugung vom Vorhandensein eines solchen Volksgeistes als maßgebliche Grundannahme jedem seiner Werke zugrunde lag. Die Überzeugung vom Ursprung aus dem Volksgeist bestimmte nicht nur die Auswahl der Quellen, die er unermüdlich sammelte, sondern auch deren Zusammenstellung und Bearbeitung. Diese Sammlungen historischer Quellen[3] beeinflusste lange Zeit maßgeblich die Sicht der rechtsgeschichtlichen Forschung auf das vermeintlich ›urdeutsche‹ Recht.[4]

---

1 Grimm: Von der Poesie im Recht – Kleinere Schriften, Bd. 6, S. 152–191.

2 Burdach: Die Wissenschaft von deutscher Sprache, S. 71, beschreibt dies als Eigenart Grimms.

3 Dies betraf vor allem die mehrbändigen Werke: *Deutsche Rechtsalterthümer* und *Weisthümer*.

4 Dies wird nicht zuletzt deutlich aus den zahlreichen an Grimm gerichteten Widmungen, z.B. Beseler: Zur Beurtheilung der sieben Göttinger Professoren, S. 38f.; Gierke: Die historische Rechtsschule und die Germanisten, S. 12; Amira: Grundriss des Germanischen Rechts, S. 6f.

https://doi.org/10.1515/9783110612073-002

In der Forschung ist man sich einig, dass der Volksgeist bei Grimm zumindest eine bedeutende Rolle gespielt hat.[5] Teilweise wird sogar davon gesprochen, dass Jacob Grimm »Ernst« gemacht habe mit dem Volksgeistgedanken.[6] Wie genau sich dies im Grimm'schen Werk ausgewirkt hat und welche Folgerungen daraus insbesondere für seine rechtshistorischen Werke und für seine Vorstellungen vom deutschen Recht zu ziehen sind, wird allerdings selten ausführlich in den Blick genommen. Dies soll im Folgenden versucht werden.

2. ›Volksgeist‹ im 19. Jahrhundert

Obwohl bei Betrachtungen der Rechtsquellenlehre des 19. Jahrhunderts, insbesondere im Umfeld Friedrich Carl von Savignys, häufig von den Anhängern der sogenannten »Volksgeistlehre«[7] gesprochen wird, offenbart schon ein recht oberflächlicher Blick auf die einzelnen Vertreter dieser so bezeichneten »Lehre« und ihre inhaltlichen Vorstellungen, dass die Gemeinsamkeiten zwischen den Wissenschaftsmodellen, die auf einem nationalen Volksgeist aufbauten, teilweise recht gering waren.[8] Vielmehr vereinte der Oberbegriff »Volksgeistlehre« eine Vielzahl unterschiedlicher Konzepte, deren Gemeinsamkeit lediglich ein Bezug zu einem ›gemeinsamen Volksbewusstsein‹ war. Die Beantwortung der Fragen, wo dieses Volksbewusstsein zu suchen war, welche Bedeutung ihm in der Gegenwart noch zukam und welche Schlüsse hieraus genau zu ziehen waren, unterschied sich jedoch maßgeblich nach Forschungsrichtung, religiöser und gesellschaftlicher Prägung sowie nicht zuletzt politischer Einstellung der jeweiligen Verwender des Volksgeistgedankens.[9] Die Berufung auf den Volksgeist diente häufig dazu, ein bestimmtes Forschungsergebnis, welches sich nicht unmittelbar ›beweisen‹ ließ, mit einer besonderen Legitimität zu versehen. Da der Volksgeist selber oft als geheimnisvoll und sein Wirken eher ›gefühlt‹ als tatsächlich ›erkannt‹ werden konnte, bot er ein Erklärungsmodell, welches sich recht flexibel in die verschiedensten Konzeptionen eingliedern ließ und die Ursprungsfrage im Sinne des Verwenders klären konnte, ohne durch wissenschaftliche Erkenntnisse oder logische Ableitungen widerlegbar zu sein.[10] Von einem einheitlichen Volksgeistkonzept im 19. Jahrhundert kann daher gar nicht gesprochen werden.[11]

---

5 Z. B. Hübner: Jacob Grimm und das deutsche Recht; Vonessen: Friedrich Karl von Savigny und Jacob Grimm; Schuler: Jacob Grimm und Savigny.

6 Luig: Römische und germanische Rechtsanschauung, S. 108.

7 So z.B. Schröder: Zur Vorgeschichte der Volksgeistlehre.

8 Vgl. hierzu auch bei Bohnert: Über die Rechtslehre Georg Friedrich Puchtas, S. 47–49; Mährlein: Volksgeist und Recht, S. 19.

9 Vgl. hierzu auch Ogorek: Richterkönig oder Subsumtionsautomat, S. 171f.

10 So verwies Savigny in: Vom Beruf unsrer Zeit für Gesetzgebung und Rechtswissenschaft, S. 14, auf »innere stillwirkende Kräfte«; bei Grimm: (Von der Poesie im Recht – Kleinere Schriften, Bd. 6, S. 154) beruht der Ursprung von Sprache und Recht »auf dem wunderbaren und dem glaubreichen«. Vgl. hierzu auch Kroeschell: Das Germanische Recht als Forschungsproblem – Kroeschell (Hrsg.): Festschrift für Hans Thieme, S. 3–19., hier S. 4f.

11 Vgl. hierzu Mährlein: Volksgeist und Recht, S. 19–21.

Im Umfeld der sog. historischen Rechtsschule kann der Volksgeist bei allen inhaltlichen Differenzen als Sammelbezeichnung für solche Konzepte verstanden werden, die in irgendeiner Form das Volksbewusstsein als eine außerhalb des Volks stehende Entität in den Rechtsfindungsprozess aufnehmen wollten und damit den Ursprung des Rechts außerhalb eines abstrakten Gesetzgebungsverfahrens oder staatlichen Gesetzgebers im Volk selber verorteten. Der Volksgeist war in dieser Konzeption selber Rechtsquelle und schuf aktiv das Recht.[12] Auch Jacob Grimm entwickelte in diesem Umfeld seine ganz eigenen Vorstellungen davon, wie der Volksgeist die Entwicklung der Deutschen, ihrer Sprache und ihres Rechts beeinflusst hatte.

Neu war die Idee eines schaffenden Volksgeistes auch im 19. Jahrhundert allerdings nicht mehr. Die Vorstellung, dass Sprache und Recht, mithin die prägnantesten Merkmale von Völkern bzw. Nationen, durch einen gemeinsamen Faktor beeinflusst wurden, war nicht erst in Montesquieus Werk *De l'Esprit des Loix* von 1748 zum Ausdruck gekommen. Sowohl in der Gesetzgebungstheorie als auch in der Rechtsquellenlehre lässt sich die Idee, dass der gemeinsame Volkscharakter auch das Recht bestimme, schon deutlich früher nachweisen.[13] Beeinflusst wurde die Entstehung des Volksgeistgedankens vor allem durch die meist mit Jean Bodin in Verbindung gebrachte Klimalehre, die nach ihrem Populärwerden während des 18. Jahrhunderts in Frankreich unter anderem von Johann Gottfried Herder auch in Deutschland aufgegriffen wurde.[14] Bereits Hippokrates und Aristoteles hatten sich jedoch mit den Wechselwirkungen zwischen klimatischen Bedingungen und der Volkskultur beschäftigt.[15] Mit der Entstehung des organischen Geschichtsverständnisses wuchs schließlich die Überzeugung von einer organischen Entwicklung der einzelnen Völker, die jeweils eine besondere Rolle innerhalb der Geschichte einnehmen sollten, heran. Der Nationalcharakter oder nun auch Volksgeist entwickelte sich von einem die Merkmale einer Nation bestimmenden Faktor zu einem schöpferischen Subjekt.[16] Das Klima spielte nun höchstens noch am Rande eine Rolle.

Für die Rechtswissenschaft machte dann Friedrich Carl von Savigny das Konzept populär, obwohl er selbst erst recht spät den Begriff Volksgeist verwendete.[17] In seiner viel beachteten Schrift *Vom Beruf unsrer Zeit für Gesetzgebung und Rechtswissenschaft* von 1814 zeigte sich jedoch deutlich seine Überzeugung, dass Sprache, Sitte und Verfassung verknüpft war, »durch die gemeinsame Ueberzeugung des Volkes, das gleiche Gefühl innerer Nothwendigkeit, welches allen Gedanken an zufällig und willkührliche Entstehung ausschließt.«[18] Savigny sprach hier

---

12 Vgl. K.H.L. Welker: Volksgeist. – In: Handwörterbuch zur deutschen Rechtsgeschichte (1. Aufl.), Bd. 5, Sp. 986–990, hier Sp. 988f.

13 Schröder: Zur Vorgeschichte der Volksgeistlehre, S. 3f.; Zur Klimatheorie und die Auswirkungen auf die Beurteilung der Nationalcharaktere auch Wiwjorra: Der Germanenmythos, S. 254–257.

14 Fink: Von Winckelmann bis Herder, S. 156.

15 Zur Vorgeschichte des Volksgeistgedankens im alten Griechenland und Rom sowie darüber hinaus vgl. Moeller: Die Entstehung des Dogmas von dem Ursprung des Rechts aus dem Volksgeist, S. 6–20 sowie Schröder: Zur Vorgeschichte der Volksgeistlehre, S. 1–47.

16 Zu dieser Entwicklung auch Hoffmann: Das deutsche Volk und seine Feinde, S. 124.

17 Savigny: System des heutigen Römischen Rechts, Bd. 1, S. 14.

18 Savigny: Vom Beruf unsrer Zeit für Gesetzgebung und Rechtswissenschaft, S. 8.

ausdrücklich von einem »organischen Zusammenhang des Rechts mit dem Wesen und Charakter des Volkes.«[19] Das Recht war »durch innere, stillwirkende Kräfte, nicht durch die Willkühr eines Gesetzgebers«[20] entstanden. Der Ursprung des Rechts war daher nicht bei einem staatlichen Gesetzgeber zu suchen, der für das in verschiedene Territorien zersplitterte Deutschland auch schwer zu ermitteln gewesen zu wäre.

Grimm, der seit 1802 an der Universität Marburg Rechtswissenschaften studierte, entwickelte bald eine persönliche Freundschaft zu seinem Lehrer Savigny und hörte begeistert seine Methodenvorlesung.[21] Unter diesem Eindruck entwickelte er dann seine eigene Wissenschaftskonzeption, in der, ähnlich wie bei Savigny, der Volksgeist eine zentrale Rolle übernahm. Allerdings hatte Grimm seine ganz individuelle Vorstellung davon, was den Volksgeist ausmachte und wie dieser auf die Sprache und das Recht der Deutschen gewirkt hatte. Durch die Sammlung möglichst alter und noch unverfälschter Quellen aus dem ›einfachen Volk‹ versuchte er einen Beitrag zur Rekonstruktion dessen zu leisten, was den deutschen Volksgeist auszeichnete.

3. Jacob Grimms Volksgeistkonzept

Die Untersuchung der Prinzipien, nach denen Jacob Grimm sein eigenes wissenschaftliches Werk aufgebaut hat und von denen seine Forschungen bestimmt waren, begegnete zunächst dem Problem, dass Grimm selbst sich hierzu nicht ausdrücklich geäußert hat. Gerade dieses Nichtdefinieren von Grundbegriffen ist in der Grimmforschung wiederholt als besondere Eigenart Grimms beschrieben worden,[22] und entsprach seinem induktiv und empirisch angelegten Wissenschaftsverständnis.[23] Auch fand der Begriff ›Volksgeist‹ nur recht seltene Verwendung im Grimm'schen Werk, was die Rekonstruktion des Volksgeistbildes zusätzlich erschwert.[24] Der Volksgeist war zwar ein »im Innern der Forschung wirkendes Moment«,[25] fand jedoch nach außen keinen ausdrücklichen Niederschlag. Für die Annäherung an Grimms Volksgeistkonzept ist man daher darauf verwiesen, aus den eher beiläufigen Bemerkungen Grimms in seinen Aufsätzen, Reden, Quellenwerken und nicht zuletzt auch aus dem glücklicherweise umfassend erhaltenen und editierten Briefwechsel, Grimms Vorstellung vom Volksgeist und seinem Wirken zu rekonstruieren.[26] Es

---

19 Ebenda, S. 11.

20 Ebenda, S. 14.

21 Grimm: Selbstbiographie – Kleinere Schriften, Bd. 1, S. 5f. Eine Mitschrift der Vorlesung von Grimms Hand ist erhalten: Savigny: Juristische Methodenlehre.

22 Burdach: Die Wissenschaft von deutscher Sprache, S. 71.

23 Vgl. zur Methode Grimm auch eingehend bei Ginschel: Der junge Jacob Grimm, S. 279–284; Ziegler: Die weltanschaulichen Grundlagen der Wissenschaft Jacob Grimms, S. 250.

24 Teilweise sprach Grimm aber auch ausdrücklich vom »Geist des Volkes«, so beispielweise Grimm: Über Karl und Elegast – Kleinere Schriften, Bd. 6, S. 40; ders.: Vorrede zu Johannes Merkel Lex Salica, S. 292; teilweise sogar vom »Volksgeist«, so in ders.: Bemerkungen über eins der Projecte der Pentarchen zu einer Deutschen Bundesacte – Kleinere Schriften, Bd. 8, S. 419.

25 Wyss: Die wilde Philologie, S. 90; hierzu auch Schuler: Jacob Grimm und Savigny, S. 223.

26 Vgl. dazu auch Jendreiek: Hegel und Jacob Grimm, S. 58.

blieb dabei nicht aus, auch gewisse Widersprüche aufzudecken. Nicht zuletzt hat Grimm seine Ansichten, auch unter dem Eindruck der teils dramatischen politischen Veränderungen in den deutschen Staaten, von denen er auch persönlich betroffen war, mehrfach geändert und relativiert. Nach eigener Aussage ist Grimm auch im Alter milder in seinen Urteilen geworden, als er es zu Beginn seiner wissenschaftlichen Laufbahn gewesen ist.[27] Es ergibt sich dennoch in Bezug auf den Volksgeist ein recht konstantes Bild, so dass eine Einteilung beispielsweise in eine Vor- und Nachgrammatische Schaffensphase, wie sie für andere Forschungsthemen Grimms vorgenommen wird, nicht erfolgen musste.[28]

Grimm verwies häufig auf die »eigenthümlichkeit«[29] oder die »natur«[30] des Volkes und sprach vom »volksgefühl«[31], welches für die Sprache und das Recht von besonderer Bedeutung sei. In diesem Zusammenhang beschäftigte er sich sowohl auf dem Gebiet des Rechts als auch auf dem Gebiet der Sprache mit den Besonderheiten der »Deutschen« und deren Ursprung. Grimm leitete den Begriff ›deutsch‹ aus dem Gotischen »þiuda« bzw. »thiudisk« ab und sah hierin einen im Gegensatz zur fremden Bezeichnung »germanisch« im Volk selbst gewachsenen Begriff, eine Bezeichnung, die die verschiedenen germanischen Stämme selber für ihre volksmäßige Einheit gewählt hatten.[32] Bei allen feststellbaren Parallelen zu anderen Volksgruppen in Europa und weltweit, vor denen Grimm die Augen keineswegs verschloss, war er »durchdrungen von der überzeugung, dasz wiewol ein volk dem andern zuträgt und manche gemeinschaft zwischen ihnen eintritt, dennoch die eigenthümlichkeit eines jeden das übergewicht behauptet«[33]. Es gab somit also etwas, dass jede Nation ausmachte, den jeweiligen Volkscharakter bestimmte. Diese Kraft, so Grimm[34], formte auch die jeweiligen Kulturerzeugnisse einer Nation, ihre Sprache und ihr Recht und beeinflusste deren Entwicklung. Alles wurde durch diesen unsichtbar wirkenden Volksgeist bestimmt. Deutlicher formulierte dies Grimm vor allem für die Sprache. Der dort »unbewust waltende sprachgeist«[35] beeinflusste die Sprachentwicklung und die Ausformung grammatikalischer Prinzipien und Gesetze und pflanzte sie tief in das jeweilige Volk ein, so dass diese jeweils intuitiv verwendet und an die nächste Generation weiter vermittelt werden konnten, ohne dass die genauen Gesetzmäßigkeiten zu Bewusstsein gelangt wären. Ähnlich schilderte Grimm auch die Entwicklung der Sage, der Poesie und nicht zuletzt auch des Rechts.[36]

---

27 Dies wird beispielsweise deutlich in einem Brief Grimms an Karl Simmrock vom 20.3.1836, abgedruckt in: Grimm: Briefe der Brüder Grimm, S. 129f.

28 Diese Einteilung findet sich beispielsweise bei Ginschel: Der junge Jacob Grimm.

29 Grimm: Vorrede zum 1. Band des deutschen Wörterbuches – Kleinere Schriften, Bd. 5, S. 455.

30 Grimm: Rede auf Schiller – ebenda, Bd. 1, S. 395.

31 Grimm: Über Schule, Universität, Akademie – ebenda, S. 232.

32 Grimm: Geschichte der deutschen Sprache, Bd. 1, S. 546.

33 Grimm: Rez. Études sur le Roman de Renart von Jonckbloet – Kleinere Schriften, Bd. 5, S. 455.

34 Ebenda.

35 Grimm: Über den Ursprung der Sprache – Kleinere Schriften, Bd. 1, S. 284.

36 Dies wird vor allem deutlich in Grimm: Von der Poesie im Recht – ebenda, Bd. 6.

Gegenüber Dahlmann, der die Entwicklung der Sage mit der Zubereitung von Speisen verglichen hatte, wandte Grimm ein: »die verwandlung, den übergang räume ich ein, nicht die zubereitung. denn zubereitet nennen dürfen wir nicht, was durch stillthätige, unbewust wirksame kraft umgesetzt und verändert wurde.«[37] Der Volksgeist war für Grimm damit weit mehr als nur »ein untrügliches Gefühl für das Rechte und Wahre«[38], er war Ursprung und Triebfeder jeglicher Kulturleistung eines Volkes. Die individuelle Schöpfungskraft Einzelner musste demgegenüber zurücktreten. Weder Sprache noch Recht konnte bewusst geschaffen oder erfunden werden, sie erschufen sich selbst durch den im Volke wirkenden Volksgeist. Der Ursprung des Volksgeistes selbst, und das war Teil des Konzepts, war letztendlich aber nicht aufklärbar, blieb dunkel und geheimnisvoll. Der Volksgeist war für Grimm »ein angeborenes erbgut, das seit undenklichen jahren die eltern mit sich getragen und auf uns fortgepflanzt haben, das wir wiederum behalten und unsern nachkommen hinterlassen wollen.«[39]

Dies bedeutet keineswegs, dass Grimm eine Identität zwischen Gott und dem Volksgeist annahm. Die Ursprungsfrage war ein durchaus heikles Thema und enthielt religiösen »Sprengstoff«.[40] Grimm verneinte durch sein Volksgeistkonzept einen direkten göttlichen Ursprung von Sprache und Recht. Ein göttlicher Einfluss war für ihn vielmehr nur indirekt festzustellen. Der Volksgeist hatte zwar bereits an sich eine religiöse Komponente, da er als Ursprungsmythos das Entstehen der Welt und der das Leben der Menschen elementar bestimmenden kulturellen Errungenschaften thematisierte. Allerdings wollte Grimm neben der göttlichen Schöpfung der menschlichen Freiheit eine entscheidende Rolle zubilligen.[41] Der Volksgeist war somit in Grimms Vorstellung als Keim von Gott in die Menschen gelegt worden und konnte dort als ewige Größe das Bindeglied zwischen der Tätigkeit der einzelnen, in ihrer Lebenszeit begrenzten Menschen mit dem Fortschritt der Gesellschaft bilden, damit das organische Wachsen des Ganzen sicherstellen.[42] Zu suchen war der Volksgeist daher bei den Menschen, nicht bei Gott.

4. Volksgeist und Organismus

Eng verknüpft war die Vorstellung Grimms vom Vorhandensein eines schaffenden Volksgeistes mit der Überzeugung, dass nur eine organische Entwicklung der

---

37 Grimm: Vorrede zu Deutsche Mythologie – ebenda, Bd. 8, S. 148f.

38 Franz: Über Jakob Grimms Nationalgefühl, S. 305.

39 Grimm: Von der Poesie im Recht – Kleinere Schriften, Bd. 6, S. 154.

40 Vgl. zum Verhältnis zwischen göttlicher Schöpfung und Volksgeist im Umfeld der historischen Rechtsschule Haferkamp: Christentum und Privatrecht bei Moritz August von Bethmann-Hollweg; Haferkamp: Naturrecht und Historische Rechtsschule, S. 61, 72–74.

41 Dies wird beispielsweise deutlich bei Grimm: Über den Ursprung der Sprache – Kleinere Schriften, Bd. 1, S. 283f.; vgl. hierzu auch Ziegler: Die weltanschaulichen Grundlagen der Wissenschaft Jacob Grimm, S. 251.

42 So erscheint die Rolle des Sprachgeistes in der Sprache bei Herrlich: Organismuskonzept und Sprachgeschichtsschreibung, S. 148.

Sprache und des Rechts naturgemäß war. Was der in den Menschen wirkende Volksgeist erschuf, konnte sich nach der Überzeugung Grimms daher nur langsam und organisch entwickeln.[43] Diese Verknüpfung von Volksgeist und Organismusgedanken war auch bei anderen Vertretern der sogenannten Volksgeistlehre zu beobachten.[44] Dies führte für die Volksgeistkonzeptionen zu zwei unterschiedlichen Konsequenzen: Zum einen erlangte dadurch die historische Betrachtung der Kulturerzeugnisse besondere Bedeutung. Ein Organismus konnte nur im Lichte seiner Entwicklung verstanden werden, nicht allein durch abstrakte Betrachtung seines derzeitigen Zustandes. Zum anderen verbot sich grundsätzlich jeder künstliche Eingriff in die natürliche, organische Entwicklung. Die abstrakte Schöpfung von Regeln und Gesetzen war daher, wenn nicht ganz unmöglich, so doch zumindest nur in Grenzen erlaubt. Für diese Grenzen erlangte dann der konkrete Volksgeist Bedeutung. Da er die Entwicklung des Organismus prägte, konnten nur durch seine tiefere Erkenntnis solche Regelungen geschaffen werden, die dem natürlichen Entwicklungsprozess entsprachen und die zukünftige Entwicklung des Volkes nicht hemmten. Gleichzeitig bedeutete jedoch die Festschreibung bestimmter Regelungen und Gesetzmäßigkeiten ebenfalls eine Behinderung der organischen Entwicklung insoweit, als sie von dem Ziel getragen waren, den status quo zu zementieren und der natürlichen Entwicklung zu entziehen.[45]

Die Kultur an sich, das Recht, die Sprache, die Poesie bildeten nach Auffassung Grimms einen Gesamtorganismus der Volkskultur, alle Teile standen in Beziehung zueinander. Der Organismus lebte und entwickelte sich, seine Vergangenheit blieb dabei auch in der Gegenwart ein Teil desselben. Durch die organische Entwicklung war die Vergangenheit durch ein besonderes »band« mit der Gegenwart und der Zukunft verknüpft.[46] Weder war es daher möglich, die Vergangenheit aus den wissenschaftlichen Betrachtungen auszulassen, noch statisch in einem bestimmten Zustand zu verharren. Plötzliche Veränderungen, herbeigeführt etwa durch den Staat, die Kirche oder die Wissenschaft, waren daher für Grimm nicht Ausdruck einer natürlichen Entwicklung. Solche Einflüsse führten für Grimm vielmehr zu künstlichen Ergebnissen und damit letztlich zu einer Entfremdung zwischen dem Volk, das nun gezwungen war, mit diesen Ergebnissen zu leben, und nationalem Volksgeist.[47] Für Grimm hatte insbesondere die katholische Kirche mit ihrer Orien-

---

43 Dies wird insbesondere deutlich in Grimms Auffassung von der Entwicklung der Sprache, beispielsweise Grimm: Vorrede zur Deutschen Grammatik – Kleinere Schriften, Bd. 8, S. 50, aber auch ders: Ueber den altdeutschen Meistgesang, S. 19f.; Über die Alterthümer des Deutschen Rechts – Kleinere Schriften, Bd. 8, S. 547. Vgl. hierzu auch Schmidt-Wiegand: Jacob Grimm und das genetische Prinzip, S. 2.

44 Ebenda; so auch schon Moeller: Die Entstehung des Dogmas von dem Ursprung des Rechts aus dem Volksgeist, S. 49.

45 Schmidt-Wiegand: Jacob Grimm und das genetische Prinzip, S. 2f., führt diese Überzeugungen Grimms auf den Besuch der Savigny'schen Methodenvorlesung zurück.

46 Grimm: Über die Alterthümer des Deutschen Rechts – Kleinere Schriften, Bd. 8, S. 547.

47 Dies wird beispielsweise deutlich bei Grimm: Über die wechselseitigen Beziehungen und Verbindung der drei in der Versammlung vertretenen Wissenschaften – ebenda, Bd. 7, S. 559; Grimm: Von der Poesie im Recht – ebenda, Bd. 6, S. 158f.; Grimm: Über die Alterthümer des Deutschen Rechts – Kleinere Schriften, Bd. 8, S. 549f.; Grimm: Rechtsalterthümer S. XVII.

tierung an lateinischer Sprache und römischem Recht zu dieser Entfremdung beigetragen und durch ihre jahrelange Praxis die Entwicklung insbesondere des deutschen Rechts behindert.[48] Dieses war nur noch bei der einfachen Bevölkerung lebendig geblieben, während im Übrigen das dem deutschen Volksgeist fremde römische Recht die Überhand gewonnen hatte.[49] Zwar bewunderte auch Grimm die Abstraktion und Dogmatik des römischen Rechts,[50] er wurde jedoch nicht müde zu betonen: »allein dieses hat einen hauptmangel, es ist uns kein vaterländisches, nicht auf unserm boden erzeugt und gewachsen, unserer denkungsart in wesentlichen grundzügen widerstreitend und kann uns eben darum nicht befriedigen.«[51] Die Rezeption war für Grimm Paradebeispiel einer zerstörerischen Entfremdung vom eigenen Volksgeist durch Übernahme fremder Elemente. »Im innern Deutschland, seit er sein hergebrachtes recht nicht mehr selbst weisen kann, ist der bauersmann verdumpft, er denkt beschränkter und nimmt am gemeindewesen geringern theil«, so war Grimm überzeugt.[52] Grimms Vorstellung war es daher, dass nach gründlicher Erkenntnis des einheimischen Rechts, zu der er mit seinen Quellensammlungen beitragen wollte, das römische Recht allmählich durch entsprechende einheimische Rechtsnormen ersetzt werden sollte.[53] Auch wenn das deutsche Recht dem römischen Recht wissenschaftlich nicht ebenbürtig war – »ein stück hausbacken brotes«, so führte Grimm aus, »ist uns gesünder als der fremde Fladen«.[54]

Ähnlichen zerstörerischen Einfluss sah er in der Wissenschaft. Während beispielsweise Savigny der Wissenschaft eine entscheidende Vermittlerrolle zwischen Volk und Volksgeist zugedacht hatte,[55] war Grimm hier völlig anderer Ansicht. Für ihn störte wissenschaftliche Behandlung die Beziehung zwischen Volk und Volksgeist, zwischen Volk, Recht und Sprache.[56] Während Savigny sich dem wissenschaftlichen Recht zuwandte, widmete sich Grimm daher vor allem dem ›volkstümlichen‹ Recht.

Recht, Sprache, Religion hatten für Grimm nämlich »volksmäßig« zu sein, nur so konnte sich der nationale Volksgeist selber entfalten; das jeweilige Recht eines Volkes war für Grimm daher »an seinem ort selbstgewachsen und in der regel un-

---

48 Grimm: Reiseeindrücke – Kleinere Schriften, Bd. 1, S. 69f.; Grimm: Über Ossian – Kleinere Schriften, Bd. 7, S. 543. Der Protestantismus wirke dieser Entwicklung allerdings entgegen, dies äußerte Grimm gegenüber Savigny am 12.12.1845, Brief abgedruckt bei Grimm: Briefe der Brüder Grimm an Savigny, S. 420f.

49 Grimm: Rechtsalterthümer, S. 773.

50 Grimm: Über die Alterthümer des Deutschen Rechts – Kleinere Schriften, Bd. 8, S. 549f.

51 Grimm: Rechtsalterthümer, S. XVI.

52 Ebenda, S. XVII.

53 Grimm: Über die wechselseitigen Beziehungen und die Verbindung der drei in der Versammlung vertretenen Wissenschaften – Kleinere Schriften, Bd. 7, S. 561.

54 Grimm: Über Schule, Universität, Akademie – ebenda, Bd. 1, S. 234.

55 Savigny: Vom Beruf unsrer Zeit für Gesetzgebung und Rechtswissenschaft, S. 67; Savigny: System des heutigen Römischen Rechts, Bd. 1, S. 50.

56 Dies wird beispielsweise deutlich bei Grimm: Anzeige der Weisthümer Teil 4 – Kleinere Schriften, Bd. 5, S. 453; Grimm: Über die Alterthümer des Deutschen Rechts – ebenda, Bd. 8, S. 550; ders.: Über den altdeutschen Meistergesang, S. 5.

entliehen.«[57] Klar unterschied Grimm daher auch zwischen Kunstpoesie, geschaffen durch »das Nachsinnen der bildenden Menschen«[58] und Naturpoesie, die Eigentum des gesamten Volkes war.[59] Der Volksgeist konnte sich nur bei »›natürlicher« Vermittlung entfalten. Sprache, Recht, Poesie mussten daher erfahren werden und von Generation zu Generation im Idealfall mündlich weiter vermittelt werden, um den Einfluss fremder Faktoren zu beschränken.[60] Grimm strebte in seiner Forschung danach, dieses organische Werden der Volkskultur innerhalb der Geschichte zu rekonstruieren und damit die Essenz des deutschen Volksgeistes wieder erkennbar zu machen, um der bisher gespaltenen deutschen Nation eine Grundlage für ihre Einheit zu geben. Insoweit spielten hier auch Grimms politische Hoffnungen auf einen deutschen Nationalstaat in sein Volksgeistkonzept hinein.[61] Innerhalb der Entwicklung konnte Grimm vermeintlich bestimmte genetische Entwicklungslinien aufdecken, die von einer sinnlich geprägten Vorzeit in eine von immer fortschreitender Abstraktion gekennzeichneten Gegenwart hinüberführten.[62] Grimm stellte dabei bestimmte typisch deutsche Merkmale fest, deren Vorhandensein er auf das Wirken des Volksgeistes zurückzuführen glaubte.

5. Vom Volksgeist hervorgebrachte Besonderheiten der deutschen Kultur

Als grundlegende Besonderheiten der deutschen Kultur und damit des deutschen Volksgeistes identifizierte Grimm zunächst die Affinität zu formel- und symbolhaften Elementen in Recht, Sprache und Poesie,[63] die herausragende Bedeutung der Freiheit[64] sowie die Wichtigkeit der Gemeinschaft.[65] In sinnlichen Rechtsregelungen sah Grimm das urdeutsche natürliche und lebhafte Recht verwirklicht, welches sich maßgeblich vom abstrakten, toten römischen Recht unterschied.[66] Das Rechtsgeschäft des Tauschs empfand Grimm daher als noch natürlicher als der Kauf, da dieser durch die Abstraktion des Wertes einer Ware in Geld für die Beteiligten nicht

---

[57] Grimm: Von der Poesie im Recht – Kleinere Schriften, Bd. 6, S. 155.

[58] Grimm: Ueber den altdeutschen Meistergesang, S. 5.

[59] Vgl. hierzu auch Denecke, Oberfeld: Die Bedeutung der »Volkspoesie« bei Jacob und Wilhelm Grimm, S. 16.

[60] Grimm: Rez. Besselt, Von dem Verhältnis altdeutscher dichtungen zur volksthümlichen erziehung – Kleinere Schriften, Bd. 6, S. 203f.; dazu auch Meves: Jacob Grimms Stellungnahmen zum Altdeutschen im Unterricht, S. 84f.

[61] Vgl. hierzu Feldmann: Jacob Grimm und die Politik, S. 42–44; Vogel: Jacob Grimm und die Deutsche Nationalversammlung 1848, S. 36.

[62] Vgl. hierzu auch ausführlich Herrlich: Organismuskonzept und Sprachgeschichtsschreibung, S. 39–41, S. 46–50.

[63] Grimm: Von der Poesie im Recht – Kleinere Schriften, Bd. 6, S. 170.

[64] Grimm: Über Adel und Orden – ebenda, Bd. 8, S. 439.

[65] Beispielsweise Grimm: Rechtsalterthümer, S. 494f.; Grimm: Vorlesung über »deutsche Rechtsalterthümer«, S. 39f.; vgl. dazu auch bei Ziegler: Die weltanschaulichen Grundlagen der Wissenschaft Jacob Grimm, S. 248f.

[66] Grimm: Von der Poesie im Recht – Kleinere Schriften, Bd. 6, S. 170–173; Grimm: Rez. Gulathings-Laug – ebenda, Bd. 4, S. 114f.

mehr gleich sinnlich erfahrbar war.[67] Die alte symbolhafte Sprache war für ihn Nachweis für die eigentümlich deutsche Nähe des Rechts und der Poesie zur Natur und zu den Menschen. Je »sinnlicher« Regelungen ausgestaltet waren, desto ursprünglicher und volksgeistnäher waren sie daher in den Augen Grimms.[68]

Das Prinzip der Freiheit war Grimm sogar so wichtig, dass er es bei den Verhandlungen in der deutschen Nationalversammlung an »die spitze unserer grundrechte zu stellen« gedachte. Dies bildete den Inhalt eines der ganz wenigen Anträge, die Grimm in der Nationalversammlung stellte.[69] Mit der Betonung des Freiheitsgedankens ordnete sich Grimm in die Tradition der sogenannten germanischen Freiheitsidee ein, die vor allem Folge einer humanistischen Interpretation von »Taciti Germania« war.[70] Freiheit meinte dabei vor allem die persönliche Freiheit, also die Abwesenheit von Leibeigenschaft und Sklaverei. Freiheit war für Grimm das Urrecht der Deutschen. Sein Vorschlag für Art. 1 der zukünftigen Deutschen Verfassung lautete daher auch: »alle Deutschen sind frei, und deutscher boden duldet keine knechtschaft. Fremde unfreie, die auf ihm verweilen, macht er frei.«[71] Auch im alten deutschen Recht identifizierte Grimm die Freiheit als maßgebliches Element. Dies galt vor allem im Strafrecht. Das ganze alte Kriminalrecht gründe sich auf ein »lebendiges Freiheitsgefühl beider Parteien«[72]. Die Freiheit des Einzelnen markierte die Grenze dessen, was Gesetze vorschreiben und regeln konnten. Das Fehdewesen empfand er als Ausdruck dieser deutschen Freiheitsvorstellung,[73] womit er innerhalb der juristischen Germanistik der ersten Hälfte des 19. Jahrhunderts allerdings keineswegs alleine war. Insgesamt war die Betonung der »germanischen« Freiheit bei Juristen und Historikern ab 1815 ein beliebtes Motiv. Lange Zeit mit dem Mangel des sogenannten Barbarenklischees behaftet entwickelte sich die Berufung auf die Tugenden der germanischen Vorzeit zu einer Waffe im Kampf um bürgerliche Freiheit.[74] Dies ist auch bei Grimm festzustellen, dessen Volksgeistkonzept eng mit seinen politischen Vorstellungen verknüpft war. Nach seiner Entlassung aus Göttingen rechtfertigte Grimm seinen Widerstand mit der »alten freiheit des volks«, die ihn dazu veranlasst habe, gegen den Verfassungsbruch im König-

---

67 Grimm: Von der Poesie im Recht – ebenda, Bd. 6, S. 189.

68 Beispielsweise Grimm: Rechtsalterthümer, S. VII; ders.: Weisthümer Bd. 4, Vorbericht. Vgl. hierzu auch bei Schmidt-Wiegand: Das sinnliche Element des Rechts, S. 4.

69 Grimm: Über Grundrechte – Kleinere Schriften, Bd. 8, S. 439.

70 Zur Bedeutung des Gemeinschaftsgedankens noch bis in die BGB-Entstehung Hofer: Freiheit ohne Grenzen, S. 134–138.

71 Grimm: Über Grundrechte – Kleinere Schriften, Bd. 8, S. 439; Der Antrag wurde dann mit 205 gegen 192 Stimmen abgelehnt, vgl. Schmidt: ›Kein Deutscher darf einen Sclaven halten‹, S. 183. Grund für die Ablehnung war wohl hauptsächlich die enge Verknüpfung zwischen nationaldeutschem Bekenntnis und Freiheitsbegriff, die vielen Abgeordneten zu eng erschien, vgl. Bleek: Die Brüder Grimm und die deutsche Politik, S. 6; zur Entstehungsgeschichte auch Seybold: Freiheit statt Knechtschaft.

72 Grimm: Rechtsaltertümer – Grimm: Deutsche Altertumskunde, S. 80–131, hier S. 112.

73 Ebenda.

74 Hierzu Ingo Wiwjorra: Der Germanenmythos, S. 111–114; Magon: Jacob Grimm, S. 12; Nelsen-v. Stryk: Zum »Justizbegriff« der rechtshistorischen Germanistik, S. 194.

reich Hannover zu protestieren.[75] Als Ergebnis der deutschen Freiheitsliebe empfand Grimm aber auch die Lautverschiebung in der deutschen Sprachentwicklung, die eigentlich nicht der organischen Sprachentwicklung entsprach. Das sich diese doch ereignet habe, führte Grimm auf »vorschritt- und freiheitsdrang der Deutschen« zurück.[76]

Neben der Freiheit betonte Grimm die Bedeutung des Gemeinschaftsgedankens in der deutschen Volkskultur. Auch hier war Grimm nicht allein. Der germanische Gemeinschaftssinn war im Rahmen einer Gegenbewegung zu den Individualisierungstendenzen als Folge der Aufklärung beliebtes Motiv vieler Romantiker, Freiheit und Gemeinschaft bildeten sich im Anschluss an die Befreiungskriege als zentrale Leitmotive der rechtshistorischen Germanistik heraus.[77] Für Grimm war der Gemeinschaftsgedanke schon in der deutschen Urgesellschaft der Hirtenvölker bestimmendes Moment und bestimmte daher bis in die Gegenwart die Grundprinzipien des deutschen Rechts.[78] Die Familie übernahm dabei für Grimm das Idealmodell jeder menschlichen Gesellschaft.[79] Besonderes Augenmerk richtete Grimm daher auf die Ausprägung des Gemeinschaftseigentums im deutschen Recht. Paradebeispiel hierfür sind die von Grimm besonders geschätzten Markgenossenschaften. Hieraus entwickelten sich seiner Meinung nach alle weiteren Formen rechtlicher Gemeinschaftsregelungen.[80] Der Gemeinschaftsbezug war daher neben der Freiheit die Grundbedingung des deutschen Rechts- und Kulturlebens. Aber auch im Übrigen zeigten sich im alten deutschen Recht für Grimm zahlreiche typische Ausprägungen des deutschen Volksgeistes.

Deutsche Rechtsregelungen zeichneten sich für Grimm typischerweise dadurch aus, auf die Erhaltung des Friedens, der Gemeinschaft und der Freiheit gerichtet gewesen zu sein. Selbst die nicht abzustreitende Grausamkeit der alten Regelungen sei auf die Förderung dieser Ziele ausgerichtet gewesen und damit als Beispiel für die »erfreuende reinheit, milde und tugend der vorfahren«[81] geeignet. Die Blutrache beispielsweise sei ein effektives Mittel gewesen, den durch das vorangegangene Verbrechen gebrochenen Frieden wiederherzustellen. Nicht erst das christliche Strafrecht habe daher Mittel zur Gewährleistung des weltlichen Friedens bereit gehalten.[82] Dies sei bereits Inbegriff des alten deutschen Rechtes gewesen. Die teils drakonischen Strafen der alten Rechtsvorschriften empfand er als Ausdruck einer besonderen Ehrlichkeit und Anständigkeit.[83] Das Fehderecht, welches für Grimm zu den ursprünglichsten Freiheitsrechten der alten Deutschen zählte, ließ für ihn

---

75 Grimm: Über meine Entlassung – Kleinere Schriften, Bd. 1, S. 31.
76 Grimm: Geschichte der deutschen Sprache, S. 417.
77 Nehlsen-von Stryk: Zum »Justizbegriff« der rechtshistorischen Germanistik, S. 194.
78 Grimm: Über Adel und Orden – Kleinere Schriften, Bd. 8, S. 439.
79 Ziegler: Die weltanschaulichen Grundlagen der Wissenschaft Jacob Grimms, S. 257.
80 Grimm: Vorlesung über »deutsche Rechtsalterthümer, S. 39f.; Grimm: Taciti Germania Grimm: Deutsche Altertumskunde, S. 20–79, hier S. 72; vgl. hierzu auch Ebel: »Tausch ist edler als Kauf«, S. 221.
81 Grimm: Rechtsalterthümer, S. XV.
82 Grimm: Vorwort zu Der Oberhof zu Frankfurt am Main – Kleinere Schriften, Bd. 8, S. 174f.
83 Grimm: Von der Poesie im Recht – ebenda, Bd. 6, S. 184–189.

»neben aller roheit züge edler und treuer tapferkeit erkennen.«[84] Die grausamen Strafvorschriften, die Grimm teilweise in den alten Rechtsquellen auffand, waren für ihn daher weniger beeindruckend als die Strafen der Gegenwart: »unsere schmachvollen gefängnisse sind ärgere qual als die verstümmelnden leibesstrafen der vorzeit«[85].

Von besonderer Bedeutung waren Freiheit und Gemeinschaft für Grimm auch bei der Beurteilung des Eigentums im deutschen Recht. Hier entzündete sich im 19. Jahrhundert eine heftige Debatte zu den Unterschieden zwischen römischem und deutschem Eigentumsbegriff.[86] Die Unterscheidung zwischen individualistischem und abstraktem Eigentum im römischen Recht gegenüber einem vermeintlich sozialen und pflichtgebundenen Eigentumsbegriff der »Germanen« spiegelte die Überzeugung von den zugrundeliegenden Unterschieden der beiden Volksgeister wider.[87] Auch Grimm war von dieser Unterscheidung überzeugt. Für ihn hatte in Deutschland zunächst nur Gesamthandseigentum existiert. Die Urgemeinschaft der Hirten und Jäger habe vor allem das Grundeigentum gemeinschaftlich genutzt. Im Unterschied dazu habe im Römischen Reich schnell der Ackerbau durch individuell geführte Agrarbetriebe die entscheidende Rolle gespielt.[88] Die Idee des deutschen Gemeinschaftseigentums bildete daher einen Schwerpunkt in Grimms Rechtsforschungen. Dies zeigte sich auch in Grimms Beurteilung des Erbrechts. Die Möglichkeit einer freien Verfügungsbefugnis des Erblassers durch letztwillige Verfügungen entsprach für Grimm nicht dem auf Gemeinschaft ausgelegten deutschen Rechtsprinzip. »Testamente setzen immer das Feindselige voraus; durch diese soll einem etwas zugewandt werden, der nicht nächstberechtigt oder gar nicht berechtigt ist. Es ist also weniger naturgemäß.«[89] Nicht naturgemäß sei zudem die Berücksichtigung von Frauen im Erbrecht. Wo diese zugelassen worden sei, sei dies allein auf den Einfluss fremder Rechtsordnungen zurückzuführen gewesen.[90] Eine Ansicht, die allerdings auch schon im 19. Jahrhundert nicht von allen geteilt werden konnte.[91]

Eine andere Besonderheit des deutschen Eigentumsrechts beschrieb Grimm in seinem Aufsatz »Etwas über den Überfall der Früchte und das Verhauen überragender Äste« aus dem Jahr 1817. Grimm konnte hier feststellen, dass bei Konflikten unter Grundstücksnachbarn im Zusammenhang mit über die Grundstücksgrenzen hinaus wucherndem Bewuchs das deutsche Recht dem Recht des Grundstücksin-

---

84 Grimm: Über die Notnunft an Frauen – ebenda, Bd. 7, S. 27.

85 Grimm, Rechtsalterthümer, S. XV Anm. **.

86 Hierzu Hofer: Freiheit ohne Grenzen, S. 49–51; Kroeschell: Zur Lehre vom »germanischen« Eigentumsbegriff – Kroeschel: Studien zum frühen und mittelalterlichen deutschen Recht, S. 211–252, hier S. 216–219.

87 Vgl. zu dieser Unterscheidung auch bei Luig: Die sozialethischen Werte des römischen und germanischen Rechts, S. 287f.

88 Grimm: Etwas über den Überfall der Früchte und das Verhauen überragender Äste – Kleinere Schriften, Bd. 6, S. 273; Grimm: Das Wort des Besitzes – ebenda, Bd. 1, S. 138–144; Grimm: Taciti Germania – Grimm: Deutsche Altertumskunde, S. 20–79, hier S. 73.

89 Grimm: Rechtsaltertümer – ebenda, S. 80–131, hier S. 101.

90 Grimm: Rechtsalterthümer, S. 407 Fn. *).

91 Vgl. dazu Kroeschell: Söhne und Töchter im germanischen Erbrecht. – Kroeschell: Studien zum frühen und mittelalterlichen deutschen Recht, S. 35–64.

habers den Vorrang zumesse, während das römische Recht eher zum Schutz des Pflanzeneigentümers tendiere.[92] Allerdings sei diese einseitige Regelung zugunsten des Grundstücksinhabers bereits auf den verfälschenden römischen Einfluss zurückzuführen. Zunächst habe im deutschen Recht eine poetische, sinnliche Regelung vorgeherrscht: So verweise das alte deutsche Recht vor allem auf das Element des Zufalls, wenn es beispielsweise dem Eigentümer der Hopfenpflanze erlaubt habe, die Ranke zu greifen und wieder zu sich herüberzuziehen: »Und gerade dieses schwanken zwischen der begünstigung des eigenthümers vom baum oder des vom grundstück« schien Grimm »der natürlichen ansicht der ältesten gesetzgebungen am allerangemessensten«.[93] Erst später sei eine eindeutige Entscheidung für eine der beiden Seiten notwendig geworden, damit aber nicht Ausdruck der alten deutschen Rechtstradition, sondern eher der kalten logischen Prinzipien des römischen Rechts.[94] Die altdeutsche Zufallsregelung hatte in Grimms Augen jedenfalls den Vorteil, dass ein an sich nicht gerecht zu lösender Streitfall durch das Element des Zufalls zu einer für beide Parteien annehmbaren Lösung geführt werden konnte und damit sich hier wieder die besonders auf die Gewährleistung des Friedens ausgerichtete deutsche Rechtstradition zeigte.[95]

Im alten Recht erblickte Grimm zudem noch die ursprüngliche Verbindung des Rechts zum Leben der Menschen und zur Natur:

> das neue gesetz möchte gern vollständig sein und alle fälle voraussehen, das alte scheut sich oft, einzugreifen und stellt lieber die entscheidung in etwas natürliches, zufälliges, es ehrt auch heilige zahlen, während jenes todte und weltliche zahlen vorzuschreiben und damit zu messen pflegt.[96]

In dieser Natürlichkeit sah Grimm einen entscheidenden Vorteil der deutschen »sinnlichen« Rechtsregelungen gegenüber dem römischen Recht.[97] Auch in seiner Begrifflichkeit war das alte Recht näher an den Menschen. Hierin zeigte sich noch unmittelbar der Ursprung des Rechts aus dem Volk heraus. Daher beklagte Grimm: »wie wenig könnten unsre heutigen juristen dem gemeinen mann von dergleichen bieten; ihre theorien sind unübersetzlich geworden in die vorstellungen und redensarten des volks, was wohl den abgestorbenen stand unseres rechts bezeugt.«[98]

Die Beteiligung der Menschen an der Rechtsentstehung zeigte sich für Grimm im alten Recht auch am Gerichtswesen selber. Mit anderen Vertretern der juristischen Germanistik empfand auch Grimm das alte deutsche Gerichtswesen mit seinen

---

92 Grimm: Etwas über den Überfall der Früchte und das Verhauen überragender Äste – Kleinere Schriften, Bd. 6, S. 272f. Zur Zeit der Abfassung dieses Aufsatzes war die Rechtswissenschaft dagegen zur Anwendung der römisch-rechtlichen Lösung gelangt, vgl. Luig: Die sozialethischen Werte des römischen und germanischen Rechts in der Privatrechtswissenschaft, S. 292f.

93 Grimm: Etwas über den Überfall der Früchte und das Verhauen überragender Äste – Kleinere Schriften, Bd. 6, S. 273.

94 Vgl. dazu auch Luig: Die sozialethischen Werte des römischen und germanischen, S. 287f.

95 Grimm: Etwas über den Überfall der Früchte und das Verhauen überragender Äste – Kleinere Schriften, Bd. 6, S. 273.

96 Grimm: Von der Poesie im Recht – ebenda, S. 170.

97 Grimm: Rez. Gulathings-Laug – ebenda, Bd. 4, S. 115f.

98 Ebenda, S. 114.

Schöffengerichten als herausragendes Beispiel für die Verwirklichung des germanischen Freiheitsprinzips.[99] Gleiche urteilten hier über Gleiche. Für Grimm waren die mit Laien besetzten Gerichte zudem ein weiterer Beweis für die ursprüngliche Volksmäßigkeit des Rechts und den Ursprung des Rechts aus dem Volksgeist. Für ihn waren diese Gerichte aus der Tradition der Volks- und Gemeindeversammlungen hervorgegangen und verwirklichten daher auch das deutsche Grundprinzip der Gemeinschaft.[100] Durch den mündlichen Prozess und die fehlende schriftliche Fixierung des Rechtsfindungsprozesses war der organische Fortschritt der Rechtsentwicklung gewahrt.[101]

6. Der Volksgeist in den Quellensammlungen

Das wahre deutsche Recht war, so wurde Grimm nicht müde zu betonen, nur im Volk selber zu erkennen.[102] Der Volksgeist war für Grimm im »einfachen« Volk bis in die Gegenwart lebendig geblieben.[103] Hier waren daher noch immer Hinweise auf die wahren deutschen Traditionen zu suchen, die durch den Einfluss der Wissenschaft und der Kirche so lange unterdrückt worden waren. Wo dieser Einfluss naturgemäß gering war, in den bildungsfernen Schichten also, konnte man daher auch in der Gegenwart noch auf urdeutsche Erzeugnisse des Volksgeistes stoßen. Grundsätzlich galt für Grimm jedoch, dass, je älter Quellen, je näher sie also der geheimnisvollen Urzeit, dem Ursprung selber waren, desto wertvoller wurden sie für die Erkenntnis des Volksgeistes.[104] Hier waren Verfälschungen durch fremde Einflüsse naturgemäß weniger zu erwarten. So zumindest die Theorie.

Grimm betonte zwar stets, der reinste Ausdruck des Volksgeistes sei beim »einfachen« Volk zu suchen und beschwor ein idyllisches Bild der alten Hirten und Bauerngesellschaft als Quelle von Sprache und Recht.[105] Betrachtet man jedoch, welche Quellen Grimm tatsächlich heranzog, so fällt recht schnell auf, dass diese oft nur scheinbar den einfachen Bevölkerungsschichten entstammten. Insbesondere die Sammlung der Märchen aus dem Mund des einfachen Volkes ist mittlerweile als

---

99 Zu den Diskussionen über das Gerichtswesen im Vormärz vgl. Nehlsen-von Stryk: Zum »Justizbegriff« der rechtshistorischen Germanistik, S. 195f.; Liebrecht: Brunners Wissenschaft, S. 24; Netzer: Wissenschaft aus nationaler Sehnsucht, S. 153–156; zur Diskussion auf der zweiten Germanistenversammlung 1847 in Lübeck vgl. Müller: Die ersten Germanistentage, S. 306f.

100 Grimm: Vorwort zu Der Oberhof zu Frankfurt am Main – Kleinere Schriften, Bd. 8, S. 177f.; Grimm: Rechtsalterthümer, S. XV Anm. **.

101 Zum besonderen Wert mündlicher Überlieferung vgl. auch Grimm: Vorrede zur 2. Ausgabe der Deutschen Mythologie, Bd. 1, S. IX.

102 Beispielsweise Grimm: Rechtsaltertümer – Grimm: Deutsche Altertumskunde, S. 80–131, hier, S. 80.

103 Grimm: Rechtsalterthümer, S. 773. Daher waren auch die Märchen als vermeintliche ›Volkspoesie‹ eine besonders aufschlussreiche Quelle, vgl. Grimm: Vorwort zu Anton Dietrich Russische Volksmärchen – Kleinere Schriften, Bd. 8, S. 145f.

104 Köbler: Das Recht im frühen Mittelalter, S. 15–17, führt deswegen die Vorstellung vom »guten alten Recht« unmittelbar auf Grimm zurück.

105 Grimm: Über eine altgermanische Weise der Mordsühne – Kleinere Schriften, Bd. 6, S. 145.

zumindest deutliche Übertreibung enttarnt worden. Quellen der Märchen fanden sich vor allem im hugenottisch geprägten Bürgertum im Umfeld der Grimms.[106] Auch die Weistümer, für Grimm »rechtsweisungen durch den mund des landvolks«[107], werden heute deutlich differenzierter betrachtet.[108]

Das ›einfache deutsche Volk‹, von dem Grimm gerne sprach, hatte wenig mit der sozialen Realität in den deutschen Ländern zu tun. Vielmehr lag dem Volksgeistkonzept Grimms und damit auch seinen Quellensammlungen ein idealisiertes Volksbild zugrunde. Klar differenzierte Grimm beispielsweise zwischen dem »Volk« und dem »Pöbel«[109] oder »gemeinen Haufen«[110]. Maßgeblich war für Grimm in der Gegenwart trotz seiner Idealisierung des alten Hirten- und Bauernstandes vor allem das Bürgertum. Die Idealisierung des einfachen Volkes entsprach dem Bedürfnis, ein Gegenbild zum französischen ›Elitenkult‹ zu entwickeln.[111] Das »einfache Volk« war also ein ästhetisches Modell, das gar nicht den Anspruch erhob, Realität abzubilden. Der Überzeugung Grimms jedoch, dass das Recht nicht nur in der Wissenschaft und auf hoheitlichem Gebiet zu suchen war, sondern vor allem bei den Laien, eröffnete der Rechtsgeschichte den Rückgriff auf neue Quellengattungen und damit eine völlig neue Perspektive auf das Wesen des altdeutschen Rechts.

Auch Grimms Vorstellung von Umfang der deutschen Nation war nicht deckungsgleich mit der politischen Wirklichkeit. Grimms Nationalitätskonzept entsprach der romantischen Sprachwissenschaft des 19. Jahrhunderts und der bereits seit Ende des 18. Jahrhundert in Deutschland populären Idee einer Sprachnation bzw. des Sprachvolkes.[112] Unter dem deutschen Volk verstand Grimm den »inbegriff von menschen welche dieselbe sprache reden«.[113] Das die Nation im inneren und bis in die frühe

---

106 Rölleke: Die »Stockhessischen« Märchen der »Alten Marie«; vgl. auch Rölleke: Drei Bildnisse der Märchenvermittlerin Marie Hassenpflug. Noch 1970 vermittelte Hermann Gerstner in seiner Grimm-Biographie einen ganz anderen Eindruck von der »alten Marie«, die als Beispiel für die generelle Verklärung des Märchenursprungs dienen kann. In Gerstner: Die Brüder Grimm, heißt es auf S. 87: »Die sechzigjährige Frau, allgemein ›die alte Marie‹ genannt, stammte vom Land, wo man die überlieferten Märchen am treuesten bewahrte und sie unverfälscht von einer Generation auf die andere vererbt hatte.«

107 Grimm: Rechtsalterthümer, S. IX.

108 Vgl. hierzu Werkmüller: Über Aufkommen und Verbreitung der Weistümer, S. 34.

109 Grimm: Brief an Ludwig Hassenpflug vom 27.10.1830 – In: Briefwechsel mit Ludwig Hassenpflug, S. 114.

110 Grimm: Brief an Ludwig Hassenpflug vom 22.02.1837 – Briefe von Jacob und Wilhelm Grimm an Ludwig und Lotte Hassenpflug, S. 110.

111 Vgl. hierzu Bluhm: Grimm-Philologie, S. 7.

112 Vgl. hierzu auch Müller: Sprachwörterbücher im Nationalsozialismus, S. 70f.; Ammon: Die deutsche Sprache, S. 18–21. So finden sich Aussagen zur Sprachnation unter anderem bei Herder und Fichte, deren Schriften auch Jacob Grimm gut bekannt waren. Gerade Fichte, dessen Reden an die deutsche Nation Grimm tief beeindruckt hatten, weist in seiner 12. Rede auf die Einheit von Sprache und Nation hin; vgl. auch Koselleck: Volk, Nation, Nationalismus, Masse, S. 149–151.

113 Grimm: Über die wechselseitigen Beziehungen und die Verbindung der drei in der Versammlung vertretenen Wissenschaften – Kleinere Schriften, Bd. 7, S. 557. Gerade diese Auffassung bot für die Nationalsozialisten gute Anknüpfungspunkte, vgl. dazu nur Schoof: »Was unsere Sprache redet, ist unseres Leibes und Blutes«. Die genaue Definition der Begriffe Volk und Nation wird bis heute sehr unterschiedlich beurteilt, vgl. Ammon: Die deutsche Sprache, S. 18.

Vorzeit hinein verbindende Element war daher für Grimm die deutsche Sprache, die über den »Sprachgeist«[114], eine besondere Ausprägung des Volksgeistes auf dem Gebiet der Sprache, die einzelnen Menschen zur Nation verband. Für die nationale Einheit hatte Grimm daher klare Vorstellungen. Er träumte von einer Zukunft, »wo alle schranken fallen und das natürliche gesetz anerkannt wird, dasz nicht flüsse, nicht berge völkerscheide bilden, sondern dasz einem volk, das über berge und ströme gedrungen ist, seine eigene sprache allein die grenze setzen kann.«[115] »Deutsche« Quellen für nationale Rechtsprinzipien konnten daher auch skandinavische oder angelsächsische Rechtstexte sein. Grimm folgte bei der Zusammenstellung seiner Quellensammlungen einem induktiv geprägten Wissenschaftsansatz. Für ihn konnte nur eine historische Betrachtung valide wissenschaftliche Ergebnisse produzieren. Eine philosophische Herangehensweise lehnte er ausdrücklich ab.[116]

Trotz dieses Bekenntnisses zur historischen Herangehensweise an die Quellen waren seine Sammlungen weder chronologisch geordnet noch in die historische Lebenswirklichkeit zur Entstehungszeit der Quellen eingebettet.[117] Zielsetzung war vielmehr zunächst, alle Quellen zu sammeln, die eine unmittelbare volkstümliche und »vaterländische« Entstehung aufwiesen. Klar geprägt waren die Quellensammlungen zudem von Grimms organischem Geschichtsverständnis, dass eine genauere historische Ein- oder Anordnung der Quellen überflüssig erscheinen ließ. Ebenso unterblieb eine ausführlichere Quellenkritik.[118] Dies gilt auch für die Sammlung von Rechtsquellen.

Als Jurist oder gar als Rechtshistoriker verstand sich Grimm nicht, weder die Weisthümer noch die Rechtsalterthümer waren daher als ›juristische‹ Werke im engeren Sinne konzipiert. Dies bedeutete jedoch nicht, dass nicht auch Grimm bestimmte Vorstellungen von der zukünftigen Rechtsentwicklung in Deutschland hatte. Er erhoffte sich eine Rückkehr vom römischen zum deutschen Recht und eine Wiederannäherung an den Geist des einheimischen Rechts.[119] Er wollte durch seine Sammlungen für eine dem deutschen Volksgeist entsprechende Systematisierung des Rechts die notwendigen Vorarbeiten leisten, eine Systematisierung selber vorzuneh-

---

114 Grimm: Über den Ursprung der Sprache – Kleinere Schriften, Bd. 1, S. 284. Vgl. Hierzu Trabant: Europäisches Sprechdenken.

115 Grimm: Über die wechselseitigen Beziehungen und die Verbindung der drei in der Versammlung vertretenen Wissenschaften – Kleinere Schriften, Bd. 7, S. 557.

116 Grimm: Vorlesung über Deutsche Literaturgeschichte. Nach studentischen Mitschriften, S. 391.

117 Grimm: Rechtsalterthümer, S. VII, betrachtete seine Sammlung daher auch als ein »werk voll materials«; zu dieser Methode Grimms auch Hübner: Jacob Grimm und das deutsche Recht, S. 45.

118 Vgl. hierzu auch Sjöholm: Rechtsgeschichte als Wissenschaft und Politik, S. 70.

119 Grimm: Über die Alterthümer des Deutschen Rechts – Kleinere Schriften, Bd. 8, S. 548: »sprache und recht, d.h. volkssitte haben einheimisch zu sein und wir können auf die länge keine wahre befriedigung dabei finden, wenn sie uns aus der fremde zugeführt werden. sie sind mit allem, was uns angeboren ist, mit unsern organen und empfindungen zu enge verwachsen, als dasz nicht dieses erfordernis gestellt werden müste.«; vgl. auch ders.: Rechtsalterthümer, S. XVIIf.

men war nicht seine Zielsetzung. Hierfür war die Zeit seiner Meinung nach auch noch gar nicht reif, zu wenig wusste man noch vom einheimischen Recht.[120]

Der Vergleich unterschiedlicher Quellen war für Grimm entscheidend, um die Besonderheiten der deutschen Kultur herauszuarbeiten. Da innerhalb verwandter Völker stets die gleichen Entwicklungslinien zu beobachten seien, konnten beispielsweise für die deutsche Rechtsentwicklung auch für Zeiten, in denen Quellen fehlten, skandinavische Rechtstexte Aufschluss erbringen. Eine Trennung der Quellen nach Entstehungsgebiet war bei dieser Konzeption daher gar nicht erforderlich.[121]

Bei der Edition der Quellen standen für Grimm Treue und Wahrhaftigkeit zum Urtext im Mittelpunkt. Text und Inhalt formten eine Einheit, jede Veränderung des einen hatte unvermeidlich eine Verfälschung des anderen zur Folge.[122] Es dem Leser durch eine umfassende Aufarbeitung leichter zu machen, die teils sehr altertümlich formulierten Texte aufzunehmen, war kein Anliegen Grimms, anders als seine Kritik an der umständlichen Rechtssprache der Gegenwart vermuten ließ. Übersetzungen und Modernisierungen alter Quellen lehnte er grundsätzlich ab und akzeptierte sie nur in Ausnahmefällen.[123] Die Rückführung von vermeintlich durch fremde Einflüsse verfälschten Quellen in ihre ursprüngliche Form war für Grimm dagegen kein Problem. Auch offensichtliche Fehler durften berichtigt werden. Literarische Bearbeitungen allerdings, wie sie etwa Wilhelm Grimm bei der Edition der Märchen vornahm, hieß Jacob Grimm selber nicht gut.[124]

Bei der Sammlung der Rechtsquellen ergaben sich Besonderheiten aus der engen Verbindung, die Grimm zwischen Sprache und Recht festgestellt hatte.[125] Die sprachliche Ausgestaltung der Rechtsquellen war daher für Grimm Forschungsschwerpunkt. Durch sprachliche Analyse könne erst die genaue Bedeutung der Rechtsbegriffe aufgeklärt und so der Kern der rechtlichen Volkskultur erkannt werden. Bei der Edition von Rechtstexten wich Grimm teilweise von seinem erklärten Übersetzungsverbot ab und erlaubte die Beigabe einer lateinischen Übersetzung, um die internationale Anwendbarkeit sicherzustellen.[126] Insbesondere bei den aus dem Volksgeist hervorgegangenen alten Quellen jedoch riet er auch zur besonderen Vorsicht. Maßgebliches Kriterium blieb die Treue zum vermeintlichen Urtext.[127] Es wird hieraus deutlich, dass Grimms Volksgeistvorstellung die Konzeption seiner Quellensamm-

---

120 Grimm: Rechtsalterthümer, S. VIII.

121 Zu Grimms Verständnis des Begriffs »deutsch« vgl. Grimm: Vorrede zur Deutschen Grammatik – Kleinere Schriften, Bd. 8, S. 55f. Fn. 1; Grimm: Deutsche Rechtsalterthümer, S. VIIf.

122 Vgl. hierzu Ginschel: Der junge Jacob Grimm, S. 86–89.

123 Grimm: Vorrede zur Deutschen Grammatik – Kleinere Schriften, Bd. 8, S. 28; vgl. dazu auch Ehrismann: Das Nibelungenlied in Deutschland, S. 82.

124 Grimm: Vorrede zur Deutschen Grammatik – Kleinere Schriften, Bd. 8, S. 27; zum Verhältnis der Arbeitsmethoden der beiden Brüder vgl. auch bei Denecke: Jacob Grimm und sein Bruder Wilhelm, S. 187; auch Grimm: Rede auf Wilhelm Grimm – Kleinere Schriften, Bd. 1, S. 172, lässt erkennen, dass die Zusammenarbeit der Brüder nicht immer ganz spannungsfrei war.

125 Ausdrücklich spricht Grimm: Über die Alterthümer des Deutschen Rechts – ebenda, Bd. 8, S. 547, von einer »Analogie«.

126 Grimm: Rez. Gulathings-Laug – ebenda, Bd. 4, S. 113.

127 Grimm: Vorrede zur Deutschen Grammatik – ebenda, Bd. 8, S. 28.

lungen beeinflusste, die bis in die Gegenwart nicht nur in der rechtshistorischen Forschung als besonderer Verdienst Grimms geschätzt werden.

7. Spuren des Grimm'schen Volksgeistkonzeptes in der juristischen Germanistik des späten 19. und frühen 20. Jahrhunderts

Grimms Volksgeistmodell hat daher, auch wenn es selten ausdrücklich übernommen wurde, bis in das frühe 20. Jahrhundert hinein die Sichtweise der juristischen Germanistik auf das alte deutsche Recht mitbestimmt. Auf diese Nachwirkungen soll daher abschließend noch ein kurzer Blick geworfen werden.

Nachhaltig erhalten blieb in der juristischen Germanistik die freilich nicht nur von Jacob Grimm vertretene Ansicht vom Zusammenspiel von Geschichte, Recht und Sprache.[128] Vor allem Anhänger der so genannten volkskundlichen Germanistik fühlten sich von den Rechtsquellensammlungen Grimms inspiriert und übernahmen damit – vielleicht teilweise auch unbewusst – einen Teil der Grimm'schen Volksgeistvorstellung. Sowohl »Rechtsalterthümer« als auch »Weisthümer« wurden (und werden zum Teil bis heute) sowohl von der Rechtsprechung als auch der Forschung als Quellenwerke genutzt.[129] Die hier konsequent umgesetzte Verbindung zwischen Sprachforschung und Rechtsgeschichte sowie die Ausdehnung des Blickes auf nordische und literarische Quellen wirkte vorbildhaft für zahlreiche juristische Germanisten bis ins 20. Jahrhundert.

Grimms Ansichten zur Poesie im Recht beispielsweise waren zwar nicht unbedingt neu,[130] es gelang ihm aber, diese Ideen besonders charismatisch zu ›verpacken‹. Die besondere Wirkung seiner Persönlichkeit bis in die heutige Zeit hinein mag daher auch dazu beigetragen haben, dass viele seiner Ansichten zum Verhältnis von Poesie und Recht erst in jüngerer Zeit widerlegt worden sind, obwohl sie von Anfang an nicht unumstritten waren. Zu verführerisch war es anscheinend, den »Goldfaden der Poesie«[131] im sonst als so trocken empfundenen deutschen Recht weiterzuspinnen. Die Überzeugung Grimms vom Wert der außerjuristischen, volkstümlichen Quellen für die Erkenntnis des frühen, insbesondere des mündlich überlieferten Rechts bildete nun eine tragende Grundlage für die rein rechtshistorische Rekonstruktion des alten deutschen Rechts.[132] Vor allem die philologisch-vergleichende Methode war es, die bei der Behandlung des alten deutschen Rechts unter

---

128 So zum Beispiel bei Richard Schroeder (1838–1917), vgl. hierzu Webler: Leben und Werk des Heidelberger Rechtslehrers Richard Carl Heinrich Schroeder; oder auch bei Gierke: Die historische Rechtsschule und die Germanisten, S. 12.

129 Zur Bedeutung der Rechtsalterthümer Hübner: Jacob Grimm und das deutsche Recht, S. 43; Schmidt-Wiegand: Einleitung zu Jacob Grimm Deutsche Rechtsalterthümer 1, S. 28*.

130 Diese Idee konnte Grimm schon bei Heineccius finden, der Reineke Fuchs als Rechtsquelle heranzog, hierzu Laeverenz: Märchen und Recht, S. 35f.

131 Uhland: Vorschlag Jacob Grimm in der ersten Germanistenversammlung als Vorsitzenden zu wählen.

132 Dies schätzte beispielsweise Amira: Grundriss des Germanischen Rechts, S. 6f.; auch die Arbeitsweise Hans Fehrs erinnert an die Herangehensweise Grimms: Fehr: Mein Wissenschaftliches Lebenswerk, S. 12–14.

deutschen Rechtshistorikern Karriere machte und damit als unmittelbarer Vorläufer der in der zweiten Hälfte des 19. Jahrhunderts unter rechtshistorischen Germanisten populär werdenden »Rückschlussmethode« gelten kann.[133] Gerade in Anbetracht der spärlichen Quellenlage bot die genetische bzw. organische Methode Ansatzpunkte, um als germanisch empfundene Rechtsinstitute wie die Sippschaft oder die Friedlosigkeit trotz fehlender Aufzeichnungen in die ferne Frühzeit germanischen Rechts zu transportieren.

Das Volksgeistkonzept selber allerdings hatte sich schon ab der Mitte des 19. Jahrhunderts überlebt und wurde von den meisten als eigenständiges Rechtsquellenkonzept schon bald als nicht mehr vertretbar empfunden.[134] So konnte Ernst von Moeller bereits 1909 feststellen: »Das Dogma vom Volksgeist aber ist zur Formel erstarrt und zum Schlagwort degradiert. Es hat seine Schuldigkeit getan, seine Aufgabe ist erfüllt.«[135] In der Tat war eines der tragenden politischen Ziele des Volksgeistgedankens, die Legitimation eines nationalen Rechts trotz territorialer Zersplitterung zu erreichen, spätestens mit der Reichsgründung entfallen.[136] Jacob Grimms Volksgeistkonzept konnte daher nur deshalb bis ins 20. Jahrhundert hinein überleben, da es Teil seines kulturhistorischen Gesamtkonzepts war.

---

133 Vgl. hierzu Liebrecht: Brunners Wissenschaft, S. 144–147, S. 121.

134 Hierzu auch Schröder: Zur Vorgeschichte der Volksgeistlehre, S. 46f.

135 Moeller: Die Entstehung des Dogmas von dem Ursprung des Rechts aus dem Volksgeist, S. 50.

136 Vgl. hierzu Schäfer: Juristische Germanistik, S. 300.

Christoph-Eric Mecke

Friedrich Carl von Savignys Rechtsdenken und die Romantik

1. Einleitung

Adolf Stoll, Herausgeber der bis heute wichtigsten Sammlung von Briefen des Juristen Friedrich Carl von Savigny (1779–1861), hat 1927 den ersten Band mit Briefen aus den Jahren 1792 bis 1810 betitelt: »Der junge Savigny [...]. Zugleich ein Beitrag zur Geschichte der Romantik«[1]. Der seit Ende des 19. Jahrhunderts weithin so genannte »Classiker«[2] Savigny als Teil der »Geschichte der Romantik«? Was der Nichtjurist Stoll hier auf der Grundlage des ihm vorliegenden Briefmaterials unbefangen konstatierte, stieß bei Savignys Fachkollegen seit Mitte des 19. Jahrhunderts, als die Epoche der Romantik in Misskredit geriet[3], regelmäßig auf Skepsis, ja auf Ablehnung.[4]

Niemand bestreitet zwar in Savignys Programmschriften der Jahre 1814/15 einige »auch von der Romantik verwendete Begriffe« und Motive.[5] Im Übrigen aber fällt Savignys Gründung der Historischen Rechtsschule nach bis heute viel zitierten Darstellungen im Wesentlichen nur zeitlich »mit der Hochblüte der Romantik« zusammen.[6] Savignys zahlreiche Verbindungen zu maßgeblichen Vertretern der Früh- und Hochromantik (1795–1815)[7] werden aus dieser Sicht relativiert zu einem »natürlich[en], ja unvermeidlich[en]« biographischen Detail in einer damals »verhältnismäßig schmalen Kulturschicht«.[8]

---

1 Stoll (Hrsg.): Der junge Savigny, S. I.

2 So wörtlich Landsberg: Savigny, S. 450f. im Jahre 1890 unter Leugnung wesentlicher Beziehungen von Savignys Denken zur Romantik. Savigny als ›Klassiker‹ und nicht als ›Romantiker‹ – dies sollte die im 20. Jahrhundert herrschende Sichtweise in der Rechtswissenschaft werden.

3 Innerhalb der Rechtswissenschaft begann nach 1850 besonders nachdrücklich Savignys berühmter Nachfolger Rudolf von Jhering gegen die auf Savigny zurückgeführte »Romantik unserer heutigen historischen Ansicht« zu polemisieren (Jhering: Geist des römischen Rechts, § 15, S. 219). Außerhalb der Rechtswissenschaft steht bereits seit Veröffentlichung der Eckermann-Gespräche im Jahre 1836 das viel zitierte Goethe-Wort von der *gesunden* Klassik und *kranken* Romantik im Raum. Dies hat im 19. Jahrhundert einen sachlichen Blick auf die Romantik nicht befördert (Jenisch: Das Klassische, S. 50–79, hier S. 51).

4 Meder, Mecke: Savignys Rechtsdenken, S. 189–195 mit weiteren Nachweisen.

5 Otto: Auf der Spuren von Friedrich Carl von Savigny. Auf dem Weg nach Berlin, S. 610, Fn. 37; Wieacker: Privatrechtsgeschichte, S. 362.

6 Ebenda, S. 360.

7 Vgl. Hoffmeister: Romantik, S. 32–34; Rückert: Politische Romantik, S. 127f. Speziell zum faktischen Ende der Marburger Romantik im Jahre 1804 siehe Eckhardt: Besuch bei Savignys, S. 462.

8 Ebenda, S. 361f.

https://doi.org/10.1515/9783110612073-003

Zwar weisen maßgebliche Quellen für Savignys Rechtsdenken wie vor allem das klassische römische Recht des Altertums in der Tat auf noch ganz andere geistige Zusammenhänge hin. Wenn sich dennoch bei einigen Juristen bis heute hartnäckig die These hält, dass mit dem römischen Recht das *ganze* Rechtsdenken von Savigny nicht erfasst werden könne,[9] dann ist das aber keineswegs aus der Luft gegriffen. In Anbetracht der Tatsache, dass in »Marburg, Heidelberg, Landshut und schließlich Berlin, überall [...] sich ein Romantikerkreis um Savigny« gebildet hat,[10] wäre es mit Blick auf die prägende Jugendzeit des bildungshungrigen, aber auch einsamen und nach geistiger Orientierung suchenden Mannes sogar überraschend, wenn *keine* Zusammenhänge zwischen Savignys Denken und der zeitgenössischen Romantik bestanden hätten.

Am Anfang standen persönliche Begegnungen, die Savigny ungeachtet der Tatsache, dass ihm Clemens Brentano später ein »unromantisches Wesen«[11] attestieren wird, mitten in den Kreis der Frühromantik führen.[12] Von diesen persönlichen Kontakten ist der junge Savigny innerlich nicht unberührt geblieben. Für sein späteres Rechtsdenken ist das insofern von besonderem Interesse, als Savignys Kontakte gerade in eine Zeit fallen, in der der zunächst wenig motivierte Jurastudent seine neue Sichtweise auf das Recht zu entwickeln beginnt, die später zur Gründung der Historischen Rechtsschule führen sollte.

Nach der hier vertretenen Deutung sind es vor allem drei grundlegende Gesichtspunkte seines späteren Rechtsdenkens, deren Genese in einem inneren Zusammenhang mit Savignys Prägungen durch die Frühromantik steht. Erstens gehört dazu in methodischer Hinsicht Savignys Ziel der Entwicklung eines »in uns«[13] selbst gegründeten »höheren« Standpunkts, der ihn bald einen neuen, auf selbstständiger Forschung beruhenden Zugang zu den Quellen des römischen Rechts finden lässt (2.1.). Savignys Bestimmung des Verhältnisses zwischen Recht und Leben wird getragen von einem damals neuen auf einer ganzheitlichen Auffassung des Menschen beruhenden Bildungsbegriff sowie daraus folgend einer grundsätzlichen Skepsis gegenüber allen nur aus der Vernunft abgeleiteten abstrakten Systemen zeitgenössischer Philosophie (2.2). Diese Skepsis und der ebenfalls bereits vor 1800 für Savigny maßgeblich werdende Gedanke der Individualität in einem umfassenden Sinn bilden in seinem Rechtsdenken nach 1800 den »Anfangspunkt der ganzen Wissenschaft«[14] sowohl in seinen Lehren zur Entstehung des Rechts (3.1) als auch in der durch Savigny erneuerten juristischen Hermeneutik zur Anwendung des

---

9 Rückert: Heidelberg um 1804 oder: die erfolgreiche Modernisierung der Jurisprudenz durch Thibaut, Savigny, Heise, Martin, Zachariä u.a. – In: Rückert: Savigny-Studien, S. 235–269, hier S. 267; Nörr: Lehrjahre, S. 13.

10 Otto: Auf der Spuren von Friedrich Carl von Savigny. Auf dem Weg nach Berlin, S. 611f.

11 Clemens Brentano in seinem Brief vom 7. September 1803 an Sophie Mereau. – In: Brentano, Mereau: Briefwechsel, S. 172–174, hier S. 172.

12 Ein Beitrag des Verfassers, der die persönlichen Beziehungen Savignys zu Männern und Frauen aus dem Kreis der Früh- und Hochromantik gesondert in den Blick nimmt, wird unter dem Titel *Der junge Savigny privat im Kreis der Romantik* in der von der *Internationalen Arnim-Gesellschaft* herausgegebenen *Neuen Zeitung für Einsiedler* (2018) erscheinen.

13 Vgl. die Nachweise in Anm. 23 und 24.

14 Vgl. die Nachweise unten in Anm. 70.

geltenden Rechts auf den Einzelfall (3.2). Anschließend soll gezeigt werden, wo für Savigny als Privatrechtsjuristen die Grenzen des individualisierenden Denkens im Recht, ja – mit Blick auf Ehe und Familie – die Grenzen von Recht überhaupt liegen (4.), bevor abschließend ein Fazit gezogen wird (5.).

2. Savigny als Rechtsgelehrter – frühe Prägungen im Zeitalter der Romantik

2.1. Der Weg in die Rechtswissenschaft

Savigny hat sich 1795 an der Universität Marburg für das Fach der Jurisprudenz eingeschrieben. Die Wahl dieses Studienfaches erfolgte noch keineswegs aus innerer Neigung. Vielmehr sollte Savigny nach dem Willen seines Vormundes, des Assessors am Reichskammergericht in Wetzlar, Friedrich Albrecht Constantin von Neurath, eines ehemaligen Freundes und Kollegen von Savignys verstorbenem Vater, praktisch tätiger Jurist werden. Entsprechend seiner adligen Herkunft und der eigenen Familientradition war nach dem Rechtsstudium der Eintritt in den höheren Staatsdienst geplant. Dazu schreibt während seines Studiums der noch nicht zwanzigjährige Savigny am 20. Oktober 1798: »[...] wenn ich einen Erzieher gehabt hätte, der mich anstatt der lateinischen Grammatik mit Liebe genährt hätte, ich könnte etwas anderes seyn als ich jezt bin.« Und: »Ich habe weniger als je Lusten, mich sogleich in dem *herbarium vivum* eines Regierungscollegiums austrocknen zulassen.«[15] Was Savigny dagegen anzieht, führt direkt in den Geist und die Sprache der Frühromantik:

> O ich fühle es immer mehr, ohne Geselligkeit ist das Leben der Mühe nicht werth. Wenn ich mir zuweilen denke, was ich seyn würde in enger Verbindung mit Menschen, die sich untereinander und mich liebten, denen die Freuden der Geselligkeit und der Simultangenuß über alles gingen, und die an denselben Gegenständen Interesse fänden und in gleichem Sinne mit mir würkten – o dann werde ich stolz und fühle, daß ich etwas Großes hervorbringen könnte; und denke ich mich nun ohne solche Verbindungen, ohne die Hoffnung derselben, – dann bin ich kalt, dumm, elend, nichts.[16]

In Marburg findet Savigny diesen »Simultangenuß« der »Geselligkeit«[17]. Und tatsächlich schreibt nur ein halbes Jahr später im Frühjahr 1799 ein enger fast gleichaltriger Freund, Jakob Friedrich von Leonhardi, dass Savigny, der nach eigenem Bekunden zunächst wenig diszipliniert studiert und viel Zeit verloren hatte[18], nunmehr einen großen Plan habe, er wolle »ein Reformator der Jurisprudenz, ein

---

15 Savigny in seinem Brief vom 20. Oktober 1798 an Constantin von Neurath. – In: Stoll (Hrsg.): Der junge Savigny, Nr. 7, S. 67f., hier S. 68.

16 Ebenda, S. 67f.

17 Otto (Auf den Spuren von Friedrich Carl von Savigny. Der junge Savigny, S. 452) übersetzt den Begriff der Geselligkeit im Verständnis der Frühromantik als »höchste Individualität im Rahmen inniger Verbundenheit«. Vgl. auch die Hinweise unten in Anm. 42.

18 Savigny in einem Ende 1798 oder Anfang 1799 geschriebenen Brief an Constantin von Neurath. – In: Stoll (Hrsg.): Der junge Savigny, Nr. 9, S. 69–71, hier S. 70.

Kant in der Rechtsgelehrsamkeit« werden[19], eben genau das, was Savigny – wenn auch in einem ganz unkantischen Sinne – schließlich in der Tat geworden ist.

Was war also passiert in den vorangegangenen zwei Jahren, die nicht nur für Savignys Lebensentscheidung, sondern auch für seine Art zu denken lebenslang prägend wurden? Wir wissen, dass Savigny spätestens 1797 in Marburg einen Kreis von humanistisch hochgebildeten, fast durchgehend etwas älteren Freunden um sich versammelte, alles keine Juristen, aber fast alle künftige Professoren der Philosophie, Theologie, Philologie, aber auch der Mathematik und der Medizin.[20] Sie alle einte die Suche nach einer Antwort auf die Frage: Wie werde ich ein »idealisches«, das heißt ein auf Vollkommenheit ausgerichtetes freies »Individuum«[21], wie erlange ich – so Savigny – »jetzt«, also nach dem Grande Terreur in Frankreich, »wo den alten Formen allgemeine Zerstörung droht, [...] unabhängig von dem positiven und conventionellen«[22] einen »höheren Standpunkt«[23], der »*in uns*« selbst gegründet ist[24]?

Allein Savignys Wortwahl zeigt, dass hier bereits maßgeblich die Empfindungs-, Denk- und Ausdrucksweise der Frühromantik ins Spiel kommt: die Überhebung des selbstständig denkenden *und* fühlenden Individuums über das nur äußerlich Gegebene, bloß Konventionelle und gedanklich Abstrakte. Noch bevor Savigny »auf der Seite des Denkens« auf irgendwelche »feste Punkte« gekommen ist, weiß er doch für sich selbst bereits genau, »daß ich nicht nachbeten werde, wie die meisten sogenannten Philosophen«[25] *und* Juristen, wie man im zeitlichen Vorgriff auf sein eigenes Rechtsdenken noch ergänzen müsste. Als Savigny nämlich nach Jahren lustlos pflichtgemäßer Beschäftigung mit dem Recht[26] im Sommer 1798 als Student

---

19 Leonhardi in seinem Brief vom 19. März 1799 an Leonhard Creuzer – ebenda, S. 54.

20 Otto: Goethe, Savigny und die Anfänge der Romantik, S. 105.

21 Savigny in seinem Brief vom 3. Januar 1800 an Friedrich und Leonhard Creuzer sowie Friedrich Heinrich Christian Schwarz. – In: Stoll (Hrsg.): Der junge Savigny, Nr. 41, S. 144–147, hier S. 145.

22 Savigny in einem undatierten wohl Ende 1798 oder Anfang 1799 geschriebenen Brief an Constantin von Neurath – ebenda, Nr. 9, S. 69–71, hier S. 70.

23 Savigny in seinem Brief vom 10. Februar 1799 an Constantin von Neurath – ebenda, Nr. 10, S. 71f., hier S. 71: Einen »höheren Standpunct« als Voraussetzung, um »die bisher gewöhnlichen Begriffe durch Reflexion zu berichtigen«, vermisst der junge Savigny auch bei seinen akademischen Lehrern, und zwar selbst bei den nach Savigny »vorzüglichsten Pfleger[n] der Wissenschaft« des Rechts wie Gustav Hugo (1764–1844), dem Vorläufer der von Savigny später begründeten Historischen Rechtsschule.

24 Savigny in einem undatierten wohl Ende 1798 oder Anfang 1799 geschriebenen Brief an Constantin von Neurath. – In: Stoll (Hrsg.): Der junge Savigny, Nr. 9, S. 69–71, hier S. 70. Vgl. Rückert: Idealismus, S. 199 Fn. 241, S. 252–264; Nörr: Lehrjahre, S. 35–45 sowie Fischer: Zirkel liebender Freunde, S. 103–105 zum wort- und philosophiegeschichtlichen Kontext der vom jungen Savigny direkt aus Schlegels *Athenaeum* übernommenen Formel »(Gottheit) in uns«.

25 Savigny in einem Brief vom 14. Januar 1798 an Constantin von Neurath. – In: Stoll (Hrsg.): Der junge Savigny, Nr. 3, S. 62f., hier S. 62.

26 Savigny studiert in Marburg. Nur im Wintersemester 1796/97 ist er in Göttingen eingeschrieben und hört dort unter anderem ›Universalgeschichte‹ bei Ludwig Timotheus Spittler (1752–1810), nicht aber römisches Recht bei Gustav Hugo. Die gut zehn Jahre später im Jahre 1808 von Hugo unterstützten Versuche, Savigny für eine Professur in Göttingen zu gewinnen,

der Rechtswissenschaften das römische Recht für sich zu entdecken beginnt, so gilt seine Faszination ausschließlich den aus dem Altertum überlieferten Quellen des römischen Rechts, hingegen nicht dem, was die neuzeitlichen Systematiker des römischen Rechts daraus gemacht hatten. Ein Schlüsselsatz in der Vorrede zu Savignys vierzig Jahre später erscheinendem Hauptwerk *System des heutigen Römischen Rechts*[27] lautet daher: »[...] wir müssen uns in die Schriften der alten Juristen«, die keine Systematiker, sondern Praktiker waren, »*selbstständig* hinein lesen und denken.«[28]

Als Savigny nach seiner Promotion in Marburg für das Sommersemester 1801 den Plan fasst[29], auch »seine Vorlesungen [...] der Pandekten unmittelbar aus den Quellen« auszuarbeiten statt wie damals üblich aus Lehrbüchern über die Pandekten, wurde er nach Auskunft seines späteren Schülers Adolf Friedrich Rudorff (1803–1873) überhaupt »zum ersten Mal des unermeßlichen Abstandes inne, welcher das classische Recht des römischen Alterthums von den herkömmlichen Theorien der damaligen Schule trennte.«[30] Dies wiederum sollte zur Initialzündung für die Ausarbeitung von Savignys Monographie *Recht des Besitzes* werden, jenes – so Rudorff in seinem Nachruf 1862 – »unübertroffene Muster civilistischer Monographik, welches – eine unerhörte Erscheinung für eine civilistische Abhandlung – sechs Auflagen erlebte, und in alle europäische Cultursprachen übertragen, den vierundzwanzigjährigen Verfasser mit einem Schlage unter die Klassiker der Nation erhob [...].«[31]

Eben dieser Zu- bzw. Rückgriff auf die Quellen im römischen Altertum statt auf die neuzeitliche Literatur *über* das römische Recht[32] sollte nach dem Erscheinen von

---

scheitern – Schnack: Anmerkungen zu Brief Nr. 18. – In: Savigny, Winkelmann: Briefwechsel, S. 329.

27 Das achtbändige Hauptwerk zum in Deutschland damals noch subsidiär geltenden römischen Recht ist zwischen 1840 und 1849 erschienen.

28 Savigny: System des heutigen Römischen Rechts, Bd. 1 (1840), S. XXVII (Kursivhervorhebung nicht im Original). Selbständig denkend zurückzugehen *ad fontes* unter weitgehender Übergehung der mittelalterlichen Glossen und Kommentierungen der im spätantiken *Corpus iuris civilis* überlieferten römischen Jurisprudenz sowie der neuzeitlichen Pandektenliteratur – das war der Wahlspruch der insoweit mit dem juristischen Humanismus des 16. Jahrhunderts verwandten Historischen Rechtsschule des 19. Jahrhunderts. Nicht zufällig fand Clemens Brentano in Savignys Bibliothek Werke des spanischen Humanisten und Erasmus-Schülers Juan Luis Vives (1493–1540). Vgl. den Anfang Februar 1803 geschriebenen Brief Brentanos an den gemeinsamen Freund Stephan August Winkelmann: »Daß dir der Vives so viel Freude gemacht, ist mir recht lieb, ich habe ihn in einer Eke von Sav[ignys] Bibliothek gefunden [...].« – In: Brentano. Werke und Briefe, Bd. 31, Nr. 274, S. 34f., hier S. 34. Zur Bedeutung von Savignys Bibliothek für Winkelmann, Brentano und Arnim als Fundgrube für mittelalterliche Literatur Schnack: Einleitung. – In: Savigny, Winkelmann: Briefwechsel, S. 63.

29 Von diesem Plan berichtet Savigny während des Sommersemesters in einem Brief vom 20. Mai 1801 an Gottlieb Hufeland (1760–1817). – In: Savigny, Winkelmann: Briefwechsel, Nr. 108, S. 199.

30 Rudorff: Savigny, S. 18. Weiter heißt es dort: »Er theilte seine Entdeckung seinem [*scil.* einstigen] Lehrer [*scil.* Philipp Friedrich] Weis mit, der ihm dringend zuredete, das edle Gebild der classischen Jurisprudenz von dem verwirrenden Wust der Scholastik zu säubern.«

31 Ebenda.

32 Mit der »Literärgeschichte« vergangener Zeiten rechnet Savigny als »ein würdiger Schüler der

Savignys Monographie auch das eigentlich Neue werden bei der Behandlung des in Deutschland bis zum Inkrafttreten des *Bürgerlichen Gesetzbuches* (BGB) im Jahre 1900 subsidiär geltenden genuin römischen Privatrechts. Dies und eine ausgeprägte Sprachbegabung Savignys werden im Jahre 1810 Wilhelm von Humboldt zur Berufung Savignys an die neu gegründete Berliner Universität bewegen. Dessen elf Jahre zuvor getroffene Entscheidung, eine Universitätsprofessur anzustreben, war aber auch von Freunden noch als »sehr sonderbar«[33] und alarmierend aufgenommen worden. Bedeutete doch diese Entscheidung für einen »Mann von Geburt«, wie Goethe fast zur selben Zeit in seinem Bildungsroman *Wilhelm Meisters Lehrjahre* schreibt,[34] der zu einer »Art Fibel für die Romantiker wurde,[35] einen sozialen Abstieg in die Bürgerlichkeit. Eben diese Bürgerlichkeit hat Savigny aber ausdrücklich gesucht.[36]

Die Tatsache, dass Savigny erst nach drei Jahren Rechtsstudium 1798/99 das römische Recht für sich entdeckte und einen auf selbständiger Beurteilung beruhenden Blick für dessen Quellen entwickeln konnte, wird durch den Savigny spätestens seit 1797 umgebenden Geist der Frühromantik auf dem Gebiet von Philosophie und Literatur wenn nicht verursacht, so doch zumindest begünstigt und vorbereitet. Für diese Vermutung spricht auch, dass Savignys Lebensentscheidung für die *Rechtswissenschaft*, die er nach dem Zeugnis von Leonhardi bereits kurz *vor* Antritt seiner sogenannten sächsischen Studienreise[37] getroffen haben muss,[38] *während* der Reise insbesondere im Kontakt mit dem Jenaer Kreis der Frühromantik noch einmal bekräftigt wurde.[39] Als Savigny auf seiner Rückreise im Mai 1800 zum dritten Mal für einige Wochen Jena besuchte, soll sich bereits »die Begeisterung, welche ihn

---

Romantiker« (so Otto: Auf den Spuren von Friedrich Carl von Savigny. Der junge Savigny, S. 461) scharf ab.

33 Schnack: Einleitung – In: Savigny, Winkelmann: Briefwechsel, S. 39f., hier S. 40.

34 Goethe: Werke (Hamburger Ausgabe), Bd. 7, S. 183.

35 Otto: Goethe, Savigny, S. 102f.

36 So schreibt Savigny in seinem Brief vom 27. Juli 1803 an Winkelmann: »Mir scheint es aber nicht nur überhaupt nothwendig, und gerade in unsern Tagen, recht *bürgerlich* zu schreiben [...]. Ach, lieber Winkelmann, wem es gelingen möchte, in diesen Tagen, ohne Affectation, im Besitz der ganzen Bildung der Zeit, so zu schreiben, daß jeder Leser ihn für seines gleichen nähme!« – In: Savigny, Winkelmann: Briefwechsel, Nr. 85, S. 176f., hier S. 176. Vgl. ferner Savignys lobende Rezension von 1808 zu Schleiermachers Schrift *Gedanken über Universitäten im deutschen Sinn* (Savigny: Recension von F. Schleiermacher, S. 267): »Wie viel werth also ist es, wenn alle Gebildeten der Nation in der empfänglichsten Zeit ihres Lebens in einen Zustand versetzt werden, worin jedes menschliche Selbstgefühl erweckt und gehoben und das übermäßige Standesgefühl aller Art gedemüthigt wird!«

37 Vgl. zu dieser Studienreise vom 24. Juli 1799 bis zum 16. August 1800 in Savignys Briefen und Selbstzeugnissen Stoll (Hrsg.): Der junge Savigny, S. 105–170; Ingeborg Schnack: Anmerkungen. – In: Savigny, Winkelmann: Briefwechsel, S. 397.

38 Leonhardi in seinem Brief vom 19. März 1799 an Leonhard Creuzer. – In: Stoll (Hrsg.): Der junge Savigny, S. 54.

39 Vgl. schon Otto: Auf den Spuren von Friedrich Carl von Savigny. Der junge Savigny, S. 457: »Savigny kommt verändert von seiner sächsischen Studienreise zurück. Schon auf seiner Rückreise wird auch seine veränderte Haltung gegenüber der Rechtswissenschaft deutlich«. Nach Ingeborg Schnack: Einleitung – In: Savigny, Winkelmann: Briefwechsel, S. 36 hat Savigny die Studienreise »die feste Entscheidung für eine akademische Laufbahn eingebracht.«

für die Rechtswissenschaft belebte, auf Alle« übertragen haben, »mit denen er verkehrte [...].«[40]

2.2. Der ›ganze‹ Mensch – Schöne Literatur und Bildung statt Schulphilosophie und bloßes Verstandesdenken im Recht

Savigny stellte 1799 seinem im Marburger Kreis kursierenden »Aufsatz«[41] über die Freundschaft Friedrich Schlegels Motto aus dem *Athenaeum* voran: »Geselligkeit ist das wahre Element für alle Bildung, die den ganzen Menschen zum Ziel hat, und also auch für das Studium der Philosophie.«[42] Und um den *ganzen* Menschen geht es Savigny im Gegensatz zur Philosophie des neuzeitlichen Rationalismus, die – so Savigny wörtlich – »aus lauter Abstractionen die herrlichsten Schneemänner zusammensetzt, die freylich eine frappante Ähnlichkeit haben, besonders was die Kälte betrifft«, keine Individualität, keine Wärme.[43]

Die Systeme der Schulphilosophie können nach Savigny daher keine angemessenen Antworten auf die Frage nach dem *ganzen* Menschen geben, wohl aber die Literatur, insbesondere die Romanliteratur.[44] Nicht nur Jeans Pauls Romane liest und kommentiert er in der Regel gleich nach deren Erscheinen.[45] Besonders wichtig werden für ihn Friedrich Heinrich Jacobis Briefroman *Allwill*[46] und Goethes Bildungsroman *Wilhelm Meisters Lehrjahre*[47] sowie die Rezension der *Lehrjahre* durch Friedrich Schlegel im *Athenaeum*, das Savigny vom ersten Heft an abonniert hat.[48] Nach 1800, als sowohl Goethes Zeitschrift *Propyläen* als auch Schlegels *Athenaeum* ihr Erscheinen eingestellt haben, initiiert Savigny sogar selbst ein Zeitschriftenprojekt. Zusammen mit Brentano[49] und anderen Freunden will er zum »Begriff der

---

40 Bippen (Hrsg.): Heise, S. 41. Wilhelm von Bippen (1808–1865) war Schwiegersohn des Pandektisten Arnold Georg Heise (1778–1851), der seit 1800 mit Savigny in ständigem Kontakt stand.

41 Zunächst hatte Savigny den »Aufsatz« den Vettern Leonhard und Friedrich Creuzer zur Diskussion zugesandt. An Friedrich Creuzer schreibt er in seinem Brief vom 21. Juni 1799. – In: Stoll (Hrsg.): Der junge Savigny, Nr. 23, S. 92f., hier S. 92: »Was nun meinen Aufsatz betrifft, so bitte ich Sie, ihn nicht mit dem Magister [Leonhard Creuzer] zugleich zu lesen und zu beantworten; das wird uns zu größerer Mannichfaltigkeit, also zu mehrerer Ideenstriction führen.«

42 Savigny, Beilage zu dessen Brief vom 21. Juni 1799 – ebenda, S. 93–96, hier S. 93. Zu Savignys Aufsatz über die Freundschaft Nörr: Lehrjahre, S. 69f., 120–127, ferner zur »Geselligkeit« und »Symphilosophie« Rückert: Idealismus, S. 194–200; Otto: Auf den Spuren von Friedrich Carl von Savigny. Der junge Savigny, S. 446f.

43 Savigny in seinem Brief vom 3. Januar 1800 an Friedrich und Leonhard Creuzer sowie an Friedrich Heinrich Christian Schwarz. – In: Stoll (Hrsg.): Der junge Savigny, Nr. 41, S. 144–147, hier S. 145.

44 Nörr: Lehrjahre, S. 102, 178, 207–222.

45 Ingeborg Schnack: Anmerkungen zu Brief 82. – In: Savigny, Winkelmann: Briefwechsel, S. 404.

46 Zur Savigny-Rezeption von Jacobis *Allwill* siehe Nörr: Lehrjahre, S. 18–23, 194–206.

47 Zur Savigny-Rezeption von Goethes *Wilhelm Meisters Lehrjahren* siehe ebenda, S. 186–193.

48 Otto: Auf den Spuren von Friedrich Carl von Savigny. Der junge Savigny, S. 447.

49 Vgl. Savignys Brief vom Februar 1802 an Winkelmann. – In: Savigny, Winkelmann: Briefwechsel, Nr. 27, S. 124.

Wahrheit«[50] »ein unschuldiges krittisches Blatt« über »Kunst und Wissenschaft« herausgeben.[51] Dazu schreibt Brentano im Februar 1802 an Winkelmann:

> Savigny will mit wenigen langgeprüften wackern Freunden[,] unter denen du auch herzlich mit gemeint bist, einen stillen Wunsch sich, und allen theilnehmenden Gemüthern [...] befriedigen; er will ein unschuldiges krittisches Blatt unternehmen, daß sich total in der Tiefe und Unbefangenheit gleich, doch parteilos, und unpolemisch auftritt, und die ganze Summe von *lieben* Büchern in allen Fächern nicht Richterlich absprechend, sondern blos wie der gerührte und zugleich innerlich scharfe Sinn, des Lesers behandelt, der nicht auf dem angemaßten endlich[-en] Richterstuhl sizzt, sondern die unendliche Bildung mir vorstellend, an der Seite dieser Werke mit fort geht [...].[52]

Winkelmann nimmt die Aufforderung zur Mitarbeit an und rät Savigny Ende Februar 1802:

> Was aber dein Vorhaben anbetrifft[,] so laß uns für eine das Würdigende, Vortreffliche heraushebende Kritick sorgen, aber laß uns nicht bei heute oder gestern bleiben: das Gute ist älter. [...] Aufmerksamkeit für die Volkslieder und die ersten Versuche der Poesie bei uns (um einen Nationalcharakter beschreiben und festhalten zu können) tiefe Rührung für Göthe, Shakespear u. die Griechen [...] und heftige Strenge gegen alle Nachlässigkeit u. Mittelmässigkeit [...].[53]

---

50 Vgl. Savignys Brief aus der ersten Novemberhälfte 1801 an Winkelmann – ebenda, Nr. 22, S. 118f., hier S. 119: »Schreibe mir von deinem projektirten Journal. Ich möchte auch eins herausgeben *über den Begriff der Wahrheit*, denn fast alle edle Menschen[,] die ich kenne[,] würden viel wahrer seyn, wenn sie nur einmal diesen Begriff hätten, und so unendlich die Aufgabe ist[,] Wahrheit zu suchen, *eben so unendlich* ist die[,] wahr zu seyn.« Dies beschäftigt Savigny auch in späteren Jahren. So schreibt er am 26. Dezember 1809 an Jacob Grimm. – In: Stoll (Hrsg.): Der junge Savigny, Nr. 204, S. 398–401, hier S. 398: »[...] die Wurzel alles Schlechten dieser Zeit, und das was den unbezwinglichen Ekel erregt, ist die Lüge, und das einzige Gesetz, was auch für alle Bestrebung in Kunst und Wissenschaft gilt, ist Wahrheit. Ich meine die höhere Wahrheit, die alles verschmäht, was der Mensch nicht wahrhaft zu eigen sich gemacht hat, und die ihm auf dem unendlichen Wege zu diesem Ziele niemals Ruhe läßt.«

51 Schnack: Einleitung. – In: Savigny, Winkelmann: Briefwechsel, S. 48; dies.: Anmerkungen zu Brief 27 und 27a, ebenda, S. 338f.

52 Clemens Brentano in seinem Brief vom 10. Februar 1802 an Winkelmann. – In: Savigny, Winkelmann: Briefwechsel, Nr. 27a, S. 124f. bzw. Brentano. Sämtliche Werke und Briefe, Bd. 29, Nr. 169, S. 420–422, hier S. 422. Nach Schnack: Anmerkungen zu Brief 27a. – In: Savigny, Winkelmann: Briefwechsel, S. 339 strebte Savigny »als Kritiker eine redliche Mittlerrolle an«, der nicht – wie damals üblich – den einen Autor in den Himmel hebt und den anderen zerstört. Auf jeden Fall war das Projekt nach Brentanos Schilderung im Brief vom 10. Februar 1802 konzeptionell schon sehr konkret gediehen: »[...] auch soll das Blatt nicht unumgänglich Rezensionen, sondern auch eigene Ergüße in Hinsicht auf Werke, und am besten[,] wo sich beide durchdringen, Menschliche Urtheile umfaßen, dies Institut soll sich nicht blos auf neue Schriften, sondern um eine ganze geliebte Bücherepoque auch mehrere Jahre Rückwärts bescheiden einlaßen, und könnte das gespräch denkender Freunde von verschiedenen Studien in einer gemeinsamen Bibliothek sein, um aber das Publikum zu der richtigen Ansicht des Zwecks und der sich immer gleichbleibenden und so harmonisch wachsenden Kräfte zu führen, müßte eine allgemeine kurze Darstellung der Ansicht von Kritick eines jeden vorausgehen, die er in seinem Fache hat« (ebenda, Nr. 27a, S. 125).

53 Winkelmanns Brief an Savigny und Brentano – ebenda, Nr. 28, S. 126f. Vgl. dort in den Anmerkungen zu Brief 28, S. 340 auch den Hinweis auf Winkelmanns Göttinger Goethe-Vorlesungen aus dem Sommersemester 1801, den ersten Vorlesungen über Goethes Werk überhaupt, in denen Winkelmann bereits das »naive Volkslied« als »Anfang der Poesie und Vollendung der

Zwar ist es nicht zur Realisierung dieses Projekts gekommen[54] – vermutlich begründet durch die zeitliche Auslastung Savignys, der wohl bereits seit dem Spätsommer 1802, mit Sicherheit aber seit Herbst 1802 intensiv an seiner epochemachenden Monographie *Das Recht des Besitzes* arbeitete.[55] Dennoch zeigt es den Stellenwert, den Savigny der schönen Literatur beimisst. Daran hat sich auch in den folgenden Jahren nichts geändert.[56]

Literatur nicht statt, sondern Literatur *als* praktische Philosophie findet Savigny insbesondere bei Goethe, dem Heros der Frühromantiker um 1800: »[…] aber Theuerster«, fragt Savigny in einem Brief an Friedrich Creuzer bereits 1799 rhetorisch, »wie konnten Sie […] Ihn […] vergessen […] oder ist er etwa nicht Philosoph, weil Er weder ein Compendium noch ein System edirt hat?«[57] Damit bezog sich Savigny damals zwar noch auf die Moralphilosophie, keineswegs auf das Recht. Wenn er aber später auch auf dem Gebiet des Rechts eine Reduktion auf abstrakte Begriffe und Definitionen ablehnt und in seinem Hauptwerk über das sogenannte *innere*, die geschichtliche Genese und gedanklichen Zusammenhänge bezeichnende *System des heutigen Römischen Rechts*[58] jede Identifikation mit dem bloß *äußeren* System im Sinne einer darstellenden Klassifikation der Rechtsbegriffe zurückweist, vielmehr bei deren Klassifikation von jedem Wissenschaftler eine »ehrende Anerkennung des freyen Spielraums individueller Auffassung«[59] fordert, dann könnte der tiefere Ursprung dieser Skepsis – *nicht* Ablehnung[60] – gegenüber Verstandesbegriffen und

---

Kunst« bezeichnet und in der Folge auch selbst Volkslieder zu sammeln beginnt. Hier deutet sich bereits die auf die Frühromantik folgende Phase der Hochromantik an.

54 Dasselbe gilt für Brentanos im März 1802 Winkelmann mitgeteilten eigenen, aber noch sehr vagen »Plan zu einer Weiberzeitung, die […] ganz genialisch mit allegorisch durchlaufenden Masquen, oder festen Charackteren, die raisonniren, wöchentlich erscheinen soll, Savigny, ich, Schwarz, und auch du, wenn du willst, werden dran arbeiten […].« – In: Brentano: Sämtliche Werke und Briefe. Bd. 173, S. 427f., hier S. 427.

55 Schnack: Anmerkungen zu Brief 54. – In: Savigny, Winkelmann: Briefwechsel, S. 371 mit weiteren Nachweisen, ferner auch schon Rudorff: Savigny, S. 18, der die Kürze der intensiven Arbeitszeit von angeblich nur fünf Monaten bis zur Fertigstellung des Manuskripts im Mai 1803 hervorhebt.

56 Vgl. etwa Savignys Brief vom 26. Dezember 1809 an Jacob Grimm, in: Stoll (Hrsg.): Der junge Savigny, Nr. 204, S. 400: »[…] Den Sternbald [*scil.* von Tieck] habe ich jetzt zum ersten Mal gelesen. […] Sie haben doch die Wahlverwandtschaften gelesen? […] überhaupt mehr Tragödie als Roman. – Der Wintergarten ist mir ein liebes Buch; was dem Arnim darin eigen ist, ist durchaus geistreich und originell. […] Schlegels Vorlesungen über dramatische Kunst sind mir lieb […].«

57 Savigny an Friedrich Creuzer, Brief vom 21. Juni 1799. – In: Stoll (Hrsg.): Der junge Savigny, Nr. 23, S. 92f., hier S. 92.

58 Vg. oben Anm 27.

59 Savigny: System des heutigen Römischen Rechts, Bd. 1 (1840), S. XXXVII.

60 Darin unterscheidet sich auch bereits der junge Savigny von denjenigen Freunden aus dem Kreis der Romantik, die wie der junge Clemens Brentano »nur im phantastischen, romantischen Leben Ruhe finden« – Clemens Brentano in seinem Brief vom 7. September 1803 an Sophie Mereau – Brentano, Mereau: Briefwechsel, S. 172–174, hier S. 172–173. Brentano hält daher in seinem Brief vom 26. Oktober 1800 Savigny vor, dass er überhaupt an der »Wissenschaft« als der »Unwissenheit im Sistem« festhalte, »an allen den Palisaden, Spanischen Reutern; Schanz-Körben, und Armaturen, des Bürgers gegen den Menschen, die sie [= Sie] Jurisprudenz nennen […].« – In: Brentano: Sämtliche Werke und Briefe. Bd. 29, Nr. 100, S. 281–283, hier S. 282. Letzteres war kein Plädoyer

scheinbar logischen Systementwürfen eben in der Prägung von Savignys Denken in der Zeit der Frühromantik *vor* 1800 liegen.

Das wäre aus zwei Gründen bemerkenswert. Zum einen fiele diese Prägung von Savignys Denken werkbiographisch in eine Zeit, in der er das Recht, und das war für Savigny das *römische* Recht, für sich persönlich noch gar nicht entdeckt hatte bzw. gerade erst zu entdecken begann. Zum anderen könnte hier auch eine mögliche Erklärung dafür liegen, dass Savigny nicht nur einen grundsätzlich anderen Zugang zum ›System‹ des Rechts hatte als die von ihm bekämpften Vertreter des neuzeitlichen Rationalismus vor 1800, sondern auch als die mit ihm eigentlich verbündeten jüngeren Vertreter der Historischen Rechtsschule. Zu deren prominentesten Protagonisten gehört der eine Generation nach Savigny im Jahre 1798 geborene Pandektist Georg Friedrich Puchta, seit 1842 Savignys Nachfolger auf dem Lehrstuhl in Berlin. Puchta, der seit den späten 1820er Jahren die Programmsätze der Historischen Rechtsschule auf das römische Recht anwandte, fehlte biographisch die Berührung mit Personen und Werken der Frühromantik, die noch Savigny erlebt hatte. Bezeichnenderweise fehlte seinem Rechtsdenken aber auch jene von Savigny angemahnte Anerkennung der schöpferischen Individualität jedes einzelnen Wissenschaftlers, die bei aller Suche nach der verborgenen *einen* rechtswissenschaftlichen Wahrheit[61] eine »gewisse Duldsamkeit«[62] und Toleranz in Fragen der Systematik des römischen Rechts und der wissenschaftlichen Definition von Rechtsbegriffen fordert.[63]

Von werkgeschichtlicher Relevanz könnte die Frühromantik auch noch in einem weiteren Sinne für Savigny gewesen sein. »Goethe ist ihr Gott« schreibt der junge Savigny über die Brüder Schlegel, über Novalis, Friedrich Schleiermacher und die weiteren Autoren im *Athenaeum*.[64] Für Savigny selbst gilt das bei aller Verehrung Goethes aber nur mit Abstrichen. Während er die in den späteren Kreisen der Hochromantik umstrittenen *Wahlverwandtschaften* als »großartigste[n] Blick auf diese verwirrte Zeit, und im Ganzen mehr tragisch als romantisch« bezeichnet,[65] hegt er große Vorbehalte gegenüber den »geheimen Erzieher[n]« in Goethes *Lehrjahren*,

---

mehr gegen zu viel lebensferne Logik und System in der Rechtswissenschaft, sondern vielmehr ein Plädoyer gegen Rechtswissenschaft überhaupt.

61 Dass es überhaupt so etwas gibt wie *eine* rechtswissenschaftliche Wahrheit und daher ein wissenschaftliches Problem allenfalls in deren Erkennbarkeit liegt, war noch bis Mitte des 19. Jahrhunderts in der deutschsprachigen Rechtswissenschaft Konsens – vgl. Mecke: Beiträge, S. 542–546.

62 Savigny: System des heutigen Römischen Rechts, Bd. 1 (1840), S. XXXVII.

63 Mecke: Puchta, S. 638–665.

64 Savigny an Constantin von Neurath, Brief »wohl 1798«. – In: Stoll (Hrsg.): Der junge Savigny, Nr. 5, S. 64–66, hier S. 66.

65 Savigny in seinem Brief vom 25. Dezember 1809 an Friedrich Creuzer. – ebenda, Nr. 203, S. 395–397, hier S. 396. Ludwig Grimm berichtet »von einer Abendgesellschaft, in der Savigny« aus dem ihm von Goethe übersandten Buch vorlas und dieses lobte, worauf »alle schwiegen« (ebenda, S. 396 Fn. 1). Von Bettina Brentano lässt sich wiederum Savigny aus dem ersten Teil des *Faust* vorlesen: »Dem Savigny hab ich den Faust vorgelesen; er hat seine Rührung dabei zum Theil durch Reflectionen verwunden.« Vgl. Bettine Brentanos Brief vom 23. Juli 1808 an Achim von Arnim. – In: Steig (Hrsg.): Achim von Arnim und die ihm nahe standen, Bd. 2, S. 184f., hier S. 184.

noch mehr aber später, 1821, in *Wilhelm Meisters Wanderjahren*, wo Savigny »sie völlig ekelhaft« werden[66] im Vergleich zu der von ihm im Anschluss an Herder geschätzten ganzheitlichen »Paedagogik des herrlichen [...] Pestalozzi«, wie Savigny wörtlich schreibt.[67] Nicht Erziehung von oben, sondern Förderung des Einzelnen, damit er sich selbst zu einer sittlichen Persönlichkeit bilde, nur das ist für Savigny vereinbar mit »eigentliche[r] Autonomie, d.h. [...] Bestimmung aus dem Innersten des eigenen Wesens [...].«[68]

Auf dem Gedanken der Individualität in einem umfassenden Sinne[69] beruht bei Savigny auch der eigentliche »Anfangspunkt der ganzen Wissenschaft«[70], nämlich ein Denken, das immer zuerst vom Besonderen und Individuellen in der Lebenswirklichkeit ausgeht, nicht hingegen vom Allgemeinen und Abstrakten der menschlichen Vernunft. Hier könnte eine tiefere Verbindungslinie liegen, die von der literarischen Romantik bis in Savignys Rechtsdenken hinein führt.

3. Savignys Rechtsdenken: Der Gedanke der Individualität als ›Anfangspunkt‹

3.1. Die ›Individualität des Volks‹ als Grundlage für die Entstehung von Sprache und Recht

Auf Parallelen zwischen der Lehre von der Entstehung der Sprache und des Rechts aus dem Volk in Savignys Programmschrift von 1814 und der bereits einige Jahre zuvor aufkommenden Volkspoesie der Heidelberger Hochromantik[71] ist schon häufig hingewiesen worden.[72] So hatte etwa Joseph Görres bereits im Jahre 1807 – von dem »im Volke verborgene[n] lyrische[n] Geist« bzw. »Körper des Volksgeistes« gesprochen.[73]

In seiner Programmschrift *Vom Beruf unsrer Zeit für Gesetzgebung und Rechtswissenschaft*, die viel mehr war als nur ein Plädoyer gegen die von Anton Justus Friedrich Thibauts (1772–1840) kurz zuvor öffentlich erhobene Forderung nach zügiger Ausarbeitung einer nationalen Privatrechtskodifikation,[74] formuliert Savigny

---

66 Savigny an Jacob Grimm, Brief vom 24. Dezember 1821. – In: Stoll (Hrsg.): Savigny. Professorenjahre, Nr. 366, S. 278–283, hier S. 279.

67 Savigny in seinem Brief vom 9. Januar 1803 an Henry Crabb Robinson. – In: Marquart: Ein unbekannter Aufsatz von Savigny, Nr. 2, S. 330–332, hier S. 331. Zu Pestalozzis Pädagogik publizierte auch wiederholt der ebenfalls zum Marburger Kreis gehörende Theologe und Pädagoge Friedrich Heinrich Christan Schwarz (1766–1837) – Savigny, Winkelmann: Briefwechsel, S. 342, 411.

68 Savigny in seinem Brief vom 21. Juni 1799 an Friedrich Creuzer. – In: Stoll (Hrsg.): Der junge Savigny, Nr. 23, S. 92f., hier S. 92.

69 Vgl. Nörr, Lehrjahre, S. 56–59 zu Savignys Begriff der Individualität im Anschluss an Schlegels Schrift *Über die Philosophie*.

70 Savigny: Vom Beruf unserer Zeit, S. 30.

71 Levin: Heidelberger Romantik, S. 22–26.

72 Vgl. dazu schon Thieme: Der junge Savigny, S. 60f.; Schuler: Grimm und Savigny, S. 210–250; Fischer: Marburger Romantiker, S. 67–69; Dölemeyer: Savigny, S. 171 und Meder, Mecke: Savignys Rechtsdenken, S. 200–202 mit weiteren Nachweisen.

73 Görres: Die teutschen Volksbücher, S. 2, 15.

74 Die Diskussion um eine künftige Zivilgesetzgebung in Deutschland begann um 1813/14, als

erstmals seine gegen den – insbesondere französischen – Rationalismus des Vernunftrechts gerichtete Lehre von der Entstehung des Rechts aus dem Volk. Vom ›Volksgeist‹ spricht Savigny zwar 1814 noch nicht ausdrücklich, aber in der Sache ist es das, was er die ›gemeinsame Ueberzeugung des Volkes‹ nennt. Danach haben »Sprache, Sitte, Verfassung [...] kein abgesondertes Daseyn, es sind nur einzelne Kräfte und Thätigkeiten des einen Volkes [...]. Was sie zu einem Ganzen verknüpft, ist die gemeinsame Ueberzeugung des Volkes, das gleiche Gefühl innerer Nothwendigkeit, welches allen Gedanken an zufällige und willkührliche Entstehung ausschließt.«[75]

Heute weiß man, dass Savignys Auffassungen zur Entstehung des Rechts, die seiner Programmschrift von 1814 zugrunde liegen, schon lange vorher gereift und Teil eines bereits Jahre zuvor aufgestellten längerfristigen persönlichen Arbeitsprogramms waren.[76] Spätestens 1808 »lag *alles Wesentliche* in Savignys Konzeption bereit.«[77] Dazu gehört der Satz: Die ursprüngliche und »eigentliche Gesetzgebung wird nicht gemacht, sie entsteht von selbst« in der ungeteilten Gesamtheit des Volks, also nicht durch den Willen eines einzelnen, auch nicht durch den Willen weniger oder vieler einzelner.[78] Noch weitere zehn Jahre früher – 1798/99 – gab Savigny bereits der *Reform* des Rechts gegenüber der Revolution den unbedingten Vorzug, weil die Revolution – einmal abgesehen von ihren inhumanen Begleiterscheinungen – nur auf den ersten Blick die effektivere Form der Rechtsveränderung sei.[79] Bereits hier kam die spätere Prämisse der Historischen Rechtsschule zum

---

das Ende der Napoleonischen Herrschaft in Deutschland absehbar wurde und für kurze Zeit die Möglichkeit einer nationalen Rechtskodifikation im staatsrechtlich zersplitterten Deutschland realistisch erschien. Zum veritablen Kodifikationsstreit mit zwei prominenten Kontrahenten, Thibaut auf der einen Seite und Savigny auf der anderen, entwickelt sich die Diskussion, als Thibaut im Frühsommer 1814 erstmals seine Schrift *Ueber die Nothwendigkeit eines allgemeinen bürgerlichen Rechts für Deutschland* veröffentlicht. Savigny ist alarmiert, da er grundsätzlich um die Zukunft des römischen Privatrechts in Deutschland fürchtet. Daher entschließt er sich zu einer schnellen Reaktion auf Thibauts Flugschrift und schreibt am 20. September 1814 an Achim von Arnim: »Thibaut hat eine Schandschrift geschrieben [...], Vorschlag eines allgemeinen Gesetzbuchs, ich fahre unter anderem über ihn los, in zwey bis drei Wochen ist mein Büchlein gedruckt.« – In: Stoll (Hrsg.): Savigny. Professorenjahre, Nr. 273, S. 116f., hier S. 117. Eingehend zum Kodifikationsstreit Hattenhauer: Einleitung. – In: Hattenhauer (Hrsg.): Thibaut und Savigny, S. 9–58, hier S. 40–51.

75 Savigny: Vom Beruf unserer Zeit, S. 8.

76 Meder und Mecke: Savignys Rechtsdenken, S. 211f. Fn. 130 mit weiteren Nachweisen.

77 Rückert: Savignys Recht und Rechtswissenschaft im Spiegel einiger Bildquellen. – In: Meder und Mecke (Hrsg.): Savigny global, S. 309. Vgl. auch Nörr: Lehrjahre, S. 285–287.

78 Savigny: Institutionen-Vorlesung (1808), fol. 8r, zit. nach Rückert: Idealismus, S. 427–432, hier S. 430.

79 Vgl. nur Savignys Brief an Constantin von Neurath, vom Herausgeber datiert »Wohl vom Ende 1798 oder Anfang 1799«. – In: Stoll (Hrsg.): Der junge Savigny, Nr. 9, S. 69–71, hier S. 70, wo der kaum zwanzigjährige Savigny bereits seiner lebenslang beibehaltenen Ablehnung von Revolutionen Ausdruck gab und ganz im Sinne der von ihm später begründeten Historischen Rechtsschule für den Weg der »stillere[n]«, aber nachhaltigeren »Reform« plädierte: »Sieh doch hin nach Paris, von wo die Herrschaft der Philosophie [*scil.* im Sinne des Vernunftrechts] ausgehen sollte, und merke auf die Handlungen der schreyendsten Ungerechtigkeit – um dich zu überzeugen, daß die Revolution nur die Möglichkeit [*scil.* zur Verände-

Tragen, dass in der geschichtlichen Entwicklung nicht das Recht die Gesellschaft nachhaltig ändere, sondern vielmehr umgekehrt die Gesellschaft das Recht. Savigny selbst spricht zwar noch nicht – wie wenig später Hegel – von »Gesellschaft«[80], sondern von »Geschichte«. »Geschichte« ist für Savigny aber in dem Sinne untrennbar mit der Gegenwart verbunden, als die Gegenwart wie »jedes Zeitalter [...] nothwendig und frey zugleich« ist: »frey, weil es eben so wenig von irgend einer fremden besondern Willkühr (wie der Befehl des Herrn an seinen Sclaven) ausgegangen ist, sondern vielmehr hervorgebracht von der höhern Natur des Volkes als eines stets werdenden sich entwickelnden Ganzen«[81], notwendig aber auch in dem Sinne, dass kein revolutionärer oder despotischer Gesetzgeber die jeweils überlieferte Rechtskultur ungestraft übergehen könne, sondern vielmehr bei jeder Veränderung immer am Bestehenden anknüpfen müsse, wenn die Veränderung auch nachhaltig wirksam sein soll. Das Bestehende sind für Savigny nicht nur überkommene Rechtseinrichtungen und Rechtsbestimmungen, sondern – noch grundlegender – dasjenige, was sich über Generationen in den Köpfen der Menschen als Kultur und Sprache manifestiert und was sich durch keine äußeren Zwangsmaßnahmen beseitigen lässt.

Jene aus der Fernerfahrung der Französischen Revolution in der Theorie schon beim jugendlichen Savigny verfestigten Auffassungen[82] findet dieser später bei seinem längeren Studienaufenthalt in Paris 1804/05 auch praktisch bestätigt. Dies berichtet Jacob Grimm, der Savigny bei seinen damaligen Studien in Pariser Bibliotheken als Assistent begleitet hatte[83] und 1814 den Zusammenhang mit Savignys gerade erschienenen Programmschrift der Historischen Rechtsschule sofort erkennt. Kurz nach Erhalt der Schrift schreibt Grimm in seinem Brief vom 29. Oktober 1814 an Savigny:

> [...] Tausend Dank für den Schluß des Abschnitts: ›was vor unseren Augen p.‹ Ich erinnerte mich dabei genau an das, was Sie mir zu Paris 1805 sagten, als wir einmal vor Notre Dame vorbeigingen und von den [*scil.* im Zuge der Französischen Revolution] neueingeführten Festen und Würden die Rede kam, wie leer und wurzellos dem Volk dergleichen Machwerk auffalle. Das Volk achtet in der Poesie auch nur allein dieses Unsichtbare und mag das neue nicht,

rung] schuf, die Reform aber aus dem innern Heiligthum des Geistes ausgehen müsse, daß dort die Menschen *unter* den Begebenheiten blieben, und daß wir alle uns bestreben müssen, uns *über* sie zu erheben. Und wenn (was ich hoffe und wünsche) der Geist der gewaltsamen Revolutionen erloschen seyn sollte, so ist jener höhere Standpunkt nicht weniger nöthig – zwar nicht mehr, wie in jenem Fall [*scil.* in Frankreich], um nicht mit dem positiven [*scil.* im Sinne vom Bestehenden] selbst unterzugehen – aber um dieses selbst zu sich hinauf zu heben und zu veredeln, um durch freye Thätigkeit jene stillere Reform herbeyzuführen, die, ohne den hohen Preiß der blutigen [*scil.* Revolution], zwar langsamer, aber sicherer würkt« (Hervorhebungen in der Vorlage).

80 Hegel: Grundlinien, §§ 181–183, S. 168f. zum »Übergang der Familie in die bürgerliche Gesellschaft«, die wiederum den *»äußeren Staat, – Not- und Verstandesstaat«* (§ 183) hervorbringe.

81 Savigny: Zweck, S. 3f.

82 Vgl. oben Anm. 79.

83 Seit dem Wintersemester 1802/03 hörte Jacob Grimm als Student der Jurisprudenz in Marburg bei Savigny – Schnack: Einleitung. – In: Savigny, Winkelmann: Briefwechsel, S. 54.

welches sich um so stärker bewährt, als es über jenes spotten hört und gegen dieses aus einem kalten Respect nichts sagen mag.[84]

Vor allem zeigt sich Jacob Grimm im Jahre 1814, sieben Jahre nachdem er sich gegenüber Savigny endgültig vom Studium der Jurisprudenz zugunsten der »Geschichte der Poesie und Literatur«[85] losgesagt hatte, hocherfreut über den Gleichklang der auf den unterschiedlichen Gebieten der Literatur und des Rechts erlangten Ansichten. So schreibt er im zuvor zitierten Brief an Savigny: »Ich brauche Ihnen nicht zusagen, wie doppelt meine Freude« ist, »Ihnen auf diesem früher ungeahnten Weg wieder zu begegnen, der ich von Ihnen abgegangen war [...]. Wenn ein und dasselbe auf ganz verschiedenem Wege und mit anderen Mitteln erkannt wird, so kann einem nichts erwünschter sein und es steht schon darum als etwas rechtes sicher.« Direkt bezugnehmend auf zentrale Stellen in Savignys Programmschrift hebt Grimm nicht nur die Parallelen von Recht und Sprache, sondern auch von Rechtswissenschaft und Kunst hervor.[86]

Bemerkenswert ist, dass Grimm wie Savigny einerseits die Herkunft des Rechts und der Sprache aus dem Volk behauptet, andererseits aber auch die von Thibaut

---

84 Jacob Grimms Brief vom 29. Oktober 1814 an Savigny. – In: Jacob und Wilhelm Grimm: Briefe an Savigny, S. 171–183, hier S. 175. »›was vor unseren Augen p.‹«: Jacob Grimm nimmt hier auf folgende Stelle in Savignys Programmschrift Bezug: »Das verderblichste aber [...] ist leichte und willkührliche Aenderung des bürgerlichen Rechts, und selbst wenn durch dieselbe für Einfachheit und Bequemlichkeit gut gesorgt wäre, so könnte dieser Gewinn gegen jenen politischen Nachtheil nicht in Betracht kommen. Was so vor unsern Augen von Menschenhänden gemacht ist, wird im Gefühl des Volkes stets von demjenigen unterschieden werden, dessen Entstehung nicht eben so sichtbar und greiflich ist, und wenn wir in unserm löblichen Eifer diese Unterscheidung ein blindes Vorurtheil schelten, so sollten wir nicht vergessen, daß aller Glaube und alles Gefühl für das[,] was nicht unsres gleichen ist, sondern höher als wir, auf einer ähnlichen Sinnesart beruht« – Savigny: Vom Beruf unserer Zeit, S. 43f.

85 Jacob Grimms Brief vom 9. März 1807 – ebenda, S. 28–31, hier S. 30.

86 Jacob Grimms Brief vom 29. Oktober 1814 an Savigny – ebenda, Nr. 71, S. 171–183, hier S. 171–174: »[...] Pag. 8.9. durchgreifend und völlig entscheidend ist die Gleichstellung und Vergleichung des Rechts mit der Sitte und Sprache, trifft nach allen Seiten hin [...]. Das Recht ist wie die Sprache und Sitte *volksmäßig* [...]. So unsinnig es wäre, eine Sprache oder Poesie *erfinden* zu wollen, ebensowenig kann der Mensch mit seiner einseitigen Vernunft ein Recht erfinden. [...] p. 11. Das Wachsen, Sichausbilden und Absterben des Rechts und sein Sitz im Bewußtsein des Volks paßt pünctlich auf die alte Volkspoesie, u.[nd] beide erläutern einander. Das politische und technische Element [*scil.* Rechts] [...] ist ganz gewiß nichts anders, als was ich fühlte und wollte mit dem Gegensatz der alten Volkspoesie zu den späteren meistersängerischen, (wo Stand und Schule war.). Man darf letztere eine *Kunst*, jene eine *Natürlichkeit* nennen und ein solches *natürliches Recht* (S. 13) und gar kein anderes Naturrecht gibt es. [...] Sie sprechen das, worauf es ankommt, vortrefflich aus: ›erzeugt durch Sitte und Volksglaube, überall durch still wirkende innere Kraft, *nicht durch Willkür eines Gesetzgebers*‹. In der Sprache ist derselbe unerfindliche, stets gesprochene und bewegte Stoff, dem alle Kunstbildung über einen gewissen Punct hinaus nichts anhaben darf [...]. (S. 22.23.) Die technische Auffindung des verlorenen aus dem gegebenen gilt ebenso völlig in der Geschichte der Sprache und Poesie [...]. S. 24. Gefährlichkeit des Mittelmäßigen. Die Theorie wird dadurch schlechter, die Praxis nicht besser. [...] Das röm.[ische] Recht kann so wenig verlassen werden, als die Hexameter verboten (wiewohl ein undeutscher Ton darin ist) oder die Alliterationen neu eingeführt (so wenig als die alten Symbole).«

kritisierte zeitgenössische Geltung des römischen Rechts legitimiert, obwohl gerade dieses hochdifferenzierte Recht nach Form und Inhalt Laien aus dem Volk überhaupt nicht zugänglich war. Zur Untermauerung des Gleichklangs ihrer Auffassungen veröffentlicht Grimm in den ersten Bänden der maßgeblich von Savigny 1815 begründeten *Zeitschrift für geschichtliche Rechtswissenschaft*, dem Publikationsorgan der Historischen Rechtsschule, auch eigene Beiträge, insbesondere 1815/16 den grundlegenden Beitrag *Von der Poesie im Recht*, in dem Grimm ausführlich seine These entwickelt, dass »Recht und Poesie miteinander aus einem Bette aufgestanden« seien[87]:

> Was aber aus einer Quelle springt, das ist sich jederzeit auch selbst verwandt und greift in einander; die Poesie wird folglich das Recht enthalten wie das Gesetz die Poesie in sich schließen. Unseren Vorfahren wenigstens würde eine andere Ansicht fremd, ja unverständlich gewesen seyn. Die heutige Wissenschaft pflegt alles haarklein zu spalten, sie aber trennten nichts, sondern genoßen alles aus einem vollkommen zureichenden Grund [...].[88]

Auch Wilhelm Grimm schreibt in seiner Antwort auf Savignys Zusendung der Programmschrift: »Treffend haben Sie vom Symbolischen des alten Rechts geredet.«[89] Vor allem aber lobt auch er Savignys »Abschnitt über [die] Entstehung des Rechts«, dessen »Anfang« gleich dem »Ursprung der Poesie [...] irdische Augen nicht sehen können und welcher darum, wie bei allem Lebendigen [*sic!*], geheimnisreich ist.«[90]

Jacob Grimm macht aber keinen Hehl daraus, dass seine persönliche Sympathie dem deutschen Recht gilt, weil dieses im Gegensatz zum »römische[n] [...] auf breitem, festem Grund« in den Vorstellungen des Volks verankert sei. Für ihn fällt daher auch weniger als für Savigny ins Gewicht, dass »unser vaterländisches« Recht »weniger ausgebildet zur [*scil.* wissenschaftlichen] Kunst ist, wie jenes, eigentlich niemals gelehrt geworden noch wissenschaftlich gepflegt mit Kraft und Nachdruck [...].«[91]. Während sich für Grimm der Wert des altdeutschen Rechts in seiner Sprache manifestiert, bezweifelt Savigny gerade ausgehend von der zeitgenössischen deutschen Rechtssprache die wissenschaftliche Reife des hergebrachten deutschsprachigen Rechtsdenkens,[92] da die deutsche Rechtssprache gegenüber der

---

87 Grimm: Von der Poesie im Recht, § 2, S. 27. Unter anderem liefert Jaob Grimm für Savignys Zeitschrift auf dessen Bitte auch einen Beitrag über die altnordischen Rechtsbücher – vgl. Grimm: Literatur der altnordischen Gesetze, S. 73–128 sowie dazu sein Brief vom 20. April 1815 an Savigny. – In: Jacob und Wilhelm Grimm: Briefe an Savigny, Nr. 78, S. 196–202, hier S. 200].

88 Grimm: Von der Poesie im Recht, § 2, S. 28f.

89 Wilhelm Grimms Brief vom 12. Dezember 1814. – In: Jacob und Wilhelm Grimm: Briefe an Savigny, Nr. 72, S. 183–188, hier S. 184.

90 Ebenda, S. 183. In diesem Sinne prägte Savignys Nachfolger auf dessen Berliner Lehrstuhl, Georg Friedrich Puchta (1798–1846), das später gern zitierte Wort vom »Volksgeist« als der »dunkeln Werkstätte« von Recht, Sitten, Sprache und Mythen eines Volkes. Nicht nur die Begrifflichkeit findet ihre Entsprechung in den Vorlesungen Schellings zur Mythologie (vgl. zum Ganzen Mecke: Puchta, S. 149 mit Fn. 570 mit weiteren Nachweisen).

91 Grimm: Von der Poesie im Recht, § 2, S. 26, 28f.

92 Savigny: Vom Beruf unsrer Zeit für Gesetzgebung und Rechtswissenschaft, S. 52, 91.

lateinischen noch »nicht […] taugt«, was »mir ein Zeichen mehr« ist, »daß wir in diesem Kreise des Denkens zurück sind«. Daher fordert Savigny auch den Gebrauch der lateinischen Sprache in den juristischen Lehrbüchern beizubehalten bzw. wiedereinzuführen.[93]

Diese gedanklichen Zusammenhänge sind einerseits offensichtlich, andererseits jedoch auch nicht auf Savigny und die Vertreter der literarischen Hochromantik beschränkt, weisen sie doch auf gemeinsame ältere Wurzeln in der Philosophie des 18. Jahrhunderts zurück. Die Vorstellung, dass das Volk – so Savigny 1814 – eine »durch seine ganze Vorzeit begründete Individualität habe«[94] und sogar über dem menschlichen Individuum vergleichbare Lebensalter verfüge, findet sich bereits früher insbesondere in den Schriften von Johann Gottfried Herder,[95] die Savigny nach eigenem Bekunden »viel […] gelesen« hat.[96] Herder formuliert im Ansatz auch bereits die Unterscheidung von Natur und Kunst[97] – ein Topos, der in entwickelter Form nach 1800 sowohl in der zeitgenössischen Philosophie als auch in der literarischen Romantik eine zentrale Rolle spielen sollte.[98] Auf ihn nahm Jacob Grimm in seiner Stellungnahme zu Savignys Programmschrift *Vom Beruf unsrer Zeit für Gesetzgebung und Rechtswissenschaft* Bezug. Die von Grimm dort gezogenen Parallelen zwischen Savignys »politischem« Element des Rechts und der »alten Volkspoesie« auf der einen Seite sowie dem »technischen« Element des Rechts und der »Kunst«[99] auf der anderen kommen nicht von ungefähr. Es spricht nämlich viel dafür, dass Savigny das damals in zeitgenössischer Philosophie und Dichtung verbreitete »Natur-Kunst-Modell auf das Recht und die Wissenschaft« übertragen hat.[100]

Seit den 1980er Jahren gibt es sogar eine konkrete Spur für Savignys Übertragung des Natur-Kunst-Topos auf das Recht, und diese Spur führt bemerkenswerterweise unmittelbar in den Kreis der literarischen Frühromantik, nämlich zu Hölderlins[101] lyrischem Briefroman *Hyperion*. Um 1980 stießen unabhängig von

---

93 Ebenda, S. 146.

94 Savigny: Recension. N. Th. v. Gönner, S. 396. Zur »Individualität« der Rechtsentstehung vgl. Fischer: Marburger Romantiker, S. 74.

95 Würtenberger: Herder, S. 137f., 140; Dölemeyer: Savigny, S. 170; Fischer: Marburger Romantiker, S. 68, 70f. und Meder, Mecke: Savignys Rechtsdenken, S. 201f. mit weiteren Nachweisen.

96 Savigny an Friedrich Creuzer, Brief vom 14. Juli 1807. – In: Stoll (Hrsg.): Der junge Savigny, Nr. 148, S. 303–305, hier S. 304.

97 Herder: Natur und Kunst, S. 5–8, für den der Natur-Kunst-Gegensatz aber noch aus der »Eingeschränktheit« des Menschen folgte: »[…] denn wie arm und ohnmächtig sind wir gegen die mächtige Wirkerin, Natur!« Entsprechend idealisierte Herder auch die allen gemeinsame Naturpoesie in Mythologie, Märchen und Sagen gegenüber der Kunstdichtung der wenigen »Weisen« und »Vornehmen«. Vgl. dazu auch mit Blick auf die Verbindungen zur Romantik Wiese: Der Gedanke des Volkes in Herders Weltbild, S. 126–131.

98 Rückert: Idealismus, Jurisprudenz und Politik, S. 335–342 mit weiteren Nachweisen.

99 Vgl. oben in Anm. 87 Jacob Grimms Stellungnahme zu Savignys Berufs-Schrift.

100 Rückert: Idealismus, Jurisprudenz und Politik, S. 341 mit weiteren Nachweisen zu den einschlägigen Interpretationen von Savignys Volksgeist- und Rechtsentstehungslehre im 20. Jahrhundert, in denen »diese Übertragung durchaus bereits bemerkt« wurde.

101 Nach Schnack (Anmerkungen. – In: Savigny, Winkelmann: Briefwechsel, S. 364) wurde Savigny auf Hölderlins *Hyperion* möglicherweise durch den Dichter Casimir Ulrich Böhlen-

einander Hans Kiefner und Joachim Rückert in Savignys Arbeitsunterlagen zur Berufs-Schrift von 1814 auf eine mutmaßlich von Savigny stammende Abschrift aus dem *Hyperion.*[102] Inhaltlich enthält die Abschrift des kurzen Fragments im Kern für die Kunst genau das, was Savigny für das Recht behauptet, nämlich eine zeitliche Stufung von der ursprünglich *allen* zugänglichen Schönheit der Natur im ersten Lebensalter der Welt zu dem nur den geistbegabten »Wenigen« zugänglichen Kunstideal im zweiten Lebensalter: »Ideal wird, was Natur war«, heißt es bei Hölderlin:

> Von Pflanzenglük begannen die Menschen und wuchsen auf, und wuchsen, [...]; aber die Schönheit flüchtet aus dem Leben der Menschen sich herauf in den Geist; Ideal ist, was Natur war. [...] Daran, an diesem Ideale [...] erkennen die Wenigen sich und Eins sind sie; denn es ist Eines in ihnen, und von diesen, diesen beginnt das zweite Lebensalter [...].[103]

Zwar hat Savigny in seinen juristischen Schriften nirgendwo ausdrücklich auf Hölderlin Bezug genommen. Auch ist die Abschrift aus Hölderlins *Hyperion* in Savignys persönlicher Mappe mit den Materialien zur Programmschrift von 1814 *Vom Beruf unsrer Zeit für Gesetzgebung und Rechtswissenschaft* leider undatiert.[104] Dennoch gibt es seit diesem Quellenfund einen handfesten Beleg für die Vermutung, dass Savigny bei Hölderlin eine maßgebliche Anregung bekommen haben könnte zu der für ihn als Verteidiger des römischen Rechts eminent wichtigen Klärung des Verhältnisses zwischen dem Recht als Teil des »Volksglaubens« in der »Jugendzeit der Völker« (»natürliches Recht«) und dem Recht, das »bei steigender Cultur« zum Gegenstand der Reflexion von wenigen Spezialisten wird (»gelehrtes Recht«). Danach wächst das »Recht [...] also mit dem Volke fort«, es »bildet sich nunmehr in der Sprache aus, es nimmt eine wissenschaftliche Richtung, und wie es vorher im Bewußtseyn des gesammten Volkes lebte, so fällt es jetzt dem Bewußtseyn der Juristen anheim«, *ohne* dass es »Theil des ganzen Volkslebens [...] zu seyn [...] aufhört«, sind doch seine »Grundzüge« bereits in alter Zeit bestimmt worden, bevor die Juristen als »abgesonderter Stand erscheinen« und das neue Zeitalter eines »gelehrten Rechts« begründen.[105]

Savigny wäre zumindest nicht der einzige Jurist aus dem Kreis der Romantik gewesen, der sich durch Hölderlins *Hyperion* anregen ließ. So plante auch Achim

---

dorff hingewiesen, den Savigny Ende Juli 1799 in Jena kennengelernt hat. Böhlendorff, der seit 1802 ein »Poetisches Tagebuch« herausgab, Savigny sprach etwas despektierlich von »Böhlendorffs dickem Taschenbuch« (Savignys Brief vom 8. Dezember 1802 an Brentano. – In: Stoll (Hrsg.]: Der junge Savigny, Nr. 69, S. 212f., hier S. 213), war eng mit Hölderlin befreundet, und Böhlendorffs Briefe wurden nach Schnack zwischen Savigny, Hans von Bostel und Clemens Brentano hin- und hergereicht.

102 Kiefner: Ideal wird, was Natur war, S. 519–522; ders.: Savigny, S. 230, 237–242; Rückert: Idealismus, Jurisprudenz und Politik, S. 141f., 254–258, 335–342 sowie dazu Kiefner: Deus in nobis, S. 241–244. Ferner Nörr: Lehrjahre, S. 39f.; Schnack: Einleitung. – In: Savigny, Winkelmann: Briefwechsel, S. 52f.; Dölemeyer: Savigny, S. 169 mit weiteren Nachweisen.

103 Hölderlin: Hyperion oder der Eremit in Griechenland. Erster Band (1797) – Sämtliche Werke. Frankfurter Ausgabe, Bd. 11, S. 658.

104 Akamatsu und Rückert (Hrsg.): Legislationen, S. 158 sowie dazu Akamatsu: Einleitung – ebenda, S. XXXIV–XXXVI.

105 Savigny: Vom Beruf unsrer Zeit für Gesetzgebung und Rechtswissenschaft, S. 9, 11f.

von Arnim Vorlesungen über die praktische Ästhetik nach Hölderlins *Hyperion*, »vieles läst sich daran anschließen, insbesondre Staatswissenschaft«, schreibt Arnim am 13. August 1814 an Savigny.[106] Was genau Arnim damit gemeint hat, muss hier offen bleiben. Sicher ist zumindest, dass Arnim bei Hölderlin auf etwas anderes Bezug nahm als Savigny in seiner Abschrift aus dem *Hyperion*. Denn im Gegensatz zu Jacob Grimm hat Arnim, der im Oktober 1814 ebenfalls als einer der ersten Savignys Programmschrift der Historischen Rechtsschule zu lesen bekam,[107] dessen Bemühen, die Geltung des nur dem hochspezialisierten Wissenschaftler zugänglichen römischen Rechts für die Zukunft zu sichern, mit überaus deutlichen Worten kritisiert. So schreibt er am 29. Oktober 1814:

> Lieber Savigny! Vielen Dank für die übersandte Schrift [...]. Da Dir [...] Anerkennung zum Ueberdruß gewährt werden wird, so will ich Dir lieber ausführlich sagen, wo ich abweiche. [...] Und da möchte ich fragen, wie dies alles [*scil.* leichte Verständlichkeit der Gesetze, Rechtsvertrauen] im Preußischen besser zu erreichen war, als durch das Landrecht.[108] Nur dem Landrecht danken wirs, daß bey uns das Rechtswesen nicht mehr wie in Hessen von den Bauern für eine geheimnißvolle Geisterbeschwörung und Glücksspielerei [...] gehalten wird [...]. Da zeig ihnen einmal das beste Compendium des römischen Rechts, mit seinen lateinischen und literarischen Noten, ob es diese Wirkung hat.[109]

Arnims Kritik gipfelte in dem Vorwurf, Savigny habe den Blick für die soziale Lebenswirklichkeit jenseits der in Berlin versammelten Geistesaristokratie verloren. »Hier«, so schreibt Arnim von seinem Landgut in der märkischen Provinz an Savigny, »komme ich mit Dir in denselben Streit wie gegen Grimm über Natur- und Kunstpoesie«[110]. So wie Arnim in diesem Streit das zeitliche Nacheinander von

---

[106] Arnim: Briefe an Savigny, Nr. 74, S. 95–97, hier S. 96.

[107] Savigny übersandte die Schrift am 12. Oktober 1814 auch noch an Jacob Grimm, am 15. Oktober an Leonhard Creuzer und am 18. Oktober an Friedrich Creuzer – ebenda, S. 311 Fn. 1.

[108] *Preußisches Landrecht für die Königlich Preußischen Staaten* von 1794.

[109] Arnim in seinem Brief vom 29. Oktober 1814 an Savigny. – In: Arnim: Briefe an Savigny, Nr. 90, S. 107–110, hier S. 107–108.

[110] So Arnim am 29. Oktober 1814 in seiner ersten brieflichen Reaktion auf die Zusendung der Schrift durch Savigny, der ausdrücklich um Arnims Urteil gebeten hatte – ebenda, Nr. 90, S. 107–110, hier S. 109f., dort auch S. 25 zu den unterschiedlichen Auffassungen Savignys und Arnims über das Verhältnis zwischen preußischem und römischem Recht und – noch grundsätzlicher – zwischen Gesetzgebung und Rechtswissenschaft. In der Sache tendierte Arnim delikaterweise eher zur Gegenauffassung Thibauts als zu derjenigen seines Freundes Savigny, auch wenn er sich später gegenüber dessen Vorhaltungen ausdrücklich davor verwahrte, mit »Thibaut und Consorten« einfach in einen Topf geworfen zu werden; vgl. Arnims Brief vom 10. Dezember 1816 an Savigny – ebenda, Nr. 135, S. 145–147, hier S. 145. Savigny irritierten vor allem Arnims Lob für das *Allgemeine Landrecht*, das seit 1794 die unmittelbare Geltung des römischen Rechts in Preußen beendete, und gleichzeitig Arnims Skepsis gegenüber der Gegenwartstauglichkeit des römischen Rechts. Umgekehrt bezweifelte Savigny die Gegenwartstauglichkeit des preußischen Rechts. Er weigerte sich daher zunächst sogar, das in Preußen geltende Landrecht in seinen Vorlesungen vorzutragen, als er im Jahre 1810 von Wilhelm von Humboldt für eine Professur an der neuen Universität in Preußens Hauptstadt gewonnen wurde. Arnim ließ sich dadurch aber nicht beirren. Von Selbstbewusstsein und keineswegs von einem Versuch zur Beschwichtigung zeugt dessen doppelbödiger Hinweis gegenüber Savigny, dass dieser »als Ausländer« in Preußen weder den »früheren Zustand« des

Natur, also anonymer Volksdichtung, und Kunstpoesie durch den Einzeldichter bestritten hatte,[111] wendet er sich nun auch gegen Savignys Behauptung eines zeitlichen Nacheinanders von Volksrecht und Juristenrecht, von Gefühl und Reflexion. Anders als Jacob Grimm bestreitet Arnim damit Savignys Auffassung, dass in zivilisatorisch fortgeschrittenen Zeiten das auf Reflexion und nicht auf Gefühl beruhende Juristenrecht der Pandektenwissenschaft zur maßgebenden Rechtsquelle werde.[112]

3.2. Savignys juristische Hermeneutik – das Primat des Individuellen in der Rechtsanwendung

Das Primat des Individuellen vor dem Allgemeinen beschränkt sich nicht nur auf Savignys Lehre von der Entstehung des Rechts, sondern erstreckt sich auch auf dessen juristische Hermeneutik im Prozess der Anwendung des Rechts. In seinem seit 1840 erscheinenden Hauptwerk *System des heutigen Römischen Rechts* revolutionierte Savigny nämlich das Verständnis des Prozesses der Auslegung des Rechts. Allerdings sind Savigny selbst die ihm unmittelbar nachfolgenden Anhänger seiner Lehre von der Rechtsentstehung in diesem wichtigen Punkt nicht gefolgt.[113] Die Tragweite von Savignys Erneuerung der juristischen Hermeneutik wurde erst in der zweiten Hälfte des 20. Jahrhunderts vollständig erkannt.

In häufig sachlicher Übereinstimmung mit der sich um und nach 1800 erneuernden allgemeinen Hermeneutik (Friedrich Schlegel, Friedrich Schleiermacher)[114] fasst Savigny spätestens seit 1814 das Verhältnis von Rechtsregel und Rechtsfall nicht mehr im Sinne hergebrachter juristischer Hermeneutik auf, wonach es erstens einer Auslegung nur im Falle unklarer Rechtsregeln bedürfe und zweitens die Rechtsregel das im Vorhinein inhaltlich feststehende Allgemeine sei, unter das die zu beurteilenden Rechtsfälle nur gedanklich deduktiv von »oben« nach »unten«, vom allgemein Abstrakten zum konkret Faktischen gehend zu subsumieren seien. Nach Savigny ist dagegen im Prozess der Auslegung immer vom Besonderen, vom Einzelnen in der Lebenswirklichkeit auszugehen. Erst mit Blick auf den zu entscheidenden Rechtsfall lasse sich auch das in der Rechtsregel ausgedrückte Allgemeine annähernd bestimmen. Auf diese Bestimmung des Allgemeinen hat danach

---

preußischen Rechts noch dessen heutige Rechtswirklichkeit genau genug kenne (ebenda, S. 108f.).

111 Moser: Studien, S. 267–269.

112 Zu den Hintergründen Mecke: Savignys Programmschrift *Vom Beruf unsrer Zeit für Gesetzgebung und Rechtswissenschaft* im zeitgenössischen Kontext polnischer Rechtswissenschaft (1800–1830). – In: Meder und Mecke (Hrsg.): Savigny global, S. 419–492, hier S. 485–489.

113 Dazu im Einzelnen mit einem Vergleich von Savignys und Puchtas Lehre der juristischen Hermeneutik Mecke: Puchtas und Savignys juristische Hermeneutik im Vergleich, S. 37–49.

114 Schröder: Recht als Wissenschaft, S. 212–244 sowie eingehend zur problematischen Einflussfrage Rückert: Savignys Hermeneutik – Kernstück einer Jurisprudenz ohne Pathologie [2001]. – In: Rückert: Savigny-Studien, S. 335–380, hier S. 359–380 und Meder: Mißverstehen und Verstehen, S. 28–42, 106, 176 zum persönlichen Verhältnis zwischen Savigny und Schleiermacher, das zunächst über Friedrich Heinrich Christian Schwarz (zu ihm oben Anm. 67) hergestellt wurde und seit Savignys Berliner Zeit (1810) in eine kollegial-freundschaftliche Beziehung mündete.

stets die Individualität des Auslegenden Einfluss. Die Auslegung wird so zu einem schöpferischen und nie ganz abgeschlossenen Findungsprozess des jeweiligen Interpreten. Entgegen der damals hergebrachten Regel ›In claris non fit interpretatio‹ bedarf nach Savigny selbst eine vom Wortsinn her scheinbar klare Rechtsregel mit Blick auf den jeweils individuellen Rechtsfall der Auslegung.[115] Auslegung wird auf diese Weise zur individuell-schöpferischen Kunst desjenigen, der den Sinn einer Rechtsregel im Hinblick auf den zu entscheidenden Fall ermittelt.[116] Heute nennen wir das beständige gedankliche Hin- und Herwandern zwischen dem Besonderen und Allgemeinen bei der Auslegung den ›hermeneutischen Zirkel‹[117]. Savigny bezeichnete es als das »Geheimniß der Römischen Juristen«, dass sie bereits, ohne dies jedoch auch theoretisch zu reflektieren, die Bedeutung des Besonderen erkannt hätten und in ihrer Rechtspraxis ohne Schwierigkeiten »vom allgemeinen zum besondern und vom besondern zum allgemeinen« übergegangen seien.[118]

Die Keimzelle für diese neue Sichtweise Savignys ist vermutlich schon in seiner Studienzeit, also direkt im geistigen Umfeld der Frühromantik kurz vor der Jahrhundertwende zu suchen, obwohl damals theoretische Fragen der Rechtsanwendung Savigny noch gar nicht beschäftigt haben. In Savignys bereits erwähntem Aufsatz über die Freundschaft von 1799[119] setzt er sich nämlich kritisch mit Immanuel Kant und dessen Philosophie der nur aus der Vernunft abgeleiteten Pflicht auseinander. Alles Besondere, Individuelle des jeweiligen Menschen, so kritisiert der junge Savigny, sei Kants Tugendlehre fremd: »[...] Freundschaft und Liebe, wohin gehört sie nach ihm? offenbar unter das blos pathologische [...].«[120] Damals glaubte aber auch Savigny noch, dass das in Kants Pflichtenlehre fehlende Interesse für alles Besondere im Menschen und in der Lebenswirklichkeit integrales Merkmal von Philosophie und damit von Wissenschaft im Allgemeinen sei. Daher sah er zu dieser Zeit noch »zwey Classen von Menschen« sich gegenüberstehen, nämlich die für das gedanklich Notwendige und Allgemeine, kurz das Gesetzesdenken, zuständigen »Philosophen« auf der einen Seite und die für die jeweils konkrete Lebenswirklichkeit, die Individualität zuständigen ›Dichter‹ auf anderen.[121]

Diese Sichtweise, die das jeweils Besondere des Menschen und seiner Lebenswirklichkeit zum untauglichen Gegenstand einer Wissenschaft, mithin auch der Jurisprudenz erklärt, hat Savigny in den folgenden Jahren überwunden. Inzwischen hatte er nämlich begonnen, sich intensiv mit dem römischen Recht des Altertums zu beschäftigen. So ist es zu erklären, dass er 1811 in einer Pandektenvorlesung die

---

115 Vgl. zum Ganzen grundlegend Rückert: Savignys Hermeneutik – Kernstück einer Jurisprudenz ohne Pathologie [2001]. – In: Rückert: Savigny-Studien, S. 335–380, hier S. 345–350; Meder: Mißverstehen und Verstehen, S. 17–27, 43–62, 72–84, 127–129, 133–135, 190f. et passim, ferner auch Mecke: Puchtas und Savignys juristische Hermeneutik im Vergleich, S. 40f.

116 Meder: Mißverstehen und Verstehen, S. 85–105, 116. 127f.

117 Zu diesem Problem in der neuzeitlichen Hermeneutik vgl. ebenda, S. 193–218.

118 Savigny: Vom Beruf unserer Zeit, S. 31.

119 Vgl. die Nachweise oben in Anm. 42.

120 Savigny: Beilage zu dessen Brief vom 21. Juni 1799. – In: Stoll (Hrsg.): Der junge Savigny, Beilage zu Nr. 23, S. 93–96, hier S. 95.

121 Ebenda, S. 93–96, hier S. 93.

römischen Juristen des Altertums plötzlich als ›Dichter‹ bezeichnet, die zwar – wie Savigny sagt – nicht Lehrbücher über Ästhethik geschrieben hätten, aber ebenso wie die Dichter in der Kunst auch in ihrer Wissenschaft immer erst vom ›Besonderen‹ ausgegangen seien.[122]

Savigny hat mit diesem Brückenschlag von der Ästhetik zur Rechtswissenschaft einen Schritt unternommen, den Kant niemals gegangen ist. Zwar hat auch Kant in seiner *Kritik der Urteilskraft* das Besondere und Individuelle als Ausgangspunkt menschlichen Urteilsvermögens anerkannt.[123] Aber Kant hat diesen Ausgangspunkt bis zum Schluss auf das Gebiet der Ästhetik, die Beurteilung des Schönen, beschränkt gesehen und davon die Wissenschaften der Moral und des Rechts ausgenommen.[124] Savigny hingegen sieht spätestens 1814 in seiner Schrift *Vom Beruf unsrer Zeit für Gesetzgebung und Rechtswissenschaft* in der »lebendigsten Anschauung« des Rechtsfalls und nicht in der Erkenntnis der allgemeinen Rechtsvorschrift den »Anfangspunkt der Wissenschaft« vom Recht.[125] Bewiesen werde diese Einsicht durch die juristische Methode der römischen Juristen der klassischen Zeit, deren universale Vorbildfunktion Savigny nicht müde wird zu betonen.[126] Es spricht viel dafür, dass den ersten Schritt auf dem Weg zur Einsicht in das Primat des Besonderen und Konkreten gegenüber dem Allgemeinen und abstrakt Unbestimmten der jugendliche Savigny unter dem direkten Einfluss der deutschen Frühromantik getan hat.

4. Grenzen der Individualisierung: Form und Inhalt des Rechts – ganz »unromantisch«?

Nicht Individualisierung, sondern im Gegenteil Abstraktion vom Individuellen und Besonderen des einzelnen Menschen charakterisiert allerdings dasjenige, was für Savigny als Pandektisten rechtsinhaltlich den Gegenstand seines Rechtsdenkens bildet, nämlich das Privatrecht, insbesondere das originär römische Privatvermögensrecht in der durch die neuzeitliche Pandektistik systematisierten Form. In dessen Grundbegriffen, etwa im Begriff des Privateigentums, verkörpert sich für Savigny nicht die Besonderheit einer konkreten Rechtsordnung, sondern der Zug zur Universalität des Rechts.[127] Im Zentrum dieses Rechts steht der Begriff der Rechtsperson bzw. der »abstrakten Persönlichkeit«[128]. Für ein Denken in solchen Kategorien hatte ein Denker der Frühromantik wie zum Beispiel der junge Clemens Brentano nur Verachtung übrig, weil das Recht und seine abstrahierenden Begriffe den Menschen in seiner Individualität und Sinnlichkeit scheinbar negieren.[129] Für

---

122 Nörr: Lehrjahre, S. 265; Meder: Urteilen, S. 68 mit weiteren Nachweisen.
123 Meder: Mißverstehen und Verstehen, S. 99, 102f.
124 Meder: Urteilen, S. 78 Fn. 106.
125 Savigny: Vom Beruf unserer Zeit, S. 30.
126 Ebenda, S. 30, 39.
127 Behrends: Geschichte, Politik und Jurisprudenz, S. 263, 268–274, 277, 292.
128 Savigny: System des heutigen Römischen Rechts, Bd. 1 (1840), § 53, S. 340.
129 Vgl. schon oben Fußnote 60 am Ende. Ferner auch Clemens Brentano in einem Brief vom 20. Dezember 1798 an seinen Halbbruder Franz Brentano. – In: Brentano. Werke und Briefe. Bd. 29, Nr. 59, S. 146–153, hier S. 147f.: »In der izzigen Welt kann man nur unter zwei Dingen

den Juristen Savigny verbindet sich mit dem juristischen Begriff der Person hingegen die ohne Ansehung seiner Individualität jedem Menschen zukommende Freiheit, in den Grenzen des Privatrechts nach eigenem Belieben handeln zu können, selbst wenn die Handlung im Einzelfall unmoralisch oder unvernünftig wäre.[130] Das war aus heutiger Perspektive freiheitlich modern gedacht und stand im Gegensatz zu einem Denken, das noch im 18. Jahrhundert den erwachsenen Menschen im absolutistischen Wohlfahrtsstaat mit den Zwangsmitteln des Rechts zu einem Handeln im Sinne der Moral, des jeweiligen Gemeinwohls oder vorgeblicher Vernunft erziehen wollte.[131]

Es gab aber noch eine zweite Frontstellung.[132] Als Jurist wandte sich Savigny auch gegen die »hohle Seite«[133] der zeitgenössischen politischen Romantik.[134] Diese bekämpfte nämlich das von Savigny verteidigte römische Recht im Namen eines auf der Ungleichheit der Stände beruhenden mittelalterlichen deutschen Rechts ebenso wie die »Constitutions-Künstelei unsrer Tage«[135], womit von Vertretern der politischen Romantik die frühkonstitutionellen Bestrebungen im beginnenden 19. Jahrhundert gemeint waren, die Savigny hingegen keineswegs pauschal verworfen hat.[136] Die in der Heidelberger Romantik aufkommende Verherrlichung des Mittelalters war Savigny ohnehin fremd ebenso wie alle von romantischer Sehnsucht getragenen Spekulationen über einen durch Quellen nicht belegbaren Anfang in der Geschichte eines Volks.[137]

---

wählen, man kann entweder ein Mensch oder Bürger werden [...]. [...] ich will nicht Arzt werden, wie mein Armer Bruder ein Jurist ist, der alle seine Schönheiten[,] alle seine Genüße hat müßen untergehn laßen, in der Sumpfe der Jurisprudenz, weil das Corpus juris musste davon getragen werden, und er damit so alle Hände vollhatte, das er das Wahre muste fallen laßen.«

130 Savigny: System des heutigen Römischen Rechts, Bd. 1 (1840), § 52, S. 332.

131 Vgl. Mecke: Puchta, S. 511 mit Fn. 2563.

132 Vgl. zum Folgenden Meder, Mecke: Savignys Rechtsdenken, S. 209f. mit weiteren Nachweisen.

133 So Savigny in seinem Brief vom 26. Dezember 1809 an Jacob Grimm über den Staatstheoretiker und Vertreter der politischen Spätromantik Adam Müller von Nittersdorf (1779–1829). – In: Stoll (Hrsg.): Der junge Savigny, Nr. 204, S. 398–401, hier S. 401. Savigny meinte damit 1815 offensichtlich die »blinde Ueberschätzung der Vergangenheit« durch die politische Romantik, »welche fast noch gefährlicher ist, als jener eitle Dünkel«, der nur die Gegenwart gelten lasse und deren Verbindung mit der Geschichte ignoriere (Savigny: Zweck, S. 10).

134 Zu Begriff und Vertretern der sich nach 1800 neben der literarischen Romantik entwickelnden und bis ins 20. Jahrhundert reichenden politischen Romantik Reiss: Politisches Denken, S. 43, 48f., 52f., 56, 64 und Rückert: Politische Romantik, S. 129–131, 138f.

135 Müller: Staatskunst, S. 268.

136 Unter bestimmten Voraussetzungen betrachtet Savigny: Stimmen, S. 47 im Jahre 1817 »eine Entwicklung der Verfassung als besonders förderlich«.

137 Meder, Mecke: Savignys Rechtsdenken, S. 203f., 209–213 mit weiteren Nachweisen. In dieser Hinsicht bezeichnend sind auch die von Clemens Brentanos mit Brief vom 6. Februar 1803 an Achim von Arnim nach Paris übermittelten Bücherwünsche im eigenen und in Savignys Namen. Sie verdeutlichen den – nicht nur fachlich – unterschiedlichen Interessenfokus von Brentano und Savigny, wenn Brentano schreibt: »Eine große Freude würdest du mir und dem Savigny machen, wenn du uns die Adresse von Parißer Antiquaren [...] verschafftest, und Ihnen [...] sogleich eine Rubrique der Fächer[,] in denen wir sammlen[,] übergäbst, [...] den Savigny interessirt besonders, Jurisprudence Romaine, – permieres editions des Digestes et des Codes – und mich vieilles Editions des Romans, etc. Poesies du Quatorzieme, Quinzieme et treizieme Siecle.« – In: Brentano. Werke und Briefe, Bd. 31, Nr. 275, S. 35–45, hier S. 43.

Eine Sonderstellung im Privatrecht nimmt seit Savigny allerdings das Familienrecht ein.[138] Savigny kann dabei unmittelbar an die im Umkreis der Jenaer Frühromantik vor 1800 insbesondere durch Johann Gottlieb Fichte formulierte Kritik an der rationalistischen Eheauffassung Kants[139] anknüpfen, der die Ehe nach »Rechtsgesetzen der reinen Vernunft« auf eine bloß schuldrechtliche »Verbindung zweier Personen verschiedenen Geschlechts zum lebenswierigen wechselseitigen Besitz ihrer Geschlechtseigenschaften«[140] reduziert hatte. Dagegen opponierte im Anschluss an Fichte und Hegel auch Savigny[141] und hob die Sonderstellung der Ehe- und Familienverhältnisse im Privatrecht hervor. Von der das Besondere und Individuelle der Familienverhältnisse prägenden Liebe der Eheleute, der Eltern und Kinder kann nach Savigny gar nicht sinnvoll abstrahiert werden, sie sei vielmehr einer rechtlichen Regelung überhaupt nicht zugänglich. Daher gehöre auch die »Ehe [...] nur zur Hälfte dem Rechte an, zur Hälfte aber der Sitte [...].«[142] Soweit die Ehe etwa im Moment der Eheschließung *auch* eine Frage des Rechts sei,[143] habe dies »nicht den Sinn [....] der Unterwerfung unter den gerichtlichen Zwang«, sondern einer *autonomen* Willensbekundung *beider* Partner zu »Liebe und Treue«[144] bzw. »Hingebung«[145]. Damit wiederholte der Jurist Savigny 1840 fast wörtlich, was er als persönlicher Freund im Jahre 1804 gegenüber von Karoline von Günderrode einmal als Voraussetzung der Liebe zwischen Mann und Frau, mithin mittelbar auch als den Kern der Ehe bezeichnet hatte, nämlich »das rechte Verhältniß der Selbständigkeit zur Hingebung.«[146] Ausdrücklich stellt sich Savigny damit auch gegen seinen unmittelbaren Nachfolger Puchta auf dem Lehrstuhl in Berlin, der stärker vom rationalistischen Geist geprägt war und für den die »partielle Unterwerfung einer Person unter den Willen der andern« den in die Sprache des Rechts übersetzten »juristischen Charakter der Familienverhältnisse« darstellte.[147] Savigny spricht

---

138 Müller-Freienfels: Einordnung, S. 548–565.

139 Buchholz: Savignys Stellungnahme zum Ehe- und Familienrecht, S. 154 Fn. 30 zur »romantischen Eheauffassung« im Unterschied zum »Kantschen Ansatz«.

140 Kant: Metaphysik der Sitten – Werke, Bd. 8, S. 390, § 24, S. 390 (AB 107f.) sowie direkt dagegen Savigny: System des heutigen Römischen Rechts, Bd. 3 (1840), § 141, S. 319.

141 Ebenda, S. 321 Note f ausdrücklich zu Hegels gar »nicht genug zu lobenden Darstellung der Ehe«, die im »entschiedene[n] Widerspruch gegen Kants Ansicht« stehe.

142 Savigny: Vom Beruf unserer Zeit, S. 46; ders.: System des heutigen Römischen Rechts, § 52, S. 334: »Es lassen sich [...] dreyerley Fälle unterscheiden. Menschliche Verhältnisse, die ganz, andere die gar nicht, noch andere die nur theilweise dem Rechtsgebiet angehören [...]. Als Beyspiel für die erste Klasse kann das Eigenthum, für die zweyte die Freundschaft, für die dritte die Ehe gelten, da die Ehe zum Theil in das Rechtsgebiet fällt, theilweise aber außer demselben liegt.«

143 Im Übrigen zählte Savigny vor allem die vermögensrechtlichen Wirkungen etwa im Dotalrecht (Mitgift) zur rechtlichen Seite der Ehe – Buchholz: Savignys Stellungnahme zum Ehe- und Familienrecht, S. 155.

144 Savigny: System des heutigen Römischen Rechts, Bd. 3 (1840), § 141, S. 319f.

145 Ebenda, Bd. 1 (1840), § 54, S. 350.

146 Vgl. Savignys Brief vom 13. Juli 1804 an Karoline von Günderrode. – In: Preitz: Günderrode, Nr. 51, S. 204 sowie dazu Bernhard Gajek: »das rechte Verhältniß der Selbständigkeit zur Hingebung«. Über Karoline von Günderrode (1780–1806). – In: Jamme, Pöggeler: »Frankfurt aber ist der Nabel dieser Erde«, S. 206–226, hier S. 213f.

147 Ebenda, S. 349. Zu Recht hebt Buchholz: Savignys Stellungnahme zum Ehe- und Familien-

hingegen von einer »*Lebensform*«, in der *nicht* rechtliche »Herrschaft […] der eigentliche Inhalt des Rechtsverhältnisses ist«[148].

Da nach Savigny insbesondere der Kernbereich der Ehe mithin nicht in das Gebiet des Rechts fällt, wird man in seinen juristischen Schriften auch vergeblich detaillierte Äußerungen zum persönlichen Innenverhältnis der Ehe finden, die über den allgemeinen Topos von ›Liebe und Treue‹ hinausgehen. Konsequent enthält sich Savigny jeder rechtlichen Äußerung zu einem normativen Rollenbild von Ehemann und Ehefrau – eine rechtliche Selbstbeschränkung, zu der übrigens der bundesdeutsche Gesetzgeber sich erst im Jahre 1977 durchringen sollte. Allein deswegen wird man Savigny zwar noch kein ›liberales‹ Eheverständnis unterstellen dürfen, zumal er seit 1842 als preußischer Gesetzgebungsminister die – letztlich gescheiterten – Versuche einer Verschärfung des relativ liberalen preußischen Ehescheidungsrechts verantwortete. Aber abgesehen davon, dass Savigny als Gesetzgebungsminister in der einst für die Vertreter der Frühromantik theoretisch und gelegentlich auch praktisch[149] so wichtigen Ehescheidungsfrage eine eher ausgleichende und keineswegs rigoros klerikale Haltung einnahm,[150] sind aus Savignys Jugendzeit briefliche Äußerungen zur sozialen Rolle der Frau überliefert, die deutlich den auch in dieser Hinsicht neuen Geist der Frühromantik atmen.[151] Ob und wieweit sich Savigny diesen Geist auch in späteren Jahren erhalten hat, kann wenigstens auf der Grundlage seiner Aussagen zum Recht nicht entschieden werden, da Savigny Normen zu den Geschlechterrollen der ›Sitte‹, heute würden wir sagen den gesellschaftlichen Konventionen und Moralvorstellungen zuordnet und nicht dem Recht – was schon für sich genommen ein in die Zukunft weisender Ansatz war. Allerdings befand er sich bei seinem Frauenbild z. T. noch in bester Überein-

---

recht, S. 158 hervor, dass bei Puchta – anders als bei Savigny – »die Begriffe von Wille und Herrschaft […] bis an die Grenze ihrer terminologischen Belastbarkeit strapaziert wurden«, nur um auch das Ehe und Familie betreffende Recht in das allgemeine »System subjektiver Rechte« einordnen zu können.

148 Ebenda, S. 348, 350.

149 Savigny war vor allem Brentano als juristischer Ratgeber behilflich bei der Scheidung seiner künftigen Ehefrau Sophie Mereau von dem ersten Ehemann im Jahre 1801 sowie bei seiner gerichtlichen Trennung ›von Bett und Tisch‹ von seiner zweiten Ehefrau Auguste im Jahre 1812 – Dölemeyer: Savigny, S. 176.

150 Zum Ganzen eingehend Buchholz: Savignys Stellungnahme zum Ehe- und Familienrecht, S. 148–150, 165–185 mit weiteren Nachweisen.

151 So schreibt Savigny am 1. Juli 1799 an Leonhard und Friedrich Creuzer nach der Lektüre von Jean Pauls *Blumenstücken*. – In: Stoll (Hrsg.): Der junge Savigny, Nr. 24, S. 96–98, hier S. 96f. (Hervorhebung in der Vorlage): »Aber gegen Natalie habe ich desto mehr einzuwenden, gerade weil sie etwas [*scil.* geistig Bedeutendes] seyn soll; ich erkläre mir sie so: Jean Paul hatte die schmerzliche Erfahrung gemacht, wie oft die Weiblichkeit durch Gemeinheit und Alltäglichkeit – das Resultat *unsrer* Bürgerlichkeit und Häuslichkeit – entstellt werde. Nun war es ihm so sehr darum zu thun, uns zu sagen […], daß seine Natalie *nicht* so sey, daß er unmöglich Zeit haben konnte, zu zeigen[,] *wie* sie sey – worauf es doch allein ankam.« Einige Monate zuvor hatte Savigny am 19. Februar 1799 mit Bezug auf das reale Leben an Constantin von Neurath geschrieben: »Bei A. [= Amalie von Zwackh] habe ich eine traurige Bemerkung über das[,] was die Mädchen nach unsern Sitten sind[,] bestätigt gefunden«, »nämlich, daß unter uns gar kein Platz für sie als selbständige Wesen existirt […].«– In: ebenda, Nr. 12, S. 73f., hier S. 73.

stimmung mit seinem geliebten *Athenaeum* aus den Tagen der Frühromantik.[152] Denn es gibt auch Hinweise darauf, dass Savigny den Frauen bei aller zugestandenen, ja geforderten Selbständigkeit im Denken und Fühlen doch *einen* Bereich auf jeden Fall vorenthalten wollte, nämlich das Gebiet der Wissenschaften.[153]

5. Fazit

Vieles deutet darauf hin, dass Savignys noch in seine Studienzeit zurückreichenden geistigen und persönlichen Kontakte mit Werken und Vertreter/innen aus dem Kreis der Jenaer und Marburger Frühromantik, später auch der Heidelberger Hochromantik die Ausbildung seiner Persönlichkeit und seines späteren Rechtsdenkens nicht unwesentlich geprägt haben.

Bereits die für seine Zeit vollkommen unkonventionelle berufliche Entscheidung für eine bürgerliche Universitätsprofessur anstelle der für einen Mann adliger Herkunft vorgezeichneten Diplomatenkarriere steht wohl nicht nur zeitlich in einem unmittelbaren Zusammenhang mit Savignys engen Kontakten zum Kreis der Frühromantik. In der Sache wurde Savigny zu seiner Entscheidung dadurch motiviert, dass er die antiken Quellen des römischen Rechts als maßgebliche Grundlage gegenwärtiger Rechtskultur entdeckte. Diese Quellen – und nicht mehr die neuzeitlichen Werke *über* das römische Recht – sollten nach Savignys beispielgebendem Erstlingswerk *Das Recht des Besitzes* den künftigen Gegenstand der Wissenschaft des römischen Rechts im 19. Jahrhundert bilden.

Intensive Lektüre von Werken der literarischen Romantik öffnete dem jungen Savigny den Blick für den ›ganzen‹ Menschen, dessen sittliche Autonomie *und* Sinnlichkeit Savigny *mit* der zeitgenössischen Romantik, aber *gegen* Kant nicht in einem Gegensatz zueinander stehen sah. Die daraus folgende frühe Abneigung gegen die abstrakt-rationalistische Schulphilosophie aus der Zeit vor 1800 und die Suche nach dem ›Anfangspunkt‹ von Wissenschaft im Konkreten und Individuellen bestimmen die später in das Programm der Historischen Rechtsschule eingegangenen Hauptpostulate Savignys.

Dies betrifft erstens die geschichtliche Rechtsentstehung, nämlich die an Herders Kulturphilosophie anknüpfende Erklärung der Ursprünge jeder Rechtsordnung aus dem unbewussten Rechtsgefühl des Volks sowie deren evolutionäre Entwicklung zu dem später durch Rechtsgelehrte reflektierten ›technischen Element‹ des Rechts,

---

152 Schlegel: Athenaeum, S. 25: »Die Frauen [...] haben keine Anlage zur Wissenschaft [...]. An Spekulation [...] fehlts ihnen gar nicht, nur an Abstraktion [...].«

153 So berichtet der Philosophieprofessor Jürgen Bona Meyer (1829–1897) im Jahre 1869 rückblickend. – In: Meyer: Volksbildung, S. 5f.: »Als der Nestor unserer deutschen Historiker, Fr.von Raumer, im Jahre 1841 den Gedanken zur Anordnung der [...] öffentlichen Vorlesungen vor einer gemischten Zuhörerschaft faßte, und einen der berühmtesten Juristen, F. von Savigny, bat, einen Vortrag zu übernehmen, erhielt er die Antwort: das ganze Unternehmen (und insbesondere die Theilnahme von Frauen und Mädchen) sei eine Herabwürdigung der Wissenschaft [...].« Wie selbstverständlich und ungerührt schrieb Savigny auch am 18. März 1805, eine Woche nach der Geburt seiner Tochter Bettina (1805–1835), an seinen früheren Marburger Lehrer und Freund Philipp Friedrich Weis (1766–1808). – In: Stoll (Hrsg.): Der junge Savigny, S. 254 Fn. 5: »Sogar die Betrachtung, daß das Kind nun kein Jurist werden kann, stört mich nicht im geringsten.«

zweitens eine grundsätzlich neue Sicht auf die Rechtsanwendung durch eine nicht mehr von der abstrakten Regel, sondern vom konkreten Rechtsfall ausgehende juristische Hermeneutik und drittens den wissenschaftlichen Umgang mit dem geltenden Recht, bei dem der ›innere‹ Zusammenhang des auf den konkreten Lebensverhältnissen gründenden Rechtsorganismus Priorität hat vor der nur ›äußeren‹ Systematik und Definition abstrakter Rechtsbegriffe.

Eine unübersteigbare Grenze für die Rezeption von Gedankengut aus dem Umkreis der Romantik bildet aber der im römischen Recht wurzelnde und insbesondere im Privatvermögensrecht zentrale Begriff der Rechtsperson, der vom individuellen ›ganzen‹ Menschen im Dienste privatrechtlicher Gleichheit abstrahiert. Den dagegen maßgeblich von zwischenmenschlicher Liebe geprägten Kernbereich von Ehe und Familie nimmt Savigny daher auch im Gegensatz zum absolutistischen Wohlfahrtsstaat des 18. Jahrhunderts von einer Regelung durch Recht grundsätzlich aus. Ebenso weist er die an der mittelalterlichen Feudalherrschaft orientierten reaktionären Visionen der politischen (Spät-)Romantik als eine Gefährdung der sittlichen Freiheit des Einzelnen und der bürgerlichen Gleichheit im Privatrecht entschieden zurück.

Christina Marie Kimmel-Schröder

Sinn und Sinnlichkeit – ihr Bedeutungswandel als Rechtswörter

1. Einleitung

In der Literatur, die seit jeher mit den Sinnen, der Sinnlichkeit und sinnlicher Wahrnehmung verbunden ist oder diese thematisiert, spielt auch die Sinnlichkeit der Figuren, besonders in der Form des Begehrens, eine herausragende Bedeutung. Dabei spielt die Dichotomie Vernunft/Geist und Sinnlichkeit eine große Rolle. Schon der Mediziner und Dichter Albrecht von Haller charakterisierte den Menschen 1729 in seinem Gedicht »Gedanken über Vernunft, Aberglauben und Unglauben« so: »Unselig Mittel-Ding von Engeln und von Vieh! / Du prahlst mit der Vernunft und du gebrauchst sie«.[1] Die Sinnlichkeit galt als die von der Vernunft zu beherrschende tierische Seite des Menschen. Über seine Erzählung *Raphael und seine Nachbarinnen*[2] schrieb Achim von Arnim am 29. Januar 1824 an die Brüder Grimm, es sei »eine Lieblingsarbeit von mir und ich glaube noch nie das thierische Element in den Künsten mit der Lebendigkeit ergriffen und dargestellt empfunden zu haben«.[3] Und tatsächlich ist der »Künstler zwischen Gott und Tier, zwischen Genialität und Sinnlichkeit«[4] das Thema dieser Künstlernovelle, in der es direkt heißt: »Der Künstler bedarf einer reichen Anschauung des Sinnlichen, um das Übersinnliche darin zu unterscheiden, es aufzufassen und darzustellen; aber diese sinnliche Lust wird seine gefährlichste Feindin, wenn er ihr die ganze Seele unterwirft.«[5] Dennoch hat die Sinnlichkeit der Figuren durchaus positive Aspekte, wie ein Satz aus Arnims *Gräfin Dolores* für die Romantik zu zeigen vermag: »Daß ihn Dolores sinnlich reizte, brauchen wir nicht zu erinnern; beten und träumen war ihre Sache nicht, aber sie war die stolzeste prächtigste Sinnlichkeit, die je über die Erde geblickt, als wäre sie ganz zu ihrem Genusse geschaffen.«[6] Doch der katholische Eichendorff schließt seine Novelle *Das Schloß Dürande* mit der Warnung: »Du aber hüte dich, das wilde Thier zu wecken in der Brust, daß es nicht plötzlich ausbricht

---

1 Haller: Gedichte, S.44. – Danken möchte ich Peter-Christoph Becker, Birgit Eickhoff, Ulrike Kant und Christof-Nikolaus Schröder für wertvolle Hinweise, besonders danke ich Walter Pape für seine Anmerkungen und Hans-Peter Haferkamp für die Ermunterung zu diesem Beitrag.

2 Arnim: Werke in sechs Bänden, Bd. 4, S. 274–291.

3 Steig (Hrsg.): Achim von Arnim und die ihm nahe standen, Bd. 3: Achim von Arnim und Jacob und Wilhelm Grimm, S. 538.

4 Japp: Die Identität des Künstlers, S. 221.

5 Arnim: Werke in sechs Bänden, Bd. 4, S. 259–315, hier S. 259–260.

6 Ebenda, Bd. 1, S. 374 (III. Abt., 5. Kap.).

https://doi.org/10.1515/9783110612073-004

und dich selbst zerreißt.«[7] Dennoch wurde parallel dazu der Begriff der Sinnlichkeit seit Mitte des Jahrhunderts durch Baumgartens Ästhetik und nicht zuletzt durch die Strömung der Empfindsamkeit entschieden aufgewertet.[8]

Wenn es jedoch um grundsätzliche Fragen nach den Begriffen Sinn bzw. Sinnlichkeit geht, finden sich semantisch mehrdeutige bzw. historisch variierende Bedeutungen in den auf den ersten Blick dafür zuständigen Diskursen wie der Literatur, Philosophie oder Theologie.[9] Aber auch unter dem Aspekt der historischen Rechtssprache spielen diese Begriffe eine Rolle. Relevant ist die Begriffs-Herkunft dann, wenn sie in bestimmten, rechtlich besonders interessanten Verwendungen auf Entlehnungen aus nichtgermanischen Sprachen zurückzuführen ist, so explizit für *Sinne*, Singular mit femininem, mitunter auch maskulinem Genus. Spezielle Bedeutungen dieses Wortes im rechtshistorischen Zusammenhang lauten etwa: ein amtliches Messgefäß zum Eichen, auch ein Flüssigkeitsquantum, das einem festgelegten Maß entspricht, und der bzw. die *Sin* oder *Sinne*, ein rechtlich anerkannter Hinderungsgrund für das Erscheinen vor Gericht. Diese Besonderheiten finden sich zugegeben schwerlich in jüngeren Rechtsquellen, die zeitlich der Epoche der Romantik zugeordnet werden könnten, sondern meist in älteren Rechtstexten.

Des Weiteren stellt sich die Frage, was ein Rechtswort ist. Dazu gibt es eine Diskussion, ob die Rechtssprache eine Fachsprache sei oder nicht.[10] So wird diskutiert, ob Wörter »originäre Rechtswörter« seien oder ob es sich um Lexeme handele, »die eine Bezeichnungsfunktion erlangen können, die sie in die Sphäre des Rechtlichen erheben«[11]. Ausgehend davon sollen nun *Sinn* und Ableitungen davon – wie *sinnen* oder *sinnlich* – in Rechtstexten vorgestellt werden, in denen sie als Wörter eine signifikante Rolle spielen. Der Einfachheit halber werden sie hier als Rechtswörter bezeichnet, obgleich bei Wörtern des *Sinn*-Wortfeldes und ihren derart nuancenreichen Bedeutungen es doch meist der rechtsrelevante Kontext ist, der ihnen rechtlichen Charakter verleiht. Die Quellen, welche hier als Referenz zur Erklärung des Bedeutungswandels des Wortes *Sinn* und seiner Ableitungen dienen, sind historische Rechtstexte des 18. und 19. Jahrhunderts sowie Texte aus früheren Jahrhunderten, die in einer der Sprachvarietäten des Westgermanischen geschrieben sind. Dies geschieht in der Tradition von Jacob Grimm, der in seiner Einleitung zum *Deutschen Wörterbuch* schreibt: »so dasz gleichwohl die friesische, niederländische, altsächsische und angelsächsische noch der deutschen sprache in engerm sinn zufallen«[12].

---

7 Eichendorff: Sämtliche Werke, Bd. V/1, S. 273–327, hier S. 327.

8 Vgl. z.B. Buchenau: Die Sprache der Sinnlichkeit, S.151–173.

9 Kluge: Etymologisches Wörterbuch, S. 850; Grimm: Deutsches Wörterbuch, Bd. 10,1, Sp. 1105; Campe: Wörterbuch der Deutschen Sprache, Bd. 4, S. 450; Philippa et al.: Etymologisch Woordenboek, Bd. 4, S. 668. Siehe auch Sulzer: Allgemeine Theorie der Schönen Künste, Bd. 2, S. 1083–1088 und H. R. Schweizer/F. Belussi: Sinnlichkeit; sinnlich – In: Historisches Wörterbuch der Philosophie, Bd. 9, Sp. 892–897.

10 Deutsch: Historische Rechtssprache, Einleitung.

11 Stein et al. (Hrsg.): Festschrift Ingo Reiffenstein, S. 21.

12 Grimm: Deutsches Wörterbuch, Bd. 1, S. XIV und Jakob Grimm: Von der Poesie im Recht (1815), § 1.

2. Sinn und seine Ableitungen: Wortgeschichte, Philosophie und Ästhetik

Im Artikel *Sinn*[13] liest man im Grimm'schen Wörterbuch auf nahezu fünfzig Spalten, dass vorrangige Hauptbedeutungen des Wortes schon im Althochdeutschen erkennbar, obgleich bei speziellerer Verwendung des Wortes Veränderungen zu bemerken seien.[14] Zum Lemma *sinnlich* heißt es im *Deutschen Wörterbuch*:

> Dagegen hat in neuerer zeit die bedeutung von sinnlich consequent eine abweichende richtung eingeschlagen, welche nicht vom sinn (willen, verstand u.s.w.), sondern von den sinnen als den organen der äuszern wahrnehmung und einer mehr körperlichen lustempfindung und begierde [...] ausgeht, und sich reich und mannigfach entfaltet hat [...] gewöhnlich hat die bedeutung von sinnlichkeit dieselbe richtung genommen, wie die von sinnlich.

Und zum Lemma *Sinnlichkeit*: »*nur in der ältern sprache begegnet es vereinzelt für ›verstand, verständigkeit, klugheit‹*.« Moderne Rechtstexte verwenden *Sinn* ausschließlich synonym zu *Inhalt* und *Bedeutung*. In den älteren Rechtstexten wird *Sinn* in zahlreichen anderen Bedeutungen gebraucht. Es finden sich dort auch etliche andere Wörter aus dem Wortfeld *Sinn*. Diese sind aus heutigen Rechtstexten[15] verschwunden, wohl wegen ihrer für diese Textgattung semantischen Irrelevanz.

Über die Definition von *Sinn* und den davon abgeleiteten Wörtern gibt es seit jeher rege Erörterungen. Es sei lediglich hingewiesen auf die intensiven wissenschaftlichen Diskussionen darüber, insbesondere im 18. und 19. Jahrhundert.[16] In den vergangenen drei Jahrhunderten ist ein nicht aufhörendes Interesse an dieser Materie zu finden, ganz gleich, ob es um Definitionsfragen im Bedeutungsspektrum von Denken und Geist geht oder um die Gegenüberstellung des Sinnlichen zum Sittlichen. Gemeinsam scheint allen diesen Einlassungen zu sein, dass *sinnlich* dem Bereich der körperlichen Sinne bis zum Lustempfinden zugeordnet wird. Doch wird *sinnlich* (sensitivus) zum »eigentlichen philosophischen Schlüsselbegriff« bei Alexander Gottlieb Baumgarten, der »in seiner ›Aesthetica‹ von 1750/58 die Ästhetik als neue philosophische Disziplin begründet und als selbständige ›Wissenschaft der sinnlichen Erkenntnis‹ (›scientia cognitionis sensitivae‹) definiert.«[17] Herder nimmt Bezug auf Baumgarten und verweist 1769 auf die Mehrdeutigkeit des Begriffs:

> So hat auch in dieser Erklärung Baumgarten ein Wort gebraucht, das bis zur Vieldeutigkeit reich und prägnant ist, das also auch bis zum Streit und zum Miszbrauch vieldeutig werden kann; das Wort sinnlich. Wie viel Begriffe paaret die deutsche Philosophie mit diesem Worte!

---

13 Grimm: Deutsches Wörterbuch, Bd. 16, Sp. 1103–1152.

14 Ebenda, Sp. 1105 u. für *sinnlich* und *Sinnlichkeit:* Sp. 1185 –1197.

15 Ausnahmen bestätigen die Regel: s*innlich* ist z. B. in Kommentaren zu § 906 BGB zu finden in Wortverbindungen mit wahrnehmen und Wahrnehmung.

16 Zu Kant vgl. u. a. Nuzzo: Sinnliche und Übersinnliche Erkenntnis, S. 89; Baumgarten: »Wir machen alles selbst«. Kants Transzendentalphilosophie, S. 494; zu Hegel vgl. Gutschmidt: Vernunfteinsicht und Glaube, S. 18–34; Schelling: Sämmtliche Werke 1811–1815, Abt. 1, Bd. 10, S. 79–84; zum ästhetischen Sinn bei Fichte vgl. Wildenburg: »Aneinander vorbei«. Horenstreit.; zum religiösen Sinn bei Schleiermacher vgl. Meier-Dörken: Zum Verhältnis zwischen Schleiermachers Predigten und romantischen Schriften; Engelhard: Die Welt der Sinne. – In: Hettlage und Bellebaum: Alltagsmoralen, S. 211–236, für das 18./19. Jahrhundert bes. S. 215–216.

17 H. R. Schweizer/F. Belussi: Sinnlichkeit; sinnlich – In: Historisches Wörterbuch der Philosophie, Bd. 9, Sp. 893–894.

> Sinnlich leitet auf die Quelle und das Medium gewiszer Vorstellungen, und das sind die Sinne: es bedeutet die Seelenkräfte, die solche Vorstellungen bilden, das sind die sogenannten untern Fähigkeiten des Geistes: es carakterisirt die Art der Vorstellung, verworren und eben in der reichen, beschäftigenden Verworrenheit angenehm zu denken, d.i. sinnlich: es weiset endlich auch auf die Stärke der Vorstellungen, mit der sie begeistern, und sinnliche Leidenschaften erregen – auf alle vier Gedankenwege zeigt das vielseitige Wort sinnlich, sensitiv [...].[18]

Ende des 19. Jahrhunderts verwendete der Sprachphilosoph Gottlob Frege *Sinn* als sprachtheoretischen Fachterminus. In seinem speziell für die wissenschaftliche Semantik bedeutsamen Werk schreibt er: »Es liegt nun nahe, mit einem Zeichen [...] außer dem Bezeichneten, was die Bedeutung des Zeichens heißen möge, noch das verbunden zu denken, was ich den Sinn des Zeichens nennen möchte, worin die Art des Gegebenseins enthalten ist.«[19] Der Frage nach der Abgrenzung von Begriff, Bedeutung, Bezeichnung und Sinn als Fachwörter der Sprachwissenschaft[20] soll hier freilich nicht nachgegangen werden. Hingegen soll unterschieden werden zwischen dem Wortzeichen und seinem geistigen Bedeutungsgehalt, insofern dieser in den Rechtstexten deutlich wird.

Der Bedeutung und Verwendung von *sinnlich* und *Sinnlichkeit* widmeten sich eminent Kant und Hegel sowie Fichte und Schelling, welche damit auch die Rechtssprache der damaligen Zeit nachhaltig beeinflusst und geprägt haben. Bei Kant sind die Ausdrücke *sinnlich* und *intelligibel* komplementär. *Sinnlichkeit* nennt Kant auch »Receptivität«, also Wahrnehmungsvermögen, insbesondere Sehen, Hören und Tasten. *Verstand* bedeutet dagegen das Denkvermögen.[21] Vereinfacht gesagt, sieht er in der Erkenntnis eine Synthese aus Sinnlichkeit und Verstand, die aber den Philosophen des deutschen Idealismus nicht weit genug ging. So schreibt Hegel: »Kant [...] bringt diese Gedanken nicht zusammen[,...] Denken, Verstand bleibt ein Besonderes, Sinnlichkeit ein Besonderes, die auf äußerliche, oberflächliche Weise verbunden werden [...].«[22] Über das Sinnliche und die Sinnlichkeit schrieben natürlich nicht nur die genannten Vertreter des deutschen Idealismus.[23]

3. Das Wortfeld ›Sinn‹ im Rechtssprachdiskurs

›Sinn‹ in der Bedeutung ›Verstand‹

In Quellen ab dem 11. Jahrhundert findet sich *Sinn* mit den Bedeutungen Denken, Geist, geistige Kraft, Denkvermögen, und quasi abgeleitet davon Vernunft, Ver-

---

[18] Herder: Sämmtliche Werke, Bd. 4 S. 132; Baumgarten: Ästhetik, Bd. 1, S. 541, § 563.

[19] Frege: Über Sinn und Bedeutung, S. 25. Siehe dazu auch D. Thürnau: Sinn/Bedeutung. – In: Historisches Wörterbuch der Philosophie, Bd. 9, Sp. 808–815.

[20] Bussmann: Lexikon der Sprachwissenschaft, S. 128 und 686.

[21] Kant-Lexikon, Bd. 3, S. 2113.

[22] Hegel: Vorlesungen über die Geschichte der Philosophie – Werke in zwanzig Bänden, Bd. 20, S. 348; vgl. dazu Baumgarten: »Wir machen alles selbst«. Kants Transzendentalphilosophie, S. 494; des Weiteren vgl. Hegel-Lexikon, S. 407–408.

[23] Hartmann: Die Kategorien der Sinnlichkeit; Welcker: Die letzten Gründe von Recht, Staat und Strafe, S. 13–20.

stand, Fähigkeit, da rüber hinaus das seelische Empfinden. Diese Bedeutung hat sich also durch die Jahrhunderte erhalten. Das *Deutsche Rechtswörterbuch* demonstriert gleichwohl eine erstaunliche Vielfalt von Quellen, in denen *Sinn* und seine Ableitungen in den diversen rechtsrelevanten Bedeutungen belegt sind. Hier einer der ältesten Wortbelege aus dem Archiv des *Deutschen Rechtswörterbuchs*.

Notker schreibt um 1000: »tîe méistera dero gaskéfto íóh frôno núzzedo íóh tíe des sínnes hûotent«.[24] Er meint hier nicht nur das Vermögen zu denken, sondern auch die dem Menschen dadurch aufgegebene Verpflichtung. Das *Sinnen* ist die Bewegung aus dem Grunde der Seele auf ihre Heimat, ihren Ursprungsort zurück.[25] Hier zeigt sich die sehr frühe, noch voralthochdeutsche Bedeutungsübertragung aus einer Bezeichnung für Weg oder Reise. Das Hin- und Herfließen des Denkens zum Handeln, dazu reziprok das Beeinflussen des Denkens durch die sinnliche Wahrnehmung des Äußeren, alle diese Vorgänge finden sich bildhaft ausgedrückt im althochdeutschen *sinnan*.[26]

Die Bedeutung Denken, Verstand findet sich um 1230 aus dem nördlichen Thüringen im Mühlhäuser Rechtsbuch. In diesem zu den frühesten deutschsprachigen Rechtsbüchern zählenden Werk[27] heißt es: »da he uf sueri sal, mi richi di hulde [...], disi stat zu bihaldini, [...] mit sinin wizzin unde mit sinin sinnin, vor allir menlichimi.«[28] Um die Geschäftsfähigkeit eines Menschen geht es in einem mittelniederländischen Keurboek von 1406, in dem *Sinn* in der Bedeutung Vernunft und Verstand erwähnt wird, der für eine rechtswirksame Vergabe von Gütern nötig sei: »elc mensch mach sijn guet of renten gheven ter gheesteliker hant of ter weerliker hant, wair hi wil, opdat hijt doet wetende zijnre zinnen.«[29]

Auch in Rechtsquellen des 17. und 18. Jahrhunderts wird *Sinn* häufig mit der Bedeutung Verstand, geistige Kapazität, vernunftgesteuertes Denken benutzt. In einer österreichischen Vormundschafts-Ordnung von 1696 werden beispielsweise Betreuungsverhältnisse geregelt. Die syntagmatische Wendung »blöder Sinn und Vernunfft« steht hier komplementär zu »Leibes Schwach- und Gebrechlichkeit« und könnte demnach Altersdemenz oder eine geistige Behinderung bedeuten: »Diejenigen [sind] mit Curatoren zuversehen, welche umb ihrer blöden Sinn und Vernunfft, oder auch stäter Leibes Schwach- und Gebrechlichkeit willen, ihnen selbsten auch ihrem Haab und Gut nicht wohl vorstehen können.«[30]

Im Corpus Iuris Militaris von 1657: »Daß man sie [Mörder aus Eifersucht] extra ordinem willkürlich strafen soll, dieweil [...] die Lieb einen rasend macht vnd die

---

24 Piper (Hrsg.): Schriften Notkers und seiner Schule, Bd. 1, S. 738: lateinischer Ausgangstext: »tunc elementorum presules atque utilitatis publice mentiumque cultores omnique populus potestatum«.

25 Lischewski: Person und Bildung, Bd. 1, S. 353 u. 355.

26 Joachim Fischer: Sinn der Sinne. – In: HettlageundBellebaum (Hrsg.): Alltagsmoralen, S. 240.

27 Bertelsmeier-Kierst: Kommunikation und Herrschaft, S. 61.

28 Meyer (Hrsg.): Mühlhäuser Reichsrechtsbuch, S. 163; neuhochdeutsche Übertragung: »auf die er schwören soll, dem Reich die Huld [...] diese Stadt zu behüten [...] mit seinem Wissen und seinem Denken, seinem Verstand, vor jedermann«.

29 Hamaker (Hrsg.): De [...] keurboeken van de stad Leiden, S. 30 (Art. XXIII).

30 Gerhabschaffts-Ordnung. – In: Codex Austriacus, Bd. 1, S. 414.

Leut verblendet vnd aller jhrer Sinnen beraubt.«[31] »Wurde aber jemand, der [...] wüssentlich seine Sinn nicht hätte, ein übelthat begangen, das soll [...] nach Raht der Verständigen [...] gestrafft werden«, schreibt Samuel Mutach 1709.[32] Dass »die Veräußerung nur von solchen vorgenommen werden möge, die zu Wege und Stege gehen können und ihrer Sinnen und Gliedmassen mächtig sind« heißt es 1785 in einem didaktischen Werk zu Kameral- und Polizeirecht.[33]

Und in Haymes *Lexicon juris criminalis* von 1733 ist als Definition von Selbstmord zu lesen: »Selbst-Entleibung, eigne Tödtung, autochiria, propricidium; aus Krankheit des Leibes, Melancholie, Gebrechlichkeit der Sinnen und anderer Blödigkeit geschehener ist nicht strafbar.«[34]

›Sinn‹ in der Bedeutung ›Wahrnehmung‹

Die Fähigkeit zur Wahrnehmung, die diversen Sinne des Menschen, das Empfinden, Spüren, der Sensus des Sehens, Hörens, Riechens, Schmeckens und Tastens war ein wesentliches Thema etlicher Gebote und Rechtsregeln. Eine Fülle an Quellen mit straf-, zivil- und verfahrensrechtlichen Inhalten zeugen von der Tragweite des Themas. In kleinster Auswahl seien hier einige aufgeführt, in denen die fünf Sinne einzeln aufgezählt oder in ihrer Gesamtheit erwähnt sind. Im zweiten Viertel des 13. Jahrhunderts schreibt Reinmar von Zweter: »Wer nu die sin funff sinne hat, / der kennet recht und missetat; / der sol daz beste kiesen.«[35]

1512 regelt die Reichsnotariatsordnung: »Aber der andern Sinnen halben, als mit versuchen oder kosten, tasten, riechen oder schmecken, ist Not, daß die Zeugen vor ihm kosten oder versuchen, tasten oder riechen, und was sie durch solch ihr Sinnen empfahen, vor den Parteien, Zeugen und Notarien bezeugen.«[36] Der *Zeiger in das Landrechtsbuch* zitiert 1526 in etwa die römischrechtliche Definition der körperlichen Sachen, die, wie später noch gezeigt wird, auch sinnliche Sachen genannt werden: »Die leiblichen Gueter sein, die von Natur durch die auswendig Sinn begriffen werden mugen, als Gründ, Heuser, Claider.«[37]

Ganz ähnlich finden wir dies 1785 bei Fischers Kameral- und Polizeirecht: »Alle Sachen, die in die Sinne fallen, sind koerperlich. die Roemer sagten, alles, was beruehrt werden kan, ist koerperlich, weil ihre stoische Philosophen alle Sinne auf das Gefuehl einschraenkten.«[38] So folgt 1811 im Österreichischen Allgemeinen bürgerlichen Gesetzbuch: »Körperliche Sachen sind diejenigen, welche in die Sinne fallen; sonst heißen sie unkörperliche; z. B. das Recht zu jagen, zu fischen und alle

---

31 Corpus Iuris Militaris, S. 48.

32 Mutach: Substantzlicher Underricht, S. 153.

33 Fischer: Lehrbegrif sämtlicher Kameral- und Polizeyrechte, Bd. 1, S. 63.

34 Hayme: Lexicon juris criminalis, S. 244.

35 Reinmar von Zweter: Die Gedichte, S. 561, Nr. 307, V. 8.

36 Ordnung [...] der offen Notarie[n] (1512), Blatt A IIIr.

37 Zaiger in das Landsrechtpuech. Institutum Ferdinandi I. [Niederösterreichischer Landrechtsentwurf], Sammlung Chorinsky. Handschriftlich in Wien (Hofbibliothek, Univ.-Bibliothek, Jurist. Seminar u.a.), Titel auf Chorinskys Abschrift: Das Landrechtsbuch Ferdinand I. Buch 3, Titel 1 § 32 – in: Landrechtsentwurf für Österreich unter der Enns 1526, S. 255

38 Fischer: Lehrbegrif sämtlicher Kameral- u. Polizeyrechte, Bd. 2, S. 366.

andere Rechte.«[39] In strafrechtlichen Regelungen geht es um die Verletzung der Integrität der lebensnotwendigen fünf Sinne, so um 1300 im Altfriesischen: »Thera fif sinna werden iahwelikes bote tuia fiardahalue merk, mith fiwer ethum on ti ledane.«[40] Und aus dem 18. und 19. Jahrhundert drei weitere anschauliche Belege aus dem Straf- und dem Familienrecht:

> Sollte aber jemand [...] [durch] Wundthat [...] des Gebrauchs seiner Sinne und Gliedmassen verlürstig werden, oder auch an solch seinen Sinnen und Gliedmassen einen Abgang verspüren möchte, so soll uns [...] vorbehalten seyn, den Thäter [...] annoch schärfer anzusehen.[41]

Wer eine unschuldige Frauensperson durch Getränke oder andre Mittel ihrer Sinne beraubt, um sie zur Wollust zu mißbrauchen, soll, wenn er auch seinen Zweck nicht erreicht, mit drey- bis sechsmonatlicher, wenn aber die Schandthat wirklich verübt worden, mit vier- bis sechsjähriger Zuchthausstrafe belegt werden.[42] Zur Vaterschaftsvermutung schreibt das Badische Landrecht:

> Dafür [Vater] kann auch derjenige erklärt werden, der eine Mutter des Kinds kundbarlich bey sich als Beyschläferin unterhalten hat, oder der des Beyschlafs mit ihr, um die Zeit der gesezlich unterstellbaren Empfängniß, freywillig geständig oder zufällig überwiesen ist; ingleichen derjenige der die Mutter erweislich um die gedachte Zeit ausser Stand des freyen Sinnen-Gebrauchs zum Behuf eines Beyschlafs versetzt hat.[43]

›Sinn‹ in den Bedeutungen ›Meinung‹, ›Ansicht‹, ›Gedanke‹, ›Absicht‹ und ›Gesinnung‹

Sinn als *Meinung*, *Ansicht*, *Gedanke*, *Idee*, *Urteil*, *Beschluss*, *Inhalt*, *Geist*, *Bedeutung* entspricht dem lateinischen *sententia*, während *Sinn* als *Wille*, *Neigung*, *Absicht*, *Vorsatz*, *Gesinnung* einige der zahlreichen deutschen Entsprechungen des lateinischen *animus* sind. So seien »dann die Weiber sehr wanckelmuetig, vnd (wie man sagt) haben lange Kleyder vnd kurtze Sinn, jetzt sein sie deren, bald einer andern Meinung«[44] bemerkt 1576 Joost de Damhouder in seinem Werk *Von Vormundtschafften.*

Von 1691 eine Passage aus Pufendorfs *Sittenlehre*: »Weil die Rede nicht allein anderer, sondern auch unserer selbst wegen erfunden ist; so kan man, wo es einen zu seinen Nutzen und den andern nicht zu Schaden gereichet, [...] die Rede dergestalt einrichten, daß man etwas anders, als man im Sinne hat, vorgebe oder mit einem Worte simulire.«[45] Gerade das Simulieren, um einen Vorbehalt zu verdecken, möchte 1770 der Codex Saxonicus verhindern: »[Die] Eydes-Formul mit demjeni-

---

39 Allgemeines bürgerliches Gesetzbuch für die gesammten deutschen Erbländer der Österreichischen Monarchie (1811) § 292.

40 Buma (Hrsg.): Hunsingoer Recht, S. 78, neuhochdeutsche Übertragung: »Die Buße für die Schädigung eines jeden der fünf Sinne (ist) zweimal dreieinhalb Mark (und) mit vier Eiden (hat man) den Beweis zu führen«.

41 Rennefahrt (Hrsg.): Stadtrecht von Bern, Bd. 7, 2, S. 1033, von 1762.

42 Allgemeines Landrecht für die Preußischen Staaten von 1794, Teil 2, 20 § 1048.

43 Land-Recht des Großherzogthums Baden , Satz 340 a, von 1809.

44 Damhouder: Patroncinivm Pvpillorvm, S. 25.

45 Pufendorf: Sittenlehre, S. 256.

gen, welcher den Eyd leisten soll, durchzugehen [...] und solchergestalt [...] im Sinne habenden Vorbehaltungen des Schwörenden zu begegnen.«[46]

Ende des 18. Jahrhunderts und im 19. Jahrhundert finden sich also mehrheitlich rechtliche Textstellen, in denen *Sinn* wie erwähnt als Idee, Inhalt, Bedeutung, der *sententia* oder Sentenz entsprechend verwendet wird. Aus dem *Preußischen Allgemeinen Landrecht*: »Sache überhaupt heißt im Sinne des Gesetzes alles, was der Gegenstand eines Rechts oder einer Verbindlichkeit seyn kann.«[47] Oft handelt es sich auch um eine Mischung aus den jeweiligen deutschen Entsprechungen von *sententia* und *animus*. Hier werden sehr häufig formelhafte Phraseme gebildet und *Sinn* abwechselnde Attribute zugeordnet: im strengen, engen, weiten, besonderen, natürlichen, rechtlichen, wahren Sinn und Ähnliches.[48]

Sinnen und Sinne in ihrer rechtssprachlichen Besonderheit

Trachten, begehren, erbitten als Bedeutung von *sinnen* ist zweifelsfrei rechtlich bedeutsamer als das bis heute bekanntere *Nachsinnen, Nachdenken, Reflektieren*. Zu Beginn des 13. Jahrhunderts findet man diese zentralen Begriffe des Lehnsrechts schon im Sachsenspiegel: »Of die herre den man scüldeget, dat he sin gut verjaret hebbe an sinnende oder an uttiende, dar mach die man sine unscult vore dun.«[49]

Sinnen in dieser Bedeutung wird in Rechtstexten des Mittelalters und der frühen Neuzeit sehr häufig verwendet. Dabei sind Quellen mit lehensrechtlichen Inhalten in der Überzahl.[50] Für die Verwendung von *sinnen* in dieser Bedeutung noch beigefügt, ein relativ später Beleg von 1650: »Auf erschienene Todes-Fälle [werden] die Lehen bey fürstl. Cantzley gemuthet und gesonnen.«[51]

Sinne, amtliches Messgefäß

Eine völlig abweichende Bedeutung von *sinnen* ist: (Gefäße, besonders Fässer) eichen, visieren, mit einer Sinne, dem amtlichen Messgefäß oder dem Flüssigkeitsquantum, das dem festgelegten Maß entspricht, kennzeichnen. Etymologisch sind *sinnen* und *Sinne* hier nicht dem Germanischen zuzuordnen[52], sondern auf das lateinische *signare* zurückzuführen; sie werden nur im Süden Deutschlands, speziell im Alemannischen, daher auch im Elsass und in der Schweiz gebraucht. Weitere

---

46 Codex Saxonicus, Bd. 1 S. 989 (Nr. 12).

47 Allgemeines Landrecht für die Preußischen Staaten von 1794, Teil 1, 2 §§ 1–2.

48 Deutsches Rechtswörterbuch, Bd. 13, Heft 3/4 Sp. 615–616; das Deutsches Rechtswörterbuch-Archiv verfügt außerdem über eine reichhaltige Sammlung von Quellentexten, in denen diese formelhafte Verwendung von Sinn belegt ist.

49 Homeyer: Sachsenspiegel Lehnrecht. Art. 42 § 1, von 1224/35 (Hs. 1369).

50 Vgl. den Artikel *sinnen* im Deutschen Rechtswörterbuch, Bd. 13, Heft 3/4 Sp. 617–618.

51 Chur-Braunschweig-Lüneburgische Landes-Ordnungen, Teil 4, 8, S. 101.

52 Zu sinnen mit der Bedeutungen signieren, eichen vgl. Lexer: Mittelhochdeutsches Handwörterbuch, Bd. 2, S. 934 sowie Deutsches Rechtswörterbuch, Bd. 10, 1, Sp. 1167: das Wort ist schon seit dem 14. Jahrhundert bezeugt auch in der Form *sünnen*; vgl. Schweizerisches Idiotikon, Bd. 7, Sp. 1081; zur Etymologie ebenda, Sp. 1082, nur oberdeutsch, laut Schweizerischem Idiotikon: nur alemannisch, was sich im Deutschen Rechtswörterbuch durch die Beleglage zu bestätigen scheint. Dies auch so ebenda, Bd. 10, 1, Sp. 1167.

Bedeutungen sind Eichzeichen und -markierung sowie der Ort, an dem das Eichen und das Vergeben der Eichzeichen stattfindet. Zumeist finden sich diese Bedeutungen im 15. bis 17. Jahrhundert.[53] Ein Beleg aus dem 19. Jahrhundert zeigt das Substantiv *Sinnung*[54], anstelle des Verbs *sinnen*: »Beschluss [...] wegen der nassen Maasse und Polizeibestimmungen wegen der sinnung derselben.«[55]

Dass *sinnen* als Lehnwort, letztlich aus dem Lateinischen, im Oberdeutschen sehr lange überlebt hat, zeigen folgende Belege: »Es sollen auch die [...] Fässer, mit welchen gewirbsweis Wein verkauft wird, eben auch durch den Landweibel gesinnet werden.«[56] Und von 1742: »[Sinner:] Pflicht ist [...] sinngelten und alle andere Wein-Geschirr fleissig zu sinnen und zu zeichnen und auf jedes dieser stucken das Z zu brennen.«[57] Sowie: »Alle Wirte und Weinschenken sollen sich zum Ausschenken jedes Getränks gehörig gesinnter Geschirre bedienen.«[58]

Die bereits erwähnten Sinner, amtliche Prüfer von Messgefäßen oder auch Eichmeister, findet man in einer Straßburger Polizeiordnung von 1628: »Es sollen auch die Synner kein Vaß, die sie ahne jhrem gewohnlichen Orth bey der Tränckeh synnen [...], vber nacht ligen lassen«[59], ebenso wie im schweizerischen Rheinfelden: »Werden sie Umbgeltere alle Quartal die keller in allen Würths- und Schänckhäuseren mit denen verpflichteten Sinneren selbsten visitiren.«[60] Das *Sinnamt* (leichter zu lesen wäre *Sinn-Amt*) ist demzufolge keine Behörde, in der reflektiert und nachgesonnen wird, sondern ein Eichamt.

Ein kleiner Exkurs auf eine ganz exotisch anmutende Bedeutung von *sinnen*, die jedoch nur das Mittelniederländische kennt: sich aufgrund einer Sinne entschuldigen und darüber hinaus, das Nichterscheinen (vor Gericht) rechtfertigen. Die *Sinne* als rechtlich anerkannter Hinderungsgrund, insbesondere für das Erscheinen bei Gericht, sowie die Dauer, für welche der Grund zur Rechtfertigung genügt, wurde am Anfang schon erwähnt. *Sinne*, auch das analoge Verb *sinnen*, haben eine spannende Etymologie. Im 16. Jahrhundert noch belegt im Mittelniederländischen, ist das Verb im Altfranzösischen zu finden und schließlich mit Belegen in so frühen Rechtstexten wie der Lex Salica auf eine germanische Wurzel zurückzuführen.

Sinnlich und Sinnlichkeit im rechtlichen Kontext

Das Adjektiv *sinnlich* unterliegt einem ähnlich umfangreichen Bedeutungswandel. Eine positive Konnotation, die das Wort in der heutigen Sprache auszeichnet, spie-

---

53 Welti (Hrsg.): Stadtrecht von Laufenburg, S. 86, von ca. 1435.

54 *Sinnung* ist von dreierlei Herkunft, hier zunächst die auf das lat. *signare* zurückgehende, des Weiteren mit der Bed. *trachten*, wohl vom ahd. *sinnan*, nämlich die Lehen(s)sinnung, dann die sich auf die *Sinne* als Entschuldigungsgrund bei Gericht beziehende *Sinnung* (mittelniederländisch *sinninge*), vgl. dazu Deutsches Rechtswörterbuch, Bd. 13, Heft 3/4, Sp. 623, hier als Homonyme in drei Wortartikeln.

55 Schweizerisches Idiotikon, Bd. 7, Sp. 1084, von 1808.

56 Elsener (Hrsg.): Landschaft Gaster, S. 181, von 1734/36.

57 Schweizerisches Idiotikon, Bd. 7, Sp. 1082, von 1742 aus Zürich.

58 Neue officielle Sammlung Gesetze Zürich, Gesetz von 1808.

59 Statt Straßburg PoliceijOrdnung, Appendix S. 6.

60 Welti (Hrsg.): Das Stadtrecht von Rheinfelden, S. 429, von 1756.

gelt sich in den Rechtsquellen nur sehr spärlich wider. Die Rechtstexte beschäftigt eher das Prosaische am Sinnlichen, wenn man das so sagen darf, nämlich Sinnliches in einer hier nur näherungsweise gegebenen Definition, als etwas vom Willen Gesteuertes ins Körperliche Transferiertes und Agiertes. Es gibt, was später noch mit Beispielen belegt wird, um 1800 Rechtstexte, in denen das Handeln des durch ›Triebe gesteuerten Menschen‹ zum Thema wird. Gleichwohl kann *sinnlich* hier nicht per se als durch *die Triebe gesteuert* definiert werden. Eine genauere Interpretation, was mit *sinnlich* gemeint ist, lässt nur der Kontext zu. Es scheint, als sollten mit Hilfe dieses Wortes allerlei Befindlichkeiten, ein Trachten, ein Wollen, ein Trieb, aber auch etwas Passivisches, Steuerndes, das von außen und nicht von innen an den handelnden Menschen kommt, beschrieben werden. Hierzu liest man in Karl L. W. Grolmans *Grundsätze der Kriminalrechtswissenschaft* zum »Milderungsgrund wegen einem Mangel an der Freyheit des Entschlusses« bei einer Straftat, dass der Delinquent eine mildere Strafe zu erwarten habe, »[...] wenn die noch unausgebildeten Empfindungswerkzeuge den sinnlichen Eindrücken noch nicht hinlänglich widerstehen können, der Mensch noch unmündig ist.«[61] *Sinnlich* hat etwas Pejoratives in dieser Aussage.

Angenehm zu deutende Gefühle, die man mit diesem Wort verbinden könnte, bleiben in rechtlichen Quellen außen vor, obwohl Gefühle in Rechtsquellen durchaus eine Rolle spielen können. Allerdings sind dort eher die Auswirkungen von extremen Gefühlen erwähnt, z. B. die Straftat einer verzweifelten Mutter, die ihr Neugeborenes tötet, oder die argwöhnisch betrachtete Verzweiflung eines Selbstmörders.[62] Nachfolgende Beispiele zeigen die Bedeutungsnuancen von *sinnlich* im rechtlichen Kontext. Und es zeigt sich ein von Herder so beschriebenes Phänomen: »Man hat einen Ausdruck bei seiner schönen Schwäche und complexen Unbestimmtheit erhascht, und in ihn ein ganzes Heer von Begriffen gelagert.«[63]

So reichen die Definitionen[64] von *geistig gesund, rege, bei Verstand* über *reinlich*[65] bis zu *genehm, passend, den eigenen Vorstellungen entsprechend.* Die *sinnliche Vernunft* ist die geistige Gesundheit, und wer zu seinen *sinnlichen Tagen* kommt, wird mündig: »Das er zuo synen sinlichen tagen kommen, und in schryben und lesen underwisen worden, by ime selbst ein sundere neygung empfunden, ettwas fryen kunst zuo erlehrnen.«[66] Des Weiteren bedeutet *sinnlich* in sehr vielen Quellen: durch die (fünf) Sinne wahrnehmbar, klar zu erkennen, auch fassbar. Daher heißt *sinnlich werden* in einer niederdeutschen Chronik von 1488 nicht etwa *sich seinen Gefühlen hingeben*, sondern genau das Gegenteil, nämlich aufmerksam

---

61 Grolman: Grundsätze der Criminalrechtswissenschaft, S. 70.

62 Kronauer: Gefühle im Rechtsleben; Kronauer: Verzweiflung und Kindermord im 18. Jahrhundert, S. 142–145.

63 Herder: Sämmtliche Werke, Bd. 4, S. 132.

64 Vgl. zum Folgenden den Artikel *sinnlich* im Deutschen Rechtswörterbuch, Bd. 13, Heft 3/4. Sp. 620–621.

65 Klein: Deutsches Provinzialwörterbuch, Bd. 2, S. 156, hier auch: Sinnliche Farbe, d. h. sie ist zartundleicht zu beschmutzen.

66 Rennefahrt (Hrsg.): Stadtrecht von Bern, Bd. 7, 1, S. 81, von 1627.

werden: »Do de veerundetwyntich worden tomalen syntlich up den nyen receßbreff«.[67]

Auch im 18. und 19. Jahrhundert findet sich das sicht- und fassbare Sinnliche häufig in rechtlichen Kontexten. Hayme gibt 1738 *sinnlich* in seinem juristischen Lexikon mit dem lateinischen *sensualis* wider und schreibt: »sensualis, res corporalis, s. Güter«.[68] Interessant dabei ist, dass er corporalis mit sensualis verknüpft, und unter dem Stichwort »Güter« die Differenzierung von res corporales und res incorporales mit Verweis auf die einschlägige Stelle in den Institutionen bei Gaius II 13 § 1 sowie bei Justinian[69]so erklärt: Er spricht von den Sachen »die in der Menschen äusserliche Sinne fallen« und denjenigen »so nur mit dem Verstande begriffen werden«.

Nicht etwa erotische, sondern schlicht wahrzunehmende Bilder erfüllen den Tatbestand von »Injurien«, nämlich in Form von Pasquillen, also Schmäh- oder Spottbildern, »die durch [...] Gemälde, Kupferstiche, oder andre sinnliche Darstellungen geäußert« werden, so 1794 das Preußische Allgemeine Landrecht.[70] Satz 653 des *Badischen Landrechts* von 1809 lautet: »Jede Scheid-Wand zweyer Gebäude bis zum First, jede Scheid-Mauer zwischen Höfen, Gärten, oder geschlossenen Aeckern, wird für gemeinschaftlich angesehen, in sofern weder ein schriftlicher Beweis noch ein sinnliches Merkmahl des Gegentheils vorhanden ist.«[71]

Das französische Vorbild des Landrechts, der *Code Napoléon* von 1804, lautet an der einschlägigen Stelle: »est présumé mitoyen, s'il n'y a titre ou marque du contraire«. Das Attribut *sinnlich* existiert also nur im deutschen Text, den Johann Nikolaus Friedrich Brauer für Baden aus dem Französischen übersetzt und angepasst hat.[72] Brauer möchte an dieser Stelle wohl verstärken, dass es sich um ein deutlich sichtbares und klar zu erkennendes Merkmal handelt. Im Folgesatz 654 wird das Vorhandensein der »marque du contraire« konkretisiert, indem beschrieben wird, wie das Merkmal sich durch eine bestimmte Bauweise manifestiere, aufgrund deren die abgrenzende Mauer nicht als gemeinschaftlich anzusehen sei. Im strafrechtlichen Kontext bei Beweisaufnahme nach einer Straftat finden wir bei Wolfgang Heinrich Puchta: »[Es] tritt Besichtigung ein [...] bei dem Raube bezüglich auf die sinnlich erkennbaren Spuren der Vergewaltigung.«[73]

Um 1800 bedienen sich besonders die Strafrechtsgelehrten häufig des Wortes *sinnlich*, um »ein ganzes Heer von Begriffen«, wie der bereits zitierte Herder es ausdrückt, darin zu bündeln. Erkenntnistheoretisch untermauert, soll das Wort für die Impulse stehen, die ein strafrechtliches Verhalten verursachen. Auch hier zählt

---

67 Chronik der niedersächsischen Städte: Braunschweig, Bd. 2, S. 129, neuhochdeutsche Übertragung: »Da die Vierundzwanzig zumalen sinnlich wurden auf den neuen Rezessbrief.«

68 Hayme: Allgemeines Teutsches Iuristisches Lexicon., S. 1108 u. S. 276.

69 L. de rebus corporalibus et incorporalibus, vgl. Mears: The Institutes of Gaius and Justinian, S. 57: Inst. Just. II, ii § 1–3.

70 Allgemeines Landrecht für die Preußischen Staaten von 1794, Bd. 2, 20, § 572.

71 Land-Recht des Großherzogthums Baden, Satz 653, von 1809.

72 Andreas Deutsch: Badisches Landrecht. – In: Handwörterbuch zur deutschen Rechtsgeschichte. (2., völlig überarb. u. Erw. Aufl; (HRGdigital), Bd. 1, Sp. 405–407.

73 Puchta: Justizämter, Bd. 2, S. 408; Wolfgang Heinrich Puchta war der Vater von Georg Friedrich Puchta, einem der wichtigsten Vertreter der Pandektenwissenschaft.

vor allem der Textzusammenhang. Nur eingebettet in Syntagmen und Phraseme lässt sich die historische Bedeutung des Worts annähernd rekonstruieren. Häufig scheint das Wort selbst in den folgenden Straf- auch Staatsrechtstexten – um bei Herder zu bleiben – »complex« unbestimmt zu sein. Meist lassen sich die Autoren einer der die Rechtslehre der Zeit beeinflussenden philosophischen Schulen zuordnen.

Grolman schreibt in den *Grundsätzen der Criminalrechtswissenschaft* (Gießen 1798)[74] unter dem Einfluss von Johann Gottlieb Fichte[75]: »Der Mensch aber, als Sinnenwesen, hat auch die thierische Kraft, den Gesetzen der Vernunft entgegen zu handeln, er kann in seinen Handlungen Widerstreit mit sich selbst zeigen und in so fern als unvernünftige physische Kraft erscheinen.« Das »Sinnenwesen« ist hier wohl im Sinne Fichtes[76] und Kants[77] gebraucht; hieraus dürfte sich ebenso die Definition von *sinnlich* in den Texten Grolmans erklären lassen. So schreibt er beispielsweise über Verbrecher, von denen weitere Übeltaten drohen, weil »sehr zu fürchten bleibt, daß der, zur Befriedigung seiner sinnlichen Lüste einmal gestimmte Mensch durch dieselbe [...] Stimmung [...] zur Wiederholung desselben angefeuert werde«. *Sinnlich* hat hier die Konnotation des »Thierischen« im menschlichen Verhalten, ganz so wie es auch Schiller bereits im Titel seiner medizinischen Dissertation *Versuch über den Zusammenhang der thierischen Natur des Menschen mit seiner geistigen* (1780) formulierte.[78] Hingegen schreibt Nicolaus Thaddäus Gönner in seiner Staatsrechtslehre: »Der Mensch ist nicht eine leblose Rechtsmaschine, vielmehr sinnliches Vernunftwesen, nur im Staate fähig, seine Bestimmung zu erreichen«[79] – »sinnliches« verwendend für das, was das Individuum aus sich selbst heraus und von außen angetrieben lebendig und zum »Sinnenwesen« macht. Paul J. A. Feuerbach, von Kant beeinflusst, betont, dass die korrelative Freiheit jedes Einzelnen zu schützen sei: »Dieser sinnliche Antrieb [zur Straftat] muss, wenn die That unterbleiben soll, durch einen entgegengesetzten sinnlichen Antrieb aufgehoben werden. Solch ein entgegengesetzter Antrieb ist Unlust (Schmerz, Uebel).«[80] Er propagiert den Abschreckungsgedanken im Strafrecht. Der »sinnliche Antrieb« ist wohl knapp formuliert hier ein Bild dafür, dass über die wahrnehmenden Sinne der Verstand des Menschen beeinflusst wird.

Schließlich nun zur *Sinnlichkeit*, der in Recht und Gesetz wenig Raum gegönnt wird: Es gibt zunächst die heute in Vergessenheit geratene Bedeutung *Verstand*, wobei das *seiner Sinnen mächtig Sein* mitschwingen mag. Aus einem Schweriner Testament: »Vulmechtich myner Redelecheyd vnd Sinlecheyt, allene beswaret myd Krankheyd mynes Liues« von 1445 und: »Mine Sinnelcheit der Redelcheit underdanig to makende.«[81] Dieser Beleg ist ambivalent, denn hier ist »Sinnlichkeit« ab-

---

74 Grolman: Grundsätze der Criminalrechtswissenschaft, S. 2und7.

75 Tafani: Beiträge zur Rechtsphilosophie des deutschen Idealismus, S. 101–103.

76 Piché: Die Bestimmung der Sinnenwelt durch das vernünftige Wesen (Folgesatz § 2), S. 47.

77 Kant-Lexikon, Bd. 3, S. 2109.

78 Schiller: Werke (Nationalausgabe), Bd. 20, S. 37.

79 Gönner: Staatsrecht, S. 426, von 1804; er ist in seinen Werken etwa ab 1803 von Schelling beeinflusst, dazu Stolleis: Geschichte des öffentlichen Rechts, Bd. 2, S. 133.

80 Feuerbach: Lehrbuch des Peinlichen Rechts, S. 16, von 1801.

81 SchillerundLübben: Mittelniederdeutsches Wörterbuch, Bd. 4, S. 213, beide Belege hieraus.

wertend, wohl als Antonym zu »Redlichkeit« verwendet, wohingegen das Testament klar betont, dass der Erblasser bei Verstand und aufrechten Willens, geistig also integer sei.

Um den Verlust des Verstandes oder eine Beeinträchtigung vernunftgemäßen Handelns geht es im Folgenden: »[G. ist] uß Unfalle zu Veranderung syner Sinlichkeit komen vnd mit der Vernonfft zun hochsten nit versehen«.[82] 1532 ist in einer Sankt Galler Offnung mit *Sinnlichkeit, welche begreift* die Wahrnehmung durch die Sinne gemeint, buchstäblich das Fassbare, das Angreifen von Gegenständen: »Farend guot ist alle farende hab, wie die namen hat, es sige gält [...] win, korn [...] und alles anders, daß farend ist, so die sinlikait wol begriffen mag.«[83]

Pufendorf hat *Sinnlichkeit* besonders eigentümlich verwendet. Ihm geht es wohl um fast stur verfolgte gedankliche Vorstellungen, Ideen, Bestrebungen. So schreibt er: »[...] hat doch der Priester Eyfer gemacht, daß eine jegliche Parthey ihre eigene Rationes und Sinnligkeiten hätte und zum gemeinen Besten nicht viel anwandte.«[84] Zwar hat 1686 bei Abraham a Sancta Clara die Sinnlichkeit wohl bereits die heute gängige Bedeutung, doch moralisch abgewertet als Gegenteil zur Sittlichkeit. Er sieht darin offenbar nur ungezügelte Begierde, die das menschliche Denken beherrscht: »Betten vnd Arbeiten seynd zwey Zigel, mit denen deß Menschen Sinnlichkeiten gezaumet werden.«[85]

Um noch einmal die Rechtslehre des beginnenden 19. Jahrhunderts auf dem Gebiete des Straf- und des Staatsrechts zu beleuchten, aus den erwähnten Lehrbüchern von Feuerbach und Gönner zwei Beispiele. Ebenso wie *sinnlich* kann hier *Sinnlichkeit* kaum aus sich allein erklärt werden, es scheint aber, dass das Wort immer dann gewählt wird, wenn ein nicht vernunftgemäßes Handeln gemeint ist, welches aus einem zuvor durch sittlich verwerfliche Einflüsse verwirrten Verstand herrührt. Zunächst Feuerbach: »Triebfedern der Sinnlichkeit, welche zu der That bestimmen. Diese sind also Gründe der Gefahr und sollen durch eine entgegengesetze [sic] Triebfeder des sinnlichen Begehrens, die Furcht vor der Strafdrohung, aufgehoben werden.«[86] Derselbe in § 17 seines Lehrbuchs: »Alle Uebertretungen haben einen psychologischen Entstehungsgrund in der Sinnlichkeit, in wiefern das Begehrungsvermögen des Menschen durch die Lust an der Handlung zur Begehung derselben angetrieben wird.« Des Weiteren begründet Feuerbach hieraus seine Theorie des psychologischen Zwangs.[87] Gönner zu diesem Thema:

> Wo phisischer Zwang nicht wirken kann, da muss ein Surrogat durch psichologischen Zwang hergestellt werden, indem man der Sinnlichkeit durch die Vorstellung eines auf die Gesetzesübertretung folgenden Uebels als ein Gegengewicht entgegenzuarbeiten sucht, welches die Nothwendigkeit der Zufügung des Uebels erwirkt.«[88]

---

82 Kriegk: Bürgertum, Bd. 2, S. 354, von 1497.

83 Gmür: Die Rechtsquellen des Kantons St. Gallen, 14. Abt., Teil 1, S. 29, von 1532.

84 Pufendorf: Vom Zustande d. Teutschen Reichs, S. 164, von 1667.

85 Abraham a Sancta Clara: Judas, Bd. 1, S. 550, von 1686.

86 Feuerbach: Lehrbuch des Peinlichen Rechts, S. 103; die sinnlichen Triebfedern erwähnt auch Grolman (Grundsätze, S. 33) der aber Feuerbachs Theorie des psychologischen Zwangs ablehnte.

87 Feuerbach: Lehrbuch des Peinlichen Rechts, S. 16.

88 Gönner: Staatsrecht, S. 425.

4. Zusammenfassung

Abschließend ist Folgendes festzuhalten: *Sinn* wird in den Rechtstexten ab der zweiten Hälfte des 18. bis in das 19. Jahrhundert mehrheitlich verwendet wie *Sinngehalt, Inhalt, Idee* und schließlich *Bedeutung, Sentenz* entsprechend dem lateinischen *sententia*. Die zahlreichen anderen Verwendungen des Wortes finden sich eher in den Rechtsquellen aus früheren Jahrhunderten. Dass *Sinn* ein polysemes Wort ist, mit dem man viele Fakten, Sachverhalte und Umstände subtil ineinander verwoben ausdrücken kann, kommt gerade Rechtstexten zu passe, in denen häufig kurz und knapp – klar vielleicht dann doch eher nicht – ein Konvolut von möglichen Gegebenheiten formuliert werden soll.

Ähnlich verhält es sich beim Verb *sinnen*, welches synonym für *trachten, begehren* häufig in älteren Rechtsquellen zu finden ist. In jüngerer Zeit wird das Wort in dieser Bedeutung selten verwendet. Das *Sinnen* von Messgefäßen oder *sinnen* definiert als *entschuldigen mit anerkanntem Hinderungsgrund bei Nichterscheinen vor Gericht* sind Bedeutungen, die allenfalls noch im 18. Jahrhundert bekannt waren.

Sinnlich und *Sinnlichkeit* haben in historischen Rechtstexten andere Bedeutungen als die, welche in der modernen Sprache überlebt haben. Die eingangs erwähnte Dichotomie von Vernunft und Sinnlichkeit, welche wie zu Beginn zitiert auch bei von Arnim zum Tragen kommt, wird in den Rechtsquellen ebenso zum Thema. Bedeutsam ist hier aber vor allem der Blick auf die rechtlichen Folgen eines bestimmten entweder vernunftgemäßen oder dem Tierischen entsprungenen Handelns, welches in den Rechtstexten beschrieben wird. Strafrechtliche Texte oder solche der Kirchenlehre bringen die negativen Folgen körperlichen Begehrens zur Sprache. Oft nicht eindeutig und klar zu deuten und von anderen Bedeutungen des Wortes abgegrenzt, findet man *sinnlich* und *Sinnlichkeit* auch in Straf- oder Staatsrechtstexten des 18. und 19. Jahrhunderts, in denen es um die Bewahrung von Freiheit des Menschen und seine Disziplinierung innerhalb der Gesellschaft geht. Letztlich werden *sinnlich* und *Sinnlichkeit* hier eher negativ kausal gesehen und in Zusammenhang mit exzessivem Verhalten gebracht, welches die Grenzen der Freiheit des Mitmenschen überschreitet und daher geahndet werden muss. Den positiven Aspekt der »prächtigsten Sinnlichkeit« von Dolores in Arnims gleichnamigem Werk findet man in der Rechtssprache nicht.

Das seit dem Ende des 18. Jahrhunderts in den Rechtstexten sehr häufig vorkommende *Sinn* als Idee, Inhalt, Meinung, Sentenz wird gerade in den Worterläuterungen der Sprachlexika des 19. Jahrhunderts gerne durch *sinnlich* oder *Sinnlichkeit* in korrespondierenden Bedeutungen ersetzt. So auch Jacob Grimm in seinem Essay *Von der Poesie im Recht*[89], dessen Gedanken zur Rechtssprache den Abschluss dieses Beitrags bilden sollen:

> [so] haben wir gesehen, dasz das Recht mit der Poesie entsprungen ist, dasz es in seiner Gestalt poetisch gebunden gewesen zu sein scheint, dasz es gleich den Gedichten voll lebendiger

[89] Jacob Grimm: Von der Poesie im Recht (1815) § 8; Hervorheb. d. Verf

Wörter und in seinem gesammten Ausdruck bilderreich. Damit bleibt aber diese Verwandtschaft unter beiden nur zur Hälfte erkannt, und uns übrig, die andere, so zu sagen, practische ebenfalls zu betrachten. Denn es folgt, wenn jenes wahr ist, schon daraus selber, die Poesie müste sich nicht auf das Wort beschränken, sondern damit tiefer wirken und den Inhalt auf das mannichfaltigste mit bestimmen [...] hieraus wird sich nun auch klärer darthun, dasz die vorwaltende *Sinnlichkeit* sich auf den inneren Geist zurück bezieht, von dem sie ausgieng, das frische Aussehn keine Tünche, das Gleichnis kein hohles war, vielmehr sie die Sache selbst zu umschreiben und umgrenzen suchen.

RECHTSPRAXIS UM 1800

Christof Wingertszahn

Die Justiz und der Töpfer: Achim von Arnims Patrimonialgerichtsbarkeit

1832 empörte sich der königlich-sächsische Justizbeamte Ferdinand Florens Fleck über eine besondere Form der Privatgerichtsbarkeit:

> Es dürfte wohl Niemand, der nur einigermaasen zu denken und Ideen zu verknüpfen vermag, Anstand nehmen, eine Gesellschaft – thörig – zu nennen, die, während sie an die Stelle ihres alten verwinkelten, mit dunkeln Kreuzgängen, Winkel- und Wendeltreppen, von vielgestaltigen altgothischen Thürmchen erdrückten Wohngebäudes, ein neues – im modernen Styl – aufzuführen beabsichtigt, den Forderungen Einzelner nachgeben, und ihnen, im grellsten Contraste mit dem zweckmäsigen Plane des Ganzen, die alten gewohnten Winkel- und Wendeltreppen und gothischen Thürmchen mit all ihren bemahlten Fenstern und Schnerkeln wiederherstellen und einräumen wollte, damit nur diese Einzelnen ihr früher gewohntes Plätzchen im ruhigen Sorgenstuhle – dessen Sorgen aber desto drückender auf andere fallen – wieder einnehmen können, während den übrigen, durch solche wieder eingebaute mittelalterliche Monumente, Luft und Sonne benommen wird! [...]
> Ein solch verwittertes, dem gegenwärtigen Geschmack und stattsgesellschaftlichen Bedürfnißen nicht mehr entsprechendes Monument, ist die aus dem Mittelalter abstammende
> *Patrimonialgerichtsbarkeit!*[1]

Die Patrimonialjustiz galt dem Autor als rohes Relikt des Feudalismus, das unverzüglich abgetragen werden musste. Zum Zeitpunkt von Flecks Schrift waren allerdings schon etliche Patrimonialgerichte aufgehoben worden. Bis zur endgültigen Abschaffung dieser Gerichtsbarkeit dauerte es in Preußen aber noch bis zum Jahr 1849 bzw. 1851. Die einem Zeitgenossen des 21. Jahrhunderts unvertraute Form der Rechtspflege leitet sich aus dem lateinischen Wort »patrimonium« – ›vom Vater ererbtes Vermögen‹ – ab und bezeichnet die mit dem Gutsbesitz verbundene untere Gerichtsbarkeit. Sie stand den Eigentümern zu, unabhängig davon, ob sie adlig waren, betraf alle Länder des deutschen Bunds und deckt sich nicht mit heutigen demokratischen Vorstellungen gleicher Rechtssicherheit für alle Bürger.

Kurios-feudal muss diese untere Adelsgerichtsbarkeit schon Achim von Arnims Freund und Liederbruder Clemens Brentano vorgekommen sein. Der Sohn eines reichen Kaufmanns aus der Reichsstadt Frankfurt am Main erlebte Ende 1809 einen sogenannten Gerichtstag auf Arnims Gut Friedenfelde und schrieb erstaunt am 22. Dezember an den Juristen Carl Friedrich von Savigny: »Vor einigen Tagen war ich mit Arnim zu Friedensfelde, seinem verfallenen lächerlich durchgelöcherten Schloß in der Ukermark, wo er Gerichtstag hielt und wenig Geld mit nach Hause brach-

---

1 Fleck: Die Patrimonialgerichtsbarkeit, S. 1f.

https://doi.org/10.1515/9783110612073-005

te.«[2]. Die autonome Gerechtigkeitshandhabung scheint den Poeten mit bürgerlichem Hintergrund aber auch beeindruckt zu haben; in seiner Erzählung *Die Schachtel mit der Friedenspuppe* schildert Brentano eine Kriminaluntersuchung auf einem Landgut, in dessen Besitzer auf den Schwager Achim von Arnim angespielt ist; ihn hatte Brentano 1814 in Wiepersdorf besucht und dabei offenbar auch Arnims langjährigen Justitiar bzw. »Gerichtshalter« – Hanow – kennengelernt, der ebenfalls in der Novelle porträtiert ist.[3]

Achim von Arnims Leben war geprägt von den zeittypischen Lebensbedingungen eines kurmärkischen Adligen, und dazu gehörte die Patrimonialjustiz als heute nicht mehr existente Form unterer Gerichtsbarkeit. Der Baron Arnim hat sie im ländlichen Bezirk ausgeübt bzw. ausüben lassen und er hat die politische Diskussion darüber verfolgt, sich auch darin einzuschalten versucht. Die besondere Gerichtsform ist aber auch Gegenstand einer literarischen Ausarbeitung geworden, der einzigen literarischen zum Thema überhaupt, soweit ich sehe. Die 1825 entworfene Idylle *Patrimonialgerichtsbarkeit* geht zurück auf einen tatsächlichen Fall, der sich in Arnims Gerichtsbezirk Wiepersdorf ereignete.

Anhand der Patrimonialjustiz lässt sich Arnims politischer Standort in der Zeit der preußischen Reformen und der Restauration darstellen. Denn die untere Gerichtsbarkeit berührt die Frage der Emanzipation der preußischen Bürger, bestimmt das Verhältnis von adligen Grundbesitzern zu den Bauern und Kossäten, und sie ist auch ein Gegenstand der Auseinandersetzung zwischen dem Staatsoberhaupt, dem preußischen König, und dem Adel, in dessen ständische Befugnisse die auf moderne Zentralisierung ausgehende preußische Verwaltung eingegriffen hat. Arnims politische Einstellung könnte man als gemäßigten Konservativismus bezeichnen. Hinsichtlich der Verfassungsgesetzgebung seiner Zeit war er grundsätzlich offen für eine liberale Justiz, wendete sich aber gegen eine Unterordnung des Systems unter eine abstrakte Vorlage. Einerseits sah er die Notwendigkeit zu Reformen und forderte zeit seines Lebens eine Verfassung ein; andererseits plädierte er für den Erhalt historisch gewachsener Einrichtungen, die sich in der Verwaltung bewährt hatten. Diese Positionen sind schon öfter dargestellt worden;[4] sie lassen sich auch in Arnims Auseinandersetzung mit den Anschauungen der sogenannten Historischen Rechtsschule belegen.[5] Der Autor hat sich vorsichtig zustimmend in einem Brief und in einem Entwurf eines Sendschreibens über Patrimonialgerichtsbarkeit geäußert; andererseits ist ein zeitgenössisches Zeugnis über seine Kritik an diesem System überliefert. So notierte Ludwig von Gerlach 1819 in seinem Tagebuch über das Auftreten des dichtenden Barons: »Er sprach vom Kreistage in Templin, wo die

---

2 Brentano: Das unsterbliche Leben, S. 416.

3 Dies geht aus einem Schreiben Arnims an Johann Friedrich Böhmer vom 25. Oktober 1828 hervor, worin er den Tod seines »alten Gerichtshalters« vermeldet, »den Clemens noch recht wohl kennt und mit vermeinten Beschuldigungen, als ob er sich durch einen Pelz bestechen lassen, schrecklich in Zorn setzte, obgleich sich alles auf eine Novelle bezog, die nachher in Wien untergegangen«. Böhmer: Leben, Bd. 1, S. 149.

4 Vgl. dazu grundlegend Knaack: Achim von Arnim – nicht nur Poet.

5 Siehe dazu Ricklefs: Geschichte, Volk, Verfassung.

Stände sich über die Kriminalkosten vereinigen wollen. Über Aufheben von Kriminalstatus und Patrimonialjurisdiktion – er war dafür. Mich erschütterte das [...].«[6]

Offenbar verschreckte Arnim die reaktionären Vertreter des Adels. Umgekehrt kritisierte er die hochfliegenden Worte der Brüder Grimm, die sich für eine Aufhebung der Gutsuntertänigkeit ausgesprochen hatten,[7] und versuchte, gegen den Vorschlag der Aufhebung der Patrimonialgerichte deren Nützlichkeit darzutun. Das zeigt Arnim als situativ urteilenden Zeitgenossen, der im Sinne einer pragmatischen Diskussion als Diskutant gegen die Meinungsführer aufgetreten ist. Gegen die Verfechter des Status quo konnte er auftreten, um gegenüber der Adelsfronde auch Position für die Bauern zu nehmen; andererseits verteidigte er lokale Rechte der Gutsbesitzer gegen den zentralistischen Zugriff des Verwaltungsstaats und des Königs.

Das auf den ersten Blick abseitige Thema hatte etwa ab dem Jahr 1800 bis zum Vormärz aktuelle Bedeutung. Der Historikerin Monika Wienfort zufolge ist gerade diese Justizorganisation ein Fakt, der die Verfassungsdiskussion der Zeit entscheidend beleuchtet.[8] Galt Patrimonialjustiz der herkömmlichen Geschichtswissenschaft vor allem als Ausprägung eines Adelsprivilegs und als typische Machtform ostelbischer Junker, so untersucht Wienfort Patrimonialgerichtsbarkeit als Problem der preußischen Staatsbildung in der ersten Hälfte des 19. Jahrhunderts und zeichnet die Auseinandersetzung in der Ministerialbürokratie und die Verhandlungen zwischen der Justizverwaltung und den Privatgerichtsherren nach. Die Veränderung der Patrimonialgerichtsbarkeit benötigte lange Zeit. Der preußische Reformer Freiherr vom und zum Stein beabsichtigte seit Sommer 1808 ihre komplette Abschaffung. Mit seiner Entlassung im November 1808 änderte das Ministerium Dohna/Altenstein aber den Kurs und plante für die nächsten Jahrzehnte die Reform der Privatgerichtsbarkeit. Zwischen 1815 und 1830 wurden auf diesem Weg 393 Gerichtsbezirke an den preußischen Staat abgetreten.[9] Die Motive der Abgabe lagen dabei nicht in demokratischen Überzeugungen, sondern wohl allein in Rentabilitätserwägungen: denn die verzichtleistenden kleinen Gutsbesitzer hatten finanzielle Einbußen durch die Ausübung der gutsherrlichen Gerichtsbarkeit zu befürchten. So lagen die Kosten für die Inhaftierung und die Prozesskosten oft bei den Gutsbesitzern. 1823 fielen im Patrimonialgericht Bärwalde/Wiepersdorf 220 Reichstaler an Aufwendungen Arnims für die Strafgerichtsbarkeit an, die auch durch die Einnahmen aus der Zivilgerichtsbarkeit kaum wettzumachen waren.[10] Arnims schon zitiertes Eintreten für die Aufhebung der Patrimonialjustiz auf dem Kreistag in Templin[11] mag als Hintergrund haben, dass er gerade diese hohen Ausgaben vermeiden wollte.

Wie gestaltete sich für den dichtenden Baron die Patrimonialjustiz? Arnim besaß zusammen mit seinem Bruder Carl Otto mehrere Güter: das vom Vater geerbte

---

6 Tagebuch, 10. März 1819. Zitiert nach: Arnim: Briefe an Savigny, S. 26, Anm. 49.

7 Vgl. unten S. 83–84.

8 Siehe Wienfort: Patrimonialgerichte in Preußen.

9 Ebenda, S. 99.

10 Ebenda, S. 200.

11 Vgl. oben S. 80.

Friedenfelde in der Uckermark, das die Brüder 1818 verkauften, sowie das Ländchen Bärwalde, zu dem insgesamt sieben Dörfer gehörten. Der Bezirk zählte ungefähr 1100 Einwohner.[12] Große Kriminalfälle traten kaum auf; das Patrimonialgericht konnte Untersuchungen durchführen, Recht sprach in diesen Fällen aber der Kriminalsenat des Kammergerichts. Zwischen 1819 und 1822 fanden insgesamt zehn Kriminaluntersuchungen statt: »vier Jagdvergehen, eine Tätlichkeit, eine Beleidigung und vier vermutete Diebstähle«.[13] Für die Jahre 1814-1832 haben sich Zivilprozesstabellen erhalten: Abgesehen von dem krisenhaften Jahr 1813/14, in dem es 17 Prozesse gab, fielen bis 1827 durchschnittlich 4,5 Prozesse pro Jahr an, ab 1829 verdoppelte sich dann deren Anzahl.[14]

Arnim hat als Gutsbesitzer nicht selbst Recht gesprochen, sondern dafür einen Gerichtshalter angestellt, der etwa zwei- bis viermal im Jahr anreiste und auf den Gerichtstagen Recht sprach. Als solcher wirkte im Patrimonialgericht Bärwalde-Wiepersdorf bis 1805 der Bürgermeister von Jüterbog namens Richter,[15] danach Friedrich August von Hanow, der erst als Syndikus und dann als Stadtjustizrat in Treuenbriezen arbeitete. Hanow wurde am 10. Februar 1819 in den Adelsstand erhoben und starb am 18. Oktober 1828.[16] Die Brüder Arnim stellten ihm erst am 20. April 1818 den ordentlichen Bestallungsvertrag aus, auf Verlangen der Behörden. Hanow sollte »promte Justiz leisten«; als Gehalt erhielt er jährlich hundert Taler in Preußisch Courant und zwölf Scheffel Roggen »in natura«, dazu die Gerichtsgebühren mit Ausnahme einiger Sonderfälle.[17] Die Bestallung wurde im Oktober 1818 vom Berliner Kammergericht zurückgeschickt mit dem Hinweis, dass das Gehalt des Justitiars nach der Höhe der Sporteln (also der Gerichtsgebühren) berechnet werden müsse. Darauf vereinbarten die Arnims mit Hanow die Erhöhung seines Gehalts für drei Jahre auf 150 Taler, wonach dann aus den gewonnenen Erfahrungswerten der endgültige Betrag der Entlohnung festgesetzt werden sollte.[18] Die Gehaltskontrolle durch das Kammergericht belegt, dass die Zentralverwaltung auf dem Weg einer Reform der Patrimonialjustiz die Gerichtshalter gegen die Grundbesitzer unterstützt hat.

Der Justitiar Hanow logierte offenbar im Wiepersdorfer Gutshaus als vertrauter Gast. In Arnims Briefen ist seine Anwesenheit zu den Gerichtstagen im Ländchen oft erwähnt,[19] und der Grundherr hat sich äußerst positiv über ihn anlässlich seines Todes geäußert:

---

12 Wienfort: Patrimonialgerichte, S. 222.

13 Ebenda.

14 Ebenda, S. 190.

15 Vgl. den Text der Bestallungsurkunde in: Härtl: Findet, so werdet ihr suchen, S. 246f. Richter war von 1790 bis 1807 Bürgerneister in Jüterbog, vgl. Brandt: Kurze Geschichte, S. 99.

16 Vgl. Zedlitz-Neukirch: Neues Preussisches Adels-Lexicon, Bd. 2, S. 326.

17 Vgl. Härtl: Findet, so werdet ihr suchen, S. 246f.

18 Ebenda, S. 247.

19 Vgl. z. B. an Bettina, 1. September 1825: »Hanow war in den letzten Tagen hier und hielt Gericht«. – Arnim und Bettina Bentano: Achim und Bettina in ihren Briefen, Bd. 2, S. 552.

> Einen braveren Mann finde ich nicht;[20] er schlichtete Alles mit Einsicht und Willensstärke, so daß zuweilen in Jahren unter den 1200 Menschen, die das Ländchen bewohnen, kein eigentlicher Proceß schwebte; er war ein Ideal von allem dem, was Friedrich dem Großen bei der neuen Gesetzgebung vorschwebte, und worüber unsere gelehrten Juristen ungläubig die Achseln zucken.[21]

Hanow war also der ideale Repräsentant eines volksverbundenen und praktisch anwendbaren *Allgemeinen Landrechts*, ein Justitiar, der Prozesse nicht wegen der zu erwartenden Einnahmen führte, sondern die Streitenden zur gütlichen Einigung bringen wollte. Arnim führt ihn seinem Freund Savigny gegenüber auch ins Felde, als er die hohen Gerichtskosten (die »Stempelgebühren«) in Preußen beklagt, die Prozessbeteiligte ruinierten. Bei der Gelegenheit erwog er, dem gelehrten Juristen Thibaut einmal die Wiepersdorfer Gerichtspraxis vorzuführen, in der »Hanow beym Gerichtstage sich die Hände in Verzweifelung reibt, daß er die ehrlichsten Leute, die das Unglück haben in ein zweifelhaftes Rechtsverhältniß gerathen zu seyn, mit Stempelkosten ruinieren muß«.[22]

Arnim war ein glühender Verehrer des *Allgemeinen Landrechts für die preußischen Staaten*; er führte es als Beispiel einer vorbildlichen praktischen Gesetzgebung gegen das Systemdenken seines Freunds Savigny an.[23] Er sah die Gesetzgebung in Preußen nicht »in den Händen träger ungeschickter Justizkommissarien der überfeinerten und verlangeweilten Stadt Berlin«, sondern vorbildlich vor allem »auf dem Lande und kleinen Städten« verwirklicht: »Dort hat sich seit dem Landrecht viel Einsicht von Rechtsverhältnissen begründet, wo sonst alles in der Gewalt von Advokaten stand, Gutsbesitzer, Beamten, Prediger verbreiten die Lehre [...].«[24] Die Praxistauglichkeit war für ihn auch ein Kriterium zur Beurteilung der Patrimonialgerechtigkeit; als preußischer Patriot verteidigte er sie gegen die Juristen Thibaut und Savigny, wenn er ihnen vorwarf, dass sie nicht zur Kenntnis nähmen, wie »so bedeutende Gesetze, an denen die Einrichtungen von vielen Jahrhunderten, ja die ganze künftige Gestalt unsres Volkes sich entwickelt, [...] um und neben ihnen« geschähen, und gleichzeitig auch gegenüber den Brüdern Grimm:

> Nun kann einer freilich nicht zehnerlei zu gleicher Zeit treiben, aber dann sollten auch diese römischen Juristen unsre Gesetzgebung ganz aus dem Spiel lassen, weder zu neuen Gesetzbüchern auffordern, noch davon abmahnen; es kommt nichts dabei heraus. Diese Meinung habe

---

20 Die Vorhersage sollte sich bewahrheiten. Fünf Jahre nach Arnims Tod, 1836, wurde das Patrimonialgericht Bärwalde/Wiepersdorf mit »verheerendem« Ergebnis visitiert: Das Kammergericht rügte vor allem die zu seltene Abhaltung der Gerichtstage, die Vermischung der Justizkasse mit dem Privatvermögen des Justitiars und das Fehlen eines Gerichtsschreibers und -dieners. Wienfort: Patrimonialgerichte, S. 126.

21 Arnim an Johann Friedrich Böhmer, 25. Oktober 1828. – In: Böhmer: Leben, Bd. 1, S. 149.

22 Arnim an Savigny, 29. Oktober 1814 – Arnim: Briefe an Savigny, S. 108.

23 Vgl. Arnim an Savigny, ebenda: »Nur dem Landrecht danken wirs, daß bey uns das Rechtswesen nicht mehr wie in Hessen von den Bauern für eine geheimnißvolle Geisterbeschwörung und Glücksspielerei, sondern für ein treues ehrliches offenes Wesen gehalten wird, das im Landrecht deutlich stehe, man brauche sich nur die Stellen zeigen zu lassen. Viele lassen sich durch solche Stellen von thörigten Prozessen zurückhalten.«

24 Ebenda, S. 109.

> ich Savigny nie verhehlt, sie fällt mir nur jetzt so ein, weil ich meine, Ihr habt auch zuweilen über Patrimonialgerichte, Frohndienste ec. einige Worte fliegen lassen, ohne diese Verhältnisse nach ihrem innern Zusammenhange in vielen Ländern zu kennen [...].[25]

Arnim hat sich in einem nach 1814 entstandenen Aufsatzentwurf vorsichtig abwägend zur Patrimonialgerechtigkeit ausgesprochen.[26] Er ist wohl in der Zeit der Wiedereingliederung der Rheinprovinzen nach Preußen enstanden, weil es darin heißt, dass »man in Hinsicht der zurückgewonnenen preußischen Länder noch nicht weiß, ob die ältere Gerichtsform wieder zurückgeführt oder die neuere beibehalten wird«.[27] Tatsächlich wurden die Patrimonialgerichte 1815 im Rheinland abgeschafft.[28] Das *Erste Sendschreiben über Patrimonialgerichte* ist als Handschrift und als korrigierte Druckfahne überliefert. Ein Druckort konnte nicht ermittelt werden; vermutlich ist der Text gar nicht veröffentlicht worden, weil die Fahne sich in Arnims Nachlass befindet.

Arnim versucht in seinem Aufsatz vor allem das Positive der gutsherrschaftlichen Niedergerichtsbarkeit herauszustellen:

> Denken wir aber, wie lange diese Gerichte bestanden haben, mit wie wenigen Umständen sie die polizeilichen Anstalten wie alle übrigen innern Staatseinrichtungen aufrecht hielten, insbesondere aber, wie zeitsparend die meist mündliche Art ihrer Verhandlung ist, wie sie gewöhnlich ohne Zwischentreten von Rechtsbeiständen durch nähere Kenntnis der Lokalverhältnisse, durch Gewohnheit mit den Individuen umzugehen, manche sehr verwickelte Angelegenheit kostenfrei öfter versöhnen und ausgleichen als entscheiden, wie sie den Richter unmittelbar an den Ort der Ereignisse versetzen und das Einwandern ganzer Gemeinden in Städte, wo Tribunale erster Instanz eingerichtet sind und dadurch großen Zeitverlust, Kosten und Ausschweifung den Landbewohnern ersparen, – so möchten wir doch mit großer Achtung von einer so lange bewährten Einrichtung reden, selbst wenn es sich zeigen sollte, daß manches daran zu verbessern sei wie in allem menschlichen Verhältnis.[29]

Für die Patrimonialgerichte sprechen demnach die Zeit- und die Kostenersparnis, und zu dem Vorzug der lokalen Rechtsprechung gehört auch, dass der Richter die Fälle durch genaue Kenntnis der beteiligten Individuen beurteilen kann, ohne sich nur auf abstrakte Rechtsnormen zu berufen.[30] Zwar genügt die Patrimonialgerichtsbarkeit nicht den Anforderungen, die man in Bezug auf eine Herleitung aus einer »freien Verfassung« stellen müsste, wie Arnim ausführt; durch das Interesse der Grundbesitzer sei aber doch zufällig »eine Repräsentation zur Erhaltung freier Gerichtsverfassung entstanden [...], auf deren Erfindung durchaus kein absichtliches Nachdenken allein, sondern allein das Leben, der Drang der äußeren Erfahrung auf

---

25 Arnim an Jacob und Wilhelm Grimm, 15. November 1816 – Steig (Hrsg.): Achim von Arnim und die ihm nahe standen, Bd. 3, S. 357.

26 Arnim: Erstes Sendschreiben über Patrimonialgerichte – Werke in sechs Bänden, S. 588f.

27 Ebenda, S. 588. Vgl. den Kommentar S. 1293.

28 Wienfort: Patrimonialgerichte, S. 15.

29 Ebenda, S. 588.

30 Vgl. Wienfort: Patrimonialgerichte, S. 306 zu diesen zeitgenössischen Standardargumenten für die Patrimonialgerichtsbarkeit.

die innere Tätigkeit führen konnte«.[31] Die Gründe dafür sind »das lebendige eigne Interesse der größeren Grundeigentümer an dem Wohlsein der geringeren« und »die Ehre, Gerichtsherr zu heißen«.[32] Ein Plädoyer also für die historische Entwicklung, das sich gegen eine zentralistische Bürokratie à la Hardenberg wendet, die mit einer »ungeheure[n] Vermehrung des Aktenschreibens« die Welt in einer Sintflut der Bürokratie zu überschwemmen drohe.

Die weitere Diskussion, die Arnim ankündigt, hat nicht stattgefunden, aus welchen Gründen auch immer. Das *Sendschreiben* bietet eine positive Interpretation der Untergerichtsbarkeit an, die auf Misstände nicht eingeht: denn natürlich gab es ein Ungleichgewicht der Macht zwischen dem Grundbesitzer als Gerichtsherrn und seinen Einwohnern, und selbstverständlich hatte dieser Möglichkeiten, den Justitiar zu beinflussen, der von ihm das Gehalt bekam.

Die gelebte Rechtspraxis auf dem Land ist in Arnims Briefen oft erwähnt, aber auch aus seinem Erzählwerk bekannt, das die Mentalität des Landvolks schildert. Als charakteristische Bestandteile des Rechtssystems erscheinen der unmittelbare Kontakt zur Bevölkerung (mit der Ansicht, dass man persönliche Protektion direkt vom Gutsherrn erreichen könne), die relative Kleinheit der verhandelten Anliegen (Diebstähle, Raufereien und Alimentationsangelegenheiten) und die Drastik der körperlichen Auseinandersetzung. Die Quellen schweigen darüber, wie ein Gerichtstag auf Wiepersdorf ausgesehen hat. Vermutlich ist er aber, in kleinerem Maßstab, etwa so ausgefallen, wie ihn Arnim in seinem 1810 veröffentlichten Roman *Armut, Reichtum, Schuld und Buße der Gräfin Dolores* schildert. Das Kapitel »Der Gerichtstag« bietet eine vorbildliche Repräsentation der Patrimonialjustiz an, die deren Sitz im Leben akzentuiert. Graf Karl ist als Vertreter eines fortschrittlichen Adligen gekennzeichnet, der sich ganz im Sinne des oben zitierten *Sendschreibens* für eine pragmatische, Zeit und Gerichtskosten ersparende, gerechte Ausübung der Justiz ausspricht, Protektion ablehnt und gegen den Systemanspruch des Zentralstaats operiert:

> »Ich will aufmerksam zuhören«, meinte der Graf, »aber in die Aussprüche mische ich mich nicht; ich suche die Leute zu deutlicher Erklärung zu bringen und ihnen Gerichtskosten zu ersparen, alles übrige ist dem Gerichtshalter überlassen, der mit seinem Eide den Gesetzen strenge gebunden ist. Überhaupt hasse ich dies Gerichtswesen des Adels sowohl wie der Fürsten, die Gerichte müssen im ganzen Lande von den tätigen Gewalten unabhängig sein, ganz auf freier Wahl beruhen und wo Richter nicht genügten, müßten Geschworene zu Hülfe kommen, nur dadurch würde eine nationale Gesetzgebung entstehen, die alles Fremde, alle unnütze Weitläuftigkeit und drückende Kosten aufhöbe. Ich schwöre dir, daß mich oft, wenn ich für einige elende Zeilen, die eine ganz überflüssige Formalität enthielten, ein paar Taler zahlen mußte, eine Wut packte, das Tintfaß dem Justizkommissar in die Zähne zu schlagen, oder daß ich jeden Augenblick wartete, ob nicht ein Himmelsstrahl ihn und sein ganzes Aktengeschmiere aufbrennen würde. Wenn ich das so fühle, wie viel schärfer schmerzt solche Ausgabe die Ärmeren, die vielleicht eine ganze Woche vom Morgen bis in die Nacht für dieses Geld arbeiten mußten. Dazu kommt noch, daß bei den vielen fremden Worten, bei der Heimlichkeit der

---

31 Arnim: Erstes Sendschreiben über Patrimonialgerichte – Werke in sechs Bänden, Bd. 6, S. 589.

32 Ebenda.

Verhandlung ihnen die Rechtspflege wie eine Art Magie vorkommt, wie eine Art Zauberspiel, wo der Zufall entscheidet, wogegen sie sich listig verkriechen.«[33]

Dieses ideale Rechtsempfinden ist mit dem unromantisch geschilderten Landleben kombiniert, das auf Protektion des Gutsbesitzers rechnet.[34] Ähnliche Passagen gibt es in den Briefen Arnims. Die *Gräfin Dolores* artikuliert aber auch ein Moment, das gegen die Patrimonialjustiz spricht, wenn Graf Karl selbst zugibt, dass in jedem lokalen Gericht auch eine besondere Gefährdung der Rechtsprechung durch die eigene Voreingenommenheit herrsche.[35]

Im Zeitroman von der Gräfin Dolores begegnet die Patrimonialgerichtsbarkeit nur am Rande. Fünfzehn Jahre später hat der Autor sie aber zum Titel einer Idylle gemacht. Die Verse wurden erst 1976 in einer Edition der Gedichte aus Arnims Nachlass publiziert.[36] Der Autor hatte aber die Veröffentlichung zu Lebzeiten geplant; sie kam nicht zustande, weil Arnim den Einsendeschluss für einen Almanach verpasste. Ein Jahr später wählte er dann statt der Idylle *Patrimonialgerichtsbarkeit* andere Gedichte für die Sammlung aus. Der frühe Tod des Autors am 26. Januar 1831 hat daraufhin eine spätere Publikation verhindert. Arnim schätzte sein Werk offenbar als gelungen ein, und auch seiner Ehefrau Bettina, der ersten Leserin der Idylle, machten diese »allerliebsten Verse [...] viel Freude«.[37] Sie bewertete den Beitrag als »Beweis von heiterer, tätiger Lebendigkeit, die sich unter allen Umständen in die Poesie ergießt, und die mich berechtigt, Dich höher zu schätzen als alle Zeitgenossen.«[38]

---

33 Arnim: Armut, Reichtum, Schuld und Buße der Gräfin Dolores – Werke in sechs Bänden, Bd. 1, S. 287f.

34 Ebenda, S. 289: »Der Graf wurde jetzt abgerufen, der Hof stand schon gedrängt voller Leute, die sich hier vor den letzten Stufen des Gerichtssaalsß noch ärger verhetzten; viele redeten vor sich, manche waren bleich der Entscheidung harrend, der große Gerichtsdiener schritt mit Wichtigkeit umher und erteilte bedeutsam seinen Rat, während er den Gefängnisturm lüftete und die alten Gerichtswerkzeuge, spanischen Mantel, hölzerne Fiedel und Halseisen, ungeachtet sie nie mehr gebraucht wurden, sonnte, und zum Schauder aller ausstellte; jeder Bediente des Schlosses erschien den Leuten als eine mächtige Protektion; er wurde beiseite genommen, von dem streitigen Fall unterrichtet, die Hände gedrückt und ein Schnaps zugetrunken; nun forderte der Ruf des Gerichtsdieners die Parteien vor und die ganze Protektion war vernichtet.«

35 Ebenda, S. 288: »Die Heimlichkeit der Verhandlung habe ich aufheben können; der große Saal gestattet jedermann den Zutritt, durch Schranken sind die Zuhörer von den Klagenden getrennt; mein Gerichtsverwalter ist auch ein braver Mann, der freundlich jedem den Grund des Rechtes deutlich macht; aber das eine fühl ich sehr beschwerlich in jedem kleineren Kreise der Justizverwaltung, es ist sehr schwer sich alles Rechtsenthusiasmus zu erwehren; so wie du für die Alte moralisch eingenommen bist, so bin ich's für andre.«

36 Arnim: Gedichte. Zweiter Teil (Sämtliche Werke. 23), S. 44–54. Vgl. dazu auch Ricklefs: Arnims lyrisches Werk, S. 84f. Die ursprüngliche handschriftliche Vorlage befindet sich im Freien Deutschen Hochstift unter der Signatur FDH 18376, die handschriftliche Druckvorlage im Goethe- und Schiller Archiv Weimar. Die Handschriften werden hier aus Platzgründen nicht berücksichtigt.

37 Bettina an Achim von Arnim, 8. Februar 1825 – Arnim und Bettina Bentano: Achim und Bettina in ihren Briefen, Bd. 2, S. 511.

38 Ebenda.

Die Verse schickte Arnim am 1. September 1829 an den Schriftsteller Heinrich Stieglitz, der zusammen mit seinem Mitherausgeber Moritz Veit den *Berliner Musen-Almanach auf das Jahr 1830* plante und Arnim am 13. August 1829 wieder um die Abgabe der versprochenen Beiträge gebeten hatte.[39] Die Herausgeber hatten u. a. Goethe, August Wilhelm Schlegel und Zelter als Autoren gewonnen, so dass Arnim durchaus auf qualitätvolle Gedichte aus seiner Schublade zurückgreifen musste, um vor den anderen Beiträgern literarisch nicht zurückzufallen. »Gestört von Geschäften und Unwohlsein«, kam der Baron auf dem Lande aber nicht zu poetischen Ausarbeitungen.[40] Arnim antwortete Stieglitz am 1. September 1829:

> Ew Wohlgeboren sende ich, obgleich überzeugt daß es zu spät kommt, dennoch um meine Bereitwilligkeit zu zeigen, was ich unter mancherlei Schmerzen und Störung als Beitrag zu dem Musenalmanach niedergeschrieben habe. Sollte es noch Zeit seyn so wählen sie darunter mir ist die Patrimonialgerichtsbarkeit als das Gelungenste vorgekommen, dann der Wilddieb und der Förster. Die Wettfahrt mag vielen Lesern zu lang scheinen, ich kann sie nicht enger beschränken, sie ist am sorgfältigsten ausgearbeitet, mit Ernst bedacht.[41]

Die Beiträge kamen zu spät, so dass Arnim erst im nächsten Jahrgang des Almanachs (1831) veröffentlichen konnte – allerdings nicht die zuvor erwogene Idylle *Patrimonialgerechtigkeit*.[42] Sie handelt von einem Streit, der auf einem ländlichen Gerichtstag von einem patriarchalischen Richter verhandelt wird. Die Geschichte wurde durch einen tatsächlichen Fall angeregt, wie aus Arnims Brief an seine Ehefrau Bettina vom 4. Februar 1825 hervorgeht. Er schickte ihr seine Verse und schrieb dazu: »Folgende Reime habe ich zur Erinnerung eines Gerichtsstreites zwischen dem Töpfer und der Mathis, die ihm ein Kind geboren, in der Gerichts-

---

39 Siehe Weiss: Unbekannte Briefe, S. 336f. Stieglitz hatte zusammen mit dem Berliner Studenten Moritz Veit (1808–1864) schon eine Buchhandelsanzeige des Almanachs publiziert, worin Arnim als Beiträger genannt war. Stieglitz schrieb: »Seither haben sich auch Göthe und A. W. Schlegel angeschlossen; auch Zelter hat einen Beitrag gegeben. Mit allen diesen in Gesellschaft haben bereits öffentliche Blätter das nun bald erscheinende Büchlein angezeigt, und schon neigt sich der Druck zu Ende. Lassen Sie daher, hochgeehrtester Herr! sich die inständige Bitte an das Herz gelegt seyn, von heut ab doch spätestens binnen acht Tagen das für uns Bestimmte mir zukommen zu lassen; ist denn auch der Raum schon zu beengt um Alles aufnehmen zu können, so bleibt doch der Wahrheit die Ehre, und Ihr Name ist nicht ohne Grund genannt. Zugleich bitte ich denn um Erlaubniß, dasjenige von Ihren gütigen Beiträgen, was eben dießmal nicht Platz fände, für den nächsten Jahrgang, den wir von der guten Aufnahme des gegenwärtigen erhoffen wollen, aufbewahren zu dürfen.« (ebenda) Aus Bettinas Brief vom 13. August 1829 an Arnim wissen wir, dass »Stieglitz [...] schon zwei bis dreimal bei [ihr] gewesen« war wegen des Musenalmanachs: »seine Sorgen steigen mit jedem Moment« – Arnim und Bettina Bentano: Achim und Bettina in ihren Briefen, Bd. 2, S. 827).

40 Arnim an Bettina, 25. August 1829, ebenda S. 832.

41 Zitiert nach der im Gymnasium Korbach aufbewahrten Handschrift.

42 Von der Verspätung wissen wir aus Arnims Brief an Justinus Kerner vom 17. Juni 1830, in dem er den Dichterkollegen im Auftrag von Stieglitz um Beiträge für den Musenalmanach von 1831 bat: »Im vorigen Jahre trafen meine Beiträge zu spät ein, da ich selbst durch Krankheit gehemmt war; diesmal bin ich mit einer ganzen Zahl einer der ersten gewesen, der sich singend einstellenden Freunde. [...]« – Weiss: Unveröffentlichte Briefe, S. 151.

stube gemacht; behalt sie aber für Dich und laß den Brief nicht umherliegen, zeig sie allenfalls Savigny, der muß es als Jurist beurteilen.«[43] Savigny hat sich leider nicht schriftlich zu der Fallgeschichte geäußert. Im Brief ist auch Arnims Gerichtshalter Friedrich von Hanow erwähnt, der wohl die Verhandlung in der Gerichtsstube geführt hat.[44] Dokumente zu dem Fall haben sich anscheinend in den Unterlagen zum Gut, die heute im Brandenburgischen Landeshauptarchiv Potsdam liegen, nicht erhalten. Ein Töpfer ist in den Arnims Briefen an Bettina vom 7. November 1822 und 9. November 1824 erwähnt;[45] zur Jungfer Mathis ist nichts bekannt. Der Kern des historischen Falls scheint ein Schwängerungsprozess zu sein, eine Form der gerichtlichen Auseinandersetzung, die mit den Alimentationsprozessen zu den herkömmlichen kleinen Fällen eines Untergerichts gehörte. Er war wohl verbunden mit der Einforderung der Heirat oder von Schadenersatz, von »Kranzgeld«. Wie die Auseinandersetzung wirklich abgelaufen ist, lässt sich nicht belegen. Wer mit Arnims Werk vertraut ist, erkennt allerdings seine Leitmotive wieder, von daher dürfte der fiktionale Anteil der Dichtung groß sein.

Die Geschichte: Vor dem Patrimonialrichter und dem Schreiber erscheinen ein Töpfer und ein Mädchen, die sich kurz vor der beabsichtigten Hochzeit, durch die sie ihr Zusammenleben und ein uneheliches Kind legitimieren wollten, zerstritten haben. Der Töpfer klagt das Mädchen an, es habe sein »Meisterstück« zerstört: einen besonders schönen Blumentopf, den er dem Mädchen als »Morgengabe« verehrt hat:[46] »Ein solches Werk hat sie zerschmissen / Und so die Ehre mir entrissen.«[47] Umgekehrt klagt das Mädchen, dass ihm selbst die Ehre genommen worden sei:

> Er rühmt da seinen Kranz von Thon
> Und spricht doch meinem Kranze Hohn,
> Den er mir konnt zu rauben wagen,
> Ich darf ihn nicht zur Hochzeit tragen.
> Darüber thät sich Streit erheben,
> Wieviel er müste Kranzgeld geben,
> Wenn wir uns *nicht* zur Ehe nähmen;
> Da must ich mich zu Tode schämen! –
> Er meinte reichlich ihn bezahlt
> Mit jenem Topf, der bunt bemahlt
> Und dann im Feuer noch glasirt:
> Ist das mein Lohn, daß ich verführt?[48]

Weil die Frau sich zu gering geschätzt sieht, fordert sie Entschädigung. Der Ausgangspunkt des Streits wird noch einmal auf den Punkt gebracht:

---

43 Arnim an Bettina, 4. Februar 1825 – Arnim und Bettina Bentano: Achim und Bettina in ihren Briefen, Bd. 2, S. 510.

44 Ebenda: »Die angekommenen Käse (Limburger und grünen) haben hier mein besonderes Vergnügen in einsamen Stunden gemacht, auch Hanow war vom grünen Käse entzückt.«

45 Arnim an Bettina – ebenda, Bd. 1, S. 383undBd. 2, S. 493.

46 Arnim: Patrimonialgerichtsbarkeit – Arnim: Gedichte. Zweiter Teil, S. 45.

47 Ebenda, S. 46.

48 Ebenda, S. 47.

Doch nun Herr Richter sollt ihr hören,
Was heute must den Frieden stören.
Ich weinte, daß ich keinen Kranz
Dürft tragen zu der Hochzeit Glanz,
Er sprach, es sei der Kranz bezahlt
Mit jenem Topf, den er gemahlt.
Ich sprach, wollt er den Kranz bezahlen,
Er müste tausend Töpfe malen;
Zehn, hundert, ja wohl tausend Thaler,
Die fordre ich, wo ist der Zahler?[49]

Der Richter soll nun sowohl den Topf als auch die Schwängerung im Wert taxieren. Die Scherben des Topfs sind allerdings nicht aktenkundig, so dass die Wertermittlung unmöglich ist und sich, so der Richter, »ein Handel ohne Ende« abzeichnet.[50] Da ereignet sich eine überraschende Wende, denn der angeblich zerstörte Topf entpuppt sich als eine Fiktion des Mädchens:

Ich machte wohl der Noth ein Ende,
Wenn ich den Topf nur wiederfände? –
Ich war viel listiger als Er,
Ich brachte seinen Topf hieher,
Ich dachte gleich, er würde pralen
Mit seinem Topfe, statt zu zahlen;
Hab ihn mit Scherben nur erschreckt
Da ist der Topf im Korb versteckt,
Der Bube schlafend drinnen liegt.
Das ist die Pracht, die mich besiegt,
Das ist sein Kranz, der mich bezahlt,
Der meinen Kranz weit überstrahlt.[51]

Der Töpfer lenkt ein, das Paar will heiraten, doch dann bricht der Streit wieder los, als der Richter den Vertrag ausstellen soll:

Richter
Was soll denn der Contrackt besagen?

Töpfer
Wie viel der Topf im Werth betragen.

Mädchen
Wie hoch mein Kranz sei anzuschlagen.

Richter
Da geht der Streit von neuem an,
Ihr seid verrückt mein lieber Mann
Ich muß mich euch zum Vormund setzen
Um euren Topf recht abzuschätzen [...].[52]

---

49 Ebenda, S. 48.
50 Ebenda, S. 50.
51 Ebenda, S. 50f.
52 Ebenda, S. 51f.

Es beginnt ein Feilschen um den Wert von Topf und Kranz, das der Richter klug zu einer gütlichen Einigung führt. Der Töpfer bietet dem Richter an, den Topf zu behalten, wenn er ihn hoch bewerte und ihm keine Gerichtsgebühren abverlange. Der Richter nimmt an. Das Mädchen verlangt ebenfalls taxiert zu werden und will den Wert seines Kranzes wissen, worauf der Richter einen Kuss zur Probe fordert. Darauf versucht das Mädchen den Richter zu bestechen, es wolle ihm hundert Küsse schenken, wenn er dafür seinen »Kranz« noch höher schätze als den Topf. Der Richter taxiert das Gefäß auf 4000 Taler und weist darauf hin, dass die Stempelsteuer für diesen Kontrakt damit so hoch ausfalle, dass der Töpfer aus ökonomischen Gründen besser heirate, sonst nähme er selbst das Mädchen zur Frau.

Der Töpfer nimmt den Rat an:

> Doch hol der Henker alles Klagen,
> Nie komm ich wieder vor Gericht.
> Wir hören was der Pfarrer spricht,
> Der Herr nähm alles, was wir haben,
> Wenn wir nicht gleich zur Kirche traben.[53]

Während das Paar zur Trauung schreitet, muss der Richter auf Empfehlung des Mädchens das Kind hüten und es füttern. Der Richter schließt:

> Gleichgültig muß ich hier erscheinen
> Und möchte lachen, möchte weinen.
> Weib, Kind, wie liebliche Gesichter,
> O wär ich Töpfer, er der Richter.[54]

Soweit der Handlungsgang. Weshalb heißt der Text *Patrimonialgerichtsbarkeit* und weshalb ist er als Idylle gestaltet?

Auf der thematischen Ebene findet sich ein Stück ländliche Rechtskultur dargestellt, wie sie Arnim des öfteren erlebt haben muss. Alle Vor- und Nachteile der Patrimonialgerichtsbarkeit sind literarisch gestaltet, wobei die Negativa aber durch die vorbildliche Amtsführung des Richters entkräftet werden. Der Vorteil der lokalen Untergerichtsbarkeit liegt, wie Arnim etliche Jahre zuvor in seinem *Sendschreiben über Patrimonialgerichte* ausgeführt hatte, in der Zeit- und Kostenersparnis, der unmittelbaren Kommunikation zwischen Richter und Gerichtsparteien und der individuell angepassten Einlassung auf die Kläger. Die porträtierten Landbewohner wollen mit Naturalien bestechen, der Richter agiert patriarchalisch-wohlwollend, als väterlicher »Vormund«.[55] Zwar scheint die Möglichkeit einer Beeinflussung auf, aber der Richter lässt sich nicht bestechen, sondern schlichtet im Streitgespräch und stellt den Frieden wieder her. Das gelingt mit Blick auf den finanziellen Aspekt der Verhandlung: indem er die hohen Gerichtskosten, die auf die Beklagten zukämen,

---

53 Ebenda, S. 53.
54 Ebenda, S. 54.
55 Ebenda, S. 52.

als Moment für die Einigung benutzt – auch dies Spiegelung der zeitgenössischen Wirklichkeit, in der Arnim die hohen Gebühren, die Stempelkosten, kritisiert hat.

In diesem System weiß sich das Mädchen aber gut zu wehren, denn es ergreift die Initiative beim Prozess durch eine Fiktion: die des angeblich zerbrochenen Topfes, um Gelegenheit zu haben, gegen den Mann aufzutreten. Möglicherweise war Arnim die aus dem römischen Recht stammende historische Tradition von Fiktionen in der Jurisprudenz geläufig: als bewusst verfügte falsche Annahmen, um zweifelhafte Fälle methodisch lösen zu können. Hier dient die Fiktion des zerbrochenen Topfs dazu, den Wert dieses »Meisterstücks« in Frage zu stellen. Arnim erweist sich auch als Kenner der Rechtswissenschaft, indem er sich erlaubt, einen juristischen Begriff in ein poetisches Symbol umzuwandeln: den nämlich der Sporteln, der Gebühren, die für Behördengeschäfte zu entrichten waren. Das Wort ist abgeleitet aus dem lateinischen »sportula«, ›Körbchen‹. Die alten Römer reichten in solchen Körben kleine Geschenke, erst Speisen, dann Geld; im Mittelalter waren dies »Entlohnungen für obrigkeitliche Verrichtungen und Rechtspflege«[56] und »zufällige Geschenke«,[57] um Personen gnädig zu stimmen. Der Korb des Mädchens enthält in der Tat Sporteln – keine Akten, wie der Richter zuerst vermutet,[58] sondern das »Meisterstück« des Töpfers und das Meisterstück des Mädchens, ihr Kind. Der Richter erhält den Topf als Depositum und das ›natürliche‹ Kind zum Hüten – kein Geld.

Die eigentliche Pointe des Textes liegt aber nicht auf dieser thematischen Ebene, sondern in einer zweiten allegorischen Dimension, die auf das Thema des »Dienens« und auf das Verhältnis von Mann und Frau eingeht. Arnim hat das Thema mit Sexualpsychologie aufgeladen. Die Motivkonstellation ist aus anderen Werken des Autors gut bekannt.[59] Der männliche Held wird verunsichert durch eine initiative Frau; der »König« sein will, lernt sich zu bescheiden. In der Idylle ist dem Töpfer nicht geheuer, wie eifrig ihm das Mädchen zu Diensten ist; er fühlt sich »verführt«[60] durch Hexerei:

> Sie sagte nie, daß sie mich liebte,
> Nur, daß sie sich im Dienen übte,
> Ja wie ein Kobolt diente sie
> Wenn ich noch schlief in aller Früh.

---

56 Jacob und Wilhelm Grimm: Deutsches Wörterbuch, Bd. 16, Sp. 2688.

57 Vgl. dazu einen fast zeitgenössischen Artikel zum Ursprung des Worts »Sporteln«: »Wie im Laufe der Zeit sich die Bedeutung eines Wortes ändern kann, zeigen unter Anderm die so verrufenen Sporteln. Wir haben hierin das lateinische Wort sportula, ein Körbchen, von sporta abgeleitet [...]. Wer denkt nun bei unsern Gerichtssporteln [...] noch an jenes Körbchen, an die sportulam? [...] Jedoch schon den spätern Zeiten Roms nahm das Wort eine andere uns näher liegende Bedeutung an: Plinius der Jüngere bezeichnet überhaupt ein Geschenk damit. In solcher Art mag es dann in die Gerichtsstuben gedrungen seyn: die Subalternen sollten indirect gewonnen werden; bis sie auf diese zufälligen Geschenke gleichsam angewiesen wurden, welche letztere endlich deßhalb festbestimmt werden mußten.« – In: Blätter für literarische Unterhaltung, Nr. 201, 29. Juli 1846, S. 840.

58 Arnim: Patrimonialgerichtsbarkeit – Arnim: Gedichte. Zweiter Teil, S. 45.

59 Vgl. dazu Wingertszahn: Ambiguität und Ambivalenz, besonders S. 135–140 und 160–175.

60 Arnim: Patrimonialgerichtsbarkeit – Arnim: Gedichte. Zweiter Teil, S. 47 und 48.

Was mir nur nöthig, war bereit
Eh ichs gesagt zu rechter Zeit.
Kaum hatte sie es wo vernommen,
Daß ich mit schwerem Karrn sollt kommen,
War sie im Schnee mir meilen weit
Entgegenkommen, hoch erfreut,
Wenn sie davor als Hund gespannt,
Daß ich ganz leicht bin nachgerannt.[61]

Es ist die gleiche Neigung, die Rosalie Francoeur gegenüber in der Novelle *Der tolle Invalide auf dem Fort Ratonneau* zeigt, und dasselbe Verhalten der Kammerjungfer Rosalie zu dem Edelknaben Lorenz in der *Gräfin Dolores*.[62] Es geht um eine Liebes- und Ehepsychologie, bei der der Teufel ausgetrieben wird durch das Erzeugnis der Liebe, das Kind nämlich. Der männliche Teil des Paars ist gleichzeitig fasziniert und abgestoßen von der Frau, die ihm eifrig »dienen« will. Der Töpfer will sein »Meisterstück« bewahren. Arnim hat sozusagen das Symbol weiblicher Sexualität ergänzt um einen männlichen Blumentopf als Phallussymbol. Wenn der Töpfer anführt, dass sein Meisterstück den Vasen im königlichen Garten gleiche[63] und damit auch König sein will, dann ist hier eine Reihe von Motiven versammelt, die Arnim immer wieder gerne als System der Anzüglichkeiten gruppiert. Das Erzeugnis des Töpfers hat etwas von einer Priapssäule.[64] Das Mädchen weist ihn wie Rosalie Francoeur in die Schranken und entschärft die männliche Selbstbezogenheit durch das aus der Liebe entsprungene Kind. Der Herrschaftsanspruch des Manns wird ziemlich emanzipiert demontiert. Der Mann wird in die Schranken gewiesen. Dies hat auch eine politische Komponente auf der Ebene der Gerichtsbarkeit. Patrimonialgerechtigkeit wird auf der lokalen Ebene geübt, richtet sich gegen den Allmachtsanspruch des Staats, der unter dem König in Preußen darauf aus war, die Verwaltung zentral zu steuern.

Damit ist das Mädchen der Idylle eine Gegenfigur zu der Magd Eve in einem Drama, das Arnim wohl bei der Abfassung seiner Idylle im Sinn hatte: nämlich Kleists Lustspiel *Der zerbrochne Krug*. Das Lustspiel ist das bekannteste Werk der Goethezeit, worin Gerichtsszenen auf dem Lande bzw. in einer kleinen Stadt behandelt werden, und kreist ebenfalls um das Delikt eines zerbrochenen Gefässes. Auch bei Arnim spielt ein zerbrochenes Tongefäß eine Rolle, allerdings mit neuem ›Gender‹-Akzent: es ist zwar auch Symbol, aber nicht für die verlorene Jungfernschaft des geschwängerten Mädchens, sondern für die in Frage gestellte Potenz des Erzeugers. Arnim war mit Kleist bekannt; er hatte 1811 als einer der ersten sein

---

[61] Ebenda, S. 47.

[62] Arnim: Armut, Reichtum, Schuld und Buße der Gräfin Dolores – Werke in sechs Bänden, Bd. 1, S. 480–484.

[63] Arnim: Patrimonialgerichtsbarkeit – Arnim: Gedichte. Zweiter Teil, S. 46.

[64] »Es war als hätt' ich tausend Hände, / Die Scheibe schnurrte recht in Eile, / Es stieg der Thon zu einer Seule / Und drehte sich so seltsam aus, / Als wollt er sehen übers Haus, / Verengte sich und wurde weiter, / Von unten schmal und oben breiter, / Und ward so dünn und fest wie Glas, / Dabey gut auf der Scheibe saß; / Es ward ein Topf, wie ich gesehen / In unsres Königs Garten stehen [...]« – Ebenda. Vgl. dazu Wingertszahn: Ambiguität, S. 168f.

Lustspiel gelesen[65] und 1825, kurz vor der Wiepersdorfer Verhandlung des Töpfers, erwogen, Kleists Werk in einem Journal zu würdigen. An Wilhelm Grimm schrieb Arnim am 16. Januar 1825 über den Besuch einer Berliner Aufführung von Kleists *Käthchen von Heilbronn*:

> Da sah ich die Niederträchtigkeiten, die da gelten. Auf der Brühlschen Bühne sah ich das Käthchen von Heilbronn, schrecklich verdreht von einem gewissen Henkersknecht Holbein. Zum Glück war ich, weil mein Bruder Interimsdirektor war, in der versteckten Direktionsloge ganz allein, und so konnte ich mich ungehemmt der Rührung überlassen, wie viele edle Kräfte ich so wie Kleist unbegriffen in der Zeit ihrer Wirksamkeit, kalt abkritisirt, habe untergehen sehen. Hätte er auch nur eine so verdrehte Aufführung des Stücks in Berlin erlangen können, ich glaube, er lebte noch. Schon gingen mir einige Verse zu seiner Ehre im Kopf herum, da fand ich aber zu meinem Glück wieder Abends beim Restaurateur so einige neuntödterische Blätter und so wars glücklich überwunden.[66]

Auch das Käthchen von Heilbronn ist eifrig darum bemüht, dem Grafen vom Strahl zu dienen, so wie das Mädchen dem Töpfer in Arnims Idylle. Kleists Lustspiel und Arnims Idylle trennen allerdings literarische Welten. Kleist gibt ein ganzes Panorama einer Gemeinde vor Gericht: die Eltern des Liebespaars Eve und Ruprecht treten auf und der Revisor Walter als zusätzliche Kontrollinstanz des Richters. Bei Arnim gibt es nur eine auf das Liebespaar verkürzte Mikroszene. Und auch die Historizität von Kleists Stück fehlt der Idylle: Kleists Krug stellt die Übergabe der Niederlande an den spanischen König Philipp II. im Jahr 1555 dar, die Emanzipation also von der Fremdherschaft und die eigene Subjektwerdung.[67] Bei Arnim ist das Historische fast vollkommen ausgeblendet und tritt nur marginal in Erscheinung im Fakt, dass der Töpfer sich bei der Kreation seines Topfs an den Gartenvasen der Königlichen Gärten orientiert.

In Kleists *Zerbrochnem Krug* fragt Frau Marthe einmal provozierend: »Meint Er, daß die Justiz ein Töpfer ist?«[68] Im Lustspiel geht es um Urteilsfindung als Rekonstruktion eines Geschehens, das nur in fragmentarischen, perspektivischen und widersprüchlichen Aussagen dargestellt ist und wiederhergestellt werden muss: ein Prozess, der sozusagen den Topf aus Scherben wieder zusammenkittet und das fragmentierte Geschehen sinnfällig wieder erstehen lässt. Bei Arnim ist kein detektorisches Element vorhanden: Bei ihm stellt sich der zerbrochene Topf als Fiktion vor, als Vorspiegelung falscher Tatsachen. Bei Arnim ist eigentlich nichts kaputt – man hat in der Arnim-Forschung früher von einem Streben nach Harmonisierung gesprochen.[69] Die harmonische Auflösung einer Gerichtsrevision hatte Arnim schon 1818 in seiner »lustigen Geschichte« *Die zerbrochene Postkutsche* vorgelegt, worin ein »imposanter« Mann, der »zur Untersuchung der hiesigen Gerichte abgesendet«

---

65 Vgl. dazu Arnims Brief an den Verleger Georg Andeas Reimer vom Juli 1811, worin er sich »ein vollständig Exemplar des zerbrochenen Krugs« erbat – Weiss: Unveröffentlichte Briefe, S. 73f.

66 Steig (Hrsg.): Achim von Arnim und die ihm nahe standen, Bd. 3, S. 544.

67 Vgl. Grathoff: Der Fall des Krugs. Siehe dazu auch Mandelartz: Die korrupte Gesellschaft.

68 Kleist: Sämtliche Werke und Briefe in vier Bänden, 6. Auftritt, V. 434, Bd. 1, S. 303.

69 Vgl. etwa Weiss: Achim von Arnims Harmonisierungsbedürfnis.

wurde, große Besorgnis bei den Beamten eines Städtchens weckt.[70] Der Prozess wird operettenhaft durch einen allgemeinen Walzer vermieden. Auch die Idylle *Patrimonialgerichtsbarkeit* lässt Arnim bewusst harmonisch enden und gönnt dem Liebesproblem auf dem Lande ein happy end.

Ist der Text damit eine harmlose Einverständniserklärung mit der gut geordneten ländlichen Wirklichkeit, folglich Trivialliteratur der Biedermeierzeit? Als Versifikation der Patrimonialjustiz lässt er sich wohl im Hauptgang der Erzählung lesen; aber durch die Wahl der Gattung und die Dichtungsform ist auf einer Metaebene doch ein gewisser Abstand signalisiert. Ein Blick auf die beiden vorrealistischen Werke, die Arnim dem Herausgeber des *Berliner Musenalmanachs* ursprünglich auch angeboten hatte – nämlich *Der Wilddieb* und *Der Förster* –,[71] verdeutlicht, dass der Autor das Leben auf dem Lande auch in Form von Gedichten wiedergeben konnte, die durchaus mit Adelbert von Chamissos sozialkritischen Balladen vergleichbar sind. Mit der Gattungsbezeichnung »Idylle« signalisiert Arnim, dass es sich bei diesem dialogischen Gedicht um ein ›kleines Gedicht‹ (so die Etymologie des Worts), auch ein ›Bildchen‹ (so die lange gültige falsche Etymologie des Worts) handelt. Auch die Verse, welche die Wirklichkeit reimen sollen, sind so in ihrer einfachen Knittelei übertrieben, dass die komische Machart des Ganzen dem Leser immer bewusst ist. Am Eingang der Idylle erhält der Leser die Lektüreempfehlung für dieses dialogische Streitgedicht:

Richter

»Der Schreiber schneidet mir Gesichter
Um sich das Gähnen zu verbeissen,
Bald wird mir die Geduld auch reissen
Und ich schlaf' *ein ...*
Herein!«[72]

Der Autor hat dabei aber die romantische Lehre von der modernen Selbstreflexion noch im Sinn, wenn auch das gewählte niedrige Genus, die komische Idylle, sie camouflieren mag. Im Text ist wie fast immer bei Arnim eine kunstallegorische Ebene eingezogen. Der Töpfer figuriert auch als Künstler und formt auf den Spuren des allerersten antiken Schutzherrn der Töpfer, des Prometheus. Der Topf, das Kunstwerk des männlichen Künstlers, wird kaltgestellt und als nützliches Surrogat und Tabaksbehälter in Dienst genommen;[73] das lebendige Schöne, das geborene »Kind«, aber ins Leben formalrechtlich integriert, anerkannt und den Gerichtsakten entgegengesetzt. Das Schöne wird sozial nützlich gemacht und dieser Gebrauchsfunktion ist die Form der burlesken Idylle angemessen.

Das Kassieren des autonomen »Meisterstücks« und die Legitimierung des unehelichen Kinds verabschieden die romantische Phantasie vom freien Leben. Arnim

---

70 Arnim: Die zerbrochene Postkutsche – Werke in sechs Bänden, Bd. 4, S. 81–104, hier S. 82f. Zur Anspielung auf Kleists *Zerbrochnen Krug* vgl. Renate Moering, ebenda, S. 1021.

71 Arnim: Gedichte, S. 88–90 und 84–88.

72 Ebenda, S. 44.

73 Arnim: Patrimonialgerichtsbarkeit. In: Arnim: Gedichte. Zweiter Teil, S. 52.

bedauert dies nicht, sondern verdeutlicht den Abstand von Kunst und Wirklichkeit durch humoristische Technik. Der kleine Stoff wird mit einigen komischen Effekten ans Publikum gebracht. Statt der Ehe wurde ein Blumentopf gebrochen,[74] statt der Akten liegt ein Kind im Korb[75] und die Knittelverse nutzen simple Reime.

Jede Idylle trägt gattungsgemäß auch ein gewisses Maß an Resignation in sich, weil sie einen verlorenen paradiesischen Zustand anklingen lässt. Die Idylle predigt keinen Umsturz der ständischen Ordnung, aber der Übergang vom natürlichen Liebesleben in der »Hütt im Garten«[76] bis zur ordentlichen Verheiratung des Töpfers und des Mädchens ist vom Streit gesäumt. Er wird zwar gerichtlich beigelegt, das Paradies aber ist verloren und die Naturalien werden über den Weg der finanziellen Kalkulation der Prozesskosten in einen gesellschaftlich akzeptierten Zustand überführt, den der Richter zwar mitträgt, aber nur beseufzen kann:

Richter

Nein, nein! Sie kennt nicht ihren Werth,
Ach wäre sie doch mir bescheert!
Gleichgültig muß ich hier erscheinen
Und möchte lachen, möchte weinen.
Weib, Kind, wie liebliche Gesichter,
O wär ich Töpfer, er der Richter.

---

74 Ebenda, S. 45.
75 Ebenda.
76 Ebenda.

Konrad Feilchenfeldt

Der Studentenstatus des romantischen Autors. Akademisches Bürgerrecht versus souveränes Künstlertum: Zum Beispiel Clemens Brentano

Als Brentano 1841, angesprochen auf Karoline von Günderrode, die Frage von Emma von Suckow, warum er sie nicht geheiratet habe, unter Hinweis auf seinen Studentenstatus beantwortete, waren seit dem ersten Aufflammen seiner Freundschaft mit der romantischen Lyrikerin nahezu vierzig Jahre vergangen.[1] Die Anfänge dieser Beziehungsgeschichte datieren vom 4. April 1802 anlässlich der Feier zu Bettine Brentanos, Clemens Schwester, 17. Geburtstag.[2] Unter den Gästen befand sich damals auch Karoline von Günderrode, die bereits seit 1797 mit der Familie Brentano in Frankfurt am Main in Verbindung stand,[3] mit Brentano aber erst im Anschluss an die Geburtstagsfeier der Schwester in die noch Jahrzehnte später umstritten gebliebene Beziehung eintrat.[4] Wilhelm Schellberg fasst das Geschehen von damals mit folgendem trockenen Satz zusammen: »Das Frühjahr 1802 war auch die Zeit, da Clemens die Caroline von Günderode liebte und ihr von Marburg aus glühende Briefe schrieb.«[5] Die ersten beiden dieser Briefe datieren bereits vom Mai und Juni 1802,[6] und sie entwickeln eine Offenheit im Umwerben der Adressatin, die der späteren Relativierung im rückblickenden Gespräch mit Emma von Suckow widerspricht.

> O ich bin ein Arabisches Roß, warum nicht, wenn ich dich hier hätte, und du solche Hochzeiten feiern sähest neben mir, so sollte Mondnacht und Frühling uns das Echo sein, das ich ihnen war [...].

---

1 Niendorf: Aus der Gegenwart, S. 21. Gajek: Homo poeta, S. 168. Zur Kritik an Niendorfs »Angaben« vgl. Preitz: Brentanos Leben und Werke. – In: Brentano: Werke, Bd. 1 (1914), S. 7*–91*, 400–423, hier S. 409.

2 Feilchenfeldt: Brentano Chronik, S. 35. Brentano an Savigny, Frankfurt am Main 6. April 1802 – In: Brentano: Sämtliche Werke und Briefe, Bd. 29, S. 432. Niendorf: Aus der Gegenwart, S. 21. Gajek: Homo poeta, S. 168.

3 Weißenborn: Einleitung. – In: Günderrode: »Ich sende Dir ein zärtliches Pfand«, S. 5–39. hier S. 14.

4 Preitz: Karoline von Günderrode in ihrer Umwelt I, S. 213, datiert den Beginn der Bekanntschaft zwischen Brentano und Günderrode bereits ins Jahr 1801.

5 Brentano: Das unsterbliche Leben, S. 256.

6 Zur Datierung der beiden Briefe vgl. Härtl: Chronologie der Briefe Clemens Brentanos, S. 239. Die Briefe datieren von »Etwa Mitte Mai 1802« und »Etwa 20. Juni 1802«, vgl. Brentano: Sämtliche Werke und Briefe. FBA Bd. 29, S. 444–446 und 439–444 und 640, sowie Bd. 38,1, S. 536–539 und 532f., 540, hier S. 532.

https://doi.org/10.1515/9783110612073-006

> Schreibe mir recht vernünftige Briefe lieber Engel, und wenn du mich lieben kannst, so thue es, kein Tropfen solchen süßen Weins soll verlohren gehn, ich trinke deine Gesundheit [...][7]

Die Briefstelle zeigt, dass es Brentano schon im ersten Moment seiner Liebesbegeisterung nicht nur um ein leidenschaftliches Bekennen ging, sondern auch um das Konkretwerden einer Beziehung, für deren Entwicklung mit dem Briefwechsel nur ein erster Schritt getan war, das Wort »Hochzeiten« aber sollte weitere Schritte vorwegnehmen, und es fragt sich deswegen, inwiefern das Argument, dass ihn sein Studentenstatus letztlich an einer Heirat mit Günderrode verhindert habe, in seinem Fall überhaupt stichhaltig sein konnte; zwar wäre von Rechtswegen der Vorbehalt richtig gewesen, dass er als Student keine Ehe schließen durfte, ohne seine akademischen Bürgerrechte zu verlieren und damit seinen Studentenstatus. Nur gibt es keine sichere Nachricht, dass Brentano, als er Günderrode zu schreiben begann, überhaupt noch immatrikulierter Student gewesen ist, jedenfalls nicht in Marburg, von wo aus er im Mai 1802 an die Günderrode seine Post richtete.[8] Das letzte bekannte Immatrikulationsdatum datiert in Brentanos Lebenschronik aus Göttingen vom 21. Mai 1801. Sein Status war damals der eines studiosus philosophiae, aber sein Aufenthalt in Göttingen endete bereits am 10. August desselben Jahres.[9] Schon im Herbst 1800 hatte Brentano erstmals Marburg besucht und stand dort in Kontakt mit seinem späteren Schwager Savigny, mit dem er literarische Projekte im Sinn hatte. Weitere Besuche bei Savigny folgten im Frühling und Sommer 1801 und 1803.[10] Die Reisen nach Marburg und die Aufenthalte dort fielen also bereits in eine Zeit, in der Brentano nicht nur seine Immatrikulation an einer Universität kaum noch etwas bedeutet hätte, sondern ihm auch der Studentenstatus im Gegenteil der von ihm geplanten Eheschließung mit Sophie Mereau geradezu im Wege gestanden wäre. Dabei ging es im Fall dieser anderen Beziehungsgeschichte um eine Personenkonstellation, die schon während des ersten Kennenlernens zwischen den beiden Hauptfiguren Sophie und Clemens während seiner Studienzeit in Jena juristisch an die Grenze des Erlaubten gestoßen war. Sophie Mereau war der aus der Universitäts-

---

7 Brentano an Günderrode, Marburg »Etwa Mitte Mai 1802«. – In: Brentano: Sämtliche Werke und Briefe, Bd. 29, S. 444–446, hier 446. Die frühere Datierung »gegen Ende Mai 1802« wurde korrigiert von Härtl: Chronologie der Briefe Clemens Brentanos, S. 239. Vgl. Brentano: Sämtliche Werke und Briefe, Bd. 38,1, S. 536.

8 Laut freundlicher, vom 6. Mai 2016 datierender, Auskunft von Frau Dr. Katharina Schaal vom Archiv der Philipps Universität Marburg (im Hessischen Staatsarchiv Marburg) ist Clemens Brentano zwischen 1801 und 1803 nachweislich nicht in Marburg immatrikuliert gewesen, wohl aber mit Datum vom 6. Juni 1803 Clemens' Bruder Christian Brentano. Der Fall erinnert an die Verwechslung der beiden Brüder anlässlich von Christians Aufenthalt in Rom während der 1820er Jahre und an die damit verbundene Pressemitteilung, dass Clemens sich in Rom aufhalte. Vgl. Feilchenfeldt: Brentano Chronik, S. 7. Den Negativbefund der Marburger Universitätsmatrikel bei Clemens Brentano, ebenso wie die de facto erfolgte Immatrikulation seines Bruders Christian bestätigt auch Preitz: Brentanos Leben und Werke. – In: Brentano: Werke, Bd. 1 (1914), S. 7*–91*, 400–423, hier S. 31*.

9 Feilchenfeldt: Brentano Chronik, S. 30f.

10 Ebenda, S. 28, 31, 38.

und Studentengeschichte des 18. Jahrhunderts typische Fall einer Professorenehefrau, die sich nicht nur »zur Untreue verleiten« ließ, sondern auch, wohl wissend, dass es ihr, ohne sich strafbar zu machen, nicht erlaubt war, »sich mit einem Studenten in eheliche Versprechungen einzulassen«,[11] ihre studentischen Partner wechselte,[12] ehe sie im Juni 1801 den Scheidungsprozeß mit ihrem Ehemann, dem Universitätsprofessor und Juristen in Jena, Friedrich Ernst Karl Mereau, zum Abschluss bringen konnte.[13]

Mit Blick auf ihre Aussöhnung mit Brentano und ihre im November 1803 in Marburg vollzogene Trauung ist Brentanos Argument,[14] sein Studentenstatus hätte ihn an einer Ehe mit Karoline von Günderrode gehindert, nicht nur ein juristisch unhaltbarer Vorwand, das Argument wird auch durch die gleichzeitig von ihm betriebene Aussöhnung und Ehe mit der geschiedenen Sophie Mereau aufs schlagendste widerlegt. Auch in seiner Ehe mit Sophie fühlt sich Brentano aber nicht stärker in die Pflicht genommen als früher, so dass im ersten Ehejahr die außereheliche Beziehung zu Karoline sogar noch intensiver wird als bisher. Seine Briefe an Karoline sind dafür das Zeugnis einer Sympathiebekundung, die nur von Karolines Freundin Lisette Nees in einem Brief vom Mai 1804 als unaufrichtig in Zweifel gezogen wird. »Deine Erzählungen von Clemenz sind mir wunderbar, ich möchte einen warnenden Zeigefinger aufheben [...] Ernstlich, liebe Lina nehme Clemenz nicht anders als er ist, vertraue diesem ungetreuen Schiff nicht!«[15]

Die juristische Seite seines Eheversprechens scheint Brentano deswegen nicht belastet zu haben. Insofern er sich Karoline in Liebe und Verehrung zugewandt fühlte und dabei doch keine klaren Heiratsabsichten hatte, nunmehr infolge seiner vollzogenen Eheschließung mit Sophie auch noch weniger als vorher haben konnte, war aus der Sicht der späteren Argumentation mit dem Hinweis auf den Studentenstatus geradezu eine Mystifikation und damit Verschleierung der Realität, wo nicht ein Stück kunstvoller Literarisierung seines Zivilstands formuliert, deren bürgerliche Hintergründigkeit er als verheirateter Ehemann nicht zur Kenntnis nehmen wollte. Das Argument mit dem Studentenstatus motivierte ihn auch nach seiner Heirat immer noch sogar in seiner Ehe mit Sophie, an die Jahre ihres abwechslungsreichen Liebeslebens in der Universitätsstadt Jena zu erinnern, so wie wenn nur er der damals betrogene Ehemann gewesen wäre: »Ich habe Dich doch eigentlich unendlich geliebt von jeher, und liebe Dich noch, aber eins zerreißt mir das Herz, daß Du mich so lange mit Deinem Verhältniß zu Kipp betrogen hast, liebe Sophie,

---

11 Schulze und Ssymank: Das deutsche Studententum, S. 193. Dazu Feilchenfeldt (Rez.): Brentano, Mereau: Lebe der Liebe und liebe das Leben, S. 600f. – Zur besonderen »Situation in Jena« vgl. auch Ziolkowski: Das Amt der Poeten, S. 289–292.

12 Vgl. Schultz: Schwarzer Schmetterling, S. 104, 106. Gersdorff: Dich zu lieben kann ich nicht verlernen, S. 67–99.

13 Feilchenfeldt: Brentano Chronik, S. 31.

14 Ebenda, S. 41.

15 Lisette Nees an Karoline von Günderrode, Sikershausen 23. Mai [1804]. – In: Preitz: Karoline von Günderrode in ihrer Umwelt I, S. 232.

das hatte ich nicht verdient, das war schrecklich treulos [...].«[16] Auch diese Briefstelle enthält wie das spätere Gespräch mit Emma von Suckow bereits eine Reminiszenz mit demselben Hintergedanken. Der Studentenstatus verweist zwar auf eine soziale Komplikation universitärer Rechtspflege, für Brentano verbindet sich mit dem Studentstatus aber keine juristisch begründete Entschuldigung für ein soziales Fehlverhalten, sondern eine antibürgerliche Existenzform, die unter anderem so etwas bürgerliches wie eine Ehegemeinschaft grundsätzlich ablehnt. Unter dieser Voraussetzung richtet sich auch Brentanos Klage über Sophie Mereaus Ehebruch und ihre Beziehung mit dem Medizinstudenten Kipp nicht gegen ihre Treulosigkeit im Sinn des Universitäts- oder allenfalls des Kirchenrechts. Im Grunde sieht er in der Person des Studenten, der als Liebhaber einer Professorengattin mit ihr gemeinsam einen Verstoß gegen das Universitätsrecht begeht, einen Menschen, dessen Status er bewundert, wenn nicht sogar ganz elementar beneidet. Varnhagen von Ense, der 1856 als einer der ersten kritischen Leser Einblick in die Briefe von Sophie Mereau und von Kipp an sie bekommen hat, fasst deren Botschaft wie folgt in seinen Tagesblättern zusammen: »In allen Zeugnissen, Briefen und Erzählungen von damals findet sich durchaus dasselbe. Vergötterung und Allberechtigung der Liebe, Mißachtung der Ehe, poetische Anerkennung der Sinnlichkeit, Ringen nach Freiheit, Hinblick auf Frankreich. Dies alles ist auch hier.«[17]

Im Sinne dieser Botschaft versteht sich Brentanos Hinweis auf den Studentenstatus im Zusammenhang seiner Freundschaft mit Karoline von Günderrode nicht nur als Vorwand für eine juristische Erklärung seines Eheverzichts, nicht zuletzt weil er damals gar kein immatrikulierter Student mehr war, sondern was ihn vielmehr zu dieser Bemerkung motivierte, war einerseits die volle Absage an eine bürgerliche Ehegemeinschaft im Gegensatz andererseits zu einer Existenzform, die im Studentenstatus keinen juristischen Anspruch erfüllte, sondern einen künstlerischen oder wenigstens poetischen, und darin lag für Brentano auch das Ziel seiner Ehe, soweit er sie als Ehe begriffen hat, mit Sophie Mereau. Die bürgerliche Fassade war nur die äußerlich unvermeidbare Form einer Gemeinschaft, bei der es Brentano um das ging, was er selbst als »poetische Existens« umschrieben und damit zu einem vielzitierten Schlagwort seines künstlerischen Selbstverständnisses gemacht hat.[18] Es ist erstaunlich, dass eine außenstehende Drittperson wie Lisette Nees Karoline bereits auf dem Höhepunkt ihrer freundschaftlichen Beziehung zu Brentano auf diese Problematik seines Charakters warnend hingewiesen hat: »Clemenz ist ein Künstler aber ein reiner Enthusiasmus lebt doch nicht in seiner Seele,

---

16 Brentano an Sophie Brentano (Mereau), Wiesbaden 1. September 1805. – In: Brentano: Sämtliche Werke und Briefe, Bd. 31, S. 450–454, hier S. 451; ebenda, Bd. 38,3, S. 540f.

17 Eintrag vom 7. September 1856. – In: Varnhagen: Tagebücher Bd. 13, S. 147. Vgl. Stern: Die Varnhagen von Ensesche Sammlung, S. 511. Gersdorff: Einleitung. – In: Brentano, Mereau: Lebe der Liebe und liebe das Leben, S. 11–71, hier S. 21. Vgl. Dechant: Harmonie stiftete unsere Liebe, S. 183–467.

18 Brentano an Sophie Mereau, Marburg um den 10. Februar 1803. – Brentano: Sämtliche Werke und Briefe, Bd. 31, S. 47–50, hier S. 49; ebenda, Bd. 38,3, S. 124. Frühwald: Stationen der Brentano-Forschung 1924–1972, S. 211*– 236*. Hoffmann: Brentano, S. 140–179. Schaub: Le Génie Enfant, S. 112.

denn er liebt es, daß man seine Originalität in ihm anstaune wobey es ihm gleichviel ist ob die Sache für die er spricht Eingang gewinnt [...].«[19] Ich zitiere dazu den Kommentar von Max Preitz, der sich nur auf die bürgerliche Sozialisation der Ehe bezieht und nicht auf deren im Sinne Brentanos künstlerisch-poetische Erfüllung: »Diese Bemerkungen beweisen Lisettes scharfen Einblick in das Verhältnis von Clemens Brentano zu Sophie Mereau, die am 29. November 1803 seine Frau geworden war und dennoch die Bedrängnisse seines Innern nicht hatte zum Schweigen bringen können.«[20]

Damit stellt sich die Frage, inwieweit nicht nur die Ehe als bürgerliche Sozialisation, sondern auch der Studentenstatus als akademisches Grundrecht bei Brentano eine poetisch-künstlerische Auslegung gefunden hat. Sozialgeschichtlich ist Brentanos Karriere als Student noch nicht zentral im Blick der Literaturwissenschaft.[21] Seine Immatrikulationsdaten bilden das Gerüst einer Studentenzeit, die 1797 in Halle beginnt, 1798 in Jena weitergeht und 1801 in Göttingen ein Ende findet.[22] Das Ergebnis dieser Jahre ist die Sozialisation in einem Netzwerk, dessen Auswirkungen noch Jahrzehnte später an personenkundlichen Zusammenhängen seiner Vita beobachtet werden kann wie beispielsweise in der Beziehung zwischen der Familie Bostel in Bocholt und Brentano, als er unter konspirativen Bedingungen in Dülmen an den umstrittenen Visionen der stigmatisierten Augustinernonne Anna Katharina Emmerick arbeitete und er sich mit den wichtigsten Emmerick-Papieren im Gepäck dem preußischen Untersuchungsausschuss durch Flucht nach Bocholt entziehen konnte. Hans Christian von Bostel, späterer Land- und Stadtgerichtsdirektor in Bocholt, war zuerst in Jena Brentanos Kommilitone und war ihm nach 1799 auch in Marburg wiederbegegnet, wo Brentano selbst zwar nicht mehr immatrikuliert, durch Savigny aber in engem Kontakt zum akademischen Betrieb der Stadt gestanden war.[23] Seit Marburg sind Brentanos Wohnorte, auch ohne dass er sich als

---

19 Lisette Nees an Karoline von Günderrode, Sikershausen 23. Mai [1804]. – In: Preitz: Karoline von Günderrode in ihrer Umwelt I, S. 232.

20 Ebenda, S. 290.

21 Anfängliche Gedanken dazu bei Pravida: Brentano in Wien, S. 18f. Dabei hat Wolfgang Frühwald bereits 1983 die Romantik als grundsätzlich ›akademische Bewegung‹ definiert. Vgl. Frühwald: Der Zwang zur Verständlichkeit, S. 131. Ziolkowski: Heidelberger Romantik, S. 3. Dazu auch die Rezension von Klausnitzer. – In: Arbitrium 30 (2012), S. 356–365, hier S. 359. Den bei Ziolkowski und Klausnitzer unvollständig wiedergegebenen Nachweis der Zitatstelle aus seinem Aufsatz verdanke ich der freundlichen Antwort auf eine persönliche Anfrage beim Autor Wolfgang Frühwald (Augsburg) selbst. – Zur Geschichte der Universität um 1800 und zum Thema ›Student‹ in der Romantik inzwischen auch Ziolkowski: Das Amt der Poeten, Kap. 5.

22 Feilchenfeldt: Brentano Chronik, S. 19, 21, 30. Erste Ermittlungen zu Brentanos Immatrikulationsdaten gehen zurück auf Preitz: Brentanos Leben und Werke. – In: Brentano: Werke, Bd. 1 (1914), S. 7*–91*, 400–423, hier S. 16*, 404, 17*, 404, 32*, 35* ohne Nachweis einer benutzten Immatrikulationsmatrikel. Zur Immatrikulation in Göttingen vgl. Selle: Die Matrikel der Georg-August-Universität zu Göttingen, Bd. 1, S. 417 Nr. 19470 178 – Brentano: Das unsterbliche Leben, S. 180.

23 Vgl. Preitz: Leben und Werke. – In: Brentano: Werke, Bd. 1 (1914), S. 7*–91*, hier S. 17*, 31*. Zu Bostel in Bocholt Feilchenfeldt: Brentano Chronik, S. 116; Brentano: Das unsterbliche Leben, S. 523 mit weiteren Hinweisen.

Verheirateter noch hätte immatrikulieren lassen können, eine Reihe von Universitätsstädten, wobei auffällt, dass er seinen Wohnsitz immer dann in eine solche Stadt zu verlegen pflegte, wenn die dortige Universität in eine neue, meistens Reformphase ihrer eigenen Entwicklung eingetreten war. Dies gilt zunächst 1804 für den Umzug nach Heidelberg und die Ruprecht-Karls Universität unter Kurfürst Karl Friedrich von Baden,[24] 1808 für den Umzug nach Landshut und die Ludwig Maximilians Universität unter Kurfürst Max IV. Joseph[25] und schließlich 1809 für den Umzug nach Berlin und die dortige Universitätsgründung 1810,[26] ja sogar Brentanos Umzug nach München 1833 wäre vermutlich unterblieben, wenn nicht König Ludwig I. bereits 1826 die Ludwig Maximilians Universität von Landshut in die bayerische Hauptstadt transferiert hätte.[27]

In Brentanos Lebensgeschichte gibt es nach Abschluss seiner Studentenjahre eine Koinzidenz zwischen den Daten seiner Wohnortswechsel und dem Einsetzen universitätspolitischer Reformen, soweit es sich um die an seinen Wohnorten beheimateten Universitäten handelte. Damit im Zusammenhang stand aber sicherlich zeitweilig auch der akademische Werdegang von Brentanos Schwager Friedrich Karl von Savigny, der 1808 von Marburg nach Landshut berufen wurde und 1810 nach Berlin.[28] Solche historische Fakten wie die Wohnortswechsel und die Zeitumstände, unter denen sie stattfanden, stehen außer Zweifel.[29] Weniger eindeutig zu fassen – und darum geht es jetzt – sind dagegen seine poetischen Erwartungen, soweit sie im Zeichen seines – in seinem Sinne – Studentenstatus oder seiner Universitätserfahrungen aus seinem übrigen Werk herausgelesen werden oder überhaupt erst einmal definiert und identifiziert werden können. Es ist jetzt aber weder Ort noch Zeit, die Ergebnisse einer Belegstellenlektüre aus Brentanos Gesamtwerk zusammenzustellen, auch wenn überall, wo darin das Wort Student vorkommt, oder das Wort Universität, innegehalten werden sollte. Das Studentische bezeichnet nicht nur einen Status mit juristischer und allenfalls sozialer Kompetenz, sondern es betrifft in einem weiteren Rahmen auch etwas Sprachliches, was sich der Semantik seiner Bezeichnung entzieht, und hier öffnet sich ein kaum einzugrenzendes Feld von Anspielungsmöglichkeiten und Interpretationsvarianten.[30] Hier kann deswegen nur ein Anfang gemacht werden, und so geht es im Folgenden um drei Texte:

---

24 Ebenda, S. 322. Hinz: Die Geschichte der Universität Heidelberg. – In: Hinz: Ruperto-Carola Sonderband, S. 20–39, hier S. 28–30.

25 Vgl. Rainer A. Müller: Landshut 1800–1826. Von der Aufklärung zur Romantik. – In: Huber [u.a.]: Die Ludwig-Maximilians-Universität München, S. 47–65, hier S. 61f.

26 Lenz: Geschichte der königlichen Friedrich-Wilhelms Universität zu Berlin, Bd, 1, S- 148–304. Vgl. Feilchenfeldt: Brentano Chronik, S. 43, 63. 72, 79.

27 Ebenda, S. 150f. Zu Brentanos Verstrickung in die Münchner Universitätswelt unter Ludwig I. vgl. Frühwald: Das Spätwerk Clemens Brentanos, S. 301. Vordermayer: »...die Zeit, wo Clemens Brentano wie ein Komet durch die Münchener Gesellschaft fuhr«, S. 149. Boehm: München 1826–1918. Die Universität in der Königlichen Residenzstadt, S. 69–76.

28 Brentano: Das unsterbliche Leben, S. 549f.

29 Feilchenfeldt: Brentano Chronik, passim.

30 Vgl. Henne und Objartel: Bibliothek zur historischen deutschen Studenten- und Schülersprache.

1. *Lied von eines Studenten Ankunft in Heidelberg und seinem Traum auf der Brücke; worin ein schöner Dialogus zwischen Frau Pallas und Karl Theodor. In der Nacht vor dem Dankfeste den 26. Juli 1806*
2. *Universitati Litterariae. Kantate auf den 15ten Oktober 1810*[31]
3. *Der Philister vor, in und nach der Geschichte*

1. Lied von eines Studenten Ankunft in Heidelberg

Das *Lied von eines Studenten Ankunft in Heidelberg* besteht aus 396 Versen. Es sind vierhebige Jamben. Der Ton ist volkstümlich, beschränkt. Der Text ist dialogisch strukturiert. Das Sprecher-Ich befindet sich vor den Toren der Stadt. Es regnet. Ein »Nußbaum« bietet ihm und einem »Bäuerlein« einen Unterstand. Der »Landmann« grüßt und fragt: »Wohin geht noch die Reise heut'?« Die Antwort lautet:

> Nach Heidelberg, bin ein Student,
> Von Jena komm'ich hergerennt [...] (Vers 22-24)

Damit ist klar, was er ist. Auf der Neckarbrücke muss er »Stand und Namen« preisgeben, also wie er heißt und was er ist (Vers 71). Mit dem Betreten der Stadt wird der Student Zeuge eines fiktiven Gesprächs zwischen Karl Theodor von der Pfalz, dem ehemaligen, 1799 verstorbenen Landesherrn und Vorgänger des aktuell zum Großherzog aufgestiegenen Karl Friedrich von Baden, und der griechischen Göttin Pallas Athene; beide sind auf der Neckarbrücke als Steinplastiken gegenwärtig. Pallas als Göttin der Wissenschaft erläutert dem ehemaligen Kurfürsten Karl Theodor die Verdienste seines Nachfolgers Karl Friedrich um die Heidelberger Universität, ihm verdanke sie die Akkreditierung folgender Wissenschaften:

> *Zu meinen Füßen Gerechtigkeit,*
> *Durch Ihn sich großer Lehrer freut,*
> *Daneben Handel und Ackerbau*
> *Lebendig gehn durch Land und Au,*
> *Der Medizin schenkt er ein Haus,*
> *Manch Kranker geht gesund heraus.*
> *Chemia, Phisika, Philosophei,*
> *Studieren und sprechen, was Leben sei.*
> *Auch durch der Theologia Schleier*
> *Strahlt neu ein Licht, ein Augenfeuer,*
> *Gern nennt'ich allem Volk dies Licht,*
> *Weil's aber taub ist, brauch'ich's nicht.*
> *[...]*
> *Aufklärung heißt's aus Religion*
> *Ward schier ein' schlecht Illumination* (Vers 291–312)

---

[31] Zur vergleichenden Betrachtung dieser beiden das Studententum betreffenden Gedichte Brentanos vgl. auch Ziolkowski: Heidelberger Romantik, S. 50. Dazu die Rezension von Ralf Klausnitzer. – In: Arbitrium 30 (2012), S. 365–365, hier S. 360f.

Der zeitkritischen Ablehnung des Rationalismus durch Pallas entspricht ein Bekenntnis zum Ideal des Klassischen Altertums (Vers 315-348). Das Gedicht wird darin zum Programm der Heidelberger Romantik gegen den Heidelberger Rationalismus, und Karl Friedrich wird zum Zeugen und Schutzherrn aufgerufen. Das Gedicht schließt mit einem Appell an die Gelehrsamkeit der universitären Bildung und ihrer Vermittler, der »Doktoren, [...] Philosophen und Professoren« (Vers 339-352). Eine Allegorie auf Wissenschaft und Gelehrsamkeit und damit auf die lokale Bildungsgeschichte Heidelbergs erweist sich am Schluss als eine Traumvision. Der Student greift voller Enthusiasmus nach seiner Kopfbedeckung und erweist damit Pallas Athene seine Ehrerbietung:

> Von meinem Burschenhut ich nahm
> Den Epheukranz, mit Zucht und Scham
> Tät ich ihn hin nach Frau Minerven,
> Als eines Jünglings Opfer werfen [...]

Indessen ist es Nacht geworden, und »die ganze Stadt« war »schlummerstill«,

> Nur fern noch hört' ich jubilieren,
> Ein einsam nächtlich Kommerschieren,
> Den Landesvater hört' ich Euch singen,
> Tät Euch Studenten gut gelingen [...] (Vers 390-394)[32]

Brentanos *Lied von eines Studenten Ankunft in Heidelberg und seinem Traum auf der Brücke, worin ein schöner Dialogus zwischen Frau Pallas und Karl Theodor* ist als Beitrag zur intellektuellen Auseinandersetzung mit dem aufgeklärten Rationalismus zu lesen; dies war damals der aktuelle Konflikt in den Heidelberger Universitätskreisen. Brentano veröffentlichte dieses Gedicht am 1. August 1806 in der vom Heidelberger Ästhetikprofessor Aloys Schreiber herausgegebenen *Badischen Wochenschrift* und damit im Sinne einer programmatischen Stellungnahme, indem er dabei als Student und Parteigänger der Studentenschaft agierte, d. h. für »Geschichte« und »Leben« – so seine Begriffe – eintrat und gegen »Aufklärung«.

2. Universitati Litterariae

Das aus Anlass der Berliner Universitätsgründung 1810 veröffentlichte Gedicht *Universitati Litterariae* bezeichnet mit dem Haupttitel die Widmung an die Universität als Gelehrtenschule und im Untertitel seine Zugehörigkeit zur lyrischen Gattung der Kantate. Als Kantate müsste der Text außerdem von einer Komposition begleitet sein, die jedoch fehlt. Dafür ist die Aufteilung des Texts in wechselseitig beteiligte Einzel- und Chorstimmen der Gattungsmischform auch musikalisch

---

[32] Brentano: Werke, Bd. 1 (1978), S. 173–184, 1076–1079. – Der Amtsantritt des ehemaligen Kurfürsten Karl Friedrich von Baden als badischer Großherzog datiert vom 12. Juli 1806, so dass das von Brentano auf den 26. Juli 1806 datierte und von ihm am 1. August 1806 veröffentlichte *Lied von eines Studenten Ankunft in Heidelberg* auch als Gelegenheitsgedicht auf dieses Ereignis gelesen werden kann. Vgl. Wilberg: Regententabellen, S. 90.

angemessen.[33] Die einzelnen Text- oder Gesangspartieen verteilen sich auf verschiedene Gruppen, von denen vor allem die »Stimme des Dichters« (Vers 55-78, 132-144), die »Stimme aus den Studenten« (Vers 302-314) und der »Gesang der Studenten« (Vers 173-196) zum Thema gehören. Insgesamt umfasst der Text 358 Verse. Die infolge ihrer Form als Kantate konzipierte Aufteilung in einzelne Stimmen und Chöre verstärkt im Vergleich mit Brentanos Heidelberger Studenten-Lied die dialogische Qualität des Textes und den damit verbundenen Rollencharakter der Stimmen in einer allegorischen Szenerie. Studenten und Dichter haben eine im Vergleich zu den übrigen Rollen weniger auffällige Aufgabe. Es verbindet sie beide aber politisch ihre Solidarität mit dem »Vaterland« (Vers 55 und 173, 194). Die Universitätsgründung selbst ist jedoch mit anderen Erwartungen verbunden. Im Zentrum soll es um »Lehre« und »Lernen« gehen,[34] jedoch nicht im Sinne einer sinnbildlichen Umschreibung akademischer Lebensform, sondern im Hinblick auf eine professionelle Ausbildung, wie sie Brentano selbst übrigens nie durchlaufen und, man kann sagen, sogar verweigert hat.[35] Seine Kantate auf die Berliner Universitätsgründung wurde deswegen auch, soweit sie schon vor ihrer Veröffentlichung bekannt geworden war, nur teilweise und vor allem wegen der Allegorese der vier Fakultäten im »Wechselchor der Bürger« gutgeheißen,[36] und blieb in ihrer öffentlichen Wirkung sonst nur auf die Tatsache ihrer Publikation als einzelne Broschüre und als auszugsweiser Nachdruck in der *Vossischen Zeitung* beschränkt, da die Einweihungsfeier der Universität für den 15. Oktober 1810 abgesagt wurde und damit auch eine Aufführung der Kantate nicht zustande kam. Brentano hatte mit diesem Text im Einvernehmen mit Kreisen der wenig später gegründeten *deutschen Tischgesellschaft* eine Auftragsarbeit angenommen, für die er möglicherweise keine ausreichende politische Motivation mitbrachte, um sich selbst öffentlich als Sprecher seiner Parteigänger glaubwürdig in Szene setzen zu können. Daher ist das von Achim von Arnim in Kleists *Berliner Abendblättern* am 15. Oktober 1810 veröffentlichte Studentenlied auf die Berliner Universitätsgründung eine immerhin unmittelbar zum aktuellen Anlass aus dem gemeinsamen Freundeskreis hervorgegangene Gelegenheitsdichtung und zugleich als Anspielung auf Brentanos *Lied von eines Studenten Ankunft in Heidelberg* zu lesen. Auch Arnims *Der Studenten erstes Lebehoch bei der Ankunft in Berlin am 15ten Oktober* gestaltet einen Wechselgesang zwischen einem Ortskundigen, der als »Eingeborener« einem »Chor der Angekommenen« gegenübersteht. Auch von Arnims *Lebehoch* ist aber nicht mehr als die Drucklegung des Texts bekannt.[37] Mag sein, dass die Aussicht auf eine reale

---

33 Vgl. Apel: Harvard Dictionary of Music, S. 127–129.

34 Brentano: Werke, Bd. 1 (1978), S. 218–229.

35 Bezeichnend ist dafür in Brentanos Leben allein schon seine Lehrzeit als »Kaufmannslehrling« vgl. Max Preitz: Brentanos Leben und Werke. – In: Brentano: Werke, Bd. 1 (1914), S. 7*–91*, hier S. 14*f.

36 Brentano: Werke, Bd. 1 (1978), S. 218–229, hier S. 224f., 1086, 1087. Vgl. Ziolkowski: Das Amt der Poeten, S. 374–377.

37 Mallon: Brentano-Bibliographie, S. 48 Nr. 39–40. Vgl. Brentano: Werke, Bd. 1 (1978), S. 1085f. Arnim: Der Studenten erstes Lebehoch. – In: Kleist: Berliner Abendblätter (1810), 13. Blatt vom 15. Oktober, S. 52–54. Ferner Ziolkowski: Das Amt der Poeten, S. 373f.

Studiensituation und ihre konkreten Anforderungen an die Leistungsbereitschaft der Studierenden nicht die richtige Voraussetzung gewesen sind, um einen schon lange aus dem Studieralter herausgewachsenen Dichter wie Brentano, aber auch wie Arnim, unmittelbar zu einer poetischen Umsetzung seiner Universitätsbegeisterung zu motivieren. Dafür kommt es nur kurz nach der verunglückten Kantate *Universitati Litterariae* zwischen Brentano und Arnim gemeinsam zur Ausarbeitung eines weiteren literarischen Versuchs, der in der Prosasatire *Der Philister vor, in und nach der Geschichte* 1811 bei genauem Hinsehen erneut beim Thema Student anknüpft und dabei, auch im Zeichen des vollzogenen Gattungswechsels, formal ganz anders als die Universitäts-Kantate den politischen Gedanken und Zusammenschluss der *deutschen Tischgesellschaft* einbezieht.

3. Der Philister vor, in und nach der Geschichte

Der Philister vor, in und nach der Geschichte ist ein Text, der schon im Titel auf die Erörterung des Studentenstatus in Brentanos Selbstverständnis verweist, insofern die Philister-Bezeichnung in der Studentensprache des 18. Jahrhunderts einen klaren Zusammenhang mit Universität und Studentenwesen herstellt. Dabei geht die Definition des Philisters in Brentanos Satire-Text noch etwas weiter, als es die zeitgenössische Lexikographie belegt:

> Philister also wurden alle genannt, die keine Studenten waren, und nehmen wir das Wort Student im weitern Sinne eines Studierenden, eines Erkentnißbegierigen, eines Menschen, der das Haus seines Lebens noch nicht wie eine Schnecke, welche die wahren Hausphilister sind, zugeklebt, eines Menschen, der in der Erforschung des Ewigen, der Wissenschaft, oder Gottes begriffen, der alle Strahlen des Lichts in seiner Seele freudig spiegeln läßt, eines Anbetenden der Idee, so stehen die Philister ihm gegenüber, und alle sind Philister, welche keine Studenten in diesem weitern Sinne des Wortes sind.[38]

Im »Studenten-Lexicon« von Christian Wilhelm Kindleben aus dem Jahr 1781 ist das einschlägige Lexem weniger poetisch aufgeladen:

> Philister, heist in der Sprache der Studenten, alles, was nicht Student ist; insonderheit werden Bürger, welche Studenten im Hause wohnen haben, so genannt. [...] Sobald der Bursche die Universität verläst und Kandidat wird, sobald wird er auch Philister. Die Bezeichnung geht nach dieser Quelle auf einen Mord an zwei Studenten zurück. Täter konnten nicht identifiziert und gefasst werden, aber man vermutete sie unter den Bürgern, mit denen sich Studenten normalerweise zum Umtrunk zu treffen pflegten. Im Zusammenhang mit den damaligen Ermittlungen wurde den tatverdächtigen, aber auch den Bürgern ganz allgemein das Schimpfwort Philister angehängt.[39]

---

[38] Brentano [und Arnim]: Der Philister vor, in und nach der Geschichte. – In: Brentano: Sämtliche Werke und Briefe, Bd. 21,1, S. 113–184, hier S. 147.

[39] Kindleben: Studenten-Lexicon. – In: Henne und Objartel: Bibliothek zur historischen deutschen Studenten- und Schülersprache, Bd. 2, S. 27–312, hier S. 157. Vgl. Brentano: Sämtliche Werke und Briefe, Bd. 21,1, hier S. 505.

Für Brentanos Mitwirkung an der Philister-Satire, an der auch Arnim als Autor beteiligt war, ist der Rückverweis auf Jena als Ursprungsort für das Schimpfwort geradezu ein Aition. Schon 1799 soll er »im Kreise der Jenaer Romantiker« eine »Naturgeschichte des Philisters« vorgetragen haben, ohne dass deswegen klar geworden wäre, inwieweit diese frühe Philister-Geschichte, wenn sie denn tatsächlich vorgetragen worden ist, die späteren Philister-Texte von Brentano vorweggenommen haben könnte, seinen Vortrag in der *deutschen Tischgesellschaft* vom 27. Februar 1811 und die spätestens im April desselben Jahres als gedruckte Broschüre verbreitete Veröffentlichung.[40] Entscheidend ist für die Beurteilung der Philister-Satire das bei Brentano nach wie vor lebendige Eintreten für den Studentenstatus, allerdings dialektisch verfremdet in der kritischen Zurschaustellung des Philisters letztlich als eines Bürgers. Besonders aufschlussreich ist dafür in der Philister-Satire auch die Wiederaufnahme des Themas der freien Liebe, hier jedoch nicht als Privileg des Studenten, sondern als »Huren-Indult der Philisterei«,[41] das heißt als »Gesetzliche Duldung der Prostitution«. Gegen ein solches philiströses Verhalten der Behörden verwahrte sich aber auch Brentanos Mitautor Achim von Arnim, der von sich ausdrücklich behauptete, für »die Aeusserungen gegen Hurerey in der Philisterabhandlung« verantwortlich gewesen zu sein.[42]

Mit der Kritik am staatlich verordneten »Huren-Indult der Philister« erinnert Brentano in der Philister-Satire an eine vergangene akademische Freizügkeit, die schon in der Kantate *Universitati Litterariae* nur noch gerade als »Wissensfreiheit« in der »Stimme der Studenten« (Vers 303) eine kurze Erwähnung findet.[43] Jedenfalls ist in der Philister-Satire die Universität als Gegenpol zum Philistertum keine Instanz mehr, an der sich der Studententatus als Voraussetzung einer besseren Lebensgestaltung bewähren könnte. Die Mitglieder der *deutschen Tischgesellschaft* sind als Gegenspieler und Kritiker der Philister ebenso wenig wie diese immatrikulierte Studenten, sondern bilden den politischen Zusammenschluss einer feudalistisch-konservativen Gesinnungsgemeinschaft von teils adligen, teils sogar bürgerlichen Persönlichkeiten, unter denen satzungsgemäß nur keine Frauen, keine

---

40 Vgl. Brentano: Sämtliche Werke und Briefe, Bd. 21,1, S. 488–492.

41 Brentano [und Arnim]: Der Philister vor, in und nach der Geschichte. – In: Brentano: Sämtliche Werke und Briefe, Bd. 21,1, S. 113–184, hier S. 142.

42 Ebenda, S. 521f. zu 142, 16.

43 Brentano: Werke Bd. 1 (1978), S. 227. – Mit ihrer Polemik gegen den »Huren-Indult der Philister« vermochten Arnim und Brentano aber nicht grundsätzlich auszuschließen, dass wie schon 1587 in der ›Historia von D. Johann Fausten' die »Studenten [...] »eindringlich [...] vor den Gefahren eines *HurenLeben[s]*« immer noch gewarnt werden konnten. Das Problem ist jedenfalls Teil des Studentenlebens auch noch um 1800. Vgl. Doering: Universitätslehrer D. Johann Faust, S. 143. Ferner Bosse und Neumeyer: »Da blüht der Winter schön«, S. 40, Anm. 66 mit dem Zitat eines charakteristischen Stammbucheintrags: »Ein edler Musen-Sohn kan nicht allzeit studieren,/ Es muß ein muntrer Fuß ihn auch zur Doris führen.« – Unter solchen Voraussetzungen ist übrigens auch ein Gedicht wie Brentanos sogenannte Freudenhaus-Romanze aus der Berliner Zeit ein für sein damaliges Selbstverständnis sogar als ehemaliger Student bezeichnender und insofern neu zu interpretierender Text. Vgl. den bisherigen Stand der Kommentierung bei Brentano: Sämtliche Werke und Briefe, Bd. 3,1, S. 29–36. 264–280, bes. 264–267, 278–280.

Juden und keine Philister, im Sinne des Wortgebrauchs als Schimpfwort, Mitglieder sein können.[44] Fichte, von dem berichtet wird, dass ihm bereits 1799 Brentanos »Naturgeschichte des Philisters« bekannt geworden sei, hatte deswegen vollkommen Recht, wenn er nach Anhörung von Brentanos Vorlesung meinte, beweisen zu können, »daß eben der Brentano hier der erste und ärgste unter allen Philistern« sei.[45] Deswegen ist anzunehmen, dass Brentano auch hinsichtlich der politischen Ausrichtung der *deutschen Tischgesellschaft* deren Zielsetzung nicht verstanden hat, wenn er in der Philister-Satire gemeint haben sollte, sich als Kritiker des Philistertums auf das Ideal des Studentenstatus berufen zu können, waren doch sogar unter den bürgerlichen Mitgliedern der Tischgesellschaft die überwiegende Anzahl die Beamten und unter diesen zahlenmäßig »die Professoren der 1810 gegründeten Berliner Universität die stärkste Gruppe«,[46] also keine Studenten, sondern Philister. Vom studentischen Geist der Universität ist in der *deutschen Tischgesellschaft* nur noch das Prinzip des Zusammenschlusses im Sinne einer Gruppenbildung übrig geblieben, die nach Brentanos Vorstellung in ihren Bestrebungen ganz unterschiedlichen Zielen verpflichtet sein kann.[47] Sich auf den Studentenstatus zu berufen war inzwischen und noch dazu im vorgerückten Alter eines Brentano obsolet geworden geworden, auch wenn er sich 1841 im Gespräch mit Emma von Suckow noch bestens an diesen Status erinnerte. Oder sollte seine Antwort vielleicht nur eine witzige Bemerkung, ein Spaß, gewesen sein? Er hätte zutreffender die Frage, warum er Günderrode nicht geheiratet habe, ernsthaft mit einem Hinweis auf sein persönliches Künstlertum beantwortet, also nicht, weil er Student war, sondern weil er sich als Dichter mehr als zur Günderrode zu Sophie Mereau hingezogen fühlte.

*

Dabei dürfte es nicht nur ihm selbst erst im Rückblick, sondern schon bald nach der Jahrhundertwende 1800 ganz persönlich klar und allgemein auch in der literarichen Öffentlichkeit verbreitet gewesen sein, dass der Studentenstatus nicht nur eine juristische Angelegenheit darstellt, sondern auch eine künstlerische, und für diese Annahme spricht eine schon damals vielzitierte zeitgenössische Literaturreferenz, deren inhaltliche Verankerung in der deutschen Universitäts- und Studentengeschichte ein Stück Literaturgeschichte aus einem möglicherweise immer noch zu wenig beachteten Blickwinkel heraushebt. Die Literaturreferenz, um die es dabei geht, ist mit keinem geringeren Text als Goethes *Faust* bereits in der *Fragment*-Fassung von 1790 ein Beleg und historisches Spiegelbild für den zeitgenössischen Studentenstatus, mit dem Goethe sich damals von Weimar aus als Mitglied des

---

44 Brentano [und Arnim]: Der Philister vor, in und nach der Geschichte. – In: Brentano: Sämtliche Werke und Briefe, Bd. 21,1, S. 113–184, hier S. 123f. Arnim: Vorschlag zu einer deutschen Tischgesellschaft. – In: Arnim: Werke und Briefwechsel, Bd. 11, S. 4–5, hier S. 5.

45 Köpke: Ludwig Tieck, Bd. 1, S. 251. Vgl. Brentano: Sämtliche Werke und Briefe, Bd. 21,1, S. 488f.

46 Nienhaus: Geschichte der deutschen Tischgesellschaft, S. 17.

47 Zu Brentanos Mitgliedschaft in ganz unterschiedlichen Tisch- und anderen Gesellschaften vgl. Feilchenfeldt: Brentano Chronik, S. 11.

Geheimen Staatsrats und Minister in der Landesuniversität in Jena ganz persönlich und unmittelbar auseinandersetzen konnte.[48] In seinem *Faust. Ein Fragment* geht es deswegen aktuell um das nachhaltige Modell und Beispiel einer dramatischen Dichtung als einer Studententragödie, auf die sich auch Brentano in seinem Heidelberger Studentenlied bezieht, wenn er die einzelnen Universitätsdisziplinen als allegorisches Szenario in Erinnerung ruft und dabei den Anfangsmonolog des an seinem Studium irre gewordenen Titelhelden aus Goethes Text paraphrasiert:[49]

> Habe nun, ach! Philosophie,

wird bei Brentano zu:

> *Chemia, Phisika, Philosophei,*
> *Studieren und sprechen, was Leben sei.*

> Juristerei und Medizin.

wird bei Brentano zu:

> *Zu meinen Füßen Gerechtigkeit,*
> *Durch Ihn [Karl Friedrich von Baden] sich großer Lehrer freut,*
> *[...]*
> *Der Medizin schenkt er ein Haus,*
> *Manch Kranker geht gesund heraus.*
> Und leider auch Theologie
> Durchaus studirt mit heißem Bemühn![50]

wird bei Brentano zu:

> *Auch durch der Theologia Schleier*
> *Strahlt neu ein Licht, ein Augenfeuer,*
> *Gern nennt'ich allem Volk dies Licht,*
> *Weil's aber taub ist, brauch' ich's nicht.*[51]

Goethes Faustfigur repräsentiert, wenn auch im Kolorit ihres eigenen historischen Herkommens vom Ende des 15. Jahrhunderts, nicht nur für Brentano, sondern ganz allgemein an der Zeitenwende um 1800 den damals aktuellen Typus eines ehemaligen Studenten, der sogar als arrivierter Angehöriger des akademischen Lehrkörpers immer noch nicht über das juristische Faktum des ihm während seines Studiums

---

[48] Vgl. Ziolkowski: Das Amt der Poeten, S. 292–295.

[49] In diesem Zusammenhang ist auf die dafür bezeichnende Anekdote hinzweisen, die Varnhagen von Ense überliefert, als Chamisso beim Vortrag eigener Gedichte im geselligen Kreis plötzlich auch den Anfang des *Faust* memorierte so, als ob er selbst die aufgezählten Fächer alle studiert hätte, und der unter den Gästen anwesende Altphilologe Gurlitt, der den Text nicht kannte, von Chamissos Rezitation so ergriffen war, dass er ihn unterbrach und ihn fragte: »›O was! das haben Sie‹ und ihm damit plötzlich den Strom der Rede im offenen Munde stocken machte.« Varnhagen von Ense: Denkwürdigkeiten des eignen Lebens. – In: Varnhagen von Ense: Werke, Bd. 1, S. 486f.

[50] Faust. Ein Fragment. – In: Goethe: Sämtliche Werke nach Epochen seines Schaffens, Bd. 3,1, S. 521–587, hier S. 521 Vers 1–4. Zur textkritischen Einordnung der *Fragment*-Fassung von 1790 vgl. Schöne: Faust. Kommentare. – In: Goethe: Sämtliche Werke. Briefe, Tagebücher und Gespräche. Vierzig Bände. 1. Abt. Bd. 7/2, S. 67f.

[51] Brentano: Werke, Bd. 1 (1978), S. 181, Vers 290–302. Vgl. Fußnote 31.

auferlegten Eheverbots hinweggekommen ist und deswegen auch lange nach Abschluss seines Studiums wie mit Margarethe (Gretchen) nur Verhältnisse, aber keine Ehe eingehen kann, sogar unter der Voraussetzung, dass er sich dazu nicht nur mit dem Teufel verbündet hat, sondern auch dank seiner materiell gesicherten Position im akademischen Betrieb die erforderlichen Mittel zur Gründung einer Familie gehabt hätte. Zwar behauptet er, er sei verarmt: »Auch hab' ich weder Geld noch Gut«.[52] Aber er ist auch als Hochschullehrer darin immer noch vor allem Student, der Repräsentant eines antibürgerlichen akademischen Studententums, geblieben, und verwandelt sich im Sinne Brentanos mit dem Verlust des Studentenstatus gleichzeitig notgedrungen sogar zum Philister, auch wenn es ihm mit Mephistos Hilfe gelingt, in dieser neuen Lebensphase als jugendlicher Mann sogar fast wie ein Student auszusehen und auch zu handeln.[53] Darin zeigt sich jedenfalls das auch Brentano, aus seinem eigenen Kontakt mit der akademischen Lebenswelt bekannt gewordene, literarische Vorbild und Muster der Faustfigur, insofern es in deren, durch das Bühnengeschehen theatralisch sichtbar gemachten Verwandlung die Gestaltbarkeit des Lebens zum künstlerischen Prinzip erhebt.[54] Andernfalls bliebe an der Jahrhundertwende um 1800 auch dem zeitgenössischen Leser oder Zuschauer des Stücks nichts anderes übrig als mit Faust selbst den zitierten Anfangsmonolog aus Goethes Text fortzusetzen und bei den Worten stehen zu bleiben:

> Da steh ich nun, ich armer Thor!
> und bin so klug als wie zuvor [...][55]

---

[52] Faust. Ein Fragment – Sämtliche Werk nach Epochen seines Schaffens, Bd. 3,1, S. 521 Vers 21.

[53] Hinzuweisen ist in diesem Zusammenhang auch auf die ›Studienberatung‹, in deren Verlauf Mephisto in der berühmten Schülerszene mit dem angehenden Studenten zuerst einige der akademischen Fächer diskutiert, die auch Faust studiert und deren Studium er gerade bereut hat, nämlich »Rechtsgelehrsamkeit«, »Theologie« und »Medicin«. Die Beratung endet jedoch mit der ebenfalls für das beziehungsgeschichliche Leben des Studenten um 1800 bezeichnenden Empfehlung »Besonders lernt die Weiber führen« mit allen damit verbundenen Aussichten, von denen sich der Schüler spontan angesprochen fühlt. Faust. Ein Fragment. – In: Goethe: Sämtliche Werke nach Epochen seines Schaffen, Bd. 3,1, S. 533–535 Vers 448, 461. 482, 502. Den Zusammenhng von Dichter als ›Musensohn‹, Student und Philister erörtern auch Bosse und Neumeyer: »Da blüht der Winter schön«, S. 38–42.

[54] Vgl. Schöne: Faust Kommentare. – In: Goethe: Sämtliche Werke. Briefe, Tagebücher und Gespräche. Vierzig Bände. 1. Abt. Bd. 7/2, S. 282f. – Zur umstrittenen Frage nach Fausts Alter als Voraussetzung seiner Umwandlung in einen jungen Mann vgl. Resenhöfft: Faust, der Dreißigjährige, jedoch ohne Bezug auf die Relativität des Lebensalter gemessen an der Lebenserwartung sowohl zur Goethezeit, als auch zur Epoche des historischen Faust.

[55] Goethe: Faust. Ein Fragment – Sämtliche Werke (Münchner Augabe), Bd. 3,1, S. 521 Vers 5f. Als geradezu umstürzlerische Kritik Goethes am akademischen Lehrbetrieb seiner Zeit liest im ›Faust‹ die »opening lines of the play« Ziolkowski: Faust and the University, S. 66f. Die Faust-Lektüre und ihre Folgen sind bei Brentano ein altes Thema vor allem für die Deutung der *Romanzen vom Rosenkranz*, vgl. Scholz: Clemens Brentano und Goethe, S. 207–225, sowie von *Aloys und Imelde*, ebd., S. 229–234. Dabei kommt es im Kontext der *Romanzen vom Rosenkranz* auch nicht überraschend zu einer Verknüpfung zwischen Brentanos Faust-Lektüre und dem Auftreten einzelner Studenten. Vgl. Brentano: Sämtliche Werke und Briefe, Bd. 10, S. 52, und Bd. 11,2, S. 61f. – Ich danke Dr. Dietmar Pravida (Frankfurt a.M.) für zahlreiche Anregungen und Abklärungen zu meinem Thema sehr herzlich, ohne die vieles nicht hätte so beachtet werden können, wie es jetzt der Fall ist.

Barbara Becker-Cantarino

Bettina von Arnims Rechtsstreitigkeiten und ihr Nachlass

Wem gehört ein Privatbrief? Wer darf ihn veröffentlichen? 1873 schreibt ein anonymer Rezensent in *Der Katholik. Zeitschrift für katholische Wissenschaft und kirchliches Leben* in seinem Artikel: »Die emancipirte Dame [Bettina von Arnim] trug dem lasciven Schriftsteller [Pückler-Muskau] ihre Complimente vor« und schließt mit der Mahnung: »Die Familie Arnim-Brentano sollte Alles aufbieten, um die noch in Aussicht gestellten ferneren Publicationen dieser Art zu verhindern. Wer gibt der Ludmilla Assing das Recht, die Briefe Bettina's abzudrucken?«[1] Es ist der Schlusssatz einer Rezension von Ludmilla Assings Buch *Fürst Hermann von Pückler-Muskau. Eine Biographie* (1873), in dem Assing, die Nichte und Nachlassverwalterin Varnhagens von Ense, viele pikante Briefzitate Pücklers und Bettina von Arnims brachte, die dem Publikum z. B. mitteilten, Bettina habe Pückler einen Heiratsantrag gemacht und u.a. (über Schleiermacher) geschrieben: »Immer mehr verwandelte sich Alles in ihm in Liebe und Genuß. […] Er liebte, er küßte mich, er bat mich ihm zu versprechen, daß ich ihn lieben wolle.«[2] Die Herausgeberin Ludmilla Assing hatte sich im Vorwort ausdrücklich als von Pückler autorisierte Biografin ausgewiesen:

> Er gab mir hiezu [sic], außer dem Vielen, das er mir bei Lebzeiten anvertraute, einen fast unerschöpflichen Stoff durch seine sämmtlichen vortrefflich geordneten Papiere, die er mir nach seinem Tode bestimmte, und die eine Reihe höchst interessanter und merkwürdiger Tagebücher und Briefwechsel enthalten, deren Veröffentlichung er in meine Hände legte. […] Außer dem Pücklerschen litterarischen Nachlaß stand mir aber auch noch der Varnhagen'sche zu Gebot […].[3]

Gibt der Besitz von Briefen auch das Recht zur Publikation, und wie ist es um die Rechte Dritter, Empfänger oder erwähnter Personen bestellt, wie steht es mit deren Empfindlichkeiten, dem guten Ruf, dem zeitgenössischen Geschmack oder Anstandsgrenzen, wann ist die Indiskretion »Unsittlichkeit und Unzüchtigkeit«?[4] Sollte oder muss ein (literarischer) Nachlass mit Privatbriefen zur wissenschaftlichen Erschließung freigegeben werden? Diese Fragen möchte ich entlang des literarischen Schaffens von Bettina von Arnim und dem Schicksal ihrer Briefe erörtern.

---

1 [Anonyme Rezension]: Fürst Pückler-Muskau, Bettina Brentano und Schleiermacher, S. 41.
2 Ebenda, S. 49.
3 Assing: Fürst Hermann von Pückler-Muskau, Vorwort, S. III–IV.
4 Vgl. Müller: Unsittlichkeit und Unzüchtigkeit.

https://doi.org/10.1515/9783110612073-007

Mit ihrer schriftstellerischen Karriere, der Veröffentlichung von *Goethe's Briefwechsel mit einem Kinde* (1835), begannen auch eine Reihe von rechtlichen Streitigkeiten, ernste und skurrile, in die Bettina mit Buchhändlern und Verlegern über den Vertrieb ihrer Bücher als Autorin und besonders als Verlegerin verwickelt war, und die auch die Familie berührten.[5] Als es um Clemens Brentanos literarisches Erbe ging – Clemens starb bereits 1842[6] im Haus seines Bruders Christian in Aschaffenburg –, gab es eine deutliche Verstimmung mit Bruder Christian, den der kinderlose Clemens zum Universalerben seines literarischen Werkes eingesetzt hatte. Bettina verabscheute Christians religiös-publizistische Arbeiten. In dem Nachlass-Streit mit Bruder Christian forderte Bettina die Rückgabe ihrer Briefe an Clemens und bestand auf der Herausgabe ihres Briefwechsels, wie sie ihrem Bruder Georg, dem ›Familienältesten‹, erklärte:

> Den Briefwechsel zwischen ihm [Clemens] und mir werde ich ohne irgendeine Nebenverantwortung jezt herausgeben; so darf auch keiner darum sich kränken. Es geht ins Komische daß Ihr mit blindem Glauben an die Nichtswürdigkeit dieser Correspondenz und mit solcher Überspannung ein schreckliches Lamento erhebt dagegen. [....] Sag es Deiner Sophie[7] daß sie unrecht hat so voreilig zu verzweiflen und das Schlimmste zu erwarten von Erscheinungen im Geist zweier geistreicher ganz edler und Seelenvoll verbündeter Naturen dazu berechtigt keine Frömmigkeit.[8]

Die Frankfurter Familie war weiterhin um den guten Ruf besorgt, fürchtete erotische Entgleisungen, die älteren Brüder Franz und Georg vermittelten und verhinderten eine Privatklage. Bettina setzte sich über alle Bedenken hinweg, handelte nach eigenem Ermessen und Urteil: ihr Briefwechsel mit Clemens erschien dann in der vor ihr gestalteten Form als *Clemens Brentano's Frühlingskranz aus Jugendbriefen ihm geflochten, wie er selbst schriftlich verlangte* schon im Mai 1844.[9] Sie verewigte damit das Andenken an ihren Bruder in dem Bild aus ihrer Jugendzeit vor seiner religiösen Wende. Sie wollte *ihre* Ansicht vom Leben und Werk des Dichters Clemens Brentano darlegen, auch um dem Editions- und Deutungsmonopol des Universalerben Christian entgegenzutreten.

---

5 Vgl. Pietsch: Edierende Dichterin, dichtende Editorin.

6 Clemens' Kritik an Bettinas Werk und ihrer unterschiedlichen Lebensauffassung, nahm Bettina jedoch den Briefwechsel mit ihm wieder auf, als sie die Herausgabe der Werke Achim von Arnims plante und den Bruder um Mithilfe und Genehmigung der Publikation gemeinsamer Arbeiten aus den Heidelberger Jahren wie *Des Knaben Wunderhorn* und die *Zeitung für Einsiedler* ersuchte. Clemens ließ dann Bettina die Ausgabe der Werke Achim von Arnims ganz nach ihren Wünschen planen; die Geschwister sahen sich aber nicht mehr wieder.

7 Sophie Brentano-Schweitzer (1806–1856) war seit 1831 mit dem Frankfurter Senator Karl Franz von Schweitzer verheiratet; sie war die zweite Tochter von Georg, Bettinas ältestem Bruder aus ihrer Herkunftsfamilie.

8 Brief vom 5. 3. 1844 – Bettina von Arnim: Werke und Briefe, Bd. 4, S. 483–484.

9 Der Originalbriefwechsel Bettinas mit Clemens sowie ihr eigenhändiges Manuskript zum *Frühlingskranz* hatten sich in ihrem Nachlass erhalten, sind aber seit der Versteigerung 1828/29 des in Wiepersdorf überlieferten Nachlasses (s. unten S. 119, Anm. 37) verschollen. Im *Frühlingskranz* verarbeitete Bettina selektiv u.a. auch Briefe von Achim von Arnim und von Sophie Mereau.

Nach Auseinandersetzungen mit dem Berliner Verlagsbuchhändler Ferdinand Dümmler über die Abrechnung ihres *Goethe*-Buches, nach Streitigkeiten über ihren Kommissionsvertrag mit dem Berliner Verleger Carl Adolph Jonas, kündigte auch der Berliner Verleger Moritz Veit, bei dem 1838/39 die ersten acht Bände der *Sämmtlichen Werke* Ludwig Achim von Arnims erschienen waren, ihr 1841 den Vertrag. Als Bettina dann auch mit dem Buchhändler Wilhelm Levysohn in Grünberg (Schlesien), den sie dann für ihre Publikationen und für den Vertrieb der *Sämmtlichen Werke* engagiert hatte, nach drei Klagen einen Vergleich geschlossen hatte und es auch mit der Buchhandlung Egbert Bauers zum Zerwürfnis kam, gründete sie die Arnim'sche Verlagsexpedition als Selbstverlag. Das war dem *Allgemeinen Landrecht für die Preußischen Staaten* nach Autoren auch ohne Konzession oder Gewerbeschein erlaubt, wenn sie das Bürgerrecht besaßen, was die aus Frankfurt stammende, zunächst in Wiepersdorf beheimatete und seit 1817 in Berlin zur Miete wohnende Bettina nicht erworben hatte.[10]

Im August 1846 schickte dann der Berliner Magistrat[11] Bettina ein Decret mit der Aufforderung, das Berliner Bürgerrecht zu erwerben, da alle Personen, die innerhalb der Stadt ein selbständiges, bürgerliches Gewerbe oder Handel betrieben, dazu verpflichtet seien. Bettina beharrte auf dem Recht, dass die Arnim'schen Werke Privateigentum der Familie Arnim seien, worüber diese ohne Gewerbeschein disponieren könne, der Magistrat solle sich »in den Buchhändlerischen Gesetzen orientiren, daß Manuscripte nach Belieben vom Eigenthümer herausgegeben und verkauft werden können, ohne daß hierüber eine gesetzliche Rechenschaft zu fordern sein dürfte«.[12] Bettina bot alle ihre Rhetorik und Ironie auf, den Magistrat in ihrer epistolarischen Eingabe zu belehren und in seine Schranken zu weisen:

> Was endlich die Erlangung des Bürgerrechts betrift [sic], zu welchem ein Hochlöblicher Magistrat speciel die Frau Baronin von Arnim als einer nothwendigen Pflicht anweist [...], so steht dieselbe nicht an, insofern man ihr das Bürgerrecht als freiwilliges Ehrengeschenk anbieten wollte, womit man ihr seine Hochachtung zu bezeichnen gedächte, dasselbe anzunehmen. In sofern aber man sie veranlassen will, das Bürgerrecht anzukaufen, so muß schon der wichtige Grund sie abhalten, daß dies den Irrthum, in welchem Ein Hochlöblicher Rath befangen ist, als sei sie eine gewerbtreibende Person, nur bestärken, und im Publikum verbreiten würde.[13]

Brisant wurde die ganze Angelegenheit mit der Anklage gegen Bettina von Arnim vor dem ›Kriminal-Senat des Kammergerichts für schwere Verbrechen‹ wegen

---

[10] 1810 war (im Gefolge der Stein-Hardenberg'schen Reformen) Gewerbefreiheit eingeführt worden, dafür musste aber ein Gewerbeschein erworben und Gewerbesteuer bezahlt werden. Alle Einwohner Berlins, die ein Gewerbe betrieben oder Grundbesitz erwerben wollten, mussten das Bürgerrecht (für 25 Taler) erwerben; 1850 wurde das Bürgerrechtsgesetz aufgehoben und alle Stadtbewohner gleichgestellt, so Stultz-Herrnstadt: Berliner Bürgertum, S. 31.

[11] Bettina hatte schon 1842 Streit mit dem Magistrat gehabt, als der Magistrat Hundesteuer für ihren Pudel in Berlin forderte, den sie als ›Jagdhund‹ deklariert hatte; Schwager Savigny konnte den Konflikt bereinigen (mehr zu Savingy s. unten).

[12] Brief an den Magistrat von Berlin vom 24.8.1846 – Bettine von Arnim: Werke und Briefe, Bd. 4, S. 561.

[13] Ebenda.

Beleidigung des Magistrats: Das Gericht verurteilte Bettina zu zwei Monaten Haft und Übernahme der Prozesskosten. Bettina war nicht persönlich zur Verhandlung erschienen (eventuell aus Vertrauen auf ihre Prominenz, überzeugt im Recht zu sein, oder mit geplanter Provokation gegen die preußische Bürokratie), jedenfalls ließ sie sich *in absentia* von dem Breslauer Justizkommissar Heinrich Ferdinand Fischer (1805–1880) verteidigen, der sich dazu angeboten hatte. In seiner Verteidigungsrede stellte Fischer Bettina von Arnim dem Gericht nicht als Privatperson vor, sondern als »gefeierte Schriftstellerin, den Liebling Deutschlands«, als Sprecherin des Volkes, als Vertreterin der neuen Zeit, die frei und offen das Gute ausspreche, das Schlechte ohne Ansehen der Person anklage.[14] Fischer betonte Bettinas Armenfürsorge in der Stadt, erinnerte damit an das Armenproblem und stellte die soziale Frage als Aufgabe der Stadt in den Mittelpunkt. Der als Liberaler bekannte Fischer forderte damit, auch ganz im Sinne Bettinas, die preußische Bürokratie mit einer politischen Provokation heraus, was die Jungdeutschen und die Liberalen begeisterte, Bettinas Familie – besonders Schwager und Justizminister Friedrich Karl von Savigny (1779–1861) – in Panik versetzte, denn der Magistratsprozess erregte Aufsehen. Ausführlich wurde in den *Berlinischen Nachrichten* vom Verlauf und von Bettina von Arnims Verurteilung wegen Beleidigung des Magistrats zu zwei Monaten Gefängnis und Übernahme der Gerichtskosten berichtet. Kurz nach der Urteilsverkündigung teilte Bettina ihrem Anwalt Fischer mit, sie wolle die Akten des Prozesses veröffentlichen, damit »das Publicum diese Sache zum Gegenstand seiner Urtheilskraft« mache.[15] Dazu kam es nicht; Savigny konnte mit seinem Einfluss und persönlichen Einsatz beim König über ihren Kopf hinweg (mit der Hilfe von Bettinas ältestem Sohn Freimund und dem Berliner Anwalt Lewald, einem Bruder der Schriftstellerin Fanny Lewald) in zweiter Instanz den Prozess beilegen: Die Gefängnis-Strafe wurde aufgehoben, aber die Prozess-Gebühren und Steuer musste sie zahlen. Savigny verhinderte oder verbot Bettina die Veröffentlichung der Prozessakten.

Bettina beharrte hartnäckig auf ihrer Position, wie sie in einem Brief an ihren Sohn Siegmund ihr Ringen mit ihrem Schwager Savigny (der auch Vormund ihrer Kinder und Vermögensverwalter war) schilderte:

> Savigny verhandelte ohne mir etwas zu sagen mit Lewald, stellte sich an die Spitze des Ganzen nahm den Freimund als Agenten bei mir um mich zu bewegen dem Magistrat eine Erklärung zu machen welches ich abschlug [....] am 27ten kommt Savigny und Tante[16] bei mir heran gerückt und haben eine Declaration in der Tasche welche ich refüsire anzusehen sie drängen in mich diese zu unterzeichnen, finden kein Gehör sie bedrohen mich mit den schrecklichsten Folgen, ich lache darüber. sie sagen es werde ein schmachvolles abermaliges Zeitungsgeschwätz geben, ich sage daß ich mir nichts daraus mache, daß die Schmach nur auf meine Gegner fallen könne, Savigny wird so Wild und toll daß er mir einen Puff in den Rüken giebt während die Tante mir vorhält wie ich aus Rücksicht für meine Kinder doch dieses einzige thun soll –, Nein sage ich; das einzige was ich thun kann ist daß ich dem Magistrat schreibe er soll sich an mein Schreiben vom 4ten April halten; Savigny meint die Deklaration die er in der

[14] Meyer-Hepner: Der Magistratsprozess, S. 87–97.
[15] Ebenda, S. 103.
[16] Siegmunds Tante war Bettinas Schwester Gunda, seit 1803 mit Savigny verheiratet.

> Tasche habe sei gar nichts anders, ich lasse mich nicht herab sie anzusehen und will das was ich für gut hlte selbst aufsetzen. sie werdenwüthig die Savigny sagt: Nun unterstehe dich nicht allenfalls zu sagen daß Savigny sich nichts darum bekümmert habe, und rechnet zugleich seine große Verdienste her [...] ich sagte es kümmere mich auch gar nicht denn man sei zu Ehrloß und Nichtswürdig gegen mich verfahren als daß ich die geringste Rücksicht darauf nehme, es komme mir gar nicht in den Sinn mich weder von dem Geschwätz der Leute noch von dem Urtheil des Gerichts im geringsten affiziren zu lassen, und sie möchten beschließen was sie wollten ich halte es nicht der Mühe wert mich zu verteidigen. und sowie der Proceß gedruckt sei, habe ich alles erreicht, was ich wolle [...] ich könne mich nicht in ihren Willen fügen. [...] da sie nun mit wiederholtem Bombardement nichts erreichen konnten, so schlugen sie die Thüren hinter sich zu, und ich Tanzte auf einem Bein herum vor Vergnügen. [...] Nie hab ich so deutlich alle meine Ahnungen alle meine Verdachte verwircklicht gefunden! – vor dem König hat Savigny (als Herr von Leisetritt) mich bestimmt etwas herabzubringen versucht [...].[17]

So ähnlich oder auch nicht mag sich Bettinas zähe Verhandlung mit Savigny, mit dem sie sich seit der Affäre um die Brüder Grimm politisch entzweit hatte, zugetragen haben; in diesem Rollenspiel der standhaft-aufsässigen, für das Recht kämpfenden Mutter verteidigte sich Bettina in ihrem Brief an ihren konservativ-kritischen Sohn Siegmund, der kein Verständnis für ihre politischen Ansichten und literarische Tätigkeit hatte.

Seit den 1840er Jahren standen Bettina von Arnims politische und literarische Interessen in krassem Gegensatz zu den konservativen Mitgliedern ihrer Frankfurter Familie Brentano und in Berlin besonders zu Schwager Savigny und dessen Frau Gunda, ihren Söhnen Siegmund und Friedmund und Töchtern Maximiliane und Armgard. Deshalb bemühte Bettina sich um die Tradierung ihrer eigenen Texte und zog dazu Karl August Varnhagen von Ense (1771–1833) heran, um die Überlieferung ihrer Manuskripte und Briefe sowie der Achim von Arnims und dessen, was sie von Bruder Clemens besaß, zu sichern. Die anfänglich problematische Beziehung Varnhagens zu Clemens Brentano und den Arnims war spätestens seit Achims und Rahel Varnhagens Tod längst einer gegenseitigen Achtung der politischen Interessen und einem freundschaftlichen Austausch in literarischen Dingen zwischen Bettina und ihm gewichen. Auch die räumliche Nähe der beiden in Berlin wohnenden Literaten, die einen großen gemeinsamen Bekanntenkreis hatten, sich in den 1840er und 1850er Jahren oft besuchten oder begegneten, ohne dass es wie bei anderen männlichen Freunden Bettinas zu erotischen Komplikationen oder komplexem Rollenspiel kam, trug zu ihrem partnerschaftlichen Austausch von politischen, gesellschaftlichen und literarischen Nachrichten und Interessen bei. Bettina betrachtete Varnhagen »als ihren wahren einsichtigen Freund, als ihren zuverlässigen Rathgeber und Gehülfen bei ihren Unternehmungen«.[18] Waren in den 1840er Jahren beide an privater Nachrichtenverbreitung und der publizistischen Lancierung politischer Meinungen interessiert, wobei sie die öffentlichen Regulierungen und Zensur möglichst umgingen, so trat in den 1850er Jahren ihr literari-

---

17 Brief an Siegmund vom 30. Nov. 1847 – Bettine von Arnim: Werke und Briefe, Bd. 4, S. 598–599.

18 Bunzel: Kollaborateure: Bettine von Arnim und Karl August von Varnhagen, S. 224.

sches Erbe und der Erhalt ihres Nachlasses in den Vordergrund. 1854 konnte Bettina Varnhagen für Editionen aus dem Nachlass Achim von Arnims gewinnen, der dann den Briefwechsel Achims mit Clemens Brentano ordnete. Sie übergab Varnhagen viele Zeugnisse und Dokumente und hat ihm »an die tausend handschriftliche Blätter geschenkt«,[19] auch aus Angst vor der Vernichtung oder Verstreuung ihrer Papiere durch ihre Familie. Varnhagen notierte 1856 (wenige Monate vor Bettinas schwerem Schlaganfall): »Sie will mir noch immer Pakete schicken; wenn sie erst todt sei, sagt sie, werden ihre Papiere ganzverwahrlost, zerstört, verschleudert, mißachtet werden. Darin mag sie Recht haben«.[20] Bettina schätzte nicht nur Varnhagens Archivierungspraxis, sie wusste auch um Varnhagens Vorsorge für seine immense literarische Sammlung und die eigenen Tagebücher und Schriftstücke. Bettinas Vorsorge rettete viele ihrer Briefschaften für die Überlieferung.

Varnhagen hatte seine bei ihm lebende literarisch versierte, politisch ebenfalls liberal gesinnte Nichte Ludmilla Assing geschult und zu seiner Erbin und Nachlassverwalterin eingesetzt und ihr volle Verfügungsfreiheit laut Testament übermacht. Assing handelte gemäß »den Wünschen ihres Onkels«.[21] Schon bald nach Varnhagens Tod im Oktober 1859 (nur wenige Monate nach Bettinas Ableben am 20.1.1859) veröffentlichte Ludmilla Assing die ersten Briefzeugnisse aus dem Varnhagen-Nachlass mit *Briefe von Alexander von Humboldt an Varnhagen von Ense* bei F. A. Brockhaus in Leipzig 1860, was eine literarische Sensation und einen Literaturskandal auslöste. Offiziell herrschte in den 1860er Jahren Zensurfreiheit, aber das *Preßgesetz* vom 12.5.1851 nahm Rücksicht auf Bestimmungen des Strafgesetzes und erlaubte »eine faktische Nachzensur für Druckschriften unter zwanzig Bogen«.[22] Die Polizei durfte selbständig und ohne richterliche Anordnung Texte konfiszieren, wenn sie Passagen enthielten, die nach den Paragraphen zur Majestätsbeleidigung, zur »Gefährdung des öffentlichen Friedens« strafbar waren oder wenn sie »staatliche Einrichtungen und Anordnungen dem Haß oder der Verachtung« aussetzten; doch musste auf jede Beschlagnahme eine Gerichtsverhandlung folgen.[23]

Der Polizei-Präsident ließ Assings Edition der *Briefe von Alexander von Humboldt an Varnhagen von Ense* am 29.2.1860 verbieten, aber der Regent[24] war ausdrücklich dagegen, so dass Verbot und Konfiskation wieder aufgehoben wurden. Ein Ansturm auf die gedruckten Exemplare setzte ein, »eine Völkerwanderung von Bedienten und Hausknechten« zu den Buchhändlern.[25] Die in Preußen nur einen Tag lang verbotene Publikation von Humboldts Briefen erlebte dann fünf Auflagen

---

19 Alexander von Humboldt: Briefe an Varnhagen von Ense, S. 319.

20 Zit. nach Bunzel: Bettine von Arnim und Karl August von Varnhagen, S. 238.

21 Gatter: »Gift, geradezu Gift für das unwissende Publicum«, S. 305.

22 Ebenda, S. 216.

23 Ebenda.

24 1860 war der Regent der spätere Wilhelm I., denn König Friedrich Wilhelm IV. hatte die Regentschaft an seinen jüngeren Bruder Wilhelm seit dem 7. Oktober 1858 abgegeben; Friedrich Wilhelm IV. verstarb dann am 2.1.1861.

25 E[rnst] K[ossak]: Berliner Wochenschau. In: Berliner Montags-Post 6 (1860), Nr. 11 vom 12.3. – zit. nach Gatter: »Gift, geradezu Gift für das unwissende Publicum«, S. 218.

in acht Wochen, sofortige Übersetzung ins Englische, Dänische und Französische und Raubdrucke in den USA – und eine jahrzehntelange Debatte über die Veröffentlichung von privaten Briefen und Tagebüchern. Diese Debatte wurde mit Assings Herausgabe der Tagebücher Varnhagens ab 1861, besonders den darin enthaltenen Notizen Varnhagens zu 1848, noch weiter angefeuert. Ludmilla Assing wurde wegen Majestätsbeleidigung zu mehrmonatigen Haftstrafen verurteilt und steckbrieflich verfolgt, da sie – samt Varnhagens Nachlass – inzwischen nach Florenz übergesiedelt war. Von dort aus publizierte Assing weiter, mehr als 50 Bände Briefe und Tagebücher *Aus dem Nachlaß Varnhagen's von Ense* und *Aus dem Nachlaß des Fürsten Pückler-Muskau*.

1866 erhielt Assing Amnestie und kehrte für einige Monatenach Berlin zurück. Bereits im Sommer 1872 vermachte sie die *Sammlung Varnhagen* und ihre eigenen Papiere testamentarisch als Schenkung der Königlichen Bibliothek in Berlin mit der Auflage, dass sie zusammengehalten werde, in einem Zimmer aufgestellt und »der allgemeinen Benutzung möglichst überlassen« werden solle;[26] sie kam für die Transportkosten selbst auf. Falls von Berlin abgelehnt, wäre die Sammlung nach Zürich gegangen; der König genehmigte die Schenkung, aber »nur bekannten und zuverlässigen Personen« sollte Einblick gewährt werden. Die Nachlasspolemik überschattete Ludmillas Assings Leben, ihre editorische Tätigkeit wurde kritisiert; diese Tätigkeit wurde ihr als Frau von den Zeitgenossen nicht zugetraut und wenig anerkannt.[27]

Schon kurz vor Bettina von Arnims Ableben hatten ihre Kinder sich um Kontrolle auch der bei Varnhagen befindlichen Briefe bemüht; ein Schreiben der Tochter Armgard vom Juli 1858 bat in Bettinas Namen Varnhagen um Rückgabe der Papiere: »Da Sie so sehr mißtrauisch sind, so hat hier die Mutter 3 Kreuzchen gemacht um zu beglaubigen daß Sie [sic] Sie bittet die Ihnen von ihr anvertrauten Papiere nun meiner Obhut zu übergeben«.[28] Varnhagen schickte wohl einiges zurück, was aber die durch mehrere Schlaganfälle behinderte Bettina nicht mehr übersehen konnte. Sie starb wenige Monate später.

Um Bettinas literarisches Erbe wurde es zunächst still; ihr umfangreicher handschriftlicher Nachlass, darunter Briefe Friedrich Wilhelms IV., wurde unter der Ägide ihres zweitältesten Sohnes Siegmund im Familienbesitz Wiepersdorf gelagert und bis zu Siegmunds Tod 1890 keinem zugänglich gemacht. Selbst Bettinas Schwiegersohn, der Schriftsteller und Kunsthistoriker Herman Grimm (1828–1901), Sohn von Wilhelm Grimm und seit 1859 Ehemann der jüngsten Bettina-Tochter Gisela, konnte erst 1892 Einsicht in den Wiepersdorfer Nachlass für sich und für den Berliner Germanisten und Romantik-Herausgeber Reinhold Steig (1857–1918) erhalten, den Grimm zum Sachverwalter des Arnim-Nachlasses bestimmt hatte. Steig gab dann die Arnim-Briefwechsel *Achim von Arnim und Clemens Brentano* (1894), *Achim von Arnim und Jacob und Wilhelm Grimm* (1904) und *Achim von*

---

26 Gatter: »Gift, geradezu Gift für das unwissende Publicum«, S. 38.

27 Die Testamente Varnhagens und Assings zeigen, wie Gatter ausführlich darlegt, dass Assing trotz vieler Anschuldigungen keinen Vertrauensbruch gegenüber Varnhagen begangen hat; Gatter: »Gift, geradezu Gift für das unwissende Publicum«, S. 308–313.

28 Bettine von Arnim: Werke und Briefe, Bd. 4, S. 741 (Kommentar).

Arnim und Bettina Brentano (1913) heraus. Steig (und Grimm) gerieten in typisch akademische Querelen über den Zugang zu den Papieren und Kompetenz bzw. Sekretierung von Texten, die der Familie nicht genehm waren.

Denn 1881 war die Varnhagen'sche Sammlung (laut Testament von Ludmilla Assing) nach Berlin in die Königliche Bibliothek gelangt und ein Neffe von Bettina, der Sozialreformer und Nationalökonom Lujo Brentano (1844–1931),[29] Sohn des von Clemens als Universalerben eingesetzten Christian Brentano, erreichte 1891, dass die die Familien Brentano und Arnim betreffenden Briefschaften in der Varnhagen'schen Sammlung nur für ihn selbst und Herman Grimm und Reinhold Steig reserviert werden sollten. [30] Doch diese Reservierung für die Arnim-Familie wurde zunehmend von der Bibliothek gelockert und wichtige Bettina-Briefe wurden, auch aus anderen Quellen, veröffentlicht. Der profilierte Goethe-Forscher und ebenfalls in Berlin lehrende Germanist Ludwig Geiger (1848–1919)[31] konnte 1902 aufschlussreiche Briefe und Aktenstücke aus Bettina von Arnims Briefwechsel mit Friedrich Wilhelm IV. publizieren. 1903 erschien dann Bettinas Briefwechsel mit der Malerin Pauline Steinhäuser (1809–1866),[32] der Bettinas Haltung zur Revolution von 1848 beleuchtet, sowie Bettinas Briefe an den Mediziner und Politiker Johann Nepomuk Ringseis (1785–1880),[33] einem Vertrauten von Kronprinz Ludwig und späteren Wortführer der konservativ-katholischen Gruppe; 1905 erschienen Bettinas Briefe an den preußischen Regierungsrat Markus Carsten Niebuhr (1817–1860)[34] und 1907 die Briefe des Schriftstellers Adolf Stahr an Bettina und Varnhagen.[35] Damit wurde bereits zu Anfang des 20. Jahrhunderts die Aufmerksamkeit auf den in der Bettina von Arnim-Forschung heute am meisten geschätzten Aspekt, ihr

---

29 Lujo Brentano (zusammen mit den drei Söhnen von Friedmund von Arnims) gelang es dann, 1911 als Austausch für Brentanos ungedrucktes Drama *Aloys und Imelde* aus der Sammlung Varnhagen etwa 240 Briefe auszusortieren (diese blieben jedoch erhalten und sind jetzt »ohne Vernichtung wesentlicher Briefe« im Freien Deutschen Hochstift, Frankfurt).Vgl. hierzu: Gatter: Entstehung, Struktur und Motive der Sammlung Varnhagen, und: Bettine von Arnim, Werke und Briefe, Bd. 4, S. 743–744.

30 Lujos Tochter, genannt Sissi (1875–1956), erbte den Familiennachlass und vermachte (testamentarisch 1948) die im Familienbesitz befindlichen Clemens Brentano-Papiere dem Freien Deutschen Hochstift; Schad: Christian Brentano, S. 94–95.

31 Geiger war der Mitbegründer und langjährige Herausgeber des renommierten Goethe-Jahrbuchs, bis 1913 mit dem Tod des einflussreichen Literaturhistorikers Erich Schmidt eine jüngere Generation von Goethe-Forschern umdisponierten und die positivistische Forschung, die Geiger vertrat, verdrängten. Geigers Quellenforschung zur deutsch-jüdischen Literatur und zur Literatur von Frauen ist bis heute wertvoll.

32 Obser: Bettina von Arnim und ihr Briefwechsel mit Pauline Steinhäuser.

33 Pfülf: Aus Bettinas Briefwechsel. Ringseis war in Landshut Hörer von Savigny, lernte dort Bettina und Clemens Brentano kennen. Als Ludwigs I. persönlicher Arzt erlebte er eine steile Karriere in Bayern. Er war 1848 ein Mitbegründer des *Vereins für konstitutionelle Monarchie und religiöse Freiheit*. Nach der Abdankung Ludwig I. 1850 wurde er aller Ämter enthoben.

34 Gaedertz: Bettina von Arnim und Markus Niebuhr. Niebuhr war im diplomatischen Dienst für Friedrich Wilhelm IV. tätig, seit 1850 Mitglied im Staatsrat. 1848 arbeitete er mit an der konservativ-monarchischen *Neuen Preußischen Zeitung* (Kreuzzeitung), die 1848–1939 erschienen ist.

35 Kohut: Briefe.

politisch-journalistisches Schaffen und liberales Denken, gelenkt[36] – allerdings war die *akademische* Germanistik um 1900 wenig an Bettinas politischem Journalismus interessiert, betrachtete auch ihr literarisches Werk zumeist nur aus der Perspektive von ›Frauen der Romantik‹ – oder sah in ihren Briefbüchern peinliche Respektlosigkeit, besonders vor Goethe.[37]

Als Autorin, Verlegerin, Publizistin und Briefeschreiberin war Bettina von Arnim besonders in den 1840er Jahren eine prominente Berliner Persönlichkeit, aber auch eine schwierige Mitstreiterin, wie ihre Rechtstreitigkeiten und die Auseinandersetzung mit Savigny zeigen. Ihre liberale, preußenkritische Gesinnung war einem Teil ihrer Familie und vielen Zeitgenossen ein Dorn im Auge, verstießen doch ihre journalistisch-politischen Äußerungen gegen die zeitgenössische Auffassung, dass Frauen in Journalismus und Politik nichts zu sagen hätten. Bettina war »keine wohltuende Erscheinung für ernsteren Sinn [...], nur mit einer wunderbaren Phantasie begabt, [...] reich an Geist und mannigfaltiger künstlerischer Anlage.«[38] Diese (Vor-)Urteile gegenüber Bettina von Arnim als Autorin bestimmten auch das Schicksal ihres Nachlasses im 19. Jahrhundert.

Seit ihrem Tod 1859 trafen in der Tradition ihres Nachlasses drei unterschiedliche Ansprüche aufeinander: Da waren einmal die Familienrücksichten und Empfindlichkeiten der Arnim-Familie, dann die politisch gegensätzlichen Interessen der Liberalen und Deutsch-Nationalen und zunehmend die Ansprüche der Wissenschaft auf Einsicht in die Original-Papiere mit dem Ziel der Publikation und auch der Interpretation. Anscheinend waren die Familien Arnim und Brentano – d. h. die Kindergeneration von Bettina und Clemens – zunächst ohnehin noch mehr am Erbe und am guten Ruf von Clemens als *Dichter* interessiert als an Bettinas *literarischem* Werk. Besonders ihren politischen Briefen und Schriften wollte man in den Jahrzehnten des Kulturkampfes keine Aufmerksamkeit zukommen lassen.[39] Um 1900 war dann zwar die politische Brisanz der fast 60 Jahre zurückliegenden Ereignisse um 1848 verblasst, nicht aber die politisch-ideologischen Gegensätze zwischen den liberal-sozial und den deutsch-national (pro-preußisch) gesinnten Nachkommen und Literaturwissenschaftlern. Deren Familienansprüche und -rücksichten gerieten zunehmend in Konflikt mit den wissenschaftlichen Interessen der sich institutionalisierenden Germanistik, als die Romantik neben der Klassik rehabilitiert wurde und die

---

36 Vgl. hierzu umfassend Landfester: Selbstsorge als Staatskunst. Bettine von Arnims politisches Werk.

37 Die Saga um den Bettina von Arnim-Nachlass geht dann im 20. Jahrhundert weiter mit der Versteigerung 1928/1929 der in Wiepersdorf gelagerten Papiere durch das Auktionshaus Henrici.

38 Pfülf: Aus Bettinas Briefwechsel, S. 437.

39 Lange brisant war Bettina von Arnims Autorschaft der ›Polenbroschüre‹ (1849 anonym gedruckt), die zwar bekannt, aber zunächst nicht weiter beachtet wurde. Der biografische Artikel zu Bettina von Arnim von dem Germanisten Gustav von Loeper in der ADB von 1875, Bd. 2, S. 582 erwähnte Bettinas Autorschaft, in Goedekes Grundrisz, 1895/98, Bd. 6, S. 86, wurde Hortense Cornu als Autorin vermutet: »Gegen Bettinens Autorschaft spricht der Stil. [...] Möglicherweise hatte Bettina, die mit Mad. Cornu in Beziehung stand, irgendwie Anteil an der Drucklegung«. Die Veröffentlichung von Bettinas Briefwechsels mit Cornu klärte 1926 die Frage nach der Autorschaft endgültig, vgl. Bettine von Arnim: Werke und Briefe, Bd. 3: Politische Schriften, S. 1221.

›Goethezeit‹ zum bevorzugten Forschungsgebiet wurde.[40] Die literarischen Zeugnisse der Romantik wurden eifrig von wetteifernden Germanisten aufgearbeitet, auch angefeuert von konkurrierenden Gelehrten und ihren Schülern.

Der Streit um Besitz- und Veröffentlichungsrechte der Briefe und nachgelassenen Papiere Bettina von Arnims im 19. Jahrhundert zeigt die unterschiedlichen Akteure im Literaturbetrieb und politischen Strömungen. Die rechtliche Lage war diffus, als reiner Besitz von Papieren fielen sie unter das Eigentumsrecht, das testamentarisch geregelt wurde. Um 1860 war die übliche Versiegelung von Nachlässen für 50 Jahre angesetzt,[41] auch um noch lebende Personen zu schützen, aber testamentarische Bestimmungen (wie die Varnhagens) konnten das ändern. Die publizistisch-literarische Praxis war höchst unterschiedlich: man lavierte zwischen den Empfindlichkeiten der Familie, der Neugier des Publikums, der eventuell noch zensurierenden Obrigkeit, dem kaufmännischen Interesse der Verleger, bald zunehmend zwischen den Archivaren und Bibliothekaren, und nicht zuletzt den konkurrierenden Literaturwissenschaftlern und Biografen, die sich mit dem Verweis auf wissenschaftliche Texttreue und gegen den Vorwurf der Pietätlosigkeit verteidigten. Bettina von Arnim und Varnhagen fühlten sich durch gesellschaftliche Konvention eingeengt und von Publikationszensur stark behindert; ihr wahres Denken wollten sie nach ihrem Tod bekannt werden lassen. So wünschte Varnhagen schon 1837: »Die Welt sieht bis jetzt nur mein Censurleben; es wäre doch billig, dass sie auch mein censurfreies kennen lerne«.[42] Bettina von Arnim hielt mit ihrer Meinung selten zurück, wollte der Nachwelt die Dokumente ihres literarischen Schaffens und ihrer politischen Ansichten überliefern, ihr Andenken befördern, die Deutungshoheit über ihr Werk und ihre Zeit bewahren, und sie wollte unbedingt für ihre politisch-sozialen Anliegen werben und provozieren.

---

40 So wurde z. B. einer Studentin aus der ersten Student*innen*generation, der (später prominenten Frauenrechtlerin) Alice Salomon (1872 in Berlin bis 1948 in New York), die über Bettina promovieren wollte, der Zugang zu den Papieren Bettinas verweigert, so Peter-Anton von Arnim: Schicksal des Nachlasses, S. 84. Peter-Anton von Arnim hat leider in seinem mehrfach publizierten Artikel zum Bettina-Nachlass überhaupt keine Quellenangaben macht.

41 Gatter: »Gift, geradezu Gift für das unwissende Publicum«, S. 303, erwähnt Hamburg in diesem Zusammenhang, wo Ludmilla Assing dann bei Hofmann & Campe aus Varnhagens Nachlass publizierte. – Als geistiges Eigentum fielen Briefe unter das sich seit dem ausgehenden 18. Jahrhundert formierende Copyright-Gesetz. Bei Briefen wurde im 19. Jahrhundert noch gestritten, ob sie als literarisches Werk mit geistigem Wert zu betrachten seien (d.h. unter die Autorrechte fallen), und wem sie als Eigentum gehören, dem Absender, dem Empfänger oder dem, der den Brief besitzt. Vgl. dazu 1861 Goltdammer: Ueber das geistige Eigenthum an Briefen.

42 Zitiert nach Gatter: »Impietät. Indiscretion, Scandalsucht und Frivolität«, S. 229.

Sheila Dickson

Rachel Fanny Antonina Lee vs. Loudoun und Lockhart Gordon: Recht und Gerechtigkeit in Oxford (1804) und in Achim von Arnim's »Mistris Lee« (1809)

By the statutes, the 3d of Henry the VIIth, and 39th Elizabeth, it is made felony, without benefit of clergy, to take any woman forcibly away, with intention to possess her property, marry her without her consent, or to defile her person.[1]

Schon die Reihenfolge der möglichen gesetzwidrigen Absichten hinter einer Entführung macht eine deutliche Aussage über die Prioritäten des englischen Strafrechtssystems unter den Tudors. Die Entführung einer weiblichen Person hat Heinrich VII. 1487 unter Todesstrafe gesetzt, 1597 untersagte Elisabeth I. noch die Gegenwart eines Geistlichen bei der Hinrichtung.[2] Vor allem ging es um das Eigentum von Frauen, das vor Abenteuern geschützt werden musste. 1804, mehr als zweihundert Jahre später, fand unter dem Hannoverschen König Georg III. ein Gerichtsverfahren mit Berufung auf dieses Gesetz in Oxford statt, das die breite Öffentlichkeit im Vereinigten Königreich in den Bann zog und dadurch aussagekräftig das System und die Angehörigen dieses Hoheitsbereiches zu jener Zeit kommentiert.

1. Die Protagonisten

Angeklagt waren zwei Brüder, Loudoun und Lockhart Gordon; die Klägerin hieß Rachel Fanny Antonina Lee, geb. Dashwood (1773?–1829). Allgemein bekannt und von keinem der Betroffenen bestritten war der Tatbestand, dass am 15. Januar 1804 Frau Lee mit den Brüdern aus ihrem Haus in London nach Oxfordshire fuhr und dass sie in einem Wirtshaus die Nacht mit Loudoun verbrachte. Ungeklärt war, ob dies mit ihrer Erlaubnis geschah oder ob sie von den beiden Männern entführt und von Loudoun vergewaltigt worden war.

Die Protagonisten waren mit den höheren Schichten der englischen Gesellschaft zumindest liiert. Die Herren Gordon waren Cousins des Earl of Portsmouth. Lockhart, 28 Jahre alt, war Geistlicher; Loudoun, 23 Jahre alt, Offizier in der britischen Armee, gerade von den Westindischen Inseln nach England zurückgekehrt. Die Vermieterin der Brüder gab zu Protokoll, die Brüder hätten finanzielle Probleme: Loudoun rechnete damit, wegen Schulden verhaftet zu werden, Lockhart schuldete ihr 64 Pfund, und ein paar Tage vorher wäre er wegen zehn Pfund verhaftet und

1 Zitiert in mehreren Zeitungen am 18. Januar 1804, z. B. *The Times* und *The Morning Post.*
2 »Abduction of Women.« 1487 Statute 3 Henry VII c. 2; 1597 Statute 39 Elizabeth c. 9.

https://doi.org/10.1515/9783110612073-008

durch Lord Portsmouths Verwalter freigekauft worden.[3] Doch sollte er zur Zeit des Vorfalls kurz davor sein, von seinem reichen und einflussreichen Cousin eine gut bezahlte Anstellung zu bekommen.[4] Ihre Lage war somit nicht untypisch für junge ›society gentlemen‹ in der britischen Hauptstadt: pekuniär nicht gut ausgestattet und auf Verwandte und Beziehungen angewiesen. Die Lösung, eine reiche Frau zu heiraten, war für viele ein hehres Ziel.

Frau Lee war die uneheliche Tochter von Sir Francis Dashwood, 11. Baron le Despencer (1708–1781), dem britischen Finanzminister und Mitgründer des ›Hellfire Clubs‹, einer exklusiven englischen Vereinigung mit dem von François Rabelais stammenden Motto »Fay ce que vouldras«, was sie vor allem auf Alkohol- und Liebesgenuss bezogen. Sir Dashwood ließ einen Garten anlegen, der die weibliche Form darstellte, und eine bestimmte Aussicht von einem Turm auf den Garten hat einen Geistlichen angeblich dermaßen schockiert, dass er ohnmächtig wurde.[5] So wurde der Nachname ›Dashwood‹ zum geflügelten Wort für Ausschweifungen und Missbrauch von Reichtum, zum Beispiel in Jane Austens *Sense and Sensibility*, wo der bloße Name »remained synonymous with diabolism, sexual lewdness, and the dubious privileges of wealth«.[6]

Miss Dashwood war das einzige Kind von Sir Francis, und er hinterließ ihr ein ansehnliches Vermögen (nach unterschiedlichen Schätzungen 40.000 bis 70.000 Pfund). Sie wurde von ihrem zehnten bis zum fünfzehnten Lebensjahr im Ausland erzogen und verbrachte danach ca. neun Monate in der Obhut von Mrs Gordon.[7] Laut Presseberichten zur Zeit der Entführung fiel sie schon damals in der vornehmen Gesellschaft durch ihre Schönheit und ihr Vermögen auf. Sie verlobte sich mit dem Neffen des Earl of Macclesfield, hat sich aber am Abend vor der Hochzeit aus der Verlobung zurückgezogen.[8] Danach brannte sie 1792 mit Matthew Lee, der außer »the elegance of his person and his gentlemanly manners« kein Vermögen besaß, nach Gretna Green durch, trennte sich jedoch neun Monate später wieder von ihm.[9] In einer späteren autobiographischen Schrift beschrieb sie ihre Lage nach der Trennung als desorientiert und ratlos: »I found myself thrown on a world as unknown to me, as the ocean is to the seaman, when, for the *first time,* he is about to traverse it.«[10]

Der Schriftsteller Thomas De Quincey schilderte in seinen *Autobiographic Sketches* einen Besuch von Miss Dashwood bei seiner Mutter im Jahr 1794 – er war acht oder neun Jahre alt, sie um die 22 – und ihr Gespräch mit zwei Geistlichen, in dem sie atheistische Äußerungen vertrat, die allen Anwesenden die Sprache verschlugen. Der erwachsene De Quincey beschrieb sie viel später nach den Berichten der Anwesenden, durch den Filter seiner Mutter und der Geistlichen, und sicher mit

---

3 Mrs. Lee and the Gordons. Observer, 11. März.
4 Hampshire Telegraph, 6. Februar.
5 Barchas: Hell-Fire Jane, S. 16.
6 Ebenda, S. 1.
7 Lee: Vindication, S. 13f.
8 Z. B. Morning Post, 23. Januar.
9 Ebenda.
10 Lee: Vindication, S. 15. Hervorhebung im Original.

einer gewissen dichterischen Freiheit. Er nannte sie »the female infidel« und stellte sie als klassisch schön, sehr intelligent, rhetorisch begabt und mit seltenen und interessanten Fähigkeiten dar: »a young leopardess fresh from the forests«.[11] Der eine anwesende Geistliche soll sie Jahre später mit der Vampirin Lady Geraldine in Coleridges *Christabel* verglichen haben; er sei nie darüber hinweggekommen.[12] Laut de Quincey wusste seine Mutter schon damals von Lee, dass sie ohne Beistand und ohne zu wissen, wo Beistand zu finden sei, in der großen Stadt London lebte. Sie hätte keinen Beschützer, weder familiären noch gesetzlichen Schutz. Ihre Heirat, anstatt ihr neue Beschränkungen aufzuerlegen, hätte sie von den alten befreit. Die Trennung von ihrem Mann sei eine Trennung von Bett und Verpflegung (›a mensa et thoro‹), nicht von dem Band und von den Verpflichtungen der Ehe (›vinculo matrimonii‹), das heißt durch das Gesetz hätte sie sich aus der Kontrolle ihres Ehemanns gelöst, aber der fortbestehende Ehestand erweiterte ihre Handlungsfreiheit im Vergleich mit einer unverheirateten Frau. Am schlimmsten sei ihre zu offene, zu dreiste Art, die keine Verstellung duldete. Keine Dame würde sie besuchen, und sie wäre folglich auf die Gesellschaft dubioser Männer angewiesen.[13]

Mrs Lee, schön, reich, alleinstehend, nahm offensichtlich kein Blatt vor den Mund und war somit keine konventionelle Dame der britischen Oberschicht. Als uneheliche Tochter eines sehr bekannten, reichen und moralisch anrüchigen Mannes, die erst als Erwachsene und ohne mütterlichen oder anderen weiblichen Beistand ihr Entrée in die britische Gesellschaft machte, könnte es vielleicht wirklich so sein, dass ihr die Sitten sehr fremd vorkamen. Auf jeden Fall wurde sie, wie von de Quinceys Mutter vorhergesagt, von vielen jungen Männern umworben, auch nachdem sie die Hälfte ihres Vermögens an Herrn Lee abgeben musste. Finanziell unabhängig konnte sie aber nie werden, denn erst unter der letzten Hannoverschen Königin Victoria in der zweiten Hälfte des 19. Jahrhunderts bekamen Frauen in England die ersten Rechte vor dem Gesetz, Eigentum selber zu erben und zu besitzen.[14] Als Lee sich von ihrem Mann trennte, hat das Kanzeleigericht eine Klärung ihrer Eigentumsverhältnisse verfügt, wobei fast alles von ihrem Notar, Mr Parkin, und drei anderen Herren im Treuhandverhältnis verwaltet wurde, die die Vollmacht bekamen, eine gewisse Summe an sie für ihren eigenen Gebrauch zu zahlen. Als 1795 die Scheidung erfolgte, wurde vereinbart, dass sie tausend Pfund jährlich für den Rest ihres Lebens bekommen sollte.[15]

2. Die Informationsquellen

Um sich ein Bild der Umstände, des Verhaltens der Akteure und der Reaktionen der Beobachter zu machen, gibt es eine Vielfalt an zeitgenössischen Quellen. In der

---

[11] De Quincey: Infidel, S. 80.
[12] Ebenda, S. 81.
[13] Ebenda, S. 82f.
[14] »Married Women's Property Acts.« 1870 Statute 33 & 34 Victoria c. 93 und 1882 Statute 45 & 46 Victoria c. 75.
[15] Public Office, Bow Street. Times, 28. Januar.

Presse wurde über den Fall in England, Schottland und Irland berichtet.[16] Spätere Leser konnten Einzelheiten in publizierten Sammlungen von wichtigen Gerichtsverfahren lesen.[17] Das mag alles wie eine sehr moderne Medienhetze gegen Privatpersonen, die eine gewisse gesellschaftliche Stellung haben, klingen. Darüber hinaus nahmen die Betroffenen auch an der öffentlichen Debatte teil und versuchten sie zu steuern. Lockhart schrieb nach dem Urteil einen Leserbrief an *The Morning Post*, in dem er behauptete, seine und seines Bruders Unschuld beweisen zu können.[18] Das Pamphlet *An Apology for the Conduct of the Gordons*, eine Selbstverteidigungsschrift von Loudoun Gordon mit Wiedergabe von Briefen, Gesprächen und einem Protokoll der Verhöre in London und der Gerichtsverhandlung in Oxford, erschien erstmals 1804 und wurde noch in diesem Jahr mindestens sechsmal neu aufgelegt.[19] Im Gegenzug publizierte Lee 1807 *A Vindication of Mrs Lee's Conduct*, in dem sie auf fast jedes von Loudoun hervorgebrachte Detail einging und aus ihrer Sicht darstellte. In ihrer 1812 erschienenen Autobiographie *Memoirs of R. F. A.* ging sie nochmals auf den Prozess ein; allgemeine Aussagen zum Rechtssystem, die aber einen deutlichen Bezug zu ihrer Erfahrungen damit aufwiesen, standen in ihrer 1808 erschienenen *Essay on Government*.[20]

Wie schon erwähnt existieren auch biographisch-literarische Zeugnisse von De Quincey. Seiner Meinung nach zeigte sie ein »unprincipled conduct«, das dem Leben zweier Oxford Universitätsstudenten schadete.[21] Ein anderer Zeitgenosse, der Interesse an Mrs Lee bezeugte, war Achim von Arnim, der während einer Kavaliersreise zur Zeit des Gerichtsverfahrens mit seinem Bruder in London weilte. Er notierte in seinem Reisetaschenbuch einen Entwurf mit dem Titel *Der Zufall. Geschichte der Mrs Ligh*;[22] 1809 erschien die Erzählung *Mistris Lee* in der Sammlung *Der Wintergarten*.[23] In einem Brief an Clemens Brentano bestätigte Arnim, diese Geschichte sei »durch einen Proceß veranlasst, den ich in England klagen hörte«.[24] Er nannte Lee eine »Hure«, die als »eine liederliche Vettel, die Aufsehen zu machen suchte« erschien; »sie hatte dem Loudon immer Eyerwein eingenöthigt, um ihn zu

---

16 Oft erschien derselbe Bericht in mehreren Zeitungen. Über diesen Fall wurde in fast allen nationalen und regionalen Zeitungen berichtet, von Portsmouth bis Aberdeen und Dublin. Die großen Zeitungen wie *The Times, The Observer, The Morning Post* und *The Morning Chronicle* widmeten Mrs Lee viele Kolumnen, aber auch die kleineren Blätter aus der Provinz, z. B. *The Bury and Norwich Post, The Chester Chronicle, The Hull Advertiser und Exchange Gazette, The Royal Cornwall Gazette, The Staffordshire Advertiser, The Chester Courant, The Carlisle Journal,* um nur eine Auswahl zu nennen.

17 Z. B. Burke: Celebrated Trials; Anonym: The Romance of Crime; Anonym: Remarkable Trials.

18 Morning Post, 13 März.

19 Vgl. Dickson: An Apology, S. 301.

20 Die öffentliche Meinung sollte immer frei und unparteiisch sein und dürfte nicht durch die Presse beeinflusst werden (Lee: Essay, S. 113). Sie verlangt, dass uneheliche Kinder Recht auf ihr Erbe haben, besonders, wenn es keine eheliche Kinder gibt (ebenda, S. 134f.).

21 De Quincey: Infidel, S. 78.

22 Vgl. Wingertszahn: Ambiguität und Ambivalenz, S. 82f.

23 Arnim: Werke in sechs Bänden, Bd. 3, S. 217–243.

24 Brief vom 19. August 1809, Schultz: Freundschaftsbriefe, Bd. 2, S. 595.

ausserordentlichen Kraftäusserungen zu veranlassen«,[25] aber er wollte ihr »einen unbestimmten vollblütigen halbkindischen Charackter« geben,[26] und ließ den Erzähler gleich am Anfang verkünden, »daß sie in die allgemeine Abteilung von gut und böse nicht passen will«.[27] In der fiktionalen Erzählung kommen Dialoge und Beschreibungen vor, die damals in fast allen Zeitungen veröffentlicht wurden und die Arnim zum Teil vielleicht auch selber miterlebte. Als solches ist diese Geschichte eine für Arnim typische Mischung aus historischen Quellen und dichterischer Phantasie. Sie kann auch als kreative Dokumentierung über den Umgang der Briten mit der Gesetzgebung durch einen Außenstehenden gelten. In Arnims Taschenbüchern finden sich auch allgemeine Bemerkungen zur Gesetzgebung, zum Beispiel hob er die »Vorzüglichkeit der Geschworenen«hervor und verlangte »[s]o wenig Geseze wie möglig«,[28] aber seiner Meinung nach sollten die Gerichte nur öffentlich sein, wenn der Fall »das öffentlige Wohl betrifft«, und er kritisierte einen »Mißbrauch der Publicität in Privatangelegenheiten in England«.[29] Als Einführung zu *Mistris Lee* macht Arnims Erzähler auch allgemeine Aussagen über das Rechtssystem in England:

> Ich überzeuge mich jeden Tag, den ich in den Gerichtshöfen zubringe, daß die Engländer einen Naturtrieb, eine reine Begeisterung zum Gesetzgeben haben [...]. Selbst das flüchtige Vergnügen, das sonst wie eine Feder in der Luft schon von dem Gewichte einer Fliege umschlagen kann, muß sich die strenge Form einer großen bürgerlichen Ordnung gefallen lassen, wenn es in England geduldet werden will; die Langeweile, die sich sonst wohl verschweigen aber nicht verbergen läßt, läßt sich auf diesem Wege sehr gut dahinter verstecken.[30]

Was folgt, gibt jedoch wenig Auskunft über eine Begeisterung der Briten Gesetze zu machen. Es ist die verworrene Geschichte einer Dreieck-Liebesbeziehung und das psychologische Drama einer jungen, schönen, äußerst labilen Frau an der Peripherie der britischen Oberschicht. Und genau das war es, was die britische Öffentlichkeit interessierte und das Strafverfahren gegen Loudoun und Lockhart Gordon für die Entführung von Mrs Lee, als ›human interest‹[31]-Geschichte, was oft mit einer Prominentenkultur zusammenhängt, zum Medienereignis werden ließ. Der Fall bietet also eher ein Beispiel des Mißbrauchs von »Publicität in Privatangelegenheiten« in Form einer Darstellung der Begeisterung der Inselbürger – vielleicht schon aus Langeweile – über die Gesetze hinaus alles über die Persönlichkeiten und Intimsphären der Betroffenen zu wissen, um sie selber zu richten.

---

25 Ebenda, S. 596.
26 Ebenda.
27 Arnim: Werke in sechs Bänden, Bd. 3, S. 220.
28 Arnim: <Taschenbuch>, S. 7. Für die Erlaubnis, aus diesem noch unveröffentlichen Manuskript zu zitieren, danke ich dem Freien Deutschen Hochstift.
29 Ebenda, S. 9.
30 Ebenda, S. 217.
31 D.h. ›Interesse für Allzumenschliches‹.

3. Festnahme und erste Verhöre vor dem Amtsgericht

Am Morgen nach der angeblichen Entführung erzählten die Bediensteten Lees Freunden, dass sie mit Gewalt entführt worden sei. Lees Notar Mr Parkin meldete den Vorfall in Bow St., wo sich das Amtsgericht und das Polizeipräsidium befanden. Daraufhin stellte Mr Robinson, der amtierende Richter, einen Haftbefehl für die Gordons aus. Aufgrund der Aussage der Bediensteten, Lee hätte gesagt, sie habe Angst mit Gewalt entführt zu werden und habe gerufen »I will not be taken out of my own house«, waren sich der Amtsrichter und der Notar einig, dass die Straftat unter das Statut gegen die Entführung von Frauen falle.[32] Lockhart wurde in London festgenommen, als er versuchte, Kleidung für Lee aus ihrem Haus zu holen, und am 17. Januar wurde er von Nicholas Bond und Sir William Parsons in Bond St. verhört. Inzwischen folgte die Polizei Lee und Loudoun nach Gloucester und Polizeibeamter Miller brachte beide am 19. Januar nach London zurück. Er musste ihr Abendessen selber zahlen, da das Paar kein Geld mehr hatte.[33] Die Wirtin in Tetsforth, wo sie übernachtet hatten, erklärte sich erstaunt, wie sich die beiden aufgeführt hätten, »especially as the Lady remained while her gown and stockings were washed«, was auf Angst vor ihrem angeblichen Ehemann könnte schließen lassen, und der in London lebende Sohn dieser Wirtin erhielt eingewickelt in einen Brief von seiner Mutter einen Brief von Lee an ihre Bedienstete, Janet Davidson, mit den Worten: »No clothes, no money, death or compliance.«[34]

Die ersten Zeitungsberichte am 18. Januar stellten den Verlauf der Entführung nach den Aussagen der Bediensteten und die Festnahme der drei Beteiligten nach Augenzeugenberichten dar. Demnach ging es um Gewalt und Zwang gegen eine ungeschützte Dame und die Überschriften lauteten »Violent Outrage« oder »Extraordinary Outrage«. Mrs Lee wurde im ersten Absatz identifiziert als »a lady of considerable property« und im letzten als »a very beautiful and amiable woman«; Lockhart – vorwurfsvoll – als »in deacon's orders, [with] a gentleman-like appearance«.[35] Es wurde auch in diesen ersten Berichten gleich erwähnt, dass die junge Miss Dashwood eine Zeitlang bei der Mutter der Gordons wohnte und, dass die drei sich seit der Kindheit kannten. Zwei Tage später kamen »further particulars« in *The Times* und *The Morning Post*, nach denen Loudoun Gordon zwei- oder dreimal versucht habe, Mrs Lee zu Hause zu besuchen, die ihn aber zurückwies. Daraufhin habe er einen höflichen Brief geschrieben, in dem er ihr mitteilte, er beehre sich, am kommenden Sonntag mit seinem Bruder bei ihr zu Abend zu essen.[36]

Aufgrund der Lektüre dieser Berichte wollten an dem Tag des ersten Verhörs von Mrs Lee, am Freitag, dem 20. Januar, viele Schaulustige dabei sein. Mehrere Mitglieder der vornehmen Welt versammelten sich, was an sich schon als berich-

---

32 Morning Post, 18. Januar.

33 Times, 21. Januar.

34 Times, 20.Januar.

35 Z. B. Morning Post und Lloyd's Evening Post, 18. Januar. In Aberdeen las man nachträglich über Mrs Lee: »her figure is delicate and interesting; her eyes mild, yet expressive; and her voice is extremely articulate and melodious« (Aberdeen Press, 1. Februar).

36 Times, 20. Januar; Morning Post, 20. Januar.

tenswert galt, und die Zeitungen informierten ihre Leser, dass der Duke of Queensberry sogar während der Verhandlungen (von 11 bis 16 Uhr) in seiner Kutsche wartete, bis Mrs Lee hinauskam, um ihrer ansichtig zu werden.[37] Bei dem letzten Verhör, am Freitag, dem 27. Januar, verursachte diese »romantic occurrence«[38] einen unerhörten Andrang in Bow Street: »the attendant crowd of Persons for admittance at the Public Office was beyond all example«.[39] Über 400 Personen wollten in das Gebäude hinein, und die Polizei musste eingeschaltet werden:

> It was with the greatest difficulty the officers could make way for her [d.h. Lee] to get to the Magistrates, the crowd was so great: in every avenue leading to the Office, as well as in the Office, every window was thronged with persons of the first distinction, all anxious to see the female who had become the object of so much attention.[40]

Der portuguiesische Botschafter musste wegen der Hitze und des Gedränges hinausgehen,[41] und Lee verließ das Gebäude, »amidst an uncommon pressure to behold her person«.[42] Am nächsten Tag beschrieb *The Times* den Auftritt als »extraordinary business, the subject of which has become the universal conversation throughout the United Kingdom« und bestätigte als Hauptwunsch des Publikums, die Personen zu sehen, »as the circumstances of the case are fully before the public«.[43] Tatsächlich hatte jeder britische Zeitungsleser bis dahin die Chance gehabt, die Einzelheiten in aller Ausführlichkeit zu verfolgen. Neben dem Verlauf der Vorgänge standen in den Zeitungen Dialoge in direkter Rede: Die Leser, die sich nicht in den Gerichtssaal hineinzwängen konnten, lasen in den nächsten Tagen einzelne Gespräche nach, die ihrer Aussage nach die Parteien am Abend der Entführung und beim Frühstück am nächsten Morgen miteinander führten;[44] sowie auch das, was sie im Gerichtssaal sagten, als sie wieder miteinander konfrontiert wurden. Lockhart sprach Lee direkt an, um sie zu bitten, die Klage nicht zu unterschreiben: »For God's sake, Madam, do not sign it! Remember there is another world, though you may not believe it. I intended to have stood my trial in silence, but since you are so sanguinary against my brother, whom you were once so doatingly fond of, I will not spare you one single inch.«[45] Lee antwortete: »I am tenderly alive to his situation and yours, and have endeavoured, as far as I could, to save you both, nor is it the first time your lives have been in my power.«[46] Lockhart sprach ebenfalls die Amtsrichter an: »For me, gentlemen, you may use your pleasure; commit me to any prison in the metropolis; but consider there is nothing criminal can possibly attach to Lauden Gordon. He will, I hope, be of use to his country, though you now see him brought to this

37 Times, 21. Januar: »The fame of Mrs. Lee's beauty having gone forth«.
38 Bell's Weekly Messenger, 29. Januar.
39 Hampshire Telegraph, 6. Februar.
40 Morning Post, 28. Januar.
41 Public Office, Bow Street. Times, 28. Januar.
42 Morning Post, 28. Januar.
43 Public Office, Bow Street. Times, 28. Januar, vgl. auch Morning Post, 23. Januar.
44 Vgl. Times, 21. Januar; Caledonian Mercury, 26. Januar; Aberdeen Press, 1. Februar.
45 Caledonian Mercury, 26 Januar.
46 Ebenda.

degrading situation.«[47] Diese Äußerungen ließen auf weitere Geheimnisse zwischen den Protagonisten schließen, die sich so lange kannten; auf frühere Intimität zwischen Loudoun und Lee, die aber durch ihre neuerliche Weigerung, ihm Einlass in ihr Haus zu gewähren, getrübt schien; auf brüderliche Solidarität, Beschützerinstinkte, Rachegefühle, und auf Lees Atheismus: alles geeignet, die öffentliche Neugierde noch weiter zu schüren.

Lockhart stand von Anfang an im Vordergrund der Berichterstattung, da er als erster festgenommen wurde, zwei geladene Pistolen dabei hatte und sich gegen die Polizei wehrte.[48] Sein aggressives Verhalten bei der Festnahme am 16. Januar wurde beim ersten und zweiten Verhör in Bow St. am 17. und am 20. Januar wiederholt und kritisiert als »indecorous as a clergyman, and as a man«.[49] Am 17. wurde er aus dem Saal entfernt, da er die Verhandlung dauernd störte. Am 20., als die Bediensteten und Mrs Lee aussagten, beschwerte er sich darüber, zum Gegenstand öffentlichen Interesses gemacht zu werden. Als er die Aussagen hörte, nannte er Lees Bedienstete Janet Davidson »*an infernal lying little devil*«.[50] Als Mrs Lee meinte, sehr wenig ausgesagt zu haben, erwiderte er, »with great expression of eye and gesture – ›Why, I think, Mrs. Lee, the less you say the better.‹«[51] Jedoch wurde auch berichtet, dass er Davidson zwei wesentliche Fragen stellte: Wie lange war Mrs Lee mit den Brüdern zusammen, nachdem sie gesagt haben soll, sie habe Angst, sie werde entführt; und war der männliche Bedienstete da? Davidson antwortete, Lee sei noch 20 Minuten bei ihnen im Zimmer geblieben und ja, der männliche Bedienstete sei da gewesen.[52] Beim letzten Verhör entschuldigte Lockhart sich bei den Gerichtsdienern als Gentleman unter Gentlemen für sein unangemessenes Benehmen, das er auf sein ungestümes Naturell zurückführte. Diese Aussage und die herzliche Verabschiedung der Männer wurden auch wörtlich wiedergegeben.[53] Loudoun, eigentlich der Hauptangeklagte, verhielt sich durchwegs zurückhaltend und mit Anstand.[54] Dieses Verhalten wurde anerkennend notiert als Vergleich zu seinem Bruder, aber keine direkte Rede und keine weiteren Beschreibungen von ihm galten als berichtenswert.

Am Morgen nach ihrer Rückkehr nach London mit Loudoun und dem Polizisten Miller beschrieb *The Morning Post* Lee als »a very handsome woman«, deren »afflicted state« sie noch interessanter machte. Informationen zu ihrer Kleidung standen auch in einigen Zeitungen: »she was dressed in a brown silk pelisse« and »a black pelise tippet«.[55] Sie schien nach allgemeiner Meinung beim Verhör sehr niedergeschlagen, und man musste Riechsalz holen, da sie kurz davor war, in Ohn-

---

47 Aberdeen Press, 1. Februar.
48 Times und Morning Post, 18. Januar.
49 Caledonian Mercury, 26 Januar.
50 Ebenda, Hervorhebung im Original.
51 Derby Mercury, 2. Februar.
52 Times, 20. Januar.
53 Aberdeen Press, 1. Februar; Derby Mercury, 2. Februar.
54 Times, 21. Januar; Caledonian Mercury, 26 Januar.
55 Morning Post, 28. Januar; Kentish Gazette, 31. Januar.

macht zu fallen.[56] Ihre Aussagen vor dem Amtsgericht wurden im Detail veröffentlicht, aber nicht in direkter Rede: Dazu waren sie wohl zu weitläufig und unzusammenhängend. Sie bestätigte, sie kenne die Gordons seit der Kindheit und, da sie neulich einen Traum von wunderbarer doch komplexer Bedeutung gehabt habe, den sie Loudoun mitteilte, hätte er ihr einen Brief geschrieben, der die Schwierigkeit löste, und er hätte mit seinem Bruder mit ihr zu Abend gegessen. Es sei nichts Besonderes vorgefallen, bis sie ihr gesagt hätten, eine Kutsche sei da und sie würde mit Loudoun wegfahren. Danach könne sie sich an fast nichts mehr erinnern; als sie Lockharts Pistolen sah, wäre sie so verängstigt gewesen, dass sie in einen bewusstlosen Zustand gefallen sei; sie wisse nicht, ob man sie zwang, die Treppe hinunter zu gehen, sie sei erst wieder zu sich gekommen, als sie sich in einer Postkutsche zwischen Lockhart und Loudoun eingesperrt gefunden habe. Nachdem sie im Wirtshaus ins Bett ging, kam Loudoun dazu. Er wendete keine Gewalt gegen ihre Person an, aber sie sei fest davon überzeugt gewesen, dass Widerstand ihren Tod bedeuten würde und deshalb, nicht weil sie es so wollte, schliefen sie in der Nacht in demselben Bett.[57]

In der weiteren Berichterstattung spielte vor allem Mrs Lees Traum die zentrale Rolle. Sie lehnte es ab, dem Amtsrichter den Traum unter Eid zu erzählen,[58] und daraufhin gab es verschiedene Versionen in der Presse. Eine der ersten erschien am 23. Januar in *The Morning Chronicle*, eingeleitet mit den Worten: »the following is said to be the substance of it, as related«: Sie sei auf einer Insel gewesen, und bei einem Sturm habe sie zwei Welten, Ost und West, miteinander in Berührung kommen sehen. Der Osten sank unter dem Westen, und der Westen nahm die Gestalt eines Mannes an. Dieser stand in einer Zuckerrohrplantage und wollte ihr ein Kind in die Arme geben, aber ein anderer, schwarzgekleideter Mann kam zwischen sie und das Kind fiel zu Boden. Lee wachte vor Schreck auf und besann sich, dass der erste Mann wie Loudoun Gordon aussah und wie er einen schönen Ring trug. Sie schrieb den Traum auf und schickte ihn an Loudoun mit der Bitte um Erklärung. Im Brief beschrieb sie den Mann als ganz nackt und führte aus, dass er sie in ein Bett mit gelben Damaskgardinen mit Blumenmuster zwang; über dem Bett hing ein Bild von Adam und Eva. Als Schlussbemerkung stand in *The Morning Chronicle*: »There were other particulars, which we do not think fit to mention, and probably induced the Lady to decline giving an account of the dream to the Magistrate.«[59] *The Times* veröffentlichte am 24. Januar denselben Bericht mit dem Vorbehalt »the truth of which we entertain considerable doubts«. Eine Version benannt als »Mrs. Lee's genuine dream (As related by herself.)« erschien am 6. Februar in *The Morning Post* und beschränkte sich auf die allgemeine Darstellung einer Kulisse zwischen Okzident und Orient. Die Interpretation im Brief sei »entirely spiritual« gewesen. Das ist die Version, die von Arnim in *Mistris Lee* übernommen wurde. Dass sowohl religiöse als auch erotische Interpretationen möglich waren, griff er

---

[56] Times, 21. Januar; Caledonian Mercury, 26 Januar.
[57] Times, 21. Januar.
[58] Morning Chronicle, 23. Januar, S. 3.
[59] Ebenda, S. 3–4.

ebenfalls auf.[60] *The Morning Post* bezog sich ohne Quellenangabe und ohne direkt zu zitieren auf die Antwort von Loudoun in seinem Brief, in dem »it is said« er die Begegnung von Ost und West als Voraussage ihrer Vereinbarung interpretierte. Das Zuckerrohr bezeichne die Süßigkeit, die daraus entstehen würde.[61]

The Hampshire Telegraph and Sussex Chronicle leitete den Bericht über das letzte Verhör mit einer Entschuldigung ein: »We are almost tempted to apologize to our readers, for having entered so much into the detail of this most vapid and *jejeune* adventure«. Das Fazit in diesem Bericht lautete: »The general bent of opinion seems to be unfavourable to the Lady.«[62] Tatsächlich ist eine Woche nach dem Vorfall aus der sensationellen Nachricht einer gewaltsam entführten Dame eine unanständige Traumgeschichte geworden, über die nur Mutmaßungen in der Presse bekannt waren, mit neugierig machenden Hinweisen auf weitere Details, die aus Anstand weggelassen werden mussten. Auch die Aussagen Lees über den Abend der Entführung wurden nun von der Presse in Frage gestellt. Es sei nicht nur unerhört sondern unglaublich, dass eine Dame, umgeben von ihren Bediensteten und in der Mitte der Großstadt, aus ihrem Haus gegen ihren Willen genötigt würde. Dass sie wieder zu den Herren ins Zimmer ging, nachdem sie von ihrem Vorhaben informiert worden wäre; dass sie in die Annäherung von Loudoun Gordon zu Tetsworth einwilligte, als sie, wenn sie ein Wort gesagt hätte, sich selber hätte in Sicherheit bringen können; und dass sie nach dieser Gewalt sogar weiter mit Loudoun nach Gloucester fuhr, das alles »will naturally inspire doubts as to the criminality of the gentlemen to the full extent of the charge«.[63] Dass sie die britischen Sitten so wenig kennte, um zu glauben, sie habe keine Wahl als mit Loudoun ihr Bett zu teilen, wurde ebenfalls hinterfragt. De Quincey, der die Überzeugung seiner Mutter, Lee sei völlig unwissend über die hiesigen Sitten mitteilte, berichtete auch über die allgemeine Vermutung, ihr Mann und ihre Freunde brachten sie zu der falschen Anklage, da sie »were willing to believe, or willing to have it believed by the public, that advantage had been taken of her little acquaintance with English usages«.[64] Dass sie schon kurzfristig eine Hochzeit abgesagt hatte und ihre Ehe nach sehr kurzer Zeit gescheitert war, schränkte ihre Glaubwürdigkeit weiter ein. Es hieß, die Ehetrennung sei erfolgt, »owing it is said, to use a fashionable phrase, [to] the *whimmy* disposition of the lady«.[65] Ein Bericht über einen gewissen Mr Underwood, der versuchte Lee zu sehen, um seine Bewunderung auszudrücken, denn Mrs Lee sei eine Schönheit und ein Engel, und er wolle hin um ihre Unschuld zu verteidigen,

---

60 Arnim: Werke in sechs Bänden, Bd. 3, S.224.

61 Morning Post, 23. Januar.

62 Hampshire Telegraph, 30. Januar.

63 Morning Post, 23. Januar. De Quincey nennt es eine fast unverständliche Anklage: »A charge of personal violence, under the roof of a respectable English posting-house, occupied always by a responsible master and mistress, and within call at every moment of numerous servants, what could that mean?« De Quincey: Infidel, S. 86.

64 Ebenda, S. 85. Diese Unwissenheit wird auch von Lee selber behauptet, vgl. Lee: Vindication, S. 15.

65 Morning Post, 23. Januar. Hervorhebung im Original. Vgl. auch de Quincey: »The circumstantial accounts published at the time by the newspapers, were of a nature to conciliate the public sympathy altogether to the prisoners«, de Quincey: Infidel, S. 85.

erschien auch in der Presse und stellte Lee noch mehr der Lächerlichkeit preis.[66] *The York Herald* ging noch weiter und folgerte: »All the mystery of enigma, respecting Mrs. Lee, is completely done away by the simple statement of fact that she is absolutely *insane*.«[67] Die Trennung von ihrem Mann sei auch darauf zurückzuführen, nachdem er vergeblich versucht haben soll, sie zu heilen.

Zu diesem Zeitpunkt will sich *The Times* von dem allgemeinen Medienrummel distanzieren. Am 26. Januar plädierte ein Bericht dafür, die Einzelpersonen zu vergessen: Es gehe um das Prinzip, um den Verstoß gegen die Gemeinschaft. So sei der Prozess einer der wichtigsten der letzten Jahre, denn es gehe nicht nur um den Personenschaden, den Mrs Lee erlitten habe, sondern um die widerwärtige Schandtat, die bewusst der Gesellschaft zugefügt worden wäre: die Entweihung des britischen Hausrechts. Das Gesetz müsse die Frauen schützen, deren Schönheit und Vermögen sie zum Opfer von verdorbener oder geldgieriger Schurkerei machen könnte. Damit wurde die Debatte wieder auf die Gesetzeslage zurückgeholt. Das Gesetz wurde verabschiedet, um das Eigentum von Frauen zu schützen, selbst wenn das Verhalten der Klägerin schuldhaft sei: »The atrocity of the outrage is not diminished by the presumption that imprudence or folly may have accelerated its accomplishment.«[68] In einem weiteren Artikel über Mrs Lee zwei Tage später freute sich *The Times* – wieder ohne Quellenangabe – berichten zu können, dass der Traum »*an entire fabrication*, without a particle of truth« sei, den sie für eine Freundin und nicht für Loudoun geschrieben habe. Seine Interpretation sei »*spiritual*« gewesen: »There was, however, nothing in the least contrary to decorum in either the dream or the interpretation: nor could she possibly anticipate the unfortunate consequences that have been caused from such a circumstance.« Es sei weder gerecht noch männlich, meinte *The Times*, Vorurteile gegen eine ungeschützte Dame zu wecken oder sie zu verletzen. Es wäre auch unangemessen, »to intrude any thing further that might warp the sentiments of the Public, either one way or another. From a British Court of Justice we expect a just decision, and for that it becomes us to wait in silence.«[69]

Das Gericht, das dieses gerechte Urteil fällen sollte, war das Schwurgericht in Oxford. Nachdem die Aussagen in London gehört worden waren, appellierte Lees Advokat an das Amtsgericht, die Straftat sei in Middlesex nicht vollständig, das Verfahren solle in Oxfordshire stattfinden. Damit bezog er sich auf einen zentralen Punkt in der Auslegung des Gesetzes zur Entführung von Frauen:

> If a woman be forcebly taken into one county and afterwards go voluntarily into another county, and be there married or defiled with her own consent, the fact is not indictable in either, for the offence, which consists in the forcibly taking and subsequent marriage or defilement is not complete in either; but, if the force continued upon her at all in the other county into which she was so taken, the offender may be indicted there, although the actual marriage or defilement took place with her own consent.[70]

[66] Morning Post, 24. Januar, Aberdeen Press, 1. Februar.
[67] York Herald, 28. Januar. Hervorhebung im Original.
[68] Times, 26. Januar, vgl. auch Evening Mail, 30. Januar.
[69] Mrs. Lee. Times, 28. Januar. Hervorhebungen im Original.
[70] Derby Mercury, 2. Februar.

Da Mrs Lee in einer Kutsche mit den Gordons von Middlesex bis Oxfordshire fuhr, konnte das ursprünglich identifizierte Delikt, »eine Frau mit Gewalt zu entführen mit der Absicht ihr Eigentum zu besitzen, sie ohne ihre Erlaubnis zu heiraten, oder sie zu vergewaltigen« nur stattgefunden haben, wenn sie nicht freiwillig über die Grenze zu Oxfordshire fuhr. Ob sie in Oxfordshire vergewaltigt oder freiwillig mit Loudoun in einem Bett schlief, war dann vor dem Gesetz unwesentlich. Die Klageschrift, in der Lockhart und Loudoun eine Entführung und keine Vergewaltigung angelastet wurde, wurde von Mrs Lee unterschrieben, aber die allgemeine Vermutung war, wieder nach de Quinceys Bericht, dass dieses unter Druck ihres Ex-Mannes geschehen sei.[71] Der Grund dafür lag wohl darin, dass Entführung des Eigentums wegen schwerer als Vergewaltigung wog; nur Ersteres wurde mit dem Leben bezahlt.

4. Das Gerichtsverfahren in Oxford

Bei dem eigentlichen Verfahren am 5. und am 6. März in Oxford gab es wiederum einen richtigen Andrang, aber das Publikum war anders als in London: Viele Studenten waren da, um brüderliche Solidarität zu zeigen, denn die Gordons hatten dort studiert.[72] Der Londoner ›High Society‹ war die Reise nach Oxford wohl zu lang, und man konnte sich immerhin auf die Presse verlassen, einen eingehend zu informieren, zum Beispiel darüber, dass die Gordons »well dressed« waren, »and possesed the air of gentleman. Lockhart wore mourning, and Lauden was dressed in a dark green mixture coat.«[73]

Die Ansprache des Richters, Sir Soulden Lawrence, am Montag, dem 5. März, wurde in der Presse vollständig wiedergegeben und in der Zeitschrift *London and Paris* ins Deutsche übersetzt. In dieser Einführung bestätigte Sir Lawrence, dass es um ein einziges Gesetz gehe und dass es das Zweck dieses Gesetzes sei, »diejenigen zu decken, welche bei Erbschaften, Heirathen oder andern Mitteln zu ansehnlichen Vermögen kommen, weil sie ohne das der Raub der Habsucht und Gewalt werden müßten«.[74] Er fügte aber hinzu, unter welchen Bedingungen das Delikt passieren müsste, und bestätigte damit, dass der Schutz von Eigentum vor dem Gesetz schwerer als der Schutz von Frauen wog: Sollte es bewiesen werden, daß die Gefangenen Lee gegen ihren Willen bis in die Grafschaft Oxfordshire brachten, so seien sie schuldig, »and it will not be material to enquire whether the defilement of her person took place by force, or with her own consent. This distinction would have been necessary in the case of a rape; *but the charge here is of a more serious na-*

71 De Quincey: Infidel, S. 84. Lee behauptete in ihrer *Vindication,* sie wolle die Gordons retten und die Anklage abbrechen, aber sie werde dringendst gebeten weiterzumachen: Lee: Vindication: S. 33f., 39.

72 Vgl. De Quincey: Infidel, S. 85f.

73 Derby Mercury, 15. März. Zu diesem Zeitpunkt erwähnten die Zeitungen Lees Aussehen nicht mehr. De Quincey beschrieb Lee vor Gericht als »faltering and dejected«, Infidel, S. 86.

74 Anonym: Entführung der Mrs. Leigh, S. 318f.

ture, and depends entirely upon the question, whether force has been used to bring her into this county?«[75]

Am Dienstag begann die Anhörung. Der Richter kam um sieben Uhr früh an und konnte nicht in das Gebäude hineingelangen, weil so viele Leute davorstanden und hineinwollten. *The Times* beschrieb »a [disgraceful] scene of the greatest disorder. [...] The Officers were compelled to cut their way through the crowd, many were wounded, but the greater part were bruised and trampled upon by the more robust and determined assailants.« Anstatt vornehmer Adliger wältzten sich Studenten und Taschendiebe; Den ganzen Tag wurde das Verfahren durch andauernde Unruhen unter der Menge, die keinen Einlass in den Gerichtssaal fand, gestört.[76]

Der Advokat der Klägerin erwähnte die Berichte in den Zeitungen, die er als äußerst unschicklich bezeichnete, besonders, was eine angebliche Interpretation ihres Traums anging, die er als ganz ohne Grund beschrieb. Er tat dieses, sagte er, um die Geschworenen vor Vorurteilen durch diese irrigen Berichte zu bewahren, erreichte aber damit, dass der Traum gleich in den Vordergrund gestellt wurde, was kaum von Vorteil für Lee hätte sein können.[77] Lee trat als Zeugin auf, was allgemein als Kardinalfehler beurteilt wurde. Sie wiederholte das, was sie in Bow St. gesagt hatte; sie schwor, dass sie zwei Briefe bekommen hatte, die vorgelesen wurden und wörtlich in den Zeitungen standen, in denen Loudoun aller Erwartung zum Trotz gar nicht auf den Traum einging, sondern beteuerte, »if you assent to my proposition, I shall gain an inexhaustible mine of felicity, and you will only lose the pity of the ignorant and the prejudiced«. Lockhart billigte die Antwort seines Bruders und stellte sein ungestümes Naturell durch den Schwur »if he decieves you, I'll blow his brains out« wieder bloß.[78] Diese Beweisstücke deuteten auf einen Entführungsplan aber auch auf Lees Vorwissen davon.

Die Gordons hatten den besten Verteidiger auf ihrer Seite, Charles Abbot, später Baron Tenterden und Lord Chief Justice of England und Wales. Auf seine ersten Fragen gab Lee zu in der Kutsche gesagt zu haben:

> »ich sehe es ist umsonst Widerstand zu leisten« und indem sie von ihrer Brust ein goldenes Medaillon und ein Kampfersäckchen abgerissen, habe sie ausgerufen: »die Macht hat ein Ende die meine Tugend bis jetzt erhalten« und indem sie es weggeworfen, gesagt: »willkommen denn Vergnügen!«[79]

In der *Ipswich Journal* stand noch die zusätzliche Information, Lee hätte zugegeben, in der Kutsche gesagt zu haben, Loudouns Küsse seien »more manly than any other of her friends«.[80] Des Weiteren bestätigte Lee vor Gericht, in Tetsworth dem Kammermädchen gesagt zu haben, ihr Mann solle in zehn Minuten ins Bett kommen.[81] Daraufhin schaltete sich Judge Lawrence ein: »Es sey unmöglich hier die Sache

---

75 Times, 7. März. Hervorhebung von SD.
76 Ebenda.
77 Ebenda.
78 Trial of Messrs. Gordons. Observer, 11. März.
79 Anonym: Entführung der Mrs. Leigh, S.322.
80 Ipswich Journal, 10. März, S. 2.
81 Anonym: Entführung der Mrs. Leigh, S.322.

weiter zu treiben, da die Gewaltthätigkeit nicht in Oxfordshire vorgefallen; so müßten nach diesen Beweisen die Angeklagten frei gesprochen werden.« Die Aufführung der Herren sei schändlich gewesen, meinte Sir Lawrence, und er empfahl eine Anklage wegen Körperverletzung, die aber nie erhoben wurde.[82] Loudoun wurde wegen Schulden in Haft genommen, Lockhart kam frei. Die Masse jubelte den Gordons zu; Lee wurde beschimpft und musste warten, bis sich die Menge zerstreute. Jemand fragte sie nach dem Traum und ihre Antwort wurde verzeichnet: »der Brief, in dem er geschrieben steht, ist im Besitz von Herrn Gordon, der ihn vorzeigen möge«, was er aber ablehnte.

Man könnte denken, dass die Aussagen vor einem öffentlichen Gericht faktisch korrekt wiedergegeben werden würden, aber es gab verschiedene Versionen davon, als ob das auch ein Traum gewesen sei, über den man mutmaßte. *The Observer* am 11 März druckte einen Bericht, der stenographisch während der Verhandlung geschrieben wurde, da »it differs in some essential particulars from the statements which have hitherto appeared«. Lee bezeugte diesem Bericht nach zu fast jedem Punkt ihre Verwirrtheit: Sie könne sich an nichts erinnern, auch nicht an das, was in den anderen Zeitungen als Zitate angegeben wurden.[83] Mit zeitlichem Abstand veröffentlichte Lee sogar selber weitere Zeugnisse ihrer Verwirrung. In ihrer *Verteidigung* behauptete sie sich an vieles nicht zu erinnern und gab zu: »I am conscious of having talked rather in an incoherent manner in the chaise«[84] und nach der Ankunft des Polizeibeamten Millers »I am conscious of having acted, at this period, in a manner which seemed irreconcilable with my proceedings afterwards«.[85]

5. Reaktionen auf das Gerichtsverfahren

Die Gerichtsverhandlung wurde durch eine Rechtsförmlichkeit entschieden, denn es ging um das Wo, nämlich in welcher Grafschaft, Gewalt bei der Entführung angewendet wurde. Die Frage, was passierte, wurde nicht beantwortet, weil sie gerichtlich unwesentlich war. Das Rechtsverfahren wurde allgemein als Fehlurteil kritisiert. Laut *The Observer* gab es keinen Zweifel, wenn sie in Middlesex geschlafen hätten, wären sie verurteilt worden.[86] Viel mehr Aufmerksamkeit bekamen jedoch das Verhalten und die Aussagen der Beteiligten. Die Gordons wurden zwar in Dublin als »rogues« und »arrant knaves« geschimpft,[87] aber in Großbritannien verhärtete sich die öffentliche Meinung gegen Lee als falsche Zeugin. In seinem Leserbrief behauptete Lockhart, alles widerlegen zu können, was Lee und ihre Bediensteten gesagt hatten, weigerte sich jedoch weitere Einzelheiten zu geben, aufgrund »an earnest desire on my part to spare Mrs. Lee's reputation«,[88] wie es

---

[82] Ebenda, S.323.
[83] Mrs. Lee and the Gordons. Observer, 11. März.
[84] Lee: Vindication, S. 32.
[85] Ebenda, S. 37f.
[86] Trial of Messrs. Gordons. Observer, 11. März.
[87] Anonym: Remarkable Trials, S. 699.
[88] Morning Post, 13. März.

einem Gentleman geziemte. Kurz darauf erschien aber die detaillierte Verteidigung Laudouns, die ihren Ruf völlig zu ruinieren beabsichtigte.

Der Grund für Lees Aussagen gab weitere Rätsel auf. Laut dem Bericht in *London und Paris* hoffte: »Der bessere Teil des Menschen [...] noch schwach, daß [...] sie sich zu diesem Geständniß gewinnen ließ, um die Brüder vom sicheren Todesurtheile zu retten«,[89] und neben dem Traum wurden durch ihre Aussagen vor Gericht weitere pikante Details öffentlich, vor allem Lees Glaube an eine Kampferbüchse, um ihre Unschuld zu verteidigen. *The Weekly Dispatch* sah das Ganze nun als Satire auf moderne Skeptiker, die die Christenheit ablehnen aber an Kampfer glauben.[90] Die Kampferbüchse wurde zum geflügelten Wort und zwanzig Jahre später, als Mrs Lee starb, wurde sie in der Presse noch »Mrs Lee of Camphor-bag notoriety« genannt.[91]

Um das Wasser weiter zu trüben gab es eine alternative, ganz andere Version von dem Eingreifen des Richters in Oxford. De Quinceys Reminiszenzen über »The Female Infidel« hatten die atheistischen Meinungen Lees in den Mittelpunkt gestellt, und nach seinem Bericht sagte Lee vor Gericht, sie glaube nicht an Gott, und deshalb könne sie nicht vereidigt werden. Darauf deutete auch Loudoun in seiner *Apology*: »As soon as Mrs. Lee had said that ›she did not believe in christianity;‹ Mr. Abbot [...] discontinued his questions.«[92] Auch zu diesem Punkt konnte Lee später keine Klarheit schaffen. In ihrer *Vindication* nannte sie die Darstellung ihrer Meinungen übertrieben, aber sie möchte ihre religiösen Auffassungen nicht publik machen.[93]

Arnims Lee wurde vor allem als sehr labil gezeichnet, der nicht einmal klar ist, welchen Bruder sie liebt.[94] In seiner Erzählung wurden die Brüder nach Botany Bay geschickt und Lee musste schwanger zu ihrem Mann zurückkehren. Das Gerichtsverfahren in Oxford kommt nicht vor. Seine Darstellung eines »unbestimmten vollblütigen, halbkindischen Charackter[s]« bietet wohl ein viel authentischeres Bild von Lee als seine vorschnelle, ablehnende Zuordnung der wirklichen Person als »liederliche Vettel«, die unter den Zeitgenossen sicher viel Zustimmung gefunden hätte. Darüber hinaus weist der echte Fall Lee auf die Unterschiede zwischen der von Arnim hervorgehobenen Theorie eines vorbildlichen Rechtssystems und der englischen Praxis. Dieses Gerichtsverfahren sollte durch Geschworene entschieden werden, aber die Geschworenen in Oxford hatten buchstäblich nichts zu sagen.Obwohl bloß ein Gesetzesparagraph zitiert wurde, verdeutlicht die Auslegung davon die Komplexität, die Rigidität und die patriarchalische Ausrichtung der englischen Gesetzgebung, die sich zu diesem Punkt seit 1487 nicht geändert hatte. Der Rechtsfall kombinierte Sittlichkeitsverbrechen, Religion, falsche und widersprüchliche Aussagen in zwei schillernden Charakteren, Lee und Lockhart – nicht

89 Anonym: Entführung der Mrs. Leigh, S.322

90 Vgl. Dickson: An Apology, S. 316. Im *Dublin University Magazine* wurde sarkastisch über Lee als weise Frau berichtet, die den christlichen Glauben als irrational verwirft aber an die Macht einer Kampferbüchse glaubt (Anonym: Remarkable Trials, S. 698).

91 Public Ledger, 4. Februar 1829, S.3.

92 Gordon: Apology, S. 142.

93 Lee: Vindication, S. 39.

94 Dickson: An Apology, S. 316f.

in seinem Bruder, der eigentlich im Vordergrund als Hauptangeklagter hätte stehen sollen, doch eher farblos erschien, bis er im Nachhinein seine *Apology* veröffentlichte. Wenn jedoch das Gesetz, unter dem die Gordons angeklagt wurden, Auskunft über das englische Strafrechtssystem geben kann, dann geben die Reaktionen und die Berichterstattung dazu viel mehr Einblick in das öffentliche Interesse an menschlichen bzw. weiblichen Schwächen.

Zitierte anonyme Quellen

Anonym: Entführung der Mrs. Leigh durch die Gebrüder Gordon. – In: London und Paris 12 (1803), S. 314–323.
Anonym: Domestic Occurrences. Sunday, January 15. – In: The Gentleman's Magazine and Historical Chronicle 74 (1) (1804), S. 81.
Anonym: Remarkable Trials. – In: Dublin University Magazine 73 (1869), S. 695–699.
Anonym: The Romance of Crime. A Collection of Celebrated Criminal Trials, London: Vizetelly 1860.

Zitierte Artikel in Tageszeitungen

The British Newspaper Archive: http://www.britishnewspaperarchive.co.uk/

Extraordinary Outrage. – In: The Morning Post vom 18. Januar 1804, S. 3.
Violent Outrage. – In: Lloyd's Evening-Post vom 18. Januar 1804, S. 6.
Mrs. Lee. – In: The Morning Post vom 20. Januar 1804, S. 3.
Police. Public Office, Bow Street. –In: The Morning Chronicle vom 23. Januar 1804, S. 3f.
Mrs. Lee. –In: The Morning Post vom 23. Januar 1804, S. 3.
Mrs. Lee. –In: The Morning Post vom 24. Januar 1804, S. 3.
Mrs Lee – More Particulars. Bow Street. – In: The Caledonian Mercury vom 26. Januar 1804, S. 4.
Mrs. Lee – In: The York Herald vom 28. Januar 1804, S. 3.
Mrs. Lee and the Gordons. – In: The Morning Post vom 28. Januar 1804, S. 3.
Mrs. Lee and the Gordons. – In: Bell's Weekly Messenger vom 29. Januar 1804, S. 7.
Mrs. Lee. – In: The Hampshire Telegraph and Sussex Chronicle vom 30. Januar 1804, S. 4.
Mrs. Lee. – In: The Evening Mail vom 30. Januar 1804, S. 1.
Mrs. Lee and the Gordons.– In: The Kentish Gazette vom 31. Januar 1804, S. 3.
Mrs. Lee. – In: The Aberdeen Press and Journal vom 1. Februar 1804, S. 2.
Mrs. Lee and the Gordons. – In: The Derby Mercury vom 2. Februar 1804, S. 4.
Mrs. Lee's Genuine Dream. (As related by herself.). – In: The Morning Post vom 6. Februar 1804, S. 3.
Mrs. Lee. – In: The Hampshire Telegraph and Sussex Chronicle vom 6. Februar 1804, S. 2.
Friday's Post. – In: The Ipswich Journal vom 10. März 1804, S. 2.
Mrs. Lee andthe Gordons. – In: The Morning Post vom 13. März 1804, S. 3.
Oxford Assizes. – In: The Derby Mercury vom 15. März 1804, S. 1.
The late Mrs. R. F. Antonina Lee – In: The Public Ledger and Daily Advertiser vom 3. Februar 1829, S. 3.

The Times Digital Archive, 1785–2011: http://www.gale.com/c/the-times-digital-archive

Violent Outrage. – In: The Times vom 18. Januar 1804, S. 3.
Further Particulars Respecting the Carrying off of Mrs. Lee, and apprehension of the parties. – In: The Times vom 20. Januar 1804, S. 2.
More Particulars of Mrs. Lee. – In: The Times vom 21. Januar 1804, S. 3.
[ohne Titel]. – In: The Times vom 24. Januar 1804, S. 3.
Mrs. Lee. – In: The Times vom 26. Januar 1804, S. 2.
Mrs. Lee. – In: The Times vom 28. Januar 1804, S. 2.
Public Office, Bow Street. Examination of the Gordons. – In: The Times vom 28. Januar 1804, S. 2.
Oxford Assizes. – In: The Times vom 7. März 1804, S. 3.

The Observer Digital Archive, 1791–2003: http://pqasb.pqarchiver.com/guardian/search.html.

Mrs. Lee and the Gordons. – In: The Observer vom 11. März 1804, S. 2.
Trial of Messrs. Gordons. – In: The Observer vom 11. März 1804, S. 4.

Steffen Dietzsch

Juristisches im Werk von August Klingemann oder: Vom romantischen Umgang mit der Frage: Was darf Satire?

Klingemanns literarische Werke, namentlich seine *Nachtwachen des Bonaventura* (1804), zählen, wie schon Rudolf Haym bemerkte, »ohne Zweifel zu den geistreichsten Produktionen der Romantik.«[1] Allerdings hatte auch Goethe einst über Klingemann schon geurteilt, seine Zeitschrift *Memnon* (1800) müsse wohl »zu den merkwürdigen Erscheinungen und Zeichen der Zeit gerechnet werden«.[2] Klingemann bringt zwei neue thematische Konstellationen in die frühe deutsche Romantik ein: das städtische Individuum und das Lachen über sich selbst und die Welt. Und er nähert sich auch der mit Urbanität eng verbundenen Rechtsproblematik, und zwar, so hier meine These, durch das Format der Rechtssatire.

Das zeigt sich zunächst – sozusagen als Disposition für diese Problemlage – in seiner hermeneutischen Metapher des »Weltgerichtstags«, die er durchaus parodistisch einführt. Dieses Sprachbild entwickelt er in einer Projektion von Johannes 16,11 (»das Gericht, daß der Fürst dieser Welt gerichtet ist«) auf den Umsturz der Alten Welt und des Alten Rechts, den er in Paris 1789–1799 vor sich gehen sieht. Und das wird jetzt zum Leitfaden Bonaventuras in seiner literarischen Darstellung als »Rückblick auf den unter uns wankenden Planeten, der nun mit seinen Paradiesen und Kerkern mit seinen Narrenhäusern und Gelehrten Republiken zusammenstürzen soll«.[3]

Diese *Gerichtshof*-Metaphorik war in jenen Jahren überhaupt ein zentrales kulturanalytisches Interpretationswerkzeug – seit es Immanuel Kant in der *Vorrede* zur ersten Auflage seiner *Kritik der reinen Vernunft* (1781) als eine der frühesten Pathosformeln von Aufklärung in Anschlag brachte[4]. Und so sehen wir schon anfangs der *Nachtwachen* den Nachtwächter in einer ironisierten juridischen Position, der man auch so einen aufklärerischen Impetus zuschreiben könnte, nämlich als er sich einmal »auf ein leeres Piedestal, das für die Statue der Gerechtigkeit, die bis jetzt noch in der Arbeit, bestimmt war, schwang, und still und unbeweglich stehenblieb.«[5] Ein schlaftrunkener Zuschauer traut seinen Augen nicht: »Ah, meine Gerechtigkeit!« – ruft er, doch er muss sich von oben her belehren lassen: »Reiner

---

1 Haym: Die romantische Schule, S. 697.

2 Goethe an Schiller, Brief Nr. 15/4275 vom 29. Juli 1800 – Werke (Weimarer Ausgabe), Abt. IV, Bd. 15, S. 93.

3 Bonaventura: Nachtwachen (1991), S. 52.

4 Kant: Kritik der reinen Vernunft – Schriften, Bd. 3, S. 13, A XII; vgl. auch ebenda, Bd. 4, S. 467, B 530, A 502; S. 639, B 779, A 751.

5 Bonaventura: Nachtwachen (1991), S. 23.

https://doi.org/10.1515/9783110612073-009

Irrtum [...], die Gerechtigkeit liegt noch immer drüben beim Bildhauer, und ich habe mich nur provisorisch auf das Piedestal gestellt, damit es [...] nicht ganz leer sei.« Aber über den prinzipiellen Unterschied seiner Imitation der Gerechtigkeit und ihrer selbst belehrt der Nachtwächter den Bürger sofort: »die Gerechtigkeit ist kalt wie Marmor, und hat kein Herz in der steinernen Brust, ich aber bin ein armer Schelm voll sentimentaler Weichlichkeit, und gar dann und wann etwas poetisch gestimmt; [...].«[6]

1.

Hier darf man getrost ein Selbstportrait vermuten. Diese kurze Improvisation in der Maske der Gerechtigkeit ist eine Erinnerung an August Klingemanns Episoden mit der Jurisprudenz, die er ja jüngst selbst erlebt hat. Er – ein Neffe Joachim Heinrich Campes (1746–1818) – hatte sich nämlich in Jena als studiosus juris einschreiben lassen, am 14. Mai 1798. Sein Vermieter in Jena, der Juradozent Anselm Feuerbach, konnte ihn zu diesem Fach ermuntern, »da auch hier die Zahl der Studirenden, besonders an Juristen zunimmt«[7] Hier im Döderleinschen Haus, Leutragasse 5, befand sich auch das Auditorium des Juristen Hufeland.

Gleich in seinem ersten Theater-Stück, im Jahr seiner Immatrikulation – *Selbstgefühl* (1798, gedruckt Braunschweig 1800) – kommt er auf die Dynamik seines Lehrgebiets in Zeiten von Umwälzungen zu sprechen:

> Die alte Welt, Herr Syndikus, war wohl trefflich. Damals war das Recht noch die sichere Stütze des unterdrückten Bürgers; es war einfach und grade, und kein hinterlistiger Advokat beraubte es seiner ernsten Würde. [...] Der Rechtsgelehrte sei immerhin kalt und streng, und muss er gleich die sanfteren Gefühle der Menschlichkeit oft verleugnen, so erhebe er sich doch wieder in der Würde seines Standes und halte das Recht heilig und die ernste Strenge seiner Gesetze – aber er brauche sie nie zum Scheinmittel für die schlechte Sache und betrüge die Gerechtigkeit![8]

Mit dieser Programmatik hatte Klingemann sein Jurastudium begonnen. – Hier in Jena an der Juristischen Fakultät war seinerzeit ein für eine ›obere‹ Fakultät ungewöhnlich kritischer Geist vorherrschend: »Der Staatsrechtslehrer unterwirft selbst die Rechte seines Fürsten dem Rechte der Menschheit [...].«[9]

Seine akademischen Lehrer in Jena waren u. a. der Staats- u. Lehnsrechtler Andreas Joseph Schnaubert (1750–1825), der Kriminalrechtler Johann August Reichardt (1741–1808) und der Naturrechtler Gottlieb Hufeland (1760–1817), »der bedeutendste Jurist der Universität Jena um die Jahrhundertwende«[10], aber auch

---

6 Ebenda, S. 23.

7 Anselm Feuerbach an Christian Gottfried Schütz, Brief vom 12. Mai 1802 – Schütz: Darstellung seines Lebens, S. 94.

8 Klingemann: Selbstgefühl, S. 88 (V,4).

9 Borkowsky: Das alte Jena und seine Universität, S. 135. – Vgl. auch Rebmann: ›Jena fängt an, mir zu gefallen‹, bes. S. 56–58und109–113.

10 Steinmetz (Hrsg.): Geschichte der Universität Jena 1548/58–1958, Bd. 1, S. 282.

»der erste Jurist, bei dem der Einfluß Kantischen Rechtsdenkens zuerst sichtbar war«[11], sowie, gegen Ende seines dann abgebrochenen Studiums, der Strafrechtler Paul Johann Anselm Feuerbach (1775–1833), durch den »von diesem Boden aus [der Kantischen Theorie] hier in Jena die moderne Strafrechtswissenschaft zuerst inauguriert worden ist.«[12] Der Jenaer Rechtswissenschaftler fast 1897 zusammen:

> Das 17. Jahrhundert zeigt uns in Jena eine Reihe bedeutender und tonangebender Juristen: in der ersten Reihe Dominicus Arumäus, einen der Begründer der deutschen Staatsrechtslehre, ›den Stammvater der Publizisten‹, wie man ihn zurecht genannt hat, durch den Jena zum Sitz und zur Pflanzschule der deutschen Publizistik geworden ist; ferner Petrus Theodoricus, nebenden bedeutendsten damaligen Kriminalisten [...].[13]

Nun hatte auch Klingemann nach einigen Semestern Jurisprudenz die Erfahrung machen müssen, dass, wie einmal Christian von Dohm am 18. April 1800 an den Herausgeber der Jenaer *Allgemeinen Literatur-Zeitung* schrieb, »die Zahl junger Gelehrten, welche sich dem Staatsrecht ausschließlich widmen, äußerst gering ist, vielleicht weil man glaubt, daß dieses Studium bald seinen praktischen Nutzen verlieren und nur historische Kenntniß bleiben werde.«[14]

2.

In Jena war es aber nicht nur der Hörsaal, sondern vor allem der Salon der Schlegel-Damen ganz in der Nähe seiner Wohnung, der dem Jurastudenten Klingemann noch ganz andere Dimensionen der geistigen Welt eröffnete: »Zumal die Juristerei mit ihrer aufdringlichen Wirklichkeitsnähe wurde von kunstberauschten Seelen [...] als unerträglich empfunden. So wechselten Klingemann, Franz Horn, Dietrich Gries, Clemens Brentano von dem leidigen Gesetzesdrusch [hin] zu den freien Künsten, Achim von Arnim zu den Naturwissenschaften hinüber.«[15] Klingemann bleibt bis heute für manche deswegen eben bloß »ein abtrünniger Jurist und Schöngeist.«[16] Aber: Klingemanns Jenaer Freund Clemens Brentano hat in seinem *Godwi* (1801) eine zusammenfassende Würdigung von Klingemanns geistiger Leistung in Jena hinterlassen: »Trefflicher Spiegel deines Zeitalters«, heißt es da, »[...] was du geschrieben, ist eine stille Persiflage der herrschenden Schwäche – mit kluger Mäßigung verhüllst du dein Vorhaben und deine Originalität, viele sind dir begegnet, ohne dich zu erkennen – unbesonnene Kritiker tadeln deine Werke, die sie dem Äußern nach beurteilen – die Nachwelt wird dir danken!«[17] Der Verfasser dieses

---

11 Ebenda.

12 Loening: Über ältere Rechts- und Kultur-Zustände an der Fürstlich Sächsischen Gesammt-Universität zu Jena, S. 34.

13 Ebenda, S. 33.

14 Christian von Dohm an Christian Gottfried Schütz, Brief vom 18. April 1800 – Schütz: Darstellung seines Lebens, S. 46–47.

15 Burath: August Klingemann und die deutsche Romantik, S. 77.

16 Schnack: Der Briefwechsel zwischen Savigny und Winkelmann (1800–1804), S. 19.

17 Brentano: Godwi oder Das steinerne Bild der Mutter – Werke, Bd. 2, S. 451. Vgl. Horn: Umrisse zur Geschichte und Kritik der schönen Literatur Deutschlands, während der Jahre 1790–

Anhangs war übrigens Klingemanns Braunschweiger Landsmann, der Jenaer stud. med. Stephan August Winkelmann (1780–1806), der, wie Klingemann, zwischen 1799 und 1801 in Jena eingeschrieben war.

Über den außerakademischen Alltag damals in Jena erinnerte sich auch ein anderer Kommilitone, der Medizinstudent Martin Heinrich Lichtenstein (1781–1857), seit 1811 Professor für Zoologie in Berlin:

> Es gab damals unter den Studenten manche, die Verse machten; Clemens Brentano, Aug. Klingemann, Franz Horn [...] haben nachher dergleichen viel drucken lassen, die Anderen trieben's nur so nebenher unter den Anregungen der großen Zeit und ihrer Meister, die Jena so nahe hatte. Man schloß sich gern diesen Phantasten an und so geriethen auch ganz prosaische Gemüther als theilnehmende Freunde in diese Gemeinschaft. Hatte einer etwas fertig, so berief er die Genossen und las es ihnen vor. Es wäre wohl manchmal recht langweilig geworden, wenn nicht eine kritische Opposition dagewesen wäre, die meistens von Brentano mit schlagendem Witz unbarmherzig geübt wurde.[18]

Und auch Klingemann, »der damals schon ein halbes Dutzend Bücher hatte drucken lassen«[19], war häufig Adressat solcher öffentlicher Invektiven. Die waren allerdings nicht immer freundlich-spöttisch, sondern gelegentlich auch ehrabschneiderisch. Allerdings hatte mit seinen *Nachtwachen* Klingemann – dann schon nach Jena – etwas anderes als nur eine literarische Eintagsfliege zustande gebracht.

3.

Von zwei entsprechend juridisch tingierten Konstellationen in den *Nachtwachen* zu soll zunächst die Rede sein:

a.

Die Figur des *Nachtwächters* changiert in der Literatur jener Jahre zwischen einem simplen Büttel, der auf die Bürger achtet, wie in Schillers *Lied von der Glocke* – »denn das Auge des Gesetzes wacht«[20] – und wie in »Dingelstedts aufrührerischem Kosmopoliten.«[21] Bonaventuras Held ist von genau dieser geistig-kritischen Statur, denn, wie er sagt: »Wir Nachtwächter und Poeten kümmern uns um das Treiben der Menschen am Tage in der Tat wenig; denn es gehört zur Zeit zu den ausgemachten

---

1818, S. 219–220: »Auch als ästhetischer Kritiker hat Kl.[ingemann] manches geleistet, das wegen des guten und freundlichen Geistes, der in den meisten seiner Urtheile waltet, wohl zu loben ist«.

18 Martin Lichtenstein: Eine poetische Neujahrsnacht von Studenten in Jena. 1799. – In: Schnack: Der Briefwechsel zwischen Savigny und Winkelmann, S. 289.

19 Ebenda, S. 290.

20 Schiller: Das Lied von der Glocke – Werke (Nationalausgabe), Bd. 3, S. 235.

21 Michel: Einleitung zu: Nachtwachen. Von Bonaventura, 1904, S. XXVIII. – Bei Franz Dingelstedt heißt es einmal: »Hinaus zum Tempel, deutscher Patriot! – / – Eh' du dich in's Sanctissimum geheuchelt, / Und eh' dein Kuß, Judas Ischarioth, / die Freiheit, den Messias, rücklinks meuchelt.« Dingelstedt: Lieder eines kosmopolitischen Nachtwächters, S. 85.

Wahrheiten: Die Menschen sind, wenn sie *handeln* höchst alltäglich [...]« – da helfen, wenn man doch einen Begriff von ihnen bekommen wollte, momentan nur kritische Tagträume, denn »man mag ihnen höchstens wenn sie *träumen* einiges Interesse abgewinnen.«[22] Und immer, wenn er diese Tagträume und seine Einbildungskraft nach ›unten‹ richtet, auf den lebendigen Menschen, nach »unten, wo das bürgerliche Leben *konkret* ist«[23], da wird Bonaventura aufmerksam auf die *Betriebsform des Juridischen,* die den Menschen überhaupt prägt, d. h., seine Reichweite reduziert, seine Handlungen (Wünsche) regelt und seine Kommunikation formiert, und zwar gleichermaßen als Verfasser und Schausteller des eigenen Dramas. So wie er in der *Dritten Nachtwache* auf etwas stieß, von dem er »anfangs zweifelhaft blieb, ob es ein Mensch oder eine mechanische Figur sei, so sehr war alles Menschliche an ihm verwischt, und nur bloß der Ausdruck von Arbeit geblieben.«[24] Der Beobachtete schien ein Jurist zu sein, »in Aktenstöße vergraben«, »alles Leidenschaftliche und Teilnehmende war auf der kalten hölzernen Stirne ausgelöscht«, wie eine Marionette, »die Finger [,] ergriffen die Feder und unterzeichneten drei Papiere [...] es waren Todesurteile. Auf dem Tisch lagen der Justinian [sein *Corpus iuris civilis*, 534 n. Chr.] und die Halsordnung [*Constitutio criminalis Carolina,* 1532], gleichsam die personifizierte Seele der Marionette.«[25] Dieser »kalte Gerechte kam mir vor wie die mechanische Todesmaschine, die willenlos niederfällt«[26], und, so Bonaventura, »hätte ich die Wahl zwischen beiden, lieber wäre ich der lebende Sünder als dieser tote Gerechte.«[27]

Hier klingt in der jüngsten deutschen Romantik ein neuer empathischer, alltagsmythischer Ton im literarischen Umgang mit dem Menschen im Bau der Welt. Denn hier wird nicht mehr bloß herkömmliche Kultur-, Rechts- oder Zeitkritik vernehmbar, d. h. die mahnenden Worte, die Reflexionen, werden nicht autoritativ, vormundschaftlich von ›oben‹, von einer ›aufgeklärten‹ Position nach ›unten‹, an das Mangelhafte gerichtet. Nicht mehr ›die allgemeine Vernunft‹ kritisiert hier, sondern der konkrete (leibhaftige) Mensch erzählt (und karikiert!) aus seiner ›Passionsnatur‹ heraus, die ihn beim Erzählen immer auch als Element des Erzählten sicht- und hörbar macht. Dieser Jenaer Romantiker Klingemann wollte literarisch-methodisch etwas vermeiden, was schon Johann Georg Hamann, einer aus Kants Tischgesellschaft, von » w a h r e r A u f k l ä r u n g « gefordert hatte, nämlich, das die immer zuerst »in einem Ausgange des unmündigen Menschen aus einer a l l e r h ö c h s t s e l b s t v e r s c h u l d e t e n Vormundschaft bestehe.«[28]

---

22 Bonaventura: Nachtwachen (1991), S. 19.

23 Hegel: Grundlinien der Philosophie des Rechts – Werke, Bd. 7, S. 458.

24 Bonaventura: Nachtwachen (1991), S. 21f.

25 Ebenda, S. 22.

26 Ebenda. – Hier darf man die Maschine des Dr. Joseph-Ignace Guillotin (1738–1814) vermuten, die seit März 1792 in der Französischen Republik – aus egalitären Erwägungen – als standardisierte Justifizierungsform praktiziert wurde; vgl. Lenôtre: Die Guillotine.

27 Bonaventura: Nachtwachen (1991), S. 22.

28 Hamann an Christian Jakob von Kraus, 18. Dez. 1784 – Hamann: Schriften, 7. Theil, S. 192. – Das ist die sozusagen ›Kontroversdefinition‹ zu Kants Bestimmung von Aufklärung als »Ausgang des Menschen aus seiner selbstverschuldeten Unmündigkeit« – Kant: Werke in zehn Bänden, Bd. 9, S. 53, A 481.

Klingemann will kein aufklärerischer Ideologiekritiker sein, sondern ein Anthropologe in pragmatischer Absicht. Seine formgebende Technik dabei, die ihn *literarisch* in die Moderne trägt, ist es, zu wissen und zu gestalten, das »nichts genießbar [sei] ohne einen Beisatz von Ironie, id est von Nihilism.«[29] Und so kann Klingemann eine neue, mit einem abstrakten Begriff zu bezeichnende ›anthropo-genetische‹ Perspektive für die Literatur entwerfen, nämlich zu vermuten, auch der Mensch ist im Bau der Welt nur ein Treppenwitz dieser Welt: »Die Natur hatte ihre Schöpfung vollendet; [...] da fehlte noch etwas, worüber sie am Ende lachen könnte; – die Karrikatur ging hervor – und es war der Mensch!«[30]

b.

Als kritischer und ironischer Connaisseur musste Bonaventura vor allem im reflektierten Umgang mit Beleidigungen, Schmähungen, Kränkungen, kurz: mit *Injurien* vertraut werden. Und seine Apologie gegen den Vorwurf wegen Verstoßes gegen die Gesetze *De Iniuriis* – in der *Siebenten Nachtwache* – ist ein glänzender Beleg für die Kenntnis- und Übernahme aktueller rechtswissenschaftlicher Ergebnisse in der neuen Literatur der Romantik. Das findet sein Pendant im Wissensniveau der romantischen Rezeption und Praxis hinsichtlich neuester Ergebnisse in den Naturwissenschaften.

Die literarische Konstruktion, mit der auch hier, speziell in der Siebenten Nachtwache, ein Rechts-Problem aufgenommen wird, ist von Ziolkowski »eine typisch satirische Inversion«[31] genannt worden. So macht Bonaventura eben exemplarisch als Satiriker zunächst bedrückende Erfahrungen mit der überlieferten Rechtspraxis. Wenn er erfahren muss, dass man hier erstens »schlechterdings von dem Naturrechte, als dem einzigen allgemeinen und positiven nichts wissen« wollte, und zweitens, dass sie »in jedem Winkelchen ihr besonderes Recht und ihren besonderen Glauben« hatten.[32] Und gerade das ist vom heutigen Standpunkt gesehen ein Symptom für einen Umbruch hin zu einem Neuen Recht, das mit der »neufränkischen Experimental-Politik«[33] der jüngsten Zeit zu tun hat.

Bonaventura bemerkt, dass die Satire, weil sie weit mehr ist als spritzige Unterhaltung, natürlich hochsensibel und ungeschützt ist bei und für Lästerungen, Ehrverletzungen, Beleidigungen, Übertretungen und Unterstellungen. Die Satire hat auch unerwartet analytische Komponenten, weil sie »wie ein Probirstein« ist, der an allem, was vorbeistreicht, »das Zeichen seines Wertes oder Unwertes«[34] markiert. So ist die Satire wegen ihrer Aussagen- und Tatsachenkraft, die sich vielfach erst dem ›zweiten Blick‹ erschließt, mehr als andere literarische oder künstlerische

---

29 So Riemer zu Charlotte in Thomas Mann: Lotte in Weimar – Werke, Briefe, Tagebücher, Bd. 9.1, S. 92.

30 Klingemann: Die Ruinen im Schwarzwald, S. 107–108.

31 Ziolkowski: Das Amt der Poeten, S.118.

32 Bonaventura: Nachtwachen (1991), S. 61.

33 Lichtenberg: Rede der Ziffer 8 am jüngsten Tage des 1798ten Jahres im großen Rat der Ziffern gehalten – Schriften und Briefe, Bd. 3, S. 463–464.

34 Bonaventura: Nachtwachen (1991), S. 60.

Formen alltäglich justiziabel. Und so kommt es, wie es musste, und in der Siebenten Nachtwache hören wir dann: »[...] es wurden in kurzen mehr denn funfzig Injurienprozesse gegen mich anhängig gemacht.«[35]

Das Gericht, vor dem er erscheinen muss, macht ihm allerdings keinen Mut – es erscheint ihm wie eine Marionetten-Runde mit »den Gerechtigkeitsmasken vor dem Antlitze, worunter sie ihre eigene Schalksphysiognomie und zweite Hogarthsgesichtshälfte verbargen.«[36] Bonaventura muss sich nolens volens dann doch in einen Diskurs mit der Jurisprudenz einlassen, der sich ihm so darstellt: Ihm sei, so will er seine *verbalen* Rede-Äußerungen verstanden wissen, ohrenfällig »eine iniuria oralis«, genauer: »eine *gesungene* Injurie zur Last gelegt«, nicht also eine Injurie als *factum brutum*. »Ich dürfte schon«, so fährt er fort, »hier einen Grund der Nullität der Anklage finden, indem Sänger offenbar sich zur Kaste der Dichter zählen, und es diesen letztern […] erlaubt sein müsse in ihrer Begeisterung zu injuriieren und blasphemieren, soviel sie nur wollten. Ja es dürfte einem Dichter und Sänger schon deshalb dies Verbrechen nicht zugerechnet werden, weil die Begeisterung der Trunkenheit gleichzusetzen« sei; nahezu »eine Gabe der Götter«[37]. Hier könnte sich Klingemann einer alten Einsicht über die Dichter versichern: »Wer aber ohne diesen Wahnsinn der Musen in den Vorhallen der Dichtkunst sich einfindet, meinend, er könne durch Kunst allein genug ein Dichter werden, ein solcher ist selbst uneingeweiht, und auch seine, des Verständigen, Dichtung wird von der des Wahnsinnigen verdunkelt.«[38]

Was bedeutet das? Nichts Geringeres als die beginnende Transformation einer verbalen, diekten Beleidigung in eine neue – personinvariante – Form, die wir dann z. B. als *Literatur* identifizieren können. Und damit wäre ein neues Strukturelement geschaffen für eine Antwort auf die Frage, was denn die Satire alles ›dürfe‹. Als Ausdruck von Gedanken- und Formfreiheit ist sie natürlich ›frei‹ und sie ›darf‹ alles, was zum Definitionsumfang von ›Satire‹ gehört.[39] Der Fortschritt im Bewusstsein des Rechts ist, das sich damit die Beleidigung von einem moralischen Problem in ein Rechtsproblem verwandelt hat.

Und hier kann sich Bonaventura eben des Juristen Adolph Dietrich Weber (1753–1817) versichern, wenn er bei ihm liest: »An sich ist also die Strafe aller Injurien, deren sich Schriftsteller schuldig machen können, nach gemeinem Recht in Deutschland betrachtet, willkührlich [...].«[40] Es sollte also gesetzesförmig geregelt werden, um nicht »jede Injurie, deren sich ein Schriftsteller schuldig macht, sogleich schon als ein öffentliches Verbrechen zu behandeln.«[41] Denn schließlich

---

35 Ebenda, S. 61.

36 Ebenda, S. 61.

37 Ebenda, S. 64.

38 Plato: Phaidros –Werke in acht Bänden, Bd. 5, S. 67, 245a.

39 Vgl. neuerdings auch Urteil des Bundesgerichtshofs (BGH), Aktenzeichen: I ZR 9/15; zit. in: Tagesspiegel, v. 3. Sept. 2016, S. 29.

40 Weber: Ueber Injurien und Schmähschriften, 3. Abth. (1800), S. 110. – Vgl. auch Werner: Zum wissenschaftlichen Wirken und zu den politischen Vorstellungen von Adolf Dietrich Weber (1753–1817).

41 Weber: Ueber Injurien und Schmähschriften, 3. Abth. (1800), S. 27.

gibt es eingeborene Rechte, denen kein Bürger entsagen« kann.[42] Was passiert hier? Zunächst erstens etwas Unauffälliges, nämlich, dass es auf Richterseite so etwas wie juridisch-anthropologische Ermessensabwägungen gibt, sowie zweitens, dass dabei als sozusagen juridischer ›Mehrwert‹ so etwas wie *Gedankenfreiheit* hervorbricht, indem Bonaventura »die Klage vor diesem Gerichtshofe als unzulänglich« abweist, mit dem Argument, dass »ich als moralische Person unter dem foro privilegiato einer anderen Welt stehe.«[43]

c.

Sein juristisches Wissen hilft jetzt dem ›Schöngeist‹, mit z. B. empörten Reaktionen, mit Vorwürfen und Kritiken in der Bühnen- oder Leseöffentlichkeit zurechtzukommen und sich künstlerische Freiräume zu verschaffen. Hier wird wohl erstmals für die literarische Öffentlichkeit deutlich, dass die *Form* der Injurie sie eben auch klage-resistent machen könne. Bonaventura sieht mit dem Juristen Weber eine Möglichkeit, dass es Personenäußerungen geben könne, die injurien-irrelevant sind. Weil z. B. die Personalität hinter das Literatursein als marginal zurücktritt und gelegentlich – wie eben hier bei den *Nachtwachen des Bonaventura* – auch pseudo- oder anonym verborgen bleibt.

Denn das moderne Injurienrecht in Deutschland (um 1800) hält nämlich denjenigen vom Vorwurf der Beleidigung frei, wenn »Jemand den *animus iniuriandi* nicht gehabt hat«[44], wie bei Imbezilen, denen augenfällig das Bewusstsein von Schmähung fehlt, aber auch, was wichtiger ist, wenn der auf Grund sozial akzeptierter Regeln reduziert ist, etwa bei Clowns, Narren, Fabulierern, Schaustellern, Künstlern etc. Ein sprachliches Formprinzip dabei, das auf der Bühne, in Prosa oder gereimt, eine innere Resistenz der Schmähgeste gegen Tribunalisierungen entfaltet, ist der Konjunktiv. Gerade dies ist ja eine sprachliche Vorbereitung zur Literarisierung von Injurien, und damit zu ihrer rechtlichen Immunisierung. Wie eben bei der – spitzbübischen – Verteidigungsrede in den *Nachtwachen*: »Ich stehe hier als beschuldigter Injuriant vor Ihnen und alle corpora delicti sprechen wider mich, worunter ich auch Sie selbst zu zählen fest willens bin, indem man corpora delicti nicht nur als die Gegenstände [...], sondern auch als die Leiber selbst in denen das Verbrechen wohnt, ansehen könnte«, denn es sei doch anzunehmen, »daß Sie selbst nicht nur als gute Theoretiker die Verbrechen kennenlernten, sondern sie auch als brave Praktiker auszuüben verständen, wie denn schon manche Dichter sich ernstlich beklagen, daß ihre Rezensenten selbst, nicht einen einzigen Vers zu machen imstande wären, und doch über Verse richten wollten«.[45] Kritikberechtigung in Kunstsachen macht sich durch die – artifizielle – Form frei von der Unmittelbarkeit zivilrechtlicher Sanktionen. Die Person des Kreativen tritt hinter die Kreativität

---

[42] Weber: Ueber Injurien und Schmähschriften, 1. Abt. (1793), S. 30.
[43] Bonaventura: Nachtwachen (1991), S. 64.
[44] Weber: Ueber Injurien und Schmähschriften, 1. Abt. (1793), S. 66.
[45] Bonaventura: Nachtwachen (1991), S. 62.

(hinter das Kunstwerk) zurück. Die Form des Kunstwerks bewirkt jenseits der empirischen, einzelnen Person (Autor) dessen Autonomie und Freiheit.

Es wurde mit solchen Passagen aus den *Nachtwachen* eine juristische Wissensleistung öffentlich, die die Trennung zwischen ›Beleidigung‹, ›Meinung‹, Blasphemie‹ oder ›Verletzung‹ erst kunst-, dann alltagspraktisch zu konzeptualisieren verstand. Nämlich, dass das Kriterium einer *Injurie* (einer *Karikatur,* einer *Groteske*) in der An- oder Abwesenheit seiner – künstlerischen – Formbestimmtheit liegt. Was heißt das? In der Figuration und Gestalt des *Dritten,* die sich als Bühnen-, Text- oder Liedform in der Kommunikation her- und darstellt, verliert etwas, das in direkter ›Zweier‹-Kommunikation eine Injurie sein kann, seine Sanktionspotenz, verliert seinen *animus iniuriandi.* Kurzum: was eine ›Injurie‹ ist, wird nicht an der (gesprochenen, gezeigten, gesungenen) Sache entschieden, sondern an der *Form* der inkriminierten Sache. Oder, um es philosophisch abstrakt zu formulieren: Beleidigungen werden modern nicht *substanziell* identifiziert, sondern *relational.* Wie also könnte man sich immun machen gegen Klagen wegen Beleidigung? Natürlich nur so, dass die Schmähungen/Injurien nicht mehr von Person-zu-Person in direkter Konfrontation erfolgen, sondern dass man dieses Kommunikationsverhältnis sozusagen entpersonalisiert. Wie? Nicht mehr eine Person schmäht, beleidigt etc., sondern die Injurie als früher körperlich-unmittelbar anwesende Konfrontation macht sich von der Person als Quelle unabhängig, und damit abstrakt, artifiziell als Literatur, als Theater, als Kunst geltend, eben als *Satire.* Jetzt gibt es einen neuen Resonanzraum, der ehedem geschlossene, körperliche Resonanzraum zwischen Person und Person wird geöffnet, wird zur Öffentlichkeit als Literatur- und Leseöffentlichkeit. Also: Injurien *als Literatur* (= Satire) macht eine Klage wegen Injurie irrelevant, weil das das eine, übergreifend wichtige Rechtsgut berühren würde, die *Gedankenfreiheit.* Was bedeutet das für die Bewertung frühromantischer Literatur? Vor allem eins, dass nämlich kommunikative Freiräume (zuerst für die Kunst) konstituiert wurden, womit man – ganz früh auch hier in Deutschland – einen Schritt hin zur Emanzipation der geistigen Kultur, hin zur Kunst- und Meinungsfreiheit getan hatte.

Mit dem Juristen Weber bekundet auch Bonaventura/Klingemann einen bemerkenswerten Fortschritt in der Rechtskultur: Es »darf überhaupt keine Policeigewalt in einen Despotismus ausarten, und willkührliche Machtsprüche an die Stelle der Urtheile setzen«[46], und es »muß die Justiz ihre Aussprüche allein auf bestimmte Gesetze und Vernunftgründe, nicht auf Gefühle und dunkle Vorstellungen bauen.«[47] Schließlich müsse »auch bei strengen Maßregeln gegen die Publizität« (etwa bei Zensurerfordernissen) darauf geachtet werden, »daß die möglichste Schonung der Rechte des Menschen und des Bürgers daher beobachtet werde«.[48]

Im Rostocker Rechtsprofessor Adolph Dietrich Weber (seit 1791) hatte sich Klingemann des bedeutendsten Zivilrechtlers seiner Zeit versichert, dessen juristische Kompetenz bis in die Kontroversen um die Rechtskonstruktionen des Deut-

---

46 Weber: Ueber Injurien und Schmähschriften, 3. Abt. (1800), S. 61.

47 Ebenda, S. 18.

48 Ebenda, S. 62.

schen Bundes (1818) gefragt war. Und Klingemanns Rechtsverstand wird bis in unsere Gegenwart hinein gewürdigt, etwa von Theodore Ziolkowski, dem dessen »ungewöhnliche Sachkenntnis, mit der hier zwanzig Jahre vor Heine das Recht ironisierend behandelt wird«[49], auffällt. Aber merkwürdig fremdelnd fährt er fort, das seien »starke Argumente für die Vermutung« – und hier bleibt Ziolkowski noch 1992 rätselhaft zögernd – »daß der anonyme [recte: pseudonyme] Autor wie so viele seiner Zeitgenossen eine juristische Ausbildung durchlaufen haben könnte«[50]. Damit können wir eine neue Facette in unser Bild von der Modernität der deutschen Frühromantik einfügen.

4.

Juridisches begegnet uns bei Klingemann dann ein Jahrzehnt nach Jena wieder bei einem seiner wichtigsten literarischen Erzeugnisse. Im Braunschweiger Adressbuch von 1813 wird der am Hagenmarkt wohnhafte Klingemann – rechtlich nicht unbedenklich – als »Doctor und Registrator« aufgeführt; er war aber damals schon Mitdirektor eines Braunschweiger Theaters (der »Waltherschen Gesellschaft«). 1821 erscheint er dann im Einwohnerverzeichnis offiziell korrekt als »Director des National-Theaters«. In diesem Theatergebäude am Hagenmarkt wurde im März 1772 von Carl Theophil Doebbelin (1727–1793) Lessings *Emilia Galotti* uraufgeführt und im Januar 1829 die von Klingemann, dem neuen »General-Director des herzoglichen Hoftheaters«, für die Bühne bearbeitete *Faust*-Tragödie Goethes. Aber er hat auch selbst ein Jahr nach Kleists *Michael Kohlhaas* ein *Faust*-Stück (1811, gedruckt 1815) geschrieben und auf die Bühne gebracht. Klingemanns *Faust. Ein Trauerspiel in fünf Acten* war lange, bis in die siebziger Jahre des 19. Jahrhunderts hinein, das erfolgreichste *Faust*-Stück auf deutschen Stadt- und Wanderbühnen, das »lange Zeit der Goethe'schen Dichtung Concurrenz machte.«[51]

Klingemann war wie Goethe immer schon auch Theaterpraktiker. Und da interessierte es ihn natürlich als Theaterexperiment, ob im Umgang des Menschen mit übersinnlichen Mächten, neben dem Glauben, gar der Magie, auch ein rechtsförmiges Zusammenwirken (theatralisch) darstellbar wäre, also ob etwa Verträge das Maß an Verträglichkeit zwischen eigentlich Unverträglichem erhöhen könnten. Anders als in Goethes *Faust*, dessen Kommunikation mit jenem Boten *des Drüben* auf eine *Wette* gegründet war, ist es bei Klingemann ein *Rechtskonstrukt*, dessen Bestimmungen ihm, *Faust*, dionysischen Handlungsraum geben könnten. Das führt ihn allerdings sofort an Grenzbereiche, wo bürgerliche Tüchtigkeit von regel-sprengender Intensität überwältigt wird. Klingemanns *Faust* wagt – mit Beginn des zweiten Aktes – das Spiel: »Ha Hölle, sende meinem Herrscherwillen / Zum Dien-

---

49 Ziolkowski: Das Amt der Poeten, S. 121.

50 Ebenda.

51 Kürschner: Klingemann, Ernst August Friedrich – ADB, Bd. 16 (1882), S. 187.

ste denn die dunkle Macht empor [...].«[52] Den bürgerlichen Tugenden seines Vaters *Diether*, seiner Liebsten *Käthe* und des Famulus *Wagner* entfremdet er sich rasch.

Die Probleme, die auf Klingemanns *Faust* bei seinen Verletzungen der ›Grenzen der bloßen Vernunft‹ zukommen, sind erstens: »Viel Wissen ist gefährlich!« (55). Und so ist der gute Rat an seinen Famulus:

> Frisch auf, mein Freund! Drum trenne dich vom Wissen!
> Minervens Schild ist ein Medusenhaupt,
> Vor dessen Blick das Leben sich versteinert;
> [...]
> Drum schlag das Buch des finstern Wissens zu,
> Und folge mir hinaus in's freie Leben. (62–63).

Und zweitens: die mit »Helenens Feueraugen« (94) verbundene Todsünde der Wollust: »Was soll mein Weib! – Es giebt nur eins auf Erden – / Und dieses ist's!« (90), – mit dem Folgeproblem: »Den H i m m e l brauch' ich nicht mehr zu erstreben, / Die Erde glüht ringsum in Liebespracht!« (101). Das führt letztlich dann – »Wein will ich – nicht Moral!« (128) bzw. »ich hasse sklavisch Wesen!« (130) – zu den exterminierenden Taten an seinen Nächsten, die aber den Vertragsfall einsetzen lassen. Faust vermutet sich, weil geschützt durch seinen ›höheren Kontrakt‹, als für die bürgerlichen Rechts- und Gerechtigkeitsrituale immun: »Gerichte – Pah! – Doch nicht das Weltgericht!« (152). Aber seine ›höheren‹ Vertragsklauseln kosten ihn auch unvergleichlich viel mehr. Spät, allzu spät schwant es ihm mit seinem Vertragspartner: »Es dünkte mich – – du sähst dem T e u f e l ähnlich!« (171).

Und so bildet sich am Ende sozusagen als das Achsenproblem des ganzen Stücks heraus, dass Verträge zwischen Ungleichen willkürlich und ungerecht bleiben und deshalb von der modernen *Idee* des Rechts ausgeschlossen sind. »Ha, mein Vertrag?!« (180), so erinnert Faust den Fremden schließlich an seinen Kontrakt, der die Sünden- und Transgressionsaspekte seines Handelns advokatisch stilllegen sollte; aber vergebens, denn, so dessen Antwort, und das ist der Schlüsselsatz des Ganzen überhaupt: »Die U n t e r s c h r i f t – war Deine schwerste Sünde!« (180) So ist des Juristen Klingemanns *Faust* in gewisser Hinsicht eine literarische Camouflage auf ein historisch konkretes, zivilgesellschaftlich grundstiftendes Ereignis, das sich aus dem Wirbel geschichtlich-politischer, imperialer Verwerfungen jüngst gebildet hat: den *Code civil*, der in jenen Jahren zwischen Lissabon und Warschau neues Recht gebar. Der wurde, vor allem linkrheinisch, »sofort im Jahre 1804 übernommen und blieb bis zum Ende des 19. Jahrhunderts die grundlegende Rechtsordnung.«[53]

Die *Nachtwachen* als Juristensatire gehören motivgeschichtlich durchaus ins Vorfeld von Rudolf von Jherings ›Weihnachtsgabe‹ *Scherz und Ernst in der Jurisprudenz* (von 1884). Der Unterschied allerdings ist: »Dieser überlegene Witz hat sie [die frühromantische Dichtung] jünger gehalten wie die meisten Dichtungen der Epoche und wird ihr auch noch für einige Zukunft eine Wirksamkeit sichern.«[54]

---

52 Klingemann: Faust, S. 41, im folgenden Seitenzahl in Klammern.
53 Ziolkowski: Das Amt der Poeten, S. 103.
54 Bonaventura: Nachtwachen (1910), Vorbemerkung, S. XIV.

Recht und (poetische) Gerechtigkeit

Christopher Burwick

Rechtsbruch und Rechtsspruch: E.T.A. Hoffmanns »Das Fräulein von Scuderi«

1. Dichterberuf und Richteramt – Literatur und Recht

Mit dem Hinweis auf die »Analogien zwischen der juristischen und der dichterischen Praxis E.T.A. Hoffmanns« hat Wulf Segebrecht schon früh auf rechtsstaatliche Vorstellungen und rechtspraktische Erfahrungen im literarischen Werk des Romantikers aufmerksam gemacht.[1] Faszinierender aber war und ist offensichtlich E.T.A. Hoffmanns künstlerische Universalität als Autor phantastischer Erzählungen und Romane, als Kritiker, als Komponist, als Theaterdirektor und als Zeichner. Mit dem zunehmenden Interesse der Rechtswissenschaftler an der literarischen Verarbeitung von Rechtsfällen (Detektivromane) rückte jedoch schließlich auch der nüchterne und verantwortungsbewusste Jurist E.T.W. Hoffmann (»Wilhelm« ersetzte der Künstler Hoffmann 1805 aus Verehrung für Mozart durch »Amadeus«) im Kontext der Diskurse von ›Recht und Moral‹, von ›Literatur und Wissen‹ oder von ›Gerechtigkeit und Poesie‹ in den letzten Jahren immer mehr in den Mittelpunkt.[2] *Das Fräulein von Scuderi* wurde damit ein Beispiel für die Interferenz von Recht und Literatur[3], zumal hier der juridische Diskurs nicht nur durch den aktuellen Fall, den der Richter Hoffmann in seinem »Gutachten über die Mordtat des Tabakspinnergesellen Daniel Schmolling«[4] behandelte, sondern auch durch die Frage der

1 Vgl. Segebrecht: E.T.A. Hoffmanns Auffassung vom Richteramt und vom Dichterberuf (1967); und Segebrecht: Beamte, Künstler, Außenseiter. Analogien zwischen der juristischen und der dichterischen Praxis E.T.A. Hoffmanns (1984).

2 Vgl. besonders Bergengruen und Eder: Das Fräulein von Scuderi, S. 344–348; Neumeyer: Von der »wahre(n) Kunst« des Verbrechens und der »Ungewißheit« der Ermittler: Giftmord in Wissenschaft und Kriminalliteratur 1730–1820. – In: Bergengruen, Haut und Langer (Hrsg.): Tötungsarten und Ermittlungspraktiken, S. 115–132; Stefanie Langer: Giftmord und Herzstich. Zu E.T.A. Hoffmanns Das Fräulein von Scuderie, ebenda, S. 133–150; Prinz und Winko: Wertungen und Wertmaßstäbe in literarischen Texten, S. 331–358.

3 Meier: Dialog zwischen Jurisprudenz und Literatur; Laurs: »Noch einmal hinter die Gardinen zu kucken«; Hesse: Reflexion und Wirkung und Mangold: »Heillose Willkür«, Gerechtigkeit durch Poesie; Mangold: Restoration and the Rule of Law. Meier, der den juristischen Hintergrund der Erzählung aufarbeitet hat, argumentiert gegen Mangold, dass der Widerspruch von Recht und Gerechtigkeit nicht durch die Poesie gelöst werden könne. Müller-Dietz betont in seiner Rezension zu Meiers »Dialog zwischen Jurisprudenz und Literatur«, »daß Juristen von Berufs wegen eher dazu neigen, einen aporetischen Charakter der Beziehung zwischen Recht und Gerechtigkeit in Abrede zu stellen, während Literaturwissenschaftler gerne ihr gegenteilige Sicht als werkimmanente Interpretation ausgeben«. Müller-Dietz: Dialog zwischen Jurisprudenz und Literatur, S. 776–777.

4 Die Publikation der »Vertheidigungsschrift zweiter Instanz für den Tabackspinnergesellen

https://doi.org/10.1515/9783110612073-010

Zurechungsfähigkeit weiter problematisiert wurde.[5] Von Interesse wird hier die literarische Darstellung eines juristischen Falles[6], in dem die grundlegende Frage nach der Kompetenz des menschlichen Wahrnehmungsvermögens,[7] Wertmaßstäben und Willensfreiheit aufgeworfen wird, d.h. eine Darstellung, die die zeitbedingten Konzeptionen von Gesetzgebung, Wahrheitsfindung, Rechtsprechung, und moralischem Handeln reflektiert.[8]

Die Kombination von Schriftsteller und Jurist führte in der Hoffmannforschung dazu, dass man ihm eine Sonderstellung einräumte, da er nicht allein juristische Bezüge in seine Erzählungen integrierte, sondern auch durch sein Interesse an psychischen Erkrankungen diesen Aspekt in beiden Diskursen problematisierte.[9] Bei der Untersuchung der Verbindung zwischen Poesie, Recht und Moral steht dann auch die Frage der Schuldzuweisung, Zurechnungsfähigkeit und Entscheidungskompetenz bei pathologisch motivierten Verbrechen im Vordergrund, da vorausgesetzt wurde, dass Hoffman mit der Figur Cardillacs auf den Fall Schmolling Bezug genommen hat. So sieht Auhuber in der Erzählung die »Poetisierung der Medizin« im Kontext der Psychologie seiner Zeit.[10] Den Rechtswissenschaftler Mangold interessiert dagegen auch der politische Aspekt und der im Falle Jahns vom Polizeiapparat ausgelöste Verfolgungswahn, der in der *Chambre ardente* und deren Präsidenten la Regnie ein literarisches Echo findet.[11] So stehen juristische, literarische

---

Daniel Schmolling welcher seine Geliebte ohne eine erkennbare *Causa Facinoris* ermordete« erschien zuerst in Hitzigs Zeitschrift für die Criminal-Rechts-Pflege in den Preußischen Staaten mit Anschluß der Rheinprovinzen. Heft 2, 1825, S. 261–376. Vgl. Ort: Das Problem der Schuldzurechnung, S. 174–175. Vgl. Hoffmann: Juristische Schriften, S. 691–730; vgl. auch Kolkenbrock-Netz: Wahnsinn und Vernunft – juristische Institution – literarische Praxis; dazu Käfer: Widerspiegelungen des Strafrechts, S. 50.

5 Hoffmann: Briefwechsel, Bd. 2: 1814–1822, S. 263; Hesse: Die Kriminalerzählung »Das Fräulein von Scuderi« als Spiegel des Richteramts E.T.A. Hoffmanns, S. 702.

6 Meier nennt es »Rechtsabbildung« im Titel seiner Monographie.

7 Vgl. Dickson: Devil's Advocate? Dickson unterscheidet zwischen »presentation of the perception and conception of reality«, S. 246. Vgl. dazu Prinz und Winko: Wertungen und Wertmaßstäbe in literarischen Texten. Analyse von Recht und Moral in E.T.A. Hoffmanns *Das Fräulein von Scuderi.*

8 Hoffmann: Das Fräulein von Scuderi – Sämtliche Werke und Briefe in sechs Bänden, Bd. 4, S. 780–853. Künftig im Text zitiert mit der Seitenzahl. Vgl. Auch Prinz und Winko: Wertungen und Wertmaßstäbe.

9 Hesse: Reflexion und Wirkung, S. 13.

10 Auhuber: In einem fernen dunklen Spiegel; Auhuber: Hochgebietende Vernunft; Buchholtz und Häfner: Hoffmann und die Psychologie seiner Zeit.

11 In einem zweiten Gutachten über den »Demagogen« Friedrich Ludwig Jahn wendet Hoffmann sich gegen staatliche Maßnahmmen, die für den Einfluss politischer Gesinnung und nicht für das Recht des Angeklagten eingesetzt wurden. Mückenberger: »Von Anfang an widersetzte sich die Kommission der Zumutung, Gesinnungsjustiz statt Tatstrafrecht anzuwenden. Sie bestand auf der Unabhängikeit des Richteramtes und verlangte sogar Unterordnung des polizeilichen Handelns unter die Gerichtsbarkeit – beides zu dieser Zeit kaum mehr opportune Vorgriffe auf die moderne Gerichtsverfassung« (S. 169). Unter »Gesinnungsjustiz« versteht man die illegitime Einflussnahme politischer, religiöser oder ideologischer Kräfte auf Gesetzgebung und Gesetzanwendung (vgl. Clemens: Gesinnungsjustiz, S. 1). Mückenberger erwähnt im Einzelnen die von Hoffmann zwischen dem 23. Oktober und dem 27. November 1819 erstellten Voten gegen die angeklagten »Demagogen«, S. 170.

und medizinische Analysen gegen- oder nebeneinander, wobei auch hinterfragt wird, ob die dichterische die juristische Tätigkeit, oder umgekehrt, die juristische die dichterische Arbeit beeinflusst.[12] Als Desiderat erscheint dabei eine interdisziplinäre Betrachtung, die überhaupt erst einen Vergleich der diskursiv verschiedenen Lektüren ermöglicht.

Die Juristen Goydke, Meier, Schirnding und Müller-Dietz, der Jurist und Literaturwissenschaftler Hesse und die Literaturwissenschaftlerin Bönnighausen analysieren Hoffmanns Werk, vor allem *Das Fräulein Scuderi* und *Meister Floh,* als Reflexion seiner juristischen Tätigkeit, wobei sich die Arbeiten der Juristen in Methode und Auslegung meist von der literaturwissenschaftlichen unterscheiden.[13] Während der Rechtswissenschaftler Mangold sich auf die Rechtskonzepte in Preußen in den Jahren der Restauration konzentriert,[14] interpretieren die Literaturwissenschaftler Korff-Schmising und Laurs die Erzählung mit Bezug auf einen Vergleich der preußischen Staatsordnung mit dem Absolutismus unter Ludwig XIV. Die Germanistin McChesney gibt den Ansätzen der Erforschung von Kriminalgeschichte bzw. Detektivroman einen »feminist turn«, indem sie die Scuderi als weibliches Gegenstück zu den meist hartgesottenen männlichen Agenten konstruiert. Im Kontext der Diskussion um »Literatur und Wissen« sind generell die Dialoge zwischen der Literatur und den verschiedenen Disziplinen wieder stärker ins Blickfeld gerückt, so auch zunächst im Bereich »Recht und Literatur«. Für Hoffmanns *Fräulein von Scuderi* haben die dort verhandelten unterschiedlichen Diskurse und damit auch die verschiedenen Wertmaßstäbe der einzelnen Figuren dazu geführt, dass in den Forschungsbeiträgen oft argumentiert wird, der Text etabliere »verbindliche Wertmaßstäbe«, der Erzähler sei unzuverlässig oder einzelne Figuren seien unglaubwürdig.[15] Hier soll vor allem im Anschluss an die neuere Forschung gezeigt werden, dass Recht und Moral verschiedene Wertordnungen sind, die im Diskurs um das menschliche Erkenntnisvermögen und der damit verbundenen moralischen Entscheidungskompetenz verkompliziert werden. So zeigt der Text zum einen, dass »rechtliche und moralische Maßstäbe in der Textwelt gleichermaßen gelten«,[16] zum anderen, dass gerade diese Maßstäbe durch Rede und Handeln der Figuren – Scuderis Rhetorik und ihre Manipulation durch Performanz – wiederum problematisiert werden.[17] Recht und Unrecht sind also nicht polare Gegensätze, mit denen eine

---

12 Mückenberger: S. 165. Vgl dazu Zeuch: Einleitung. Recht und Literatur um 1800, die Recht und Literatur im Kontext des *law and literature movement* untersucht.

13 Hier nur eine Auswahl der wichtigsten Untersuchungen: Müller-Dietz liefert den ersten Kommentar aus juristischer Sicht. Vgl. Müller-Dietz: »Das Fräulein von Scuderi« im (straf-)rechtsgeschichtlichen und kriminologischen Kontext. In: Hoffmann: Das Fräulein von Scuderi (de Gruyter), S. 69–96; Bönnighausen schreibt den zweiten Kommentar aus literaturkritischer Sicht: Das Fräulein von Scuderi – eine romantische Künstlerin als Detektivin und Anwältin. In: Hoffmann: Das Fräulein von Scuderi, S. 97–109.

14 Mangold: Gerechtigkeit durch Poesie, S. 50–64.

15 Prinz und Winko: Wertungen und Wertmaßstäbe, S. 335. Dickson: Devil's Advocate, S. 253.

16 Prinz und Winko: Wertungen und Wertmaßstäbe, S. 357.

17 Dickson: Devil's Advocate? »Whereas the detective uses his intellect to analyse the evidence and uncover the truth, the advocate presents his client's case in the most positive way possible, exploiting language artistically in order to persuade, that is, employing *rhetoric*«. S. 252–253.

Einteilung der Menschen in ›gut‹ und ›böse‹ möglich ist, sondern in ihrer Ambiguität zu guter Letzt doppeldeutige Begriffe, die ein System starrer Wertmaßstäbe sowohl bestätigen als auch kritisch beleuchten.

2. Schuldzurechnung im Widerstreit der juristischen, medizinischen und moralischen Erzählstrategien

Nach Mangold steht Hoffmanns Unvoreingenommenheit und distanzierte Rationalität, die, verbunden mit Humanität und Abneigung gegen Willkür, der Kantischen Rechtsauffassung entsprach,[18] im Kontrast zu seiner Skepsis gegenüber der Kompetenz des menschlichen Erkenntnisvermögens.[19] In seinem Gutachten (Votum) zu Schmolling betont Hoffmann, dass Verteidiger und Richter vor der Aufgabe stehen, aus den vorgelegten Akten zu einem Rechtsspruch zu kommen, der frei von subjektiven und emotionalen Momenten ist. Der Richter Hoffmann muss sich also »*daran* halten, was die unzweideutigste Erfahrung festgestellt hat«. Er argumentiert weiterhin, dass für »Gesetzgebung und Rechtspflege« die »Freiheit des Menschen, metaphysisch betrachtet« zu Spekulationen führe, während die »moralische Freiheit«, d.h. sittlich zu handeln, für den Urteilsspruch als bedingend vorausgesetzt werden müsse.

> Dem im irdischen Leben befangenen Menschen ist es nicht vergönnt, die Tiefe seiner eigenen Natur zu ergründen, und wenn der Philosoph sich über diese dunkle Materie in Spekulationen verliert, so darf der Richter sich nur *daran* halten, was die unzweideutigste Erfahrung festgestellt hat. Die Freiheit des Menschen, metaphysisch betrachtet, kann auf Gesetzgebung und Rechtspflege nie von Einfluß sein, die moralische Freiheit des Menschen, d.h. das Vermögen, seinen Willen und dessen tätige Äußerung dem sittlichen Prinzip gemäß zu bestimmen (arbitrium liberum), wird als die Anwendung jeder Strafsanktion bedingend vorausgesetzt, und jeder Zweifel dagegen muß dem Richter, soll er darauf achten, mit überzeugender Kraft dargetan werden.[20]

Für Hoffmann können Lehrsätze aus der Medizin und Psychologie nur dann von Wert sein, wenn sie sich »auf wissenschaftliche Erfahrung stützen, und nicht als lediglich auf philosophische Spekulation gebaute Hypothesen erscheinen«.[21] Gerade aus den Voten zu Schmolling und Wilhelm S.[22] wird deutlich, dass Hoffmann sich »detailbesessen, mit akribischer Untersuchungsführung« um die Wahrheitsfindung in den juristischen und fachfremden Materien bemühte.[23] Im Falle von Wilhelm S. lagen pharmakologische, im Fall von Schmolling psychiatrische Gutachten vor, die,

---

18 Mangold: »Heillose Willkühr«, S. 170. Ders.: Gerechtigkeit durch Poesie, S. 92–93.

19 Mangold: »Heillose Willkühr«, S. 170.

20 Hoffmann: Juristische Schriften, S. 707.

21 Ebenda.

22 Wilhelm S. war des Giftmordes angeklagt; er soll seiner Frau Grünspan in den Kaffee gemischt haben, um sie zu töten. Hoffmann verließ sich nicht auf die Bewertung des Apothekers, sondern konsultierte auch ein zeitgenössisches pharmakologisches Handbuch. Vgl. Hoffmann: Juristische Schriften, S. 1499.

23 Mangold: »Heillose Willkühr«, S. 170.

obwohl dem Wissensstand der Zeit entsprechend, im Strafrecht problematisch wurden. Im Streit zwischen den konkurrierenden Disziplinen geht es Hoffmann nicht um den Seelenzustand des Delinquenten, sondern um seine strafrechtliche Zurechnungsfähigkeit und moralische Handlungsfreiheit.[24]

Die Akten zum Fall Schmolling bestehen, ähnlich den drei übrigen in den Juristischen Schriften veröffentlichten Voten Hoffmanns, aus einem Konvolut sorgfältig zusammengestellter, wissenschaftlich fundierter und von Hoffman sorgfältig ausgewerteter Materialien.[25] Protokolle der Obduktion von der von Schmolling erstochenen Henriette Lehne stehen neben der physischen und psychologischen Beurteilung des Mörders; medizinische Gutachten, vorgelegt u.a. von Platner, Merzdorf, Reil und Hofbauer, Zitate aus Kants *Anthropologie,* rechtswissenschaftliche Belege aus der Kriminalordnung (§ 172, 174) und Definitionen von Wahnsinn[26], etc. liefern unterschiedliche Perspektiven zu dem Fall, die sich ergänzen, widersprechen oder sogar aufheben.[27] Hoffmann differenziert also in seinem Gutachten zwischen der »metaphysischen Freiheit« und der »moralischen Freiheit«, d.h. zwischen Philosophie (Spekulation) und der Intention/Motiv/Ausführung einer Tat, für die der Täter rechtlich zur Verantwortung zu ziehen sei. Wie aus dem obigen Zitat ersichtlich wird, unterliegt auch der Richter diesen ethischen Normen, was bedeutet, dass Rechtsprechung aus dem sittlichen Prinzip erfolgen muss. »Moralische Freiheit« bedeutet damit auch Gerechtigkeit.[28] Hoffmann argumentiert, dass er die »reinwissenschaftlichen Gründe des Arztes nicht anfechten« dürfe, als Richter jedoch »ganz andere Ansichten« vertrete.[29] Nach eingehender Prüfung aller psychiatrischen Gutachten kam er zu dem Schluss, dass Schmolling die Tat im vollen Besitz seines Verstandes und der Erkenntnis der ihm zustehenden Strafe verübte, da er den Mord vorher geplant und vor und nach der Tat keinerlei Symptome von Wahnsinn gezeigt habe. Auf Grund dieser Sachlage empfahl Hoffmann die Verurteilung Schmollings wegen Mordes. Die Entscheidung, das psychiatrische Gutachten zu verwerfen, beruhte nach Mangold auf der Absicht, die Entscheidungs-

---

24 Hesse: Reflexion und Wirkung, S. 704.

25 Vgl. Hoffmann: Juristische Schriften, S. 691–730.

26 Herzdorf liefert das physiologische Profil; vgl. Hoffmann: Juristische Schriften, S. 693–694. Platners Diagnose lautet auf *amentia occulta;* Reil spricht von »Wut der Verkehrtheit«, Spurzheim von »la folie«; Hoffbauer von »Anreiz zum gebundenen Vorsatz«, etc. Vgl. Hoffmann: Juristische Schriften, S. 702–730.

27 Der Literaturwissenschafler Ort gründet seine Analyse auf die Kompilation multidisziplinärer Quellen und geht zunächst der Frage nach, inwieweit sich »juristische, medizinische und moralische Fallkonstruktionen durchkreuzen, mit einander konkurrieren oder durch hierarchisierende Argumentationsstrategien kompatibel werden« (S. 202). Wichtig wird für ihn die zentrale Funktion der moralischen Unterscheidung von »gut« und »böse«, die in ihrer instabilen Verbindung mit dem Strafrecht gegen Medizin und Psychologie gegen das Strafrecht paradoxe Konsequenzen herbeiführen kann. In der Auseinandersetzung um die Definitionsmacht über »recht/unrecht« und »gut/böse« gibt es nach Ort zwei Richtungen: Hoffmann konstruiert entweder Belege für eine *causa facinoris* (Motive für eine Tat) und votiert für die Schuldfähigkeit, oder er rekonstruiert hinter der juristischen Fallgeschichte die Krankengeschichte eines nicht uneingeschränkt schuldfähigen Täters (S. 184).

28 Bondeli: Wille, Willkür, Freiheit, S. 150.

29 Hoffmann: Juristische Schriften, S. 700.

kompetenz, d.h. die »moralische Freiheit« des Angeklagten zu wahren. Mit seinem Votum entzog Hoffmann der Justiz die Möglichkeit, Verstöße gegen bürgerliche Normalitätsvorstellungen zu psychiatrisieren und damit den staatlichen Macht- und Entscheidungsanspruch über seine Bürger zu festigen.[30]

Die bisher aufgeführten Theorien und Analysen bieten ein facettenreiches Bild des Juristen Hoffmann, das im Widerstreit der Diskurse von Moral, Recht und Medizin strafrechtliche Prämissen priorisiert. Eine genauere Untersuchung der Erzählung *Das Fräulein von Scuderi* als literarische Darstellung eines juristischen Falles soll nun der Frage nachgehen, ob die im Strafrecht festgelegten Wertmaßstäbe von Schuld/Unschuld bzw. Moral/Recht im erzählten Geschehen zugunsten einer »moralischen Deutungs- und Wertungsperspektive« als die »wünschenswerte und dominante« markiert ist, oder ob der Leser trotz des positiven Ausgangs der Ereignisse mit einem »lingering sense of unease« zurückbleibt.[31]

3. Trieb oder Handlungsfreiheit: Die Figur des Goldschmieds Cardillac

Ein Blick auf die Figur Cardillacs zeigt, dass Hoffmann, der Richter, der keine psychologischen Gutachten gelten ließ, obwohl die damaligen Kapazitäten genannt und ihre Diagnosen im Einzelnen aufgeführt werden, Hoffmann, dem Dichter, freie Hand ließ, Fragen zur geistigen und damit ethischen Kompetenz eines Charakters zu stellen.[32] Im Hinblick auf die Problematik der sich widerstreitenden Diskurse um Moral/Recht und Schuld/Unschuld ist hier zu betonen, dass neben den dialogischen juristischen Streitgesprächen Cardillacs eigene Geschichte eine wichtige Rolle spielt. Nach Paragraph 56 der Preußischen Criminalordnung müssen die Aussagen eines Angeklagten in der ersten Person mit eigenen Worten zu Protokoll genommen werden.[33] Während Schmollings Aussage im Gutachten als direkte Rede vor einem juristischen Gremium zitiert ist,[34] wird Cardillacs Geschichte – ebenfalls eine Ich-Erzählung – nicht von ihm selbst, sondern von dem unter dem Verdacht des Mordes stehenden Brusson erzählt. Das »Geständnis« des Mörders Cardillac findet also nicht in einem öffentlichen Gerichtshof vor einer richterlichen Instanz statt, sondern nachts, geheim, vor Brusson, der nun durch seine Mitwisserschaft des Verbrechens schuldig wird.

Mit der »Ich-Erzählung« Cardillacs wird das sachliche Geständnis der Tat zu seiner Lebensgeschichte, die »bis an die Grenze des Unwahrscheinlichen und Phantastischen« reicht.[35] Auch Brussons »Geständnis« vor der Scuderi erfolgt in der

---

30 Mangold: »Heillose Willkühr«, S. 172.

31 Prinz und Winko: Wertungen und Wertmaßstäbe, S. 357. Prinz und Winko behalten sich trotz ihrer Schlussfolgerung des »Siegs der Moral über das Recht« vor, dass letztendlich eine Ambivalenz für die»ethische Beurteilungskompetenz« dem einzelnen Leser überlassen ist (S. 357–358). Vgl. Dickson: Devil's Advocate?, S. 255.

32 Eine genaue Darstellung der historischen Rechtslage und Psychiatrie findet sich u.a. bei Mangold und Meier.

33 Lehmann: Lebensgeschichte und Verbrechen, S. 231–232.

34 Hoffmann: Juristische Schriften, S. 719–721.

35 Lehmann: Lebensgeschichte und Verbrechen, S. 234.

Privatsphäre ihres Zimmers und ist, wie das Cardillacs, seine Lebensgeschichte, die durch die familiale Verbindung zu ihr noch verkompliziert wird. Da der »Erzähler« Brusson nicht allein unter Mordverdacht steht, sondern um sein Leben und das seiner geliebten Madelon fürchten muss, wird sein Bericht dramatisiert, mit der unbewussten Intention, Mitleid zu erregen und die Scuderi für sich zu gewinnen. Im Spannungsfeld von Verzweiflung und Hoffnung können sich die Einzelheiten der erzählten erinnerten Geschehnisse zugunsten des Angeklagten verschieben und damit Einfluss auf die Figur der Scuderi und den Leser gewinnen. Obwohl die beiden »Geständnisse« wichtig für die Wahrheitsfindung sind, sind sie als höchst subjektive Berichte vom Leser mit Vorbehalt aufzunehmen. Da sie von den Figuren in höchst dramatischen Momenten erzählt werden, reflektieren sie die grundsätzliche Skepsis von Hoffmann dem Richter und Hoffmann dem Erzähler gegenüber der menschlichen Fähigkeit, »die Tiefe seiner eigenen Natur zu ergründen« und damit der »Möglichkeit einer eindeutigen Erkenntnis und einer dieser Erkenntnis entsprechenden Wirklichkeitsdarstellung«.[36] Durch die von Brusson übermittelte Geschichte Cardillacs wird angedeutet, dass in der Figur des Goldschmieds die Unfähigkeit zur Selbstreflexion, Wirklichkeitsdarstellung und sittlichem Handeln repräsentiert ist.

Diese Perspektive wird weiter gefestigt, indem mit Cardillacs Lebensgeschichte die Möglichkeit einer pränatalen Traumatisierung thematisiert ist, die den Diskurs um die eingeschränkte Handlungsfreiheit durch pathologische Umstände zu fundieren versucht.[37] Zu betonen wäre weiterhin, dass die Diskussion um die Zurechnungsfähigkeit Cardillacs neben den psychologisch-pathologischen Argumenten auch kulturelle bzw. religiöse Glaubensfragen (Erbsünde)[38] mit ins Spiel bringt. Exorzismus von dämonischer Besessenheit ist durch die Kirche sanktioniert. Auch der Fehltritt der Mutter, sich von einem ehemaligen Liebhaber verführen zu lassen, kann mit dämonischen Kräften und Aberglauben, d.h. den Folgen eines »Fluchs«, besser, eines schlechten Gewissens, erklärt werden. Damit wird der Anspruch auf moralische Willensfreiheit durch normative Verhaltensweisen in der Gesellschaft bestimmt. Der seelisch kranke Mensch bewegt sich außerhalb der gesellschaftlich festgesetzten Kategorien von »gut« und »böse« und kann sich bewusst oder unbewusst auf pathologische oder kulturell bzw. religiös sanktionierte Prozesse berufen, um sich der moralischen Verantwortung für seine Tat zu entziehen. Als zwangsgetriebene Figur wird Cardillac zu einem der Sonderlinge, der nicht nur obsessiv handelt, sondern auch durch seine äußere Erscheinung auffällt.

Cardillacs Glaube an seinen »Fluch« manifestiert sich demnach in Aussehen, Rede, Gebärden und Handeln und steht im starken Kontrast zu seinem Ruf als rechtschaffener Bürger. Als Exzentriker bewegt er sich am Rande einer Gesellschaft, die seine skurrilen Ausbrüche und manischen Episoden seinem Künstlerge-

---

36 Segebrecht: Hoffmanns Auffassung vom Richteramt, S. 137

37 Hoffmann war mit der Arbeit von Johann Theodor Pyl vertraut, den er auch in seinem Gutachten zu Schmolling zitiert. Vgl. Hoffmann: Juristische Arbeiten, S. 1518; Hoffmann: Das Fräulein von Scuderi, S. 1530.

38 Thalmann: Das Fräulein von Scuderi, S. 113.

nie zurechnen. So genießt er den Ruf eines der geschicktesten Goldarbeiters von Paris, während sein »gedrungenes gleißendes Antlitz« und die kleinen tief liegenden, grün funkelnden Augen« eher einen Bösewicht charakterisieren.[39] Im Vergleich zu Schmollings »vagen, unteilnehmenden, flauen Blick« zeigt Cardillac eher den »bald blitzenden, bald starrenden, bald unsteten und [...] weitschweifenden Blick« eines »Gemüts- und Verstandeskranken« – so der Richter Hoffmann in seinem Gutachten zu Schmolling über die Symptome eines »abnormen psychischen Zustandes«.[40] Während Hoffmanns Gutachten den Dualismus zwischen krank/gesund und gut/böse zugunsten der strafrechtlichen Zurechnungsfähigkeit aufrecht erhält, verkompliziert das erzählte Geschehen diese Dichotomie, indem es den Diskurs von Volks- und Aberglauben mit hereinnimmt. In dieser Konstellation lässt der Erzähler die Frage offen, ob die Doppelnatur Cardillacs überhaupt zu einer »moralischen Freiheit« des Handelns fähig ist. Durch die Ambivalenz bleibt die »ethische Beurteilungskompetenz« dem bereits verunsicherten Lesers überlassen,[41] der nun über Intention und Tat eines Menschen im Spannungsverhältnis von geistiger Krankheit und ethischem Verhalten entscheiden muss. Der Fall Cardillac wird letztendlich nicht vor einem öffentlichen Gericht verhandelt, sondern bleibt die geheimnisvolle Ursache des »Falls« Brusson, in dem es nun um die Problematik des ethischen Handelns, der Schuldzuweisung und der Wahrheitsfindung in einem System geht, in dem rechtstaatliche Kompetenzen die Entscheidungen treffen müssen.

4. Der Fall Brusson

Die Anklage Brussons erfolgt in der aufgeheizten Atmosphäre der Giftmordserie, in der Misstrauen und Verdacht die gesellschaftlichen Umgangsformen bestimmen. Nach Langer inszeniert der Text gleich zu Beginn eine »spezifische verdachtsgeleitete Deutungssphäre«, da der Mörder sein Opfer mit einem Dolchstich ins Herz getötet hatte.[42] So stehen die Beteuerungen seiner Unschuld im Kontrast zu seinem Aussehen und seiner Gebärdensprache, die dem Bild eines Verbrechers entsprechen und damit den Verdacht der Martiniere und Baptiste bestätigen.

> [...] der Kerzenschimmer fiel in ein todbleiches, furchtbar entstelltes Jünglingsantlitz. [...] »ich sehe aus, ich bin bewaffnet wie ein verruchter Räuber und Mörder, aber meine Spießgesellen

---

39 Hoffmann: Das Fräulein von Scuderi, S. 799.

40 Hoffmann: Juristische Schriften, S. 703 und 707.

41 Prinz und Winko: Wertungen und Wertmaßstäbe, S. 357–358.

42 Stefanie Langer: Giftmord und Herzstich. Zu E.T.A. Hoffmanns Das Fräulein von Scuderie. – In: Bergengruen, Haut und Langer (Hrsg.): Tötungsarten und Ermittlungspraktiken, S. 133–150, hier S. 134. Le Regnie und die *Chambre ardente* sind nach Langer die offizielle Ermittlungsinstanz, die »nach dem Juwelendieb und Raubmörder fahnden, der seine Opfer stets mittels eines Dolchstichs ins Herz tötet«. Da Cardillac mit einem Dolch ermordet wurde, der sich im Besitz Brussons befand, weisen die Indizien auf ihn als Mörder.

> sind nicht gerichtet, sind nicht gerichtet!« – Und damit zog er, giftige Blicke schießend, auf die zum Tode geängstete Frau, das Stilet heraus.[43]

Indem die Martiniere Brussons dramatische Inszenierung seines bedrohlichen Auftritts spontan mit »Frevel, Einbruch, Diebstahl und Mord« assoziiert, wird ihre erste Reaktion: es »kam ihr in den Sinn« sofort zur Gewissheit: »es wurde ihr gewiß«.[44] Damit wird schon in der Eingangsszene die Wahrnehmung der Figuren problematisiert, denn »sehen« und »urteilen« beruhen auf der moralischen Autorität der Figuren, die sich auf ein im Innern fest verankertes »schönes Bild« ihrer Welt berufen.[45] Dass Brusson unter den Umständen nur »*wie* ein ruchloser Räuber und Mörder auftritt«, ist für die Martiniere nicht nachvollziehbar. Das Urteil der Martiniere wird durch Brussons »furchtbar entstellt[es]« Aussehen und seinen »entsetzlichen Blick« noch mehr gefestigt, denn Brusson bekennt selbst, dass er durch Cardillacs Tat als »Gefährte« eines Verbrechers unter dem gleichen »bösen Stern« wie dieser steht. Mit der Wiederholung der Ich-Erzählung Cardillacs wird auch Brussons Geschichte ein Bekenntnis, von diesem Fluch gezeichnet zu sein.

> Du hast mich geschaut in der nächtlichen Arbeit, zu der mich mein böser Stern treibt, kein Widerstand ist möglich. – Auch dein böser Stern war es, der dich mir folgen ließ, der dich in undurchdringliche Schleier hüllte, [...] Dein böser Stern hat dich, meinen Gefährten, mir zugeführt.[46]

Cardillac schreibt seine Fixierung auf Gold und Juwelen der Untreue seiner Mutter zu, die durch den Tod ihres Liebhabers zunächst traumatisiert wird, sich jedoch erholt, indem sie das Trauma auf ihren ungeborenen Sohn transferiert. Durch die dramatischen Umstände selbst traumatisiert, wird Brusson nun in Cardillacs okkulte Welt hineingezogen, in der ein Unschuldiger zum Opfer dämonischer Mächte werden kann.

So zeigt ihn auch das zweite Auftreten auf dem Pontneuf als einen besessenen, zur Gewalttat fähigen Menschen:

> Da vernahm die Scuderi plötzlich ein Geschimpfe und Gefluche und gewahrte, wie ein Mensch mit Faustschlägen und Rippenstößen sich Platz machte durch die dickste Masse. Und wie er näher kam, trafen sie die durchbohrenden Blicke eines todbleichen, gramverstörten Jünglings-Antlitzes.[47]

In der dritten Begegnung steht der mit Ketten belastete und des Mordes angeklagte, nun völlig aus dem Gleichgewicht gebrachte Brusson vor der Scuderi.[48] Trotz der

---

[43] Hoffmann: Das Fräulein von Scuderi, S. 782–783.
[44] Ebenda, S. 780. Vgl. Langer: Stefanie Langer: Giftmord und Herzstich. Zu E.T.A. Hoffmanns Das Fräulein von Scuderie. – In: Bergengruen, Haut und Langer (Hrsg.): Tötungsarten und Ermittlungspraktiken, S. 133–150, hier S. 134. Dickson: Devil's Advocate?, S. 246–247.
[45] Hoffmann: Das Fräulein von Scuderi, S. 818–819.
[46] Ebenda, S. 831.
[47] Ebenda, S. 806.
[48] Hoffmann: Das Fräulein von Scuderi, S. 808.

Beteuerungen seiner Unschuld, wird er von Desgrais und seinen Leuten verhaftet. Damit gerät er in das Netz verschiedener Rechtsinstanzen – der *Chambre ardente* und ihrem Präsidenten la Regnie, dem Anwalt d'Antilly und dem König –, zu denen sich nun auch die Scuderi durch ihren Einsatz für Brusson Zutritt verschafft.

In diesem Spannungsgefüge von Recht und Moral hängt nun die Bewertung von Tat und Täter von der Frage ab, wie Erzähler und Figuren die erzählten Sachverhalte wahrnehmen und deuten.[49] Da der Fall Cardillac nicht vor einem Gericht verhandelt wird, verschiebt sich der Fokus auf den Fall Brusson, den »Gesellen« des Mörders. Es geht damit nicht mehr um die Frage der moralischen Freiheit eines traumatisch vorbelasteten Täters, sondern um die Gewissensentscheidung, den »unschuldsvollen Engel« Madelon vor dem Wissen um die Untaten ihres Vaters zu schützen. Brusson ist unschuldig, da er den Mord nicht begangen hat; er wird jedoch schuldig, da er nicht gegen Cardillac aussagt. Die Beurteilung des Falles Brusson liegt damit bei zwei Instanzen: bei la Regnie als Vertreter des Rechts und bei der Scuderi als Vertreterin der »Tugend selbst«. Prinz und Winko überzeugen in ihrer Analyse, wenn sie die vom Erzähler vermittelten Informationen über die Scuderi – ihr werden die Werte »Würde«, «Frömmigkeit«, »Tugend«, »Treue« zugeschrieben – als moralische Qualitäten der Figur verstehen.[50] In dieser Konstellation hat der negativ gezeichnete la Regnie Unrecht, wenn er an der Anklage wegen Mordes festhält; er hätte nur Recht, wenn er von dem eigentlichen Vergehen Brussons unterrichtet wäre. Die Scuderi kann dagegen für die »Unschuld« des Angeklagten plädieren, da sie über die genauen Umstände unterrichtet ist. Wenn sie sich aber im Namen der »Tugend« für Brusson einsetzt, wird dieses innere »Bild« der Tugend in Frage gestellt, da sie ja für die Freilassung eines Schuldigen plädiert und damit das Urteil einer staatlichen Rechtsinstanz unterminiert. Sie entgeht diesem Dilemma, indem sie die »Geständnisse« Cardillacs und Brussons umschreibt in die Geschichte Madelons und damit den Blick auf die «Unschuld«, den »Engel« lenkt, den sie nun auf Grund ihrer »Tugendhaftigkeit« verteidigen kann. Wichtig ist hier zu bemerken, wie die wiederholt erzählte und jedesmal variierte, der Situation angepasste »Geschichte« Cardillacs an Bedeutung gewinnt, so dass sie in ihrer letzten erzählten Form, der Performanz einer Gerichtsverhandlung, den Freispruch Brussons bewirkt.

---

49 Prinz und Winko: Wertungen und Wertmaßstäbe, S. 332. Prinz und Winko liefern eine genaue Analyse der Wertungen und Wertmaßstäbe in der Erzählung, wobei sie unterscheiden zwischen den Objekten der Bewertung – das Verhalten der Figur Desgrais und Madelons – und den Wertungssubjekten – der Erzähler und die Hautfigur. Bei den Wertungshandlungen kommen sie zum selben Ergebnis: Desgrais wird negativ, Madelon dagegen positiv bewertet. In beiden Fällen bezieht sich der Erzähler auf moralische Maßstäbe. Obwohl die Autorinnen einräumen, dass die Wertmaßstäbe der Scuderi durch ihre körperlichen Reaktionen nicht eindeutig festzulegen sind, kommen sie zu dem Schluss, dass »es eben dieselben sind, die seine [des Erzählers] Wertungen der beiden Figuren [Madelon und Scuderi] leiten«. (S. 344).

50 Prinz und Winko: Wertungen und Wertmaßstäbe, S. 345.

5. Tugend und Recht

Die *Chambre ardente*,[51] ein vom König ernannter eigener Gerichtshof, war ausschließlich mit der Untersuchung und Bestrafung der Giftmorde in Paris beauftragt. Obwohl der König der *Chambre ardente* Entscheidungsrechte übertragen hatte, so dass sie eigenmächtig handeln und richten konnte, lag die letzte Instanz der Rechtsprechung bei ihm, so dass ihm »Beschlüsse« über Leben und Tod der Angeklagten vorbehalten waren.[52] Hoffmanns Darstellung der *Chambre ardente* und des Polizeiapparats um Argenson und Desgrais bleibt zwiespältig. Auf der einen Seite deutet die Tatsache, dass jeder verdächtig werden und damit verurteilt werden konnte auf eine Gleichheit vor dem Gesetz, das keine Standesunterschiede und Korruption kennt. Auf der anderen Seite werden die Mittel der Justiz kritisch betrachtet, da sie willkürlich und hinterlistig sind. La Regnie und Desgrais werden als «garstig«, »heimtückisch« und hässlich beschrieben, so dass der Leser sich auf die Seite der Pariser Gesellschaft stellt und sie negativ auffasst. Und doch nehmen diese Beamten ihre Aufgabe ernst, wenn sie auf Grund der »entsetzlichen Untaten« aggressiv vorgehen und mit der Androhung der Todesstrafe versuchen, Verbrecher abzuschrecken und ihr Amt pflichtbewusst auszuüben. Der Erzähler schlägt sich hier auf die Seite la Regnies, wenn er mit einem feinen, beinahe hämischen Lächeln die zu Tränen gerührte Scuderi an die Pflicht des Richters erinnert.

> [...] wie jeder Richter nicht der Feind des Angeklagten sein, sondern auch auf Alles achten müsse, was zu seinen Gunsten spräche [...]. Es ist ganz Eures vortrefflichen Herzens würdig, mein Fräulein, daß Ihr, gerührt von den Tränen eines jungen verliebten Mädchens, alles glaubt, was sie vorbringt, ja daß Ihr nicht fähig seid, den Gedanken einer entsetzlichen Untat zu fassen, aber anders ist es mit dem Richter, der gewohnt ist, frecher Heuchelei die Larve abzureißen. Wohl mag es nicht meines Amts sein, jedem, der mich frägt, den Gang eines Kriminalprozesses zu entwickeln. Fräulein! Ich tue meine Pflicht, wenig kümmert mich das Urteil der Welt. Zittern sollen die Bösewichter vor der Chambre ardente, die keine Strafe kennt als Blut und Feuer.[53]

Auch der Verdacht, dass Brusson schuldig ist, beruht nicht auf Willkür, sondern ist auf eine Reihe von Indizien gestützt: Brusson ist der einzige im Hause des toten Cardillac; der blutige Dolch findet sich in seinem Zimmer; Cardillac verlässt nie

---

[51] Die Beschreibung der *Chambre ardente* stammt aus Hoffmanns Quelle, Voltaires *Le Siècle de Louis XIV,* Paris 1751. Vgl. Korff-Schmising: Das Fräulein von Scuderi, S. 104.

[52] Nachdem es Argenson, dem Polizeiminister, und Desgrais, dem Polizeibeamten der Marechaussee, denen die Ermittlung der Juwelendiebstähle und den damit verbundenen Morden zufiel, nicht gelungen war, den Schuldigen zu finden, wandte sich Argenson an den König mit der Bitte, einen weiteren Gerichtshof zu benennen, der noch ausgedehntere Macht hat, um die Verfolgungen aufzunehmen. Dieses Gesuch lehnte der König ab, da er befürchtete, dass er bereits mit der *Chambre ardente* zuviel Gewalt abgegeben hatte. Hoffmann: Das Fräulein von Scuderi, S. 849. Die *Chambre ardente* und der Polizeiapparat sind in der Sekundärliteratur mit der Berliner Situation und Hoffmanns Tätigkeit als Richter verglichen worden. Vgl. Korff-Schmising: Das Fräulein von Scuderi, S. 96–100.

[53] Hoffmann: Das Fräulein von Scuderi, S. 813. Meier stimmt damit nicht überein, wenn er argumentiert, dass Scuderis genaue Ermittlungen zum Erfolg führen, während la Regnie einfach unterstellt und mutmaßt. Meier: Dialog zwischen Jurisprudenz und Literatur, S. 128.

nach neun Uhr sein Haus; die Haustür war mit einem schweren Schloss versehen, das ein lautes Geräusch machte, wenn man den Schlüssel umdrehte; die im unteren Stockwerk wohnende Aufwärterin hatte Stöhnen und Poltern gehört. Motiv war vermutlich Brussons Mitgliedschaft einer Bande, für die er rauben und morden musste. Madelons Tränen galten nicht ihrem Vater, sondern Brusson, was dafür sprach, dass sie auch mit verwickelt war. Obwohl la Regnie fest überzeugt ist, durch seine Polizeiarbeit Intention und Beweise ermittelt zu haben, gibt er der Bitte Scuderis nach, Brusson zu sprechen, da er hofft, dass die Unterredung weitere Beweise seiner Schuld bzw. seiner Mitwirkung an anderen Verbrechen liefern könnte. Die Szene endet ironisch: Während die Scuderi la Regnie ermahnt, menschlich zu handeln, reagiert sie selbst mit Abscheu, als sie in Brusson den nächtlichen Eindringling erkennt. Damit versagt ihre »innere Stimme«, da ihr festes Vertrauen auf die Unschuld des Angeklagten durch den bloßen Schein eines Mörders von einem Moment auf den anderen in Entsetzen und Abscheu umschlagen konnte: »Nun war ja jeder Zweifel gehoben, la Regnies schreckliche Vermutung ganz bestätigt. Olivier Brußon gehört zu der fürchterlichen Mordbande, *gewiß* ermordete er auch den Meister!« [54]

Brussons Fall wird nun weiter verkompliziert durch sein Geständnis, dass er Cardillac nicht ermordet habe, jedoch schuldig sei und den Tod verdiene. Nun ist es der von la Regnie abgesandte Desgrais, der die Scuderi an ihre Bitte, menschlich zu sein, erinnert. Allerdings geht es ihm nicht so sehr um die Menschlichkeit, sondern eher um weitere Beweise für Brussons Verbrechen, für die er die Todesstrafe zu verdienen scheint. Desgrais' Appell dient daher eher der Wahrheitsfindung, d.h. der Bestätigung der polizeilichen Ermittlungen, als humanistischen bzw. ethischen Grundsätzen. Die Scuderi reagiert auf diesen Appell, bedingt sich jedoch aus, dass sie Brussons Geheimnis nicht verraten werde, sollte es ihn belasten und damit dem »Blutgerüst« ausliefern. Mit der von der Polizei sanktionierten Intervention der Scuderi werden juristische und moralische Bewertungskriterien gegenübergestellt und gegeneinander ausgespielt.[55] Die Vernetzung der Diskurse öffnen nun den Raum, in dem Brussons Konflikt aus juristischer und ethischer Sicht debattiert werden kann: Während er für seine Beihilfe zum Mord die Todesstrafe verdient, ist seine Bereitwilligkeit zu sterben auf seine ethische Verpflichtung gegründet, Madelon zu schützen.

Gerade die Gestalt der Scuderi zeigt, wie das Bewertungskriterium »Tugend« durch eine Krisensituation ins Wanken gebracht werden kann.[56] Anfangs ist die

---

54 Hoffmann: Das Fräulein von Scuderi, S. 817. Meine Hervorhebung.

55 Prinz und Winko: Wertungen und Wertmaßstäbe, S. 347–350. Nach ihrer Analyse gehen beide Ermittler von unterschiedlichen Informationen aus, die sie deuten und bewerten. Prinz und Winko verstehen die negative Einstellung der Scuderi zu la Regnie in dessen Unempfänglichkeit gegenüber jeder Rührung, die jedoch Voraussetzung der richterlichen Pflichten ist. Da nach Prinz und Winko die Scuderi mit moralischer Autorität ausgestattet ist, wird diese Unempfindlichkeit als mangelnde Menschlichkeit gedeutet. La Regnie wird damit zum »Feind des Angeklagten«, der seinen »bösen Verdacht« wahllos gegen jedermann richtet (S. 249–250).

56 Prinz und Winko gehen in ihrer detaillierten textimmanenten Analyse nicht auf diesen Aspekt ein, da sie die Wertmaßstäbe der Scuderi mit den Wertmaßstäben des Erzählers gleichsetzen (S. 353–354).

Scuderi eine ältere, unverheiratete Frau, deren Leben durch die gegebenen Umstände ziemlich ereignislos verläuft. Bekannt durch ihre leichtherzigen Verse, genießt sie den Ruf einer ehrbaren Dichterin, die Dank ihres Standes und Ansehens Zutritt zum königlichen Hof hat. Durch ihre leichtfertigen Verse und ihr Auftreten gegenüber Cardillac verunsichert, droht das Wissen um die Verbrechen und das Schicksal Madelons und Brussons ihr heiles Weltbild in Frage zu stellen. So klagt sie, dass das »schöne Bild« der Welt zerstört sei, und sie, »ganz zerrissen im Innern, entzweit mit allem Irdischen«, »nicht mehr in einer Welt voll höllischen Truges« leben wolle.[57] Durch Brussons Geschichte scheint dieses Weltbild wiederhergestellt, so dass sie nun ihren Plan zur Rettung ihres wiedererkannten Zöglings schmieden kann. Sie zögert nicht, la Regnie, den Advokaten d'Andilly, Cardillacs Mörder Moissens und sogar den König zu manipulieren und gegeneinander auszuspielen, so dass letztendlich das Bestätigungsrecht des Königs die Überhand über das Bestätigungsrecht der staatlichen Justiz erhält. Der Fall Brusson ist nun kein Rechtsfall mehr, in dem es um medizinisch und juristisch begründete Schuldzurechnung geht. Thema ist nicht mehr die Frage um die Willensfreiheit bzw. Determinierbarkeit des menschlichen Handelns am Beispiel Cardillacs oder die zufällige Verwicklung Brussons und seine Mittäterschaft, sondern Brussons bewusste Entscheidung, Verantwortung für sein Handeln zu übernehmen und eher zu sterben als Madelon zu schaden.

> Ich bin nicht vorwurfsfrei, die Chambre ardente kann mich mit Recht eines Verbrechens zeihen;[58] [..] rein bin ich von aller Blutschuld [...] Keine Marter wird mir das Geheimnis von Cardillacs Untaten abzwingen. Ich *will* nicht, daß der ewigen Macht, die der tugendhaften Tochter des Vaters gräßliche Blutschuld verschleierte, zum Trotz, das ganze Elend der Vergangenheit, ihres ganzen Seins noch jetzt tötend auf sie einbreche, daß noch jetzt die weltliche Rache den Leichnam aufwühle aus der Erde, die ihn deckt, daß noch jetzt der Henker die vermoderten Gebeine mit Schande brandmarke.[59]

Bei dieser Entscheidung geht es allein um Selbstbestimmtheit und Schuldfähigkeit. Brussons »heldenmütiger Entschluß [...], ein Geheimnis, das sich auf seine Tat beziehe, mit ins Grab nehmen zu wollen«, wird zum Akt seiner »moralischen Freiheit,« der einem inneren sittlichen Prinzip gemäß ausgeführt wird. In diesem Dilemma von Recht und Moral agiert die Scuderi mit Einfallsreichtum und Geschick, so dass der folgende Diskurs die divergierenden Aspekte des juristischen und moralischen Erzählens reflektiert.[60]

Scuderi wendet sich zunächst an d'Andilly, einen berühmten und vertrauenswürdigen Rechtsgelehrten von Paris und erzählt ihm die Geschichte, ohne Brussons Geheimnis zu verraten. D'Andilly betont ausdrücklich, dass la Regnie weder grausam noch übereilt, sondern nach dem Gesetz gehandelt habe, da alle Indizien gegen Brusson sprechen und Brusson auch schuldig ist. Er konnte nicht anders handeln,

---

[57] Hoffmann: Das Fräulein von Scuderi, S. 818.
[58] Ebenda, S. 823.
[59] Ebenda, S. 839. Meine Hervorhebung.
[60] Ort: Das Problem der Schuldzurechnung, S. 202.

ohne die Pflichten des Richters zu verletzen. Wie la Regnie sei auch er an die Gesetze gebunden und könne Brusson nicht durch die geschickteste Verteidigung retten. Nur Brusson selbst könne sich durch ein volles Geständnis der Tortur entziehen und durch neue Ermittlungen der Polizei entlastet werden. Den Entschluss der Scuderi, sich sofort an den König zu wenden, weist er zurück, indem er die rechtsstaatlichen und rechtspraktischen Verfahrensweisen betont, die einen solchen Schritt nicht zulassen können.

> Spart Euch dieses letzte Hülfsmittel auf, das, schlug es einmal fehl, Euch für immer verloren ist. Der König wird nimmer einen Verbrecher *der* Art begnadigen, der bitterste Vorwurf des gefährdeten Volks würde ihn treffen. Möglich ist es, daß Brußon durch Entdeckung seines Geheimnisses oder sonst Mittel findet, den wider ihn streitenden Verdacht aufzuheben. Dann ist es Zeit, des Königs Gnade zu erflehen, der nicht darnach fragen, was vor Gericht bewiesen ist, oder nicht, sondern seine innere Überzeugung zu Rate ziehen wird.[61]

D'Andilly betont also ausdrücklich, dass die Anklage rechtskräftig ist und der Fall nicht anders entschieden werden kann. Nur wenn Beweismittel aufgebracht werden können, die la Regnie und seinem Polizeiapparat nicht zur Verfügung stehen, kann der Fall neu verhandelt werden. Die Wendung kommt in Gestalt Moissens, der Cardillac in Notwehr erstach, als dieser ihn anfiel, um seinen Schmuck zurückzuholen. Der Beweis ist sein Dolch, mit dem Cardillac getötet worden war. Moissens Mord und sein Bekenntnis sind neue Beweismitel, die den Fall nun verändern, wozu d'Andilly wieder zu Hilfe gerufen wird. Dieser schlägt einen Aufschub vor, d.h. er rät dazu, Zeit zu gewinnen, indem Moissens in der Conciergerie aussagt, er sei Zeuge des Mordes gewesen, habe aber den Mörder nicht erkannt, könne jedoch Brusson als denjenigen identifizieren, der sich um Cardillac gekümmert habe. Moissens Aussage verlange dann eine neue Vernehmung Brussons und die Gegenüberstellung mit dem Grafen. Das sei dann der Moment, an den König heranzutreten:

> Nach meinem Dafürhalten würd' es gut sein, dem Könige das ganze Geheimnis zu entdecken. Durch diese Aussage des Grafen Moissens werden Brußons Geständnisse unterstützt. Dasselbe geschieht vielleicht durch geheime Nachforschungen in Cardillacs Hause. Keinen Rechts*spruch*, aber des Königs *Entscheidung*, auf inneres Gefühl, das da, wo der Richter strafen muß, Gnade ausspricht, gestützt, kann das alles begründen.[62]

Während die staatlichen Institutionen an das kodifizierte Recht gebunden sind, kann der König sich auf das im Monarchen investierte Begnadigungsrecht (*jus majestatis*) berufen, und »in der Form der Abolition, d.h. der Niederschlagung des Strafverfahrens vor dessen rechtskräftigen Abschluss« seine Entscheidung treffen.[63] Indem d'Andilly das Urteil des Königs als »Entscheidung« charakterisiert, die sich auf ein »inneres Gefühl« und nicht auf ein juristisches Strafverfahren stützt, weist

---

[61] Hoffmann: Das Fräulein von Scuderi, S. 842.

[62] Ebenda, S. 846. Meine Hervorhebung.

[63] Hesse: Die Kriminalerzählung »Das Fräulein von Scuderi «, S. 702. Obwohl das Begnadigungsrecht zur Zeit Hoffmanns bereits umstritten war, konnte es sich noch durchsetzen.

er die Scuderi auf die Möglichkeit hin, diesen Weg für die Freilassung ihres Zöglings einzuschlagen.

6. Recht durch Performanz

Die Begegnung mit dem König ist die großartige Inszenierung einer dramatischen Gerichtsverhandlung, in der der Konflikt zwischen Schuld, moralischer Freiheit und Recht geschickt dargestellt wird. Als Bühne wählt die Scuderi die Gemächer der Maintenon, die, wie der Salon, einen Freiraum weiblicher Selbständigkeit darstellen. Die Scuderi erscheint in einer schwarzen Robe aus schwerer Seide mit Cardillacs Kette und den Armreifen geschmückt. Kleidung und Schmuck deuten sowohl auf ihr Auftreten als die »Witwe Cardillacs« als auch auf das Amt der Anwältin, deren Pflicht es nicht ist, den Mörder Cardillacs zu finden, sondern den Freispruch ihres Mandanten zu erwirken. Der anfängliche leichte Ton schlägt bald um in die ernsthafte und mit größtem Eifer in Szene gesetzte Erzählung der Geschichte Brussons, die nun zur Geschichte Madelons wird und damit das Interesse des Königs für den Fall weckt und ihn innerlich bewegt. Die Strategie, den König nicht mit Brusson, sondern mit der schönen Madelon gewinnen zu können, macht sich bezahlt, wenn der König bittet, das Mädchen vorzulassen. Es ist also nicht die von d'Andilly verfasste Bittschrift, die bei dieser Begegnung ausschlaggebend ist, sondern die als kindliche Unschuld zur Schau gestellte Sexualität Madelons:

> Angst – Bestürzung – scheue Ehrfurcht – Liebe und Schmerz – trieben der Armen rascher und rascher das siedende Blut durch die Adern, ihre Wangen glühten in hohem Purpur – die Augen glänzten von hellen Tränenperlen, die dann und wann hinabfielen durch die seidenen Wimpern auf den schönen Lilienbusen. Der König schien betroffen über die wunderbare Schönheit des Engelskinds.[64]

Aus dem Gefühl »tiefster innerer Rührung«, »mit tränenfeuchtem Blick« führt das Sehen zum Urteil: Die »Unschuld« des »Engelskinds« Madelon muss vor dem Wissen um die Verbechen des Vaters geschützt werden. Das ist nur möglich, wenn auch der von ihr geliebte Brusson von allem Verdacht freigesprochen wird.[65]

Obwohl der König offensichtlich von Madelons »hellen Tränenperlen«, die durch die »seidenen Wimpern auf den schönen Lilienbusen« fließen, beinflusst ist, rekurriert er auf die *Chambre ardente* und la Regnies Ermittlungen, die inzwischen auch Moissens Aussage und d'Andillys Beweismaterial mit in Betracht ziehen mussten. Erst nach ausführlichen weiteren Recherchen und Beratungen mit der *Chambre ardente* und d'Andilly trifft der König seine Entscheidung:

> Euer Schützling, Olivier Brußon, ist frei! [...] Geht, geht! Fräulein, Ihr solltet Parlementsadvokat sein und meine Rechtshändel ausfechten, denn, beim heiligen Dionys, Eurer Beredsamkeit widersteht Niemand auf Erden. – Doch, fügte er ernster hinzu, doch, wen die Tugend

---

[64] Hoffmann: Das Fräulein von Scuderi, S. 848–849.
[65] Ebenda, S. 849.

> selbst in Schutz nimmt, mag der nicht sicher sein vor jeder bösen Anklage, vor der Chambre ardente und allen Gerichtshöfen in der Welt.[66]

Wie sein »Geht, geht! Fräulein« andeutet, ist sich der König bewusst, dass die Begnadigung eine Entscheidung ist, die einem inneren Gefühl der Tugend und nicht rechtsstaatlichen Gesetzen folgt. Sie ist demnach der von d'Antilly angedeutete Frei*spruch,* der Brusson zwar aus der Haft entlässt, ihn aber nicht von seinem Verbrechen, einen Mörder gedeckt zu haben, freispricht. Das »Geht, geht! Fräulein« betrifft nun auch Brusson und Madelon, denen es nicht vergönnt ist, als »ehrenwerte« Bürger in Frankreich zu bleiben. Der König verbannt sie ins Exil: »Mag sie ihren Brußon, der solch ein Glück gar nicht verdient, heiraten, aber dann sollen Beide fort aus Paris. *Das ist mein Wille«.*[67]

Prinz und Winko argumentieren, dass der Erzähler, der sich den Wertmaßstäben seiner Figur Scuderi anschließt, der moralischen Perspektive der Scuderi gegenüber der juristischen Priorität einräumt.[68] Damit kommen Brusson »höchste moralische Qualität« zu (»Heldensinn«); er ist »schuldlos verstrickt«, so dass »eine Bestrafung der Figur vom moralischen Standpunkt aus nicht gerechtfertigt erscheint«.[69] Die vorliegende Untersuchung zeigt aber, dass der Erzähler nur scheinbar an dem Paradox des »edlen« Verbrechers festhält. Aus den Worten der Figuren d'Antilly's und des Königs wird eher ersichtlich, dass sich der Erzähler auch auf die Seite einer juristischen Instanz stellt und damit die Diskurse von Tugend und Recht verproblematisiert. Der Konflikt wird nur durch die Triangulation mit der Begnadigung aufgelöst, da der König zwar menschlich, aber nicht rechtlich urteilt. Dass letztendlich die Problematik von Moral und Recht weiterbesteht, wird dadurch bestätigt, dass selbst die königliche Amnestie Brusson nicht vor einem weltlichen Gericht schützen kann. Dessen Aufgabe ist und bleibt es, Verbrechen aufzudecken und den Übeltäter zu entlarven und zu bestrafen.

Indem Prinz und Winko die Tugendhaftigkeit der Scuderi der kalten Rationalität la Regnies gegenüberstellen, kodieren sie Gefühl und Verstand nach geschlechtsspezifischen Normen, d.h. das Primat der Handlungsfreiheit liegt bei den männlichen Figuren. Hier wäre zu hinterfragen, wie sich moralische Willensfreiheit und Tugendhaftigkeit in der Figur Madelons manifestieren. Durch die Intervention der Scuderi und Brussons wird Madelon nie die Wahrheit über die Untaten ihres Vaters erfahren, d.h., die Tochter eines Mörders muss sich nicht mit juristischen und moralischen Entscheidungen auseinandersetzen, ist nicht gezwungen, über sich selbst nachzudenken. Sie darf durch ihr Nichtwissen an ihrer »Unschuld« und dem »schönen Bild« von Scuderis Welt festhalten. Thalmann weist schon früh darauf hin, dass Brusson ein »bemakelter« Mann ist, da für die Polizei das »Ganze ein niedergeschlagener aber durchsichtiger Fall« bleibt.[70] Sie geht sogar soweit, Brusson als

---

66 Ebenda, S. 851. Zum Diskurs um den Wandel der Auffassung des Gnadenrechts vgl. Hesse: Die Kriminalerzählung »Das Fräulein von Scuderi«, S. 702.

67 Hoffmann: Das Fräulein von Scuderi, S. 852. Meine Hervorhebung.

68 Prinz und Winko: Wertungen und Wertmaßstäbe, 353.

69 Ebenda, S. 351.

70 Thalmann: Das Fräulein von Scuderi, S. 111.

»ichbefangen« in der »Dienstbereitschaft für ein hausbackenes Mädchen« zum »Dulder« zu erklären, der zufrieden ist, »in Genf als geschickter Handwerker mit Madelon einen behäbigen Hausstand rund um den Suppentopf« zu gründen.[71]

Die vorliegende Untersuchung hat sich die Frage gestellt, wie sich die literarischen Texte zu den von Hoffmann verfassten juristischen Gutachten verhalten. Statt von den erzählten Begebenheiten in *Das Fräulein von Scuderi* auf den Juristen zu rekurrieren, wurde versucht, den Ausgangspunkt der Problematik von Wahrheitsfindung, Schuldzuweisung und Handlungskompetenz in Hoffmanns Gutachten zu Daniel Schmolling zu verankern. Dabei war zentral, dass der Erzähler die Perspektiven wechselt und Argumente liefert, die die Standpunkte der weiblichen Tugend, der polizeilichen Sachlichkeit und der preußischen Kriminalordnung vertraten. Wenn auch, um auf den Anfang der Argumentation zurückzukommen, die »rechtlichen und moralischen Maßstäbe in der Textwelt gleichermaßen gelten«,[72] priorisiert der Erzähler nicht die moralische Perspektive der Scuderi gegenüber der juristischen. Der Konflikt zwischen Tugend und Recht bleibt bestehen; nur die Entscheidung des Königs, »Gnade vor Recht ergehen zu lassen«, erwirkt den Freispruch, d.h. Brusson entgeht den Händen der Justiz. Sein Rechtsbruch, die Deckung eines Mörders und die Verhinderung der Aufklärung der Pariser Morde, bleibt ein Vergehen, das strafrechtlich zu verhandeln wäre. Man könnte sagen, dass der Richter Hoffmann in der Figur des Erzählers den vorliegenden Fall nach Aussagen, Beweismaterial und medizinischen Gutachten untersucht und in den Charakteren dialogisiert. Die Diskurse werden dabei nicht destabilisiert, sondern eher bestätigt, da sie die unterschiedlichen Wertmaßstäbe repräsentieren.

Sheila Dickson hat in ihrem Aufsatz über »Unerhörte Begebenheiten« in Karl Philipp Moritz' *Magazin zur Erfahrungsseelenkunde* (1783–1793) argumentiert, dass die dort aufgezeichneten »Fallgeschichten« als »embedded narratives« konstruiert sind, d.h. erzählte Geschichten sind, die literarischen Charakter haben.[73] Dicksons Theorie könnte auch auf Hoffmanns juristische Schriften angewendet werden, da auch hier spannende Vorgänge durch die Ich-Erzählung der Geständnisse und den Diskurs der Disziplinen konstruiert werden. Im Fall Schmolling treten nicht nur die verschiedenen »Stimmen« der medizinischen Gutachter gegen die des Angeklagten dialogisch an, auch die Figur des Richters ist aktiv an der Diskussion beteiligt. Sorgfältig wägt er die medizinischen Gutachten, zitiert die Quellen, besteht aber auf der Pflicht des »Kriminal-Richters«, »der die moralische Freiheit des Menschen voraussetzt, und von ihm verlangt, daß er, durch das Gesetz bestimmt, dem Antrieb zur Übertretung desselben widerstehe«.[74] Es ist also genauso interessant, den Dichter in den juristischen Schriften zu finden wie den Juristen in den Erzählungen.

---

71 Ebenda, S. 115.

72 Prinz und Winko: Wertungen und Wertmaßstäbe, S. 357.

73 Dickson: »›Unerhörte Begebenheiten‹«, S. 10.

74 Hoffmann: Juristische Schriften, S. 715.

Antje Arnold

»damals gab es ein strenges Recht gegen die Zigeuner«: Achim von Arnims »Isabella von Ägypten«

Zu Beginn von *Isabella von Ägypten. Kaiser Karls des Fünften erste Jugendliebe*, der wohl »kostbarste[n]«[1] Erzählung Arnims, wie Heinrich Heine sie in seiner *Romantischen Schule* nennt, steht das Unrecht gegenüber den zeitgenössisch so bezeichneten ›Zigeunern‹[2] und ihre juridische Wehrlosigkeit in der ›alten Zeit‹, scheinbar gerechtfertigt durch die aus christlicher Perspektive selbst verschuldete Abweisung der Heiligen Familie auf ihrer Flucht durch Ägypten. Ihrer Ungastlichkeit wegen »hielt man sich auch berechtigt, sie mit Grausamkeit zu behandeln. Da man im Mittelalter noch keine Schellingschen Philosophen hatte, so mußte die Poesie damals die Beschönigung der unwürdigsten und grausamsten Gesetze übernehmen. Gegen niemand waren diese Gesetze barbarischer als gegen die armen Zigeuner.«[3]

So liegt vor Handlungsbeginn das außerhalb einer Rechtsordnung gefällte Urteil gegenüber Isabellas Vater Michael, dem so genannten Herzog von Ägypten.[4] Dieser ist für einen Diebstahl gerichtet und gehenkt worden, den er selbst gar nicht verübt hat. Obwohl die Zigeunerin Braka, bei der Isabella lebt, verhindern will, dass die junge Isabella traumatisiert wird oder sogar Selbstmord verübt, bleibt dem Kind das Leid nicht erspart, nachts im Mondenschein den Leichnam des gekrönten Vaters im Fluss, der in die Heimat Ägypten fließen soll, treiben zu sehen. Isabella lebt fortan isoliert in einem absichtlich so inszenierten ›Geisterhaus‹, durch das sich Isabella von der Gesellschaft abschottet, auch, indem sie das Haus nur nachts verlässt.

Im *Deutschen Wörterbuch* wird bereits auf die Romantisierung des ›Zigeuner‹-Mythos hingewiesen: »[...] in romantischer sicht erscheint ihre ungebundene lebensweise, ihre malerische kleidung, ihr musizieren nachahmenswert oder wenigstens

---

1 Heine: Die romantische Schule. Drittes Buch – Sämtliche Schriften, Bd. 3, S. 460.

2 Aufgrund der Fremdbezeichnung im Folgenden in Anführungszeichen gesetzt.

3 Heine: Die romantische Schule. Drittes Buch – Sämtliche Schriften, Bd. 3, S. 460.

4 Auf den Herkunftsmythos der Zigeuner aus Ägypten kann Arnim vielerorts zurückgreifen, etwa bei Grellmann: Zigeuner. Ein historischer Versuch. Neben aus heutiger Sicht sämtlichen Vorurteilen und Rassismen versucht Grellmann auch zu begründen, dass das Staatsverschulden, die Fremden nicht von Anfang an integriert zu haben, letztlich zur Welle juristischer Verfolgung und Ausgrenzung geführt habe. Weil die ›orientalische Denkart‹ der ›Zigeuner‹ um 1800 aber unhinterfragt ist, ist auch klar, dass Isabella, was Andrea Polaschegg zunächst jedoch als verwirrend einstuft, als »nicht etwa Araberin, sondern Zigeunerin« dargestellt wird; vgl. Polaschegg: Genealogische Geographie. Die orientalistische Ordnung der ersten und letzten Dinge in Achim von Arnims »Isabella von Ägypten«, S. 97.

https://doi.org/10.1515/9783110612073-011

unterhaltsam […].«[5] Die positive Zeichnung bei Arnim hebt auch Heine hervor, wenn er konstatiert: »Hier lebt und webt das seltsame Mährchenvolk mit seinen braunen Gesichtern […].«[6] Zugleich veranschaulicht die scheinbar selbstgewählte Trennung von der Mehrheitsgesellschaft durch das ›Geisterhaus‹ und die Verborgenheit tagsüber, dass die Stellvertreterrede des Gesetzes, ausgesprochen durch das Urteil der Richter, hier nicht gilt. Denn die ganz grundsätzliche Aufgabe der Richter, wie sie bereits seit Aristoteles feststeht – durch Vergleichen mittels Gesetzgebung gleich zu machen, was eigentlich nicht gleich, sondern geradezu unvergleichlich ist[7] –, trifft auf die ›Zigeunerprinzessin‹ und ihre Angehörigen, die überall auf der Welt als *Ausländer* und *Fremder* zugleich angesehen werden, nicht zu. In einer der zeitgenössischen Quellen, Grellmanns historischem Versuch über die Herkunft der ›Zigeuner‹, gibt dieser die Rechtsunsicherheit und mangelnde Integration als Staatsverschulden aus, wodurch dieses Volk letztlich erst in die Zwangslage einer illegalen Außenseiterposition gezwungen worden sei.

Das Einsetzen mit diesem »trüben Ereigniß«[8], dem Mord an Fürst Michael, ist nicht beliebig, ermöglicht doch erst dieses ursächliche Unrecht das erste Aufeinandertreffen Karls, der an Geister glaubt, mit Isabella, in der er wiederum einen Geist zu erkennen meint. Daraufhin flüchtet er und ein Versteck- und Verwirrspiel nimmt seinen die Handlung prägenden Lauf. Allerdings wird die Erzählung, ehe die Handlung fortgeführt wird, gleich unterbrochen durch einen Erzählerkommentar über das »strenge Recht gegen die Zigeuner«[9], das die Problematik der Quellenlage, sowohl innerfiktional als auch natürlich Arnims Quellenstudium selbst betreffend, hervorhebt. Der Erzähler greift auf historiographische wie literarische und im Besonderen mündliche Quellen zurück. Dieses Verfahren macht sich auch Arnim immer wieder zueigen. Die Vorstellung mündlicher Erzähltraditionen ist dabei insbesondere wichtig für die Inszenierung des Herkunfts-Mythos der Zigeuner. Im Folgenden soll zunächst die Stellung des Erzählkommentars zu Erzählung und Wirkungsgeschichte beleuchtet werden, zeigt sich darin doch auch die für den juridischen Diskurs relevante Legitimationsproblematik, Fakten und Fiktion miteinander zu verknüpfen. Damit eng verknüpft ist der ›Einbruch‹ der phantastischen Figuren in die fiktive Welt – Alraun, Golem, Bärnhäuter –, die den Rechtsdiskurs im politisch-gesellschaftlichen Bild des 16. Jahrhunderts als problematisch insbesondere anhand von Korruption und Täuschung veranschaulichen. Dieser Problematik soll in den weiteren Kapiteln Rechnung getragen werden.

---

5 Grimm: Deutsches Wörterbuch, Bd. 31, Sp. 1263.

6 Heine: Die romantische Schule. Drittes Buch – Sämtliche Schriften, Bd. 3, S. 460.

7 Aristoteles: Nikomachische Ethik, V, 7, 1132a.

8 Heine: Die romantische Schule. Drittes Buch – Sämtliche Schriften, Bd. 3, S. 461.

9 Arnim: Werke in sechs Bänden, Bd. 3, S. 625. Dieser quasi-historiographische Einschub beginnt mit der Abwälzung der Schuld von den Zigeunern auf die Juden: »Die Zigeuner waren damals in der Verfolgung, welche die vertriebenen Juden ihnen zuzogen, die sich für Zigeuner ausgaben, um geduldet zu werden […]«. (S. 624) Antisemitische Ansichten bilden keine Ausnahme unter den Zeitgenossen und lassen sich aus Arnims Texten nicht ›wegerklären‹; sie sollen an dieser Stelle aber auch nicht weiter diskutiert werden. Vgl. dazu etwa Henckmann: Das Problem des »Antisemitismus« bei Achim von Arnim.

1. Romantische Hybridisierung

Die Hybridität der Erzählung bei gleichzeitiger Heterogenität des Erzählten ist in einem metafiktionalen Kommentar das Thema, durch das sich die Erzählung insbesondere auszeichnet und aus der sich Arnims Poetikverständnis ableiten lässt. In der *Zeitung für die elegante Welt* hebt eine emphatische Rezension bereits 1812 »die innige Verschmelzung des Heterogensten«[10] hervor. Roswitha Burwick bezieht das Verfahren der Hybridisierung zudem auf Arnims Geschichtsverständnis: »Die Vermischung von Mythos, Sage und Märchen mit den historischen Ereignissen um Karl V. schafft eine Dynamik, die eine neue Deutung der Geschichte provoziert.«[11] Gerade daran stößt sich Karl August Varnhagen von Ense, der im Sinne des klassischen Ganzheitspostulats Arnims *Novellensammlung von 1812* Einheit und Maß abspricht, wobei er im Einzelnen Arnim als herausragenden zeitgenössischen Dichter lobt. Hinter der Mischung vermutet er die Absicht, effektvoll schreiben zu wollen:

> So finden wir Geschichte, Sage, Mährchen, Traum und Zauberei mit den Gestalten und dem Sinne der modernsten Wirklichkeit hier in eine gemeinsame Welt ernstlich verbunden. Diese Mischung jedoch, soll sie nicht als ein bloßes Sinnenspiel, als ein Feuerwerk rascher Glanzbilder auflodern, bedarf [...] irgend einer höheren Nothwendigkeit, oder einer künstlerischen Vollendung, um sich als ein wahrhaftes Ganze [sic] zu rechtfertigen.[12]

So wird die Hybridität als teilweise kaum voneinander zu scheidendes Gemisch aus Fakten und Fiktionen in *Isabella* durch die Transformationserzählungen von Alraun, Bärnhäuter und Golem symbolisiert. Gerade diese Figuren provozieren Wilhelm Grimm, der wie Jacob die *Novellen von 1812* mit Begeisterung gelesen hatte und gleichwohl gerade die *Isabella* zu »dem schönsten und eigenthümlichsten«[13] der arnimschen Werke zählte. Er bemängelt aber die hybride Schreibweise,[14] die historische Persönlichkeiten mit phantastischen Figuren vermischt. Gerade auch die eingefügte Bärnhäuter-Geschichte zersprenge die Einheit der Handlung und zudem die Illusion, denn Braka erzählt die Figur buchstäblich herbei: »Was mich stört, ist Deine Art, einer geschlossenen in sich vollendeten Geschichte, wenn sie bis auf einen gewissen Punct in dieser Begränzung fortgelebt hat, verborgene Thüren von allen Seiten zu öffnen [...].«[15] Jacob Grimm weist auf die Problematik einer Ab-

---

10 Zeitung für die elegante Welt. Mode, Unterhaltung, Kunst, Theater 192 (25.9.1812), Sp. 1530f., hier Sp. 1531 – zit. nach Moering: Kommentar – Arnim: Werke in sechs Bänden, Bd. 3, S. 1282.

11 Burwick: Die Vielschichtigkeit der Raumvorstellungen in Arnims »Isabella von Ägypten«. – In: Pape (Hrsg.): Raumkonfigurationen in der Romantik, S. 3–14, hier S. 7.

12 Varnhagen von Ense: Zur Geschichtsschreibung und Litteratur. Berichte und Beurtheilungen 1833, S. 532–537. Zit. nach Arnim: Werke in sechs Bänden, Bd. 3, S. 1282.

13 Wilhelm Grimm an Arnim, Brief vom 6.5.1812 – Steig: Achim von Arnim und die ihm nahestanden, Bd. 3: Achim von Arnim und Jacob und Wilhelm Grimm, S. 188.

14 Das zeitgenössische Publikum war nicht in dieser Lesehaltung geübt, wie Renate Moering hervorhebt; vgl. Moering: Kommentar. Aspekte von Arnims Erzählkunst – Arnim: Werke in sechs Bänden, Bd. 3, S. 1005.

15 Wilhelm Grimm an Arnim, Brief vom 6.5.1812, zit. nach Steig: Achim von Arnim und die ihm nahestanden, Bd. 3: Achim von Arnim und Jacob und Wilhelm Grimm, S. 188.

änderung von Sagen bzw. Abweichung von Geschichte hin.[16] Dem ›geschlossenen Ganzen‹ der Grimms steht Arnims Konzept einer Aktualisierung von Sagen im Sinne einer ›möglichen Wahrheit‹ gegenüber. Dem impliziten Vorwurf der Geschichtslüge setzt Arnim entgegen, dass die Historiographie selbst auch nicht immer rein faktisch glaubhaft – als ›wirkliche Geschichte‹ – verfasst sei, sondern »kritisch beschönigt, vermimpelt und vermampelt wird und am Ende doch der alte Kuhschwanz ist.«[17]

Dass es Arnim aber keineswegs, wie in den zeitgenössischen Urteilen immer wieder vermutet, um poetische Willkür und deformierte Einbildungskraft geht, zeigt ein Blick auf die *Anrede an meine Zuhörer*. Denn Christof Wingertszahn stellt beispielsweise infrage, dass der Phantasie ungezügelt freier Lauf gelassen wird, wenngleich Musenanruf und die Ankündigung einer wunderbaren Geschichte zu dieser Annahme verleiten könnten. Vielmehr konstatiert er, dass die Fiktionsironie, die auch die hervorgehobene mündliche Erzähltradition als inszeniert, mithin als Denkrahmen und Konstrukt, betont, einer emphatischen Lektüre ihre Grenzen aufzeigt.[18]

Zugleich ist es die Wertschätzung der Imaginationskraft, die den Erzähler am Schluss der Erzählung dazu verleitet, sich rechtfertigend in einem wiederum metafiktionalen Kommentar zu erkennen zu geben. Nicht etwa die Geschichte oder das Allgemeingültige im Exemplarischen rechtfertige die Erzählung, sondern die ›schuldlose Erfindung‹ von Isabellas Lebensgeschichte: »[...] wir haben Dich schuldlos erfunden im kleinen Kreise Deiner Jugendliebe [...].«[19] Die Fiktion, in anderen Worten, kann nicht falsifiziert werden und gibt sich als wahrhaftig aus, auch wenn sie sich damit zugleich als künstlich kennzeichnet. Die Behauptung von ›schuldloser Erfindung‹, nicht zuletzt vor dem Hintergrund der festgestellten Fiktionsironie, verweist also auf die bei Arnim stets präsente und präsentierte Selbstreflexivität von Kunst, die ihren eigenen Wahrheitsanspruch in Form privilegierter Erzählerrede behauptet und gegen die vermeintliche Objektivierung von Geschichte(n) durch die Historiographie einsetzt. An diese poetologische Digression am Beispiel des ›strengen Rechts gegen die Zigeuner‹ nun schließt sich die exemplarische Erzählung von der Verurteilung des Zigeunerherzogs an, die genau das Dilemma der ›Zigeuner‹ zwischen den Rechtssystemen abbildet.

2. Recht und Geld

Die inhaltliche Verknüpfung zwischen dem metafiktionalen ›erklärenden‹ Kommentar zu Beginn der Handlung und dem Fortgang der Erzählung, die analeptisch

---

16 Jacob Grimm an Arnim, Brief vom 6.5.1812, zit. nach ebenda, S. 190–194.

17 Arnim an Jacob und Wilhelm Grimm, Brief vom 13.6.1812, ebenda, S. 203. Arnim verteidigte in diesem Brief seine dichterische Freiheit im Umgang mit den Quellen; zum »Kuhschwanz« erläutert er: »Du weißt doch die Anekdote? Eine Frau hieß Kuhschwanz und bat den Prediger bei ihrer zweiten Vermählung, ihren Namen nicht geradezu, sondern vermimpelt und vermampelt, ein Frankfurter Ausdruck, aufzubieten. Der Prediger sagte also: Herr N. mit Frau, ja wie heißt sie doch, vermimpelt und vermampelt, wie es der Kuh vorm Arsche pampelt.« (Ebenda)

18 Wingertszahn: Ambiguität und Ambivalenz im erzählerischen Werk Achims von Arnim, S. 98.

19 Arnim: Isabella von Ägypten, Kaiser Karl des Fünften erste Jugendliebe. Eine Erzählung – Werke, Bd. 3, S. 623–745, hier S. 742. Künftig zitiert mit der Seitenzahl in Klammern.

den Hergang der ungerechten Verurteilung Michaels einholt, bildet der Diskurs über Geld und Recht, dessen Aussagen teilweise kaum glauben lassen, dass der arnimsche Text gute 200 Jahre alt ist. Neben der Tatsache, dass Geld grundsätzlich »als Wertmaßstab, der die Vergleichbarkeit dessen, was er mißt, erst schafft«[20], ein Faszinosum bildet, verweist Arnim im Kommentar deutlich auf die Macht des Geldes: Solange die ›Zigeuner‹ über Erwerb und Rücklagen verfügten, »waren sie überall willkommen; wehe aber allen Armen in der Fremde.« (S. 625) Der Zusammenhang mit dem Recht wird dann im konkreten Fall, am Beispiel der Verurteilung Michaels, anhand der Genter Bürger hergestellt: Auf Wohlstandswahrung bedacht, würde jeglicher Diebstahl besonders streng geahndet. Dass es sich aber gar nicht um einen Diebstahl, jedenfalls keine Mittäterschaft Michaels handelt, der im Gegenteil für das Überleben seines Volkes kämpft, wird vor Gericht nicht in Betracht gezogen. Sein Versuch, durch artistische Schaustellerei für verarmte Mitbürger zu Geld zu kommen, wird ihm als Täuschungsmanöver ausgelegt; Zeugen werden nicht hinzugezogen. Rechtssicherheit gibt es nicht, sondern ausschließlich Kollektivhaft: »[S]o sind wir Zigeuner jetzt nirgends mehr sicher als am Galgen!« (ebenda) Es bleibt nur die Hoffnung auf das Jüngste Gericht, vor dem Michael aussagen will, dass es nicht um Gerechtigkeit für alle gehe, sondern vielmehr um die zu sichernde Machtausübung durch Reiche, »die ein Menschenleben gegen die Sicherung ihrer toten Schätze gering achten« (ebenda).

Das Wissen um dieses Unrecht, das mit dem Fazit endet, dass »die Reichen nicht eingehen ins Himmelreich« (S. 626), wohl aber Michael und Isabella, bildet die Lektüregrundlage für die folgenden Verwicklungen. Denn Antrieb für die ›Kupplereien‹ Brakas und die Erlangung weltlicher Macht bleiben für Isabella lediglich Mittel zum Zweck, die Liebe Karls zu erlangen. Erneut zeigt sich, was Geld bewirken kann, als sich Braka über die liebeskranke Isabella lustig macht, die am liebsten unsichtbar werden würde, um tagsüber in der Stadt nach Karl Ausschau zu halten. Denn das einzige Mittel dafür wäre, »viel Geld zu haben, da kann man eingehen, wo man will, das ist der wahre Hauptschlüssel, die wahre Springewurzel, bei deren Berührung, die Türen aufspringen.« (S. 635)[21] Isabella aber findet eine andere Möglichkeit, indem sie einen Alraun, der sich selbst Feldmarschall Cornelius nennen wird, zum Leben bringt. Der Alraun wird in Adelungs *Grammatisch-kritischem Wörterbuch* als »Hausgeist« – daher auch die ungeklärte Identitätsfrage an Cornelius, ob er Mensch oder Geist sei – sowie als »Galgenmännchen, weil die Wurzel unter dem Galgen wachsen soll, Heinzelmännchen, Glücksmännchen, Erdmännchen, Geldmännchen, weil er Geld bringt«[22] bezeichnet. Neben diesem für Isabella und Braka relevanten Aspekt, dass er Schätze heben kann, wird ein Alraun auch als Aphrodisiakum gehandelt. Beides gedenkt Cornelius für sich selbst zu

---

20 Fulda: Schau-Spiele des Geldes, S. 19. Vgl. zudem Pape: Heiliges Wort und weltlicher Rechenpfennig.

21 Vgl. etwa auch Braka gegenüber dem Alraun, dessen besondere Fähigkeit im Heben von Schätzen besteht: »Dazu gehört Geld, sprach die listige Braka, umsonst ist der Tod, Geld, Geld schreit die ganze Welt.« (S. 649).

22 Adelung: Grammatisch-kritisches Wörterbuch der Hochdeutschen Mundart, Th. 1, S. 226.

nutzen. Gleichzeitig soll dieser aber auch dabei helfen, Karls Aufmerksamkeit zu provozieren.

Ein schlechtes Gewissen redet Braka der Isabella aus, denn an einer nicht menschlichen Gestalt und »alte[n] Wurzel« (S. 671) könne man schlichtweg kein Unrecht verüben. Zugleich aber symbolisiert der Alraun nicht mehr nur die dämonische, schwarze Magie, auch wenn Arnim die in diesem Kontext tradierte Entstehungsgeschichte eines Alrauns abwandelt, sondern er wird als romantische Übergangsfigur inszeniert, nämlich »als Verbindungsinstanz zwischen der (All-) Natur und dem Menschen«[23]. Dadurch wird er nicht zuletzt mitleidsfähig. Er bleibt aber, wie die Figuren in *Isabella* insgesamt, fremd, wird jedoch in seinen Handlungen als ›Mensch‹ akzeptiert.[24] Zur Falle gerät ihm schlussendlich erst eine andere phantastische Figur, ein Golem. Der Golem Bella soll für den Alraun, der davon nichts ahnt, herhalten, während Karl die ›echte‹ Bella bekommt. Das Verwirrspiel um die Golem Bella wird jedoch nicht nur für den Alraun gefährlich, sondern auch Karl gerät in eine Verblendung, die sich erst löst, als der alte König im Sterben liegt und Karl zu neuer Autorität, auf dem Weg zur Königskrone, gelangt. Diese Herrschaftsgewalt manifestiert sich zuallererst in seiner ersten Staatshandlung: einer Gerichtsverhandlung.

3. Maskerade vor Gericht

Seine neue Macht stellt Karl unter Beweis, indem er zum Schein eine Anklage gegen den Prinzenerzieher Adrian coram publico erhebt. Dieser hatte versucht, Isabella von Karl fernzuhalten. Karl will ihm daraufhin einen »lustigen Streich« (S. 720) – besagte Gerichtsverhandlung – spielen, die sich also vielmehr als inszenierte Maskerade erklären lässt. Dieser Streich misslingt allerdings beinahe, weil das ›Strafgericht‹ mit Bella als Zeugin am Hof und vor Männern, die auf ihre eigenen Vorteile dem Thronnachfolger gegenüber bedacht sind, ernst genommen wird. Mit der Auflösung aber dieser nur scheinbaren Verschwörung gibt Karl Isabella als Erbin Ägyptens bekannt und schenkt allen ›Zigeunern‹ die Freiheit, in ihre Heimat zurückzukehren.

Während dieser ›Streich‹ mit dieser wohl gewichtigsten Botschaft – die Freisprechung der ›Zigeuner‹ – endet, geht die anschließend folgende Gerichtsverhandlung in einem faulen Kompromiss aus, zumindest für den Ankläger Cornelius, den Alraun, während jedoch alle politischen Interessengruppen um Karl dessen Urteil letztlich als vorteilhaft für sich bewerten. Der Alraun nämlich glaubt, seine Frau verloren zu haben – in Unwissenheit der Zerstörung des Golems Bella –, und tobt so lange, bis Braka ihm verrät, dass sich Isabella am Hof aufhalte. Dort fordert er sie zurück. Karl gibt den Alraun der Lächerlichkeit preis, indem er die ›echte‹ Isabella vor sich zitiert und Cornelius zur Anklage aufruft: »Dieser hatte nicht

---

[23] Udo Roth: Alraune. – In: Metzler Lexikon literarischer Symbole, S. 15f., hier S. 16.

[24] Vgl. Burwick: Die Vielschichtigkeit der Raumvorstellungen in Arnims »Isabella von Ägypten«. – In: Pape (Hrsg.): Raumkonfigurationen in der Romantik, S. 11.

umsonst Stunden in der Rhetorik genommen, das wollte er allen zeigen und bewähren; sehr pathetisch ergriff er die ehelichen Mitgefühle der Versammelten [...].« (S. 725) Zwar wirkt die rhetorische Anklagerede teilweise auf die Zuhörer, aber der Alraun als ›Nicht-Mensch‹ bleibt, nicht zuletzt aufgrund seiner körperlichen Defizite und seiner entsprechend jämmerlichen Erscheinung vor Gericht, ein nicht ernstzunehmender Ankläger, hat er doch gegenüber dem Richter das Informationsdefizit, dass seine Forderung sich auf die falsche Person bezieht. Als Zeuge wird der Bärnhäuter aufgerufen, der auch aufgrund seiner Zwittergestalt vor Gericht scheitern muss. Er soll für den Alraun lügen, was aber nur seinem alten Ich gelingt. Lüge und Wahrheit bilden sich in dieser einen Figur ab: »Mensch – Nichtmensch, Bella verheiratet – Bella aus dem Haus gejagt, durchkreuzte sich so gewaltig, daß sein Zeugnis, nachdem die Richter mehrere Bogen beschrieben, in Null aufging.« (S. 728) Der Bärnhäuter wird von Corrnelius mit einem Fluch belegt und verjagt; dass die öffentliche Gerichtsverhandlung insgesamt aber glimpflich ausgeht, liegt an Isabellas Mitleid. Es wird eine Hochzeit Isabellas mit dem Alraun ›an der linken Hand‹ gefeiert und aufgrund der nun geregelten Verhältnisse kann sich Isabella ihrem Volk zuwenden.

Von Arnim als ›Zugvogel‹ und ›Nachtblume‹ dargestellt, verlässt Isabella noch in der Nacht den Hof und zieht mit ihrem Volk in die Heimat. Die Verbindung zwischen Karl und Isabella aber reißt nicht ab, was nicht zuletzt in der *ars moriendi* beider gezeigt wird, die selbstbestimmt und am gleichen Tag, dem 20.8.1558, zu sterben beschließen und sich in einer als »somnambul erfahrbar[en] Seelenverwandtschaft«[25] wiederfinden. Der Ursprung der Menschheitsgeschichte in Ägypten wird auf diese Weise mit dem Flucht- und Rückführungstreck der Zigeuner zugleich zum Ursprung westeuropäischer Kultur. Tradierte Rechtspraktiken bleiben jedoch fremd, wie sich am Totengericht zeigt: »[...] wie lehrreich scheinen darin die Totengerichte der alten Ägypter, sie gehören aber nicht in unsre europäische Welt.« (S. 740) Das altägyptische Totengericht sieht eine Rechtfertigung des Toten gegenüber den Göttern und 42 Richtern vor. Der Tote muss seine Unschuld beweisen (›negative Beichte‹).[26] Es gibt also eine Jenseitsinszenierung mit klarer Rechtswahrung, denn Isabella fordert ein,

> daß die alte heilige Sitte des Totengerichts nicht bis zu ihrem wirklichen leiblichen Tode ausgesetzt bleibe, sondern, daß ein jeglicher jetzo gleich, während sie sich in ihrem Sarg ausstrecke, vorübergehe und seine Meinung nach geleistetem Eide, wahr und unverhohlen über sie ausspreche. [...] Die Königin legte sich unter unzähligen Tränen in ihren Sarg und ein jeglicher trat seiner Würde gemäß, wie er pflegte, vor ihr hin und ließ sein wohlüberdachtes Urteil, also, daß sie es deutlich vernehmen konnte, in das königliche Buch eintragen. (S. 742)

Die Apotheose während des Totengerichts, die Vision von einer Arkadisierung Ägyptens sowie Isabella als Psychagogin Karls verdeutlichen, dass diese letzte Gerichtsszenerie, frei von übernatürlichen Figuren, aber nicht von übernatürlichen Erscheinungen (wie auch dem Kometen), keiner Maskerade bedarf. Im Gegenteil:

---

25 Polaschegg: Genealogische Geographie, S. 116.

26 Vgl. etwa Assmann: Der Abschied von den Toten: Trauerrituale im Kulturvergleich.

Die Urteile der Zeitgenossen werden unter Eid ausgesprochen und sie fallen mild aus. Denn »das Totengericht der Menschen soll uns nicht schrecken, aber wer scheut nicht die Totenrichter in sich selbst, die unerbittliche Strenge der Gedanken, die sich nicht täuschen lassen [...].« (S. 743)

Gleichsam als fragwürdig, zumindest aber als konstruiert wird das Geschehene im Hinblick auf die sich gegenseitig überlagernden geschichtlichen Quellen ausgestellt: Die Überlieferung stammt vom Reisenden Taurinius, der sich auf die Pergamentrolle eines Priesters beruft, die aber ins Deutsche zu übersetzen gewesen sei, woraufhin Magister Uhsen redigierend eingreifen musste (S. 741).[27] Im abschließenden Erzählkommentar werden gleich sämtliche Zweifel an der Glaubwürdigkeit der Quellen und des Erzählten antizipiert, zerstreut – »[...] warum sollten wir zweifeln an den Erzählungen des Reisenden [...]« (S. 742) – und auf die ›neue‹ Zeit bezogen. Der Komet, wie er 1811 als tatsächliches Ereignis wahrgenommen werden konnte, versinnbildlicht die Polyvalenz von Bedeutungszuschreibungen einerseits, wie an der Aufzählung der unterschiedlichen Deutungsmöglichkeiten vorgeführt wird. Andererseits gebe dieses Ereignis, so der Erzähler, Anlass dazu, über sich selbst Gericht zu halten. Diese Fähigkeit, über sich selbst zu urteilen, lässt sich als das wesentliche Persönlichkeitsmerkmal Isabellas hervorheben und begründet nicht zuletzt den emphatischen Ausruf: »Vielleicht beginnt nun bald die Zeit der Frauen!«[28] (S. 744). Als Vorbildfigur fordert die eigenwillige und stets sich selbst treu bleibende Isabella solche Selbstreflexion als Rezeptionshaltung geradezu ein. Es zeigt sich abschließend, dass die zeitgenössisch als ›abenteuerlich‹ rezipierte Verknüpfung von historisch verbürgter Geschichte, ›schuldloser Erfindung‹ und Heilsgeschichte[29] anhand der Verhandlung von Deutungsvarianten des Rechts und der Gerechtigkeit zur Anschauung gebracht wird und dieser Diskurs somit den Kern dieser Erzählung ausmacht.

---

27 Vgl. im Stellenkommentar die historischen und intertextuellen Bezüge, Arnim: Werke in sechs Bänden, Bd. 3, S. 1309f.

28 Vgl. dazu Thomas Sternberg: Die Lyrik Achims von Arnim, S. 205–220.

29 Zum Verhältnis von Geschichte und Dichtung bei Arnim vgl. insbesondere die Forschung zur den *Kronenwächtern*.

Lothar Ehrlich

»die Befreiung von rechtlosen Gesetzen«: Recht und Gerechtigkeit in Arnims Geschichtsdrama »Marino Caboga«

Im 1814 entstandenen, erst 1826 in der Sammlung *Landhausleben* als »Donnerstags-Erzählung des Theater-Dichters« veröffentlichten Drama *Marino Caboga* gestaltet Arnim im räumlichen und zeitlichen Horizont seines Vaterlandes Preußen während und nach der Napoleonischen Fremdherrschaft das für ihn essentielle Verhältnis von Recht und Gerechtigkeit in Geschichte und Gesellschaft. Konstitutive Aspekte seiner religiösen Weltanschauung und seines organischen Verständnisses historischer Prozesse werden dabei in widersprüchlich ausgeprägter geistiger Komplexität und Ambivalenz literarisch erfahrbar. Übergreifende Momente betreffen die Einheit von Vergangenheit, Gegenwart und Zukunft, die Beziehungen zwischen den tradierten Ständen, speziell den politischen Eliten (dem Regenten, dem Adel) und dem Volk (Bürgern, Bauern), den ›Gebildeten‹ und ›Nichtgebildeten‹, das Verhältnis von Aktion und Reaktion, die Transparenz der notwendigen Reformen, zumal verfassungsrechtlicher und überhaupt juristischer Kodifizierungen in einer evolutionären ›Metamorphose‹ des Staates mit dem Ziel einer möglichst sozial versöhnten, ›gerechten‹ Gesellschaft, die die individuelle Freiheit des Einzelnen, ob Adliger, Bürger oder Bauer, garantiert. Recht und Gerechtigkeit bilden für Arnim, der in diesem Sinn als Dichter, Publizist und Politiker seine gesellschaftliche Verantwortung praktisch wahrnahm, eine untrennbare Einheit.

Besonders nach der Übersiedlung auf sein Gut Wiepersdorf im Frühjahr 1814 bzw. endgültig 1815 treten Arnims integrierte ethische und politische Überzeugungen und Verhaltensweisen sowohl in den kritischen Schriften als auch den poetischen Werken (und zwar in allen drei literarischen Gattungen) hervor. Daher korrespondieren auch das Geschichtsdrama *Marino Caboga* und die publizistischen und journalistischen Beiträge jener Jahre im Hinblick auf rechtliche Fragen miteinander. Hervorzuheben sind insofern *Über den Code Napoleón und dessen Einführung in Deutschland* (1814), *Der Adel in Hannover* (1815) und vor allem die *Betrachtungen über die Verfassung des vormaligen Königreichs Westphalen* (1817). Gleichzeitig lässt der anhaltende Briefwechsel mit seinem Schwager Friedrich Carl von Savigny über dessen während der Entstehung des Dramas erschienene Abhandlung *Vom Beruf unsrer Zeit für Gesetzgebung und Rechtswissenschaft* die ideellen Impulse und Argumente der Handlung von *Marino Caboga* erkennen, die außerdem autobiographisch vernetzt ist. Die Analysen des Dramas, der Rezensionen rechts- und geschichtswissenschaftlicher Bücher und der Briefe vermitteln das Werk eines Autors, der sich literarisch und lebenspraktisch intensiv mit den gesellschaftlichen und politischen Konflikten seiner Übergangsepoche auseinandersetzt.

https://doi.org/10.1515/9783110612073-012

Im unmittelbar vor der Veröffentlichung geschriebenen »Schlussbericht, wie diese Handschrift [von *Landhausleben*] dem Marchese überreicht wurde«[1], gibt Arnim dem Leser zu bedenken, dass er die Fabel des gleichermaßen historischen wie aktuellen Theaterstückes *Marino Caboga* nicht auf ein »Spektakel in Griechenland«, auf den 1821 einsetzenden Befreiungskampf der Griechen gegen die Türken, beziehen möge. Vielmehr ginge es in dem Werk generell »um die Befreiung von rechtlosen Gesetzen, um die Herstellung eines von den Trümmern seiner Herrlichkeit begrabenen Volkes«, speziell in seiner preußischen Heimat. »Der Verfasser hätte sich schwerlich mit jener einfacheren Aufgabe befriedigt, wenn damals schon der verwickelte Knoten in der Wirklichkeit zu lösen gewesen wäre, an welchem die Staaten-Künstler sich noch bis jetzt vergebens abarbeiten, vielmehr ihn mit jeder Bemühung der Lösung immer fester zusammenziehen.«[2] Demnach waren die von Arnim im Briefwechsel mit Savigny und in *Marino Caboga* reflektierten rechtlichen Grundsatzfragen für ihn erst recht in der Restaurationsepoche nach dem Wiener Kongress (1815) noch nicht zur Zufriedenheit geklärt. Nach wie vor fand in der preußischen Gesellschaft keine öffentliche Debatte zwischen der Regierung und den Schichten des Volkes statt, zum Beispiel über die vom König angekündigte, aber nicht verabschiedete Verfassung, denn, so Arnim, »die Politik ist verschlossen«.[3] Der immer schon skeptische und mittlerweile völlig desillusionierte Dichter musste sich eingestehen: »Doch warum sollte es uns Schriftstellern besser ergehen mit unsern Träumen, als den Griechen mit ihren Hoffnungen, für die sie gewiß mehr getan haben als wir alle?«[4] – zumal die Griechen erst 1830 ihre nationale Unabhängigkeit und Freiheit erhielten.

Die Entstehungsgeschichte von *Marino Caboga*, die historischen Quellen sowie die autobiographischen (die Eltern, der Onkel, die Reisen etc.) und zeitgenössischen (preußischen) Referenzen wurden von Renate Moering ausführlich beschrieben,[5] so dass die folgende Studie[6] auf die juristischen Aspekte und die Korrespondenzen mit den diversen verfassungsrechtlichen Gegenständen gewidmeten Texten (Briefen, Rezensionen) im Spannungsfeld von Volk und Nation, von politischer Herrschaft, von historischem und aktuellem Recht sowie sozialer Gerechtigkeit fokussiert werden kann.

Den Quellen folgend, handelt das Stück des »Theater-Dichters«[7] 1667 in der adriatischen Seemetropole Ragusa, dem heutigen Dubrovnik in Kroatien. Im Zen-

---

1 Arnim: Werke in sechs Bänden, Bd. 4, S. 718–727. Textgrundlage ist der korrigierte Erstdruck von 1826, vgl. die Bemerkung von Renate Moering, S. 1269.

2 Ebenda, S. 724f.

3 Ebenda, S. 726.

4 Ebenda.

5 Ebenda, S. 1229–1234 (Entstehung, Quellen), S. 1307–1329 (Stellenkommentar); vgl. Moering: Quellen und Zeitbezug, S. 262–280. Die hauptsächlichen Quellen: Büsching: Auszug aus seiner Erdbeschreibung; Müller: Vier und zwanzig Bücher Allgemeiner Geschichten; [Reusch]: Alter und Neuer Staat des Königsreichs Dalmatien. – Im »Prolog« des Stückes (»Szene: Ein Büchersaal.«) zitieren Müller und Büsching als dramatische Figuren aus ihren Quellen. Arnim: Werke in sechs Bänden, Bd. 4, S. 665.

6 Neben Moerings Studien siehe Ehrlich: Ludwig Achim von Arnim als Dramatiker, S. 288–303; Fischer: Literatur und Politik, S. 216–232.

7 Arnim: Werke in sechs Bänden, Bd. 4, S. 664.

trum des – ästhetisch unromantisch – konzentrierten dramatischen Geschehens in drei »Handlungen« (Akten) steht der »edle Ragusaner«[8] Marino Caboga, der den Stadtstaat im Sinne von Arnims Konzept zu reformieren beabsichtigt, doch treten schon in der Exposition zwei Volksgestalten auf, die die soziale Problematik der angestrebten politischen Transformation signalisieren: ein deklassierter namenloser Bettler, der voraussagt, »alles wird heut noch anders, von Grund auf anders«[9], und der arme Weber Carofilli, die beide bei der Lösung des Konflikts in der dritten Handlung beteiligt sind. Marino Caboga, der, so hoffen es jedenfalls die Plebejer, Herzog werden sollte, hat auf seinen Reisen die politischen und rechtlichen Verfasstheiten anderer europäischer Länder studiert: »Wir können viel, viel von den fremden Staaten lernen, viel in Künsten, mehr noch in Einrichtungen und Gesetzen.«[10] Durch die Etablierung eines neuen, gerechten Staates will er den alten, ungerechten und moralisch verkommenen abschaffen:

> Betrug, Bestechung, Willkür überall, um *uns*, die wenigen übrigen Geschlechter von denen, die den Staat einst gründeten, statt des ganzen Volkes emporzubringen, in Frevel und Übermut zu schützen. [...] Mein Herz entflammte schon früh in dem Gedanken, das alles zu bessern, aber ich wußte nicht wie! Allmählich habe ich in der Fremde gelernt, wo der Schutz gegen dieses Verderben zu finden, – die Geschlechter müssen sich aufopfern, sie müssen's ihrer eignen Sicherheit wegen nicht anstehen lassen, gegenüber ihnen muß das in himmlischer Gnade verteilte Talent gelten.[11]

Die Programmatik verweist auf Arnims staatspolitisches Credo, wie es den kritischen Schriften und Briefen zu entnehmen ist und im Stück sprachlich und szenisch entfaltet wird. Die »Geschlechter«, im übertragenen Sinn, die Adligen in Preußen, sollten ihre christliche Verantwortung wahrnehmen, das »ganze Volk emporzubringen«, sich selbst und ihm eine humane politische Ordnung geben. Dies freilich stößt auf den Widerstand der reaktionären, restaurativen Kräfte des Staates, die Marinos Onkel Procoli repräsentiert, der den reagierenden Fürsten (den tyrannischen Herzog von Ragusa) warnt: »[...] nichts ist ihm [Marino] recht in den weisen Einrichtungen unsres Landes, die sein Bestehen von der Gewalt der Jahrhunderte erkauft haben; selbst sein eignes Dasein, das ihm so viel Rechte verleiht, ist ihm ein Anstoß; das ganze Volk möchte er zur Mitherrschaft reizen, die es doch nicht zu führen versteht.«[12]

Tatsächlich ist auch Arnim überzeugt, dass die »weisen Einrichtungen unsres Landes« reformiert werden müssten, wenn er Savigny am 24. September 1814 schreibt: »Die alten Formen passen nicht, es sind neue Verhältnisse entstanden [...].«[13] Trotzdem sollten die neuen »Formen« (die »neuen Gesetze«) der »neuen Verhältnisse« organisch aus den kulturellen Traditionen des Staates hervorgehen, gleichermaßen die juristischen und ethischen Werte der Vergangenheit und die

---

8 Ebenda.

9 Ebenda, S. 688. Siehe insbesonders die Eröffnung der dritten Handlung durch den Bettler (S. 708): »Und wenn Caboga hier regiert,/Wohl keiner hier sein Brot verliert.«

10 Ebenda, S. 669.

11 Ebenda, S. 670.

12 Ebenda, S. 680f.

13 Arnim: Briefe an Savigny, S. 104.

Bedürfnisse der Gegenwart anerkennen und verbinden, sonst bestünde die Gefahr des »schrecklichsten Unrechts«.[14] Tiefe protestantische Religiosität grundiert die Herausbildung einer rechtlich definierten Staats- und Weltordnung, wodurch Arnims Poesie und sein Œuvre eine heilsgeschichtliche Botschaft erhalten: »Gott ist wie ein guter Dichter, der die Menschen auf immer neuen und unerkannten Wegen zum Heil führt.«[15]

Eben dieses religiöse Moment vermisst Arnim im »Code Napoléon«, in dem von der »göttlichen Kraft, die ein frommes Zusammenleben mit dem Ganzen des Volkes verleiht«[16], nichts zu spüren sei. Die »Religion, die doch aller Gesetzgebung allein Wirkung auf Völker sichern kann«[17], fehle hierin vollkommen. Arnim geht davon aus, dass die moderne preußische »Gesetzgebung mit allen lebenden waltenden Geistern, mit der Geschichte eines Volks, mit seiner Religion, Philosophie, Staatswirtschaft und Familienwirtschaft, mit seiner ganzen Art zu sein und zu wirken in genauer Wechselwirkung stehe [...].«[18] Trotzdem würdigt er in den nach der französischen Fremdherrschaft in der liberalen Sachsen-Weimarischen Zeitschrift *Nemesis* (Herausgeber Heinrich Luden) veröffentlichten *Betrachtungen über die Verfassung des vormaligen Königreichs Westphalen* die Vorzüge der von Napoleon eingeführten modernen bürgerlichen Gesetzgebung. Und Arnim entdeckt darin erstaunlich progressive Standpunkte, die ihn von der restaurativen Adelsfraktion und der Regierungspolitik in Preußen abgrenzen: »Die Verfassung Westphalens war, ihrer Grundbestimmung nach, der so hochgepriesenen Brittischen näher, als eine andere jetzt bestehende Verfassung organisierter Staaten.«[19] Diese Wertschätzung wird unter anderem mit der gleichberechtigten Mitwirkung aller Schichten des Volkes als Bürger des Staates begründet: »Die Stände wie die Wählenden, kannten keine Trennung unter sich, sondern erschienen als Staatsbürger. Der Adel, die Geistlichkeit, die Stadtbewohner, die Landbewohner, alle machten einen Stand, den, des Staatsbürgers aus.«[20] Und ausdrücklich lobt Arnim, die Verfassung garantiere allen diesen Bürgern eine »Gleichheit vor dem Gesetz«, und diese »hält das Band der Gesellschaft«.[21]

Im Briefwechsel mit Savigny 1814/1815 – der den dramatischen Konflikt in *Marino Caboga* geistig profiliert – votiert Arnim für die Übernahme und behutsame Anpassung jener »weisen Einrichtungen unsres Landes«[22], die in der Geschichte seines Vaterlandes entstanden. Er schlägt vor, das noch auf Friedrich II. zurückgehende, allgemeinverständliche und praktikable *Allgemeine Landrecht für die*

---

14 Ebenda.

15 Ebenda.

16 Arnim: A. W. Rehberg: Über den Code Napoleon und dessen Einführung in Deutschland. Hannover: Gebrüder Hahn 1814. – In: Der Preußische Correspondent vom 21. Januar 1814 – zit. nach Arnim: Werke in sechs Bänden, Bd. 6, S. 459.

17 Ebenda.

18 Ebenda, S. 458.

19 Arnim: Betrachtungen über die Verfassung des vormaligen Königreichs Westphalen. Ebenda, S. 512.

20 Ebenda, S. 513.

21 Ebenda.

22 Ebenda, Bd. 4, S. 680f.

Königlich Preußischen Staaten (1794) zu erneuern, welches der »entschiedne Protestant«[23] im Brief vom 29. Oktober 1814 auf eine Ebene mit der Bibelübersetzung Martin Luthers stellt: »Das Landrecht hat für unser Volk in rechtlicher Hinsicht dieselbe Wichtigkeit wie in religiöser Luthers Bibelübersetzung.«[24] Im Unterschied zum römischen Recht, für das der seit 1810 an der neueingerichteten Berliner Universität lehrende Savigny als Basis eintritt, der ein System anstrebt, »das auf einer vernünftigen Kombination des historisch bewährten römischen Rechts und des jeweiligen Landrechts beruhte«[25], sei das preußische Landrecht zu modifizieren, weil es inzwischen vom Volke anerkannt werde: »Nur dem Landrecht danken wirs, daß bey uns das Rechtswesen nicht mehr wie in Hessen von den Bauern für eine geheimnißvolle Geisterbeschwörung und Glückspielerei, sondern für ein treues ehrliches offenes Wesen gehalten wird [...].«[26] Dieses Kriterium – die Akzeptanz des Rechts als Ausdruck des verwirklichten »Volksgeistes« – ist für Arnim entscheidend, und er fordert deswegen eine öffentliche und breite »Verständigung« vor der Einführung neuer Gesetze. Er lehnt jegliche »Surrogatgesetzgebungen« ab[27] – sowohl im nationalen Horizont von Anton Friedrich Justus Thibauts *Über die Notwendigkeit eines allgemeinen bürgerlichen Rechts für Deutschland* (1814) als auch im preußischen von Savigny. Ulfert Ricklefs hat insofern zutreffend formuliert, dass Arnim »zwischen Thibaut und Savigny« stehe: »Thibaut ist von Arnims Position aus sein Konstruktivismus vorzuwerfen, Savigny die Abneigung gegen jede Art von moderner Gesetzgebung bzw. der Kodifizierung von Recht insgesamt die Weigerung, die Resultate neuerer Gesetzgebung gleichrangig mit historischer Gesetzgebung anzuerkennen [...].«[28]

Im Schreiben vom 29. Oktober 1814 wird ferner deutlich, dass der Dichter Arnim zugleich für die Interessen des preußischen Landadels einsteht, der die bürgerliche, merkantile Entwicklung in den Städten, auch in der Hauptstadt, kritisch befragt und Savigny unterstellt, »dass er als Ausländer nicht den früheren Zustand unsrer Länder und das Landrecht nur in den Händen träger ungeschickter Justizkommissarien der überfeinerten und verlangeweilten Stadt Berlin kennst, während das bessre bestehende Wesen unsres Staats auf dem Lande und in kleinen Städten begründet ist.«[29]

Denn die Einführung eines »vollendete[n] römische[n] Gesetzbuch[s]«[30] von oben, durch den Regenten und auf Empfehlung einer akademischen juristischen

---

23 Vgl. Sternberg: »Und auch wenn wir entschiedne Protestanten sind«, S. 25–59. Das Zitat: Arnim an Grimms, Dezember 1819. – In: Steig und Grimm (Hrsg.): Arnim und die ihm nahestanden, Bd. 3, S. 459.

24 Arnim: Briefe an Savigny, S. 108.

25 Ziolkowski: Historisierung der Wissenschaften im Heidelberger Kreis, S. 475.

26 Arnim: Briefe an Savigny, S. 108.

27 Ebenda.

28 Ricklefs: Geschichte, Volk, Verfassung und das Recht der Gegenwart, S. 93, vgl. insbesondere S. 84–94. »Konstruktivismus« bei Thibaut meint das für »ganz Deutschland auf dem Grund eines rationalen Naturrechts verfasste Gesetzwerk.« Ziolkowski: Historisierung der Wissenschaften im Heidelberger Kreis, S. 475.

29 Arnim: Briefe an Savigny, S. 108f.

30 Ebenda, S. 108.

»Schule«, ohne »im Volke« verwurzelt zu sein, ist nicht im Sinne Arnims, nach dessen Überzeugung »eine neue Gesetzgebung sich bilden müsse«.[31] Steuerte die preußische Regierung diesen Prozess nicht als humane, sozial gerechte Bildung der Gesellschaft, so würde dies »in Verzweifelung und bey Völkern zu Revoluzionszerstörung« führen.[32]

Dass die drohende »Verzweifelung« des Volkes, die zu einer Revolution führen könnte, vor allem auf sozialen Ursachen, auf Ungerechtigkeit und Armut beruht, wird vom dramatischen Helden Marino Caboga klar erkannt, indem er die ökonomische Macht des besitzenden Standes, zu dem er ja selbst gehört, anprangert. Er beabsichtigt, »die Quellen des Verderbens zu finden, das sich mit steigender Gewalt über die ärmeren, arbeitenden, frommen Leute verbreitet, während der steigende Reichtum der Unsern in allen Teilen der Welt sich Niederlassungen und Besitz erwirbt.«[33] Aus dieser Einsicht leitet er sein demokratisches rechtspolitisches Programm ab: »Wir müssen diesen Rat [das Parlament] aus unserm ganzen Land erneuen, daß jede Not hier ihren Anwalt findet, nur so erhebt sich wieder unser Staat zu ehren.«[34] Durch diese Worte fühlt sich Procoli derart provoziert, dass er Marino Caboga tätlich angreift, worauf dieser mit dem Dolch nach ihm sticht. Da es scheint, daß Procoli tödlich verwundet sei, droht eine Verurteilung Cabogas wegen Mordes zum Tode. Doch dieser steht zu seiner Tat, begibt sich »freiwillig« ins Kastell, obwohl ihn das »arme Stadtvolk«[35] befreien wollte (wie er auch später jeden solchen Versuch ablehnt). Als sich herausstellt, dass sein Kontrahent lebt (und weiter gegen ihn kämpft), ist Caboga der moralische und reale Sieger in dieser Auseinandersetzung um Recht und Gerechtigkeit. Der Herzog bietet ihm in einem Dialog über die »Schwächen unserer Verfassung«[36] die alleinige Herrschaft im Stadtstaat an, was Caboga selbstverständlich ablehnt: »Was Ihr begehrt, ist Unterdrückung unsrer letzten Freiheit, worin die Möglichkeit des Bessern für alle Zeit erstirbt. Nein, bei Gott, noch lieber dient' ich dieser Halbheit unsres Rats, als solcher unbeschränkten Herrschaft eines Einzigen (mags auch sein der Beste) [...].«[37]

In diesen Szenen gewinnt die dramatische Auseinandersetzung Züge einer klassischen Tragödie, in der sich private und öffentliche Konflikte verbinden. Dabei ist entscheidend, dass sich die rivalisierenden restaurativen und liberalen Kräfte nicht auf notwendige politische und soziale Reformen des Staates einigen, so dass eine Revolution ausbricht – in Gestalt eines (für 1667 in Ragusa überlieferten) »Erdbeben[s]«[38]. Arnims Hoffnung auf einen friedlichen, evolutionären Übergang in eine moderne Gesellschaftsform wurde durch die reaktionäre Haltung und Passi-

---

31 Ebenda, S. 109. Vgl. Arnim: Regent und Volk; oder: welche Constitution muß der preußische Staat haben? – Werke in sechs Bänden, Bd. 6, S. 645f.

32 Arnim: Briefe an Savigny, S. 110.

33 Arnim: Werke in sechs Bänden, Bd. 4, S. 682.

34 Ebenda, S. 684.

35 Ebenda, S. 687.

36 Ebenda, S. 696.

37 Ebenda, S. 698.

38 Ebenda, S. 702.

vität der Regierenden enttäuscht. Eine Revolution lehnte er indessen ab. Dieses geschichts- und sozialphilosophische Dilemma löst die Metapher vom »Erdbeben« empirisch zwar nicht auf, doch schafft sie für den literarischen Helden die basale Voraussetzung für die von ihm eingeleiteten »Metamorphosen der Gesellschaft«, um an den programmatischen Titel der ersten Erzählung aus der Sammlung *Landhausleben*[39] zu erinnern: »Die Welt liegt offen, das Alte ist gestürzt, daß ich das Neue baue.«[40] Dieser Umsturz der Verhältnisse lag »in Gottes Hand« und traf nur die Besitzenden: »Er [Gott] stürzte den Palast, die Hütte stand [...]. Die Freiheit wurde uns allen zu Teil.«[41] Neben der religiösen Dimension ist wiederum evident, dass die geschichtliche Transformation zugleich eine prononciert soziale besitzt.

Worin besteht nun »das Neue«? Caboga beabsichtigt, auf die absolute politische Macht zu verzichten, verspricht bei seiner künftigen Regierung die Einbeziehung der »Weisheit aller«: »Nicht herrschen will ich, keiner soll hier künftig herrschen, als die Weisheit aller, das Göttliche, das Recht, die Gnade, des Geistes schaffend Leben, wie es gedeiht, wenn es sich frei darf offenbaren.«[42] Diese Zielstellung entspricht den aufgeklärten, liberalen politischen und verfassungsrechtlichen Ideen des Briefwechsels mit Savigny und der kritischen Schriften. In einem Brief von Anfang Dezember 1816 besteht Arnim nahezu identisch darauf, »daß alles erst durch die Weisheit der Einzelnen, in denen sich die allgemeine Erfahrung sammelt, zur Uebereinstimmung und Vollständigkeit gefördert wird.«[43]

Marino Caboga ist konzeptionell von der historischen Rechtsschule und ästhetisch von der romantischen Poesie früherer Jahre abzuheben und nimmt in der Literatur nach den Befreiungskriegen eine singuläre Stellung ein. Die progressiven sozialkritischen Tendenzen im Hinblick auf die Erfassung des realen Gegensatzes von Herrschern und Beherrschten, von Reichen und Armen, verweisen dabei bereits auf Momente der einsetzenden vormärzlichen Literatur. Andererseits dürfte vor allem die Formulierung »des Geistes schaffend Leben« als Grundlage und Bezugspunkt aktiver individueller und kollektiver Praxis von universeller Relevanz sein, die gleichermaßen Religion, Kultur und Recht in selbstbestimmter Freiheit umschließt.

Eine externe Bedingung dafür, dass auf der Grundlage des kodifizierten Rechts und weitgehend hergestellter Gerechtigkeit ein Staatsganzes ›gedeihen‹ kann, stellt dessen nationale Freiheit, Selbständigkeit und Unabhängigkeit dar. Diese für die

39 Vgl. zuletzt Härtl: Metamorphosen der Gesellschaft, S. 168–203. Zur Komposition der Erzählungen und zur Funktion von *Marino Caboga* stellt er fest: »Texte von mannigfaltigen Inhalten, Formen und Stilen sind zu einem komplexen Kunstwerk organisiert, dessen verborgene Struktur dramatisch ist. Der fünfteilige Aufbau ist dem eines fünfaktigen Dramas vergleichbar, der letzte Teil ist ein Drama an sich, dessen ›drei Handlungen‹ [...] jenen drei Handlungen entsprechen, in die auch die erste Erzählung, wenngleich diskreter [...] gegliedert ist [...].« (S. 175f.) Härtl hebt auch den literaturhistorischen Rang des Geschichtsdramas hervor: »In keinem anderen Werk Arnims findet sich der Gedanke einer notwendigen fundamentalen Umgestaltung gesellschaftlicher Verhältnisse [...] so intensiv mit Äußerungen sozialer Gesinnung verknüpft.« (S. 185f.)

40 Arnim: Werke in sechs Bänden, Bd. 4, S. 704.

41 Ebenda, S. 717.

42 Ebenda, S. 705.

43 Arnim: Briefe an Savigny, S. 143.

Periode der Napoleonischen Fremdherrschaft unabdingbare Voraussetzung thematisiert die »dritte Handlung«, gleichsam die »Volkshandlung« von *Marino Caboga*. Wenn Gewalt (Revolution und Krieg) bei der Überwindung eines alten und bei der Schaffung eines neuen politischen Systems von Arnim grundsätzlich abgelehnt wird, so ist sie für einen nationalen Befreiungskampf ausdrücklich zugelassen und notwendig.

In der außenpolitischen Konstellation des Stückes agiert vor allem das traditionell die Oberhoheit ausübende osmanische Reich, von dessen Einfluss sich das kämpfende Volk von Ragusa unter Cabogas Führung befreit, es »schlug die eingedrungenen Türken aus der Stadt«.[44] Danach beginnen unter seiner Regentschaft und mit einem Parlament die staatlichen Reformen zu einer konstitutionellen Ständegesellschaft. Die »Ratsherren« fordert er auf: »Ihr werten Herrn des neuen Rats, verkündet allen, die euch mir gesandt, daß ich so viele Macht, wie ihr mir anvertrauen wollt, in keiner Hand, auch in der meinen nicht, je dulden werde; der Mißbrauch liegt in dem Gebrauch, ein Heilger könnte nur die Grenze halten.«[45] Arnims Absage an die absolutistische Herrschaft, die sich nicht nur in seinen fiktionalen und nichtfiktionalen Texten, sondern auch in seiner sozialen und rechtlichen Praxis als Gutsbesitzer findet, kulminiert am Ende des Dramas in einer festlichen lyrischen Glorifizierung einer alle Stände integrierenden Regierungs- und Lebenstätigkeit. Caboga ruft »zur Arbeit« und die Menge erwidert: »Zur Arbeit frisch.«[46] Es folgt ein Wechselgesang in gereimten Versen zwischen ›Einem‹ und ›Allen‹, der die Macht und Kraft des Regenten genauso würdigt wie die des Volkes und die religiöse und politische Vision des Geschichtsdramas abschließt:

> ALLE: Die Erde wird fest, die Erde wird frei
> Laßt den Himmel durchlebe
> Von unserm ersten Jubelgeschrei,
> Caboga soll leben!
> [...]
> CABOGA: Die Erde steht fest, die Erde ist frei,
> Laßt dem Himmel uns danken
> Mit unserm ersten Jubelgeschrei,
> Mit unserm letzten Gedanken.[47]

Die staatliche Grundlage dieses utopischen Entwurfs eines gemeinschaftlichen Lebens in »eine[r] neue[n] Welt« ist »ein anderes Gesetz«[48] oder – wie es in einem anderen Textzeugen heißt – eine »Verfassung, die sich aus innrer Kraft des Volks, aus unserm Muth, aus unserer Erfahrung im Morgenglanz des Sieg's mit tausend freudgen Blüten hat entfaltet.«[49] Und für dieses »andere Gesetz« oder diese »Verfassung« eines reformierten preußischen Rechtstaates »aus innrer Kraft des Volks« hat

---

44 Arnim: Werke in sechs Bänden, Bd. 4, S. 710.
45 Ebenda, S. 711.
46 Ebenda, S. 716.
47 Ebenda, S. 717.
48 Ebenda, S. 716.
49 Ebenda, S. 1326–1329, hier S. 1328 (Klassik Stiftung Weimar, Goethe- und Schiller-Archiv 03/83).

Arnim gerade um das Jahr der Entstehung von *Marino Caboga* heftig gestritten und seine Auffassungen – vergeblich – durchzusetzen versucht. Vor allem gegen die in seiner Wahrnehmung mechanische, bürokratische Regierungspraxis des Staatskanzlers Carl August Fürst von Hardenberg (seit 1810) opponierte Arnim anhaltend, während er die Reformen des Reichsfreiherrn Carl vom und zum Stein unterstützt hatte: »Stein behandelte die Verfassung des Landes als eine achtbare Grundlage für sein künftiges Gebäude; er riß niemals etwas nieder, ohne etwas Besseres an die Stelle zu setzen [...].«[50] An Hardenberg kritisierte er hingegen die »Übereilung der Gesetzgebung«[51] von oben, ohne dass es dazu einen demokratischen Konsens gäbe. In Görres' *Rheinische[m] Merkur* schrieb Arnim 1815: »Daß eine ständische Verfassung wirklich etwas fassen könne, und sich selbst in dauerhaftem Stand erhalte, muß sie höchst mannigfaltig und überall eingreifen, überall müssen erst in kleinen Kreisen Verbindungen, Zusammenkünfte, Berathungen über das Gemeinsame eingeführt seyn.«[52] Hardenbergs Verwaltung hatte Arnim schon im »Schattenspiel« *Das Loch oder das wiedergefundene Paradies* (in der *Schaubühne* von 1813) im Sinnbild einer »Regierungsmaschine« gegeißelt:

> Ihr Freunde nehmt die Regierungsmaschine,
> Sie hat vernichtet alles Freie und Kühne,
> Und werfet sie in das tiefe Meer,
> Damit uns kein unnütz Gesetz mehr beschwer,
> Dann leben wir hier wie im Paradies,
> das uns der Himmel nach Leiden verhieß.[53]

Bei Arnims Verhältnis zu Hardenberg ist allerdings zu bedenken, dass ihm als Grundbesitzer das *Edikt zur Regulierung der gutsherrlichen und bäuerlichen Verhältnisse* von 1811 oder die laufende Abgaben- und Steuergesetzgebung zusätzliche finanzielle Schwierigkeiten bei der Bewirtschaftung der verschuldeten und nicht sehr ertragreichen Güter brachten.[54]

Überblickt man abschließend das Verhältnis des Geschichtsdramas *Marino Caboga* zum Briefwechsel Arnims mit Savigny und zu den publizistischen Schriften, so ist evident, dass Recht und Gerechtigkeit, obwohl in einem untrennbaren Zusammenhang stehend, in der phantastischen künstlerischen Fiktion – bei allem Realismus – allgemeiner und vager als in Briefen oder Aufsätzen, gleichsam ›dekorativ‹ behandelt wurde. In der nichtfiktionalen Prosa sind die rechtspolitischen Auffassungen bei allen immanenten Widersprüchen indessen konkreter und präzi-

---

50 Arnim: Über die Schrift: Die Verwaltung des Staatskanzlers Fürsten von Hardenberg [Von Johann Friedrich Benzenberg]. – In: Isis 5 (1821) Bd. 1, Sp. 426–436 – zit. nach Arnim: Werke in sechs Bänden, Bd. 6, S. 708.

51 Ebenda, S. 709.

52 Arnim: Der Adel in Hannover. – In: Rheinischer Merkur, Nr. 209 vom 21. März 1815. Ebenda, S. 492.

53 Arnim: Sämmtliche Werke, Bd. 6, S. 50. Vgl. Arnim: Das Loch oder das wiedergefundene Paradies.

54 Vgl. Knaack: Achim von Arnim – Nicht nur Poet, z. B. die Zwangsverwaltung von Bärwalde (S. 100) und der Verkauf von Friedenfelde 1818 (S. 66).

ser, obwohl sie sich nicht zu einem stringenten Konzept zusammenschließen. Es gibt zeitbedingte Wandlungen, etwa in Arnims Stellung zur westfälischen Verfassung während und nach der französischen Fremdherrschaft. Und überdies sind manche Urteile des Dichters und Politikers widersprüchlich, wenn man sie unmittelbar auf die divergierenden zeitgenössischen politischen Fraktionen im Spannungsfeld von Reaktion und Progression bezieht. Arnim vertrat als (aufgeklärter) Adliger zwar die Interessen eines Gutsbesitzers und insofern war er durchaus ein Konservativer (aber eben kein Reaktionär, wie etwa Karl Ludwig von Haller[55]), aber zugleich ein liberal Progressiver, der die Transformierung der feudalen Ständeordnung zu einer modernen bürgerlichen Gesellschaft als geschichtliche Notwendigkeit anerkannte und sich für eine durch Konstitution und »Demokratie beschränkte Monarchie«[56] als gerechte Staatsform einsetzte. Und was die durch Gesetzgebung zu realisierende Einheit von Recht und Gerechtigkeit für alle Staatsbürger betrifft, so sei mittlerweile (1817) »die Französische Strategie [in der Gesetzgebung] allen Völkern neuerer Zeit ein Vorbild der Nachahmung geworden«:

> Eine Verfassung, welche die persönliche Freiheit in Schutz nimmt, das Eigentum sichert, die Verträge heilig hält, Gleichheit vor dem Gesetz gebietet, gleiche Lasten und Abgaben vorschreibt, Jedem gestattet, zu allen Staatsämtern zu gelangen, Verdienst, Tugend und Talent nur als Vorzüge anerkennt, die aus der Leibeigenschaft entsprungenen, drückenden und entehrenden Lasten aufhebt [...], die Gerechtigkeitspflege auf bestimmte, in der Muttersprache abgefaßte Gesetzbücher begründet, die gesetzgebende Gewalt in die Hände des Regenten und des Volkes zugleich legt, die Staatsbeamteten durch die Repräsentanten des Volks kontrollieren läßt, – –wahrlich! von der kann man sagen, wenn sie vollzogen wird, es ist eine gute Verfassung.[57]

---

[55] Vgl. ebenda, S. 62–65. Siehe Arnims Besprechung von Karl Ludwig von Haller: Über die Constitution der spanischen Cortes – Arnim: Werke in sechs Bänden, Bd. 6, S. 688–695.

[56] Betrachtungen über die Verfassung des vormaligen Königsreichs Westphalen. Ebenda, S. 513.

[57] Ebenda, S. 531.

Roswitha Burwick

»Was du versprochen hast, das mußt du auch halten«[1]: Recht und Gerechtigkeit im Märchen

Die Geschichten in der Grimm'schen Sammlung *Kinder- und Hausmärchen* erzählen nicht nur von Leid, Not, Glück, Erniedrigung und Erhöhung, sondern auch von Recht, Unrecht und der verdienten, oft grausamen und phantasievoll orchestrierten Strafe der Übeltäter. So wie die Rechtsfälle von ausgestoßenen Kindern, Vatergewalt, Eherechten, Erbrechten, Rechten des Besitzes, Altersversorgung oder Verbalverträgen eine »Geschichte« erzählen, sind die Märchen Geschichten von Rechtsfällen, die Gesetz und Volksglauben integrieren. Jacob Grimm plädiert bereits in seinem Aufsatz »Von der Poesie im Recht« dafür, dass es »wol erlaubt [ist], das recht unter den gesichtspunkt der poesie zu fassen und aus der einen in das andere lebendiges zeugnis geltend zu machen«.[2] Und in seiner Vorrede zu den *Rechtsaltertümern* erklärt er noch einmal, dass durch die poetischen Formeln die »Weisthümer des deutschen rechts ihrem wesen und gehalt nach, völlig vergleichbar der gemeinen volksprache und den volksliedern sind«.[3]

Das Projekt der *Rechtsaltertümer* ist wie die Sammlung der *Kinder- und Hausmärchen*[4] demnach aus dem Bemühen entstanden, die ursprünglich mündlich überlieferten und nur noch als Fragmente erhaltenen schriftlichen Fassungen der »Weisthümer« zu sammeln und zu kommentieren, da sich dort die Einheit von Volksleben und juristischem Wissensstand nachzeichnen lässt. Mit dieser Auffassung stehen die Grimms ihrem ehemaligen Lehrer und Freund Friedrich Carl von Savigny nahe, der in seiner Schrift *Vom Beruf unserer Zeit für Gesetzgebung und Rechtswissenschaft* von symbolischen Handlungen in Rechtsverhältnissen und ihrer sinnlichen Anschaulichkeit, die das Recht in einer eindeutig fassbaren Gestalt festhält, spricht. Auch er glaubt, den bestimmten Charakter des bürgerlichen Rechts der Eigentümlichkeit des Volkes zuschreiben zu können, ähnlich seiner Sprache und seiner sittlichen Verfassung.[5] Da die Grimms in vielen Märchen eindeutig Fragen des Rechts und der Gerechtigkeit thematisierten, hat man versucht, die Texte nicht nur in ihrem historischen Kontext, sondern auch in Hinblick auf die heutige Gesetzgebung zu interpretieren und damit Rechtsvorstellungen nachzugehen, die der ursprünglichen Textintention im Einzelnen letztendlich nicht entsprechen.[6] Statt

---

1 *Der Froschkönig*, KHM, Bd. 1, 1857, S. 1–5, hier S. 4.
2 Jacob Grimm: Poesie im Recht, S. 25, § 1.
3 Jacob Grimm: Deutsche Rechtsalterthümer, S. IX.
4 Im Folgenden abgekürzt als KHM.
5 Savigny: Beruf unserer Zeit, S. 9f.
6 Schempf: Rechtsvorstellungen. – In: Enzyklopädie des Märchens, Bd. 11, Sp. 431f. Dieterich-

https://doi.org/10.1515/9783110612073-013

strenger Kodifizierung der »Rechtsfälle« oder gar der Kritik an fehlenden und falschen Rechtsquellen in den Märchen geht es im Folgenden um die Frage, in wieweit die Texte der Grimm'schen Auffassung von »Recht und Poesie« entsprechen und damit ihre kulturnationalistische Sammler- und Herausgebertätigkeit prägen. Aus dieser Perspektive sollen die in den Märchen integrierten unterschiedlichen Rechtsgrundsätze auf ihre Intention, aber auch auf ihre Ambiguität und Vieldeutigkeit hin analysiert werden.

Die sehr umfangreiche Literatur zum Thema »Recht und Gerechtigkeit im Märchen« besteht aus verschiedenen methodologischen Ansätzen, die in einzelnen Fällen zu widersprüchlichen Ergebnissen führen können. So sieht Jessen die Märchen als »Zeugnisse alten Volksrechts«,[7] während Möhlenkamp es zweifelhaft findet, »ob und wieweit Märchen überhaupt Recht vermitteln oder ob Rechtsvorstellungen einen Hintergrund für Märchen bilden«[8]. Auch Laeverenz betont die Problematik, die Märchen als rechtsgeschichtliche Quellen zu sehen und weist auf methodische Vorgehen hin, die sich dieser Fragestellung bewusst sind.[9] Nach Laeverenz werden u. a. für den historischen Zusammenhang Alter und Herkunft des Märchens beziehungsweise Motiv und jeweiliger Rechtsgebrauch wichtig; Fassungen und Varianten müssten verglichen werden; »Welthaltigkeit« mit »Sublimation« der Märchenmotive Berücksichtigung finden.[10] Zu unterscheiden wäre noch, ob man die »poetischen Elemente« aus den Rechtsquellen darstellt[11] oder ob man die »Rechtsfälle« aus den Märchen erschließt. So sieht Laeverenz in jedem Heraussuchen von rechtlich relevanten Gegebenheiten aus Märchen einen Akt der Interpretation und warnt vor dem »Verbiegen« der Märchenhandlungen, wenn rechtliche Begriffe aus der modernen Rechtsprechung Anwendung finden.

Im Folgenden geht es weder um einen Forschungsbericht mit einer mehr oder weniger vollständigen Auflistung aller möglichen Interpretationen und Methoden, noch um eine Analyse, die unter einem gewissen theoretischen bzw. ideologischen Gesichtspunkt die Aussage der Erzählungen determiniert. Vielmehr soll zunächst versucht werden, Jacob Grimms Verständnis des Ursprungs von Recht, Sprache und Poesie nachzugehen, den Begriff von »Volksgeist« näher zu definieren und neben den unmittelbaren historischen Rechtsquellen, d. h. den Gesetzen, Verordnungen, Satzungen, Gerichtsurteilen und Urkunden, die in den Texten identifiziert werden

---

sen verweist auf § 1603 BGB, wonach im Märchen *Hänsel und Gretel* der Standpunkt des Vaters für den Unterhalt der Kinder vertreten ist. Dem stellt er die heutige Rechtsprechung gegenüber, nach der der sog. *Selbsterhalt* der Eltern hervorgehoben wird, nach dem eine bestimmte Summe ihres Einkommens von den minderjährigen Kindern unangetastet bleiben kann. Dieser Regelung entspricht die Auffassung der Mutter. Dieterichsen: Juristische Strukturen, S. 20f.

7 Jessen: Recht in den Kinder- und Hausmärchen, S. 16. Laeverenz: Märchen als rechtgeschichtliche Quellen?, S. 280, Anm. 58.

8 Möhlenkamp: Rechtsinstitute und Vertragstypen in Grimms Märchen, S. 234.

9 Laeverenz: Märchen und Recht. Vgl. die umfassende Bibliographie, S. 207–236. Laeverenz: Märchen als rechtgeschichtliche Quellen?, S. 254. Vgl. auch die ausführliche kommentierte Bibliographie, S. 273–295.

10 Ebenda, S. 272.

11 Jacob Grimm: Poesie im Recht, § 5.

können, die Vielschichtigkeit der Erzählungen zu thematisieren. Damit soll gezeigt werden, dass Märchen keineswegs ›einfache‹ Texte sind, sondern komplexe Erzählstrukturen mit klaren volkspädagogischen Absichten darstellen, die geschlechtsspezifische Verhaltensnormen institutionalisieren. Da sie jedoch einen »Lebensvorgang«[12] und damit persönliche, politische, soziale, und ethische Krisensituationen und ihre Lösungen schildern, bleiben sie trotzdem ›offene‹ Texte, die durch unterschiedliche Interpretationsansätze ein differenziertes Bild der rechtlichen Fragen und Auslegungen bieten und nicht nur juristische, sondern auch ethische Fragen aufwerfen und damit auch noch für den modernen Leser relevant bleiben.

1. ›Volksgeist‹

Karin Raude hat in ihrem Beitrag zum vorliegenden Band den Begriff ›Volksgeist‹ erläutert und darauf hingewiesen, dass Grimm den »Ursprung aller Kulturerscheinungen, der Sprache, des Rechts, der Poesie [...] in einem »gemeinsamen nationalen Volksbewusstsein« verortet, das sich zunächst mit Savignys Konzept deckte, das dieser in seiner Schrift *Vom Beruf unserer Zeit für Gesetzgebung und Rechtswissenschaft* nach 1814 populär machte.[13] Wenn Savigny von einem »organischen Zusammenhang des Rechts mit dem Wesen und Charakter des Volkes« sprach, implizierte er, dass das Recht »durch innere stillwirkende Kräfte, nicht durch die Willkür eines Gesetzgebers« entstanden war.[14] Obwohl Grimm sich nie zum Begriff des ›Volksgeistes‹ explizit geäußert und seine Ansichten im Laufe seines Lebens mehrfach geändert und revidiert habe, könne man Grimms Vorstellung vom ›Volksgeist‹ aus seinem Briefwechsel und seinen Schriften rekonstruieren.[15]

Wenn Grimm auch nicht explizit von einem »Volksgeist« sprach, verwendete er Begriffe wie »Volksgefühl«, das sich in der Sprache, dem »unbewust waltenden sprachgeist« offenbare und zu einer »eigenthümlichen« d. h. nationalen Sprachentwicklung führe, die Gesetzmäßigkeiten vermittle, die sich von Generation zu Generation fortpflanzen.[16] Raude argumentiert weiter, dass die Verknüpfung von »Volksgeist« mit dem Gedanken einer organischen Entwicklung der Sprache und des Rechts zwei unterschiedliche Ergebnisse erzielte: zum einen bedeutete die historische Betrachtung der Kulturerzeugnisse eine organische Entwicklung; zum anderen konnte dieser natürliche Vorgang nicht durch abstrakte Regeln und Gesetze unterbrochen bzw. ge- oder gar zerstört werden.[17] Die Kultur an sich, das Recht, die Sprache, die Poesie bildeten nach Auffassung Grimms einen Gesamtorganismus der Volkskultur, alle Teile standen in Beziehung zu einander. Der Organismus lebte und entwickelte sich, seine Vergangenheit blieb dabei auch in der Gegenwart ein Teil desselben.[18]

---

12 Ebenda, S. 258.
13 Siehe den Beitrag von Raude: Jacob Grimm und der Volksgeist, S. 18.
14 Savigny: Beruf unserer Zeit, S. 11 und 14; Hinweis im Beitrag von Raude, S. 18.
15 Raude: Jacob Grimm und der Volksgeist, S. 18–19 .
16 Ebenda, S. 19.
17 Ebenda, S. 17 und 21.
18 Ebenda, S. 21.

Raude integriert in die Grimm'sche Konstellation von Recht und Volksgeist auch die Position von Religion, Freiheit und Eigentum und kann damit zeigen, dass die Brüder ein konsistentes kulturnationalistisches Projekt popularisierten, das bewusst im »volkstümlichen« Kulturgut verwurzelt war. In der Vernetzung von Sprache, Recht und Poesie nehmen die Märchen damit eine zentrale Stelle ein, da sie nicht nur die alten Rechtsquellen verarbeiten, sondern auch mit der Darstellung von Rechtsfällen auf zukünftige Gesetzgebung einwirken. Um den von den Grimms propagierten »Volksgeist« bzw. das »Volksgefühl«, das sich im »unbewust waltenden sprachgeist« in den Texten niederschlägt, zu hinterfragen, sollen im Folgenden zunächst etymologische Fragen, Parömie und sozial bzw. ökonomisch benachteiligte Berufsgruppen an Hand des Betrugslexikons kurz erörtert werden.

2. Begriffe

In seinem Aufsatz »Von der Poesie im Recht« weist Jacob Grimm auf den »groszen hausrath gesamelter gesetze und rechtsbräuche« hin, die als wichtige »denkmäler« in »mannichfaltigen Landstrichen« die »Urverwandtschaft«[19] von Poesie und Recht bezeugen:[20] »es liegt mir nämlich auszer zweifel, dasz unsere gesetze im frühesten alterthum wirklich, nichts anders wie sagen und geschichten, metrisch in lieder gebunden waren.«[21] (§ 5)

Den Nachweis liefert er nicht nur mit zahlreichen Zitaten aus juristischen und poetischen Quellen, sondern auch »aus dem Bau und Wesen der Sprache« selbst, d.h. den »tiefsten Gründen der Sprache«,[22] indem er den historischen Zusammenhang zwischen Poesie und Recht etymologisch konstruiert. Gesetze im frühesten Altertum seien historisch gewachsenes Kulturgut, das sich in der Sprache artikuliere und heute noch in Redewendungen greifbar sei. Nach Grimm ist beider Ursprung nicht bloße Satzung oder »eitle Erfindung«; er ist »außergeschichtlich«, d.h. immer gültig. Ethisches Verhalten ist rechtmäßiges Verhalten.[23]

Im Abschnitt »Beweis aus der Sprache« gibt Grimm zahlreiche Beispiele seiner Theorie der etymologischen Wurzeln von Recht und Poesie. So verbindet er den Dichter mit dem Richter durch die Etymologie der Wörter »finden« und »schaffen«:

> die richter heiszen finder, weil sie das urtheil finden, wie die dichter finder (trobadores, trouveurs); beide werden belegt mit dem namen: schaffer, schöffen, scof (ganz eigentlich das gr. ποηταί) weil sie schaffen, d.h., bestimmern ordnen [...][24]

Ein weiteres Beispiel:

---

19 Ebel: Jacob Grimm und die deutsche Rechtswissenschaft, S. 27. Zitiert nach Laeverenz: Märchen als rechtgeschichtliche Quellen?, S. 277, Anm. 35.

20 Grimm: Poesie im Recht, § 1.

21 Ebenda, § 5.

22 Ebenda, § 3 und 5.

23 Ebenda, § 2.

24 Ebenda, § 3.

> carmen, das lied, der spruch, ist im altrömischen recht die formel, z.B. Livius I, 10 lex horrendi carminis. I,13. verba carminis. II,32. rogationis carmen. pactum, band, im recht ein vertrag, aber pangere[25] gilt auch vom dichten insbesondere.[26]

Zum sprachlichen Bereich zählen auch die sogenannten poetischen Rechtswörter wie Verwandte oder »magen«, wobei die männlichen als »schwert-«, die weiblichen als »spindelmagen« bezeichnet werden. Nach Grimm bietet der Satz »das erbe geht vom schwert auf die kunkel« (Spinnrocken, Spindel) eine tiefere und poetischere Ansicht, als sie je eine Juristensprache ausdrücken könnte.[27] Auch Sprichwörter des germanischen Rechts (»der letzte schlieszt die thüre zu«), Bannformeln oder poetische Bestimmungen, wie Vorstellungen von Raum und Zeit (»so weit als der hahn schreitet«, »über den steinwurf hinaus trauen«) , Rechtssymbole, wie Spindel und Schuh und heilige Zahlen[28] gehören ebenfalls in diese Gruppe.[29]

Laeverenz erinnert, dass Formulierungen von alten Rechtsregeln erst durch die Bearbeitung der Brüder Grimm in die Märchen eingeflossen sind. So findet sich das Verbot des Königs »bei Leibes- und Lebensstrafe«, das einem rechtshistorischen Lehrbuch entnommen zu sein scheint, erst in der zweiten Auflage des Märchens *Marienkind.*[30] Hier könnte betont werden, dass es den Grimms weniger um den konkreten Nachweis von rechtshistorischen Elementen in den Quellen ging, sondern um die lebendige Darstellung von Recht und Gerechtigkeit, die ihrer volkspädagogischen Absicht entsprach. Dass das Sprichwort eine bedeutende Rolle im Rechtswesen spielte, zeigt Koller, der die mittelalterliche Prozessregel »Wo du kannst ein Sprichwort anhängen, da tue es, denn danach pflegen die Bauern zu richten« zitiert, um den Zusammenhang von Recht und Rechtsprechung im Gerechtigkeitsempfinden des »Volks« zu verankern. Nach Koller vermitteln Rechtssprichwörter, die eine Rechtsregel in Sprichwortform wiedergeben, Auskunft über bestehende Rechtsverhältnisse und beinhalten rechtliche Gedanken und Auffassungen.[31] Danach müsse mündlich tradiertes Rechtswissen in einfacher bildlicher Sprache weitergegeben werden, damit es dem gemeinen Volke verständlich war.[32] Da es hier nicht um den Nachweis rechtshistorischer Wendungen in den Quellen zu den Märchen, sondern um die Grimm'sche Bearbeitung geht, sollen zwei Beispiele angeführt werden, in denen die Herausgeber Rechtssprichwörter verwendet haben.

Im Märchen vom *Rapunzel* (KHM 12) treffen zwei Rechtssprichwörter in der Begegnung des Mannes mit der Nachbarin aufeinander, die zum einen den Verstoß gegen die Rechtsnorm des Eigentums, zum anderen die Minderung der verdienten

---

25 Lat. pangere heißt u.a. geloben, versprechen, einen Vertrag schließen, aber auch dichten, verfassen, besingen.

26 Grimm: Poesie im Recht, § 3.

27 Ebenda, § 6.

28 Ebenda, § 8.

29 Ebenda, § 10.

30 Laeverenz: Märchen als rechtsgeschichtliche Quellen?, S. 263. KHM 3, 1819, S. 12. In der Erstauflage hieß es noch: »[…] der König aber hieß stillschweigen und wollte es nicht glauben, weil er die Königin so lieb hatte.« KHM 3, 1812, S. 12.

31 Koller: Not kennt kein Gebot, S. 14f.

32 Ebenda, S. 89.

Strafe durch einen Tauschhandel darstellen. Zunächst geht es um das »Gelüste« der schwangeren Frau nach den Rapunzeln im Garten der Zauberin, das, solange es unbefriedigt bleibt, ihr und damit dem ungeborenen Kinde das Leben kosten könnte. »[...] ›Wenn ich keine Rapunzeln aus dem Garten hinter unserm Haus zu essen kriege, so sterbe ich‹. Der Mann, der sie lieb hatte, dachte ›eh du deine Frau sterben lässest, holst du ihr von den Rapunzeln, es mag kosten was es will‹«.[33] Hier gilt das Sprichwort »Not kennt kein Gebot«, wenn »Not« als »Zustand, da man eines Dinges bedarf«, oder »äußerer und physischer Zwang« definiert werden kann.[34] Koller führt noch einen weiteren Punkt aus Wanders Sprichwörterbuch an. So soll:

> dasjenige für kein Verbrechen gehalten werden was jemand aus einer unvermeidlichen Nothwendigkeit begeht, obgleich es den Gesetzen entgegen ist, und wird damit die Uebertretung eines jeden Gesetzes entschuldigt, immer vorausgesetzt, dass der Mensch durchaus nicht anders handeln kann.[35]

Die erste Reaktion der Zauberin ist Empörung über die Dreistigkeit des Verbrechens, das eine gerechte Strafe fordert. »›Wie kannst du es wagen‹, sprach sie mit zornigem Blick, ›in meinem Garten zu steigen und wie ein Dieb mir meine Rapunzel zu stehlen? das soll dir schlecht bekommen‹.«[36]

Interessant ist hier die Wendung »wie ein Dieb mir meine Rapunzel zu stehlen«, da der aufmerksame Leser hier einen indirekten Hinweis auf die »menschliche« Seite der Zauberin vermuten darf, die nach einer Erklärung des Sachverhalts dann auch sofort einlenkt.

> »Ach«, antwortete er, »laßt Gnade vor Recht ergehen, ich habe mich nur aus Noth dazu entschlossen: meine Frau hat eure Rapunzel aus dem Fenster erblickt, und empfindet ein so großes Gelüsten, daß sie sterben würde, wenn sie nicht davon zu essen bekäme«. Da ließ die Zauberin in ihrem Zorne nach und sprach zu ihm »verhält es sich so, wie du sagst, so will ich dir gestatten Rapunzeln mitzunehmen soviel du willst [...]«.[37]

Das Rechtssprichwort »Gnad gehet für recht«[38] aus dem älteren deutschen Strafrecht bedeutet jedoch keineswegs Straffreiheit; vielmehr wird das Vergehen nun in einem Tauschhandel ausgeglichen, in dem das ungeborene Kind als »Fleischpfand« gegen eine materielle Gegengabe, nämlich die Nahrung der Mutter, eingesetzt wird. Laeverenz zitiert das germanische Recht, das noch im Schwabenspiegel im Hochmittelalter aufgeführt wird, das in Fällen echter Not dem Vater das Recht einräumt, seine Kinder zu veräußern.

---

33 KHM 12, 1857, Bd. 1, S. 65.

34 »Die Noth« in: Adelung: Grammatisch-kritisches Wörterbuch der Hochdeutschen Mundart, Bd. 3, S. 524–526, hier S. 525.

35 »Not hat kein gebot (Gesetz)« – in: Wander: Deutsches Sprichwörter-Lexikon, Bd. 3, Sp. 1051; Hinweis bei Koller: Not kennt kein Gebot, S. 96. Koller macht auf Wanders Zweiteilung des Sprichwortes aufmerksam: »Not hat kein Gebot« gilt für Gesetze und Recht allgemein; »Not kennt kein Gebot« verweist auf die Handlung in einer Notsituation. Ebenda.

36 KHM 12, 1857, Bd. 1, S. 66.

37 Ebenda.

38 Wander: Deutsches Sprichwörter-Lexikon, Bd. 1, Sp. 1782f.

Ein weiteres Beispiel ist das Rechtssprichwort »Wer andern eine Grube gräbt, fällt selbst hinein«, das in dem Märchen *Die beiden Wanderer* (KHM 107) thematisiert ist.[39] Ein gutmütiger Schneider begibt sich auf die Wanderschaft mit einem hartherzigen Schuster, der ihn betrügt und mehrere Male in Gefahr bringt, sein Leben zu verlieren. Durch die Hilfe von Tieren, die der Schneider durch sein Mitgefühl am Leben erhalten hat, wird der Schneider letztendlich belohnt und der böse Schuster bestraft.

Neben der Parömie findet sich auch die Diskriminierung von sozial bzw. ökonomisch benachteiligten Berufsgruppen, deren »Betrügereyen« in Gewerbe und Handel und die »darwider mehrentheils dienenden guten Mittel« der Entdeckung und Bekämpfung in Georg Paul Hönns Betrugslexikon erörtert werden. Zu den Berufen, die des Betrugs verdächtigt wurden, gehörten vor allem die Müller, denen 30 verschiedene Arten des Vergehens vorgeworfen werden.[40] Als Gegenmittel werden eine Mühl-Ordnung, eine Mühl-Waage und regelmäßige Visitationen der Obrigkeit genannt. Als Beispiel sei hier das Märchen vom *Zaunkönig* genannt, das mit folgendem Epigraph beginnt:

> In den alten Zeiten da hatte jeder Klang noch Sinn und Bedeutung. Wenn der Hammer des Schmieds ertönte, so rief er »smiet mi to! smiet me to!« Wenn der Hobel des Tischlers schnarrte, so sprach er »dor häst! dor, dor häst!« Fing das Räderwerk der Mühle an zu klappern, so sprach es »help, Herr Gott help, Herr Gott!« und war der Müller ein Betrüger, und ließ die Mühle an, so sprach sie hochdeutsch und fragte erst langsam »wer ist da? wer ist da?« dann antwortete sie schnell »der Müller! der Müller!« und endlich ganz geschwind »stiehlt tapfer, stiehlt tapfer, vom Achtel drei Sechter«.[41]

Das Märchen handelt vom Zaunkönig, der sich durch einen Betrug zum König erklärt, jedoch von den Tieren entlarvt und geächtet wird.

3. Zahlensymbolik: Magie und Recht

Im Folgenden werde ich mich auf die Untersuchung von Märchen konzentrieren und zunächst Jacob Grimms Bemerkungen von der Bedeutung von Zahlen und Symbolen nachgehen, um an einzelnen Beispielen zu zeigen, welche Funktion diese Begriffe in den Texten haben.

Die Dreizahl als heilige und magische Zahl findet sich in vielen Titeln, Motiven und Inhalten von Märchen[42]: so belohnten die drei Haulermännerchen das gehorsame Mädchen im Wald (KHM 13); die drei häßlichen Spinnerinnen bewahrten die junge Königin vor weiterem Spinnen (KHM 14). Als weitere Titel können genannt werden: *Der Teufel mit den drei goldenen Haaren* (KHM 29); *Die drei Sprachen* (KHM 33); *Die drei Federn* (KHM 63); *Die drei Glückskinder* (KHM 70) oder *Die*

---

[39] Ebenda, S. 77. – KHM 107, 1857, Bd. 2, S. 102–113.

[40] Hönn: Betrugs-Lexicon, S. 264–267.

[41] KHM 171, 1857, Bd. 2, S. 342.

[42] Siehe ausführlich auch Max Lüthi: Drei, Dreizahl. – In: Enzyklopädie des Märchens, Bd. 3, Sp. 851–868.

drei Brüder (KHM 124). Drei Wünsche sind frei, drei Aufgaben werden gestellt und müssen oft unter Lebensgefahr erfüllt werden; drei Nächte wird gewacht, dreimal erscheint die Königin, drei Kinder werden geboren, bevor ein Fluch gelöst werden kann. Auch im alten Recht spielte diese Zahl eine wichtige Rolle: Drei Eichen sollen auf dem Gerichtsplatz stehen, dreimal wird das Gericht ausgerufen, dreimal jährlich wird der Gerichtstermin abgehalten; auch der Spruch »aller guten Dinge sind drei« kommt aus diesem Umkreis.[43] Im Märchen vom Marienkind wird die heilige Zahl zum Prüfstein des sittlichen Verhaltens und rechtlichen Vorgehens. Nachdem das Mädchen die verbotene Tür geöffnet und die»Dreieinigkeit im Feuer und Glanz sitzen sah«, leugnet sie dreimal ihr Vergehen – wie Petrus dreimal den Herrn verleugnet[44]. Nach der Geburt ihrer drei Kinder steht sie abermals »vor Gericht«, leugnet wiederum dreimal ihr Fehlverhalten, bevor sie ihre Sünde bereut, vom Scheiterhaufen befreit und weiterleben darf. Der Text ist auch ein Beispiel für Grimms poetisches Rechtswort bzw. seine poetische Rechtsphrase: »Gnade für Recht ergehen« lassen.[45]

Auch die Zahl Sieben gilt als magische Zahl.[46] Sie ist die Summe von drei und vier: der christlichen Zahlensymbolik und der Zahl der Elemente, d.h. der materiellen Dinge. Die sieben Tage der Woche entsprechen dem Schöpfungsmythos der hebräischen Bibel. Während die Sieben in der westlichen Hemisphäre als Glückszahl gilt, wird sie in Ostasien als Unglückszahl angesehen. Auch für den mathematischen »Beweis« der göttlichen Ordnung wurde die Zahl herangezogen: sieben ist die Anzahl der mit bloßem Auge sichtbaren Planeten mit Mond und Sonne. Der lunare Zyklus teilt sich in vier siebentägige Wochen. Durch die Addition 1+2+3+4+5+6+7 erhält man 28, also die Zahl eines Mondzyklus. In den Märchen deutet das Formelhafte auf Gesetzmäßiges: so die sieben Jahre Haft im Turm,[47] die sieben Jahre Verzauberung in Tiergestalt.[48] Sieben Personen oder Tiere (Geißlein) sind eine enge Gemeinschaft, die Lebensgewohnheiten und Schicksal teilen. Zu den bekanntesten Märchen mit der Zahl Sieben gehören die sieben Zwerge hinter den sieben Bergen im *Sneewittchen* (KHM 53), *Die sieben Raben* (KHM 25), *Die sieben Schwaben* (KHM 119) oder *Die sieben Geißlein* (KHM 5). Die sieben Fliegen des tapferen Schneiderleins (KHM 20) setzen das Ernste durch Lüge und List ins Schwankhafte um. Mit der Bezeichnung des Wohnorts der sieben Berge deutet die Zahl symbolisch sowohl auf die Entfernung der kleinwüchsigen Außenseiter von der Gemeinschaft – wir denken an die Siebenmeilenstiefel, mit denen große

---

[43] Eisler: Recht im Märchen, S. 422.

[44] »Ehe der Hahn zweimal kräht, wirst du mich dreimal verleugnen.« Markus 14,72.

[45] So in KHM 12 (*Rapunzel*), KHM 36 (*Tischchen deck dich, Goldesel, und Knüppel aus dem Sack*), KHM 192 (*Der Meisterdieb*).

[46] Siehe Kathrin Pöge-Alder: Sieben. – In: Enzyklopädie des Märchens, Bd. 12, Sp. 646–649. Nach Yoshiko Noguchi kommt die Zahl Sieben den Grimm'schen Märchen insgesamt 143 mal vor, dabei ohne Wiederholungen 67 mal in 34 Märchen. In 6 Fällen (9%) ist sie Glückszahl, in 49 Fällen (73%) Unglückszahl. Vgl. Noguchi: Die Zahl »Sieben« in den Grimmschen Märchen, S. 1f.

[47] *Die Nelke* (KHM 76) oder *Jungfrau Maleen* (KHM 198).

[48] KHM 49, 1857, Bd. 1, S. 245–250.

Entfernungen leicht überwunden werden können – als auch auf ihre Naturverbundenheit mit dem Innern der Erde. Durch den Bergbau sind sie dem Erz, also dem Metall, d.h. dem Materiellen nahegebracht. Für Schneewittchen sind sie eine Glückszahl, da sie sie vor der Tücke der Stiefmutter schützen und die Scheintote durch ihre Treue am Leben erhalten. Die sieben Raben sind durch den Fluch zu einer Gemeinschaft zusammengeschmiedet, die dann durch das Erlösungswerk der Schwester im siebten Jahr wieder befreit werden und gemeinsam ihre menschliche Gestalt zurückgewinnen.

Die Zahl Zwölf[49] gilt ebenfalls als magische Zahl: Ähnlich der Zahl Sieben geht sie auf Naturbeobachtungen zurück: Ein Sonnenjahr besteht aus zwölf Mondzyklen, wodurch das Jahr in zwölf Monate gegliedert ist. Der Tag ist in zweimal zwölf Stunden eingeteilt; ebenfalls die Tierkreiszeichen. In der griechischen Mythologie stehen die zwölf Titanen neben den zwölf Olympischen Göttern; Herkules musste zwölf Prüfungen ablegen. Auch die nordische Mythologie kennt ein zwölfköpfiges Götterkollegium und die Artusrunde bestand aus zwölf gleichgestellten Rittern. Im Alten Testament gliederte sich das Volk Israel nach den Söhnen Jakobs in zwölf Stämme; im Neuen Testament versammelte Jesus zwölf Apostel um sich. Im Recht kennen wir die zwölf Geschworenen, im römischen Recht das Zwölftafelgesetz.[50] In den Märchen kommt diese Zahl nicht so häufig wie die drei und sieben vor: hier können genannt werden *Die zwölf Brüder* (KHM 9); *Die ungleichen Kinder Evas* (KHM 180) oder der Schwank von den *Zwölf faulen Knechten* (KHM 151). Zwölf ist das Alter, in dem das Mädchen »munt«, d.h. mündig wird und heiraten kann. So schließt die »Gotl« Rapunzel in den Turm, als sie ihr zwölftes Jahr erreicht hat, um ihre kindliche Unschuld zu bewahren und sie vor dem Wissen der Welt zu schützen. Mit der Zahl Zwölf ist die «Unglückszahl« dreizehn verbunden. Bei *Dornröschen* wird die dreizehnte Fee nicht eingeladen, da man nur goldenes Geschirr für zwölf Personen hat. Dem Marienkind ist es verboten, die dreizehnte Tür zu öffnen; es besteht die Probe nicht, was als Zeichen seiner Unreife gilt. In den *Zwölf Brüdern* (KHM 9) lastet der Fluch auf dem dreizehnten Kind, weil es ein Mädchen ist und durch ihre Geburt das Todesurteil über ihre älteren Brüder bedeutet. Im Märchen *Die zertanzten Schuhe* (KHM 133) tanzen zwölf Prinzessinnen jede Nacht mit zwölf verwunschenen Prinzen, um sie von ihrem Zauber zu erlösen. Da ein ehemaliger Soldat – die dreizehnte Person – das Geheimnis entdeckt, wird nicht nur die Erlösung, sondern auch die Vereinigung der Prinzessinnen mit ihren schönen Liebhabern verhindert.

---

[49] Georg Schuppener: Zwölf. – In: Enzyklopädie des Märchens, Bd. 14, Sp. 1457–1461.

[50] Erstes »bürgerliches Recht« datiert auf 450 v. Chr. Die Gesetze waren auf zehn Tafeln aus Elfenbein geschnitzt; später kamen noch zwei Tafeln dazu. Adel und Priesterschaft hatte die Rechtsprechung in der Hand und hielten die Gerichtsprozesse geheim.

4. ›Rechtsprechung‹ und Verurteilung

Da die das ethische Verhalten bestimmenden Gebote abstrakte Weisungen blieben, schuf man sich Rituale und Gebräuche, die sich in materiellen Dingen Ausdruck verschafften. So sind Erde, Kraut, Gras, Früchte nicht nur Gegenstände, sondern auch handlungsbestimmende Symbole, die oft auf den Charakter der Akteure Aufschluss boten. So werden Brot und Äpfel in *Frau Holle* (KHM 24) Prüfsteine für die schöne, fleißige und die häßliche, faule Tochter der Witwe. Frau Holle wird zur Anklägerin und Richterin, die nach dem Verhalten der Mädchen ihr Urteil fällt und belohnt bzw. bestraft. Ein wichtiges weibliches Gerät sind Spindel und Webstuhl, mit der die Fäden gesponnen und in kunstvollen Geweben verarbeitet, Geschichten und Geschichte aus der Perspektive der Frau schufen. Beide stehen nicht allein für die weibliche Arbeit, sondern auch für die Sexualität der Frau, was im Märchen vom *Dornröschen* thematisiert wird. Da der Fluch der dreizehnten Fee das Mädchen beim Eintritt in die Pubertät zum Tode verurteilt, gebietet der König die Abschaffung aller Spindeln im ganzen Reiche. Mit diesem Urteil soll aber nicht allein das Leben seiner Tochter gerettet, sondern auch die Geschichten und die Geschichte der Frau zunichte gemacht werden. Ein schönes Beispiel für die Webkunst als Mittel der weiblichen Kommunikation und Rache bzw. Strafe des Verbrechers ist Ovids Erzählung von Philomele, die, ihrer Sprache beraubt, ihre Vergewaltigung durch Tereus der Schwester Procne auf einem gewebten Teppich mitteilt, die daraufhin ihre Kinder tötet und sie ihrem Mann als Speise vorsetzt. Als letztes Beispiel sei noch der Schuh des Aschenputtels genannt (KHM 21), ein wichtiges Symbol, die rechte Frau zu erkennen. In der Grimm'schen Fassung wird der Verlust des Schuhs durch das Pech auf den Stufen des Palastes und die Eile der jungen Frau erklärt und damit das Motiv des zurückgelassenen Kleidungsstücks als Symbol der weiblichen Sexualität verschleiert. Die Beharrlichkeit des Prinzen und das Aufdecken der Identität der schönen Tänzerin führt dann zur Inszenierung des Schauspiels der Schuhprobe, das zum einen die Zusammenführung der Liebenden feiert und zum anderen als Gerichtsszene die Schuldigen ihrer Missetaten überführt und bestraft.[51]

Verurteilung und Strafvollzug findet in den Märchen in vielfacher Weise statt, da der Ort des Gerichtsspruchs an keine öffentliche Institution gebunden ist. Bei den *Bremer Stadtmusikanten* (KHM 27), dem *Rotkäppchen* (KHM 26) oder dem *Wolf und die sieben jungen Geißlein* (KHM 5) ist es die Waldeinsamkeit; im *Sneewittchen* (KHM 53) und *Brüderchen und Schwesterchen* (KHM 11) ist es der Palast und in *Aschenputtel* (KHM 21) die bürgerliche Stube, die ohne Zeremoniell zum Schauplatz der oft grausamen Hinrichtungen umfunktioniert werden. In einigen der genannten Beispiele sind die Urteile und Strafen mit Hochzeitsgelagen und anderen Festlichkeiten verbunden, wobei die Gäste nicht allein Zuschauer, sondern auch Zeugen des Vorgangs werden.

---

[51] Auch heute noch gibt es in gewissen Gegenden Hochzeitsbräuche, bei denen der Schuh eine Rolle spielt. So kann während des Festessens ein Brautschuh entfernt werden, der mit glücksbringenden Symbolen gefüllt, Glück und Segen bringen soll. Fehrle: Recht im Märchen, S. 48–49.

Im *Froschkönig* (KHM 1) gebietet die autoritäre Stimme des Königs an der Tafel, dass die Tochter ihr leichtfertig gegebenes Versprechen einzuhalten hat, da es sich um ein Geschäft handelte, bei dem eine Dienstleistung erbracht wurde, die nun gelohnt werden muss. Ein zweites Beispiel ist das Gelage im Märchen *Die Nelke*, bei dem die zu Unrecht verstoßene Königin durch ihren Sohn vor dem König mit seinem Hofstaat rehabilitiert wird. In *Der Räuberbräutigam* wird der Bösewicht beim Festessen, zu dem Verwandte und Bekannte eingeladen sind, entlarvt und bestraft.[52] Finden Strafvollzüge mit Ausschluss der Öffentlichkeit statt, fällt es dem Erzähler zu, mit seinem Kommentar die Verderbtheit des bzw. der Angeklagten bildhaft vor Augen zu führen.

Wichtige Rechtsfälle stellen Versprechen und Verträge in den Märchen dar, vor allem, wenn es um Händel mit Tieren, missgestalteten Menschen oder dem Teufel geht, da diese oft als Scheingeschäfte abgeschlossen werden, aber doch rechtskräftig sind. Ein stummes Nicken, ein Händedruck, ein vernehmbares Wort, ein Versprechen oder ein Schriftstück sind bindend; ein Wortbruch bringt Unheil, den Verlust von Vermögen oder gar den Tod. Im *Froschkönig* geht es um einen solchen Austausch von Leistung und Gegenleistung: der goldene Ball gegen die Gesellschaft des Frosches mit der Prinzessin. Da der »liebe« Frosch alle materiellen Belohnungen zurückweist und statt der Edelsteine und goldenen Kleider einen emotionellen d.h. immateriellen Tauschwert bietet, wird er zum »einfältigen Frosch«, den die Prinzessin nicht ernst nimmt und sofort wieder vergisst, nachdem sie ihre goldene Kugel wieder in der Hand hat.[53] Bei seinem Erscheinen wird ihr »angst«, denn nun wird sie sich ihres Versprechens bewusst, auch der Folgen, wenn sie ihre Gegengabe verweigert. Die strengen Worte des Vaters – »Was du versprochen hast, das mußt du auch halten« zwingen sie, wenn auch widerwillig, ihrem Versprechen nachzukommen.[54] Da der Beischlaf zwischen einem Menschen und einem Tier nicht stattfinden kann, kommt es zur Gewalttat der jungen Frau, als der Frosch eindeutig die sittlichen Grenzen mit seiner Bitte, in ihrem Bett schlafen zu dürfen, überschreitet. Erst in seiner menschlichen Gestalt konnte er »nach ihres Vaters Willen ihr lieber Geselle und Gemahl« werden, d.h. das am Brunnen gegebene Versprechen konnte eingelöst werden.

Auch das erzwungene Versprechen im *Rumpelstilzchen* (KHM 55) ist gültig, doch liegt hier eine andere Sachlage vor, so dass die junge Königin den Vertrag nicht einhalten muss. Während sie zweimal ihre Schulden mit ihrem Schmuck bezahlen kann, findet sie einen Ausweg aus ihrer Bedrängnis bei der dritten Forderung, einmal durch das »Mitleid« des Rumpelstilzchens, das ihr noch dreimal die Gelegenheit gibt, seinen Namen zu raten, zum anderen, da es auch rechtliche Gründe gibt, deren sich das Männchen wohl bewusst ist. Halsband und Ring sind ihr

---

52 *Der Froschkönig*, KHM, Bd. 1, 1857, S. 1–5; *Die Nelke*, KHM 76, 1857, Bd. 1, S. 389–394; *Der Räuberbräutigam*, KHM 40, 1857, Bd. 1, S. 209–213.

53 Diederichsen weist auf das bürgerliche Gesetzbuch von 1900, § 116 hin, wo diese Verhaltensweise als »geheimer Vorbehalt«, *reservatio mentalis,* bezeichnet wird, d.h. eine Willenserklärung, die der Erklärende nicht einzuhalten gedenkt. Diederichsen: Juristische Strukturen, S. 26.

54 *Pacta sunt servanda.* Ebenda.

eigener Besitz, über die sie frei verfügen kann.[55] Das Männchen begeht aber einen »Rechtsfehler«, wenn es das Kind als Gegengabe für seine Hilfe verhandelt, indem es die Bedingung ausspricht: »Wenn du Königin bist«. Indem das Kind der verheirateten Frau zum Vertragsgegenstand wird, ändert sich die Besitzlage, denn das Kind steht unter der »munt« des Königs, genauso wie seine junge Frau aus der »munt« des Müllers in die »munt« ihres Mannes übergegangen ist.[56] Der Vater des Kindes ist demnach der rechtmäßige Verhandlungspartner und nicht die Königin. Unter dem Schein des »Mitleids« versucht nun das Männchen rechtmäßig in den Besitz des Kindes zu kommen, indem es das Rätsel seines Namens auslobt. Während es in der Fassung von 1857 ein Diener ist, der den Namen des Rumpelstilzchens erfährt, ist es noch in der Fassung von 1812 der König, der auf der Jagd das Männchen zufällig beobachtet hatte, seiner Frau die Lösung des Rätsels mitteilt und damit unwissentlich seinen Anteil an der Lösung des Versprechens hat. Da Wissen und Nennen eines Namens Macht bedeutet, verliert das Männchen seinen Anspruch auf das Kind.

In dem Märchen *Das Mädchen ohne Hände* ist es ein Teufelspakt, der letztendlich nicht eingehalten werden muss, da nach Abwägung der inhaltlichen Gerechtigkeit (*iustum pretium*) Nutzen und Schaden auf beiden Seiten keinen gleichen Wert haben.[57] Der Müller hatte sich »dem fremden Manne« verschrieben, indem er ihm das versprach, was hinter seiner Mühle steht. Damit wird die Tochter (ein ›Fleischpfand‹) und nicht der Apfelbaum (eine dingliche Leistung) zum Vertragsgegenstand, d.h. die Pfandsetzung und Vergeiselung eines Kindes tritt an die Stelle der persönlichen Haftung des Schuldners. Da der Vertrag mit Hinterlist des Teufels und nicht durch eine ernste Willenserklärung des Müllers (*permissio*)[58] geschlossen wurde, wird das Abkommen als schuldrechtlicher Verpflichtungsvertrag in Frage gestellt. In einer Abwägung von materiellen Werten – dem Reichtum – und den Verlust der Seele eines Unschuldigen ist die Bezahlung kein gerechter Preis. Wie beim *Rumpelstilzchen* begeht auch der Teufel einen ›Rechtsfehler‹, indem er eine Frist von drei Jahren anberaumt. Im Märchen ist es die Unschuld und Reinheit des Mädchens, über die der Teufel keine Gewalt hat. Durch die magische Zahl der drei Jahre wird aber die Zeit der Reife des Kindes zur jungen Frau impliziert, die nun mündig geworden ist und aus der »munt« des Vaters in die »munt« eines Ehemannes entlassen werden müsste und daher nicht mehr für die Schulden ihres Vaters verantwortlich ist. Da es zu diesem Zeitpunkt jedoch noch keinen Freier gibt, muss sie, gezeichnet von ihrem Schicksal, jahrelang herumirren, bis sie nach vielen Hindernissen ihr Glück in der Ehe mit einem Mann findet, der wie sie erst durch Leid und Sorge zu ihr und ihrem Kinde findet.

Offensichtlich eindeutige »Rechtsfälle« wie die ausgestoßenen Kinder (*Hänsel und Grethel*),[59] Vatergewalt – *Allerleihrauh* (KHM 65), *Die sieben Raben* (KHM 27), Erbrecht *(Die zwölf Brüder* KHM 9) – oder Altersversorgung bzw. Versorgung

---

55 Jessen: Recht in den Kinder- und Hausmärchen, S. 34f.

56 Ebenda.

57 Zelger: Teufelsverträge, S. 65.

58 Ebenda, S. 58.

59 Laeverenz: Märchen und Recht, S. 73–82.

ausgedienter Soldaten *(Der alte Großvater und sein Enkel*, KHM 78), *Der alte Sultan*, KHM 48*)* bleiben ambivalent, da sich das Recht als Ausdruck von Volkssitten schwer kodifizieren lässt und Brauch, Aberglauben, List, Schlauheit und nicht zuletzt Humor ebenfalls ausschlaggebend sind. Sind Eltern durch äußere Not gezwungen, ihre Kinder auszusetzen (*Hänsel und Grethel*, KHM 15) oder an Pflegepersonen abzugeben (*Marienkind, KHM 60*), bleiben Bräuche bzw. Gesetze ambivalent. Während die Mutter in *Hänsel und Grethel* darauf besteht, dass sie alle Hungers sterben würden, wenn die Kinder weiter im Hause blieben, vertritt der Vater die Meinung, dass er den letzten Bissen mit seinen Kindern teilen müsse. Da Kinder bereits mit zehn bzw. zwölf Jahren »munt« sind, wird von ihnen erwartet, dass sie in die Welt ziehen und Gefahren bestehen – meist mit Hilfe anderer Menschen, Sagengestalten oder Tieren – bevor sie ihre Zukunft gesichert haben. So zeigt es sich auch, dass Hänsel und Gretel durch Zuversicht, geschwisterliche Liebe und Schlauheit die Hexe aus dem Weg räumen und dank ihres Besitzes zu unverhofftem Reichtum gelangen. Durch die drei Perspektiven bleiben die Fragen von Recht und Gerechtigkeit in *Hänsel und Grethel* ambivalent und erlauben kein eindeutiges Urteil über die ethischen Handlungsweisen der Beteiligten.

Ausgestoßene und unmündige Kinder kommen oft unter die Obhut eines sorgenden Menschen oder anthropomorphen Tieres. Im *Marienkind* nimmt sich Maria des Kindes an, Sneewittchen kommt bei den Zwergen unter, die zwei Brüder werden von einem Jäger großgezogen (KHM 60) und den jüngsten Kindern helfen Bienen, Katzen und Unken zu Glück und Segen. Gefährdete Kinder werden von gutmütigen Dienern (*Sneewittchen*, KHM 53), Müttern (*Die zwölf Brüder*, KHM 9) oder Vätern (*Die sechs Schwäne*, KHM 49) in Sicherheit gebracht, um sie vor drohenden Gefahren innerhalb der Familie zu schützen, da Eltern und Stiefeltern nicht davor zurückschrecken, sie zugunsten ihrer eigenen Kinder aus dem Weg zu räumen. In *Allerleirauh* (KHM 65) will der verwitwete Vater seine Tochter heiraten, da er an den Schwur der sterbenden Frau gebunden ist, sich nach ihrem Tode mit keiner zu vermählen, »›die nicht ebenso schön ist, als ich bin, und die nicht solche Haare hat, wie ich habe; das mußt du mir versprechen‹. Nachdem es ihr der König versprochen hatte, tat sie die Augen zu und starb«.[60] Wort, Schwur und Versprechen sind Grundlagen des mündlich geschlossenen Vertrags und bindend. Recht steht nun in Konflikt mit Sittlichkeit, da Inzest zunächst aus religiösen Gründen als »Sünde«, nach dem Scheitern des Frankfurter Parlaments von 1848 in der sechsten Auflage von 1850 auch von den Staatsräten als unzulässig erklärt wird.[61] Gott hat verboten, dass der Vater seine Tochter heirate, aus der Sünde kann nichts Gutes entspringen, und das Reich wird ins Verderben gezogen.[62] Persönliches, sittliches und staatliches Rechtsempfinden stehen sich damit unvereinbar gegenüber. Das Problem kann nur durch die Entscheidung der Tochter gelöst werden, indem sie nachts heimlich das Schloss verlässt, sich aber mit Hilfe der prachtvollen väterlichen Geschenke das Herz eines Königs erobert.

---

60 KHM 65, 1857, Bd. 1, S. 353.

61 Diederichsen: Juristische Strukturen, S. 44.

62 KHM, 1817, Bd. 1, S. 351.

In Jacob Grimms *Deutschen Rechtsaltertümern* finden sich Strafarten aufgezählt, mit denen die Verbrechen im Namen der Gerechtigkeit geahndet wurden. So gibt es Rädern, Pfählen, Fleisch Ausschneiden, Vierteilen, lebendig Begraben, oder das Rollen in einem Fass, das innen mit Messern ausgestattet ist.[63] Rölleke weist auf das »peinliche Strafrecht« Karls des V. (*Carolina*) hin, in der die Spiegelstrafen[64] festgehalten sind: Dieben wird die Hand abgehackt, Hexen und Zauberer werden verbrannt, so die hexenhaften Schwiegermütter (KHM 9, 11, 135), die Hexe in *Hänsel und Grethel,* der Hexenmeister in *Fitchers Vogel*, da von ihnen nichts übrig bleiben darf. Die Stiefmutter in *Sneewittchen* tanzt sich in glühenden Pantoffeln zu Tode, die falsche Braut in *Die Gänsemagd* wird in einem mit Nägeln beschlagenen Fass zu Tode geschleift, die Tochter der Hexe wird im Wald von Tieren zerrissen (*Brüderchen und Schwesterchen,* KHM 11). Hochverräter werden gevierteilt (KHM 60, 76) und Diebe gehängt (KHM 110).[65] Im *Rotkäppchen* und in *Die sieben Geißlein* wird der mörderische Wolf im Brunnen ertränkt, in *Aschenputtel* werden den gehässigen Stiefschwestern die Augen ausgepickt, in *Die Nelke* befiehlt der König, den bösen Koch in vier Stücke zu zerreissen und in *Schneeweißchen und Rosenrot* wird der bösartige Zwerg vom Bären mit einem einzigen Schlag seiner Tatze getötet. Während die meisten Urteile von Königen als den Vertretern der Gerichtsbarkeit verkündet werden, verurteilt in *Die zwölf Brüder* (KHM 9) ein Gericht die Stiefmutter dazu, dass sie in einem Fass, »das mit siedendem Oel und giftigen Schlangen angefüllt war«, elendiglich zugrunde gehen solle[66].

Neben Königen und Richtern, die die Urteile verkünden, gibt es im Märchen auch Schuldige, die aufgefordert werden, eine Strafe zu wählen. In *Die drei Männlein im Walde* fragt der König die Stiefmutter, was einem Menschen gehöre, »der den andern aus dem Bett trägt und ins Wasser wirft«?

> »Nichts Besseres [...], als daß man den Bösewicht in ein Faß steckt, das mit Nägeln ausgeschlagen ist, und den Berg hinab ins Wasser rollt«. Da sagte der König: »Du hast dein Urtheil gesprochen«, ließ ein solches Faß holen und die Alte mit ihrer Tochter hineinstecken, dann ward der Boden zugehämmert und das Faß bergab gekullert, bis es in den Fluß rollte.[67]

In *Die Gänsemagd* fragt der alte König die falsche Braut, »was eine solche wert wäre, die den Herrn so und so betrogen hätte. [...] Welches Urteils ist diese würdig?«, worauf die Magd ihr eigenes Urteil ausspricht: »Die ist nichts Besseres wert, als daß sie splitternackt ausgezogen und in ein Faß gesteckt wird, das inwendig mit spitzen Nägeln beschlagen ist; und zwei weiße Pferde müssen vorgespannt werden, die sie Gasse auf und Gasse ab zu Tode schleifen.«[68]

Laeverenz weist darauf hin, dass die Bestrafung mit der Nageltonne in Gesetzestexten nicht erwähnt wird, aber auf das Schleifen bzw. der Bestrafung mit der

---

63 Vonessen: Gerechtigkeit und Gnade im Märchen, S. 300.

64 In ›Spiegelstrafen‹ deutet die Strafe selbst an, warum sie verhängt wird: Dieben wird die Hand abgehackt; ein Mörder wird enthauptet etc. Vgl. das biblische Rechtssprichwort »Aug' um Aug', Zahn um Zahn«.

65 Rölleke: Die Brüder Grimm und das Recht, S. 124.

66 KHM 9, 1857, Bd. 1, S. 53.

67 KHM 13, 1857, Bd. I, S. 75.

68 KHM 89, 1857, Bd. II, S. 19.

»eisernen Jungfrau« zurückgeführt werden kann.[69] Wenn auch keine expliziten Rechtsfälle bekannt sind, kann hier festgehalten werden, dass in beiden Märchen die Strafe in die Gegenwart des Hofstaats und der Geschädigten vollzogen wird und damit einen Strafprozess mit einem öffentlichen Vollstreckungsverfahren impliziert, da das Fass mit dem blutenden Körper den Berg in den Fluss hinab bzw. von Gasse zu Gasse gerollt wird. Es handelt sich hier um Gerechtigkeitsmärchen, die mit einem Prozess gegen die Verbrecher – in den meisten Fällen des Selbsturteils handelt es sich um Frauen – in spektakulären Hinrichtungen enden.[70]

Zu den historisch belegbaren Strafen im Märchen gehört die Vierteilung, in älteren Fassungen das Zerreißen des Delinquenten durch Pferde, in *Die zwei Brüder* durch Ochsen (KHM 60), in jüngeren das Zerhacken mit dem Beil, wozu auch die Enthauptung zu zählen ist.[71] Noch in der Carolina, Art. 124, ist die Vierteilung als Strafe für Majestätsbeleidigung, Hoch- und Landesverrat vorgesehen, was bedeutet, dass sie vornehmlich bei männlichen Verbrechern Anwendung fand. Auch das Hängen und am Galgen zur Schaustellen war den Männern zugedacht. Als typische rechtliche Frauenstrafe galt das Verbrennen von Hexen, wozu in den Märchen die bösen Stief- und Schwiegermütter zählten, da noch bis ins 18. Jahrhundert hinein Hexenverfolgungen und –verbrennungen stattfanden. Jessen betont allerdings, dass zauberische Menschenfresserei nicht mit der Todesstrafe, sondern mit Bußen belegt wurde.[72] Auch das lebendig Begraben war zumeist Frauen zugedacht. So wurde die Jungfrau Maleen, die sich weigerte, einen ungeliebten Mann zu heiraten, sieben Jahre von ihrem Vater für ihren Ungehorsam in einem Turm eingemauert (KHM 198). Problematischer ist das lebendig Begraben in *Die drei Schlangenblätter* (KHM 16), da es hier mit dem Gelübde der Königstochter verbunden ist, die geschworen hatte, nur den Mann zu heiraten, der sich nach ihrem Tode lebendig mit ihr begraben lassen würde. Eindeutiger dagegen ist das Spiegelurteil des Königs im selben Märchen, der die untreue Tochter zum Ertränken verurteilt, nachdem sie gemeinsam mit ihrem Liebhaber ihren Mann ins Wasser geworfen hatte.

Wie der Diskurs um Recht und Gerechtigkeit im Märchen zeigt, geht es zum einen um den Beweis, inwieweit die Grimms rechtshistorisch arbeiteten, das heißt, welche alten Rechtsvorstellungen, Rechtsnormen und Rechtsbräuche enthalten sind. Zum anderen wird argumentiert, inwieweit das Phantastische, Mythologische, auch das Zeichen- und Formelhafte eine Rolle spielt. Die vorliegende Untersuchung hat es sich zur Aufgabe gestellt, vor dem Hintergrund der bereits geleisteten Untersuchungen, an einigen wenigen Beispielen Aspekte herauszuarbeiten, die sich weniger mit kodifizierten Rechtsvorstellungen beschäftigen, sondern mehr mit Situationen, die durch unterschiedliche Perspektiven problematisiert wurden. Durch ihre Vielschichtigkeit entsteht damit Ambivalenz, die das Stereotype der Märchenfiguren hinterfragt und zeigt, wie Gegebenheiten inszeniert sind, um durch spektakulöse Aufführungen zu unterhalten und gleichzeitig zum Nachdenken anzuregen.

---

69 Laeverenz: Märchen und Recht, S. 103–105.

70 Jessen: Recht in den Kinder- und Hausmärchen, S. 185.

71 Laeverenz: Märchen und Recht, S. 86–88.

72 Jessen: Recht in den Kinder- und Hausmärchen, S. 145 und 153.

Recht, Sprache und Leidenschaft

Friederike von Schwerin-High

Die Rechtssprache zu und in August Wilhelm Schlegels metrischen Shakespeare-Übersetzungen

1. Einleitung: »um uns zur Unparteilichkeit zu nötigen, haben sie uns das Richteramt anvertraut«

Sehr juristisch und gleichzeitig poetisch und satirisch geht es in August Wilhelm Schlegels als Gerichtsverhandlung abgefasstem Aufsatz »Der Wettstreit der Sprachen« (1798) zu. Hier sind fast alle Begriffe, von »Poesie« über »Grammatik« bis »Deutschheit«, personifiziert und treten zusammen mit Muttersprachlern – Repräsentanten ihrer jeweiligen, mit den anderen wetteifernden Sprache – und als Beteiligte an einem Rechtsstreit auf. Die Sprachen haben ein Gerichtsverfahren eingeleitet, zu dem die beiden Personen Grammatik und Poesie als Richterinnen bestellt worden sind:

> *Grammatik*: Die alten und neuen Sprachen sind höchlich entrüstet: sie behaupten, Klopstock habe die Vorzüge der seinigen weit überschätzt und herabwürdigend von ihnen gesprochen.
> *Poesie*: Und da sollen wir den Streit schlichten. Wie schlau sie doch sind! Sie befürchten, wir möchten beide, aus alter Freundschaft, Klopstocks Sachwalterinnen werden; um uns zur Unparteilichkeit zu nötigen, haben sie uns das Richteramt anvertraut.[1]

Noch ehe die vielen Punkte der gegenseitigen Anklage der Sprachen überprüft werden können, tritt eine Art *dea ex machina* auf, nämlich die Grille, die unter Vorspiegelung falscher Tatsachen erzählt:

> Die Deutschheit, entrüstet über die ihr widerfahrene üble Begegnung, hat Himmel und Erde in Bewegung gesetzt, und das Gerücht von dem, was hier vorgeht, überall verbreitet. Nun sind alle in den grammatischen Gesprächen vorkommenden Personen und noch andere rege geworden; sie wollen anklagen, verteidigen, oder wenigstens als Zeugen auftreten. Sie sind zum Teil heftig untereinander entzweit, und wenn ihr nicht schnell aufbrecht, so werdet ihr diesen friedlichen Ort zum Schauplatze des allgemeinen Krieges werden sehen.[2]

Auf die zeitgenössische Philosophie anspielend, führt die Grille recht anschaulich aus: »Der Verstand und die Vernunft lagen einander in den Haaren: jener behauptete, er sei einerlei mit der Vernunft. Sie würden nur in der kantischen Philosophie unterschieden. Die Kunstwörterei, die sich für die Philosophie ausgab, trat hinzu

---

1 Schlegel: Der Wettstreit der Sprachen – Kritische Schriften und Briefe, Bd. 1, S. 219–259, hier S. 220.

2 Ebenda, S. 258.

https://doi.org/10.1515/9783110612073-014

und wollte sich den Ausspruch darüber anmaßen.«[3] Des Weiteren werden in der Darstellung der Grille auch noch Persönlichkeiten wie »Urteilskraft« und »Einbildungskraft« eingeführt, ebenfalls zerstritten, so wie die gleichermaßen entzweiten Figuren »Sprachgebrauch«, »Purismus« und »Ausländerei«: »Der Purismus wollte als Verteidiger auftreten. Die Ausländerei warf ihm vor, er sei ein Siebenschläfer, der nur alle halben [sic!] Jahrhunderte wach werde: zur Zeit der fruchtbringenden Gesellschaft, unter Gottsched und jetzt.«[4]

Schließlich stellt sich heraus, dass die Grille diesen ganzen fingierten Aufruhr nur beschrieben hat, um den Wettstreit der Sprachen friedlich beizulegen bzw. einfach ergebnislos abzubrechen. Dass bei dieser Gerichtsverhandlung kein Richterspruch erzielt werden könne, ist für den literarischen Kosmopoliten und Komparatisten Schlegel wohl ausgemacht und der springende Punkt.[5] *Drei* wichtige Teilurteile werden dennoch gefällt. Erstens: Die der deutschen Sprache von Klopstock zugeschriebene Schönheit hat im Grunde Klopstock selber durch seine Übersetzungen und Dichtungen erst in sie hineingebracht (er ist also unbedingt als Dichter, weniger uneingeschränkt jedoch als Richter, zu loben).[6] Zweitens: Scheint es laut der Anklagepunkte des Deutschen zunächst so, dass die deutsche Sprache sich durch ihre Bildbarkeit und außergewöhnliche Offenheit gegenüber allen anderen Sprachen auszeichnet (sie ist, um mit einem Ausdruck Lessings zu reden, stolzbescheiden oder, nach heutiger Parlance, stolz darauf nicht stolz zu sein), so ist diese vermeintliche Bildbarkeit aber schlussendlich keine speziell deutsche Eigenschaft, sondern die Eigenschaft jeder Sprache. Jede kann sich immer alles Mögliche anverwandeln, da man zwischen Natur und Naturalisierung gar nicht streng unterscheiden kann. Was nämlich von der Gemeinschaft der Sprecher als natürlich angesehen wird, ist oft Ergebnis althergebrachter oder auch neuerdings entstandener Konventionen.[7] Drittens: Dass die Grille heimlich den Vorsitz führte,[8] löst nicht nur eine kognitive Anpassung beim Leser aus, der bisher doch die Personen Grammatik und Poesie für die Richterinnen hielt, sondern deutet auch an, dass jede Sprache ihre Marotten und Idiosynkrasien hat, so wie sie eben auch, wie bereits von den Richte-

---

3 Ebenda.

4 Ebenda.

5 Siehe auch Kohl: Poetologische Metaphern. Formen und Funktionen in der deutschen Literatur, S. 583–589. Kohl hat eine sehr sorgfältige Analyse dieses Textes vorgelegt, in der sie aufzeigt, dass Schlegels Gespräch frühere Ansätze, die gern die europäische, die deutsche oder aber die antike Literatur als Leitschnur in den Mittelpunkt stellten, überwunden hat, indem er hier gerade die Figur der Poesie auf Universalismus und Inklusion insistieren lässt. Zudem ist Literaturtheorie in diesem Text literarisch-poetisch eingekleidet und auch humoristisch-ironisch gefärbt. Siehe ferner York-Gothart und Strobel (Hrsg.): Der Europäer August Wilhelm Schlegel: romantischer Kulturtransfer – romantische Wissenswelten, S. 4, zu Schlegels transkulturellen Bemühungen: »Es ist [...] August Wilhelm Schlegels Anliegen, auf die wechselseitige Beziehung nationaler Sprachen und Literaturen hinzuweisen und diese Korrelation zu intensivieren.«

6 Schlegel: Der Wettstreit der Sprachen – Kritische Schriften und Briefe, Bd. 1, S. 219–259, hier S. 246.

7 Ebenda.

8 Ebenda, S. 259.

rinnen Poesie und Grammatik dargelegt, sich universeller grammatischer und poetischer Grundausstattungen erfreut. Es ist sicherlich nicht unwichtig, dass dieser »Wettstreit« aus dem *Athenaeum* stammt – das selbst, wenn man so will, das Produkt eines Wettstreits war – und dort den prominenten und programmatischen Platz des allerersten Stücks im ersten Band einnimmt.

Im folgenden Beitrag wird untersucht, wie Schlegel auch dort Begriffe aus der Rechtssprache benutzt, wo es darum geht, zum einen Shakespeares Theaterkunst zu rechtfertigen und zum anderen, Schlegels eigener Forderung nach einer metrischen Übersetzung ins Deutsche Gewicht zu verleihen. Auffallend ist, wie weiter ausgeführt werden soll, dass Schlegel als Fürsprecher des Bühnenverses im Allgemeinen und insbesondere des Blankverses naturrechtlich argumentiert. In einem weiteren Schritt wird analysiert, wie Schlegel in einigen ausgesuchten Passagen in *Der Kaufmann von Venedig*, *Hamlet* und *Julius Caesar* die Shakespeare'sche Rechtssprache übersetzt und, – eigenen Übersetzungsmaximen folgend – getreulich nachformt, aber zugleich subtil umwandelt. Denn was er vom metrischen Dichter sagt, der genau genommen immer auch schon selber ein Übersetzer ist, da er »Gedanken und Ausdruck« in ein Silbenmaß übertragen muss, das gilt auch vom lyrischen Übersetzer. Diesem obliegt es, sich für eine bestimmte Formulierung zu entscheiden, die immer auch eine Verletzung bestimmter Ansprüche mit sich bringt, insbesondere dann, wenn man Schlegels eigener Argumentationslogik folgt, die das Kunstwerk als organisches Ganzes begreift, dessen Gänze und Komplexität einen Rechtsanspruch auf adäquate übersetzerische Darstellung besitzt: »[...] nicht selten bricht der geheime und anhaltende Zwiespalt zwischen Gedanken und Ausdruck auf der einen, Silbenmaß und Reim auf der anderen in so heftige Tätlichkeiten aus, dass [der Dichter], unvermögend die Rechte beider Parteien zu schonen, zu einem Machtspruch genötigt wird.«[9]

Geht es fomell um die möglichst genaue, gründliche und textgetreue Widergabe der jeweiligen sprachlichen (auch klanglichen, bildlichen und rhythmischen) Ausgestaltung des Inhalts, so geht es andererseits auch um die Rechte und vermeintlichen Wünsche der Leser. Die Leser Shakespeares beispielsweise »möchten sichs doch wohl der Abwechslung wegen gefallen lassen, zuweilen auf vaterländischem Boden im Schatten seiner Dichtungen auszuruhen, wenn [diese Dichtungen] sich nur ohne zu beträchtlichen Verlust an ihrem schönen Blätterschmuck dahin verpflanzen ließen«, so Schlegel in seinem Aufsatz »Etwas über William Shakespeare bei Gelegenheit Wilhelm Meisters« (1796).[10] Im gleichen Aufsatz greift Schlegel auf zahlreiche Grundgedanken zurück, die dem Rechtsdiskurs entstammen. Er spricht von den Rechten der Bühne,[11] den besonderen Gesetzen jeder Dichtart und den »Vorrechten der Dichtkunst.«[12] Auf Shakespeares Gestaltung seiner Figuren bezogen

---

9 Schlegel: Briefe über Poesie, Silbenmaß und Sprache – Kritische Schriften und Briefe, Bd. 1, S. 141–180, hier S. 142.

10 Schlegel: Etwas über William Shakespeare bei Gelegenheit Wilhelm Meisters – ebenda, S. 88–122, hier S. 100.

11 Ebenda, S. 96.

12 Ebenda, S. 111 und 108.

bemerkt Schlegel: »Jede seiner Personen hatte gleiche Rechte auf die Behauptung ihrer Eigentümlichkeit.«[13] Dieser Folgerung zugrunde legt Schlegel ein »allgemeines Recht der Menschen,«[14] das er mit den Ausdrucksvermögen innerer Würde in eins setzt. Des weiteren bezeichnet er den Versbau als eine »alte Gerechtsame der Dichter.«[15] Schon anhand der hier zitierten Beispiele wird deutlich, dass die ›Rechte‹ auf Eigenschaften und Besonderheiten verschiedener Medien und Genres sowie auch der unterschiedlichen Produktions- und Rezeptionspartner im literarischen Transferprozess besonders hervorgehoben werden.

2. »Gleiche Rechte auf die Behauptung ihrer Eigentümlichkeit«: Literatur, Recht und Naturrecht

Unter dem Buchtitel *Recht und Literatur* erschienen 2010 gleich zwei wissenschaftliche Studien.[16] Beide Abhandlungen setzen sich mit wechselseitigen Wahrnehmungen und interdisziplinären Bezügen zwischen Recht und Literatur auseinander. Trotz aller gegenseitigen Nähe und Bezugnahme von Recht und Literatur weist Thomas Weitin auf den enormen institutionellen Unterschied zwischen dem literarischen und dem juristischen Bereich hin. Dieser Unterschied sei, besonders vom heutigen Standpunkt aus gesehen, sowohl systematisch als auch historisch zu veranschlagen: »Er wirkt sich ohne Zweifel heute sehr viel gravierender aus als etwa im 18. Jahrhundert. Damals waren viele der auflagenstärksten Schriftsteller im Brotberuf Juristen, und die Literatur konnte als Leitmedium rechtspolitische Debatten bestimmen.«[17] Aber auch bei der damaligen vermeintlich größeren Nähe der beiden Sphären bleibt doch immer die Einschränkung, dass Literatur ihre ganz eigenen Gesetzmäßigkeiten hat, indem sie offen und vieldeutig bleiben darf, wohingegen in der Justiz ein rechtskräftiges Urteil gefällt werden muss, dass also beide grundsätzlich verschiedene Institutionen sind.[18]

Ähnlich geben die Herausgeber der anderen Studie gleichen Titels, Bernhard Greiner, Barbara Thums und Wolfgang Graf Vitzthum zu bedenken: »Überblickt man das Forschungsfeld ›Recht und Literatur‹ [...] so fällt auf, dass wirkliche Grenzüberschreitungen von einem Feld und von einer wissenschaftlichen Disziplin zur anderen selten zu verzeichnen sind.«[19] Es sei letzendlich am Leser, die beiden Argumentationsbereiche zusammenzuführen, zwischen ihnen hin und her zu laufen, und sie diskursiv ineinander zu überführen.[20] Da man Literatur und Recht also nicht unbedingt direkt aufeinander beziehen und erst recht nicht miteinander vertauschen kann, zieht man eine dritte Vergleichsgröße, sei es einen gemeinsamen Ursprung,

---

13 Ebenda, S. 104.
14 Ebenda, S. 103.
15 Ebenda, S. 116–117.
16 Weitin: Recht und Literatur; Greiner, Thums und Vitzthum (Hrsg.): Recht und Literatur.
17 Weitin: Recht und Literatur, S. 7.
18 Vgl. ebenda, S. 7–8.
19 Greiner, Thums und Vitzthum (Hrsg.): Recht und Literatur, S. 10.
20 Ebenda.

ein sonstiges Bindeglied oder eine Schnittmenge zu Rate. So gehören Autorschaft und geistiges Eigentum in beide Bereiche. In Beziehung gesetzt werden Literatur und Recht aber auch im Rahmen der Anthropologie, Kulturpsychologie, Diskursanalyse, Dekonstruktivismus oder der Hermeneutik; und so kann deutlich gemacht werden, wie die Versprachlichung und Wissensproduktion in beiden Bereichen funktioniert.

Weitin widmet der Aporie des ästhetischen Urteils besondere Aufmerksamkeit: »Als Urteilskraft wird das Vermögen bezeichnet, den Einzelfall mit dem allgemeinen Gesetz in Einklang zu bringen. Wie das funktioniert, das zeigen Literatur und Kunst ausgerechnet dort, wo man überhaupt keine Regeln erwartet – im Geschmacksurteil, das die ästhetische Theorie der literarischen Aufklärung im 18. Jahrhundert entscheidend bestimmt hat.«[21] Wenn es nach Kant keine allgemeine, objektiv zu bestimmende Geschmacksregel dafür gibt, was schön sei, bleibt die Frage, warum man sich so viel um Geschmack streitet. Ein Geschmacksurteil wird laut Kant immer so gefällt, als ob es objektiv wäre. Weitin kommt, sich auf Kant beziehend, zu dem Schluss, dass Geschmack etwas Soziales und keine Privatsache sei, sondern vielmehr darauf angelegt, von anderen geteilt zu werden. Für Schlegel stellte sich ebenfalls die Frage, ob es ein objektives Geschmacksurteil geben könne: Dieser Universalanspruch, der dem Gesetzesempfinden wie auch dem Schönheitsempfinden unterliegt, kann für Schlegel anthropologisch-entwicklungsgeschichtlich aufgeschlüsselt werden. Im Idealfall kennt ein »Kunstrichter« die Kunstregeln nicht nur seines eigenen Landstriches und Zeitalters, sondern auch anderer Orte und Zeiten. Jegliche, allen diesen gemeinsamen Kunstpraktiken weisen darauf hin, dass es etwas geben muss, das alle Kulturen schön finden, und das ist, laut Schlegel und auf die Literatur bezogen, das Vorhandensein metrischer Sprache, die man in jedweder Kultur aller Zeiten und Länder antreffen kann.

> So unstatthaft es ist, von der Allgemeinheit einer Meinung auf ihre Wahrheit zu schließen, wie man oft gewagt hat, so zuverlässig berechtigt uns die Allgemeinheit einer Sitte, ihr Gültigkeit für den Menschen zuzuschreiben, zu behaupten, sie gründe sich auf irgend ein körperliches oder geistiges Bedürfnis seiner Natur. [...] Was daher unter ganz entgegengesetzten Einwirkungen des Himmelstrichs und der Lebensweise, bei der abweichendsten Mannigfaltigkeit der Anlagen, und auf jeder Stufe ihrer Entwickelung immer wieder, dem Wesen nach unverändert, hervorgeht: wie könnte man das für zufällig erklären? Hieraus folgt unleugbar, dass der rhythmische Gang der Poesie dem Menschen nicht weniger natürlich ist als sie selbst.[22]

Auf diesen Zusammenhang zwischen poetischer Diktion und natürlichem Recht kommt Schlegel in vielen seiner Aufsätze immer wieder zu sprechen. Auch in »Etwas über William Shakespeare bei Gelegenheit Wilhelm Meisters« setzt er Naturrechte und Poesie in eins. Hierbei ist zu bemerken, dass die »Natur« des Menschen, d.h. seine natürlichen Neigungen zugleich auch als »innere Würde der Gesinnungen« angesehen wird. Aus dem Angeborenen leitet sich ein Recht ab: »jene [die

---

21 Weitin: Recht und Literatur, S. 37.

22 Schlegel: Briefe über Poesie, Silbenmaß und Sprache – Kritische Schriften und Briefe, Bd. 1, S. 141–180, hier S. 144.

innere Würde der Gesinnungen] ist ein allgemeines Recht der Menschen, der niedrigsten wie der höchsten: und so gilt bei Shakespeare die Rangordnung der Natur und der Sittlichkeit hierin mehr wie die bürgerliche.«[23] Gerade aber diese »Rangordnung der Natur« fand allerdings nun auch Eingang in *bürgerlichen* Gesetzestexten. So lautet der Paragraph 83 im *Allgemeinen Landrecht für die Preußischen Staaten*: »Die allgemeinen Rechte des Menschen gründen sich auf die natürliche Freyheit, sein eignes Wohl, ohne Kränkung der Rechte eines Andern, suchen und befördern zu können.«[24]

Über die Frage wie und weshalb das in vielerlei Kontexten sich ausdrückende, dezidierte Interesse am Naturrecht in der damaligen Zeit aufkam, gibt der von Otto Dann und Diethelm Kippel herausgegebene Band *Naturrecht – Spätaufklärung – Revolution* vielfältige Auskunft: Ursprünglich hatte man »das moderne Naturrecht entwickelt, um sowohl innerhalb als auch zwischen den einzelnen während der konfessionellen Kriege entstandenen Territorialstaaten dem Recht eine neue Grundlage zu geben. Herausgelöst hatte sich das Recht dann aus dem Zusammenhang theologischer Dogmatik durch die Schriften von Thomas Hobbes und Hugo Grotius.«[25] Der moderne Staat wurde nun auf der Grundannahme einer allen Menschen gemeinsamen Natur und nach dem Modell einer bürgerlichen Gesellschaft konzipiert, »die auf einem vertraglich geregelten Zusammenschluß freier und gleicher Rechtssubjekte beruhte.«[26] In der üblicherweise als Spätaufklärung bezeichneten zweiten Hälfte des 18. Jahrhunderts hatten sich naturrechtliche Anschauungen und Argumente in vielen verschiedenen Wissensgebieten auch über die Jurisprudenz hinaus verbreitet, so auch in der Ökonomie, der Sozialtheorie und der Pädagogik, wenn auch dann der Naturrechtsdiskurs mit der Ankunft der Revolution und dem Aufkommen der historischen Rechtsschule zurückgedrängt wurde.[27] Auch Harald Tausch verortet die Abschwächung der Naturrechtslehre im Aufkommen der historischen Schule, wenn er beispielsweise auf Savigny hinweist, der diese neue, auf die Geschichte sich gründende Denkrichtung vertrat. Ihre Vertreter legten den Schwerpunkt auf die historisch unterschiedlichen geltenden Rechte in den verschiedenen Kulturen auf der Grundlage der vermeintlich organischen Gewachsenheit der Rechtssysteme der einzelnen Völker. Auch Tausch erklärt, wie der juristische Diskurs um 1800 mit anderen, den Menschen in seinem Wesen betreffenden Fragestellungen verflochten wurde: »In all diesen Bereichen wirkte sich die Vorstellung aus, dass das positive, also das geltende Recht von einem anderen, einem mit der Rechtstradition brechenden, einem philosophisch-rational zu begründenden ›Naturrecht‹ her zu reformieren sei.«[28]

---

23 Schlegel: Etwas über William Shakespeare bei Gelegenheit Wilhelm Meisters – ebenda, Bd. 1, S. 88–122, hier S. 103.

24 Einleitung: Von den Gesetzen überhaupt – In: Allgemeines Landrecht für die Preußischen Staaten, S. 13.

25 Dann: Vorwort. – In: Dann und Klippel (Hrsg.): Naturrecht – Spätaufklärung – Revolution, S. 1.

26 Ebenda.

27 Ebenda, S. 2.

28 Tausch: Literatur um 1800: Klassisch-romantische Moderne, S. 197.

Wenn diese Reform auch in der Praxis oft nicht gelang, sondern sogar noch zu größeren Rechtsverletzungen führte, so wurde doch immerhin in der Theorie versucht, die Glückseligkeit des Einzelnen als Staatszweck rechtlich anzuerkennen. Gleichzeitig sollte verhindert werden, dass das Naturrecht als Recht des Stärkeren missverstanden und missbraucht wurde. Neben Thomas Hobbes' Gebot, den natürlichen Krieg aller gegen alle zu verhindern, und John Lockes Interesse an Vertragsrecht und Gewaltenteilung führt Tausch auch, über diese Gedanken hinausgehend und in unserem Zusammenhang hier besonders wichtig, Jean-Jacques Rousseau an mit der Frage, »wie das Befolgen des vom Naturrecht Gebotenen zu einer Angelegenheit der natürlichen inneren Stimme jedes Einzelnen werden könnte (*Du contrat social*, 1762).«[29] Diese innere Stimme weist Ähnlichkeiten auf mit Schlegels in seinem Shakespeare-Aufsatz entwickelten Gedanken, dass wir in Versen sprechen würden, wenn wir könnten, werden doch beide Szenarios als naturgegebene Grundgestimmtheit angesehen, mit der der Mensch von Anfang an ausgestattet ist: »Echte Poesie des Stils ist daher nichts anders, als die unmittelbarste, natürlichste Sprache, die wir nämlich reden würden, wenn unsre Natur sich immer von zufälligen Einschränkungen befreit, in ihrer ganzen Kraft und Fülle offenbarte; sie ist mehr die Sprache der Seelen als der Zungen.«[30]

3. Ihre natürlichen und gleichsam freiwilligen Silbenmaße: Recht, Sprache und Versmaß

Explizit mit Regelmäßigkeiten, also Gesetzmäßigkeiten der Metrik setzt sich die Abhandlung »Betrachtungen über Metrik« (2. Hälfte der 1790er Jahre) auseinander, die von Eduard Böcking postum aus Schlegels Nachlass veröffentlicht wurde. Darin heißt ein längerer Abschnitt »Über die Regeln des deutschen Jamben«. Hier trifft Schlegel ein generelles, positives Urteil zum Jambus im Deutschen: »Der Jambe soll bei weitem und noch weit mehr als im Griechischen der Hauptfuß sein; reine Jamben sind an sich betrachtet die schönsten – nur des Ausdrucks oder der Abwechslung wegen, oder um dem Dichter die Schwierigkeit zu erleichtern, soll die Einmischung der Nebenfüße erlaubt sein.«[31] Der Umstand, dass Schlegel hier weder den Jambus noch das Deutsche noch die deutsche Sprache als eine lyrische Sprache verabsolutieren will, tritt immer wieder klar zu Tage: »Ich habe nie behauptet, dass

---

[29] Ebenda, S. 198; zur natürlichen inneren Stimme siehe jedoch vor allem Rousseau: Emil oder über die Erziehung. 4. Buch, S. 585 : »Unsre erste Sorge gilt uns selbst, aber wie oft sagt uns unsre innere Stimme zu uns, daß wir übel tun, wenn wir auf Kosten anderer für unser Wohl sorgen! Wir glauben, dem Impuls der Natur zu folgen und widersetzen uns ihm: wir hören auf das, was sie unsren Sinnen sagt, wir mißachten, was sie unsrem Herzen sagt; das aktive Wesen gehorcht, das passive befiehlt. Das Gewissen ist die Stimme der Seele, die Leidenschaften sind die Stimme des Leibes.«

[30] Schlegel: Etwas über William Shakespeare bei Gelegenheit Wilhelm Meisters – Kritische Schriften und Briefe, Bd. 1, S. 88–122, hier S. 110.

[31] Schlegel: Betrachtungen über Metrik – Kritische Schriften und Briefe, Bd. 1, S. 181–218, hier S. 208.

unser Jambus an sich besser sei als der griechische, nur gestanden, dass er mir für unsere Sprache passender scheint.«[32] Einzig und allein betont Schlegel die Angemessenheit des Jambus, im Gegensatz zum Trimeter zum Beispiel, für die deutsche Poesie und missbilligt die Gewohnheit mancher zeitgenössischer deutscher Schriftsteller, metrische Figuren in die deutsche Sprache einführen zu wollen, die nach Schlegels Dafürhalten dieser nicht entsprechen:[33]

> Daß einige von Klopstocks Chören im Messias und einige von seinen Oden so ganz über alle Maßen mißraten sind, kommt gewiß nur von diesem, unserer Sprache unerträglichen Zwange. Am fremdesten, steifsten, unverständlichsten wirst du unter seinen Gedichten immer die finden, wo er ein starkes Übergewicht entweder von langen oder kurzen Silben hat erkünsteln wollen. Unsere Sprache wägt sie meistens gleich – sie leidet keine starken Abweichungen von einer oder der anderen Seite – daher sind auch Jamben und Trochäen ihre natürlichen und gleichsam freiwilligen Silbenmaße.[34]

Schlegel argumentiert hier auch wieder naturrechtlich: der deutschen Sprache sind diese Formen (Jamben und Trochäen) *natürlich* und die Sprache wählt sie sich *freiwillig*, es ist die naturgemäße und sozusagen willentliche Wahl dieser Sprache, sich in diesen poetischen Formen auszudrücken.

Da der fünfhebige Jambus für Schlegels eigene Shakespeareübersetzung und deren theoretische Begründung und Rechtfertigung eine so bedeutende Rolle spielt, soll den Betrachtungen Schlegels zu diesem Themenkreis hier noch einiger Raum gegeben werden: »Der fünffüßige Jambus, wie ihn Lessing, Goethe, Schiller, Klopstock selbst in gereimten oder reimlosen Gedichten gebraucht haben,« so erklärt Schlegel, »kann ganz ohne Abschnitt bestehen: der sechsfüßige ohne Abschnitt erschöpft den Odem allzu sehr.«[35] Dieses Urteil richtet sich gegen den zuvor vorherrschenden Hexameter und dessen besondere Spielart, den Alexandriner, und beansprucht wiederum für den Jambus eine größere Natürlichkeit. Um dieser Natürlichkeit ihr volles Recht zukommen lassen zu können, lehnt es Schlegel andererseits ab, die Regeln, so wichtig sie sind, mit allzu großer Strenge einhalten zu wollen, denn: »Die feinen Regeln dieser Versart hat noch kein Prosodiker entwickelt, sie liegen aber ziemlich bestimmt in der Praxis unserer guten Dichter.«[36] »Gegen die Leute, welche glaubten, in unseren Jamben müsse der Jambus der einzige Fuß sein, hatte Klopstock freilich gewonnenes Spiel«, gibt Schlegel zu bedenken, »denn dies ist weder schön noch möglich.«[37] Schlegel zeigt also, dass gerade in der Poetik,

---

32 Ebenda, S. 216.

33 Strobel: Schlegel als Übersetzer und Kulturkritiker – In: Strobel und Mix (Hrsg.): Der Europäer August Wilhelm Schlegel, S. 159–284, hier S. 170. Strobel beschreibt die Differenziertheit der Schlegel'schen Übersetzungskonzeption, da er einerseits »ausgerechnet ›die Entsprechung metrischer Formen‹« als Grundvoraussetzung wahrhaft poetischer Übersetzung ansah, andererseits aber »[v]or dem Versuch einer unbedingten ›Eindeutschung‹ fremder Metrik warnt.« Strobel weist somit auf die Grenzen des Übersetzungs- und Aneignungsoptimismus bei Schlegel hin.

34 Schlegel: Betrachtungen über Metrik – Kritische Schriften und Briefe, Bd. 1, S. 181–218, hier S. 209.

35 Ebenda, S. 218.

36 Ebenda.

37 Ebenda.

inklusive der Verslehre, Regeln keine unumstößlichen Gesetze sind, dass sich aber dennoch natürliche Gesetze aus dem Wesen einzelner Sprachen, und menschlicher Sprache überhaupt, sinnfällig und maßgeblich ableiten.

Diese intensive Beschäftigung bei Schlegel mit dem Zusammenhang zwischen (Natur-)Recht und Poesie wirft die Frage auf, inwiefern es ähnlich kontextualisierende Auseinandersetzungen bei anderen Theoretikern seiner Zeit, aber auch solchen unmittelbar davor und danach, gegeben hat. Unter den Zeitgenossen sind selbstverständlich hauptsächlich Klopstock, Herder und Moritz zu nennen.[38] Interessante Kontrastpunkte lassen sich zudem schlaglichtartig mit Lichtwer und mit Grimm erkennen, wenn es um die Triangulation von Recht, Literatur und Silbenmaß geht, also auch um Klangschönheit. Um die natürliche Vernunft des Menschen zu konstatieren und seine daraus abzuleitenden Vernunftrechte hervorzuheben, bediente sich Lichtwer der Versform. Er benutzte Hexameter und schrieb ein Werk mit dem Titel *Das Recht der Vernunft in fünf Büchern*. Lichtwer beginnt dieses Buch folgendermaßen: »Ich habe mich unterfangen, die wichtigsten Wahrheiten des Rechts der Natur und der Sittenlehre in der Sprache der Dichter vorzutragen. Der Beyfall der Leser wird die größte und einzige Belohnung seyn, die ich für meine Mühe erwarten kann.«[39] Lichtwer denkt Naturrecht und Dichtersprache bereits zusammen. Jedoch wird noch nicht behauptet, dass sie gewissermaßen ein und dasselbe sind. Vielmehr geht Lichtwer davon aus, dass die Natur die Vollkommenheit als ein Mittel benutzt, um die Vernunft auf das Gute kommen zu lassen; sie erkennt das Gute somit auch mit Hilfe der Ästhetik, des Schönheitssinns. Lichtwer macht insofern auch das Sinnliche geltend, das Gefallen finden am Schönen, geht aber noch nicht so weit, die Poesie selber als Naturrecht darzustellen. Im Grunde benutzt er die Metrik, um seine Ideen von den natürlichen *Pflichten* eingängiger und vergnüglicher zu machen.[40] Sein Lehrgedicht endet mit diesen Zeilen im fünften und letzten Teil:

> Hört Bürger der Natur! den Innhalt aller Pflicht:
> Lernt die Gerechtigkeit. Vergesset Gottes nicht.«[41]

---

[38] Hans Edwin Friedrich hat die anthropologischen Grundlagen der Versmaßlehren bei den maßgeblichen Metrik-Theoretikern ihrer Generation, Klopstock, Moritz, Herder und Schlegel herausgearbeitet und dabei eine bemerkenswert widersprüchliche Sachlage ermittelt: »Die anthropologische Wende hat zu dem paradoxen Resultat geführt, dass die ursprünglich selbstverständliche Verbindung von Silbenmaß und Poesie legitimationsbedürftig geworden ist. Schlegel begründet die Metrik, indem er eine Disposition zum Silbenmaß in der Poesie als anthropologische Universalie annimmt.« (S. 19). Siehe auch A. W. Schlegels eigene Äußerung hierzu: »Meine Absicht ist, dir darzutun, daß das Silbenmaß keineswegs ein äußerlicher Zierrat, sondern innig in das Wesen der Poesie verwebt ist, und daß sein verborgener Zauber an ihren Eindrücken auf uns weit größeren Anteil hat, als wir gewöhnlich glauben.« Schlegel: Briefe über Poesie, Silbenmaß und Sprache – Kritische Schriften und Briefe, Bd. 1, S. 141–180, hier S. 147.

[39] Lichtwer: Vorrede. – In: Lichtwer: Das Recht der Vernunft, Erstes Buch, S. [VII–VIII], hier: S. [VIII].

[40] Zu einer detaillierten Besprechung des Naturrechts bei Lichtwer siehe: Vollhardt: Naturrecht und »schöne Literatur« im 18. Jahrhundert – In: Dann und Klippel (Hrsg.): Naturrecht, Spätaufklärung, Revolution, S. 216–232.

[41] Lichtwer: Das Recht der Vernunft in fünf Büchern, Fünftes Buch, S. 127.

Bei Schlegel hingegen verknüpft sich das Ästhetisch-Ansprechende geradewegs mit dem Naturrechtsgedanken. Die Hypothese, dass alle Völker auf Vers und Metrik verfallen und er daher natur*gesetzliche* (und somit auch natur*rechtliche*) Merkmale besitzt, präsentiert Schlegel auch in dem Aufsatz »Briefe über Poesie, Silbenmaß und Sprache« (1795) immer wieder, zum Beispiel an dieser Stelle: »[...] nach einem natürlichen Gesetze der Organisation mußten sich die übrigen Gebährden, auch die Bewegungen der Stimme in ihrem Gange danach richten; und durch diese ungesuchte Übereinstimmung kam Takt in den wilden Jubelgesang [...]«.[42]

1815, einige Jahre nach Schlegels frühen Betrachtungen zur Metrik also, legt Jakob Grimm seinen großen Aufsatz »Von der Poesie im Recht« vor. Grimm gehört schon der historischen Rechtsschule an, der es nicht mehr primär um die allgemeine menschliche Natur, sondern spezifisch gewachsene Traditionszusammenhänge geht mit hauptsächlichem Bezug auf den germanischen Raum. Wenn Grimm zwar ebenfalls Beispiele aus dem Lateinischen, dem Griechischen, und auch den modernen Sprachen anführt, so richtet sich sein Augenmerk doch auf die deutsche Sprache. Er betont, dass auch die alte germanische Rechtssprache gebunden war. Deren etwaige Schönheit steht aber nicht mehr im Vordergrund. Statt dessen wird in § 5: »Beweis aus der poetischen form«[43] das Altväterliche und Gemütliche positiv verbucht. Zwar führt Grimm Recht und poetische Sprache auf gemeinsame Ursprünge zurück, betont aber interessanterweise eher Sicherheit und Ruhe, die die Poesie dem Recht vermittelt habe. Er gewinnt also der poetischen Form mit ihren vielen Doppelungen, Wiederholungen, Vergleichungen und Rhythmen einen eher praktischen Nutzen ab. Damit seien ein aufklärerischer Vorgänger und ein spätromantischer Nachfolger schlaglichtartig umrissen in Bezug auf die Postulierung unterschiedlicher Wechselwirkungen zwischen Recht und Poesie.

4. »We hold these truths to be self-evident«: Blankvers und Menschenrechtsdiskurs

»We hold these truths to be self-evident«, der wohl bekannteste Teilsatz aus der Unabhängigkeitserklärung der Vereinigten Staaten von Amerika, ist zugleich auch in einem perfekten Pentameter geschrieben. Er hebt an, die Gleichheit aller und ihre natürliche, unveräußerliche Ausstattung mit Freiheits- und Selbstbestimmungsrechten zu deklarieren. Es ist bemerkenswert, dass in vielen deutschen Dramen dieser Zeit das Naturrecht ebenfalls in Form von Blankversen diskutiert wurde.

Die vorherrschende zeitgenössische Beurteilung des Blankverses platzierte ihn auf halber Strecke zwischen einem übermäßig künstlichen und höfischen Versbau auf der einen Seite und einer natürlichen Ausdrucksweise auf der anderen Seite.[44]

---

[42] Schlegel: Briefe über Poesie, Silbenmaß und Sprache – Kritische Schriften und Briefe, Bd. 1, S. 141–180, hier S. 168.

[43] Grimm: Von der Poesie im Recht – Kleinere Schriften, Bd. 6, S. 152–191, hier S. 159–163.

[44] Ringger: Goethes Blankvers: Entstehungs- und Entwicklungsgeschichte, S. 23. Siehe allgemein auch Bräuer: Tonbewegung und Erscheinungsformen des sprachlichen Rhythmus: Profile des deutschen Blankverses; Haller: Studie über den deutschen Blankvers und Chisholm: Prosodische Aspekte des Blankversdramas.

Will man Ringgers Schlussfolgerung Glauben schenken, so war der Blankvers in der Lage, ein Symbol der Klassik zu werden, der »reinen Menschlichkeit«, weil er gleichzeitig kunstvoll und natürlich erschien. So ist es vielleicht auch nicht verwunderlich, dass vor allem in den drei ältesten bekannten Beispiele deutscher Blankversdramen, *Nathan der Weise*, *Don Carlos/Dom Karlos* und *Iphigenie auf Tauris,* Diskussionen über natürliche allgemeine Menschenrechte gerade in diesem Versmaß stattfinden. Schillers Freund, der Dramatiker und Theaterdirektor Wolfgang Heribert von Dalberg stellt im Vorwort zu seinem Schauspiel, *Der Mönch vom Carmel* (1786), das er, wie Lessing vor ihm, mit dem Untertitel und der Genre-Angabe »ein dramatisches Gedicht« unterschrieb, fest, dass die »Jamben« (Blankvers) der bestmögliche Mittelweg zwischen der von ihm als »ungleich« bezeichneten Prosa und den »eintönigen« gereimten Versen im hexametrischen Alexandriner seien.[45] In seiner Darstellung bezieht sich Dalberg auf Lessings *Nathan den Weisen* und die Schönheit seiner Verse, die sich von guten Schauspielern mit Leichtigkeit lesen ließen. Dalberg kommt bei der Arbeit an seinem eigenen Stück zu dem Schluss: »So lohnt es sich doch immerhin der Mühe, einen dramatischen Versuch in einem solchen einfach schönen, harmonisch reinen, der theatralischen Deklamation so angemessenen Sylbenmaße zu wagen.«

Das Thema der universellen Menschlichkeit hatte bereits den *Nathan* geprägt, ein Drama, das im Mai 1779 im Druck erschien (Uraufführung 1783) – Goethe arbeitete an der Prosafassung der *Iphigenie* in den Monaten Februar und März, am 6.4.1779 wurde sie am Weimarer Hof uraufgeführt. In Schillers später entstandenem *Dom Karlos* (1783–1787, 1787; später: *Don Carlos*) umarmt Marquis Posa als »Abgeordneter der ganzen Menschheit« den Dom Karlos und sagt zu ihm, die »letzte Hoffnung« stürze dahin, »wenn sein erhabnes Herz / Vergessen hat für Menschlichkeit zu schlagen.« (I,2) Domingo erklärt Alba, was er über Karlos wissen muss: »[...] sein Kopf entbrennt von einer seltsamen / Chimäre – er verehrt den Menschen« (II,12); und mit Vorahnungen des eigenen kommenden Todes fleht Marquis Posa die Königin an: »Und sagen Sie ihm, daß / ich Menschenglück auf seine Seele lege, / daß ich es sterbend von ihm fordre – fordre / und sehr dazu berechtigt war. [...]« (IV,24).[46] Glück des Menschen wird in diesem Drama als das Glück der anderen angesprochen, von Personen also, die mit unterschiedlichen Werten und Zielen weit entfernt ihr Dasein haben. Diese Universalisierung der Idee der Menschheit findet sich auch in *Iphigenie*, wo sie, wie in *Dom Karlos*, den Bereich des Nicht-Göttlichen bezeichnet. Für Domingo in *Dom Karlos* markiert Karlos' neuer Gegenstand der Anbetung einen Bruch mit den gottesbezogenen Postulaten der katholischen Kirche.

In Goethes *Iphigenie auf Tauris* wird ebenfalls ein religiöser Mythos ›humanisiert‹: die Wiedervereinigung mit der Schwester, die dem Orakel zufolge für das Ende des Fluches erforderlich ist, ist nicht, wie sich herausstellt, die Mitnahme der Statue der Göttin Diana aus Tauris, sondern die Abreise der jungen Frau aus Fleisch

---

45 Dalberg: Der Mönch vom Carmel. Ein dramatisches Gedicht, Vorrede, hier S. X.

46 Schiller: Dom Karlos [Erstausgabe 1787] – Werke, Nationalausgabe, Bd. 6, S. 16, S. 124, S. 269.

und Blut, Iphigenie. In Goethes Schauspiel enthält der Begriff der Menschheit auch die Ebenbürtigkeit beider Geschlechter und aller Ethnien. Iphigenie stellt fest: »Ich bin so frei geboren als ein Mann« (1858)[47] und bespricht das Allgemein-Menschliche mit Thoas:

> *Thoas.*
> Du glaubst, es höre
> Der rohe Scythe, der Barbar, die Stimme
> Der Wahrheit und der Menschlichkeit, die Atreus,
> Der Grieche, nicht vernahm?
> *Iphigenie.*
> Es hört sie jeder,
> Geboren unter jedem Himmel, dem
> Des Lebens Quelle durch den Busen rein
> Und ungehindert fließt.– [...][48]

Das Menschliche konnotiert fernerhin die Freuden und Wirrungen der universellen Vernetzung, wie Pylades Iphigenie zu erinnern sucht: »So wunderbar ist dieß Geschlecht gebildet, / So vielfach ist's verschlungen und verknüpft, / Dass keiner in sich selbst, noch mit den andern / Sich rein und unverworren halten kann.«[49]

Auch wenn Schlegel sich bekanntlich zu verschiedenen Zeiten in seinem Leben unterschiedlich zu der Qualität der Goethe'schen und Schiller'schen Bühnenverse geäußert hat, so gibt es doch immerhin auch diese anerkennende Stellungnahme: »Aber sage mir im Ernst, ist Dir denn jemals Goethe's Iphigenie, etwa von Carolinen vorgelesen, monotonisch vorgekommen?«[50]

5. »Der Doge kann des Rechtes Lauf nicht hemmen«: Rechtssprache und Rechtsprobleme bei (Schlegels) Shakespeare:

Wenn Schlegel den Shakespeare'schen *dramatis personae* Freiheit, Gleichheit und Eigentümlichkeit zuerkennt,[51] dann ist diese Zuweisung auch dem allgemeinen Diskurs seiner Zeit geschuldet. Ähnliches gilt für Schlegels Konzeption des Textes als eines organischen Ganzen, der ganzheitlich nachgebildet werden muss, um die Rechte seiner Eigenheit zu wahren.[52] »Sechzehn Dramen Shakespeares, von Schlegel übertragen, erschienen in den Jahren 1797 bis 1801 in Berlin bei Johann Fried-

---

47 Goethe: Werke (Weimarer Ausgabe), Abt. I, S. 81 (I, 10).

48 Ebenda, S. 84–85.

49 Ebenda, S. 72.

50 Schlegel: Betrachtungen über Metrik – Kritische Schriften und Briefe, Bd. 1, S. 181–218, hier S. 218.

51 Schlegel: Etwas über William Shakespeare bei Gelegenheit Wilhelm Meisters – ebenda, S. 88–122, hier S. 104.

52 Ebenda, S. 96: »[...] so mögen die eigensinnigen Leute (worunter ich bekennen muß, mitzugehören), die ihren Dichter durchaus so verlangen, wie er ist, wie sich Verliebte die Somersprossen ihrer Schönen nicht wollen nehmen lassen, sich damit zufriedenstellen, dass ihnen der Originalkodex nicht genommen werden soll noch kann.«

rich Unger«[53], darunter auch *Der Kaufmann von Venedig*, *Hamlet* und *Julius Caesar*. Wir wenden uns dem Rechtsstreit im *Kaufmann von Venedig* zu. Shylock besteht auf seinem Recht, dass der über das Fleischpfand abgeschlossene Vertrag, so unmenschlich er auch sei, eingehalten werde. Er führt hier die grausame, aber rechtlich zugelassene Sklaverei ins Feld, um den Unterschied zwischen moralischem Rechtsempfinden und geltendem Recht herauszuarbeiten:

Shylock.	
Welch Urteil soll ich scheun, tu ich kein Unrecht?	*Shy*. What judgment shall I dread, doing no wrong?
Ihr habt viel feiler Sklaven unter Euch,	You have among you many a purchas'd slave,
Die Ihr wie Eure Esel, Hund' und Maultier'	Which like your asses and your dogs and mules,
In sklavischem, verworfnem Dienst gebraucht,	You use in abject and in slavish parts
Weil Ihr sie kauftet. Sag ich nun zu Euch –	Because you bought them. Shall I say to you,
Laßt sie doch frei, vermählt sie Euren Erben;	»Let them be free! Marry them to your heirs!
Was plagt Ihr sie mit Lasten? laßt ihr Bett	Why sweat they under burthens? Let their beds
So weich als Eures sein, labt ihren Gaum'	Be made as soft as yours, and let their palates
Mit eben solchen Speisen. – Ihr antwortet:	Be season'd with such viands«? You will answer,
Die Sklaven sind ja unser; und so geb ich	»The slaves are ours.« So do I answer you.
Zur Antwort: das Pfund Fleisch, das ich verlange,	The pound of flesh which I demand of him
Ist teur gekauft, ist mein, und ich will's haben.	Is dearly bought as mine, and I will have it.
Wenn Ihr versagt, pfui über Eur Gesetz!	If you deny me, fie upon your law!
So hat das Recht Venedigs keine Kraft.	There is no force in the decrees of Venice.
Ich wart auf Spruch; antwortet: soll ich's haben?	I stand for judgment. Answer, shall I have it?
(IV/1, 90–105)	(IV/1, 89–103, S. 275–276)

Schlegel benutzt mehrere Abtönungspartikeln (nun, doch, ja) die den Text dadurch im Deutschen auch mündlicher erscheinen lassen und außerdem helfen, aus Trochäen Jamben zu machen. In seiner Version von Shylocks Rede übersetzt er einmal *judgment* als »Urteil« und einmal als »Spruch«. Auch für Antonio, Shylocks Schuldner, steht fest, dass die Vertragsrechte nicht ausgehöhlt werden dürfen, obwohl Antonio in Gefahr ist, sein eigenes Leben verpfändet zu haben:

Solanio.	[*Sol.*]
Gewiß, der Doge	I am sure the Duke
Gibt nimmer zu, dass diese Buße gilt.	Will never grant this forfeiture to hold.
Antonio.	*Ant.*
Der Doge kann des Rechtes Lauf nicht hemmen;	The Duke cannot deny the course of law;
Denn die Bequemlichkeit, die Fremde finden	For the commodity that strangers have
Hier in Venedig, wenn man sie versagt,	With us in Venice, if it be denied,
Setzt die Gerechtigkeit des Staats herab,	Will much impeach the justice of the state,
Weil der Gewinn und Handel dieser Stadt	Since that the trade and profit of the city
Beruht auf allen Völkern. Gehn wir denn!	Consisteth of all nations. Therefore go.
(III/3, 24–31)	(III/3, 24–31)

Da Venedig eine Handelsstadt ist, zeigt sich das Vertragsrecht als besonders hervorgehoben und geschützt. Der Vertrag lautete ein Pfund Fleisch gegen die Darlehensgewährung. Antonio erkennt und erklärt, dass von den Vertragsbedingungen nicht

---

53 Bernays: Entstehungsgeschichte, S. 4. Schlegels Übersetzungen werden nach dieser Ausgabe zitiert (Bd. 2: Julius Caesar; Bd. 3: Hamlet, Bd. 4: Der Kaufmann von Venedig) mit Angabe von Akt, Szene und Vers. Shakespeares Text wird zitiert nach: The Riverside Shakespeare.

abgewichen werden darf, da dies das Gesetz und damit die Handelsgesetze Venedigs und seinen Status als internationale Freihandelszone aufs Spiel setzen würde. Schlegel hat hier »the trade and profit« mit »Gewinn und Handel« übersetzt, also die semantische Reihenfolge umgekehrt, dafür aber die Metrik eng am Original orientiert. Die übrigen Elemente dieser Rede sind wieder bemerkenswert ähnlich.

Kommen wir als nächstes Beispiel rechtlicher Sprache auf *Hamlet* zu sprechen. In seinem Kapitel über *Hamlet* betont Zurcher insbesondere die Verbindung zwischen Strafrecht und Theater. Ein Mensch, der Leidenschaft, Rachegefühle oder Wahnsinn erlebt, ist laut Zurchers Ausführungen in sich gespalten. Er spielt in dem zur Debatte stehenden Augenblick eine Rolle und ist nicht mehr er selber. Auch strafbare bzw. gewalttätige Handlungen fallen in diese Kategorie, so dass hier Theater, die Leidenschaften und das Strafrecht auch psychologisch gesehen zusammen kommen.[54] Es verwundert daher wohl nicht, dass Hamlet sich des Theaters (Theater im Theater) in der Hoffnung bedient, die Schuld seines Stiefvaters und Onkels, Claudius, feststellen zu können. Es soll Claudius ein ähnlicher Strafbestand theatralisch vorgespielt werden, wie Claudius ihn selber, wenn Hamlets Verdacht stimmt, in Szene gesetzt hat.

Ich hab gehört, dass schuldige Geschöpfe,	[...] Hum – I have heard
Bei einem Schauspiel sitzend, durch die Kunst	That guilty creatures sitting at a play
Der Bühne so getroffen worden sind	Have by the very cunning of the scene
Im innersten Gemüt, dass sie sogleich	Been struck so to the soul, that presently
Zu ihren Missetaten sich bekannt,	They have proclaim'd their malefactions:
Denn Mord, hat er schon keine Zunge, spricht	For murther, though it have no tongue, will speak
Mit wundervollen Stimmen. Sie sollen was	With most miraculous organ. I'll have these players
Wie die Ermordung meines Vaters spielen	Play something like the murder of my father
Vor meinem Oheim: ich will seine Blicke	Before mine uncle: I'll observe his looks;
Beachten, will ihn bis ins Leben prüfen;	I'll tent him to the quick. If a do blench,
Stutzt er, so weiß ich meinen Weg. [...]	I know my course. [...]
[...] Das Schauspiel sei die Schlinge,	[...] the play 's the thing
In die den König sein Gewissen bringe.	Wherein I'll catch the conscience of the king.
(II/2, 551–561; 566-67)	(II/2, 588–598; 604–605)

Das Theater ist hier ein effektives Mittel bei der Beweisaufnahme und Beweisführung, zuverlässiger als der Geist Vater Hamlets, auf dessen Wirklichkeit und Redlichkeit nicht recht Verlass ist. Wieder zeigt Schlegels Übersetzung einen hohen Grad an Übereinstimmung mit dem Originaltext. Zwar ersetzt Schlegel die Wortwiederholung *murder* durch die Wortvariation »Mord« und »Ermordung« (so wie vorher schon im *Kaufmann von Venedig* »Urteil« und »Spruch« für *judgment*), andererseits ist aber ein Reimpaar am Schluss des unwillkürlichen Schuldbekenntnisses des Straffälligen durch den Besuch eines Schauspiels erhalten und die Reihung der verschiedenen Bedeutungsfelder ist erfolgreich nachgebildet.

Interessant ist in Schlegels *Julius Caesar*, dass sich in den Leichenreden von Brutus und Mark Antonius der Begriff der Öffentlichkeit subtil verändert hat. Bei Shakespeare verspricht Brutus: »And public reasons shall be rendered / Of Caesar's death.« Es geht darum, den Mord an Cäsar als eine staatsrechtliche Angelegenheit

---

[54] Zurcher: Shakespeare and Law, S. 205–208.

zu veranschaulichen. Schon vorher hatte Brutus zu verstehen gegeben: »We are purgers, not murderers.« Schlegel lässt ihn sagen: »Wir wollen öffentlich die Gründ' erklären / für Caesar's Tod.« Damit ist das Adjektiv *public* zu dem Adverb »öffentlich« geworden; und aus dem Passiv ist ein personalisiertes Aktiv geworden. Wenig später erscheint das Wort *public* wieder, und zwar als Mark Antonius sich in der folgenden Rede bedankt, öffentlich sprechen zu dürfen:

Ich bin kein Redner, wie es Brutus ist, Nur wie ihr alle wißt, ein schlichter Mann Dem Freund ergeben, und das wußten die Gar wohl, die mir gestattet, hier zu reden. (III/2, 210–213)	I am no orator, as Brutus is; But (as you know me all) a plain blunt man That love my friend, and that they know full well That gave me public leave to speak of him. (III/2, 217–220)

In diesem Fall hat Schlegel das Wort *public*, das »öffentlich« bedeutet und auch staatsrechtliche Konnotationen besitzt, ausgelassen, obwohl seine Wortauswahl »hier« (nämlich auf der Rednertribüne des Forum Romanum) deutlich genug auf den Öffentlichkeitsaspekt hinweist. Alles in allem lässt sich feststellen, dass Schlegel – wie es seinen eigenen Metriktheorien entspricht – dem Rhythmus große Bedeutung beimisst, wenn er auch des öfteren männliche Zeilenausgänge mit weiblichen übersetzt. Insgesamt gelingt es ihm, fast alle wichtigen rechtlichen Bedeutungsfelder beizubehalten und auch der Metrik eindrucksvoll Rechnung zu tragen, also »zwischen Gedanken und Ausdruck auf der einen, Silbenmaß und Reim auf der anderen Seite« effektiv zu vermitteln[55].

6. »alles uns bekannte Schöne der Poesie«: Schlegel als Kunstrichter und Kritiker

Als Übersetzer, Komparatist und als der Kosmopolit und Universalist, als der er immer wieder beschrieben wird,[56] besaß Schlegel eine besonders stark ausgeprägte Überzeugung von der Gleichberechtigung der unterschiedlichsten literarischen Formen und von der Notwendigkeit eines fundierten und unparteiischen Urteils. Er brachte hierfür die entsprechende Schulung und Ausrüstung mit, die sowohl durch seine Studien und seine frühe Mitarbeit an den *Göttinger Gelehrten Anzeigen* und der *Jenaer Allgemeine Literatur-Zeitung* als auch seine Zusammenarbeit mit Schiller an

---

[55] Schlegel: Briefe über Poesie, Silbenmaß und Sprache – Kritische Schriften und Briefe, Bd. 1, S. 141–180, hier S. 142.

[56] Paulin: The Life of August Wilhelm Schlegel; siehe auch Andrea Albrecht: Kosmopolitismus: Weltbürgerdiskurse in Literatur, Philosophie und Publizistik um 1800, S. 299–300 zum Kosmopolitismus bei August W. Schlegel; Mix und Strobel (Hrsg.): Der Europäer August Wilhelm Schlegel: Romantischer Kulturtransfer – Romantische Wissenswelten, S. 6: »Die Romantik war wesentlich beteiligt an einem Paradigmawechsel um 1800, in dem sich Einbildungskraft und Phantasie den systematischen Mitteln der Vernunft und des Verstandes an die Seite stellten und in einen durchaus spannungsvollen Prozess der Wechselwirkung traten« und ebenda, S. 8: »August Wilhelm Schlegel und Germaine de Staël wurden [...] in jeder Hinsicht als exemplarische Vermittlerfiguren kultureller Alterität wahrgenommen.«

den *Horen* weiter gefördert wurde.[57] Wie Paulin schreibt, war Schlegels Rezensentenfeder nichts zu groß und nichts zu klein, nichts zu bekannt und nichts zu unbekannt.

Dass ein Kunstrichter Expertenwissen benötigte, um literarische Werke maßgeblich bewerten zu können, und dass demzufolge wahre Kritiker eine große Seltenheit sind, erkennt schon Sulzer in seinem Eintrag zum »Kunstrichter« an:

> Wenn man bedenkt, wie viel Talente und Kenntnisse zu einem wahren Kunstrichter gehören, so wird man leicht begreifen, daß er eben so selten als ein guter Künstler seyn müsse. [...] so läßt sich begreifen, dass ein zur Kunst geborenes Genie, (und ein solches muß der Kunstrichter seyn) das sich selbst mit der Ausübung nicht beschäftigt, in gar vielen zur Kunst gehörigen Dingen, noch weiter sehen muß, als der Künstler selbst.[58]

Ebenso deutlich wie Sulzer tadelt, dass die Tätigkeit des Kunstrichters hauptsächlich zu einer »Modewissenschaft« ohne fundierte Kenntnisse geworden sei, rügt Schlegel die *Parteilichkeit* der Kunstrichter:

> Eben deswegen haben ja viele Kunstrichter ein so enges Regelgebäude errichtet, weil sie nur die Werke ihres eignen Volkes und zwar im Zeitalter der künstlichen Bildung vor Augen hatten; weil sie sich nie bis zur Weltgeschichte der Phantasie und des Gefühls erhoben. Welch ein weiter Horizont ist es, der alles uns bekannte Schöne der Poesie, was jemahls irgendwo unter den Menschen erschien, in sich faßt![59]

In seinen Vorlesungen über dramatische Kunst und Literatur hat Schlegel die Titelfiguren der drei hier als Beispiele angeführten Stücke Shakespeares analysiert und ihnen eine Art von ausgleichender Gerechtigkeit widerfahren lassen. Shylock verteidigt er trotz seiner Unbarmherzigkeit als Denker und Verfolgten.[60] Und Hamlet sieht er mit größerer Strenge an, als die deutsche Tradition, will sagen Goethe, ihn sehen wollte.[61] Das großspurige Reden des Julius Caesar rechtfertigt Schlegel mit

---

57 Paulin: The Life of August Wilhelm Schlegel, S. 74 gibt eine sehr gute Beschreibung dessen, wie Schlegel Schillers *Horen* benutze, um sein eigenes Interesse an Form und Metrik, an Shakespeare und Shakespeareübersetzungen zu zementieren. Paulin nennt Schlegels Aufsatz »Etwas über William Shakespeare bey Gelegenheit Wilhelm Meisters« eine Darstellung seiner Übersetzungsprinzipien und »Über Shakespeare's Romeo und Julia« ein Musterbeispiel literarischer Kritik und erwähnt auch die langen Auszüge aus und Proben von Schlegels eigenen Shakespeareübersetzungen. So halfen, kann man sagen, Herausgeber und Beitragender sich gegenseitig bei der Beförderung ihres Hervortretens als zentrale Literaten und Literaturkritiker.

58 Kunstrichter. – Sulzer: Allgemeine Theorie der schönen Künste, Bd. 2, S. 632 und 633.

59 Schlegel: Briefe über Poesie, Silbenmaß und Sprache – Kritische Schriften und Briefe, Bd. 1, S. 141–180, hier S. 147.

60 Schlegel: Vorlesungen über dramatische Kunst und Literatur. Zweiter Teil – Kritische Schriften und Briefe, Bd. 6, S. 154.

61 Schlegel verzeichnet zudem den seltsamen Widerspruch, dass der Geist Vater Hamlets zwar zumindest zeitweise als tatsächlich wiedergekehrt angesehen wird, der Sohn aber in seinem berühmten Monolog doch sagt, aus dem Reich der Toten sei noch keiner zurückgekehrt, um Zeugnis abzulegen. Schlegel interpretiert diesen Widerspruch als eine treffende Charakterisierung der Irrgänge in Hamlets Denken – ebenda, S. 170.

theatertechnischen und zeitökonomischen Gesichtspunkten.[62] So gesteht er jeder Figur die Rechte zu, die er auch Shakespeare bei ihrer Erschaffung attestiert hatte. Ja, die Inklusivität, die Katrin Kohl in Schlegels Konzeption der Kunstfigur »Poesie« nachgewiesen hat, ist auch bei Schlegel selber als Richter poetischer Erzeugnisse vieler Sprachen ein hervorstechendes Merkmal. Und ist Kritik nicht, um mit Sulzer zu argumentieren, gesteigerte Poesie und zudem, um mit Pirholt zu argumentieren,[63] das wesentliche Attribut der Romantik?

Haben wir uns eingangs auf eine Metaebene begeben, um zu zeigen, wie Schlegel den kantischen Gedanken des Geschmacksurteils weiterdenkt (indem Schlegel zwischen der Unzuverlässigkeit von Meinungen und der Zuverlässigkeit allgemeiner menschlicher Praktiken bei der Erkennung und Beurteilung des Schönen unterscheidet),[64] so begeben wir uns zum Schluss noch einmal auf eine Metaebene: die der Disposition dazu, den Richter wiederum zu richten. So sehr Schlegel wohl bemüht war, ein »korrekter« Kritiker zu sein (so wie er auch Shakespeare als einen »korrekten« Dichter lobte[65] und seinerseits von Bernays und Paulin für seine Korrektheit Anerkennung findet),[66] so sehr musste er es sich gefallen lassen und hat es später, in der Vorrede zu seinen kritischen Schriften, selber thematisiert, dass er als Richter selber wiederum gerichtet wurde. Und zwar, so drückt Schlegel es drastisch und überspitzt aus, wurde er zum Mörder an Säuglingen so wie Rufmörder von Altehrwürdigen erklärt.[67]

Dessen ungeachtet lässt sich argumentieren, dass Schlegel bezüglich seiner Shakespeare-Auffassung und -Darstellung Fragestellungen angeschnitten und teilweise vorweggenommen hat – zumindest innerhalb der ästhetisch-poetologischen Sphäre –, die auch heute noch aktuell sind. Diese naturrechtlichen und »kunstrichter-

---

62 Ebenda, S. 180 .

63 Pirholt: Metamimesis.

64 Vgl. beispielsweise Schlegel: Der Wettstreit der Sprachen – Kritische Schriften und Briefe, Bd. 1, S. 219–259, hier S. 227f., wo mit der »Poesie« darüber gestritten wird, ob sich über den Geschmack und den Wohlklang der Sprachen streiten lässt oder nicht.

65 Schlegel: Vorlesungen über dramatische Kunst und Literatur. Zweiter Teil – Kritische Schriften und Briefe, Bd. 6, S. 144.

66 So schreibt Paulin zur Korrektheit August Wilhelm Schlegels als Kritiker: »Why not encourage a young man, a ›junger Ahr‹ indeed, with poetic talent, a good ear for rhyme, a sense of metre, and a head full of classical and mythological loci? None of these qualities alone, not even their totality, necessarily makes a good poet. No-one was ever going to call Schlegel that; a competent one perhaps, a correct one, a learned one – these are the qualities that spring to mind. They are also useful ones for the translator, who needs to rise above the limited store of his own poetic inspiration. Although he did not yet know it, this was to be his forte.« Paulin: The Life of August Wilhelm Schlegel, S. 41. Für Bernays vermag Korrektheit wiederum in Kreativität umzuschlagen: »Denn man weiß es ja, Schlegel hat seinem Shakespeare eine Sprache geliehen, die mit dem Stempel selbständiger Originalität bezeichnet ist; er hat dieser Sprache freie, ungezwungene Bewegung mitzutheilen und sie, mit sicherer Kraft, in edlem künstlerischem Gleichmaß zu halten vermocht«. Bernays: Zur Entstehungsgeschichte des Schlegelschen Shakespeare, S. 11–12. Siehe auch Edgar Lohner: Vorwort. – In: Schlegel: Kritische Schriften und Briefe, Bd. 1, S 5–7, hier S. 6, wo Lohner Schlegels Schriften »die klare Ordnung ihrer Sprache, die Universalität des Geistes, die aus ihnen spricht« attestiert.

67 Schlegel: Vorrede zu den kritischen Schriften [1828] – ebenda, S. 11–19, hier: S. 11 und 15.

lichen« Themenkreise lassen sich folgendermaßen umreißen: Erstens: die Zusammenführung des objektiven mit dem subjektiven Geschmacksurteil durch eine anthropologische Deutung des menschlichen Sinnes für Versdichtung[68]; zweitens: das Auffinden vorbildlicher Gestaltung von Gleichheit und Freiheit in den Figuren Shakespeares und drittens: die gegenseitige Durchdringung unantastbarer Würde und unveräußerlicher Redefreiheit, die sich für Schlegel in den Shakespeare'schen Dramenpersonen und deren Versen ausdrückt.[69]

---

68 »So unstatthaft es ist, von der Allgemeinheit einer Meinung auf ihre Wahrheit zu schließen, wie man oft gewagt hat, so zuverlässig berechtigt uns die Allgemeinheit einer Sitte, ihr Gültigkeit für den Menschen zuzuschreiben, zu behaupten, sie gründe sich auf irgend ein körperliches oder geistiges Bedürfnis seiner Natur. Streng genommen ist überhaupt nichts im menschlichen Tun willkürlich, auch das nicht, woran sich keine Spur von Absicht wahrnehmen läßt.« Schlegel: Briefe über Poesie, Silbenmaß und Sprache – Kritische Schriften und Briefe, Bd. 1, S. 141–180, hier S. 144.

69 Dann und Klippel stellen fest, dass »man sich gerade in großen Krisensituationen, also in der deutschen Nachkriegsgeschichte, wieder auf das Naturrecht berufen hat.« (Naturrecht, Spätaufklärung, Revolution, S. 3). Wie Kommers und Krotoszynski ausführlich dargestellt haben, sind zwei sehr unterschiedliche Seiten und Prioritäten innerhalb einer ähnlichen, sich von den Ideen der Aufklärung herschreibenden Grundrechtstradition in der amerikanischen Verfassung und dem deutschen Grundgesetz hervorgetreten: unantastbare Menschenwürde (Grundgesetz Art. 1), ein Begriff der erst nach dem ZweitenWeltkrieg Eingang in nationale Verfassungen fand, und unveräußerliche Redefreiheit (Grundgesetz Art. 5, Amerikanische Verfassung, 1. Amendment). Zur Spannung zwischen diesen beiden Gütern siehe Kommers: The Basic Law: A Fifty Year Assessment und Krotoszynski: A Comparative Perspective on the First Amendment.

Jan Wittmann

Urteil und Leidenschaft im »Zerbrochnen Krug«: Kleists Dorfrichter Adam im Lichte des zeitgenössischen Richterbildes

Die Reform des deutschen Strafprozesses, die um 1800 einsetzt und insbesondere von der Umstellung vom ausschließlich schriftlich geführten Aktenprozess auf eine mündliche und öffentliche Verfahrensform markiert ist,[1] wird von einem Diskurs ausgelöst und begleitet, der sich im Kern um die Frage dreht, auf welcher Wissensgrundlage von wem ein gerechtes Urteil gesprochen werden kann. Es geht also um die Anforderungen, die zum einen an den ermittelnden und urteilenden Richter und zum anderen an Beweise, Indizien und Zeugenaussagen gestellt werden. Hierbei wird nicht nur diskutiert, ob es »billig sey, daß Gelehrte die Criminalurtheile sprechen«[2], mit welchem juristischen Sachverstand also geurteilt werden sollte, sondern ebenso problematisiert, dass der Ermessensspielraum des Richters Gefahr laufe, sich gegenüber sachfremden, emotional motivierten Erwägungen zu öffnen. Dieser Bereich des richterlichen Auslegens, Interpretierens und Schlussfolgerns ergibt sich gerade aus der Erkenntnis, das man sich vor dem Hintergrund noch nicht entwickelter kriminalistischer Ermittlungstechniken »der Nothwendigkeit nicht entheben [könne], den Richter vor lauter Wahrscheinlichkeiten handeln zu lassen.«[3] Beide Debatten, die den Strafrechtsdiskurs im 18. Jahrhundert nachhaltig bestimmen, lassen sich auf den gleichen Ausgangspunkt zurückführen, nämlich auf das unumstrittene Ziel des Gerichtswesens, gerechte und willkürfreie Urteile zu sprechen.

Eben jenen Diskurs stellt Kleists Drama *Der zerbrochne Krug* aus, in dem ein den Leidenschaften verfallener und höchst befangener Dorfrichter Adam in seinem eigenen Verfahren ermittelt, das gerade durch eine unsichere Beweis- und Indizien-

---

1 Hierunter ist nicht die Ablösung des Inquisitionsprozesses zu verstehen, sondern vielmehr dessen Weiterentwicklung, die sich als »reformierter Inquisitionsprozess« (Ignor: Geschichte des Strafprozesses, S. 16) bezeichnen lässt. Dass nicht von einer Ablösung gesprochen werden kann, wird auch an zentralen Prozessprinzipien erkennbar, die ebenfalls den gegenwärtigen Strafprozess bestimmen. Hierzu zählt neben dem Offizial- und Untersuchungsprinzip das Prinzip der materiellen Wahrheit (vgl. ebenda) Nach der Durchsetzung des Mündlichkeits- und Öffentlichkeitsprinzips trat später das Anklageprinzip hinzu, mit dessen Etablierung auch die Erfindung der Staatsanwaltschaft als Anklagebehörde einherging.

2 Justus Möser geht hier dieser Frage nach und kommt zu dem Ergebnis, dass die Wahrnehmung des gelehrten Richters geschärfter als die des Laien sei und somit ungerechterweise wie durch ein »Vergrößerungsglas hundert Dinge in einer Sache entdeckt [werden], welche einem gemeinen Auge entwischen.« Möser: Ist es billig, daß Gelehrte Criminalurtheile sprechen, S. 963. Zudem könne der Gelehrte aufgrund der sozialen Distanz eine weniger fundierte Prognose über die Besserung des Angeklagten abgeben als der Laienrichter, vgl. ebenda., S. 964.

3 Gmelin: Grundsätze der Gesetzgebung über Verbrechen und Strafen, S. 333.

https://doi.org/10.1515/9783110612073-015

lage gekennzeichnet ist und nur durch das Mitwirken des Gerichtsschreibers Licht zu einem gerechten Ausgang geführt wird.

1. Der Rechtsfall in Huisum

Im Zentrum des Dramas steht eine Gerichtsverhandlung in dem holländischen Dorf Huisum, in der die verwitwete Hebamme Marthe Rull den Verlobten ihrer Tochter Eve beschuldigt, während eines nächtlichen Besuches in deren Kammer ihren Krug zerbrochen zu haben. Der beschuldigte Ruprecht bestreitet zwar nicht, seine Verlobte in der fraglichen Nacht besucht zu haben, allerdings gibt er zu seiner Verteidigung an, er habe nach dem Eintritt in Eves Zimmer einen unbekannten Dritten aus dem Raum verjagt, der bei seiner Flucht durch das Fenster den Krug zerbrach. Die Frage nach der Identität dieser dritten Person bildet nicht nur das Erkenntnisinteresse des Gerichts, sondern zudem den komischen Kern dieses Lustspiels. Insbesondere durch die Exposition und mehrere Nebenreden, die nicht Teil des unmittelbaren Prozessgeschehens sind, ist für den Zuschauer[4] recht schnell offensichtlich, was die im Gerichtsraum handelnden Figuren größtenteils erst am Dramenende erkennen: Adam ist nicht nur Richter, sondern auch Täter.

Für die Komödie ist dieses Mehrwissen des Zuschauers gegenüber den Figuren ein konstitutives Element, das den »komischen Kontrast von Verbergen und Ent-

[4] Dem Leser wird im Gegensatz zum Rezipienten bereits in der Vorrede durch die Markierung des Prätextes deutlich, dass Richter- und Täterschaft in einer Person zusammenfallen: »und der Gerichtsschreiber sah [...] jetzt den Richter mißtrauisch zur Seite an, wie Kreon, bei einer ähnlichen Gelegenheit, den Ödip« – Kleist: Der zerbrochne Krug – Kleist: Sämtliche Werke und Briefe in vier Bänden, Bd. 1, S. 257–376, hier S. 259. Es wird hieraus fortlaufend im Text unter Angabe der Seitenzahl in Klammern. Die Vorrede findet sich zwar im Manuskript und in den späteren Buchdrucken, aber nicht in der vom Autor selbst autorisierten Erstpublikation (vgl. 286). Nicht nur im Hinblick auf die Figurenkonstellation lässt sich eine Analogie zwischen dem antiken Drama und Kleists Lustspiel verzeichnen, sondern ebenso hinsichtlich des analytischen Dramenaufbaus, vgl. Wellbery: Der zerbrochne Krug. Das Spiel der Geschlechterdifferenz, S. 23. Das Ergebnis Wolffs, dass »nur ein paar technische Auesserlichkeiten [...] in den beiden Dramen gleich [sind]« ist somit unzutreffend, vgl. Wolff: ›Der zerbrochne Krug‹ und ›König Oidipus‹, S. 272. Die Annahme Wolffs, die in der Vorrede zitierte Stelle im Drama des Sophokles sei nicht vorhanden und ließe eine »bewusste Nachahmung des König Oidipus« (ebenda, S. 268) durch Kleist wenig plausibel erscheinen, ist von Miller widerlegt worden (Miller: »Du hast mir deines Angesichtes Züge bewährt...«. ›Der Zerbrochne Krug‹ und die Probe auf den Augenblick, S. 216–218). Schadewaldt kommt in seiner kurzen Analyse zu dem Ergebnis, dass es sich beim Zerbrochnen Krug um ein »negatives Spiegelbild des sophokleischen Ödipusgeschehens« handelt und zeigt Analogien beider Texte auf inhaltlicher und struktureller Ebene, hält aber irritierenderweise fest, dass »beide, König wie Richter, [...] in der Tragödie wie im Lustspiel eine noch unentdeckte Tat begangen [haben], die sie im Gang der Handlung selbst als Richter aufdecken sollen« – Schadewaldt: Der »zerbrochene Krug« von Heinrich von Kleist und Sophokles' »König Ödipus«, S. 318f. Gerade das unterschiedliche Wissen um Tat und Täter macht die Differenz zwischen Ödipus und Adam aus. Hier sei auf die Analyse Schullers verwiesen, die zeigt, dass der Körper als Lustsubjekt und -objekt eine zentrale Stellung im Drama einnimmt und der Text »mit gutem Grund nicht die Gattungsbezeichnung ›Komödie‹, sondern ›Lustspiel‹ trägt« – Schuller: Ein Fall des Gerichts, S. 148.

hüllen«[5] der Täterschaft Adams erst hervorbringen kann. Das Spannungsmoment besteht demnach nicht in der »Aufdeckung des Sachverhalts«[6], sondern vielmehr in der Beobachtung der »Winkelzüge des Richters und der Vergeblichkeit dieser [Handlungen]«[7]. Adams Täterschaft beschränkt sich hier nicht nur auf die Sachbeschädigung des Kruges, sondern erstreckt sich darüber hinaus neben einer handfesten Urkundenfälschung[8] auch auf eine sexuelle Nötigung der Jungfer Eve[9], so legt es nicht nur die Metapher des mit dem weiblichen Körper und der jungfräulichen Unschuld assoziierten Kruges nahe. Der Rezipient kann bereits mit dem ersten Auftritt dem Richter dabei zusehen, wie er mit unlauteren Prozessmethoden und dem Rückgriff auf seine Amtsautorität jene weiteren Rechtsfälle, die sich hinter dem Ursprungsfall verbergen, zu verdecken versucht. Die Verschleierungen Adams zielen nicht nur darauf ab, die Wahrheit gegenüber der Dorfbevölkerung, also der Gerichtsöffentlichkeit, unentdeckt, sondern auch die beiden übrigen juristischen Figuren über die eigenen Verwicklungen im Unklaren zu lassen. Das Spannungsmoment des Textes entfaltet sich nicht zuletzt in dieser besonderen Figurenkonstellation, in der Richter Adam mit dem Gerichtsschreiber Licht und dem Gerichtsrat Walter, der zur Revision der Dorfgerichte durchs Land reist und zufällig an jenem Gerichtstag in Huisum zugegen ist, zwei juristische Ermittlerfiguren gegenübergestellt werden.

Zur diskursiven Rückbindung der von Kleist entworfenen Figur des volkstümlichen Dorfrichters an das zeitgenössische Richterbild soll im Folgenden anhand ausgewählter Quellen das richterliche Idealbild, das sich aus den Darstellungen in einschlägigen Richterhandbüchern des ausgehenden 17. und des beginnenden 18. Jahrhunderts ergibt, skizziert und anschließend aufgezeigt werden, wie der von Affekten getragene Richter sich die Indizienlage des Falles zur Verschleppung der Fallauflösung zunutze macht. Die juristisch orientierte Forschung zum *Zerbrochnen Krug* hat das Drama weitestgehend als Auseinandersetzung mit den preußischen Justizreformen und der damit initiierten Ablösung freier Rechtsprägung durch zunehmend kodifiziertes Rechts betrachtet. Darüber hinaus sind vereinzelt stichhal-

---

5 Vgl. Schlossbauer: Das Lustspiel als Lust-Spiel, S. 531.

6 Müller-Salget: Heinrich von Kleist, S. 193.

7 Ebenda, S. 197.

8 Durch eine von Adam initiierte ärztliche Bescheinigung, die Eves Verlobtem fälschlicherweise »verborgne Leibesschäden« (364) attestiert, soll Ruprecht vor dem Militärdienst in den niederländischen Kolonien in Indonesien, der ihm laut Adam angeblich drohe, bewahrt werden.

9 Hettche ist in seiner Gegenposition zu Schubert, vgl. Osterkamp: Diskussionsbericht zum Vortrag Schneider, S. 330, es handele sich »ohne Zweifel« um den Versuch einer sexuellen Nötigung, zuzustimmen – Hettche: »Ein eignes Blatt«, S. 84–99. Als stärkstes Textindiz kann Eve selbst zitiert werden: »So Schändliches, ihr Herren, von mir fordernd / Daß es kein Mädchenmund wagt auszusprechen!« (357) Schneider führt zudem Strafverfolgung Unschuldiger, Unterschlagung, Rechtsbeugung und Wehrpflichtentziehung durch Täuschung als weitere Vergehen Adams an, die sowohl nach dem ALR als auch dem StGB strafbar sind, vgl. Schneider: Justizkritik im ›Zerbrochnen Krug‹, S. 319–321, bewertet das Vergehen Adams irritierenderweise abschließend allerdings als den Ausdruck »einer menschlichen Schwäche« (ebenda, S. 325) bzw. als ein »harmloses Abenteuer eines tölpelhaften Dorfrichters« (ebenda, S. 326), das erst »durch das nachlässige Verhalten des Gerichtsrats [einen] handfeste[n] Justizskandal« (ebenda) entstehen ließe.

tige Bezüge zum *Allgemeinen Landrecht für die Preußischen Staaten* und zur damaligen preußischen Gerichtsordnung aufgezeigt worden.[10] Diese am positiven Recht interessierte Verortung soll mit der Fokussierung auf die Richterfigur ergänzt werden und die Bedingung der Möglichkeit untersuchen, dass ausgerechnet ein Richter in das Zentrum des Textes gestellt wird.

2. Das Bild eines idealen Richters

Im ausgehenden 18. Jahrhundert wird insbesondere das Verhältnis zwischen dem Erfordernis einer gerechten Rechtsprechung und den Anforderungen, die zur Durchsetzung dieses Ziels an die Person des Richters zu stellen sind, in den Richterhandbüchern mit einer sich stetig entwickelnden Differenzierung fortlaufend diskutiert. Kennzeichnend für das Bild des Richters, das in den entsprechenden Quellen gezeichnet wird, ist der Widerstreit zwischen der Vernunft, die leitbildend für jede gerichtliche Entscheidung sein soll, und sachfremden Emotionen, die einer gerechten Urteilsfindung im Wege stehen. Als Gefährdungen eines gerechten Gerichtsverfahrens werden daher in der Abhandlung über *Schein und Seyn des Richterlichen Ambtes* vom Rechtslehrer Georg Döhler nicht nur die Annahme von Geschenken und Gefälligkeiten und die ständische Zugehörigkeit der aussagenden oder anklagenden Person genannt, sondern ebenso Rachgier und Zorn des Richters.[11] Die verschiedenen Möglichkeiten einer Beeinflussung der Rechtsprechung waren u.a. ein Ansatzpunkt der Rechtspflegereformen um 1800, die allerdings gerade in den Landgerichten kaum umgesetzt wurden, sodass »trotz der Reorganisation des Richterstandes und trotz der Empörungen in der Öffentlichkeit gegenüber Fällen der Richterunredlichkeit [...] die ländlichen Patrimonialgerichte [...] unverändert manches Ärgernis [boten].«[12] Auch in Hermanns *Überlegungen Von der Gunst des Richters und der Gesetze* sind es »angeerbte Rachsucht und persönlicher[r] Has« bzw. »Vorliebe und Zuneigung«[13], die als unweigerliche Bestandteile zur richterlichen Urteilsfindung zu zählen seien und denen sich kein Richter entheben könne. Diese Beeinflussung der Rechtsprechung wird allerdings nicht als Akt der Willkür, sondern vielmehr als notwendiger Ausgleich zwischen dem »todten Buchstaben des Gesetzes«[14] und der moralischen Gerechtigkeit betrachtet. Das Nachdenken über die

---

[10] Vgl. Schneider: Justizkritik im ›Zerbrochnen Krug‹; Ribbat: Babylon oder der Schein des Scheins. Sprach- und Rechtsprobleme in Heinrich von Kleists Lustspiel ›Der zerbrochne Krug‹; Wellbery: Der zerbrochne Krug. Das Spiel der Geschlechterdifferenz; Ziolkowski: Kleists Werk im Lichte der zeitgenössischen Rechtskontroverse sowie Weitin: Der Geschmack des Gerichts. Zur Urteilsproblematik in Heinrich von Kleists ›Der zerbrochne Krug‹. Die folgenden Ausführungen stützen sich auf diese Untersuchungen, nehmen aber mit der Fokussierung auf das zeitgenössische Richterbild eine neue Perspektivierung des Dramas vor und setzen dieses in den Zusammenhang zu bisher nicht diskutierten Quellen.

[11] Vgl. Döhler: Schein und Seyn des Richterlichen Ambtes, S. 38f.

[12] Heinrich: Die Geisteswissenschaften an der brandenburgischen Landesuniversität Frankfurt/Oder um 1800, S. 82.

[13] Hermann: Von der Gunst des Richters und der Gesetze, S. 234.

[14] Ebenda, S. 254. Vgl. Göttert: Wider den toten Buchstaben.

juristischen Vorgänge im Gerichtssaal fokussiert also im besonderen Maße eine anthropologische Auseinandersetzung mit den Triebfedern menschlichen Handelns. Mit der zunehmenden Verweltlichung des Gerichtswesens und der Abkehr von der Suspendierung der Urteilssprüche in Form von Gottesurteilen wird der Mensch nun in seiner Funktion als untersuchendes und urteilendes Subjekt in den Blick genommen:

> Ein Richter ist eben nicht anders, nicht feiner und vollkommener organisirt, hat nicht mehr Sinne, mehr Talente, als der Mensch, aus rauhem irrdischen Stoffe gebildet, von der Natur erhalten hat: er hat seine Schwächen, Thorheiten; selbst Hang zu Verbrechen, die er an andern strafen muß: kurz, ist Mensch.[15]

Auf dieser recht banalen Feststellung, die 1788 ebenso wie zu Beginn des 19. Jahrhunderts formuliert wird, erwächst der Entwurf eines idealen Richters, der im Verlauf der Auseinandersetzung zunehmend detaillierter und konturierter erscheint und versucht, das Menschsein und die Ausführung des Richteramtes in einen Ausgleich zu bringen.

Das Richterideal, das Döhler zeichnet und in anderen Richter-Handbüchern wiederholend formuliert wird, drückt sich vordergründig in der Forderung nach der Unterdrückung menschlicher Gefühlsregungen und dem Primat vernunftorientierten Handelns aus. Ein idealer Richter, so führt auch der Rechtsgelehrte und Justizrat Fredersdorf in seiner Anweisung für angehende Justiz-Beamte und Unterrichter aus, muss »seine Leidenschaften in seiner Gewalt haben. Er muß die Heftigkeiten derselben unterdrücken, und sie so im Zaume halten, daß sie keinen Einfluß in seine Kenntnisse haben.«[16] Die Fähigkeit zur Affektkontrolle ist, und so ergibt sich ein zentraler Bestandteil des Richterbildes im 18. Jahrhundert, eng verknüpft mit dem Lebenswandel der richtenden Person: »Vieler Commodität und einer delicaten Lebens-Arth gewohnte Leuthe schicken sich auch nicht in das Richter-Ambt.«[17] Die private Lebensgestaltung gibt demnach Aufschluss über die Befähigung das Amt des Richters zu bekleiden.

Um die Bekleidung des Richteramtes durch moralisch streitbare Personen zu verhindern, ist es ein zentrales Anliegen der preußischen Justizreform von 1746, die Gerichte (und insbesondere die ländlichen Gerichte) im Rahmen von Visitationen zu kontrollieren und hierbei die richterliche Lebensführung zu überwachen.[18] Auch Gmelin hebt hervor, dass das Amt unweigerlich und konstant mit dem Richtersubjekt, ebenso außerhalb des Gerichtssaales, verknüpft sei und führt darüber hinaus an, dass sich gerade in dem Auseinanderfallen von Rechtsidealen und tatsächlichem Handeln des Richters, »wunderbare Contraste [offenbaren] […] wenn ein Richter, der sich in den Verbrechen der Wollust tanquam Epicuri de grege porcus herumwälzt, einen Hurer, Ehebrecher, und dergleichen bestrafen solle.«[19] Eben

---

15 Eckartshausen: Von der Würde des Richteramtes, S. 19.

16 Fredersdorf: Anweisung für angehende Justiz-Beamte und Unterrichter, S. 4.

17 Döhler: Schein und Seyn des Richterlichen Ambtes, S. 88.

18 Vgl. Hattenhauer: Preußens Richter und das Gesetz, S. 42.

19 Gmelin: Grundsätze der Gesetzgebung über Verbrechen und Strafen, S. 291.

jener Kontrast bestimmt das tragikomische Element des Dramas um den zerbrochenen Krug und wird facettenreich in Szene gesetzt, indem mit dem Richter Adam die Forderung nach der Berufung der »gewissenhaften und rechtschaffenen Männer«[20] zum Richteramt konterkariert wird.

Mit der Durchsetzung des Mündlichkeits- und Öffentlichkeitsprinzips im Gerichtssaal wird die Konfliktlinie zwischen Vernunft und Leidenschaft umso virulenter, da gerade die Konfrontation des Richters mit den Prozessbeteiligten zu emotionalen Regungen führen könne, die einer gerechten Urteilsfindung widersprechen. Sollte sich der Richter in einem solchen Zustand befinden, so sei die Urteilsfällung »auf eine Stunde zu verschieben, wo er kälter geworden unpartheilich prüfen kann.«[21] Die Gefahr für gerechte Urteile liegt also in der Möglichkeit, dass der Richter in der Vernehmung des Klägers, des Angeklagten oder der Zeugen in einen ›erhitzten‹ Zustand gerät, der sich beispielsweise in Eifersucht, Rache, Wut oder anderen Gefühlsregungen niederschlägt: »Wie oft verdunkeln ihm die Leidenschaften das Licht, womit er die Wahrheit sehen sollte!«[22] Dementsprechend sei bei der Auswahl der Richter, so der Kammergerichtsrat Christian Jakob Zwierlein – in Anknüpfung an die Temperamentenlehre im 18. Jahrhundert –, auf eine mögliche Disposition des Aspiranten für emotional geleitete Entscheidungen zu achten: »Seine Blutmischung müste etwas vom Blutreichen, etwas vom Tiefsinnigen, und etwas Phlegma haben. Kolerisch aber dürfte er gar nicht seyn. Wer in diesem Amte kolerisch ist, verdirbt in einer Stunde mehr, als er in Jahren gut machen kann.«[23] Die »affectlosigkeit«[24] des Phlegmatikers bildet in der Abgrenzung zur Erregbarkeit des Cholerikers ein hauptsächliches Charakteristikum des idealen Richters.

Die zur ›Abkühlung‹ empfohlene Unterbrechung des Prozessfortgangs löst ein Problem der mündlichen Gerichtsverhandlung mit einer Verfahrensweise der schriftlichen, auf Aktenversendung basierenden Prozessform: Die Distanz schafft den Raum für eine Rechts- und Vernunftgrundsätzen entsprechende Beurteilung der strittigen Sachlage durch den Richter. Dementsprechend ist für Klauhold insbesondere in der »Verpflichtung des Urteilsverfassers, später eine schriftliche Fassung seiner Überlegungen präsentieren zu müssen«[25], wie es die allgemeine Gerichtsordnung in Preußen vorsah,[26] die Möglichkeit gegeben, ein gerechtes und gesetzeskonformes Urteil zu sprechen. Bemerkenswert ist, dass unter einer vernunftgeleiteten Gerichtsentscheidung nicht ein bloßer Subsumtionsakt geschriebenen Rechts verstanden wurde, sondern vielmehr eine Entscheidung, die auf der Grundlage eines übergeordneten Sittengesetzes getroffen wird. Diese Grundsätze, die ihre Konkretion zwar in einzelnen Rechtsnormen finden, aber in ihrer Allgemeingültig-

---

20 Ebenda.

21 Klauhold: Bild eines vollkommenen Richters, S. 78.

22 Eckartshausen: Von der Würde des Richteramtes, S. 82.

23 Zwierlein: Vermischte Briefe und Abhandlungen über die Verbesserungen des Justizwesens am Kammergericht, S. 180.

24 Art. »Phlegma« – Grimm: Deutsches Wörterbuch, Bd. 13, Sp. 1833.

25 Hocks: Gerichtsgeheimnis und Begründungszwang, S. 164.

26 Vgl. Klauhold: Bild eines vollkommenen Richters, S. 138f. sowie Hocks: Gerichtsgeheimnis, S. 164.

keit keine schriftliche Form besitzen, lassen sich nur anwenden – und an diesem Punkt schließt sich der Kreis zum Lebenswandel des Richters –, wenn sie inner- und außerhalb des Gerichtssaals gelebt werden.

In der strafrechtlichen Lehr- und Handbuchliteratur vom 18. bis ins 19. Jahrhundert lässt sich aus unterschiedlichen Denkrichtungen eine Problematisierung des Risikofaktors Mensch im Hinblick auf die gerichtliche Ermittlung und Entscheidung erkennen. An jedem Gerichtsurteil sind, so die Grundannahme, nicht nur Beweiswürdigung und Gesetzesanwendung beteiligt, sondern ebenso die subjektiven Empfindungen des Richters. Der hieraus und anderen Quellen entspringenden Gefahr einer willkürlichen Rechtsprechung begegnet in dieser Zeit ein facettenreicher Diskurs um den prozessualen Handlungsraum des Richters, der zutreffend mit der Opposition »Richterkönig oder Subsumtionsautomat?«[27] beschrieben wurde. Die damit verbundene Frage nach dem Grad der Gesetzesbindung und einem hiervon abgeleiteten Richterbild ist so kontrovers beantwortet worden, »daß jede einheitliche, vom Diskussionszusammenhang gelöste Antwort eine falsche Antwort sein würde.«[28] Zwar ist kein einheitliches Richterbild erkennbar, das beispielsweise die logisch-mechanische Richtertätigkeit einer freien Rechtsfortbildung vorzieht, aber dennoch lässt sich festhalten, dass der ideale Richter affektkontrolliert ist und das Amt in seinen moralischen und gesetzlichen Anforderungen durch seinen Lebensstil repräsentiert.

Es zeigt sich am Ende des 18. Jahrhunderts ein breit angelegter und unzählige Publikationen hervorbringender Diskurs über die Unzulänglichkeiten strafrechtlicher Rechtsprechung, der u.a. den Richter deutlich in den Blick nimmt. Und zwar im Hinblick auf dessen sinnliche Wahrnehmung und ihrem Verhältnis zur Sicherheit und Unsicherheit gerichtlich gewonnener Erkenntnisse, insbesondere bezogen auf die Handhabung von Indizienbeweisen.

3. *Der zerbrochne Krug*: Wahrnehmung und Täuschung

Eben diese Sicherheit stellt *Der zerbrochne Krug* deutlich in Frage, was bereits im Eintreten der Richterfigur in die Dramenhandlung und in ihrem Abtritt in der vorletzten Szene erkennbar ist. Der untersuchende und urteilende Dorfrichter Adam, der in Abgrenzung zum Schreiber und dem angereisten Gerichtsrat als ein Laienrichter ohne juristische Ausbildung qualifiziert werden kann,[29] tritt in die Dramenhandlung als eine gefallene Figur ein, die nicht nur der Würde des Richteramtes beraubt, sondern ebenso in seiner Wahrnehmungskraft gestört ist. Auffällige Bles-

---

27 Ogorek: Richterkönig oder Subsumtionsautomat?

28 Ebenda, S. 368.

29 Vgl. Adams Selbstbekenntnis: »Ich habe nicht studiert« (327). Dies entspricht der Besetzung der Richterämter in den unteren Instanzen, in denen noch bis zum Beginn des 19. Jahrhunderts Laienrichter etabliert waren, vgl. Wolfgang Sellert: Laienrichter. – In: Handwörterbuch zur deutschen Rechtsgeschichte (1. Aufl.), Bd. 2, Sp. 1355–1357, hier 1356. Anders hingegen die Feststellung Schneiders, der eine »wissenschaftliche Ausbildung Adams« (Schneider: Justizkritik, S. 322) nur aufgrund dessen Anspielung auf Pufendorf erkennen will.

suren und größere Wunden kennzeichnen seinen Körper und lassen den Gerichtsschreiber Licht im ersten Auftritt argwöhnen, dass Adam gleich seinem »lockern Ältervater«[30] (287) die Spuren eines »Sündenfalls« (ebenda) an sich trage.

Die Grundkonstituenten des Textes entfalten sich bereits hier in der ersten Untersuchung des Tatgeschehens, in der vom Schreiber nicht die ihm qua Amt zugeschriebene protokollierende, sondern die aktiv rekonstruierende Funktion eines Ermittlers eingenommen wird. Der blessierte Körper Adams, der sowohl Initialpunkt als auch Objekt der Ermittlung Lichts darstellt, versammelt ein Ensemble an Hinweisen (Verletzungen am Fuß, an der Wange, am Augenknochen), die in der späteren Auflösung des Rechtsfalls als Teilindizien für die Täterschaft des Richters herangezogen und hier bereits vom Schreiber untersucht werden.[31] In diesem Eröffnungsdialog ist nicht nur die metonymische Bedeutung der beiden Figurennamen Adam und Licht deutlich angelegt[32], sondern auch das Wahrnehmungsnarrativ um Sehen und Täuschen, das sowohl den sich im Drama anschließenden Gerichtsprozess als auch dessen textliche Rahmung nachhaltig bestimmt[33] und ein typischer Kleistscher Topos ist.

Die Exposition verdeutlicht ebenso wie die nachfolgenden Auftritte, inwiefern die richterliche Wahrnehmung im Zentrum des Textes steht. Die Missdeutung der Zeichen durch Adam werden im Text – und das ist der entscheidende Punkt in der Interpretation dieses Dramas – bezogen auf die Figur des Richters. Die räumliche Einheit des Gerichtsraums mit dem Schlafgemach Adams markiert bereits, dass die Trennung vom Richtermenschen und Menschenrichter nicht vorhanden ist. Auch die Abwesenheit der Perücke und die somit unvollständige Bekleidung des Richters, die eine wesentliche Rolle in der späteren Fallaufklärung spielt, verweisen auf diesen Zusammenhang. Schon im Gebaren Adams gegenüber Eve wird deutlich, dass beide Rollen im Drama ineinander übergehen: Der Missbrauch des eigenen Amtes ermöglicht es Adam erst, seinen privaten Gelüsten nachzugehen. Das Bild vom unabhängigen, affektlosen und wahrheitsverpflichteten Richter ist nicht nur ein trügerisches, sondern ein vom Drama dekonstruiertes.

Der Konstruktionscharakter der Trennung zwischen Amts- und Privatperson wird auch mit Blick auf die im Drama verhandelten Wahrnehmungsprozesse im Sinne des Sehens und Deutens erkennbar, da das Richteramt in seiner Urteils- bzw. Entscheidungsfunktion im erheblichen Maße auf menschlicher, d.h. nicht dem

---

30 Vgl. zu den zahlreichen intertextuellen Verweisen des Eingangsdialogs Hess: ›Durch Adams Fall ist ganz verderbt…‹.

31 Aust stellt in diesem Zusammenhang die Analogie zwischen Krug und Richter heraus, in der Gegenstand und Person gleichermaßen »›Wahr-Zeichen‹« versammeln, die auf verborgene Sachverhalte und Geschichten verweisen – Aust: Bewährung und Erkenntnis, S. 72.

32 Der Name des Schreibers verweist auf das aufklärerische Ideal der Erkenntnis und markiert die Funktion der Figur innerhalb der Dramenhandlung im Sinne des Erhellens und Aufdeckens. Mit ›Adam‹ (hebr.: Mensch) wird nicht nur der Bezug zum Sündenfall in der alttestamentarischen Erzählung der Genesis hergestellt (s.o.), sondern zudem das hinter dem Amtsträger liegende menschliche Individuum assoziiert.

33 Vgl. hierzu Schuller: »Die Spannung zwischen Sehen und Nicht-Sehen, bzw. Nichts-Sehen ist das, wovon das Kleistsche Schauspiel auf grundsätzliche Weise getragen wird.« Schuller: Ein Fall des Gerichts, S. 153.

Amte, sondern dem Amtsträger inhärenten Wahrnehmung fußt. Wer nichts sieht, kann auch nicht richten. Wie eng die Wahrnehmung im Sinne der Rezeption und Deutung von Geschehnissen und Tatsachen mit der Funktion des Richters im Gerichtsverfahren verknüpft ist, zeigt das Drama anhand des gegen sich selbst ermittelnden Richters, der sich eben diese Konstituenten zu eigen macht.

4. *Der zerbrochne Krug*: Indizienlage im Prozess

Die sinnliche Wahrnehmung und ihre individuelle Bedeutungszuschreibung sind grundlegend für die Indizien dieses Prozesses, da niemand der Prozessbeteiligten, außer Adam und Eve, Aussagen darüber treffen kann, was sich in der Kammer ereignet, geschweige denn, wer sich dort befunden hat.

Lassen private Interessen den Richter zu einer Vorverurteilung greifen, sind es bei den übrigen Figuren die Vorerfahrungen, die ein Wissen um Personen und Sachverhalte generieren, das die Deutung der Zeichen beeinflusst und dem Erkennen der Wahrheit entgegensteht.[34] Mit der Vernehmung Eves schreitet die Handlung auf ihren dramatischen Höhepunkt zu, da nun die einzige Zeugin aussagt, die weiß, was in der Kammer geschah. Die entscheidende Wendung im Prozessgeschehen erkennt nicht nur der Leser und Zuschauer, sondern ebenso der Schreiber Licht, der ein »eignes Blatt« zur Hand nimmt, um eine Kopie des Protokolls dieser Zeugenbefragung anzufertigen.[35] Der Richter leitet die Befragung folgendermaßen ein:

> ADAM Sprich, Evchen, hörst du, sprich jetzt, Jungfer Evchen! [...]
> Denk, daß du hier vor Gottes Richtstuhl bist,
> Und daß du deinen Richter nicht mit Leugnen,
> Und Plappern, was zur Sache nicht gehört,
> Betrüben mußt. Ach, was! Du bist vernünftig.
> Ein Richter immer, weißt du, ist ein Richter,
> Und Einer braucht ihn heut, und Einer morgen.
> [...]
> Sieh, Kind, nimm dich in Acht, ich sag' nichts weiter.
> In Huisum, hol's der Henker, glaubt dir's keiner,
> Und Keiner, Evchen, in den Niederlanden,
> Du weißt, die weißen Wände zeugen nicht, [...] (326–327)

---

[34] Vgl. hier insbesondere Arntzen: Die ernste Komödie, S. 190f.

[35] Vgl. hierzu die Untersuchung Hettches, der die »dramaturgische Funktion des Schreibers« zutreffend herausarbeitet und an dieser Stelle einen entscheidenden Wendepunkt sieht, da sich Licht »von der Rolle einer geistlosen Schreib-Maschine vollständig gelöst und eigenes Denken an die Stelle der bloßen Ausführung von Adams Befehlen gesetzt [hat].« Hettche, Ein eignes Blatt, S. 91. Der Deutung Müller-Seidels, beim Schreiber Licht handele es sich ausschließlich um einen »interessierte[n] Gehilfen« (Müller-Seidel: Versehen und Erkennen, S. 190), der auf »peinlich[e] und abstoßend[e]« (ebenda, S. 193) Weise dem Gerichtsrat, dem das Erkennen der Wahrheit zuzuschreiben sei (vgl. ebenda, S. 190), zur Seite stehe, lässt sich insbesondere mit Blick auf diese Textstelle und die Dramenexposition nicht zustimmen. Insgesamt erfährt die Figur des Gerichtsrats in der Analyse Müller-Seidels eine Aufwertung, die von der neueren Forschung mehrfach negiert worden ist, vgl. z.B. Hettche: Ein eignes Blatt, S. 85ff. oder van Kempen: Rede vor Gericht, S. 81.

In dieser einschüchternden Rede, die zunächst ihre Wirkung nicht verfehlt, werden subtextuell die Eve wohlbekannten außergewöhnlichen Bedingungen, unter denen dieser Prozess stattfindet und die für den Rezipienten in der analytischen Entfaltung der Handlung mehr oder weniger offensichtlich geworden sind, von Adam resümiert. So versucht Adam hier zum letzten Mal, sein vom Begehren des Privatmenschen motiviertes Vergehen mit dem Rückgriff auf seine Amtsautorität als Richter, die ihm das Eindringen in die Privatsphäre Eves erst ermöglicht hat, zu schützen und lädt die auctoritas seiner Person in doppelter Hinsicht auf: Zum einen rückt er sich und das Richteramt in eine religiöse Sphäre und versucht somit den Bruch des Vertrauens und der Autorität des durch ihn verkörperten weltlichen Rechts gegenüber Eve zu kompensieren. Der Verweis auf den Richterstuhl Gottes greift das zu Beginn des 18. Jahrhunderts verbreitete Bild des Richters als eines göttlichen Stellvertreters auf. In dieser Argumentation erfordert der Sündenfall des Urmenschen die Präsenz einer im Auftrag Gottes urteilenden und strafenden Instanz auf Erden. Adam sieht sich selbst in einer um 1800 bereits überholten Denkrichtung, die im spannungsreichen Kontrast zur autonomistischen Figurenzeichnung des Schreibers steht, der eben nicht als bloßer Erfüllungsgehilfe einer religiös verankerten Richtinstanz entworfen ist. Zum anderen betont er auf diese Weise die unauflösbare Identität von Richtermensch und Menschenrichter, deren Auseinanderfallen für Eve in dem nächtlichen Besuch Adams sichtbar geworden ist. Die Anordnung, nur »zur Sache« zu sprechen, soll Eve daraufhin weisen, sich in ihren Schilderungen auf den Klagegenstand, der auch hier sowohl in der dinglichen Sache ›Krug‹ als auch in prozessualer Hinsicht als ausschließlich zivilrechtliche Streitigkeit zu verstehen ist, zu beschränken und die damit verbundenen nachgelagerten Fälle nicht an die Oberfläche treten zu lassen.

Die Zeugenaussage Eves könne entweder, so Adam in seiner Prozesslogik, als Indiz für die Täterschaft Ruprechts oder Lebrechts ins Feld geführt werden und eine Gesamtschau der Indizien als Beweis und mithin Urteilsgrundlage herangezogen werden oder die Täterschaft eines Dritten indizieren. Für den letztgenannten Fall, für den zumindest im Gerichtsprozess keine weiteren Indizien vorliegen, spricht Adam der Zeugin nicht nur jegliche öffentliche Glaubwürdigkeit ab, sondern verweist auf einen entscheidenden Punkt in der Beweisführung dieses Falls: »die weißen Wände zeugen nicht.« (327). Mit dieser Umschreibung der weißen Wand, die sich auch als zitierter Nachweis im Grimmschen Wörterbuch findet,[36] wird zum einen die »*theilnahmlosigkeit der wände hervorgehoben*«[37], also die Abwesenheit eines beobachtenden Dritten betont und schlussendlich die Deutungshoheit des Richters hervorgehoben. Zum anderen impliziert Adams Äußerung einen Hinweis auf die symbolische Bedeutung der Farbe Weiß im Sinne der Unschuld und Reinheit, die wiederum – das zeigt »der weisze stab *als zeichen der amtsgewalt, besonders der richterlichen*«[38] – verknüpft ist mit dem Amt des Richters.

---

[36] Vgl. Art. »Wand« in Grimm: Deutsches Wörterbuch. Bd. 27, Sp. 1473–1518, hier Sp. 1504.

[37] Ebenda, Sp. 1503.

[38] Art. »weisz« – ebenda, Bd. 28, Sp. Hier Sp. 1178–1199, hier Sp. 1196.

Zudem wird das Auseinanderfallen von Gerichts- und Theaterbühne hier offensichtlich: Zwar sind im Prozess keine Indizien, die auf die Täterschaft eines Dritten hinweisen, durch das Gericht in irgendeiner Form gewürdigt worden, jedoch zeugt Adam mit seiner blessierten Erscheinung selbst von den Geschehnissen in der Kammer. Mit dem Hinweis auf die nichtzeugenden weißen Wände betont der Richter den Mangel an sicheren Beweise und Indizien in diesem Fall: Der Blick in die Kammer zum Tatzeitpunkt bleibt dem Dorfgericht in Huisum ebenso verwehrt wie die Inaugenscheinnahme von Gegenständen und Spuren, die Aufschluss über die fraglichen Geschehnisse geben, sodass einzig und allein die Zeugenaussagen als Indizien zur Fallaufklärung beitragen können. Die Aussage Eves kann weder durch ihre Mutter Marthe gestützt werden, da diese nach der Flucht des vermeintlichen Dritten das Zimmer betritt, noch durch Ruprecht, da dieser gerade nicht »durch's Schlüsselloch« (329) in die Kammer schaut und als Augenscheinzeuge dienen kann. In Anbetracht der ausgeglichenen Indizienlage, derzufolge sich laut Aussage der klagenden Marthe und des Beklagten sowohl Hinweise auf Ruprecht als auch auf Lebrecht finden lassen, kann die entscheidende Aufklärung des Falls nur durch die Aussage Eves erfolgen. Dieses Wissen um die Täterschaft des Richters tritt allerdings erst in dem Moment höchster Bedrängnis hervor, als ihr Verlobter droht verurteilt zu werden und ihr nicht nur die Ausweglosigkeit der Situation bewusst wird, sondern auch das Vertrauen in das Rechtsbewusstsein Adams, die Verurteilung eines wissentlich Unschuldigen zu verhindern, bricht: »Der Richter Adam hat den Krug zerbrochen!« (354) ruft Eve aus und führt somit die schuldbekennende Flucht des Dorfrichters herbei. Mit der Flucht des Dorfrichters hebt sich, auch in den Augen der Betroffenen, das zuvor gesprochene Urteil selbst auf. Somit ist es auch nicht verwunderlich, dass dessen »Geltung [...] von den Beteiligten nicht in Frage gestellt wird.«[39] Vielmehr wird, so Wellbery zutreffend, in diesem Drama »der Untergang der Lokaljustiz [inszeniert, der] Teil eines übergreifenden historischen Prozesses [ist], der die traditionelle, persönlich verankerte Autorität durch kodifizierte Vorschriften ersetzte.«[40]

Schreitet der Prozess im elften Auftritt auf die Fallauflösung und die Entlarvung Adams zu, verschiebt sich nahezu analog der prozessuale Status der Richterfigur. So greift der Gerichtsrat nicht nur in die Prozessführung ein, indem er die Verhandlungspause für beendet erklärt, sondern adaptiert auch die häusliche Befehlsgemacht Adams gegenüber seinen Hausbediensteten (vgl. 344). In der sich anschließenden Befragung der Zeugin Brigitte werden sowohl die Ermittlung als auch die Beurteilung, die beide genuine Bestandteile des Dorfrichteramtes sind, von Walter und Licht übernommen, während der Richter zum Antragsteller in seinem eigenen Verfahren degradiert ist (vgl. 349).

Die Aussage Brigittes, die der Richter als einzige nicht antizipieren konnte, offenbart, wie an vielen weiteren Stellen im Drama, einen deutenden Fehlschluss. Vom äußeren Erscheinungsbild des Fliehenden – »kahlköpfig, Mit einem Pferdefuß,

39 Schneider: Kleists ›Zerbrochner Krug‹ aus juristischer Sicht, S. 231.
40 Wellbery: Der zerbrochne Krug, S. 18.

und hinter ihm / Erstinkt's wie Dampf von Pech und Haar und Schwefel« (347) – schließt die Zeugin auf eine Verkörperung des Teufels, den sie im Lindengang erblickt habe. Auch hier erfolgt eine fehlerhafte Verknüpfung von Wahrgenommenem und Vorwissen, die sich der Richter in einem letzten verzweifelten Akt, den Versuch unternehmend die Fallaufdeckung zu verhindern, zu Nutzen macht und den Vorschlag unterbreitet, bei der Synode in Den Haag anzufragen, »Ob das Gericht befugt sei, anzunehmen, / Daß Beelzebub den Krug zerbrochen hat.« (349) Einzig der Schreiber Licht weiß in dieser Szene die Zeichen richtig zu deuten und die Indizien entsprechend zu lesen, indem er den Fehlschluss auflöst und das Augenmerk auf die tatsächlichen Hinweise lenkt. Zur vollkommenen Auflösung der Rollenverteilung und schließlich des Gerichtsverfahrens, kommt es, als Eve angesichts der drohenden Verurteilung ihres Verlobten Ruprecht ausruft: »Der Richter Adam hat den Krug zerbrochen!« (354) Mit der anschließenden Flucht Adams scheint der Gerichtsprozess beendet, obgleich ein Urteilsspruch nicht erfolgt. Dieser Indizienprozess klärt sich also durch die schuldeingestehende Geste des Richters auf.

5. Resümee

Kleists Text führt vor, dass nach der Zurückdrängung der Folter als Wahrheitserforschungsmittel und vor der Etablierung kriminalistischer Techniken der Richter als Ermittler von Wahrscheinlichkeit und Wahrheit im Fokus des Strafprozesses steht. In diesem weiten Feld unsicherer Wissensbestände, das sich beispielhaft in der Indizienlage um den zerbrochenen Krug zeigt, eröffnet sich ein breiter Raum an subjektiver Beurteilung, den der Dorfrichter Adam wiederholend für sich nutzbar zu machen versucht. Dieser stereotyp gezeichnete Dorfrichter korrespondiert mit dem im Gesetz und in der kommentierenden und handreichenden Literatur beschriebenen Richterbild, das in erster Linie eine Affektkontrolle inner- und außerhalb des Gerichtssaals fordert. Im Drama wird somit der Lebenswandel eines Richters verhandelt, der diesen Anforderungen widerspricht und nach einer Einengung des richterlichen Handlungsraumes verlangt.

Yasmine Salimi

Kleists »Zweikampf« – ein Wettstreit der Deutungsmuster des Rechts

Die Handlung von Kleists Erzählung *Der Zweikampf* wird immer wieder dadurch vorangetrieben, dass grundlegende »Lebenstatsachen«[1] wie Geburt, Tod, Krankheit, Sexualität und Liebe in einen rechtlichen Rahmen eingebunden werden müssen. Dabei werden verschiedene Verfahren der Rechtsfindung wie in einer Versuchsanordnung durchgespielt und an ihre Grenzen geführt.

1. Probe und Untersuchung

Es ist das Verdienst der Rechtswissenschaftlerin und Medientheoretikerin Cornelia Vismann gewesen, im Rückgriff auf Michel Foucaults Vorträge über *Die Wahrheit und die juristischen Formen* darauf hinzuweisen, dass im *Zweikampf* die gerichtlichen Verfahren der Probe und Untersuchung als Mittel der Wahrheitsfindung miteinander konfrontiert und kombiniert werden.

> [Kleists] Erzählung handelt von der Ablösung der alten Formen des Rechtsprechens durch eine förmliche Justiz. Er beschreibt diesen Übergang als einen Kampf um die Vorherrschaft der Wahrheit und hat zu diesem Zweck die Handlung der Erzählung in das 14. Jahrhundert verlegt, als es tatsächlich darum ging, agonale Formen der Wahrheitsfindung in theatrale zu überführen. Konkret war es die Probe, an deren Stelle die Untersuchung treten sollte.[2]

Was Foucault angeht,[3] so leitet dieser aus unterschiedlichen gerichtlichen Praktiken, die durch bestimmte Konstellationen politischer Macht bedingt sind, Erkenntnismodelle ab, die das Denken des Abendlandes grundlegend geprägt haben. Er unterscheidet zwischen drei verschiedenen Formen gerichtlicher Wissensproduktion: ›épreuve‹, ›enquête‹, ›examen‹, im Deutschen wiedergegeben als ›Probe‹, ›Untersuchung‹ und ›Prüfung‹, wobei es in diesem Rahmen nur um die ersten beiden Formen gehen soll. Wird ein Rechtsstreit dadurch entschieden, dass jemand eine Probe bestehen muss, entscheidet ein Kräfteverhältnis darüber, wer im Recht ist. Als Beispiele nennt Foucault soziale, sprachliche, magisch-religiöse Proben und

---

1 Vgl. Helmut J. Schneider: Lebenstatsachen. Geburt und Adoption bei Lessing und Kleist. – Über die von Schneider genannten Faktoren »Geschlechtsverkehr, Zeugung, Schwangerschaft und Geburt« hinaus sei hier auch auf Leben und Tod, und damit verbunden auch Krankheit, verwiesen. Vgl. Borgards: Leben und Tod. Kleists Zweikampf.

2 Vismann: Medien der Rechtsprechung, S. 153.

3 Vgl. Foucault: Die Wahrheit und die juristischen Formen, S. 52–101.

https://doi.org/10.1515/9783110612073-016

schließlich das Gottesurteil, das in einer körperlichen Probe besteht. Darunter fallen etwa die Wasserprobe, als Probe gegen ein Naturelement,[4] oder eben der Zweikampf, der zwischen zwei Kontrahenten ausgetragen wird: Wer obsiegt, hat recht. Diese Form der Rechtsfindung ist paradigmatisch für das ungelehrte[5] Recht, von dem auch das feudale Recht noch geprägt ist. Gegen Ende des 12. bzw. Anfang des 13. Jahrhunderts wird, mit den ersten Ansätzen der öffentlichen Klage und der selbstständigen Ermittlung durch Richter, und somit durch Einflüsse des römisch-kanonischen Rechts,[6] das Modell der Probe allmählich durch das Prinzip der Untersuchung abgelöst, das bereits einen Vorläufer in der griechischen Antike hat. Der Staat tritt nun als Instanz zwischen den gegnerischen Parteien ein. Statt immer wieder eine riskante Probe bestehen zu müssen, ist es nun die Aufgabe des staatlichen Vertreters, Beweise zu erheben und festzustellen, inwiefern ein Gesetzesverstoß vorliegt – ein Vergehen gegen den Staat und nicht bloß ein Unrecht gegenüber der gegnerischen Partei. Die Erkenntnis, die durch die Untersuchung gewonnen wird, beruht auf Zeugnis, Erinnerung und Ermittlung von Tatsachen. Entscheidend ist nun nicht mehr, wer sein Recht in einem Kräfteverhältnis durchsetzt, sondern wer die Wahrheit sagt.

Dies ist zumindest die Hypothese Foucaults, eine Schematisierung, die sehr fruchtbar ist, um den Zusammenhang von Gerichtspraktiken und Darstellungs- sowie Deutungsformen dessen, was als ›richtig‹ und ›wahr‹ wahrgenommen wird, nachzuvollziehen.

2. Gericht und Tribunal

Cornelia Vismann verbindet am Beispiel des *Zweikampfs* die Modelle der Probe und Untersuchung mit den von ihr herausgearbeiteten antagonistischen Rechtsprechungsformen des ›Tribunals‹ und des ›Gerichts‹.[7]

Das Tribunal zeichnet sich dadurch aus, dass es örtlich ungebunden ist und an einem multifunktionalen Ort stattfinden kann, während das Gericht mit einer Spezialisierung und räumlichen Abgrenzung der Justiz einhergeht. Das Tribunal ist im wahrsten Sinne des Wortes ein Schau-Prozess, in dem das Mitwirken der Zuschauer konstitutiv für den Rechtsfindungsprozess ist. Nicht das Gesetz ist hier ausschlaggebend, sondern das Machtverhältnis, in dessen Rahmen sich der Rechtsfindungsprozess, ähnlich wie ein Wettkampf, durch ein Kräftemessen vollzieht. Das Gericht hingegen kontrolliert und marginalisiert den Zugang der Zuschauenden und die Rechtsfindung ist Sache autorisierter Richter, die sich auf eine höhere Instanz

---

4 Vgl. Nottarp: Gottesurteilstudien, S. 21–22.

5 Foucault spricht hier von ›germanischem‹ im Gegensatz zum ›römischen‹ Recht. Der Begriff des ›germanischen Rechts‹ suggeriert jedoch oftmals eine Homogenität und Geschlossenheit, die irreführend ist. Vgl. Kroeschell: Germanisches Recht als Forschungsproblem – Kroeschell (Hrsg.): Festschrift für Hans Thieme, S. 3–19.

6 Vgl. Andreas Deutsch: Beweis. – In: Handwörterbuch zur deutschen Rechtsgeschichte (2., völlig überarb. u. Erw. Aufl.; (HRGdigital), Bd. 1, Sp. 559–566.

7 Vgl. Vismann: Medien der Rechtsprechung, S. 146–183.

berufen. Dementsprechend ist das Gericht im Sinne verbindlicher Rechtsnormen und unvoreingenommenen Urteilens reguliert, während das Tribunal spontane Anpassungen der Prozessregeln vornehmen kann und auch außerrechtliche Gründe gelten lässt. Es ist auf eine maximale Reichweite bedacht, da es auch einen volkserziehenden Charakter hat und auf repräsentative Wirkung abzielt.

Während es einleuchtet, dass Vismann das Tribunal aufgrund seiner Nähe zum Wettkampf als agonal bezeichnet, ist ihre Charakterisierung des Gerichts als theatral durchaus diskussionswürdig. Tatsächlich ist die Vergegenwärtigung eines vergangenen Geschehens, die auch bei Foucault Kennzeichen der Untersuchung ist,[8] als theatral zu bezeichnen, sofern diese mit Mündlichkeit und Öffentlichkeit des Verfahrens einhergeht – doch wäre der Begriff des Theatralen auch auf das Spektakelhafte des Tribunals zu erweitern.[9]

3. Darstellungsmuster der Wahrheit im *Zweikampf*

In den Blick zu fassen sind im Folgenden die Dramaturgie der Beweiserhebung und -würdigung sowie das in der Manifestation von Wahrheit artikulierte Verhältnis von Innerlichkeit und Äußerlichkeit in Kleists *Zweikampf*. Wenn dabei auch auf rechtshistorische Zusammenhänge verwiesen wird, kann es allerdings nicht darum gehen, die historische Adäquatheit der Kleist'schen Darstellung des Gerichtsverfahrens zu überprüfen – wie Jan-Dirk Müller bereits herausgearbeitet hat, ist Kleists »Mittelalter-Phantasma«[10] gerade nicht in allen Details historisch verbürgt. Vielmehr soll es um kulturgeschichtliche Entwicklungen gehen, die sich in juristischen Formen und Methoden wie auch in der Literatur niederschlagen. Dabei soll auch dem Spannungsverhältnis zwischen historischer und zeitgenössischer Entwicklung des Rechtsdiskurses um 1811, als Kleists Novelle erschien, Rechnung getragen werden.

Zu dieser Zeit war eine allmähliche Subjektivierung der Entscheidungsfindung im Strafprozess im Gange, im Zuge derer die ›innere Überzeugung‹ zum neuen Leitbegriff gerichtlicher Beweisführung avancieren sollte.[11] Denn der in Frankreich bereits 1791 im Prozessrecht etablierte Begriff der ›intime conviction‹, der die gemeinrechtliche Beweistheorie mit ihren gesetzlich festgelegten Beweisregeln ablöste, wurde infolge des napoleonischen Code d'instruction criminelle nach 1808 auch in Deutschland verstärkt diskutiert.[12] Als ›freie Beweiswürdigung‹ sollte die

---

8 Vgl. Foucault: Die Wahrheit und die juristischen Formen, S. 71.

9 Es stellt sich die Frage, ob die von Vismann gezogene Parallele zwischen Theater und Gericht nicht eher darin besteht, dass sich Schauspiel und Justiz in dem Maße, wie sie sich als eigenständige Diskurse herausbilden, in spezialisierte und geschlossene Gebäude zurückziehen. Die Wanderbühne, die von der ›stehenden Bühne‹ allmählich abgelöst wurde und die wie das Tribunal unter freiem Himmel oder in multifunktionalen Räumen lokalisiert war, wird dadurch nicht weniger theatral. Der Begriff der Theatralität ist also weiter zu fassen und auch auf das agonale Tribunal zu beziehen, um dessen spektakelhaftem Charakter Rechnung zu tragen.

10 Müller: Kleists Mittelalter-Phantasma. Zur Erzählung »Der Zweikampf« (1811).

11 Vgl. Stichweh: Zur Subjektivierung der Entscheidungsfindung im deutschen Strafprozeß des 19. Jahrhunderts, S. 267.

12 Vgl. Schweizer: Beweiswürdigung und Beweismaß, S. 57–58.

innere Überzeugung der Richter als Urteilsinstanz 1846 Eingang in die preußische Gesetzgebung finden, bevor sie 1848 mit der Einführung der Geschworenengerichte allgemeine Verbreitung in den deutschen Einzelstaaten fand.[13]

4. Das Vorverfahren – zwischen Untersuchung und öffentlicher Meinung

Die verschlungene Handlung des *Zweikampfs*[14] ist hingegen »gegen das Ende des vierzehnten Jahrhunderts« (S. 7) datiert: Herzog Wilhelm von Breysach wird auf dem Heimweg nach der gerade erfolgten kaiserlichen Legitimation seines natürlichen Sohnes durch einen Pfeilschuss tödlich verletzt. Er stirbt jedoch nicht, ohne vorher noch die Erbfolge zugunsten seines nun gesetzmäßigen Sohnes zu ändern. Die Vermutung liegt nahe, dass sein verfeindeter Halbbruder, Graf Jacob der Rothbart, hinter dem tödlichen Anschlag steckt, da dieser andernfalls der rechtmäßige Erbe gewesen wäre. Der Graf verzichtet jedoch »in kluger Erwägung der obwaltenden Umstände« (S. 9) darauf, jegliche sich aus dem Tod seines Bruders ergebenden Ansprüche geltend zu machen.

Die Herzogin lässt durch ihren Kanzler »Untersuchungen« anstellen, um die Mörder ihres Mannes ausfindig zu machen, »deren man im Park eine ganze Schaar wahrgenommen haben wollte« (S. 11). Zwar kommt es ihr nicht in den Sinn, besagter Wahrnehmung durch die Befragung potenzieller Zeugen nachzugehen, doch wendet sie ein anderes Mittel der Untersuchung an, indem sie den Ursprung des tödlichen Pfeils verfolgen lässt: »Als Verweiszeichen schlechthin verweist die mutmaßliche Tatwaffe auf die Enquête-Wahrheitstechnik der Indizien«, so Vismann.[15] Denn der Pfeil lässt aufgrund seiner empirischen Beschaffenheit und der darauf angebrachten Jahreszahl nicht nur spekulative Rückschlüsse auf den Besitzer zu, sondern ermöglicht auch, durch eine Befragung aller Pfeilwerkstätten herauszufinden, dass Jacob der Rothbart ihn in Auftrag gegeben hat. Der Kanzler jedoch hält diese Information zunächst zurück, weil er innerlich von der Integrität des Grafen überzeugt ist, denn er kenne »den Edelmuth desselben zu gut, als daß er ihn einer so abscheulichen That, als die Ermordung eines Bruders war, hätte für fähig halten sollen« (S. 13). Dennoch stellt er eigenmächtig weitere »Untersuchungen« an, wodurch er »zufällig ausmittelt[...]« (S. 13), dass der Graf in der Mordnacht nicht zu Hause war. Durch dieses zweite Indiz besteht nun also ein hinreichender Tatverdacht gegen den Grafen, und der Kanzler setzt die Herzogin darüber in Kenntnis. Diese ist keineswegs begeistert, was strategische Gründe hat, die der Logik des Tribunals entsprechen: Aufgrund der »fast schwärmerischen Volksverehrung« (S. 15), die dem Grafen entgegengebracht wird, hat sie Angst, durch dessen Anklage die öffentliche Meinung gegen sich aufzubringen. Rothbart erfährt nun auch sogleich die Unterstützung seiner Freunde, als ihn die »Klagpunkte« (S. 17) der

---

13 Vgl. Nobili: Die freie richterliche Überzeugungsbildung, S. 147–163.

14 Aus dem *Zweikampf* wird unter Angabe der Seitenzahlen aus folgender Ausgabe zitiert: Kleist: Sämtliche Werke. Brandenburger Ausgabe, Bd. II/6. Der Zweikampf.

15 Vismann: Medien der Rechtsprechung, S. 154.

Herzogin erreichen, und diese sie um freies Geleit für den Grafen bitten und für sein Erscheinen vor Gericht bürgen.

Dieses Vorverfahren gibt ein Spannungsverhältnis wieder, das für das mittelalterliche Recht typisch ist. Dass nämlich die vermeintliche Integrität Rothbarts und sein öffentlicher Ruf so eine große Rolle spielen, und dies trotz der gegen ihn sprechenden Indizien, liegt daran, dass sozialer Zusammenhalt in einem auf die Probe angelegten Rechtssystem mehr zählt als Tatsachenaufklärung, wie auch am Beispiel des Sachsenspiegels zu sehen ist, dessen Gerichts- und Beweisverfahren »als Gratwanderung zwischen Indiz und Integrität beschrieben« worden ist.[16]

5. Die Tribunalisierung des Gerichts

Der Kaiser, den die Herzogin gebeten hatte, »ihr die Untersuchung in einer Sache abzunehmen, in der sie selber als Parthei befangen sei« (S. 19), hält sich gerade in Basel auf und eröffnet dort also ein Gericht – diese Flexibilität ist ein Kennzeichen des Tribunals. Er konfrontiert Rothbart mit den beiden Fragen, »wie der Pfeil, der, nach seinem eignen Geständniß sein gehöre, in die Hände des Mörders gekommen? auch: an welchem dritten Ort er sich in der Nacht des heiligen Remigius aufgehalten habe« (S. 19–20). Dies könnte der Beginn einer Untersuchung im Foucaultschen Sinne sein – doch »der Volksheld Rotbart [sic] invertiert die Szene des Gerichts«[17], so Vismann. Er lässt die erste Frage unbeantwortet und sagt nur, er habe »›von seiner Gleichgültigkeit gegen Krone und Scepter Proben genug gegeben‹« (S. 20), womit er einer Logik der Probe folgt. Auf die zweite Frage bringt er ein Alibi vor und behauptet,[18] er könne nicht der Mörder sein, weil er in besagter Nacht der Witwe Littegarde von Auerstein beigewohnt habe. Damit verlagert er den Gegenstand der Untersuchung von einer Mord- auf eine Ehrenfrage und öffnet der Tribunalisierung des Verfahrens Tür und Tor.

Mit Rothbarts Aussage ist nun die Ehre der Littegarde beschmutzt, woraufhin sie eine gerichtliche Vorladung erhält, die eine brutale Performativität entfaltet, als ihren kranken Vater der Schlag trifft und er stirbt. Littegarde selbst ist in diesem Moment gerade besinnungslos, ganz dem theatralen Reiz-Reaktionsschema gemäß, dem die Körper bei Kleist so häufig unterliegen. Dem Schreiben liegt als Beweis ein symbolträchtiger Ring bei, der ein Geschenk des verstorbenen Gemahls der Littegarde war und den sie Rothbart in besagter Nacht als Beweis ihrer Liebe übergeben haben soll. Littegarde kann keine Zeugin zu ihrer Verteidigung anführen, da ihre Zofe an besagtem Abend nicht zugegen war und nicht berichten kann, was Littegarde zu diesem Zeitpunkt getan hat. Diese kann sich somit »auf nichts, als die Unsträflichkeit ihres Lebenswandels berufen« (S. 27). Ihre Brüder jedoch jagen sie gewaltsam aus dem Haus.

---

16 Oestmann: Gerichtsbarkeit und Verfahren, S. 73.

17 Vismann: Medien der Rechtsprechung, S. 155.

18 Wie Carol Jacobs anmerkt, »whith a rhetorical flourish that is as illogical as it is false«. Jacobs: The Unclosable Wound, S. 164.

Littegarde hatte aus Rücksicht auf die Erbansprüche ihrer Brüder, die ihrem Vermögen aus erster Ehe galten, darauf verzichtet, mit dem Kämmerer des ermordeten Herzogs von Breysach, Friedrich von Trota, eine erneute Heirat einzugehen. An diesen treuen Freund, der ihr schon einmal das Leben gerettet hat und ihr in Liebe zugetan ist, wendet sie sich in ihrer Not. Tief im Inneren von ihrer Unschuld überzeugt, erklärt Friedrich sich sogleich bereit, als ihr Rechtsbeistand für ihre Ehre einzustehen: »In meiner Brust spricht eine Stimme für euch, weit lebhafter und überzeugender, als alle Versicherungen, ja selbst als alle Rechtsgründe und Beweise, die ihr vielleicht aus der Verbindung der Umstände und Begebenheiten, vor dem Gericht zu Basel für euch aufzubringen vermögt.« (S. 34)

Ebendiese »Verbindung der Umstände und Begebenheiten« entspräche ja einer gerichtlichen Untersuchung, Friedrich ist jedoch von ihrer Unschuld überzeugt, weil er sie liebt – und umgekehrt. Damit verbunden ist sein Interesse, ihr seine Liebe unter Beweis zu stellen, indem er sich der Bewährungsprobe des Zweikampfs stellt – in der Hoffnung, ihr Herz dadurch zu erobern, dass er sein Leben für sie aufs Spiel setzt. Doch sein subjektives Gefühl deutet in seinen Augen auf einen objektiven Wahrheitsgehalt hin. Diese Vorstellung einer intuitiven Erkenntnis auf Grundlage des Gefühls war um 1800 verbreitet[19], insbesondere auch unter den Frühromantikern. Friedrich steht dabei ganz im Geiste einer von Friedrich Schlegel gerühmten »gefühlte[n] Rechtlichkeit, die mehr ist, als die Gerechtigkeit des Gesetzes und Ehre«[20]. Diese scheint hier jedoch weniger einem moralischen Gefühl zu entspringen als vielmehr der Gewissheit des Liebhabers hinsichtlich des Gegenstands seiner Liebe.[21]

Im rechtlichen Diskurs sorgte gerade die potenzielle Irrationalität einer intuitiven ›conviction intime‹ bzw. ›inneren Überzeugung‹ lange für Widerstand gegen dieses Prinzip. So befürchtete anfänglich etwa der Rechtswissenschaftler Mittermaier, eine innere Überzeugung vom dem, was recht sei, könne bloß auf »dem Totaleindrucke und einem dunklen Gefühle von der Wahrheit einer Thatsache«[22] beruhen. Aber auch Kleist, der seinen Michael Kohlhaas an der Maßlosigkeit des eigenen »Rechtgefühls« hat zugrunde gehen lassen[23], lehnt eine ›innere Stimme‹ als sicheren Gerechtigkeitssinn jenseits historischer und kultureller Konfigurationen ab, wie er an Wilhelmine von Zenge schreibt: »Man sage nicht, daß eine Stimme im Innern uns heimlich u. deutlich anvertraue, was Recht sei.«[24]

---

19 Vgl. Emmel und Rücker: Gefühl. – In: Historisches Wörterbuch der Philosophie: Gefühl, Sp. 89–93

20 Schlegel: Reise nach Frankreich, S. 12.

21 Auch bei Novalis offenbart sich die Natur demjenigen, der sie liebt, und durch diese Forderung der Erkenntnis durch Liebe verliert im Übrigen auch das zuvor etablierte Paradigma der Vernunft als Gerichtshof des menschlichen Urteilsvermögens an Wirkmacht. Vgl. Blumenberg: Die Lesbarkeit der Welt, S. 234.

22 Mittermaier: Die Mündlichkeit, das Anklageprinzip, die Öffentlichkeit und das Geschwornengericht, S. 27.

23 Vgl. Rückert: »...der Welt in der Pflicht verfallen...«.

24 Kleist: An Wilhelmine von Zenge, Sa., 15. August 1801 – Sämtliche Werke. Brandenburger Ausgabe, Bd. IV/2, S. 90.

6. Von der Klageschrift zur Kampfklage

Da die innere Überzeugung von Littegardes Brüdern im Gegensatz zu Friedrichs Motiven vor allem durch ihre finanziellen Interessen motiviert ist, senden sie dem Baseler Gericht ein Schreiben, in dem sie ihre Schwester als »überwiesene Verbrecherinn« (S. 36) ausgeben und ihre Enterbung beantragen. Das Gericht ist nun gar nicht dafür zuständig, doch sieht es in der Reaktion des Grafen auf dieses Schreiben – er bietet ihr auf seiner Burg Unterschlupf an – einen Liebesbeweis. Als bestünde darin irgendein kausaler Bezug zu den verhandelten Streitfragen, beschließen die Herren Richter, bestärkt durch die in den Augen des Volkes wiederhergestellte Rechtschaffenheit des Grafen, ihn freizusprechen, allein auf schriftlicher Grundlage und ganz ohne die betroffene Frau diesbezüglich zu vernehmen: »Ja, diese Theilnahme, die er der Unglücklichen in diesem Augenblick der Noth schenkte, wirkte selbst höchst vortheilhaft auf die Meinung des in seinem Wohlwollen für ihn sehr wankenden Volks« (S. 38).

Das bezeichnenderweise »bei offnen Thüren« (S. 39) tagende Gericht wird weiter im tribunalen Sinne torpediert. Denn gerade, als die Richter im Begriff sind, den Grafen vom Mordvorwurf freizusprechen, trifft Friedrich von Trota ein und bittet darum, »auf das allgemeine Recht jedes unpartheiischen Zuschauers gestützt, den Brief auf einen Augenblick zur Durchsicht« (S. 39) einsehen zu können. Dieses von Kleist erfundene Recht führt zurück in eine Zeit, »als die Umstehenden mitentschieden haben«, wie Vismann anmerkt, womit sie sich auf den ›Umstand‹ bezieht, ein Begriff, der die Teilnehmer an der frühmittelalterlichen Dingversammlung bezeichnet.[25] Diese mussten der Entscheidung des Gerichts zustimmen, um sie rechtskräftig werden zu lassen.[26]

Die Untersuchung läuft also Gefahr, sich zu verselbstständigen, wenn sie rein schriftlich verläuft. Die Intervention Friedrich von Trotas zeigt indessen, dass es der Öffentlichkeit als kontrollierender Instanz bedarf, die freilich aufgrund ihrer Manipulierbarkeit auch zur Gefahr werden kann. Nun kann auch ausgerechnet Friedrich mitnichten als unparteiisch gelten, sowohl als Rechtsbeistand der Littegarde als auch in Bezug auf die ursprüngliche Streitsache, den Anschlag auf den Herzog von Breysach. Denn als dessen Kämmerer war er zu diesem Zeitpunkt bei ihm, was ihn zu einem potenziellen Zeugen machen würde, wenn das Gericht diesen Fall nur gebührend untersuchen würde.

7. Körper im Kampf und Gewissen auf dem Prüfstand

Friedrich also nimmt das Schreiben nur entgegen, um es zu zerreißen und gemeinsam mit einem Handschuh dem Grafen Rothbart vorzuwerfen, ihn anklagend (S. 40), »daß er ein schändlicher und niederträchtiger Verläumder, und er entschlossen sei, die Schuldlosigkeit Frau Littegardens an dem Frevel, den er ihr vorgewor-

---

25 Vgl. Vismann: Medien der Rechtsprechung, S. 156.

26 Vgl. Oestmann: Gerichtsbarkeit und Verfahren, S. 58.

fen, auf Tod und Leben, vor aller Welt, im Gottesurtheil zu beweisen!« Rothbart nimmt diese Herausforderung an und koppelt in der geschickten Formulierung Kleists die Wahrhaftigkeit seiner Aussage an die Gewissheit des gerechten Gottesurteils (S. 40): »[S]o gewiß als Gott gerecht, im Urtheil der Waffen, entscheidet, so gewiß werde ich dir die Wahrhaftigkeit dessen, was ich, Frau Littegarden betreffend, nothgedrungen verlautbart, im ehrlichen ritterlichen Zweikampf beweisen!« Mit dem Zweikampf, der hier eindeutige Anklänge an das noch weitere Jahrhunderte lang praktizierte ritterliche Ehrenduell trägt, kommt nun die Probe im eigentlichen Sinne ins Spiel. Die Entscheidung über die Wahrheit wird an Gott abgegeben,[27] nach der Vorstellung, dass derjenige, der im Recht ist, von Gott die Stärke verliehen bekommt, den Kampf zu bestehen.[28] Manifest wird die Wahrheit dabei am Körper[29]: »Gott greift [...] nicht in die Seele ein, er macht den Körper zum Zeichen. Dieses Zeichen ist für die Gemeinschaft, die es angeht, unmittelbar lesbar, denn das Gottesurteil wird *in medio populi circo*, mitten im umstehenden Volk, vollzogen.«[30]

Hermann Nottarp führt das Gottesurteil darauf zurück, dass sich der Schuldige im Konflikt mit der natürlichen Ordnung befindet und sich die Elemente der Natur gegen ihn wenden. Psychologisierend betrachtet, beeinflusst das Bewusstsein über die eigene Schuld oder Unschuld sowohl die Bereitschaft als auch die Fähigkeit, sich auf die Probe einzulassen und sie zu bestehen:[31] »Das Bewußtsein des Rechts gab einem die innere und damit auch die äußere Kraft des Durchhaltens [...].«[32] Dementsprechend wird bei der Probe mit der Körperkraft auch die innere Überzeugung bzw. das Gewissen auf den Prüfstand gestellt.[33] Hätte Friedrich auch nur den leisesten Zweifel an Littegardes Unschuld, würde diese ihn somit auch beschwören, »das Schwerdt, das keine vertrauensvolle Hand führt, lieber nicht zu zücken« (S. 45) – diese Sorge ist jedoch unberechtigt, da Friedrich ja innerlich ganz und gar davon überzeugt ist, dass sie unschuldig und er also im Recht ist.

Der nun stattfindende Zweikampf zwischen Friedrich und dem Grafen erfüllt Vismanns Kriterien für ein Tribunal nicht nur, weil er als Kampf zwangsläufig auf dem Prinzip des Agons beruht, sondern vielmehr auch, weil die Zuschauer den Verlauf des Kampfes maßgeblich beeinflussen.[34] Als Friedrich auf Anhieb den Grafen, anscheinend oberflächlich, verwundet, fühlt jener sich durch »das Murren der auf der Rampe befindlichen Ritter, über die Unschicklichkeit dieser Aufführung« (S. 47) dazu veranlasst, besonders behände weiterzukämpfen. Nach einer

---

27 »Gott entscheidet, was der Richter nicht wissen kann.« Dinzelbacher: Das fremde Mittelalter, S. 27.

28 Vgl. Oestmann: Gerichtsbarkeit und Verfahren, S. 76.

29 Vgl. Dinzelbacher: Das fremde Mittelalter, S. 86.

30 Ebenda, S. 97.

31 Vgl. Nottarp: Gottesurteilstudien, S. 32.

32 Ebenda, S. 34.

33 In ideologischer Hinsicht sind Nottarps *Gottesurteilstudien*, die in den 1940er Jahren entstanden sind, darüber hinaus allerdings als höchst problematisch zu erachten.

34 »Denn die körperlichen Artikulationen, die von anderen Zuschauern oder auch den Akteuren gesehen, gehört, gerochen oder gespürt werden, rufen bei denen, die sie wahrnehmen, gegebenenfalls wiederum wahrnehmbare Verhaltensweisen und Handlungen hervor und so fort.« Fischer-Lichte: Ästhetik des Performativen, S. 267.

Stunde ist es dann »ein Murren unter den auf dem Gerüst befindlichen Zuschauern« (S. 48) – also im gegensätzlichen, bürgerlichen Lager[35] –, das diesmal Friedrich dazu bewegt, seine Strategie zu ändern. Hatte er zuvor im wahrsten Sinne des Wortes Standfestigkeit bewiesen, indem er sich nicht von der Stelle rührte und seine Füße sich allmählich in den Boden eingruben, missfällt dem Publikum nun jedoch »Hrn. Friedrichs Einpfählung auf einem und demselben Fleck« (S. 48), die wohl in der Tat wenig Unterhaltung bietet. Eine eigentümliche Formulierung beschreibt die sich daraufhin vollziehende Wende im Kampfverlauf (S. 48–49):

> Hr. Friedrich, obschon sein Verfahren auf guten Gründen beruhen mogte, fühlte dennoch zu leise, als daß er es nicht sogleich gegen die Forderung derer, die in diesem Augenblick über seine Ehre entschieden, hätte aufopfern sollen; er trat mit einem muthigen Schritt aus dem, sich von Anfang herein gewählten Standpunkt, und der Art natürlicher Verschanzung, die sich um seinen Fußtritt gebildet hatte, hervor [...].

Dass die ihn von außen Beobachtenden über seine Ehre entscheiden, lässt ihn von seinem inneren Gefühl abrücken, welches im Vergleich dazu »zu leise« ist. Ob dieses Gefühl die anzuwendende Taktik betrifft, wie der Begriff des »Verfahrens« nahelegt, oder doch seine[36] oder Littegardes Ehrhaftigkeit, bleibt freilich offen. Was nun jedenfalls geschieht, ist ein paradigmatischer Fall eines Kleist'schen Sturzes (S. 49–50):

> Aber schon in den ersten Momenten dieses dergestalt veränderten Kampfs, hatte Hr. Friedrich ein Unglück, das die Anwesenheit höherer, über den Kampf waltender Mächte nicht eben anzudeuten schien; er stürzte, den Fußtritt in seinen Sporen verwickelnd, stolpernd abwärts, und während er, unter der Last des Helms und des Harnisches, die seine oberen Theile beschwerten, mit in dem Staub vorgestützter Hand, in die Kniee sank, stieß ihm Graf Jacob der Rothbart, nicht eben auf die edelmüthigste und ritterlichste Weise, das Schwerdt in die dadurch bloßgegebene Seite.

Diese Szene der Niederlage lässt unweigerlich an Kleists Marionettentheater-Aufsatz denken, nicht nur wegen der Selbstentzweiung des Menschen, der sich des Angeschautwerdens bewusst wird,[37] sondern weil sich als Folge davon »die Seele (*vis motrix*) in irgend einem andern Puncte befindet, als in dem Schwerpunct der Bewegung«[38], wie es dort heißt.[39] Somit ist Friedrichs Niederlage im Zweikampf im Grunde nur das Ergebnis eines Zusammenspiels innerer und äußerer Regungen, wohingegen eine Intervention höherer Mächte nicht belegbar ist. Das Publikum

---

[35] »Nur die Ritter murren über den Grafen, das Volk aber über den Kämmerer«. Schubert: Der Zweikampf, S. 298.

[36] »Trota unterliegt danach ja aus ganz klar einsehbaren Ursachen, nämlich einzig deshalb, weil sein nobles Ehrgefühl ›zu leise‹ empfindet, um den Protest der Zuschauer gegen sein angeblich unritterliches Verhalten zu überhören.« Wittkowski: *Die heilige Cäcilie* und *Der Zweikampf*, S. 49.

[37] Helmut J. Schneider: Standing and Falling in Heinrich von Kleist, S. 515.

[38] Kleist: Über das Marionettentheater – Sämtliche Werke. Brandenburger Ausgabe, Bd. II/7, S. 322.

[39] Vgl. Helmut J. Schneider: Dekonstruktion des hermeneutischen Körpers, S. 164: »Der Körper, der über seine Grenze und seinen Schwerpunkt hinauslangt, bricht auseinander. Der lebendige Körper der Selbstdarstellung und des Begehrens ist der Zerstückelung ausgesetzt.«

erhebt sich »unter dumpfen Ausrufungen des Schreckens und Mitleidens« (S. 51) – auch bekannt als ›phobos‹ und ›eleos‹. Littegardes Reaktion hingegen fällt wieder unmittelbar körperlich aus, indem sie in Ohnmacht fällt. Sie wird ins Gefängnis abgeführt, wie im Übrigen auch Friedrich, als ein »dem Gesetz Verfallene[r]«, wie es heißt (S. 52). Mit allen Konnotationen, die im Stehen und Fallen bei Kleist mitschwingen, ermöglicht dieser Fall jedoch auch erst ein Wiederaufstehen.[40]

8. Von der Evidenz zur Auslegung

Denn Friedrichs schwere Wunden erweisen sich als »durch eine besondere Fügung des Himmels nicht tödtlich« (S. 52) und die Ärzte prognostizieren ihm eine vollständige Genesung. Dies stellt das Ergebnis des Zweikampfs in Frage und macht ihn zum Gegenstand eines hermeneutischen Prozesses,[41] sobald Friedrich fragt, »›wo ist der Sterbliche, und wäre die Weisheit aller Zeiten sein, der es wagen darf, den geheimnißvollen Spruch, den Gott in diesen Zweikampf gethan hat, auszulegen?‹« (S. 53–54). Tatsächlich wurde das Gottesurteil auch von der Kirche als anmaßend empfunden, weil es Gott zur Offenbarung zwinge.[42]

Da auch die richtige Lektüre göttlicher Zeichen bei Kleist im Modus des Kampfes verhandelt wird,[43] liefert sich Friedrich mit seiner Mutter ein Wortgefecht, in dem er »diese willkürlichen Gesetze der Menschen« (S. 55) ablehnt, die den Kampf bereits entgegen »jeder vernünftigen Schätzung der Verhältnisse« (S. 55) für beendet erklären würden, bevor einer der Kämpfer sterbe. Die Mutter setzt dagegen, dass die Geltungskraft der Gesetze ganz unabhängig von seiner individuellen Einstellung zu ihnen bestehe, und somit kraft ihrer positiven Geltung. Während Friedrichs Zweifel diesen angeblichen Positivismus »›göttlicher Satzungen‹« (S. 55) als absurd und inkommensurabel erscheinen lassen, stellt er das Prinzip der göttlichen Gerechtigkeit an sich nicht in Frage, sondern bleibt ganz dem mittelalterlichen Denken verhaftet, wenn er glaubt, Gott habe ihn durch den erlittenen »Fehltritt« (S. 56) wohl für andere Sünden strafen wollen, die nichts mit der Streitsache um Littegarde zu tun haben.[44] Anders als hier zu vermuten ist, bargen Gottesurteile auch immer schon das Risiko, dass sie uneindeutig ausfallen konnten und man sich mit derlei alternativen Interpretationsmethoden Abhilfe verschaffen musste.[45]

---

40 »›Standing by falling‹ thus becomes a conscious (self-)positioning; the self is not content to owe its ›birth‹ to naked contingency but inserts itself into a higher order«. Helmut J. Schneider: Standing and Falling in Heinrich von Kleist, S. 516–517; vgl. auch ebenda, S. 504.

41 Vgl. Neumann: Ritualisierte Kontingenz, S. 357.

42 Vgl. Oestmann: Gerichtsbarkeit und Verfahren, S. 76.

43 Vgl. De Man: Aesthetic Formalization, S. 282.

44 »Die rechtmäßige Sache siegt nach mittelalterlichem Denken regelmäßig. Selbst wenn alle Fakten für das Gegenteil sprachen, versuchte man, diese Überzeugung zu wahren, indem man annahm, auch eine an sich gerechte Sache könne trotzdem ihr Ziel verfehlen, wenn sie Ungerechte betrieben.« Dinzelbacher: Das fremde Mittelalter, S. 91.

45 Vgl. ebenda, S. 32 und Nottarp: Gottesurteilstudien, S. 23.

Dennoch vollzieht sich hier etwas Entscheidendes. Friedrich beginnt, seine innere Überzeugung durch rationale Gründe zu untermauern, die freilich nicht die Unschuld der Littegarde betreffen, wohl aber die Relativität des göttlichen Urteils, und somit dessen Beweiskraft.[46] Dadurch aber wird die Beweiswürdigung zu einer subjektiven Verstandesleistung erklärt. Auch historisch setzte sich die zunächst als zu gefühlsgeleitet kritisierte ›conviction intime‹ erst dann als freie Beweiswürdigung durch, als ihr rationaler Charakter anerkannt worden war, nicht zuletzt infolge der von Savigny verfolgten Argumentation, dass der Wegfall der gesetzlichen Beweistheorie nicht zwingend einen Verzicht auf Vernunfturteile mit sich bringe. Demnach setzte sich mit der 1848 flächendeckend erfolgten Anerkennung der freien Beweiswürdigung in der deutschen Rechtsprechung die Auffassung durch, dass »die Rationalität der Überzeugungsbildung von der Übernahme *unverbindlicher wissenschaftlicher Anweisungen* abhänge, unter denen *Denkgesetze, Erfahrung und Menschenkenntnisse* besonders hervorzuheben seien«[47].

Einen Kontrast zu dieser Rationalität einfordernden Urteilsbildung manifestiert Littegarde auf geschlechtsstereotype Weise, als Friedrich sie im Gefängnis besucht. In ihrer Aufmachung und Beschreibung ganz zur Maria Magdalena stilisiert,[48] hält sie sich nun selbst für schuldig, da sie dem angeblichen Gottesurteil mehr Aussagekraft beimisst als ihrer inneren Überzeugung. Diese heteronome Verinnerlichung eines äußeren Urteils ist so ungeheuerlich, dass man beim Lesen zunächst ebenso geneigt ist, ihr entgegen aller bisherigen Überzeugungen Glauben zu schenken, wie Friedrich, der sogleich in Ohnmacht fällt. Als er wieder zu sich kommt, weil Littegarde ihrer näheren Erklärung nach doch unschuldig sein muss, fragt sie, »wie kannst du dem, was dir mein Mund sagt, Glauben schenken? [Hat] das geheiligte Urtheil Gottes nicht gegen mich entschieden?« (S. 66). Für Friedrich ist das Gottesurteil jedoch nur durch eine Allianz von Vernunft und Gefühl zu verstehen (S. 66–67):

> »[B]ewahre deine Sinne vor Verzweiflung! thürme das Gefühl, das in deiner Brust lebt, wie einen Felsen empor: halte dich daran und wanke nicht, und wenn Erd' und Himmel unter dir und über dir zu Grunde gingen! Laß uns, von zwei Gedanken, die die Sinne verwirren, den verständlicheren und begreiflicheren denken, und ehe du dich schuldig glaubst, lieber glauben, daß ich in dem Zweikampf, den ich für dich gefochten, siegte!«

Letztendlich ist Wahrheit also doch wieder das Ergebnis einer Entscheidung, war es zuvor die göttliche, so ist es jetzt die des Menschen – es ist eine Frage des Glaubens, der jedoch auf ein Abwägen emotionaler und rationaler Gründe gestützt ist. Friedrich trifft diese Entscheidung allerdings erst, nachdem er bereits seinem Gefühl gefolgt ist und sich dem Kampf gestellt hat, und bedient sich der Vernunft als nachträglichem Korrektiv. Diese Verkehrung der rationalistischen Abfolge findet ihre Entsprechung in Kleists Text *Von der Überlegung*:

---

[46] Vgl. Ensberg: »Wo bleibt da Gott?« – Gerechtigkeit und ihre Vermittlung in Kleists Erzählung »Der Zweikampf« – In: Ensberg und Marquardt (Hrsg.): Recht und Gerechtigkeit bei Heinrich von Kleist, S. 183–200, hier S. 193.

[47] Nobili: Die freie richterliche Überzeugungsbildung, S. 160 (Hervorhebung im Original).

[48] Vgl. Müller: Kleists Mittelalter-Phantasma, S. 16.

> Die Überlegung, wisse, findet ihren Zeitpunkt weit schicklicher n a c h , als v o r der That. Wenn sie vorher, oder in dem Augenblick der Entscheidung selbst, ins Spiel tritt: so scheint sie nur die zum Handeln nöthige Kraft, die aus dem herrlichen Gefühl quillt, zu verwirren, zu hemmen und zu unterdrücken; dagegen sich nachher, wenn die Handlung abgethan ist, der Gebrauch von ihr machen läßt, zu welchem sie dem Menschen eigentlich gegeben ist, nämlich sich dessen, was in dem Verfahren fehlerhaft und gebrechlich war, bewußt zu werden, und das Gefühl für andere künftige Fälle zu reguliren. Das Leben selbst ist ein Kampf mit dem Schicksal; und es verhält sich auch mit dem Handeln wie mit dem Ringen.[49]

Die Zeitlichkeit von Handeln und Urteilen verändert sich in Friedrichs Bewusstsein auch insofern, als die Wahrheit des Gottesurteils seiner Auffassung nach auch nicht mehr »›im Augenblick der glaubensvollen Anrufung selbst‹« (S. 67) offenbart werden muss. Die evidenzbasierte Theatralität des Zweikampfs wird durch das Paradigma der Lektüre abgelöst, geht es doch jetzt darum, »die Wunden zu lesen«,[50] wobei es sich dabei freilich, wie bei theatralen, ebenfalls um körperliche Zeichen handelt.

Als Gegenstück zu Friedrichs Heilung bedarf es allerdings noch Rothbarts medizinischer Fallgeschichte, um den Rechtsfall aufzuklären. Friedrich und Littegarde wären dem »bestehenden Gesetz« (S. 68) nach schon längst hingerichtet worden, »wenn es des Kaisers geheime Absicht nicht gewesen wäre, den Grafen Jacob den Rothbart, gegen den er eine Art von Mißtrauen nicht unterdrücken konnte, dabei gegenwärtig zu sehen« (S. 69). Die innere Überzeugung des Richters hat also aufschiebende Wirkung, veranlasst diesen jedoch nicht zu weiteren Untersuchungen, weil hier kein Ermittlungsgrundsatz gilt. Es erweist sich nun, dass Rothbarts scheinbar leichte Verletzung auf seinen ganzen Körper übergreift, dessen fortschreitenden Verfall auch eine Amputation des Armes nicht aufhalten kann. Grund dafür, dass sich »sein ganzer Körper nach und nach in Eiterung und Fäulniß auflöste« (S. 70), ist »ein äußerst verderbter Zustand seiner Säfte« (S. 69), ganz im Gegensatz zu Friedrichs schneller Heilung dank »der Stärke seiner Natur« (S. 52).

Während die forensische Psychologie zu Zeiten Kleists von der Physiognomik Lavaters geprägt war, die anhand eines Codes der Glaubwürdigkeit und ihres Gegensatzes, der Verstellung, äußere Zeichen des Körpers als Ausdruck innerer psychischer Vorgänge interpretierte,[51] hatte in der Medizin das Zeitalter der Klinik begonnen, welche sich von essenzialistischen Vorannahmen verabschiedete und im

---

49 Kleist: Von der Überlegung (Eine Paradoxe.) – Sämtliche Werke. Brandenburger Ausgabe, Bd. II/7, S. 301.

50 Vgl. Krüger-Fürhoff: Den verwundeten Körper lesen.

51 »Lavaters unbeholfene Versuche, die physiognomisch signifikanten Einheiten herauszupräparieren, berühren ein prekäres Thema: Es geht um die Störung jener zugrunde gelegten Innen-Außen-Relation (in moralischen Termini des 18. Jahrhunderts: um Verstellung). Sie steht für die Trennung von Zeichen und Bezeichnetem, für ihre Differenz, für die Unabhängigkeit jener ›äußerlichen‹ signa, welche gerade, in Anlehnung an das natürliche Zeichen der medizinischen Semiotik, als natürlich-symptomatische und deshalb als untrügliche Zeichen den ›inneren‹ signata verstanden werden sollten.« Geitner: Klartext. Zur Physiognomik Johann Caspar Lavaters. – In: Campe und Schneider (Hrsg.): Geschichten der Physiognomik, S. 357–385, hier S. 360.

Körper angelegte Kompositionsprinzipien durch kombinatorische Verfahren zu ergründen suchte.[52]

Kleist wiederum siedelt seine Semiotik des Körpers in dessen Inneren an[53] und bleibt der Humoralpathologie verhaftet, wie auch der Justiz des Mittelalters, die den Körper ins Zentrum stellt. So wurden als Ausdruck von Wahrheit und Moral gelesene körperliche Symptome auch für die Interpretation von Gottesurteilen herangezogen. Wenn jemand bei einer Probe beispielsweise kochendes Wasser oder ein heißes Eisen anfassen musste, ging man nicht davon aus, dass die Person davon keine Verletzungen davontrug, sondern beobachtete, auf den ›blickenden Schein‹[54] gestützt, »ob die Verletzung so, wie es einem natürlichen Verlauf entsprechen mußte, verheilt sei oder ob unreines Blut die normale Heilung verhindert und sich Eiter und dergleichen gebildet hatte. Im ersten Falle war der Beweisführer unschuldig, im zweiten schuldig.«[55]

9. Des Rätsels Lösung: Der Kreis schließt sich und alles bleibt offen

Dank eines Erzählereinschubs erfahren wir nun, dass es die Kammerzofe Rosalie war, die Rothbart im Schloss antraf und nicht Littegarde. Dass diese komödienhafte Verwechslungsintrige aufgedeckt wird, ist wieder einmal einem Rechtsgesuch zu verdanken: Rosalies Eltern fordern von Rothbart Unterhaltszahlungen für das in der fraglichen Nacht gezeugte Kind. Als Beweis dafür kann Rosalie den Ring vorweisen, den der Graf ihr gegeben hatte und der ursprünglich von dessen Ehefrau stammte. Dieser ist somit das fehlende Gegenstück desjenigen Rings, den Rothbart von Littegarde erhalten haben wollte, und gemäß dem Prinzip des Symbolons, der zusammenpassenden Hälften, schließt sich mit ihm nun endlich der Kreis. Das Symbolon[56] führt Foucault am Beispiel des *König Ödipus* von Sophokles als paradigmatisches Prinzip der Untersuchung an: »Fügt man die beiden Hälften zusammen, erkennt man die Echtheit der Botschaft«[57].

Mit dieser Auflösung wird aber gleichzeitig der Zweikampf als Probe über die innere Überzeugung, im Recht zu sein, obsolet, da ja auch Rothbart, als betrogener Betrüger, subjektiv davon überzeugt war, ein Stelldichein mit Littegarde gehabt zu haben. Das abschließende Urteil über die Schuldfrage ergeht nun auch durch den Übeltäter selbst, indem dieser die medizinischen Symptome als pathognomische

---

52 Vgl. Foucault: Naissance de la clinique, S. 99.

53 »Kleists Erzählung [verschiebt] die in der klassizistischen Ästhetik entworfene Bewegung von Ursprung und Ausdruck, denn nicht eine innere Leidenschaft wird auf der Außenseite des Körpers ablesbar, sondern ein äußeres Leiden dringt in das Körperinnere ein; statt idealistischer Innerlichkeit gerät die krude Materialität des Körperinneren in den Blick.« – Krüger-Fürhoff: Den verwundeten Körper, S. 29.

54 Vgl. Friedrich Scheele: Blickender Schein. – In: Handwörterbuch zur deutschen Rechtsgeschichte (2., völlig überarb. u. erw. Aufl., Bd. 1, Sp. 616–617 (HRGdigital).

55 Nottarp: Gottesurteilstudien, S. 26. Vgl. auch Dinzelbacher: Das fremde Mittelalter, S. 35.

56 Vgl. Boegehold et a.: The Lawcourts at Athens, S. 34.

57 Foucault: Die Wahrheit und die juristischen Formen, S. 38.

Zeichen für Schuld und Unschuld deutet.[58] Dass sein Körper ihn entgegen seiner eigenen inneren Überzeugung eines Besseren belehrt, entspricht einer für die Kleist'sche Ästhetik grundlegenden Verkehrung von innen und außen, wie sie sich im Aufsatz *Über das Marionettentheater* darstellt.[59]

Da der Beweis durch den Körper jedoch nur der Logik der Probe entspricht, lässt Rothbart es nicht darauf beruhen und fügt im Sinne der Untersuchung hinzu: »›Aber hier, falls ein Ungläubiger noch Zweifel nähren sollte, sind die Beweise‹ [...]« (S. 80) – woraufhin er die Intrige der Rosalie aufdeckt. Er hat nun nichts mehr zu verlieren und gesteht, dass er tatsächlich den Mord an seinem Bruder in Auftrag gegeben hat, woraufhin er sogleich verstirbt. Obwohl er also ein Alibi für die Mordnacht hat, ist er trotzdem der Mörder des Herzogs, wodurch der gesamte Zweikampf ad absurdum geführt wird.

Littegarde und Friedrich jedoch sind gerade noch mit dem Leben davongekommen, und die symbolische Ordnung kann nun wiederhergestellt werden, indem alle Erb- und Besitzverhältnisse zugunsten Littegardes geklärt werden, ihre suspendierte Hochzeit mit Friedrich nachgeholt und damit dessen Liebe gesetzlich sanktioniert wird, und indem Friedrich vom Kaiser eine Gnadenkette verliehen bekommt.

Die Statuten des Zweikampfs aber werden vom Kaiser abgeändert, denn er lässt, »überall wo vorausgesetzt wird, daß die Schuld dadurch unmittelbar ans Tageslicht komme, die Worte einrücken: ›wenn es Gottes Wille ist‹« (S. 84). Die göttliche Gerechtigkeit wird somit endgültig ironisiert, denn wenn es sie gibt, dann geht sie von einem ›deus absconditus‹, einem verborgenen Gott aus, der sich menschlichen Auslegungsanstrengungen entzieht.[60] Damit invertiert Kleist aber einmal mehr das Verhältnis von innen und außen, wonach das Innere die Wahrheit birgt und das Gottesurteil etwas Verborgenes sichtbar macht: Während der Wille Gottes so verschlossen bleibt wie das menschliche Innere, ist der Körper für den Menschen der Ort einer Wahrheit, der freilich nie ganz zu trauen ist.[61]

10. Schlussbemerkung: Formen und Grenzen von Subjektivität im Recht

War es also unser Anliegen, die Methoden der Wahrheitsfindung im *Zweikampf* im Hinblick auf das darin zum Ausdruck kommende Verhältnis von ›innen‹ und ›außen‹ zu untersuchen, so finden wir zunächst einmal ein Konkurrenzverhältnis der

---

58 Vgl. Manfred Schneider: Die Beobachtung des Zeugen nach Artikel 71 der ›Carolina‹: Der Aufbau eines Codes der Glaubwürdigkeit 1532–1850. – In: Campe und Schneider (Hrsg.): Geschichten der Physiognomik, S. 153–182, hier S. 161.

59 »Kleist befragt und destruiert den Primat des Inneren über das Äußere, des Geistigen über das Körperliche, des Sinns über die Kontingenz, der Metapher über das Wörtliche, des Signifikats über den Signifikanten – der Seele über den Körper. Er tut dies, indem er den klassischen Diskurs in einem rhetorisch-theatralischen Verfahren ›von außen‹ darstellt.« – Helmut J. Schneider: Dekonstruktion des hermeneutischen Körpers, S. 158.

60 Vgl. Müller-Seidel: Versehen und Erkennen, S. 94–95.

61 Vgl. Manfred Schneider: Die Inquisition der Oberfläche. Kleist und die juristische Kodifikation des Unbewußten, S. 126.

beiden gerichtlichen Methoden vor, die Foucault als Probe und Untersuchung epistemologisch systematisiert hat. Dabei stellt die Probe die innere Einstellung einer verdächtigten Person auf den Prüfstand, indem sie deren Schuld äußerlich sichtbar werden lassen soll, während die Untersuchung vor allem die innere Überzeugungsbildung der urteilenden Person in den Fokus rückt, die aufgrund von äußeren Eindrücken Tatsachen rekonstruieren und Schuldhaftigkeit einschätzen muss, deren Meinung jedoch von vielen Faktoren beeinflusst wird, die nicht immer legitim sind. Beide Arten der Rechtsfindung werden im Zweikampf als Zugänge zur Wahrheit herangezogen, erweisen sich aber als unzulänglich. Das Gerichtsverfahren oszilliert dabei zwischen den Ansprüchen der unmittelbar erkennbaren Evidenz und der ›evidence‹ im Sinne rationaler und empirischer Beweise. Die Probe erscheint in ihren metaphysischen Prämissen als problematisch, weil sie eine Semiotik der Offenbarung einfordert, als würde eine zu bestehende Probe natürliche, indexikalische Zeichen hervorbringen, die auf Grundlage einer göttlichen Gerechtigkeit einen ursächlichen Bezug zwischen binär gedachter (Un-)Wahrheit bzw. (Un-)Schuld einerseits und Naturelementen bzw. Körpern andererseits zum Ausdruck bringen würden, sodass materielle und körperliche Zustände und Reaktionen nach einem verfügbaren Deutungsschema unmittelbar auf einen zugrundeliegenden Schuld- und Wahrheitsgehalt zurückzuführen wären. Die Untersuchung hingegen ist ein kombinatorisches Verfahren, bei dem eine durch logische Schlüsse erzielte Komplementarität von Informationen erzielt werden muss, um ein Gesamtbild zu rekonstruieren. Dies scheitert freilich immer wieder an der Komplexität der zu berücksichtigenden Faktoren, weil das erkennende Subjekt dieser nicht gewachsen ist. Der Status dieses Subjekts ist ebenso ungesichert wie unser Wissen: »Denn nicht w i r wissen, es ist allererst ein gewisser Z u s t a n d unsrer, welcher weiß«[62], so Kleist.

Auf der Ebene des zeitgenössischen Rechtsdiskurses, und somit eines anderen historischen Ablösungsprozesses, in dessen Verlauf die freie Beweiswürdigung eingeführt wird, stellt sich daher auch die Frage, inwiefern das subjektive Urteil bei der Konstitution von Wahrheit eine Rolle spielt, und wie dieses herangebildet wird. In der Figur des Friedrich von Trota überlagern sich diese Aspekte insofern, als er zunächst auf Grundlage eines romantisch motivierten Rechtsgefühls von der Unschuld Littegardes überzeugt ist und dafür dann selbst im Zweikampf auf die Probe gestellt wird. Nach dessen unklarem Ausgang jedoch bildet er mittels Interpretation und Argumentation ein Urteil heraus, das letztlich darauf hinausläuft, die Evidenz des Gottesurteils anzuzweifeln. Die sich hier abzeichnende Subjektivierung von Wahrheitsfindung wird auf die Spitze getrieben durch den subjektivistischen Voluntarismus eines Gottes, der dem Menschen verborgen bleibt.

Dieser allmählichen Interiorisierung von Recht und Wahrheit setzt Kleist archaische Formen einer Exteriorisierung entgegen, die auch subjektive Gewissheiten außer Kraft setzt. In der medizinischen Lektüre körperlicher Symptome wird somit gleichzeitig die Urteilskraft weiterentwickelt als auch ausgesetzt, indem den Kör-

---

62 Kleist: Über die allmähliche Verfertigung der Gedanken beim Reden – Sämtliche Werke. Brandenburger Ausgabe, Bd. II/9, S. 31 (Hervorhebung im Original).

pern eine Eigengesetzlichkeit zugestanden wird, die sich der Aura des Wunders noch nicht entledigt hat. In dieser ständigen Konfrontation gegensätzlicher Polaritäten – wie Gefühl und Vernunft, Glauben und Wissen, Überlegen und Handeln, Mensch und Gott, Bewusstsein und Körper, Innerlichkeit und Äußerlichkeit – steht Kleist der Gegensatzphilosophie Adam Müllers sehr nahe: »Es läßt sich immerhin vorstellen, daß das ›gegensätzische‹ Rechtsdenken Adam Müllers, dessen Überzeugung, daß Recht nicht vorfindlich, sondern im ewigen Kampf der Parteien herzustellen sei, die juristisch vorsozialisierte Dichterphantasie zu einer Probe aufs Exempel gereizt hat«.[63] Ganz in diesen Sinne zeigt sich auch im *Zweikampf*, dass allgemein anerkannte Wahrheit im Kampf gegensätzlicher Interessen ausgefochten wird. Das Recht, durch das sich dies vollzieht, ist eine Form von Kommunikation, deren Semiotik Wandlungen unterliegt und die immer zu misslingen droht.

[63] Vgl. Ogorek: Adam Müllers Gegensatzphilosophie und die Rechtsausschweifungen des Michael Kohlhaas, S. 124.

Norman Kasper

Recht sprechen – Recht lesen. Eichendorffs »Das Schloß Dürande« als juristische Textur und die virtuelle Dimension des Rechts

Rechtskonflikte, die in literarischen Texten entworfen werden, gewinnen ihre Brisanz zum einen daraus, dass sie argumentative Begründungsmuster aufnehmen, die potentiell auch außerhalb der erzählten, fiktiven Welt Geltung beanspruchen können. Entscheidend ist hier die Zuordnung eines literarischen Rechtsfalles zu einer konkreten, historisch oder zeitgenössisch nachweisbaren juristischen Problemsituation. Zum anderen jedoch kann sich die Brisanz von literarischen Rechtsfällen aus dem Umstand speisen, dass deren Konflikt und das Verhalten der Beteilgten maßgeblich durch die Ordnung des Textes bestimmt sind. Der außertextuell verbrieften Rechtsordnung und einem dieser zugeordneten Rechtsempfinden kommt dann lediglich die Funktion zu, jene Bausteine zu liefern, die aufgrund der Erzähllogik des Textes nötig sind. Es geht mit Blick auf letzteren Fall nicht um jene ›poetische Gerechtigkeit‹, die einer Erzählung oder einem Drama auferlegt, Prinzipien der Belohnung und Bestrafung analog den Anreiz- und Ausschließungsmustern einer präferierten gesellschaftlichen Werteordnung zu gestalten.[1]

Im Mittelpunkt steht demgegenüber der Text als Textur, als Gewebe, das, wie es Roland Barthes formuliert, »durch ein ständiges Flechten entsteht und sich selbst bearbeitet«, und dem damit eine »generative Vorstellung« zukommt. Barthes macht dieses Text-Verständnis gegenüber einer Lesart stark, die das »Gewebe bisher immer als ein Produkt, einen fertigen Schleier aufgefaßt hat, hinter dem sich, mehr oder weniger verborgen, der Sinn (die Wahrheit)«[2] aufhalte. Hinter dem Schleier, so kann man wohl schlussfolgern, ist nichts. Es sind die einzelnen Knotenpunkte des Gewebes, die ein Muster entstehen lassen. Die Textur bleibt demnach an die Beziehungshaftigkeit (und potentielle Beziehungsfähigkeit) der sie konstituierenden Elemente gebunden. Als juristische Textur in diesem Sinne möchte ich Eichendorffs *Das Schloß Dürande* vorstellen.

Eine solche Lesart ist kein Selbstzweck, sie beruht auf folgender Beobachtung: Auf der Oberfläche des Textes werden unterschiedliche Codes aufgerufen, die mit den Semantiken der Rechtsanerkennung, Rechtsvertretung und Rechtsfähigkeit ihr Spiel treiben. Diese das Gewebe der Erzählung wie ein roter Faden durchziehende Ambivalenz juristischer Codes hat bereits die frühe Eichendorff-Forschung registriert, genauer gesagt: mit Missbehagen registriert. In der mangelnden Explikation

---

1 Vgl. zum Konzept der ›poetischen Gerechtigkeit‹: Sebastian Donat u. a.: Zu Geschichte, Formen und Inhalten poetischer Gerechtigkeit. – In: Donat u. a. (Hrsg.): Poetische Gerechtigkeit, S. 9–38.

2 Barthes: Die Lust am Text, S. 94. Vorhergehende Zitate gleichfalls.

https://doi.org/10.1515/9783110612073-017

der Grundlagen des verhandelten Rechtsverständnisses und der sich daraus ergebenden verweigerten Einsicht in die Legitimität der Rechtsansprüche sieht sie eine Schwäche der Erzählung. Über *Das Schloß Dürande* heißt es etwa bei Hans Brandenburg 1922:

> Der Dichter selber hatte die Geschichte in die Sphäre gerückt, in der die Frage nach der Glaubhaftigkeit lebt und nicht umgangen werden darf, sondern künstlerisch gelöst werden muß. Spitzt er die Geschichte schon zu einem Rechtshandel zu, wie es Kleist im »Kohlhaas« tut, so muß dieser auch die Grundlage eines wirklichen Deliktes haben, wenn anders nicht die hier vom Dichter erstrebte tragische Lösung in sich hinfällig sein soll. Allein als Rechtshandel ist die Geschichte zu dürftig, dieser wird auch nicht einmal entwickelt, sondern nur durch einige Streiflichter mehr verwirrt als erhellt. Wenn der Dichter uns ferner nicht sagt, was er weiß, wenn er mit uns Versteck spielt, wenn er uns mystifiziert, so ist das als Spiel recht – aber eine blutige Angelegenheit soll er nicht als Charade behandeln.[3]

Im Kern geht es bei dieser Kritik um ein Problem, das auf der narrativen Ebene angesiedelt ist (und sich weniger um das ›Wissen‹ des Dichters dreht): Innerhalb des Erzählberichtes bleibt die Legitimität der Rechtsansprüche permanent auf der Verhandlungsebene, ohne dass durch die Fokussierung – oder narratologisch gesprochen: Fokalisierung – der Ereignisse Klarheit geschaffen und damit die Bewertung der Rechtsforderungen durch den Leser auf eine normativ solide Basis gestellt würde.

Wenn hier davon die Rede ist, dass der Erzählbericht die Verhandlungsebene nicht verlässt, so soll damit auch gesagt sein, dass der Wissenshorizont des Lesers im ständigen Wandel begriffen ist. Indem der Leser auf den narrativen Verhandlungsprozess angewiesen ist, bleibt ihm nichts anderes übrig, als die Gewebestruktur des Textes nachzuvollziehen und sich innerhalb der gebotenen relationalen Ordnung zu orientieren. Diese Orientierung fällt deshalb nicht ganz leicht, da es bereits umstritten ist, wie Brandenburg moniert, worin denn genau jenes »Delikt« besteht, das die Grundlage des Leserurteils über den legitimen oder illegitimen Charakter der Rechtforderungen bilden müsste. Man kann in dieser Delikt-Schwäche mit Brandenburg den großen Unterschied zu Kleists Michael Kohlhaas – dem tragischen Helden der gleichnamigen Erzählung – sehen, und insofern ist es fraglich, ob Eichendorffs in Sachen Tragik Kleists Protagonist in nichts nachstehender Held, Renald, tatsächlich »eine Kohlhaas-Figur«[4] darstellt. Hinter der Abkehr Eichendorffs von der Explikation der Delikt-Situation in der strukturellen Ordnung

---

3 Brandenburg: Joseph von Eichendorff, S. 358. Den Hinweis auf Brandenburg verdanke ich Heimböckel: Eichendorff mit Kleist, S. 73.

4 So die Meinung von Helmut Koopmann: Der Zweifel als mörderisches Prinzip und das Raubtier Revolution, S. 150. Vgl. zur bibliographischen Aufarbeitung des Beziehungsfeldes Kleist – Eichendorff seit dem späten 19. Jahrhundert: Heimböckel: Eichendorff mit Kleist, S. 65. Bereits Josef Kunz gibt in seiner Eichendorff-Monographie wichtige bibliographische Hinweise, die die Geschichte der Diskussion, wie sich Eichendorff an Kleist rückbinden lässt, dokumentieren. – Kunz: Eichendorff. Höhepunkt und Krise der Spätromantik, S. 247f. Vgl. jetzt auch Champlin: Reader beware: Wild right in Kleist's »Michael Kohlhaas« and Eichendorff's »Das Schloß Dürande«.

Kleists verbirgt sich nichts Geringeres als eine völlig andere Art des Erzählens[5] – und damit der Rezeptionssteuerung. Bisher fehlen also Aussagen über Entwicklungsstufen in der Einschätzung der Legitimität der Rechtsvorstellungen innerhalb des Leseprozesses von *Das Schloß Dürande*. Im Folgenden soll es darum gehen, diese Entwicklungsstufen im Spannungs- und Synthesefeld von Textgewebe und Lesevorgang etwas genauer zu skizzieren.

1.

Im Mittelpunkt der Handlung steht der Jäger Renald. Nachdem dieser seine Schwester Gabriele in den Verführungsfängen des Adeligen Hippolyt Dürande sieht, setzt er alles daran, diese Beziehung zu unterbinden bzw. den Beschuldigten zur Rede zu stellen. Schließlich fordert er eine Heiratsbürgschaft von ihm; diese Forderung mündet schlussendlich in eine Katastrophe. Renalds Einsatz für die Schwester wird anfangs mit einer besonderen Verpflichtung gegenüber dem letzten Willen des Vaters begründet, »der hatte ihm, sterbend, das Mädchen auf die Seele gebunden«[6], und weitet sich recht bald zu einem offen vorgetragenen Rechtsanspruch aus, der zwischen weltlicher und religiöser Fundierung changiert. Parallel zur Entwicklung dieses Rechtsfalls gesellt sich innerhalb der Erzählung ein weiterer, politisch akzentuierter Rechtsfall. Hier geht es um die Forderungen nach Freiheit, Gleichheit und Brüderlichkeit im Umfeld des revolutionären Paris des Jahres 1789, die auch auf Schloss Dürande ihre Spuren hinterlassen.

Beide Rechtsfälle werden im Laufe der Erzählung miteinander verwoben, so dass Renalds Forderung nach seinem Privatrecht mehr und mehr das Gewand politischer Rechtsforderungen trägt, ohne dass Renald selbst konkrete politische Absichten verfolgen würde.[7] Während sich innerhalb des privaten Rechtsbegehrens Ren

---

[5] Für die Eigenständigkeit Eichendorffs in narrativer Hinsicht (trotz motivischer Parallelen) plädiert Klaus Lindemann: Eichendorffs »Schloß Dürande«, S. 145. Josef Kunz will trotz »Motivparallelen« den »Geist beider Werke« deutlich voneinander abgehoben wissen. – Kunz: Eichendorff, S. 248. Klaus Köhnke sieht in Eichendorffs Anschluss an *Michael Kohlhaas* gleichfalls kein »Kleist-Plagiat«. »Vielmehr geht es Eichendorff [...] um eine Rezension der Poesie durch Poesie«, um einen kritischen Kleist-Kommentar mit poetischen Mitteln also. Köhnke: »Hieroglyphenschrift«, S. 151. Vgl. ausführlich zur Deutung von *Das Schloß Dürande* als literaturkritischem Text: Eberhardt: Eichendorffs Erzählungen »Das Schloß Dürande« und »Die Entführung« als Beiträge zur Literaturkritik, S. 11–80.

[6] Eichendorff: Das Schloß Dürande – Sämtliche Werke, Bd. V/1, S. 277f.

[7] Es ist jene Politisierung des Privaten, die einer Lesart der Novelle widerspricht, die als »eigentliches Thema« die »Heraufkunft« und den »Ausbruch der Revolution« bestimmt. Sieht man in der Verbindung von Liebes- und Revolutionsgeschichte eine erst innerhalb der narrativen Ordnung des Textes konstituierte Problemkonstellation, dann fällt es schwer, den Text allein als geschichtspolitische Stellungnahme des Autors zu lesen – eine Deutung, wie sie sich etwa bei Helmut Koopmann (Koopmann: Eichendorff, das Schloß Dürande und die Revolution) nachweisen lässt: »Eichendorffs Revolutionsnovelle ist ein Bekenntnis und enthält eine engagierte Stellungnahme. Sie ist ein Bild der Wirklichkeit, und eben das macht sie für uns so interessant.« (S. 126) Koopmann räumt ein, dass »Liebesgeschichte und Revolutionsbericht untergründig [...] miteinander synchronisiert sind«; dies jedoch nur, um eine allegorische

alds unterschiedliche Entwicklungsstufen hinsichtlich der diesem Begehren zugestandenen Legitimität ausmachen lassen, sind die politischen Rechtsforderungen von Anfang an als Karikatur überzeichnet, damit entwicklungslos und alles andere als ambivalent.[8] Indem Renald den ihm selbst zuerkannten Rechtsanspruch immer konsequenter mit den Strategien zu verwirklichen sucht, die auch das politische Rechtsbegehren kennzeichnen, wird die Legitimität der privaten Rechtsforderungen Schritt für Schritt ausgehöhlt und am Ende gar gänzlich dementiert. Die grundsätzliche Frage, vor die sich der Leser gestellt sieht und auf die er im Laufe der Lektüre wechselnde Antworten bekommt, lautet: Gibt es im *Schloß Dürande* – wie in Kleists *Michael Kohlhaas* auch – ein in der Fiktion beglaubigtes Unrechtsgeschehen – mit Brandenburg gesprochen: einen »Rechtshandel« oder ein »Delikt« –, das die Grundlage für die Legitimität von Renalds Rechtsforderungen bildet? Zudem: Wie funktioniert fiktionsinterne Beglaubigung? Und was hat der Erzähler damit zu tun, dass sich die normative Bewertung der Legitimitätsforderungen im Deutungshorizont des Lesers von der Anerkenntnis zu einer ablehnenden Haltung wandelt?

Zunächst ist der Leser ganz auf der Seite Renalds, denn alle auf der Textoberfläche verhandelten Elemente der Rechtsvertretung und Rechtsfähigkeit lassen auf die Legitimität seiner Forderungen schließen. Hippolyt Dürande erscheint demnach als adeliger Verführer, der sich die rechtschaffene Tochter aus bürgerlichem Hause zu seinem Vergnügen gefügig machen möchte und dabei das Ehrgefühl ihres Bruders mit Füßen tritt. Dessen Anstrengungen gelten nun der Restitution seiner Ehre, und der Leser ist umso mehr bereit, Renalds Forderungen anzuerkennen, als diese nicht Eigennutz oder Selbstliebe, sondern tiefempfundener Sorge um Gabriele zu entstammen scheinen.

Will man genauer beschreiben, wie der Leser zu einer solchen Einschätzung kommt und wodurch diese dann brüchig und am Ende vollends fraglich wird, empfiehlt sich der Rekurs auf die von Wolfgang Iser herausgearbeitete Struktur des Lesevorgangs.[9] Gegenüber kognitionspsychologisch ausgerichteten Model

Deutung der Revolution zu liefern, die die Handlungsebene auf eine höhere, geschichtsphilosophische Sinnstiftungsebene appliziert: »Eichendorff hat hier also nichts weniger als ein Geschichtsbekenntnis abgelegt – so sah die Französische Revolution für ihn aus und nicht anders.« (S. 131) Detlev W. Schumann bezieht sich ausdrücklich auf Koopmann, wenn er die enge Verbindung beider Handlungsstränge unter dem Primat der Revolutionsgeschichtsschreibung betont: *Das Schloß Dürande* sei »deutlich und eindrucksvoll historisch-politisch ausgerichtet«. (Schumann: Betrachtungen über zwei Eichendorffsche Novellen. »Das Schloß Dürande« – »Die Entführung«, S. 266). Klaus Lindemann stellt seine – bisher die umfangreichste – Deutung des *Dürande*-Textes grundsätzlich unter die Prämisse, hier liege eine literarische Rezeption politischer Ereignisse vor. Vgl. Lindemann: Eichendorffs »Schloß Dürande«. Köhnke gibt demgegenüber zu Recht zu bedenken, dass Renald »ja keineswegs aus politischen, sondern aus höchst privaten Motiven handelt, die eigentliche Revolutionsproblematik also ausgespart bleibt.« Köhnke: »Hieroglyphenschrift«, S. 139f.

8 Vgl. zur »Revolution als Perversion des Rechts« im *Schloß Dürande* ausführlich Lindemann: Eichendorffs »Schloß Dürande«, S. 86–92.

9 Die Rezeptionsästhetik ist innerhalb der Eichendorff-Forschung spätestens seit den Ausführungen von Wolfgang Nehring präsent. Gestützt auf die Arbeiten Rainer Warnings und Gunter Grimms, vor allen Dingen aber Wolfgang Isers *Die Appellstruktur der Texte* (1969/1974), unterscheidet Nehring in systematischer Hinsicht drei Leserrollen: »[...] erstens den realen

lierungen des Lesens verbleibt Isers Argumentation, trotz Interesses an der ›mentalen Seite‹ der Rezeption, innerhalb eines Rahmens, der Lesen primär als ein Implikat des Textes fasst und somit an hermeneutische, aber auch an narratologische Fragestellungen anschlussfähig hält.[10]

2.

Mir geht es im Folgenden darum, die Entwicklungsstufen des juristischen Diskurses als eine »*virtuelle Dimension*«[11] des Eichendorff-Textes zu behandeln. Wie in kaum einer anderen Erzählung des Autors wird der Leser dazu gezwungen, im Leseakt zwischen Erinnerungs- und Erwartungshorizont zu vermitteln. Da der Text weder die Veränderungen hinsichtlich dessen, was zu erwarten ist, noch das Kombinationspotential des Erinnerten, vormals Gelesenen determiniert, ist hier eine besondere Vermittlungsarbeit nötig. Diese Vermittlungsarbeit, so kann man mit Blick auf unsere konkrete Fragestellung präzisieren, holt die vom Leser zu erbringende Einschätzung der Legitimität der Rechtsansprüche Renalds immer wieder in den Aushandlungsraum des Textes zurück. Erinnertes muss neu kontextualisiert und

---

Leser der Bücher Eichendorffs, der natürlich historisch ein jeweils anderer ist; zweitens einen intendierten Leser, wie ihn der Dichter sich wünscht oder vorstellt; und schließlich die Leserrolle, die der Verfasser jeweils in sein Werk dichtet.« Als Beispiele wählt Nehring die Diskussion um den Stimmungs- oder Symbolcharakter von Eichendorffs Landschaften und um die Personengestaltung in *Ahnung und Gegenwart*. Einerseits stehen seine »Beobachtungen zu Eichendorff der Iserschen Texttheorie nah«, wie er selbst einräumt, denn Eichendorffs Prosa sei »weitgehend offener Text, der vom Leser aktualisiert werden muß«. (Nehring: Eichendorff und der Leser, S. 32) Andererseits gilt jedoch: »Wenn Iser vom Auslegungsspielraum der Prosa spricht, so meint er den Sinn, die Bedeutung eines Textes, die Vielfalt der Ansichten, die man darüber entwickeln kann. Die bewußt oder unbewußt vom Autor eingebauten Leerstellen sind die Basis für divergierende Interpretationen des Textes. Bei Eichendorff dagegen haben wir die Offenheit im sinnlich-anschaulichen Bereich der Landschaftsdarstellung und der Personenbeschreibung beobachtet. Damit ist noch wenig über die gedankliche Auslegung des Werkes gesagt. Keineswegs darf man aus der Phantasiefreiheit, die Eichendorff dem Leser zugesteht, folgern, daß er ihm auch die Sinngebung der Welt überläßt.« (S. 40). Vgl. zudem Hartmann: Eichendorffs Novelle »Das Schloß Dürande«, folgende Zitate: S. 1851. Auch wenn sich Regina Hartmann hinsichtlich ihrer Terminologie auf einen Aufsatz des Hallenser Germanisten Hans-Georg Werner beruft, sind doch die Analysebegriffe sichtlich an den namentlich nicht genannten Iser angelehnt. So spricht sie von »Leerstellen«, die den »Leser zur Konkretisierung herausfordern« würden.

10 Vgl. ausführlich zu Isers Rezeptionstheorie sowie einer Rekonstruktion des forschungsgeschichtlichen Entstehungsumfeldes de Bruyn: Wolfgang Iser. A Companion, S. 95–150. Ich beziehe mich im Folgenden auf Isers Aufsatz »Der Lesevorgang. Eine phänomenologische Perspektive«, eine deutsche Fassung der bereits 1972 in der *New Literary History* veröffentlichen Abhandlung *The Reading Process: A Phenomenological Approach*. Zahlreiche Aspekte, die dann in die epochenmachende Studie *Der Akt des Lesens. Theorie ästhetischer Wirkung* (1976) eingehen werden, liegen hier bereits in konzentrierter Form vor.

11 Iser: Der Lesevorgang. – In: Warning (Hrsg.): Rezeptionsästhetik, S. 257, Hervorhebung N. K. Ausführlich heißt es an dieser Stelle bei Iser: »Da [...] der Text selbst weder die Modifikation der Erwartung noch die Beziehungsfähigkeit des Erinnerten formuliert, ließe sich das Produkt, das sich aus dieser Verspannung ergibt, als die *virtuelle Dimension* des Textes bezeichnen.«

von seiner Funktionalisierung innerhalb älterer, nun zu verändernder Zukunftshorizonte entbunden werden. Fest steht: Dass innerhalb des Aushandlungsprozesses von modifizierten Erwartungen und abgewandelten Erinnerungen der hermeneutische Zirkel auch am Ende der Lektüre keine eindeutige Lesart bietet, betrifft auch die Geltung der vertretenen Rechtsansprüche. Während das Rechtsbegehren in Kleists *Michael Kohlhaas* auf einem fiktionsintern beglaubigten Unrechtsgeschehen beruht, das für den Rezeptionsprozess selbst *keine Leerstelle* darstellt, sondern, im Gegenteil, recht ausführlich und eindeutig geschildert wird, wirkt sich die Erwartungs-Erinnerungs-Neujustierung in Eichendorffs Erzählung gleichermaßen auf die Bewertung des Unrechtsgeschehen wie auch – damit verbunden – auf die Legitimität der sich daraus ergebenden Forderungen aus.[12] Die Deutung Köhnkes, »Renald [...] geht es wie Kohlhaas um sein Recht und seine Ehre, und Eichendorff verschärft dies [sic] Motiv, indem er es nicht mit zwei Pferden, sondern mit der Schwester verknüpft«, verkennt den eigentlichen Unterschied zwischen fiktionsintern verbürgtem Unrechtsgeschehen, wie es sich im *Kohlhaas* an der vom Erzähler auktorial beglaubigten Präsentation der Pferde-Schinderei und der Gewalt gegen Kohlhaas' Knecht ablesen lässt, und der Unklarheit im *Schloß Dürande* hinsichtlich der tatsächlichen Abläufe, die der Unrechtsbehauptung zugrunde liegen.[13]

Wenden wir uns nun der Frage zu, wie der Leser dazu kommt, die auf der Textoberfläche verhandelten Elemente der Rechtsvertretung anfänglich als legitime Forderungen Renalds zu deuten. Rezeptionsästhetisch betrachtet, ist der Grund für dieses Leserurteil darin zu sehen, dass die Kette von Antizipation und Bestätigung zunächst geschlossen bleibt. Der von den die Erzählung eröffnenden Satzkorrelaten skizzierte Erwartungshorizont wird von den folgenden Korrelaten bestätigt. Es findet also eine Lesearbeit statt, die innerhalb des Folgekorrelates verlässlich die Leervorstellungen des vorangegangenen Korrelates im Sinne der Antizipation ausfüllt. Das Bewusstsein dafür, es überhaupt mit Leerstellen zu tun zu haben, dürfte zunächst nicht allzu stark ausgeprägt sein, denn der antizipativen Konkretisierung werden keinerlei Hürden entgegengestellt. Der junge Graf, über dessen Identität der Leser anfangs noch nicht unterrichtet ist, trägt alle Zeichen des Verführers; so erscheint er am Abend »dicht in einen schlechten, grünen Mantel gewickelt wie ein Jäger«[14]. In Gabriele, so wird dem Leser bedeutet, hat er nun seine Beute gefunden. Dass Renald Gabriele zum Schutz in ein Kloster bringt, ist da nur verständlich. Als Gabriele schließlich zeitgleich mit Hippolyte Dürandes Aufbruch nach Paris aus dem Kloster verschwindet und der alte Dürande mit Blick auf die amourösen Aktivitäten seines Sohnes süffisant einräumt, dieser habe »wahrhaftig keinen übeln Geschmack« und ihn zudem als »junge[n], wilde[n] Schwan« bezeichnet, der mal »gerupft werden«[15] müsse, so scheint die vom Leser aufgebaute Sicht nur bestätigt zu werden. Mit Iser kann man hier von einer »zunehmenden Sättigung der evozier-

---

12 Dieser Unterschied entgeht dem vergleichenden Blick von Champlin: Reader beware: Wild right in Kleist's »Michael Kohlhaas« and Eichendorff's »Das Schloß Dürande«.

13 Köhnke: »Hieroglyphenschrift«, S. 151.

14 Eichendorff: Das Schloß Dürande – Sämtliche Werke, Bd. V/1, S. 278.

15 Ebenda, S. 294.

ten Erwartung«[16] sprechen. Die vom alten Grafen vertretene Meinung lässt sich als gleichsam externe Bestätigung der von den partiellen Leervorstellungen der Korrelate erzeugten Erwartungen lesen und damit als Teil der Antizipations-Bestätigungs-Kette. Erwartung und Erinnerung gehen beim Leser hier Hand in Hand.

Auch als Renald seine Suche nach Gabriele im revolutionären Paris fortsetzt, wird dieses Verhältnis zunächst nicht getrübt. In der aufgeladenen Atmosphäre eines politischen Clubs gerät Renald an einen charismatischen, wohl jakobinischen Revolutionsführer, der gegen das Adelsgeschlecht der Dürande mobil macht. Das Haus Dürande, so der Revolutionär, sei »ganz von Liebschaften zerfressen«, was Renald auf die Situation seiner Schwester münzt, jedoch nach Auskunft des revolutionären Rädelsführers die Dürandes »als Herren im Forste« bezeichnen soll: »[I]st das Wild nicht ihre, hohes und niederes?«[17], fragt er rhetorisch. Das Missverständliche in der Kommunikation besteht darin, dass Renald die metaphorische Rede als eigentliche Beschreibung der Situation seiner Schwester deutet, die politische Herrschaftsmetapher von Herr und Wild als Schilderung der konkreten ehrverletzenden Verführung. In den Worten des Jakobiners scheint die Beschreibung Hippolyt Dürandes als »Jäger«[18] durch, wie sie der Erzähler eingangs gab. Insofern ist der Leser mit diesem Deutungsmuster vertraut und legt Renalds Missverstehen nicht die Notwendigkeit bei, Erinnertes neu zu kontextualisieren. Dies scheint umso weniger nötig, als sich Renald dezidiert gegen eine vom Revolutionär intendierte politische Aufladung des Konfliktes wendet.

Der »junge Graf Dürande sei ein großmüthiger Herr«, bekennt Renald, alle politischen Forderungen zurückweisend, »er wolle nur sein R e c h t von ihm und weiter nichts«: »Bei diesen Worten hatte der Fremde ihn aufmerksam betrachtet und sagte ernst: Ihr seht aus wie ein Scharfrichter, der, das Schwert unter'm Mantel, zu Gerichte geht; es kommt die Zeit, gedenkt an mich, Ihr werdet der Rüstigsten einer sein bei der blutigen Arbeit.«[19] Die Billigung des adligen Herrschaftsanspruches verbindet Renald mit einer konkreten, allein ihn betreffenden Rechtsforderung (wobei ungeklärt bleibt, worin »sein R e c h t« genau besteht); der Fremde hingegen, bald darauf als ›prophetisch‹[20] charakterisiert, erkennt in ihm die Züge eines »Scharfrichters«, macht also ein völlig anderes Rechtsverständnis als Grundlage für Renalds Absichten und prospektive Handlungen geltend. Die Voraussage des Fremden stellt textintern gleichzeitig eine Prolepse dar, denn – wie sich gegen Ende der Erzählung zeigen wird – Renalds Gewalttaten lassen sich durchaus denen eines Scharfrichters vergleichen, der die Durchsetzung eines Rechtsanspruches im wahrsten Sinne des Wortes in die eigenen Hände nimmt. Zum Zeitpunkt der Informationsübermittlung jedoch passt sich die prophetische Rede nur schlecht in den Erwartungshorizont des Lesers ein, ist dieser doch durch seine bisherige Lektüre daran gewöhnt, die Handlungsentwicklung als »zunehmende Bestätigung der von

16 Iser: Der Lesevorgang. – In: Warning (Hrsg.): Rezeptionsästhetik, S. 257.
17 Eichendorff: Das Schloß Dürande – Sämtliche Werke, Bd. V/1, S. 296.
18 Ebenda, S. 278.
19 Ebenda, S. 296f., Sperrung im Original.
20 Ebenda, S. 305.

den jeweiligen Leerstellen der Korrelate erzeugten Erwartungen« zu interpretieren. Durch die abwertende Charakterisierung des Fremden kommt dessen Prophezeiung auch nicht jener autoritative Wert zu, der notwendig wäre, um den bisher reibungslos verlaufenden Prozess einer »zunehmende[n] Sättigung der evozierten Erwartung«[21] stillzustellen und das Verhältnis von Erinnerung und Erwartung neu zu justieren.

Erst als Renald Hippolyt Dürande in Paris zur Rede stellt und ihn – da dieser eine Liaison mit Gabriele abstreitet – mit einem Brief unter Druck zu setzen versucht, den der prophetische Fremde ihm mitgab, machen sich erste Zweifel an der Legitimität des Rechtsanspruches Renalds geltend. Nicht dass sich etwas an der Integrität seiner Forderungen geändert hätte, doch enthält der Brief eine politische Drohung, die mit den eigentlichen Absichten Renalds rein gar nichts zu tun hat: »›Hütet Euch. Ein Freund des Volks.‹« Der Graf bezeichnet den Autor des Briefes als »Bettler-Advocaten«[22] und weist damit die der Drohung zugrundeliegenden Forderungen in ihrer juristischen Dignität zurück. Bereits zu diesem Zeitpunkt argumentiert Renald innerhalb eines politischen Fahrwassers, das zu seiner tatsächlichen Loyalität gegenüber der adeligen Herrschaft im Widerspruch steht und dem Erreichen seines eigentlichen Ziels hinderlich ist. Zumindest ist an dieser Stelle jener Punkt erreicht, an dem der Leser seine Erwartungen überdenken muss, denn das *artikulierte* Rechtsbegehren unterminiert zusehends das tatsächlich, ursprünglich *intendierte*. Die Radikalität der revolutionären Forderungen möchte Renald für die Durchsetzung des eigenen Rechtsanspruches nutzen, ohne jedoch deren Inhalte der Sache nach stützen zu wollen. Diese – im Laufe der Erzählung voranschreitende – Politisierung des Rechtsanspruches bleibt zunächst eine Ausnahme. Renald, der – wie es nahezu wortgleich zur Forderung gegenüber dem prophetischen Fremden heißt – »jetzt nur sein R e c h t«[23] wollte, versucht als nächstes seinen Rechtsanspruch professionell vertreten zu lassen und wendet sich in Paris »an eine Menge Advocaten«[24] – vergebens. Als man ihn schließlich auf der »Polizeibehörde« zum »Narren«[25] erklärt und Hippolyt Dürande ihn obendrein während eines Bitt-Besuchs

---

21 Iser: Der Lesevorgang. – In: Warning (Hrsg.): Rezeptionsästhetik, S. 257. Vorhergehendes Zitat gleichfalls.

22 Eichendorff: Das Schloß Dürande – Sämtliche Werke, Bd. V/1, S. 300. Vorhergehendes Zitat gleichfalls.

23 Ebenda, S. 302, Sperrung im Original.

24 Ebenda, S. 302f. Deutlich kontrastiert in dieser Szene die positive Codierung des ›natürlichen‹ Rechtsempfindens Renalds mit negativ konnotierten Formen der institutionalisierten Rechtsvertretung durch zünftige Juristen: Der eine Advokat »verlangte unmögliche Zeugnisse, der andere Dokumente, die er [Renald, N. K.] nicht hatte, und alle forderten Vorschuß. Ein junger reicher Advocat wollte sich todtlachen über die ganze Geschichte; er fragte, ob die Schwester jung, schön, und erbot sich, den ganzen Handel umsonst zu führen und die arme Waise dann zu sich ins Haus zu nehmen, während ein andrer gar das Mädchen selber heirathen wollte, wenn sie fernerhin beim Grafen bliebe.« – Ebenda. Klaus Lindemann sieht in dieser Abwertung des institutionalisierten Rechts die Überzeugung formuliert, dass Eichendorff »die Rolle der Justiz und der Rechtstheorie im Zusammenhang mit der Revolution generell suspekt war.« Lindemann: Eichendorffs »Schloß Dürande«, S. 87.

25 Eichendorff: Das Schloß Dürande – Sämtliche Werke, Bd. V/1, S. 303.

beim König als »Wahnsinnige[n]«[26] abkanzelt, ist das Scheitern seines Anliegens so gut wie besiegelt.

Der Renald attestierte Wahnsinn erscheint zunächst als rhetorische Strategie eines repressiven politischen Systems, die Rechtsfähigkeit eines Bürgers in Abrede zu stellen und damit die Legitimität seiner Rechtsansprüche zu dementieren. Was zunächst nur als Zuschreibung von außen erkennbar ist, zeigt sich bald auch auf der Ebene der Personenbeschreibung: »[E]in Mann steigt eilig von den Bergen, bleich, wüst, die Kleider abgerissen, mit wildverwachsenem Bart – es ist der Jäger Renald.«[27] Der Erzähler selbst erkennt seinen Protagonisten nicht auf den ersten Blick, so verändert erscheint dieser durch seinen Aufenthalt in einem Pariser »Irrenhause«[28], der nun bestätigt wird. Gekommen ist er, um sich, wie er nun zum dritten Mal versichert, sein »R e c h t «[29] zu holen. Als der alte, in »fieberhafte Phantasien« verstrickte Graf Dürande von Renalds Rückkehr erfährt, fragt er: »Wer sagte da, daß der Renald nicht wahnsinnig ist?«[30] Abermals wird der Rechtsanspruch Renalds durch seine Pathologisierung eingeschränkt; wiederum jedoch von einer wenig vertrauenerweckenden Instanz. Gleichwohl ist der Leser angehalten, die bisherigen Wahnsinnsdiagnosen zu erinnern. Diese gewinnen insofern immer mehr an Gewicht, als die aktuellen Korrelate die ihnen vorausliegenden Erwartungen immer offensichtlicher enttäuschen, die Legitimität des Rechtsanspruches Renalds immer zweifelhafter wird und ein tatsächlicher Wahnsinn nicht mehr ausgeschlossen werden kann. Als Renald am Ende der Erzählung in dem selbst in Brand gesetzten Schloss ums Leben kommt, muss man das sogar als Bestätigung des immer wieder aufgerufenen Wahnsinns lesen.

Die Lesearbeit, die vom Leser verlangt wird, trägt paradoxe Züge; oder, mit Iser formuliert: Das Verhältnis von »Protention« und »Retention« lässt sich nicht ruhigstellen. Während die erinnerten Korrelate, die einen möglichen Wahnsinn in den Erwartungshorizont integrieren, in der (Lese-)Vergangenheit angesiedelt sind und damit einem qualitativ anderen Deutungsumfeld entstammen, lassen sich jene vorangegangenen Korrelate, die den Eindruck eines legitimen Rechtsbegehrens Renalds begründen, nicht mehr positiv-antizipativ an die Folgekorrelate anschließen. Als am Ende der Erzählung die verheerenden Folgen von Renalds Rechtsbegehren sichtbar werden und er vom alten Nicolo über die Unschuld des Grafen unterrichtet wird, muss der Leser nahezu den gesamten von ihm erinnerten Vergangenheitshorizont neu justieren. Will man die Rezeptionssteuerung genauer beschreiben, so muss man sich der Frage zuwenden, *wie* erzählt wird.

---

26 Ebenda, S. 305.
27 Ebenda, S. 306.
28 Ebenda.
29 Ebenda, S. 307, Sperrung im Original.
30 Ebenda, S. 309.

3.

Der Erzähler selbst ist nicht Teil der erzählten Welt, ist also heterodiegetisch. Dieter Heimböckel hat recht, wenn er davon spricht, dass die »Rezeption im Wesentlichen durch die eigentümliche Position gesteuert« wird, »die der Erzähler dem Geschehen gegenüber einnimmt.« Sieht man vom auktorial durchgeführten Anfang und Ende der Erzählung ab, so zeigt sich: Die Auktorialität der Binnenerzählung ist Staffage. Der sich allwissend, d.h. auktorial tarnende Erzähler agiert nämlich tatsächlich durchweg »auf der Wissenshöhe der Erzählfiguren«.[31] Mit der Bestimmung des Verhältnisses, das zwischen dem Wissen des Erzählers und dem seiner Figuren besteht, ist die Fokalisierungs-Ebene angesprochen. Im Ergebnis hat es der Leser hier mit variablen internen Fokalisierungen zu tun, d.h. das Erzählerwissen wechselt im Wahrnehmungs- und Erkenntnis-Horizont der Figuren, innerhalb dessen der Erzähler berichtet und über den er nicht hinausschauen kann. Setzt man die Frage nach der Legitimität der von Renald artikulierten Rechtsforderung in den Mittelpunkt des Leserinteresses und damit auch die Frage nach dem eigentlichen »Delikt«, auf das sich diese Rechtsforderung bezieht, so wird schnell klar, dass wir es mit einer besonderen Form der variablen internen Fokalisierung zu tun haben, nämlich der multiplen internen Fokalisierung, bei der ein Ereignis – und als solches wollen wir die Deliktsituation ansprechen – von mehreren Wahrnehmungen aus entwickelt und gedeutet wird. Maßgeblich sind hier die Standpunkte Renalds und Hippolyt Dürandes.

Zunächst wird konsequent »aus der Sicht Renalds erzählt«[32], was nichts anderes bedeutet, als dass die Legitimität seiner Rechtsforderungen in der Präsentation einer nachweislichen Deliktsituation verbürgt scheint. Lässt man gelten, dass die Aussagen und Beobachtungen einzelner Figuren innerhalb der fiktiven Welt insofern als ›wahr‹ gelten können, als sie von der Erzähler-Rede bestätigt werden, so arbeitet der Erzähler im ersten Teil der Novelle konsequent an der Glaubwürdigkeit Renalds.[33] Hier werden die Grundlagen für jene – wie Iser mit Husserl sagt – »Protentionen« gelegt, die von Leserseite als Erwartungsmuster den Fortgang des Geschehens präfigurieren. Solche »Protentionen« entstehen nie allein durch die Mitteilung reiner Fakten; sie sind immer durch die Fokalisierung mitgeprägt, in der diese Fakten ausgewählt, geordnet und gezeigt werden. Die Information etwa, die der alte Dürande Renald gibt – ich hatte sie bereits angesprochen –, nämlich dass sein Sohn

---

[31] Heimböckel: Eichendorff mit Kleist, S. 77. Vorhergehendes Zitat gleichfalls. Sybille von Steinsdorffs Behauptung, die »auktoriale Erzählperspektive bleibt [...], auch wenn die Erzählung gelegentlich, etwa in den Dialogpartien, in die personale Erzählsituation umschlägt, durchgehend dominant«, kann deshalb nicht zugestimmt werden. Steinsdorff: »Das Schloß Dürande«, S. 548.

[32] Hartmann: Eichendorffs Novelle »Das Schloß Dürande«, S. 1855. Bereits Hartmann macht auf »die rezeptionssteuernden Impulse« der Erzählhaltung aufmerksam.

[33] Heimböckel weist darauf hin, dass die Verschmelzung von Erzähler- und Figurenhorizont maßgeblich dadurch vorangetrieben wird, »dass die wörtliche Rede als solche nicht markiert ist.« – Heimböckel: Eichendorff mit Kleist, S. 77.

Hippolyt »keinen übeln Geschmack«[34] habe und häufig auf weibliche Eroberungen aus sei, fungiert als quasi autoritative Bestätigung eines bereits von Renald vermuteten Deliktes. In der Doppelung von Vermutung und Bestätigung ist zunächst verbürgt, was durch den Fokalisierungswechsel von Renald zu Hippolyt Dürande später dann aufgehoben wird. Interessant ist dabei: Das Dementi des Deliktes vollzieht sich stillschweigend durch den Fokalisierungswechsel; es wird jedoch nicht in dem Sinne reflexiv eingeholt, dass es auf einer metanarrativen Ebene als Produkt einer bestimmten, nämlich sich von Renald ab- und Hippolyt hinwendenden Fokalisierung ausgewiesen werden würde. In dem Maße, in dem der Fokalisierungswechsel von Renald zu Hippolyt unkommentiert und damit implizit bleibt, wird es dem Leser erschwert, das Erinnerte, das der Renald-Fokalisierung entstammt, vor dem neuen Wissenshorizont, der sich der Hippolyt-Fokalisierung verdankt, zu verorten. Im Kern geht es dabei um das alte, von Iser beschriebene Problem der Protention-Retention-Dialektik, nämlich »daß Erinnertes vor einen neuen Horizont gestellt wird, den es noch nicht gab, als es selbst erfaßt wurde.«[35] Narratologisch reformuliert bedeutet dies: Das zunächst als legitim anerkannte Rechtsbegehren Renalds bleibt an den alten Fokalisierungsraum gebunden. Diese Legitimitätsanerkenntnis ist nicht übertragbar, so als ob sich das Erinnerte auf einen neuen Fokalisierungshorizont, den es noch nicht gab, als es erfasst wurde, auftragen ließe. Die Beziehungsfähigkeit des Erinnerten ist immer schon durch das Apriori der Fokalisierung geformt. Erinnertes lässt sich also genauso wenig von seiner alten Fokalisierung lösen wie der neue Erwartungshorizont, der den Rechtsanspruch Renalds dementiert, ohne die Hippolyt-Fokalisierung funktionieren würde.

Wechsel der (internen) Fokalisierung tendieren zu einem Erzählen, das man ›unzuverlässig‹ nennen könnte.[36] Von dem Wissenshorizont aus betrachtet, den die Hippolyt-Fokalisierung impliziert, liefert die Renald-Fokalisierung jedenfalls ein problematisches Bild. Es ist zwar nicht so, dass innerhalb der Renald-Fokalisierung mit Blick auf das, was innerhalb der erzählten Welt als ›wahr‹ und ›tatsächlich vorgefallen‹ gelten kann, falsche Sachen erzählt werden; jedoch macht der Perspektivwechsel hin zu Hippolyt klar, dass es die tendenziöse Auswahl der präsentierten Situationen, Dialoge und Handlungssequenzen ist, die den Erzähler der Unzuverlässigkeit überführen.

Die Aufgabe des Lesers besteht nun darin, jene narrativen Unzuverlässigkeiten aufzudecken, die maßgeblichen Einfluss auf eine Bewertung der Legitimität der verhandelten Rechtsvorstellungen haben. Das gelingt nur im Kontrast mit dem als ›zuverlässig‹ eingestuften Erzählerwissen. Doch die Aufforderung, ›richtige‹ von ›falschen‹ Informationen zu trennen, ist zwar innerhalb des Textes formuliert, jedoch wird die Kontrast-Bildung als Differenzierungsarbeit vom Text selbst nicht geleistet. Genau darin besteht die »*virtuelle Dimension*«[37] des Rechts. So gesehen

---

34 Eichendorff: Das Schloß Dürande – Sämtliche Werke, Bd. V/1, S. 294.

35 Iser: Der Lesevorgang. – In: Warning (Hrsg.): Rezeptionsästhetik, S. 257.

36 Vgl. dazu Nünning: *Unreliable Narration* zur Einführung; vgl. auch Martínez und Scheffel: Einführung in die Erzähltheorie, S. 100–112.

37 Iser: Der Lesevorgang. – In: Warning (Hrsg.): Rezeptionsästhetik, S. 257, Hervorhebung N.K.

sollte der juristischen Textur der Erzählung ein spinnenartiger Leser korrespondieren, der sich innerhalb des Gewebes sicher zurück- und vorbewegt – ohne sich im narrativen Netz der »Retentionen« und »Protentionen« zu verheddern.

Zum letzten Mal gefragt: Wie steht es nun um das Delikt? Wird nicht im Laufe der Erzählung die Fehleinschätzung Renalds deutlich? Und damit die Annahme einer Deliktsituation hinfällig? – Dem ist zweifelsohne zuzustimmen. Für eine juristische Lesart mag dies ein befriedigendes Ergebnis sein; von rezeptionsästhetischer Perspektive aus betrachtet, lässt sich ein anderer Akzent setzen: Dass es, wie sich am Ende herausstellt, nachweislich keine strafbare, gesetzeswidrige Handlung in dem von Renald vermuteten und insinuierten Sinne gegeben hat, ändert nichts daran, dass der Leser über weite Strecken des Lesevorgangs davon ausgegangen ist, es genau mit einer solchen zu tun zu haben. Mit anderen Worten: Zwar wird das Delikt am Ende faktisch dementiert – jedoch nicht die nicht weniger faktische Präsenz, die es über weite Strecken in dem auf der Textebene nicht festgelegten, virtuellen Aushandlungsprozess von Erwartung und Erinnerung eingenommen hat. In dem Maße also, wie der Text die von ihm selbst ausgelegte falsche Lese-Spur nicht thematisiert, kann auch das Dementi die innerhalb des Aushandlungsprozesses angenommene Legitimität der Rechtsforderungen Renalds nicht ungeschehen machen. Daher rührt auch die Persistenz der Deliktsituation gegenüber ihrer scheinbar doch so eindeutigen Entkräftigung am Ende.

Stefan Nienhaus

Rechtsprechung als Werkzeug des blindwütigen Fanatismus: Die »Tyrannei der Werte« in Tiecks Spätwerk

1.

Als in der Rahmenunterhaltung von Tiecks *Phantasus* die Zuhörerinnen, nachdem sie von der Mord- und Totschlaggeschichte des *Liebeszaubers* in das »ungeheuerste Grauen«[1] versetzt worden waren, gegen derartige »Schauder«-Märchen protestieren, werden sie vom Vertreter der männlichen Erzählergruppe auf kaum ironische Art scharf zurückgewiesen:

> Die Phantasie, die Dichtung also wollt ihr verklagen? Aber eure Wirklichkeit! Tut doch nur die Augen auf [...] und seht, daß es dort, vor euren Augen, hinter eurem Rücken, wenn ihr euch nur erkundigt, weit schlimmer hergeht. Schlimmer und herber, und also auch viel gräßlicher, weil das Schrecken hier durch nichts Poetisches gemildert wird. Soll ich euch dergleichen Dinge aus dem alltäglichen Leben, oder aus der Geschichte erzählen?[2]

Nun lässt Tieck daraufhin nicht etwa von irgendeiner Historie aus einer schrecklich blutrünstigen Mörderchronik berichten, sondern wählt aus seiner Quelle, Pitavals *Causes célèbres et intéressantes, avec les jugements qui les ont décidées* (Berühmte und interessante Rechtsfälle, samt den dazugehörigen Urteilsprüchen)[3], zwei eklatante Fälle von Rechtsmissbrauch aus der historischen Vergangenheit, aber doch »unsern Tagen ziemlich nahe, in den Tagen der Philosophie (nicht etwa im sogenannten barbarischen Mittel-Alter)«[4]. Während das zweite Beispiel die grauenhaften Folgen von juristischer Schlamperei und ständischer Voreingenommenheit benennt, die einen Unschuldigen auf die Galeere und in den Tod bringen, seine Familie aber in Armut und Verzweiflung stürzen, ist das erste, in der Zeit Richelieus angesiedelte, komplexer und deutlich perfider. Es handelt sich um den berühmten, 1839–1840, also kurz nach Tiecks Novelle, von Alexandre Dumas père in seine *Crimes Célèbres* aufgenommenen, von Aldous Huxley in seinen *The Devils of Loudun* und dann in Krzysztof Pendereckis Oper *Die Teufel von Loudun* verarbeiteten Fall des Geistlichen Urbain Grandier, der in einem französischen Provinzstädtchen, so in der knappen Zusammenfassung Tiecks,

---

1 Tieck: Schriften in zwölf Bänden, Bd. 6, S. 241.
2 Ebenda, S. 242.
3 Vgl. den Kommentar von Manfred Frank, ebenda, S. 1302.
4 Tieck: Schriften in zwölf Bänden, Bd. 6, S. 242.

https://doi.org/10.1515/9783110612073-018

> durch den abgeschmacktesten Neid der Zauberei beschuldigt [wird], unkluge Nonnen stellten sich besessen und klagten ihn als Urheber ihres Zustandes an; Richelieu, der sich irrigerweise von dem gebildeten und nicht unwitzigen Manne beleidigt glaubte, ging in die verächtliche Kabale ein. Grandier lachte anfangs, aber er ward vor Gericht gezogen, unmenschlich, bis zum Sterben fast, zermartert, und dann auf die grausamste Weise verbrannt. Alle seine Richter waren von der Unschuld überzeugt, sein hoher Verfolger am innigsten; eine aufgeklärte witzige Nation spottete über den Prozeß, man besuchte von Paris die besessenen Nonnen als eine unterhaltende Abenteuerlichkeit; und doch wurde die Abscheulichkeit verübt [...], die ehrwürdige Form der Gerechtigkeit wurde gemißbraucht und geschändet, die Religion verhöhnt, und alles dies, worüber unser Eingeweide entbrennt und Rache schreit, hatte weiter keine Folgen, als daß die Pariser den Zermarterten gutmütig bedauerten.[5]

Der Plot weist, wie hoffentlich später noch klarer werden wird, deutliche Parallelen zur erst etwa zwanzig Jahre nach dem Erscheinen des ersten Bandes des *Phantasus* verfassten *Hexen-Sabbath*-Novelle auf: In einer aufgeklärten Gesellschaft, die davon überzeugt ist, längst dem abergläubischen Dünkel des – eben – »sogenannten barbarischen Mittel-Alter[s]« entwachsen zu sein, reicht ein (macht-)politischer Anlass, um den nur schlafenden Rechtsapparat der Inquisition wiederzubeleben, sich der überall im Land längst anachronistisch erscheinenden Vorwürfe von Teufelsbündnis und Hexerei zu bedienen und dem religiösen Fanatismus wieder Handlungsraum zu verschaffen, um in Wahrheit ganz andere, davon gänzlich unberührte Ziele zu erreichen (im Falle Grandiers die Rache des Machthabenden an dem vermeintlichen Autor eines ihn ins Lächerliche ziehenden Pasquills). Manfred hat wohl recht, wenn er die Kritik am angstmachenden Unheimlichen der phantastischen Märchen mit dem Hinweis auf derartige viel gruseligere Geschichten aus der Misere des alltäglichen Lebens zurückweist:

> Nicht wahr, diese sind die echten Gespenstergeschichten? Und wer lebt denn wohl, der nicht dergleichen zu erzählen wüßte, von der Grausamkeit der Menschen, der Bestechlichkeit der Ämter, der Unterdrückung der Armen? Von dem Elend, welches große und kleine Tyrannen erschaffen? Hier könnt ihr euch nirgend trösten und euch sagen: es ist nur ersonnen![6]

Von »Grausamkeit«, »Unterdrückung«, Tyrannei und Amtsmissbrauch handeln die historischen Novellen der Dresdener Periode, *Aufruhr in den Cevennen*, *Hexen-Sabbath,* und der bedeutende Altersroman *Vittoria Accorombona*.

2.

Die Geschichte der Novelle *Der Hexen-Sabbath* spielt in einer Provinzstadt des burgundischen Reiches in den letzten Regierungsjahren Philipps des Guten (1419–1467), also in der zweiten Hälfte des 15. Jahrhunderts, in den »freundlichen, ruhigen Tage[n]«[7] einer sich als laizistisch interpretierenden Renaissance-Gesellschaft, die sicher ist, dass die »Macht der Clerisei [...]« endgültig »geschwächt und gebro-

---

5 Ebenda, S. 242f.

6 Ebenda, S. 243.

7 Tieck: Schriften, Bd. 20, S. 202.

chen« sei.[8] Doch dass die Ruhe nur trügerisch ist, macht der Text gleich auf der ersten Seite klar: Wie in *Vittoria Accorombona* befindet sich der Staat in einer Situation eines tendenziellen Machtvakuums: »Die mächtigen, der hohe Adel, die Reichen handelten oft nach Leidenschaft und Willkür, und jedermann war in dem blühenden Lande mehr oder minder darauf angewiesen, sich selber Recht zu schaffen und durch die Kraft der Waffen Anhang oder Protektoren sich zu sichern, um nicht beeinträchtigt zu werden.«[9] In diesem Kontext gelingt es dem einen finstersten Aber-=Hexenglauben anhängenden Bischof, die Macht an sich zu reißen, d. h. vor allem die Inquisition als oberste Rechtsinstanz wiederzubeleben. In kürzester Zeit wird jede fest gegründete individuelle Rechtssicherheit außer Kraft gesetzt zugunsten eines staatlichen Terrorregimes, dessen religiöser Fanatismus dem von Carl Schmitt benannten Prinzip der »Tyrannei der Werte«[10] folgt. Die »Heiterkeit«[11] der Renaissance-Geselligkeit gerät in den vernichtenden Sog einer nur in Himmels- oder Teufelsdiener unterscheidenden Rechtsprechung, die keine Toleranz kennt und für die es »höhere Werte gibt als das physische Dasein der jeweils lebenden Menschen«[12]. »Keiner hatte geahndet, daß dergleichen Unerhörtes plötzlich geschehen könne.«[13] Plötzlich und unvorbereitet findet der Machtwechsel statt, da niemand dem lächerlich erscheinenden Bischof[14] ein derart kraftvolles Ergreifen der Herrschaft zugetraut hätte: »Wen man verachtet, den fürchtet man nicht… Und doch

---

8 Ebenda, S. 222.

9 Ebenda, S. 183.

10 Schmitt: Die Tyrannei der Werte. Der Anlass für Carl Schmitts erstmals 1960 als Privatdruck erschienene, scharfsinnige Untersuchung war die Kritik Ernst Forsthoffs an einer Deutung des Verfassungsrechts als Wertordnung durch das Karlsruher Verfassungsgericht (vgl. das Nachwort Christoph Schönbergers ebenda, S.63f.), die dieser 1959 in der Carl Schmitt gewidmeten Festschrift (Almai, Fröschle [Hrsg.]: Literatur und Kontext) veröffentlicht hatte. Schmitt verdrängt vollkommen seine eigene Rolle in der Zeit des Nationalsozialismus, in der er keineswegs an der absoluten Abhängigkeit der Verfassung von der Ideologie des Regimes und ihrer ›Wertordnung‹ Anstand genommen und diese hingegen aktiv unterstützt hatte. Dennoch ist auch in diesem Fall Schmitts Zurückweisung jeder Einmischung der Wertephilosophie in die Verfassungsgesetzgebung, obgleich sie deutlich weniger beunruhigenden und lebensbedrohenden Ereignissen als in der gerade einmal anderthalb Jahrzehnte zurückliegenden Vergangenheit entspringt, überzeugend und vor allem klar und treffend formuliert. Wäre sie nicht (wie alle Veröffentlichungen Schmitts in der Zeit der Bundesrepublik) bar jeder Einsicht in die eigene Verwicklung in das nationalsozialistische Unrechtssystem und vollkommen blind gegenüber der (fast unfreiwillig komischen) Verwechslung des Gegners, so hätte gerade diese Schrift als Zeichen von Selbstkritik zu seiner Rehabilitierung außerhalb des Plettenberger Zirkels beitragen können.

11 Tieck: Schriften, Bd. 20, S. 185.

12 Schmitt: Die Tyrannei der Werte, S. 47.

13 Tieck: Schriften, Bd. 20, S. 338.

14 Der Bischof wird als »klein«, »lächerlich«, »dumm«, ungebildet und eingebildet beschrieben: »Er sieht nur wenige Leute und studirt gar nicht, so wenig weltliche wie geistliche Schriftsteller, und dennoch hat er eine so hohe Meinung von sich, daß er sich selbst für gelehrter als alle Gelehrten hält.« Ebenda, S. 224. In der abschätzigen Bezeichnung als »kümmerlicher Athanas«, die sich auf den frühchristlichen Bischof von Alexandria und dessen fanatische Verfolgung der Arianer bezieht – vgl. den Stellenkommentar von Münz in: Tieck: Hexensabbat (Reclam), S. 229, werden seine künftigen Taten angekündigt.

thut man vielleicht nicht wohl, denn oft, sehr oft ist das, was uns verächtlich scheint, nur eine Maske des Fürchterlichen.«[15]

Bei der Lektüre dieser sentenzhaften Stelle kann ich einen literarturhistorisch vollkommen unzulässigen, mir sich aber mit Macht aufdrängenden intertextuellen Kurzschluss nicht unterdrücken. Mir kommt eine anekdotische Erinnerung Klaus Manns aus dem Jahr 1932 nicht aus dem Sinn, in welcher er erzählt, wie er in der Münchener *Carlton-Teestube* nach längerer und intensiver Betrachtung seines Tischnachbarns Adolf Hitler zu folgender Einschätzung kommt:

> Es war gewiß kein erfreuliches Gefühl, in der Nähe einer solchen Kreatur zu sitzen; und doch konnte ich mich nicht satt sehen an der widrigen Fresse. Besonders attraktiv hatte ich ihn zwar nie gefunden, weder im Bilde noch auf der illuminierten Tribühne; aber die Häßlichkeit, der ich mich nun gegenüber fand, übertraf doch all meine Erwartungen. Die Vulgarität seiner Züge beruhigte mich, tat mir wohl. Ich sah ihn an und dachte: Du wirst nicht siegen, Schicklgruber, und wenn du dir die Seele aus dem Leibe brüllst. Du willst Deutschland beherrschen? Diktator willst du sein – mit der Nase? Daß ich nicht kichere! Du bist derartig mies, daß du einem beinahe leid tun könntest – wenn deine Miesigkeit nicht eben von besonders abstoßender Natur wäre [...]. Vergessen wirst du sein, in ein paar kurzen Jährlein. Du kommst nie zur Macht![16]

Die assoziative Parallele geht noch darüber hinaus: Wie der Bischof überzeugt ist, jeden Teufelsdiener intuitiv an seiner Physiognomie erkennen zu können,[17] so referiert Mann in diesem Passus die auf die eventuelle Nichtreinrassigkeit der vom Naziführer als »völkische Künstlerin« verehrten Therese Giese bezogenen Worte Hitlers, deren wahnsinnige Sicherheit derjenigen des Bischofs doch recht verwandt erscheint: »Als ob ich nicht den Unterschied sähe zwischen einem germanischen Naturtalent und semitischer Mache!«[18]

3.

Doch zurück zum Text. Seit Köpke wird zurecht betont, dass Tieck in seinen Novellen *Aufruhr in den Cevennen* und *Hexen-Sabbath* »die Abgründe religiöser Schwärmerei«[19] dargestellt habe. Zur Stützung dieser ganz an der primären Handlung orientierten Lesart kann man auf den biographischen und zeithistorischen Kontext verweisen. Denn Beispiele für religiösen Fanatismus hatte Tieck genug im eigenen

---

15 Tieck: Schriften, Bd. 20, S. 213.

16 Mann: Der Wendepunkt, S. 290f.

17 Vgl. auch Tieck: Schriften, Bd. 20, S. 341: »daß ich von meinem ehrwürdigen, frommen, heiligen Lehrer die Gabe erhielt, jedem Ketzer, jedem Hexenmeister, jeder Hexe es an den Augen ansehen zu können, ob sie zu der verworfenen Zunft gehören«; sowie schon vorweggenommen in der Charakteristik des Bischofs durch den Dechanten (ebenda, S. 224): »Der lächerlichste Zug seines Charakters ist der, daß er sich die feinste und umgreifendste Kenntniß der Menschen zutraut.«

18 Ebenda, S. 291.

19 Köpke: Ludwig Tieck, Bd. 2, S. 83. So auch noch: Lutz: Religion, S. 298f. und Neumann: Dresdner Novellen, S. 562.

Bekannten- und Freundeskreis, mit Brentano seit dessen Generalbeichte von 1817[20] und mit Friedrich Schlegel, dessen apokalyptischen Glaubenswahn er bei Schlegels letztem Aufenthalt 1827–1828 in Dresden mit Entsetzen konstatieren musste.[21] Darüber hinaus hätte er sich auch an seine eigene frühromantische *Genoveva* von 1799 erinnern können, die als ein Beitrag zum fundamentalistischen Glaubenskrieg (gegen Muslime und gegen die Frauen, wie Hans-Georg Pott jüngst in seiner polemisch aktualisierenden Interpretation herausgestellt hat)[22] gelesen werden kann. Vor allem aber in den seit 1815 sich verstärkenden gesellschaftlichen Tendenzen des katholischen Ultramontanismus sowie einer generellen Re-Konfessionalisierung fand Tieck genug Nahrung für seine das Spätwerk bestimmende Skepsis gegenüber einer intoleranten Absolutsetzung von religiös fundierten Werten, die in Politik und Rechtsprechung wieder allein geltend gemacht werden sollen.[23] In seinen beiden historischen Novellen und auch in seinem letzten Roman erzählt Tieck mit ungeschönter Brutalität von einem die gesellschaftliche Toleranz stets bedrohenden Rückfall in fanatische Gewalt, die den Andersgläubigen vernichten will. Am Anfang der Hugenotten-Tragödie *Aufruhr in den Cevennen* steht die Aufhebung des Edikts von Nantes durch Ludwig XIV, eine Situation also, in der der Staat nach einem Jahrhundert seine tolerante Duldungspolitik plötzlich aufkündigt, und die französischen Protestanten sich ihrer religiösen und bürgerlichen Rechte beraubt sehen müssen. Ergebnis ist hier eine sich gegenseitig hochschaukelnde Orgie der Gewalt, ob institutionalisiert im Folterapparat der Inquisition oder im hemmungslosen Abschlachten wehrloser katholischer Dorfbewohner durch die Freischärlergruppen der Camisarden.[24] Im *Hexen-Sabbath* dagegen sieht sich die humanistische Elite vollkommen unvorbereitet und ahnungslos der längst überwunden geglaubten, alle anderen Rechtsprinzipien außer Kraft setzenden religiösen Gerichtsbarkeit der Inquisition ausgeliefert, und auf ähnliche, für die Gesellschaft überraschende Weise verwandelt in *Vittoria Accorombona* der Despot Papst Sixtus V. im Namen der Wiederherstellung von Moral und Recht den Staat in ein »Schlachthaus«[25].

Die drei genannten Texte werden von einer »düstere(n) Vision ohne Hoffnung«[26] bestimmt, deren anti-aufklärerische Skepsis ihrem Autor offensichtlich so wichtig war, dass er sie im *Hexen-Sabbath* wiederholt mit fast identischem Wortlaut

---

20 Vgl. Schultz: Schwarzer Schmetterling, S. 378f.

21 Die Charakteristik Friedrich Schlegels, die Tieck kurz nach dessen Tod in einem Brief an den Bruder August Wilhelm liefert, lässt daran keinen Zweifel: »So wie ehemals in der Philosophie, war er jetzt Dictator im Christenthum, [...] Apokalypse, jüngster Tag, Magnetismus, Prophezein, das ging alles so wunderlich durcheinander, daß nicht allein ich, sondern auch andre Freunde, denen er sich mehr als billig entdeckte, oft eine Verstandeszerrüttung zu erkennen glaubten. Mit solcher kühnen Sicherheit sprach er von Dingen, die uns Aberwitz erschienen. – Welch ein Genius hat sich zerstört!« Ludwig Tieck und die Brüder Schlegel. Briefe, S. 191f.; vgl. Köpke: Ludwig Tieck, Bd. 2, S.73f.

22 Pott: Vom Krieg gegen die Muslime und die Frau.

23 Vgl. dazu Nipperdey: Deutsche Geschichte 1800–1866, S. 409–415.

24 Vgl. Nienhaus: »Die Liebe stirbt uns ab«. Zum Scheitern verbaler Intimität und zur gestischen Affektäußerung in Tiecks *Aufruhr in den Cevennen*.

25 Tieck: Schriften in zwölf Bänden, Bd. 12, S. 823.

26 Paulin: Ludwig Tieck, S. 279.

aussprechen lässt. Einmal in den zynischen (und Tiecks Einschätzung der Französischen Revolution enthaltenden) Worten des Hofmanns Köstein, des »jungen, unklugen und überklugen Propheten«, im Gespräch mit seinem ruhig-aufgeklärten Onkel, dem Canonicus Melchior:

> Man muß lachen, wenn viele glauben, daß die Menschen vernünftiger und besser werden, und daß die Welt sich immer mehr in Zukunft auslichten soll. Daß ist auch wieder Aberglauben, und vielleicht, wenn die Kirche einmal gestürzt ist, fordert er auch seine Opfer.[27]

Und dann in dem resignierten Fazit des Küsters Wundrich nach seinem Bericht über die letzten Ereignisse des Hexenprozesses:

> Da dieses Unheil hat geschehen können, so spreche man nicht davon, daß wir besser und klüger geworden sind, als unsere Vorfahren. Manche träumen sogar, alle Völker würden nach und nach veredelt, und das ganze Menschenwesen menschlicher.[28]

Wenn die Herrschaft, der Staat selbst vom Prinzip des Wahrheits- oder Wertemonopols bestimmt ist, gibt es keinen Raum für Frieden und Toleranz, die gerade er ja unter seinen Bürgern garantieren sollte:

> Die Idee bedarf der Vermittlung, aber der Wert bedarf ihrer noch weit mehr. In einem Gemeinwesen, dessen Verfassung einen Gesetzgeber und Gesetze vorsieht, ist es Sache des Gesetzgebers und der von ihm gegebenen Gesetze, die Vermittlung durch berechenbare und vollziehbare Regeln zu bestimmen und den Terror des unmittelbaren und automatischen Wertvollzugs zu verhindern.«[29]

Bei der Rechtsprechung der Inquisition handelt es sich hingegen eben gerade um den exemplarischen Fall eines solchen »Terror(s) des unmittelbaren und automatischen Wertvollzugs«, dennoch ist sie zugleich immer noch ein (zwar unter kirchlicher Oberhoheit sich vollziehendes) gerichtliches Verfahren, das sich dem Prinzip der Wahrheitsfindung unterstellt. Alles geht formell korrekt zu. Der »Herzog hat uns einige Doctoren der Rechte wie der Theologie von Löwen gesendet«[30], hebt der dem Ketzergericht vorstehende Bischof hervor und zeigt sich davon überzeugt ist, »daß dieser Prozeß [...] auch als ein Muster in der Führung, als ein Regulativ in der Bestrafung für alle künftige Zeiten dastehen muß.«[31] Und doch ist alles nur eine auf dem blindwütigen Fanatismus eines Irren beruhende Vernichtungsmaschine, der eine angesehene Salondame und mit ihr eine Reihe anderer Unschuldiger zum Opfer fallen. Wie aber konnte ein Dementer, von allen Verachteter die Rolle des »Fürchterlichen« ausüben?

Die um die Rettung des romantischen Erbes bemühte DDR-Germanistik hat auch den späteren historischen Erzählungen Tiecks einige Aufmerksamkeit gewidmet und sich in diesem Zusammenhang etwas ausführlicher mit dem *Aufruhr in den Cevennen* beschäftigt, an dem sie einen innovativen realistischen Erzählansatz loben

---

27 Tieck: Schriften, Bd. 20, S. 353.
28 Ebenda, S. 413.
29 Schmitt: Die Tyrannei der Werte, S. 54.
30 Tieck: Schriften, Bd. 20, S. 390.
31 Ebenda, S. 406.

konnte, aber anmerken musste, dass Tieck »allerdings nicht die ökonomischen Hintergründe der historischen Auseinandersetzungen (erkannte), sondern [...] in ihnen lediglich religiöse Zerwürfnisse« sah[32]. Auch im Nachwort der schön illustrierten Einzelausgabe des *Hexen-Sabbaths*, die 1977 als erste deutsche Nachkriegsveröffentlichung der Novelle in Ostberlin erschien, verhindert nur der schlechte Ruf Tiecks als Konservativer seine ›Entdeckung‹ quasi als Vorläufer Brechts als Verfasser einer lehrstückhaften, didaktischen Beispielerzählung über einen Fall von Rechtsbeugung aus puren ökonomischen Interessen: »Im Hexensabbath enthüllt Tieck die Skrupellosigkeit des hohen Klerus und die Niedertracht des Adels mit einer Schärfe, die bei einem Manne erstaunlich ist, der zwar für Reformen in Politik und Gesellschaft eintrat, aber kein Verständnis für die Notwendigkeit revolutionärer Umwälzungen besaß.«[33] Immerhin. Es trifft ja auch vollkommen zu, dass in Tiecks Novellen kaum eine Zustimmung zu revolutionären Umstürzen zu entdecken ist, sehr wohl aber zeichnen sie sich hingegen durch eine äußerst hellsichtige und prophetische Kritik an den Schattenseiten des sich gerade erst durchsetzenden Kapitalismus aus, z. B. an seiner entfremdeten Produktionsweise (*Der junge Tischlermeister*) oder auch bereits an dem von der industriellen Naturausbeutung provozierten ökologischen Desaster (*Der Alte vom Berge*).

Im *Hexen-Sabbath* wird nahezu pedantisch vorgeführt, dass dem Irrsinn des religiösen Fanatismus sehr wohl gegenzusteuern gewesen wäre, wenn es von seiten der weltlichen Herrschaft ein echtes Interesse daran gegeben hätte. Denn die kirchliche Inquisition steht zur staatlichen Gerichtsbarkeit in einem Kollaborations-, aber auch in einem Konkurrenzverhältnis, und der als Gesandter des Herzogs fungierende Graf D'Etampes erfüllt die verängstigten Bürger zunächst mit Hoffnung, wenn er klarstellt, »wie er nicht zugeben könne, daß das Gericht der Clerisei sich in die Gerichtsbarkeit des Magistrats und der Schöffen und Vorstände des Bürgerwesens dränge.«[34] Als der Herzog allerdings feststellen muss, dass die reichen Bürger ihm keine Darlehen in der ihm notwendigen Höhe mehr zugestehen können, vermeidet er jeden hindernden Eingriff in den Fortgang des Ketzerprozesses. Dies aus einem einfachen lohnenden Grund: Der Besitz des vom Inquisitionsgericht Verurteilten verfällt dem Staat, d.h. dem Grafen selbst. Ökonomisches Interesse, Habgier ist also die wahre Ursache für die Unrechtsprechung, der religiöse Wahn nur der Anlass.

4.

Das Umkippen der Machtsituation wird in einer (zu Recht als »Höhepunkt von Tiecks Erzählkunst«[35] bezeichneten) Straßenszene[36] mit höchster Präzision geschil

---

[32] Günzel: König der Romantik, S. 351. Schärfer formuliert auch in: Erläuterungen zur deutschen Literatur: Romantik, S. 219.

[33] Joachim Lindner: Nachwort, in: Tieck: Der Hexensabbat (1977), S. 297.

[34] Tieck: Schriften, Bd. 20, S. 389.

[35] Hölter: Ludwig Tiecks Hexen-Sabbat, S. 156.

[36] Tieck: Schriften, Bd. 20, S. 344–348. Woher Tiecks außerordentlich modern anmutende Beschreibungen von Massenszenen (vgl. auch ebenda, S. 393; 397f.) kommen, lässt sich mit der

dert: Hier stehen der Bischof und der Schöffe inmitten eines »schreienden und fragenden Volkshaufen[s]« einander gegenüber in einer Ausnahmesituation, die zunächst unentschieden scheinen lässt, wem von beiden, ob der geistlichen oder der weltlichen Macht, die Souveränität zusteht. Dass es sich bei der Konfrontation von Bischof und Stadtschöffen um eine Auseinandersetzung um Souveränität und Rechtshoheit handelt, wird im Text explizit benannt: »Herr Bischof, ich darf Eure Rechte bezweifeln, daß Ihr also verfahren mögt. Ihr mochtet vorerst uns Schöffen von diesen Vergehungen Nachricht erteilen, und so gelangt Eure Klage, wenn sie gegründet ist, an die Obrigkeit unsrer Stadt. Ich zweifle, daß das geistliche Gericht so willkürlich verfahren darf [...].«[37]

Der Bischof hatte in einem offensichtlichen Willkürakt zwei »Dirnen«, die sich über ihn als »einfältige[n] kleine[n] Knirps« lustig gemacht hatten, von seinen »Häschern« als Hexen festnehmen lassen. Am Anfang spricht alles noch für die Überlegenheit des Schöffen Taket, »ein ehrbarer Mann [...] großen Ansehns«, dem gegenüber der Bischof, der »kleine[.] Mann«, nur »trotzig« auf seinen Rechtsanspruch, seine »Amtsgeschäfte« pochen kann. Der Schöffe betont dagegen die Rechtshoheit des Magistrats, »die Obrigkeit unserer Stadt«, als Hüter der öffentlichen Ordnung, zunächst, wie gesagt, mit Erfolg, denn allein schon »seine Gegenwart (machte) das Volk scheu«, und der Bischof hat bald »schon die Fassung verloren«. Das Volk lässt sich von der besonnenen Rede des Schöffen überzeugen, »so erhob sich von neuem Geschrei, Steine flogen, man machte die Dirnen von den Häschern frei« und der Bischof sieht sich für einen Augenblick selbst von seinen Wachen im Stich gelassen: »diese bemühten sich, fliehend das Gewühl der Menschen zu durchbrechen«.[38] Es handelt sich in diesem Textstück um eine dramatische Konzeption[39], rhetorisch dicht konstruiert durch Anaphern, die genau die jeweilige Überlegenheit spiegeln: Während der Erzählertext die Wachen des Bischofs durchweg als »Häscher« bezeichnet, das Wort »Obrigkeit« bzw. »Diener der Obrigkeit«

Vermutung von Walter Münz erklären, dass Tieck als »einem Zeitgenossen der Revolutionsepoche [...] auch egalitär getönte Massenphänomene mit Progromtendenz zur Vorlage gedient haben« – Münz, Nachwort, in: Tieck: Hexensabbat (Reclam), S. 302 – mögen. Eine analytische Beschreibung der Dynamik von Massenaktionen liefert der Arbeiter Guntram: »Aber oft bedarf es nur einer Handvoll Menschen, die steif und fest auf ihrem Willen bestehen, so befeuert das die andern; der Schläfrigste wirft seine Mütze ab und setzt fluchend den Sturmhut auf; der Spektakel ergreift alles; in jeder Gasse rühren sich die Menschen und besinnen sich darauf, daß sie etwas zu verfechten haben. Wie ein Fieberhitziger steckt einer den andern an, und sie trotzen, schreien und toben, und wissen oft selbst nicht, was sie wollen. Manchmal haben sie keine Sache zu verfechten, die finden sie dann aber im Tumult. [...] Einer, dann etliche, dann mehr müssen nur voran. Jeder denkt dann, die haben Hinterhalt, so laufen sie mit und begeistern sich und andere. Die Masse wächst, wie ein gerollter Schneeballen, und indem sich jeder auf den andern verläßt, wird er selber muthig.« Tieck: Schriften, Bd. 20, S. 358f.

37 Ebenda, 345f.

38 Ebenda, S. 344–347.

39 Marion George schlägt ein dramatisches Strukturprinzip für den gesamten Text vor – allerdings nicht das von Neumann insgesamt für die Novellen angenommene Komödienmodell (Neumann: Dresdner Novellen), da Tieck »den Handlungsverlauf auf die frei interpretierte Struktur des klassischen Tragödie« auflege, vgl. George: Vom historischen Fakt zur Sinnfigur der Moderne, S.260, Zitat: ebenda.

nur den Stadtwachen des Schöffen vorbehält, kommt es im Moment der Klimax und des Umschlags zu einer Usurpation des Ausdrucks durch seinen Widersacher. Auch die Beschreibung der Gestik ist hier entscheidend: Der Bischof, »der kleine Knirps«, erhöht sich selbst mittels einer Türschwelle und ruft von dieser privilegierten Position aus in deutlich ambiger Weise: »Wer sich an den Dienern der Obrigkeit vergreift, ist im Bann der Kirche«. Es zeigt sich nun, dass die religiöse Einschüchterungsrhetorik die Kontrolle über die Masse und damit die Souveränität der Handlungsentscheidung übernimmt. Die – nun wieder »Häscher« genannten – Helfer des Bischofs können sich der »Dirnen« von neuem bemächtigen, ohne von den – nun wieder »Diener der Obrigkeit« genannten – eingeschüchterten Wachen des Schöffen behelligt zu werden. Daher kann nun der Bischof »mit erhobener Stimme« zum entscheidenden Schlag ansetzen und auch die Festnahme Takets selbst befehlen: »Alle standen stumm und blaß. Der Schöffe sah nach den Dienern der Gerechtigkeit, welche sich zitternd zurückzogen, ohne auch nur nach dem Angeklagten umzuschauen.« Während eingangs der Szene das Volk vor dem Schöffen als angesehenem Vertreter der weltlichen Macht »scheu« Platz gemacht hatte, sind in strenger Parallelführung an ihrem Ende wieder alle »scheu von ihm zurückgewichen«, nun aber vor dem Ohnmächtigen, von der Kirche Geächteten. Die »Gerechtigkeit« der laizistischen Rechtshoheit ist damit dem ›Gericht‹ der Inquisition gewichen.[40]

5.

Dass in einer aus den Fugen geratenen Gesellschaft Recht nicht mehr im Vertrauen auf die hergebrachten Institutionen, sondern nur durch Gewalt durchzusetzen ist, war zwar dem reichen Manufakturbesitzer Carrieux als einzigem der Bürger von Anfang an klar, aber auch er lässt sich von der allgemeinen Bedenklichkeit und vor allem vom Vertrauen in den Eingriff der höchsten staatlichen Instanzen blenden. Unbeirrt überzeugt davon, dass man nun auf die »Fäuste angewiesen« sei, »da es keine Gerechtigkeit mehr im Lande gibt«[41], ist allein der Arbeiterführer Guntram. Selbstverständlich handelt sich bei dieser Figur nicht um einen klassenbewussten Proletarier (den es zu Zeiten der Historie und zu Tiecks Zeiten ja auch noch nicht geben konnte), doch ist die keineswegs marginale Rolle der Arbeiter in der Handlungsdynamik der Novelle und dann Guntrams als desjenigen, der endlich dem Wahnwitz des Bischofs Einhalt zu bieten vermag, nicht nur für marxistische Literaturhistoriker kaum zu übersehen. Ob die Arbeiter hier »zum erstenmal [...] in ihrer gesellschaftlichen Bedeutung erkannt werden«[42], bleibe dahingestellt, dass aber Guntram tatsächlich in einer für die Zurückgewinnung der Macht noch aussichtsreichen Situation auf den bewaffneten Widerstand drängt, dass dann die Arbeiter unter seiner Führung, zu spät und erfolglos zwar, von den eingeschüchterten Bürgern und vom Volk allein gelassen, die Revolte immerhin versuchen, zeigt sie als die ein-

---

40 Tieck: Schriften, Bd. 20, S. 347f.
41 Ebenda, S. 396.
42 Lindner: Nachwort in: Tieck: Der Hexensabbat (1977), S. 296.

zigen, die begriffen haben, dass die Souveränität nur noch mit Gewalt entschieden wird. Es ist daher konsequent, dass es die Soldaten des Grafen D'Etampes sind, die den Aufstand niederschlagen.

6.

Für den Grafen ist das alles nur ›business‹, seine kühle Handlungsstrategie nutzt zynisch den abergläubischen religiösen Fanatismus zum eigenen Vorteil und garantiert jenem damit die gesellschaftliche Durchsetzungskraft. Wie aber konnte der von den sich aufgeklärt dünkenden Bürgern längst für lächerlich befundene Glaubenswahnsinn überhaupt aus seiner Isolierung und gesellschaftlichen Verachtung heraustreten? Wie in *Der Aufruhr in den Cevennen*, wo die Liebe im kollektiven Hass abstirbt, erzählt Tieck auch im *Hexen-Sabbath* von der bestimmenden Macht der Leidenschaft, der gegenüber die Kontrollinstanz des vernünftigen Maßhaltens letztlich immer versagt.

Die Witwe Madame Denisel, traumatisiert von einer verhinderten Jugendliebe und vor allem durch eine Leidenszeit in einer brutalen Ehe, deren Schilderung aus einem Roman von De Sade entnommen zu sein scheint, glaubte genau diese Grenzziehung von unverfänglichem erotischen Spiel zu leidenschaftlichem Begehren in ihrem heiteren geselligen Zirkel garantieren zu können.

Doch Sympathie und Wohlwollen, auch der (gescheiterte) Versuch offener, einander vertrauerder Freundschaft können die Leidenschaft aus diesem Kreis nicht verbannen. Die Dialoge, in denen der junge Friedrich und der Dechant Katharina ihre Liebe gestehen, sind die längsten des Textes.[43] Mit diesen beiden Angriffen auf ihre »Art Zölibat«[44] ist die heitere Geselligkeit der Vernünftigen und ihr ungefährliches ästhetisches Tändeln bereits gescheitert. Durch die Zurückweisung des Eheangebots Friedrichs zieht sich die sonst von allen bewunderte und verehrte Dame wütende Eifersucht zu, ihre entsetzte Verweigerung, die Geliebte des Dechanten zu werden, bewirkt nicht etwa das Umschlagen von dessen Liebe in Hass, sondern offenbart nur dessen Begehren in seiner die Begehrte ins reine Objekt umwandelnde Besitzgier: Schon der Kuss am Ende des Dialogs steht im Zeichen der Vergewaltigung. Besitzgier, der jedes Mittel recht ist, um zur Erfüllung ihrer Leidenschaft zu kommen: Mit seiner Denunziation der Geliebten Katharina als Hexenmeisterin und ihres Salons als Hexensabbat löst der Dechant erst die Verfolgungslawine in Arras aus.[45]

Während der Kampf um die Rechtshoheit ausführlich zur Sprache kommt, in der Konfrontation zwischen Schöffe und Bischof, wie gezeigt, der Umschlag der Handlungsdynamik in höchster Dramatik geschildert wird, spart Tieck hingegen die Verhöre, die Gerichtsszenen und auch die Marter der Hinrichtung in der Erzählung

---

43 Vgl. Tieck: Schriften, Bd. 20, S. 213–237.

44 George: Vom historischen Fakt zur Sinnfigur der Moderne, S. 263.

45 Vgl. Tieck: Schriften, Bd. 20, S. 348.

aus und erwähnt letztere etwa nur in einer Art summarischen Berichts.[46] Die Folter, bis in die Neuzeit ein übliches Mittel nicht nur der inquisitorischen, sondern auch der staatlichen Rechtfindung,[47] wird nur in der (bereits in Tiecks Quellen zu findenden)[48] Selbstverstümmelung des Künstlers Labitte angedeutet, der sich die Zunge abschneidet, um nicht zu sich selbst oder andere belastenden Aussagen gezwungen zu werden (für den empfindlichen Leser wohl als pars pro toto auch ausreichend). Während in *Vittoria Accorombona* die Ermordung Vittorias ausführlich als Gewalt- und Vergewaltigungsorgie erzählt wird, findet sich im *Hexen-Sabbath* abgesehen von der gerade erwähnten, im Vergleich doch unbedeutend harmlosen Kussszene keine Erzählung von physischer Gewalt.

Tieck »erspart dem Leser ›objektive‹ Grausamkeiten und verlegt das Gewicht auf die psychische Bewältigung der Angst«[49]. Er hat wenig Interesse an einer weiteren erzählerischen Ausarbeitung des Faktischen und hält sich bei der Schilderung der Vorfälle eng an seine historischen Quellen, allerdings ohne diesen in deren ausführlichen Schilderungen von Gewaltszenen zu folgen.[50] Seine narrativen Strategien stehen im Dienst der Darstellung der die Aktionen determinierenden Emotionen: der kollektiven der Angst bei Volk und Bürgerschaft, der personenbezogenen von Liebe, Eifersucht und Hass (bei Katharina und ihrem Ehemann, bei Friedrich und dem Dechanten, beim Bischof). Höchst modern (und an Balzacs Portraits der Profitgier als Leidenschaft erinnernd) erscheint die Gruppe der Prozessgewinnler: Die leidenschaftlich involvierten Betreiber des Ketzergerichts, der Dechant[51], der Bischof werden selbst Opfer des Wahnsinns, nur diejenigen, die dem Rechtsstreit emotional vollkommen unbeteiligt gegenüberstehen, ziehen ihren Nutzen daraus (Graf D'Etampes, der Advokat Flamand). Auf sie bezieht sich das sarkastische Fazit: »Es scheint, alle haben gewonnen.«[52]

---

46 Vgl. ebenda, S. 412; vgl. hingegen die ausführliche Beschreibung in Tiecks Hauptquelle: den *Memoiren des Jacques du Clercq*, in: Tieck: Der Hexensabbat (Reclam), S. 248f.

47 Vgl. dazu (am Beispiel der spanischen Inquisition): Schwerhoff: Die Inquisition, S. 88.

48 Vgl. Tieck: Der Hexensabbat (Reclam), S. 244.

49 Hölter: Ludwig Tiecks »Hexen-Sabbat«, S. 148.

50 Siehe dazu Münz, Nachwort, in: Tieck: Hexensabbat (Reclam), S. 316f. und Kippel: Die Stimme der Vernunft über einer Welt des Wahns, S. 40–44.

51 Bei der Motivierung von Wahnsinn (dieses Motiv findet sich, allerdings ohne jede Motivierung, schon in Tiecks Quelle, vgl. Tieck: Hexensabbat (Reclam), S. 290) und Tod des Dechanten verknüpft Tieck das an den *Blonden Eckbert* erinnernde Inzestmotiv mit dem den Untergang der Familie Accorombona vorwegnehmenden Motiv der Auslöschung der (eigenen) Familie mit der Verbrennung der Mutter Gertrud und der Schwester Katharina: vgl. Tieck: Schriften, Bd. 20, S. 428.

52 Ebenda, S. 413.

Literaturverzeichnis

1. Quellen

Abraham a Sancta Clara: Judas, der Ertz-Schelm Für ehrliche Leuth oder Eigentlicher Entwurff vnd Lebens-Beschreibung deß Iscariotischen Bößwicht. Bd. 1. Salzburg: Haan 1686.

Adelung, Johann Christoph: Grammatisch-kritisches Wörterbuch der Hochdeutschen Mundart, mit beständiger Vergleichung der übrigen Mundarten, besonders aber der Oberdeutschen. Erster Theil, von A–E; Zweyter Theil, von F–L. Dritter Theil, von M–Scr. Vierter Theil, von Seb –Z. Zweyte vermehrte und verbesserte Ausgabe. Leizpig: Breitkopf und Compagnie. 1793–1801.

Akamatsu, Hidetake, und Joachim Rückert (Hrsg.): Politik und Neuere Legislationen. Materialien zum »Geist der Gesetzgebung«. Aus dem Nachlaß hrsg. von Hidetake Akamatsu und Joachim Rückert. Frankfurt a. M.: Klostermann 2000 (Ius commune. Veröffentlichungen des Max-Planck-Instituts für Europäische Rechtsgeschichte Frankfurt a. M. Sonderhefte. Studien zur Europäischen Rechtsgeschichte. 135. Savignyana. Texte und Studien. Hrsg. von Joachim Rückert. 5).

Albert von Sachsen-Coburg: Skript Juristische Encyclopädie, nach Vorträgen des Professors Bethmann-Hollweg. Royal Archive RA VIC/Add A10/81/16, Prince Albert's schoolroom and university notes, vol. 16.

Allgemeines bürgerliches Gesetzbuch für die gesammten deutschen Erbländer der Österreichischen Monarchie (ABGB). Bd. 1–3. Wien: K. K. Hof- und Staatsdruckerey 1811.

Allgemeines Landrecht für die Preußischen Staaten von 1794. Teil: Textausgabe. Mit einer Einführung v. Hans Hattenhauer u. e. Bibliographie von Günther Bernert. Frankfurt a. M.: Metzner 1970.

Aristoteles: Die Nikomachische Ethik / Ethica Nicomachea. Aus dem Griech. und mit einer Einführung und Erläuterungen vers. von Olof Gigon. Vollst. Ausg., 5. Aufl. München: Deutscher Taschenbuch-Verl. 2002 (dtv. 30126).

Arnim, Bettina von, und Friedrich Wilhelm IV.: »Die Welt umwälzen – denn darauf läufts hinaus.« Der Briefwechsel. Hrsg. von Ursula Püschel. Berlin: Akademie Verlag 2001.

Arnim, Bettine von: Werke und Briefe in vier Bänden. Hrsg. Walter Schmitz, Sibylle von Steinsdorff, Heinz Härtl, Ulrike Landfester, Wolfgang Bunzel. Frankfurt a. M.: Deutscher Klassiker Verlag 1986–2004 (Bibliothek deutscher Klassiker. 12, 76, 119, 186.)

Bd. 1: Clemens Brentano's Frühlingskranz. Die Günderode. Hrsg. von Walter Schmitz. 1986.

Bd. 2: Goethe's Briefwechsel mit einem Kinde. Hrsg. von Heinz Härtl, Ulrike Landfester und Sybille von Steinsdorff in Zus.arbeit mit Ursula Härtl, Bettina Kranzbühler und Walter Schmitz.1992.

Bd. 3: Politische Schriften. Hrsg. von Wolfgang Bunzel. 1995.

Bd. 4: Briefe. Hrsg. von Heinz Härtl in Zus.arbeit mit Ursula Härtl.

Arnim, Ludwig Achim von: <Taschenbuch>, Signatur: Hs-7713. Handschriftenbestand, Freies Deutsches Hochstift, Frankfurt a. M.

Arnim, Ludwig Achim von, und Bettina Brentano: Achim und Bettina in ihren Briefen. Briefwechsel von Achim von Arnim und Bettina Brentano. Hrsg. von Werner Vordtriede. Mit e. Einl. von Rudolf Alexander Schröder. Bd. 1–2. Frankfurt a. M.: Suhrkamp 1988.

Arnim, Ludwig Achim von: Briefe an Savigny 1803–1831. Mit weiteren Quellen als Anhang. Hrsg. und kommentiert von Heinz Härtl. Weimar: Böhlau 1982.

https://doi.org/10.1515/9783110612073-019

Arnim, Ludwig Achim von: Gedichte. Weimar: Kühn 1856 (Sämmtliche Werke. Bd. 22. Nachlaß: Bd. 6).

Arnim, Ludwig Achim von: Gedichte. Zweiter Teil. In Zusammenarbeit mit dem Freien Deutschen Hochstift hrsg. v. Herbert R. Liedke u. Alfred Anger. Tübingen: Niemeyer 1976 (Sämmtliche Werke. Bd. 23. Nachlaß: Bd. 7; Freies Deutsches Hochstift, Reihe der Schriften. 22).

Arnim, Ludwig Achim von: Der Studenten erstes Lebehoch bei der Ankunft in Berlin am 15ten Oktober. – In: Berliner Abendblätter. Hrsg. Von Heinrich von Kleist. Nachwort und Quellenregister von Helmut Sembdner. [Reprografischer Nachdruck der Ausg. Leipzig 1925.] Darmstadt: Wissenschaftliche Buchgesellschaft 1973, S. 52–54.

Arnim, Ludwig Achim von: Landhausleben. Erzählungen. Erster Band. Leipzig: C. H. F. Hartmann 1826.

Arnim, Ludwig Achim von / Joseph von Eichendorff: Das Loch oder das wiedergefundene Paradies. Ein Schattenspiel. / Das Incognito oder Die mehreren Könige oder Alt und neu. Ein Puppenspiel. Text und Materialien zur Interpretation besorgt von Gerhard Kluge. Berlin 1968 (Komedia. Deutsche Lustspiele vom Barock bis zur Gegenwart. 13).

Arnim, Ludwig Achim von: Sämmtliche Werke. Hrsg. von Wilhelm Grimm. Bd. 6. Berlin: Veit & Comp. 1840.

Arnim, Ludwig Achim von: Werke in sechs Bänden. Hrsg. von Roswitha Burwick, Jürgen Knaack, Paul Michael Lützeler, Renate Moering, Ulfert Ricklefs und Hermann F. Weiss. Frankfurt a. M.: Deutscher Klassiker Verlag 1989–1994 (Bibliothek deutscher Klassiker. 39; 42; 55; 72; 83; 118).

Bd. 1: Hollin's Liebeleben. Armut, Reichtum, Schuld und Buße der Gräfin Dolores. Hrsg. von Paul Michael Lützeler. 1989.

Bd. 2: Die Kronenwächter. Hrsg. von Paul Michael Lützeler. 1989.

Bd. 3: Sämtliche Erzählungen 1802–1817. Hrsg. von Renate Moering. 1990.

Bd. 4: Sämtliche Erzählungen 1818–1830. Hrsg. von Renate Moering. 1992.

Bd. 5: Gedichte. Hrsg. von Ulfert Ricklefs. 1994.

Bd. 6: Schriften. Hrsg. von Roswitha Burwick, Jürgen Knaack und Hermann F. Weiss. 1992.

Arnim, Ludwig Achim von: Werke und Briefwechsel. Historisch-kritische Ausgabe. In Zusammenarbeit mit der Stiftung Weimarer Klassik und Kunstsammlungen hrsg. von Roswitha Burwick, Lothar Ehrlich, Heinz Härtl, Renate Moering, Ulfert Ricklefs und Christof Wingertszahn. Tübingen: Niemeyer 2000–2008; Berlin, Boston, Mass.: de Gruyter 2010–.

Bd. 11. Texte der deutschen Tischgesellschaft. Hrsg. von Stefan Nienhaus. 2008.

Bd. 30: Briefwechsel 1788–1801. Hrsg. v. Heinz Härtl. 2000.

Arnim, Ludwig Achim von, und Clemens Brentano: Freundschaftsbriefe. Bd. 1–2. Hrsg. Hartwig Schultz. Frankfurt a. M.: Eichborn 1998.

Assing, Ludmilla: Fürst Hermann von Pückler-Muskau. Eine Biographie. Hamburg: Hoffmann & Campe 1873.

Baumgarten, Alexander Gottlieb: Ästhetik/Aesthetica. Lateinisch-deutsche Übers., mit einer Einf., Anm. und Reg. hrsg. von Dagmar Mirbach. Bd. 1–2. Hamburg: Meiner 2007 (Philosophische Bibliothek. 572).

Baumgarten, Alexander Gottlieb: Metaphysica. Editio VII. Halae Magdeburgicae [Halle]: Hemmerde 1779.

Bippen, Wilhelm von (Hrsg.): Arnold Georg Heise. Mittheilungen aus dessen Leben. Halle: C.A.Schwetschke & Sohn (M. Bruhn) 1852.

Böhmer, Johann Friedrich: Leben, Briefe und kleinere Schriften. Hrsg. von Johannes Janssen. Bd. 1–2. Freiburg i. Breisgau: Herder'sche Verlagshandlung 1868.

Bonaventura [d.i. August Klingemann]: Nachtwachen. Hrsg. von Steffen Dietzsch. Mit 16 Radierungen von Michael Diller. Leipzig: Reclam 1991.

Bonaventura [d.i. August Klingemann]: Nachtwachen. Hrsg. von Paul Alfred Merbach. Berlin: Cassirer 1924 (Das Wunderhorn. 24).

Bonaventura [d.i. August Klingemann]: Nachtwachen [1804]. Hrsg. von Hermann Michel. Berlin: Behr 1904 (Deutsche Literaturdenkmale des 18. und 19. Jahrhunderts. 133).

Brandt, Johann Carl: Kurze Geschichte der Kreisstadt Jüterbog von der ältesten bis auf die neuesten Zeiten [...]. Jüterbog: A. M. Colditz 1840.

Brentano, Clemens: Das unsterbliche Leben. Unbekannte Briefe. Hrsg. von Wilhelm Schellberg und Friedrich Fuchs. Jena: Eugen Diederichs 1939.
Brentano, Clemens: Sämtliche Werke und Briefe. Veranstaltet vom Freien Deutschen Hochstift. Stuttgart u.a.: W. Kohlhammer 1975ff. (Frankfurter Brentano-Ausgabe).
Bd. 10: Romanzen von Rosenkranz. Text und Lesarten. Unter Mitwirkung von Michael Grus und Hartwig Schultz hrsg. von Clemens Rauschenberg. 1994.
Bd. 12: Dramen I. Hrsg. von Hartwig Schultz. 1982.
Bd. 21,1: Satiren und Kleine Prosa. Text, Lesarten und Erläuterungen. Hrsg. von Stefan Nienhaus [u. a.] 2013.
Bd. 29: Briefe. Erster Band. 1792–1802. Nach Vortarbeiten von Jürgen Behrens und Walter Schmitz hrsg. von Lieselotte Kinskofer. 1988.
Bd. 31: Briefe. Dritter Band. 1803–1807. Hrsg. von Lieselotte Kinskofer. 1991.
Bd. 38,1: Briefe 1792–1802. Erläuterungen. Hrsg. von Ulrike Landfester. 2003
Bd. 38,3: Briefe 1803–1807. Erläuterungen. Unter Mitwirkung von Sabine Gruber hrsg. von Lieselotte Kinskofer. 2004.
Brentano, Clemens: Werke. Hrsg. von Max Preitz. Kritisch durchgesehene und erläuterte Ausgabe. Bd. 1. Leipzig und Wien: Bibliographisches Institut 1914.
Brentano, Clemens: Werke. Hrsg. von Wolfgang Frühwald, Bernhard Gajek und Friedhelm Kemp. Bd. 1–4. 2., durchgesehene und im Anhang erweiterte Aufl. München: Hanser 1978 (Bd. 2: 3., durchgesehene Aufl. 1980).
Brentano, Clemens, und Sophie Mereau: Briefwechsel. Nach den Handschriften hrsg. von Heinz Amelung. Potsdam: Rütten & Loening 1939.
Brentano, Clemens, und Sophie Mereau: Lebe der Liebe und liebe das Leben. Der Briefwechsel von. Mit einer Einleitung hsrg. von Dagmar von Gersdorff. Frankfurt a. M.: Insel 1981.
Buma, Wybren Jan, und Wilhelm Ebel (Hrsg.): Das Hunsingoer Recht. Göttingen: Vandenhoeck & Ruprecht 1969 (Altfriesische Rechtsquellen. 4).
Burke, Peter: Celebrated Trials Connected with the Upper Classes of Society in the Relations of Private Life. London: Benning 1851.
Büsching, Anton Friderich:Auszug aus seiner Erdbeschreibung. Erster Theil, welcher Europa und den nordlichen Theil von Asia enthält. Hamburg: Johann Carl Bohn 1771.
Campe, Joachim Heinrich (Hrsg.): Wörterbuch der Deutschen Sprache. Bd. 4 (S–T). Braunschweig: Schulbuchhandlung 1810.
Die Chroniken der niedersächsischen Städte: Braunschweig. Hrsg. durch die Historische Commission bei der Königl. Academie der Wissenschaften. Bd. 2. Leipzig: Hirzel 1880 (Die Chroniken der deutschen Städte vom 14. bis ins 16. Jahrhundert. 16).
Chur-Braunschweig-Lüneburgische Landes-Ordnungen und Gesetze, vierter Theil worinnen enthalten Caput Quintum. Von Cammer- und Amts-Sachen. Göttingen: Kgl. privil. Universitäts Buchhandlung 1740.
Codex Saxonicus. Chronologische Sammlung der gesammten praktisch-gültigen königlich sächsischen Gesetze. von den ältesten Zeiten, vom Jahre 1255 an bis zum Schlusse des Jahres 1840; mit einem alphabetisch-systematischen Repertorium von Wilhelm Michael Schaffrath Bd. 1. Leipzig: Reclam 1842.
Corpus Iuris Militaris. Worin das Holländisch Kriegs-Recht, Und Articuls-Brieffen Petri Pappi von Tratzberg JC. mit nützlichen Anmerckungen und Rechtsgründen erkläret [...]. Frankfurt a. M.: Hermsdorff 1657.
Dalberg, Wolfgang Heribert von: Der Mönch von Carmel: ein dramatisches Gedicht in 5 Aufzügen; auf der Mannheimer Bühne den 10. Sept. 1786 zum erstenmale aufgeführt. Berlin und Leipzig: Decker 1789.
Damhouder, Joost de: Patroncinivm Pvpillorvm. Von Vormundtschafften [...] in Teutsche Sprach gebracht Durch Den Hochgelehrten Herrn Johan Burckharden. Frankfurt a. M.: Nikolaus Basse 1576.
De Quincey, Thomas: The Works of Thomas De Quincey. Hrsg. von Grevel Lindop. Bd. 1–21. London: Pickering & Chatto 2000–2003. The Female Infidel. Volume 19. Autobiographic Sketches. Hrsg. von Daniel Sanjiv Roberts. London: Pickering & Chatto 2003, S. 78–87.

Dingelstedt, Franz: Lieder eines kosmopolitischen Nachtwächters. Neudr. d. Orig. Ausg. von 1841. Hrsg. von Heinrich Hubert Houben, Leipzig: Klinkhardt u. Biermann 1923.

Döhler, Johann Georg: Schein und Seyn des Richterlichen Ambtes. Coburg: Pfotenhauer 1723.

Duden. Deutsches Universalwörterbuch. 6. Aufl. Mannheim [u. a.]: Bibliographisches Institut & F. A. Brockhaus AG 2006.

Eckartshausen, Carl von: Von der Würde des Richteramtes oder Ideen zur Philosophie der peinlichen Gesetze. München: Lentner 1788.

Eichendorff, Joseph von: Sämtliche Werke. Historisch-Kritische Ausgabe. Begr. von Wilhelm Kosch und August Sauer. Fortgeführt und hrsg. von Hermann Kunisch u. Helmut Koopmann. Bd. 1–18. Berlin: de Gruyter 1962–2012. Noch nicht abgeschlossen, früher im Verl. Habbel, Regensburg, Kohlhammer, Stuttgart, und Niemeyer, Tübingen, erschienen.

Elsener, Ferdinand (Hrsg.): Landschaft Gaster mit Wesen. Aarau: Sauerländer 1951 (Sammlung Schweizerischer Rechtsquellen. 14. Abt.: Die Rechtsquellen des Kantons St. Gallen. Teil 3, Rechte der Landschaft. 1).

Feuerbach, Paul Johann Anselm von: Lehrbuch des gemeinen in Deutschland geltenden peinlichen Rechts. 1. Aufl. Gießen: Heyer 1801.

Fischer, Friedrich Christoph Jonathan: Lehrbegrif sämtlicher Kameral- und Polizeyrechte. Bd. 1–2. Frankfurt an der Oder: Strauß 1785.

[Fleck, Ferdinand Florens:] Die Patrimonialgerichtsbarkeit, in ihrer, dem Gemeinwohle nachtheiligen Vernunft- und Rechtswidrigkeit. von einem königlich Sächsischen Justizbeamten. Leipzig: Christian Ernst Kollmann 1832.

Fredersdorf, Leopold Friedrich: Anweisung für angehende Justiz-Beamte und Unterrichter. Lemgo: Meyersche Buchhandlung 1772.

Frege, Gottlob: Über Sinn und Bedeutung. – In: Zeitschrift für Philosophie und philosophische Kritik. Neue Folge 100 (1892), S. 25-50.
online-Ressource: http://www.gavagai.de/fizmo/FregeSinn.pdf [Zugriff: 02. 01. 2017].

Gerhabschaffts-Ordnung. Codicis Austriaci ordine alphabetico compilati pars [...] zusammen getragen und das erstemahl in Druck gelassen [von Frantz Antoni Edler Herr von Guarient]. Bd. 1. Wien: Voigt 1704, S. 410–427.

Gesetz, betreffend das Urheberrecht an Schriftstücken, Abbildungen, musikalischen Kompositionen und dramatischen Werken. Vom 11. Juni 1870. – In: Bundes-Gesetzblatt des Norddeutschen Bundes 19 vom 20.6.1870, S. 339–355.

Gmelin, Christian Gottlieb: Grundsätze der Gesetzgebung über Verbrechen und Strafen. 2. Aufl. Linz: von Trattnern 1786.

Gmür, Max (Hrsg.): Die Rechtsquellen des Kantons St. Gallen. Offnungen und Hofrechte. Aarau: Sauerländer 1903 (Sammlung schweizerischer Rechtsquellen. 14. Abt., Teil 1; später inkorporiert in: Sammlung schweizerischer Rechtsquellen. 14. Abt, 2. Reihe: Die Alte Landschaft, dort die Bände 4,1 und 4,2).

Goethe, Johann Wolfgang: Sämtliche Werke nach Epochen seines Schaffens. Münchner Ausgabe. Hrsg. von Karl Richter. In Zusammenarbeit mit Herbert G. Göpfert, Norbert Miller und Gerhard Sauder. Bd. 1–21. München, Wien: Hanser 1985–98.
Bd. 3,1: Italien und Weimar 1786–1790. Hrsg. von Norbert Miller und Hartmut Reinhardt. 1990.

Goethe, Johann Wolfgang: Sämtliche Werke. Briefe, Tagebücher und Gespräche. Vierzig Bände. Hrsg. von Friedmar Apel [u. a.]. Bd. 1–40. Frankfurt a. M.: Deutscher Klassiker Verlag 1981ff.
1. Abt. Bd. 7/2: Albrecht Schöne: Faust. Kommentare. 4. überarb. Aufl. 1999 (Bibliothek Deutscher Klassiker. 114).

Goethe, Johann Wolfgang von: Werke. Hamburger Ausgabe in 14 Bänden. Textkritisch durchgesehen und mit Anmerkungen versehen von Erich Trunz. [Unterschiedliche Aufl.] München: Beck 1981.

Goethe, Johann Wolfgang: Werke. Hrsg. im Auftrage der Großherzogin Sophie von Sachsen. Abt. I–IV. Bd. 1–133 (in 143). Abt.. I: Werke. Bd. 1–55 (in 63). Abt. II: Naturwissenschaftliche Schriften. Bd. 1–13 (in 14). Abt. III: Tagebücher. Bd. 1–15 (in 16). Abt. IV: Briefe. Bd. 1–50. Weimar: Böhlau 1887–1919.

Gönner, Nicolaus Thaddäus: Teutsches Staatsrecht. Landshut: Krüll 1804.

Gordon, Loudoun Harcourt: An Apology for the Conduct of the Gordons; containing the whole of their correspondence, conversation, &c. with Mrs. Lee: to which is annexed, an accurate account of their examination at Bow Street, and their trial at Oxford, London: J. Ginger and T. Hurst 1804.

Görres, Joseph: Die teutschen Volksbücher. Nähere Würdigung der schönen Historien-, Wetter- und Arzneybüchlein, welche theils innerer Werth, theils Zufall, Jahrhunderte hindurch bis auf unsere Zeit erhalten hat. Heidelberg: Mohr und Zimmer 1807.

Grathoff, Dirk: Der Fall des Krugs. Zum geschichtlichen Gehalt von Kleists Lustspiel. – In: Kleist-Jahrbuch 1981/82, S. 290–313.

Grimm, Jacob: Deutsche Mythologie. Band 1. 2. Ausgabe. Göttingen: Dieterichsche Buchhandlung 1844.

Grimm, Jacob: Deutsche Rechtsalterthümer. 2. Ausgabe. Göttingen: Dieterich 1854.

Grimm, Jacob: Deutsche Rechtsalterthümer. Bd. 1–2. Göttingen: Dieterichsche Buchhandlung 1828.

Grimm, Jacob: Geschichte der Deutschen Sprache. 3. Auflage. Bd. 1–2. Leipzig: Weidmansche Buchhandlung 1868.

Grimm, Jacob: Geschichte der Deutschen Sprache. Bd. 1. Leipzig: Weidmannsche Buchhandlung 1848.

Grimm, Jacob: Kleinere Schriften. Nach der Ausgabe von Karl Müllenhoff und Eduard Ippel neu hrsg. u. mit einem Vorwort versehen von Otfrid Ehrismann. Bd. 1–8 u. 1 Erg.bd. Berlin und Gütersloh 1864–90. Reprint Hildesheim: Olms Weidmann 1991–1992 (Abt. I: Die Werke Jacob Grimms. Forschungsausgabe. 01–08.2).

Grimm, Jacob: Literatur der altnordischen Gesetze. – In: Zeitschrift für geschichtliche Rechtswissenschaft 3 (1816/17), S. 73–128.

Grimm, Jacob: Deutsche Altertumskunde. Bearb. und hrsg. von Else Ebel. Göttingen: Vandenhoeck u. Ruprecht 1974 (Arbeiten aus der Niedersächsischen Staats- und Universitätsbibliothek Göttingen. 12).

Grimm, Jacob: Ueber den altdeutschen Meistergesang. Göttingen: Dieterichsche Buchhandlung 1811.

Grimm, Jacob, und Wilhelm Grimm: Briefe der Brüder Grimm. Gesammelt von Hans Gürtler. Nach dessen Tode hrsg. u. erl. von Albert Leitzmann. Jena: Frommannsche Buchh. 1923 (Jenaer germanistische Forschungen. 1).

Grimm, Jacob und Wilhelm: Briefe von Jacob und Wilhelm Grimm an Ludwig und Lotte Hassenpflug. Hrsg. von Robert Friderici. – In: Ludwig Denecke (Hrsg.): Brüder Grimm Gedenken. Bd. 3. Marburg: Elwert 1981 (Schriften der Brüder-Grimm-Geselschaft Kassel e.V. 5), S. 38–120.

Grimm, Jacob, und Wilhelm Grimm: Briefwechsel mit Ludwig Hassenpflug, einschließlich der Briefwechsel zwischen Ludwig Hassenpflug und Dorothea Grimm, geb. Wild, Charlotte Hassenpflug, geb. Grimm, ihren Kindern und Amalie Hassenpflug. Hrsg. von Ewald Grothe. Kassel, Berlin: Verlag der Brüder Grimm Gesellschaft 2000 (Brüder Grimm: Werke und Briefwechsel in kritisch kommentierten Einzelbänden. 2).

Grimm, Jacob, und Wilhelm Grimm: Briefe der Brüder Grimm an Savigny. Aus dem Savignyschen Nachlaß hrsg. in Verbindung mit Ingeborg Schnack von Wilhelm Schoof. Berlin, Bielefeld: Erich Schmidt 1953 (Veröffentlichungen der Historischen Kommission für Hessen und Waldeck 23: Hessische Briefe des 19. Jahrhunderts. 1).

Grimm, Jacob, und Wilhelm Grimm: Kinder- und Hausmärchen. Erster Band. Berlin: Realschulbuchhandlung 1812.

Grimm, Jacob, und Wilhelm Grimm: Kinder- und Hausmärchen. Erster Band. Berlin: Georg Reimer 1819.

Grimm, Jacob: Von der Poesie im Recht (1815). Sonderausgabe. Darmstadt: Wissenschaftliche Buchgesellschaft 1957 (Libelli. 36).

Grimm, Jacob: Von der Poesie im Recht – In: Zeitschrift für geschichtliche Rechtswissenschaft, Bd. 2, Heft 1 (1815), S. 25–99. Digitale Version bei: http://dlib-zs.mpier.mpg.de/mj/kleioc/0010/exec/bigpage/%222085190%5f02%2b1816%5f0033%22 [Zugriff am: 02.01.2017].

Grimm, Jacob: Vorlesung über Deutsche Literaturgeschichte. »Die Geschichte der deutschen Literatur von der ältesten bis zur neuesten Zeit« nach studentischen Mitschriften. Hrsg. von Matthias Jansen. Kassel, Berlin: Verlag der Brüder Grimm Gesellschaft 2000 (Brüder Grimm: Werke und Briefwechsel. Materialien. 1).

Grimm, Jacob: Vorlesung über »deutsche Rechtsalterthümer«. Bearb. u. hrsg. von Else Ebel. Göttingen; Zürich: Muster-Schmidt 1990.

Grimm, Jacob: Weisthümer. Bd. 1–7. Göttingen: Dieterichsche Buchhandlung 1840–1878.

Grimm, Jakob, und Wilhelm Grimm: Deutsches Wörterbuch. Hrsg. von der Deutschen Akademie der Wissenschaften zu Berlin. Bd. 1–16 (in 32). Leipzig: Hirzel 1854–1960.

Grimm, Jakob, und Wilhelm Grimm: Kinder- und Hausmärchen. Erster und zweiter Band. Große Ausgabe. Göttingen: Dieterich 1857.

Grolman, Karl Ludwig Wilhelm von: Grundsätze der Criminalrechtswissenschaft nebst einer systematischen Darstellung des Geistes der deutschen Criminalgesetze. Neudruck der Ausgabe Gießen 1798. Glashütten im Taunus: Auvermann 1970.

Günzel, Klaus (Hrsg.): Der König der Romantik. Das Leben des Dichters Ludwig Tieck in Briefen, Selbstzeugnissen und Berichten. Berlin (Ost): Verlag der Nation 1981.

Haller, Albecht von: Gedichte. Hrsg. und eingel. von Ludwig Hirzel. Frauenfeld: Huber 1882.

Hamaker, Hendrik G. (Hrsg.): De middeneeuwsche keurboeken van de stad Leiden. Leiden: van Doesburgh 1873.

Hamann, Johann Georg: Schriften. Hrsg. v. Friedrich Roth. Siebenter Theil. Leipzig: G. Reimer 1825.

Hayme, Thomas: Allgemeines Teutsches Juristisches Lexicon: Worinnen alle in Teutschland übliche Rechte [...] von Thomas Haymen. Leipzig: Gleditsch 1738.

Hayme, Thomas: Lexicon juris criminalis oder Kurtzgefaster Auszug des in peinlichen und andern strafbaren Fällen üblichen Rechts [...] in alphabetischer Ordnung vorgetragen von Thom. Haymen. Leipzig: Teubner 1733.

Hegel, Georg Wilhelm Friedrich: Grundlinien der Philosophie des Rechts oder Naturrecht und Staatswissenschaft im Grundrisse. Mit Hegels eigenhändigen Notizen in seinem Handexemplar und den mündlichen Zusätzen. Hrsg. und eingeleitet von Helmut Reichelt. Frankfurt a. M. u.a.: Ullstein 1972.

Hegel, Georg Wilhelm Friedrich: Werke in zwanzig Bänden (und einem Registerband). Auf der Grundlage der Werke von 1832–1845 neu edierte Ausgabe. Redaktion Eva Moldenhauer und Karl Markus Michel. Frankfurt a. M.: Suhrkamp 1969–1979 (Theorie-Werkausgabe).

Heine, Heinrich: Sämtliche Schriften. Hrsg. von Klaus Briegleb. Bd. 1–6. München: Hanser 1968-1976.

Herder, Johann Gottfried: Natur und Kunst. – In: Herder: Kalligone. Von der Kunst und Kunstrichterei. Zweiter Theil. Leipzig: Johann Friedrich Hartknoch 1800, S. 1–50.

Herder, Johann Gottfried:. Sämmtliche Werke. Hrsg. von Bernhard Suphan. Bd. 4. Berlin: Weidmannsche Buchhandlung 1878.

Hermann, J. H. G.: Von der Gunst des Richters und der Gesetze. – In: Deutsches Magazin 4 (1792), S. 230–280.

Hoffmann, E.T.A.: Das Fräulein von Scuderi: Erzählung aus dem Zeitalter Ludwigs des Vierzehnten (1819). Mit Kommentaren von Heinz Müller-Dietz und Marion Bönnighausen. Berlin, New York: de Gruyter 2010 (Juristische Zeitgeschichte. Abt. 6: Recht in der Kunst – Kunst im Recht. 36).

Hoffmann, E.T.A.: Das Fräulein von Scuderi. Erzählung aus dem Zeitalter Ludwig des Vierzehnten. Mit einem Kommentar von Barbara von Korff-Schmising. Frankfurt a. M.: Suhrkamp 2001 (Suhrkamp-BasisBibliothek. 22).

Hoffmann, E.T.A.: Juristische Arbeiten. Hrsg. und erläutert von Friedrich Schnapp. München: Winkler 1973.

Hoffmann, E.T.A: Sämtliche Werke in sechs Bänden. Hrsg. von Hartmut Steinecke und Wulf Segebrecht unter Mitarbeit von Gerhard Allroggen, Friedhelm Auhuber, Hartmut Mangold und Ursula Segebrecht. Frankfurt a. M.: Deutscher Klassiker Verlag 1985–2004.
Bd. 4: Die Serapionsbrüder. Hrsg. von Wulf Segebrecht unter Mitarbeit von Ursula Segebrecht. 2001.

Bd. 6: Späte Prosa. Briefe. Tagebücher und Aufzeichnungen. Juristische Schriften. Werke 1814–1822. Hrsg. von Gerhard Allroggen, Friedhelm Auhuber, Hartmut Mangold, Jörg Petzel und Hartmut Steinecke. 2004.

Hölderlin, Friedrich: Sämtliche Werke. ›Frankfurter Ausgabe‹. Historisch-kritische Ausgabe. Bd. 11. Hrsg. von Michael Knaupp und D. E. Sattler. Frankfurt a. M.: Roter Stern 1982, S. 577–692.

Homeyer, Carl Gustav (Hrsg.): Das sächsische Lehnrecht. Des Sachsenspiegels 2. Theil. 1. Bd. [Eike von Repgow]. Berlin: Dümmler 1842, S.1–342.

Humboldt, Alexander von: Briefe an Varnhagen von Ense aus den Jahren 1827 bis 1858. Nebst Auszügen aus Varnhagen's Tagebüchern und Briefen von Varnhagen und Andern an Humboldt. Hrsg. von Ludmilla Assing. Leipzig: Brockhaus 1860.

Humboldt, Wilhelm von: Der Königsberger und der Litauische Schulplan (1809) – Werke in fünf Bänden. Hrsg. von Andreas Flitner und Klaus Giel. Bd. 4: Schriften zur Politik und zum Bildungswesen. Berlin: Rütten & Loening 1964, S. 168–195.

Jhering, Rudolph: Geist des römischen Rechts auf den verschiedenen Stufen seiner Entwicklung. Erster Theil. Leipzig: Breitkopf & Härtel 1852.

Kant, Immanuel: Werke in (sechs) zehn Bänden. Hrsg. von Wilhelm Weischedel. 5., erneut überprüfter reprographischer Nachdruck. Darmstadt: Wissenschaftliche Buchgesellschaft 1983.

Klauhold, Karl August: Bild eines vollkommenen Richters, oder Vorschläge zu einer vernünftigen Verwaltung des Richteramtes den Zeitbedürfnissen gemäß dargestellt. Gießen: o.V. 1798.

Klein, Anton (Edeln) von (Hrsg.): Deutsches Provinzialwörterbuch. Bd. 2. Frankfurt a. M. [u. a.] 1792 (Schriften der Kurfuerstlichen Deutschen Gesellschaft in Mannheim. 7).

Kleist, Heinrich von (Hrsg.): Berliner Abendblätter. Nachwort und Quellenregister von Helmut Sembdner. [Reprografischer Nachdruck der Ausg. Leipzig 1925.] Darmstadt: Wissenschaftliche Buchgesellschaft 1973.

Kleist, Heinrich von: Sämtliche Werke und Briefe in vier Bänden. Hrsg. v. Ilse-Marie Barth, Klaus Müller-Salget, Stefan Ormanns und Hinrich C. Seeba. Bd. 1: Dramen 1802–1807. Frankfurt a. M.: Deutscher Klassiker Verlag 1991.

Kleist, Heinrich von: Sämtliche Werke. Brandenburger Ausgabe. Kritische Ausgabe sämtlicher Texte nach Wortlaut, Orthographie, Zeichensetzung aller erhaltenen Handschriften und Drucke hrsg. von Roland Reuß und Peter Staengle. Basel, Frankfurt a. M.: Stroemfeld 1994.
Bd. 2/6. Der Zweikampf. 1994.
Bd. 2/7. Berliner Abendblätter I. 1997.
Bd. 2/9. Sonstige Prosa. 20007.
Bd. 4/2. Briefe 2. Mai 1801 – August 1807. 1999.

Klingemann, August: Die Ruinen im Schwarzwalde. Eine Arabeske. 2., verb. Aufl. Zweiter Theil. Leipzig: Lauffer 1836. (EA: Braunschweig: K. A. Schröder 1798).

Klingemann, August: Faust. Ein Trauerspiel in fünf Acten. Leipzig, Altenburg: Brockhaus 1815.

Klingemann, August: Selbstgefühl. Ein Charaktergemälde in fünf Aufzügen. Mit einem Nachw. hrsg. von Manuel Zink. Hannover: Wehrhahn 2013 (Theatertexte. 37).

Kluge, Friedrich: Etymologisches Wörterbuch der deutschen Sprache. Bearb. von Elmar Seebold. 25., durchges. und erw. Aufl. Berlin, Boston, Mass.: de Gruyter 2011.

Kohut, Adolph: Briefe Adolf Stahrs an Varnhagen und Bettine von Arnim. – In: Nord und Süd 120 (1907), S. 406–416.

Köpke, Rudolf: Ludwig Tieck. Erinnerungen aus dem Leben des Dichters nach dessen mündlichen und schriftlichen Mittheilungen. Bd 1–2. Leipzig: Brockhaus 1855.

Kriegk, Georg Ludwig: Deutsches Bürgerthum im Mittelalter. Bd. 2. Frankfurt a. M.: Rütten & Löning 1871.

Land-Recht des Großherzogthums Baden, nebst Handels-Gesetzen. Karlsruhe: Macklot 1809.

Lee, Rachel Fanny Antonina: A Vindication of Mrs. Lee's Conduct towards the Gordons. Written by herself. London: Greenland and Norris 1807.

Lee, Rachel Fanny Antonina: An Essay on Government. London: T. Gillet and J. J. Stockdale 1809.

Lessing, Gotthold Ephraim: Werke. In Zusammenarbeit mit Karl Eibl, Helmut Göbel, Karl S. Guthke, Gerd Hillen, Albert von Schirnding und Jörg Schönert hrsg. von Herbert G. Göpfert. Bd. 1–8. München: Hanser 1970–1979.

Lexer, Matthias von: Mittelhochdeutsches Handwörterbuch. Bd. 2. Leipzig u.a.: Hirzel 1876.
Lichtenberg, Georg Christoph: Schriften und Briefe. Hrsg. von Wolfgang Promies. Bd. 1–4 (in 6). München: Hanser 1968–1992.
Lichtwer, Magnus Gottfried: Das Recht der Vernunft in fünf Büchern. Leipzig: Bernhard Christoph Breitkopf 1758.
Mann, Klaus: Der Wendepunkt. Ein Lebensbericht. Gütersloh: Bertelsmann 1976.
Mann, Thomas: Werke, Briefe, Tagebücher. Hrsg. von Heinrich Detering u.a. in Zusammenarbeit mit dem Thomas-Mann-Archiv der ETH, Zürich. Bd. 9.1: Lotte in Weimar. Hrsg. und textkritisch durchges. von Werner Frizen. [Text]. Frankfurt a. M.: S. Fischer 2003.
Marquardt, Hertha: Ein unbekannter Aufsatz von Friedrich Carl von Savigny über die deutschen Universitäten aus dem Jahre 1803 nebst vier ungedruckten Briefen Savignys an Henry Crabb Robinson. – In: Die Sammlung 6 (1951), S. 321–336.
Maximilian [I., Kaiser]: Ordnung von kayßlicher Maiestat [...] zu vnd[er]richtu[n]g der offen Notarie [...]. Mainz: Johann Schöffer 1512.
Mears, T. Lambert (ed.): The Institutes of Gaius and Justinian, the Twelve tables, and the CXVIIIth and CXXVIIth novels. London: Stevens and Sons 1882. (Clark, NJ: The Lawbook Exchange. Ltd. 2004. https://books.google.de/books?isbn=1584774401 [Zugriff am: 02.01.2017]).
Meyer, Herbert (Hrsg.): Das Mühlhäuser Reichsrechtsbuch aus dem Anfang des 13. Jahrhunderts. Köln u.a.: Böhlau 1969 (unveränd. Nachdruck der 2. verb. Ausgabe Weimar 1934).
Meyer, Jürgen Bona: Volksbildung und Wissenschaft in Deutschland während der letzten Jahrhunderte. 2. Aufl. Berlin: Lüderitz 1869 (Sammlung gemeinverständlicher wissenschaftlicher Vorträge, hrsg. von Rudolf Virchow und Fr. v. Holtzendorff. 14).
Montesquieu, Charles des Secondat Baron de: De L'Esprit des Loix. Genf: Barrillot & Fils 1748.
Möser, Justus: Ist es billig, daß Gelehrte Criminalurtheile sprechen. – In: Hannoverisches Magazin 8 (1770), S. 961–968.
Müller, Adam Heinrich: Die Elemente der Staatskunst. Erster Theil. Berlin: Sander 1809.
Müller, Johannes von: Vier und zwanzig Bücher Allgemeiner Geschichten besonders der Europäischen Menschheit. 1797. Hrsg. nach des Verfassers Tode durch dessen Bruder Johann Georg Müller. Bd. 3. Tübingen: Cotta 1810.
Mutach, Samuel: Substantzlicher Underricht, von Gerichts- und Rechts-Sachen. Bern: [Autor] 1709 (Vorlageform des Erscheinungsvermerks: Gedruckt zu Bern, MDCCIX. In Verlag deß Author, und zu finden bey Daniel Tschiffeli).
Neue officielle Sammlung der Gesetze und Verordnungen des Standes Zürich. Bd. 1–4. Zürich: Schulthess 1820–29.
Niendorf, Emma von [d.i. Emma von Suckow]: Aus der Gegenwart. Berlin: Alexander Duncker 1844.
Obser, Karl: Bettina von Arnim und ihr Briefwechsel mit Pauline Steinhäuser. – In: Neue Heidelberger Jahrbücher 12 (1903), S. 85–137.
Oppert, Felix (mutmaßlicher Schreiber): Skript Encyclopädie und Methodologie des Rechtes nach dem Vortrag des Herrn Prof. v. Keller. Nichtedierte Handschrift um 1855.
Pfülf, Otto: Aus Bettinas Briefwechsel. – In: Stimmen aus Maria Laach 64 (1903), S. 437–454, 564–573; 65 (1904), S. 74–88.
Philippa, Marlies, u.a. (eds.): Etymologisch Woordenboek. Bd. 4. Amsterdam: Amsterdam Univ. Press 2009.
Piper, Paul (Hrsg.): Schriften Notkers und seiner Schule. Bd. 1: Schriften philosophischen Inhalts. Freiburg i. Br.: Mohr 1882 (Germanischer Bücherschatz. 8).
Plato: Werke in acht Bänden. Griechisch und Deutsch. Sonderausgabe. Hrsg. von Gunther Eigler. Darmstadt: Wissenschaftliche Buchgesellschaft 1990.
Preitz, Max: Karoline von Günderrode in ihrer Umwelt I. Briefe von Lisette und Christian Gottfried Nees von Esenbeck, Karoline von Günderrode, Friedrich Creuzer, Clemens Brentano und Susanne von Heyden. – In: Jahrbuch des Freien Deutschen Hochstifts 1962, S. 208–306.
Preitz, Max: Karoline von Günderrode in ihrer Umwelt. II. Karoline von Günderrodes Briefwechsel mit Friedrich Karl und Gunda von Savigny. – In: Jahrbuch des freien Deutschen Hochstifts 1964, S. 158–235.
Puchta, Georg Friedrich: Cursus der Institutionen. Bd. 1. Leipzig: Breitkopf und Härtel 1841.

Puchta, Georg Friedrich: Das Gewohnheitsrecht. Erster Theil. Erlangen: Palm'sche Verlagsbuchhandlung 1828.
Puchta, Georg Friedrich: Juristische Beobachtungen. – In: Das Inland. Ein Tagblatt für das öffentliche Leben in Deutschland, mit vorzüglicher Rücksicht auf Bayern 1 (1829), S. 92–93, S. 185–186 und S. 191–192.
Puchta, Georg Friedrich: Vorlesungen über das heutige römische Recht. Bd. 1. Aus dem Nachlass hrsg. von Adolf August Friedrich Rudorff. Leipzig: Tauchnitz 1847.
Puchta, Wolfgang Heinrich: Der Dienst der deutschen Justizämter oder Einzelrichter. Bd. 2. Th. Erlangen: Palm 1830.
Pufendorf, Samuel von: Bericht Vom Zustande des Teutschen Reichs. [ohne Ort u. Verlag] 1667.
Pufendorf, Samuel von: Einleitung zur Sitten- und Stats-Lehre [...] aus dem Lateinischen übersetzet durch Immanuel Webern. [Leipzig]: Gleditsch 1691.
Rebmann, Andreas Georg Friedrich: ›Jena fängt an, mir zu gefallen‹. Stadt und Universität in Schriften und Briefen. Hrsg. und mit einer Einl. von Werner Greiling. Leipzig: Leipziger Universitätsverlag 1994 (Schriften zur Stadt-, Universitäts- und Studentengeschichte Jenas. 8).
Reinmar von Zweter: Die Gedichte. Hrsg. von Gustav Roethe. Mit e. Notenbeil. Leipzig: Hirzel 1887.
Rennefahrt, Hermann: Das Stadtrecht von Bern. Bd. 7, 2. Aarau: Sauerländer 1964. S. 734–1122 (Sammlung Schweizerischer Rechtsquellen. 2. Abt. Teil 1: Stadtrechte 7.2).
[Reusch, Erhard]: Alter und Neuer Staat des Königsreichs Dalmatien, Welcher alle und jede historische Merkwürdigkeiten von den ältesten Zeiten an begreifet [...]. Nürnberg: Monath 1718.
Savigny, Friedrich Carl von: Geschichte des Römischen Rechts im Mittelalter. Bd. 1. Heidelberg: Mohr und Zimmer 1815. Bd. 3. 2. Aufl. Heidelberg: Mohr 1834.
Savigny, Friedrich Carl von: Juristische Methodenlehre. Nach der Ausarbeitung des Jakob Grimm hrsg. von Gerhard Wesenberg. Stuttgart: Koehler 1951.
Savigny, Friedrich Carl von: Recension. N. Th. v. Gönner, über Gesetzgebung und Rechtswissenschaft in unserer Zeit [...] (1815). – In: Zeitschrift für geschichtliche Rechtswissenschaft 1 (1815), S. 373–423.
Savigny, Friedrich Carl von: Recension von F. Schleiermacher, Gelegentliche Gedanken über Universitäten in deutschem Sinn. Berlin 1808. – In: Friedrich Karl von Savigny (Hrsg.): Vermischte Schriften. In 5 Bdn. Bd. 4. Neudruck der Ausgabe Berlin 1850. Aalen: Scientia 1968, S. 255–269.
Savigny, Friedrich Carl von: Stimmen für und wider neue Gesetzbücher. – In: Zeitschrift für geschichtliche Rechtswissenschaft 3 (1817) S. 1–52.
Savigny, Friedrich Carl von: System des heutigen Römischen Rechts. Bd. 1 und 3. Berlin: Veit und Comp. 1840.
Savigny, Friedrich Carl von: Über den Zweck dieser Zeitschrift. – In: Zeitschrift für geschichtliche Rechtswissenschaft 1 (1815) S. 1–17.
Savigny, Friedrich Carl von: Vom Beruf unsrer Zeit für Gesetzgebung und Rechtswissenschaft. Heidelberg: Mohr und Zimmer 1814.
(http://www.deutschestextarchiv.de/book/view/savigny_gesetzgebung_1814).
Savigny, Friedrich Carl von: Vorlesungen über juristische Methodologie 1802–1842. Hrsg. von Aldo Mazzacane. Neue Ausgabe Frankfurt a. M.: Klostermann 2004 (Studien zur europäischen Rechtsgeschichte. 174 = Savignyana. Texte und Studien. 2).
Savigny, Friedrich Carl von, und Stephan August Winkelmann: Der Briefwechsel zwischen Friedrich Carl von Savigny und Stephan August Winkelmann (1800–1804) mit Dokumenten und Briefen aus dem Freundeskreis ges., hrsg. und kommentiert von Ingeborg Schnack. Marburg: Elwert 1984 (Veröffentlichungen der Historischen Kommission für Hessen. 23. Hessische Briefe des 19. Jahrhunderts. 3).
Schelling, Friedrich Wilhelm Joseph von: Sämmtliche Werke. Hrsg. von Karl Friedrich August Schelling 1811–1815. Abt. 1, Bd. 10. Stuttgart u.a.: Cotta 1861.
Schiller, Friedrich: Werke. Nationalausgabe. Begründet von Julius Petersen. Fortgeführt von Lieselotte Blumenthal und Benno von Wiese. Hrsg. [...] von Norbert Oellers und Siegfried Seidel. Bd. 1–43 [Bisher:] Bd.1–19.1; 20–39,1; 41.2; 42 (in 64 Bdn.). Weimar: Böhlau 1949–2013.

Schiller, Karl, und August Lübben (Hrsg.): Mittelniederdeutsches Wörterbuch. Bd. 4: S–T. Bremen: Kühtmann 1878.
Schlegel, August Wilhelm: Kritische Schriften und Briefe. Hrsg. von Edgar Lohner. Bd. 1–7. Stuttgart: Kohlhammer 1962–1974 (Sprache und Literatur. 2, 5, 12, 20, 33, 38, 83).
Bd. 1: Sprache und Poetik. 1962.
Bd. 2: Die Kunstlehre. 1963.
Bd. 4: Geschichte der klassischen Literatur. 1964.
Bd. 4: Geschichte der romantischen Literatur. 1965.
Bd. 5: Vorlesungen über dramatische Kunst und Literatur. T. 1. 1966.
Bd. 6: Vorlesungen über dramatische Kunst und Literatur. T. 2. 1967.
Bd. 7: Ausgewählte Briefe. 1974.
Schlegel, August Wilhelm, und Friedrich Schlegel: Athenaeum. Ersten Bandes. Zweytes Stück. Fragmente. Berlin: bei Friedrich Vieweg dem Älteren 1798, S. 1–146.
Schlegel, August Wilhelm von, Friedrich von Schlegel und Friedrich Schleiermacher: Athenaeum: Eine Zeitschrift. Berlin: F. Vieweg, 1798.
Schlegel, Friedrich: Lucinde. – In: Gisela Dischner (Hrsg.): Friedrich Schlegels Lucinde und Materialien zu einer Theorie des Müßiggangs. Hildesheim: Gerstenberg 1980, S. 37–129.
Schlegel, Friedrich: Reise nach Frankreich. – In: Europa. Eine Zeitschrift, Bd. 1 (1803), S. 5–40.
Schweizer, Hans Rudolf (Hrsg.): Texte zur Grundlegung der Ästhetik (lateinisch-deutsch). Hamburg: Meiner 1983.
Schweizerisches Idiotikon. Wörterbuch der schweizerdeutschen Sprache. Hrsg. von Friedrich Staub, fortges. von Albert Bachmann. Bd. 7. Frauenfeld: Huber 1913.
Seebold, Elmar: Chronologisches Wörterbuch des deutschen Wortschatzes. Bd. 2: Der Wortschatz des 9. Jahrhunderts. Berlin, New York: de Gruyter 2008.
Selle, Götz von (Hrsg.): Die Matrikel der Georg-August-Universität zu Göttingen. [Bd. 1:] Text, [Bd. 2:] Hilfsband. Hildesheim und Leipzig: August Lax 1937 (Veröffentlichungen der historischen Kommission für Hannover, Oldenburg, Braunschweig, Schaumburg-Lippe und Bremen. 9).
Shakespeare: The Riverside Shakespeare. Textual Editor: G. Blakemore Evans. Boston: Houghton Mifflin 1974.
Shakespeare, William: Dramatische Werke. Übersetzt von August Wilhelm Schlegel. Bd. 1–9. Berlin: Unger 1797–1810.
Bd. 1: Romeo und Julia. Ein Sommernachtstraum. 1797.
Bd. 2: Julius Caesar. Was ihr wollt. 1797.
Bd. 3: Der Sturm. Hamlet. 1798.
Bd. 4: Der Kaufmann von Venedig. Wie es euch gefällt. 1799.
Bd. 5: König Johann. König Richard II. 1799.
Bd. 6: König Heinrich der vierte.1800.
Bd. 7: König Heinrich der Fünfte. König Heinrich der sechste. Teil 1. 1801.
Bd. 8: König Heinrich der Fünfte. König Heinrich der sechste Teil 2. 3. 1801.
Bd. 9: König Richard III. 1810.
Der Statt Straßburg PoliceijOrdnung [...] Hanß Ludwig Böcklin (Appendix). 1. Aufl. Straßburg: Carolus 1628.
Steer, Georg (Hrsg.): Berthold [der Bruder]: Die *Rechtssumme* Bruder Bertholds, eine deutsche abecedarische Bearbeitung der »Summa confessorum« des Johannes von Freiburg, synoptische Edition der Fassungen B, A und C. Tübingen: Niemeyer 1987, S. 1254–1783.
Steig, Reinhold, und Herman Grimm (Hrsg.): Achim von Arnim und die ihm nahe standen. Bd. 1–3. Stuttgart: Cotta 1894–1913.
Bd. 1: Achim von Arnim und Clemens Brentano. 1894.
Bd. 2: Achim von Arnim und Bettina Brentano. 1913.
Bd. 3: Achim von Arnim und Jacob und Wilhelm Grimm. 1904.
Stoll, Adolf (Hrsg.): Der junge Savigny. Kinderjahre, Marburger und Landshuter Zeit Friedrich Karl von Savignys. Zugleich ein Beitrag zur Geschichte der Romantik. Mit 217 Briefen aus den Jahren 1792–1810 und 34 Abbildungen. Berlin: Heymann 1927.

Stoll, Adolf (Hrsg.): Friedrich Karl v. Savigny. Professorenjahre in Berlin 1810–1842. Mit 317 Briefen aus den Jahren 1810–1841 und 33 Abbildungen. Berlin: Carl Heymanns 1929.

Tieck, Ludwig, August Wilhelm von Schlegel und Friedrich von Schlegel: Ludwig Tieck und die Brüder Schlegel. Briefe. Auf d. Grundlage d. von Henry Lüdeke besorgten Edition neu hrsg. u. kommentiert von Edgar Lohner. München: Winkler 1972.

Tieck, Ludwig: Der Hexen-Sabbat. Hrsg. von Achim Hölter. Frankfurt a. M.: Insel 1988 (Insel-Taschenbuch. 1084).

Tieck, Ludwig: Der Hexensabbat. Historische Novelle. Nachwort und Anm. von Joachim Lindner. Berlin (Ost): Verlag der Nation 1977.

Tieck, Ludwig: Der Hexensabbat. Novelle. Mit e. Anh.: Aus den Memoiren d. Jacques du Clercq Memoiren. Hrsg. von Walter Münz. Stuttgart: Reclam 1988.

Tieck, Ludwig: Schriften. Bd. 20: Novellen. Berlin: Reimer 1853.

Tieck, Ludwig: Schriften in zwölf Bänden. Hrsg. von Manfred Frank, Paul Gerhard Klussmann, Ernst Ribbat, Uwe Schweikert, Wulf Segebrecht. Bd. 1, 6, 7, 11, 12 [mehr nicht erschienen]. Frankfurt a. M.: Deutscher Klassiker-Verlag 1985–1995.

Uhland, Ludwig: Vorschlag Jacob Grimm in der ersten Germanistenversammlung als Vorsitzenden zu wählen. – In: Verhandlungen der Germanisten zu Frankfurt am Main am 24., 25., und 26. September 1846, S. 11.

Varnhagen von Ense, Karl August: Tagebücher. [Hrsg. von Ludmilla Assing]. Bd. 13. Hamburg: Hoffmann & Campe 1870.

Varnhagen von Ense, Karl August: Werke in fünf Bänden. Hrsg. von Konrad Feilchenfeldt. Bd. 1–5. Frankfurt a. M.: Deutscher Klassiker Verlag 1987–1994.
Bd. 1: Denkwürdigkeiten des eignen Lebens. (1785–1810). 1987 (Bibliothek Deutscher Klassiker. 22).

Verwijs, Eelco, en Jacob Verdam (eds.): Middelnederlandsch woordenboek. Voltooid door F. A. Stoett. Bd. 7. 's-Gravenhage: Nijhoff 1912.

Wander, Carl Friedrich Wilhelm: Deutsches Sprichwörter-Lexikon. Ein Hausschatz für das deutsche Volk. Bd. 1–5. Leipzig: Brockhaus 1867–1880.

Weber, Adolph Dietrich: Ueber Injurien und Schmähschriften. Dritte Abth. Schwerin und Wismar: Boedner 1800. S. 1–128: »Ueber die Injurien der Schriftsteller«.

Weber, Adolph Dietrich: Ueber Injurien und Schmähschriften. Erste Abth. Schwerin und Wismar: Boedner 1793.

Weiss, Hermann F.: Unveröffentlichte Briefe Achim von Arnims nebst anderen Lebenszeugnissen. Teil II: 1811–1830. – In: Literaturwissenschaftliches Jahrbuch der Görres-Gesellschaft N. F. 29 (1981), S. 71–154.

Weiss, Hermann F.: Unbekannte Briefe von und an Achim von Arnim aus der Sammlung Varnhagen und anderen Beständen. Berlin: Duncker & Humblot 1986 Schriften zur Literaturwissenschaft. 4).

Welcker, Carl Theodor: Die letzten Gründe von Recht, Staat und Strafe: philosophisch und nach den Gesetzen der merkwürdigsten Völker rechtshistorisch entwickelt. Gießen: Heyer 1813.

Welti, Friedrich Emil (Hrsg.): Das Stadtrecht von Rheinfelden. Aarau: Sauerländer 1917 (Sammlung schweizerischer Rechtsquellen 16. Abt., Teil 1: Stadtrechte. 7), S. 202–268.

Welti, Friedrich Emil u. Walther Merz (Hrsg.): Stadtrecht von Laufenburg. – In: Die Stadtrechte von Laufenburg und Mellingen. Aarau: Sauerländer 1915 (Sammlung schweizerischer Rechtsquellen 16. Abt, Teil 1: Stadtrechte. 6), S. 1–259.

Wielant, Philips: Corte instructie in materie criminele. – Brüssel: Kon. Acad..1995 (Filips Wielant Verzameld Werk. 1).

Zaiger in das Landsrechtpuech. Institutum Ferdinandi I. [Niederösterreichischer Landrechtsentwurf], Sammlung Chorinsky. Handschriftlich in Wien (Hofbibliothek, Univ.-Bibliothek, Jurist. Seminar u.a.), Titel auf Chorinskys Abschrift: Das Landrechtsbuch Ferdinand I., Edition erschienen: Landrechtsentwurf für Österreich unter der Enns 1526. Hrsg. von Wilhelm Brauneder. Frankfurt a. M.: Lang 2015 (Rechtshistorische Reihe. 452).

Zedlitz-Neukirch, Leopold von: Neues Preussisches Adels-Lexicon oder genealogische und diplomatische Nachrichten von den in der preussischen Monarchie ansässigen oder zu derselben in Beziehung stehenden fürstlichen, gräflichen, frei-herrlichen und adeligen Häusern, mit der

Angabe ihrer Abstammung, ihres Besitzthums, ihres Wappens und der aus ihnen hervorgegangenen Civil- und Militärpersonen, Helden, Gelehrten und Künstler. Bd. 2. Leipzig: Gebrüder Reichenbach 1836.
Zwierlein, Christian Jakob: Vermischte Briefe und Abhandlungen über die Verbesserungen des Justizwesens am Kammergericht. 3. Theil. Berlin: o.V. 1767.

2. Darstellungen

Albrecht, Andrea: Kosmopolitismus: Weltbürgerdiskurse in Literatur, Philosophie und Publizistik um 1800. Berlin: Gruyter 2005 (Spectrum Literaturwissenschaft / Spectrum Literature. 1).
Amira, Karl von: Grundriss des Germanischen Rechts. 3., verb. und erw. Aufl. Strassburg: Trübner 1913.
Ammon, Ulrich: Die deutsche Sprache in Deutschland, Österreich und der Schweiz. Das Problem der nationalen Varietäten. Berlin, New York: de Gruyter 1995.
Andresen, Carl (Hrsg.): Handbuch der Dogmen- und Theologiegeschichte. Bd. 3: Die Lehrentwicklung im Rahmen der Ökumenizität. Göttingen: Vandenhoeck & Ruprecht 1989.
[Anon. Rezension:] Fürst Pückler-Muskau, Bettina Brentano und Schleiermacher. – In: Der Katholik. Zeitschrift für katholische Wissenschaft und kirchliches Leben 53,1 (1873=NF 29), S. 40–49.
Apel, Willi: Harvard Dictionary of Music. Second Ed., Revised and Enlarged. Ninth printing. Cambridge, Mass.: The Belknap Press of Harvard University Press 1975.
Arnim, Peter-Anton von: Das Schicksal des Nachlasses von Achim und Bettina von Arnim in den Händen ihrer Nachkommen. – In: Carl-Erich Vollgraf (Hrsg.): Nachlass-Edition. Probleme der Überlieferung persönlicher Nachlässe des 19. Jahrhunderts und ihrer wissenschaftlichen Editionen. Berlin, Hamburg: Argument 2003 (Beiträge zur Marx-Engels-Forschung. N.F. 2003), S. 83–95.
Arntzen, Helmut: Die ernste Komödie. Das deutsche Lustspiel von Lessing bis Kleist. München: Nymphenburger Verlagshandlung 1968.
Assmann, Jan (Hrsg.): Der Abschied von den Toten: Trauerrituale im Kulturvergleich. 2., überarb. Aufl. Göttingen: Wallstein 2007.
Auhuber, Friedhelm: Hochgebietende Vernunft, misstönend wie verstimmte Glocken: E.T.A. Hoffmann und die Psychologie seiner Zeit. Hrsg. von Fritz Buchholtz. [Leporello: Johannes Häfner]. Nürnberg: Ellipse-Verlag 1996.
Auhuber, Friedhelm: In einem fernen dunklen Spiegel: E.T.A. Hoffmanns Poetisierung der Medizin. Opladen: Westdeutscher Verlag 1986.
Aust, Hugo: Bewährung und Erkenntnis. Heinrich von Kleist: »Der zerbrochne Krug«. – In: Winfried Freund (Hrsg.): Deutsche Komödien. Vom Barock bis zur Gegenwart. 2. Auf. München: Fink 1995, S. 65–81.
Barchas, Janine: Hell-fire Jane: Austen and the Dashwoods of West Wycombe. – In: Eighteenth-Century Life 33 (2009), S. 1–36.
Barthes, Roland: Die Lust am Text. (Le plaisir du texte, dt.). Aus dem Frz. von Traugott König. Frankfurt a. M.: Suhrkamp 1986 [1973] (Bibliothek Suhrkamp. 378).
Baumgarten, Hans-Ulrich: »Wir machen alles selbst«. Kants Transzendentalphilosophie im *Opus postumum*. – In: Volker Gerhardt u.a. (Hrsg.): Kant und die Berliner Aufklärung: Akten des IX. Internationalen Kant-Kongresses. Bd. 4. Berlin, New York: de Gruyter 2001, S. 493–502.
Behrends, Okko: Die Gewohnheit des Rechts und das Gewohnheitsrecht. Die geistigen Grundlagen des klassischen römischen Rechts mit einem vergleichenden Blick auf die Gewohnheitsrechtslehre der Historischen Rechtsschule und der Gegenwart. – In: Dietmar Willoweit (Hrsg.): Die Begründung des Rechts als historisches Problem. München: Oldenbourg 2000 (Schriften des Historischen Kollegs. Kolloquien. 45), S. 19–135.
Behrends, Okko: Geschichte, Politik und Jurisprudenz in F.C.v.Savignys System des heutigen römischen Rechts. – In: Okko Behrends, Malte Diesselhorst und Wulf Eckart Voss (Hrsg.):

Römisches Recht in der europäischen Tradition. Symposion aus Anlaß des 75. Geburtstages von Franz Wieacker. Ebelsbach: Gremer 1985, S. 257–321.

Bergengruen, Maximilian, Gideon Haut und Stephanie Langer (Hrsg.): Tötungsarten und Ermittlungspraktiken. Zum literarischen und kriminalistischen Wissen von Mord und Detektion. Freiburg i. Br.: Rombach 2015 (Rombach Wissenschaften / Das unsichere Wissen der Literatur. 1).

Bergengruen, Maximilian, und Antonia Eder: E.T.A. Hoffmann: Das Fräulein von Scuderi. – In: Roland Borgards, Harald Neumeyer, Nicolas Pethes, Yvonne Wübben (Hrsg.): Literatur und Wissen: Ein interdisziplinäres Handbuch. Stuttgart: Metzler 2013, S. 344–348.

Bernays, Michael: Zur Entstehungsgeschichte des Schlegelschen Shakespeare. Leipzig: Hirzel 1872.

Bertelsmeier-Kierst, Christa: Kommunikation und Herrschaft. Zum volkssprachlichen Verschriftlichungsprozeß des Rechts im 13. Jahrhundert. Stuttgart: Hirzel 2008 (Zeitschrift für deutsches Altertum und deutsche Literatur. Beihefte 9).

Beseler, Georg: Zur Beurtheilung der sieben Göttinger Professoren und ihrer Sache. In Briefen. Rostock: Schmidtchen 1838.

Bethmann-Hollweg, Moritz August von: Grundriß zu Vorlesungen über den gemeinen und Preußischen Civilprozeß. Mit einer Vorrede zur Einleitung in die Cilvilpraxis. 3., vermehrte Ausgabe Bonn: Adolph Marcus 1832.

Bethmann-Hollweg, Moritz August von: Rezension Savigny, System des heutigen Römischen Rechts. Erster Band. – In: Göttingische gelehrte Anzeigen 102 (1840), S. 1573–1620.

Bleek, Wilhelm: Die Brüder Grimm und die deutsche Politik. – In: Aus Politik und Zeitgeschichte 1986, S. 3–16.

Bluhm, Lothar: Grimm-Philologie. Beiträge zur Märchenforschung und Wissenschaftsgeschichte. Hildesheim: Olms 1995 (Schriftenreihe Werke der Brüder Jacob Grimm und Wilhelm Grimm. 2).

Bluhm, Lothar, und Heinz Rölleke (Hrsg.): »Redensarten des Volks, auf die ich immer horche.« Märchen – Sprichwort – Redensart. Zur volkspoetischen Ausgestaltung der Kinder- und Hausmärchen durch die Brüder Grimm. Neue Ausgabe. Stuttgart: Hirzel 1997.

Blumenberg, Hans: Die Lesbarkeit der Welt. Frankfurt a. M.: Suhrkamp 1986 (Suhrkamp-Taschenbuch Wissenschaft. 592).

Boegehold, Alan L.: The Lawcourts at Athens. Sites, buildings, equipment, procedure, and testimonia. With contributions by John McK. Camp et al. Princeton, NJ: The American School of Classical Studies at Athens 1995 (The Athenian Agora. 27).

Boehm, Laetitia: München 1826–1918. Die Universität in der Königlichen Residenzstadt. – In: Bernd Huber u.a. (Hrsg.): Die Ludwig-Maximilians-Universität München in Geschichte und Gegenwart. 3., vollst. neu bearb. u. erw. Aufl. Haar bei München: Lutz Garnies 2011, S. 67–119.

Bohnert, Joachim: Über die Rechtslehre Georg Friedrich Puchtas (1798–1846). Karlsruhe: Müller 1975 (Freiburger rechts- und staatswissenschaftliche Abhandlungen. 41).

Bondeli, Martin, Marion Heinz und Violetta Stolz (Hrsg.): Wille, Willkür, Freiheit: Reinholds Freiheitskonzeption im Kontext der Philosophie des 18. Jahrhunderts. Berlin, Boston, Mass.: de Gruyter, 2012.

Borgards, Roland: Leben und Tod. Kleists Zweikampf. – In: Maximilian Bergengruen u. a. (Hrsg.): Sexualität – Recht – Leben. Die Entstehung eines Dispositivs um 1800. München: Fink 2005, S. 237–261.

Borgards, Roland, Harald Neumeyer, Nicolas Pethes und Yvonne Wübben (Hrsg.): Literatur und Wissen. Ein interdisziplinäres Handbuch. Stuttgart, Weimar: Metzler 2013.

Borkowsky, Ernst: Das alte Jena und seine Universität. Eine Jubiläumsgabe zur Universitätsfeier. Jena: Diederichs 1908.

Bosse, Heinrich, Harald Neumeyer: »Da blüht der Winter schön«: Musensohn und Wanderlied um 1800. Freiburg i. Br.: Rombach 1995 (Rombach Wissenschaft – Reihe Litterae, 35).

Brandenburg, Hans: Joseph von Eichendorff. Sein Leben und sein Werk. Mit einem Bildnis und einer Handschriftenprobe des Dichters. München: Beck 1922.

Bräuer, Robert: Tonbewegung und Erscheinungsformen des sprachlichen Rhythmus: Profile des deutschen Blankverses. Berlin: de Gruyter 1964.
Brooks, C. N., und R. G. Whitinger: Olivier's Jewel Box: A Reassessment of the »Usual Suspects« in Hoffmann's Das Fräulein von Scuderi. – In: The Journal of English and Germanic Philology 101 (2002), S. 68–89.
Brown, Hilda Meldrum: E.T.A. Hoffmann and the Serapiontic Principle: Critique and Creativity. Rochester, NY, Woodbridge, Suffolk: Camden House 2006 (Studies in German literature, linguistics, and culture).
Bruyn, Ben de: Wolfgang Iser. A Companion. Berlin, Boston, Mass.: de Gruyter 2012 (Companions to contemporary German culture. 1).
Buchenau, Stefanie: Die Sprache der Sinnlichkeit. Baumgartens poetische Begründung der Ästhetik in den *Meditationes philosophicae*. – In: Aufklärung 20 (2008), S. 151–173.
Buchholz, Stephan: Savignys Stellungnahme zum Ehe- und Familienrecht. Eine Skizze seiner rechtssystematischen und rechtspolitischen Überlegungen. – In: Helmut Coing (Hrsg): Ius commune. Veröffentlichungen des Max-Planck-Instituts für Europäische Rechtsgeschichte Frankfurt a. M. VIII. Vorträge zum 200. Geburtstag von F.C.v.Savigny. Frankfurt a. M.: Klostermann 1979, S. 148–191.
Bunzel, Wolfgang: Kollaborateure: Bettine von Arnim und Karl August Varnhagen von Ense. Ein Abriss ihrer politisch-literarischen Zusammenarbeit. – In: Internationales Jahrbuch der Bettina von Arnim Gesellschaft 3 (1989), S. 223–247.
Burath, Hugo: August Klingemann und die deutsche Romantik. Braunschweig: Vieweg 1948.
Burdach, Konrad: Die Wissenschaft von deutscher Sprache. Ihr Werden, ihr Weg, ihre Führer. Berlin: de Gruyter 1934.
Bussmann, Hadumod: Lexikon der Sprachwissenschaft. 2., völlig neu bearb. Aufl. Stuttgart: Kröner 1990 (Kröners Taschenausgabe. 452).
Bär, Jochen A.: Sprachreflexion der deutschen Frühromantik: Konzepte zwischen Universalpoesie und Grammatischen Kosmopolitismus. Mit lexikographischem Anhang. Berlin, New York: de Gruyter 1999 (Reprint 2012).
Campe, Rüdiger, und Manfred Schneider (Hrsg.): Geschichten der Physiognomik. Text – Bild – Wissen, Freiburg im Breisgau: Rombach 1996 (Rombach Wissenschaft. Reihe Litterae. 36).
Champlin, Jeffrey: Reader beware: Wild right in Kleist's »Michael Kohlhaas« and Eichendorff's »Das Schloß Dürande«. – In: Jeffrey L. High and Sophia Clark (eds.): Heinrich von Kleist: Artistic and political legacies. Amsterdam u.a.: Rodopi 2013 (Internationale Forschungen zur allgemeinen und vergleichenden Literaturwissenschaft. 170), S. 45–58.
Chisholm, David: Prosodische Aspekte des Blankversdramas. Eine Untersuchung zu sechs Dramen von Goethe, Schiller, Kleist, Grillparzer und Hebbel. – In: Helmut Kreuzer und Reinhold Viehoff (Hrsg.): Literaturwissenschaft und empirische Methoden. Göttingen: Vandenhoeck & Ruprecht 1981, S. 143–59.
Clemens, Björn: Gesinnungsjustiz – Begriff und Erscheinung. Web, S. 1–10. http://www.bjoern-clemens.de/pdf/gesinnungsjustiz.pdf [Zugriff: 01.07.2017).
Crone, Hans Caspar von der, und Paul Felix Wegmann: Wille und Willensreferenz im Vertragsrecht. Eine Auseinandersetzung mit der Theorieresistenz des Rechts. – In: Zeitschrift für Schweizerisches Recht 126 (2007), Bd. 1, H. 2, S. 111–135.
Dann Otto: Vorwort. – In: Otto Dann und Diethelm Klippel (Hrsg.): Naturrecht, Spätaufklärung, Revolution. Hamburg: Meiner 1995 (Studien zum achtzehnten Jahrhundert. 16). S. 1–4.
De Man, Paul: Aesthetic Formalization: Kleist's *Über das Marionettentheater*. – In: de Man: The Rhetoric of Romanticism. New York: Columbia University Press 1984, S. 263–314.
Dechant, Anja: Harmonie stiftete unsere Liebe, Phantasie erhob sie zur Begeisterung und Vernunft heiligte sie mit dem Siegel der Wahrheit. Der Briefwechsel zwischen Sophie Mereau und Johann Heinrich Kipp. Frankfurt a. M. u.a.: Lang 1996 (Europäische Hochschulschriften Reihe I. 1585).
Denecke, Ludwig: Jacob Grimm und sein Bruder Wilhelm. Stuttgart: Metzler 1971 (Sammlung Metzler. 100).

Denecke, Ludwig, und Charlotte Oberfeld: Die Bedeutung der »Volkspoesie« bei Jacob und Wilhelm Grimm. – In: Denecke, Oberfeld (Hrsg.): Brüder Grimm Volkslieder Kommentar. Bd. 2. Marburg: Elwert 1989, S. 1–23.

Deterding, Klaus. E. T. A. Hoffmann – Erzählungen und Romane. Einführung in Leben und Werk. Bd. 2. Würzburg: Königshausen & Neumann 2009.

Deutsch, Andreas (Hrsg.): Historische Rechtssprache des Deutschen. Heidelberg: Winter 2013 (Heidelberger Akademie der Wissenschaften, Reihe: Akademiekonferenzen. Bd. 15).

Deutsches Rechtswörterbuch. Wörterbuch der älteren deutschen Rechtssprache. Hrsg. von Heidelberger Akademie der Wissenschaften. [Bisher] Bd. 1–13. Weimar: Böhlau 1914–2017. http://drw-www.adw.uni-heidelberg.de/drw/info/index.html.

Dickson, Sheila: An Apology for the Conduct of the Gordons: Dichtung and Wahrheit in Achim von Arnim's *Mistris Lee*. – In: European Romantic Review11 (2000), S. 300–321.

Dickson, Sheila: Devil's Advocate? The Artistic Detective in E. T. A. Hoffmann's Das Fräulein von Scuderi. – In: Forum for Modern Language Studies 29,3 (1993): S. 246–256.

Dickson, Sheila: »›Unerhörte Begebenheiten‹« in Karl Philipp Moritz's »Journal of Empirical Psychology« (1783–1793). – In: Pacific Coast Philology 48 (2013), Nr. 1, S. 1–24.

Diederichsen, Uwe: Juristische Strukturen in den Kinder- und Hausmärchen der Brüder Grimm. Kassel: Kassel University Press 2008. (Kasseler Universitätsreden. 16.)

Dinzelbacher, Peter: Das fremde Mittelalter – Gottesurteil und Tierprozess, Essen: Magnus Verlag 2006.

Doering, Sabine : Universitätslehrer D. Johann Faust. Der Teufelsbündler und seine Studenten in der ›Historia‹ von 1587. – In. Cord Meyer, Ralf G. Päsler und Matthias Janßen (Hrsg.): *vorschen, denken, wizzen.* Vom Wert des Genauen in den ›ungenauen Wissenschaften‹. Festschrift für Uwe Meves zum 14. Juni 2009. Stuttgart: S. Hirzel 2009, S. 137–146.

Dölemeyer, Barbara: Gunda Brentano (1780–1863) und Friedrich Carl von Savigny (1779–1861). Romantik und Recht. – In: Bernd Heidenreich (Hrsg.): Geist und Macht: Die Brentanos. Wiesbaden: Westdeutscher Verlag 2000, S. 159–179.

Donat, Sebastian, Roger Lüdeke, Stephan Packard und Virginia Richter (Hrsg.): Poetische Gerechtigkeit. Düsseldorf: Düsseldorf Univ. Press 2012.

Ebel, Wilhelm: Jacob Grimm und die deutsche Rechtswissenschaft: Rede gehalten bei der Immatrikulationsfeier der Georgia Augusta am 16. November 1963. Göttingen: Vandenhoeck & Ruprecht 1963.

Ebel, Wilhelm: »Tausch ist edler als Kauf«. Jacob Grimms Vorlesung über Deutsche Rechtsalterthümer. – In: Sten Gagnér, Hans Schlosser und Wolfgang Wiegand (Hrsg.): Festschrift für Hermann Krause. Köln, Wien: Böhlau 1975, S. 210–224.

Eberhardt, Otto: Eichendorffs Erzählungen »Das Schloß Dürande« und »Die Entführung« als Beiträge zur Literaturkritik. Untersuchungen zum poetischen Verfahren Eichendorffs II. Würzburg: Königshausen & Neumann 2004.

Ehrismann, Otfried: Das Nibelungenlied in Deutschland. Studien zur Rezeption des Nibelungenlieds von der Mitte des 18. Jahrhunderts bis zum Ersten Weltkrieg. München: Fink 1975 (Münchener germanistische Beiträge. 14).

Ehrlich, Lothar: Ludwig Achim von Arnim als Dramatiker. Ein Beitrag zur Geschichte des romantischen Dramas. Phil. Diss. Halle-Wittenberg 1970 (Masch.).

Eisenhart, Johann Friedrich: Grundsätze der deutschen Rechte in Sprichwörtern durch Anmerkungen erläutert. Von neuem verm. hrsg. von Ernst Ludewig Eisenhart. Leipzig: Weygandsche Buchhandlung 1792.

Eisler, Alice: Recht im Märchen. – In: Neophilologus 66 (1982), S. 422–430.

Ellinger, Georg: Das Disziplinarverfahren gegen E.T.A. Hoffmann. – In: Deutsche Rundschau 32 (1906), S. 79–81.

Ellinger Georg: E.T.A. Hoffmann. Sein Leben und seine Werke. Hamburg, Leipzig: Voß 1894.

Ensberg, Peter, und Hans-Jochen Marquardt (Hrsg.): Recht und Gerechtigkeit bei Heinrich von Kleist. II. Frankfurter Kleist-Kolloquium, 17.–18.10.1997. Stuttgart: Heinz 2002 (Stuttgarter Arbeiten zur Germanistik. 404), S. 183–200.

Enzyklopädie des Märchens. Handwörterbuch zur historischen und vergleichenden Erzählforschung. Hrsg. von Kurt Ranke (seit Bd. 5: Begr. von Kurt Ranke. Hrsg. von Rolf Wilhelm

Brednich) in Zus.arb. mit Heidrun Alzheimer, Hermann Bausinger u.a. Bd. 1–15. Berlin, New York: de Gruyter 1975–2015.
Fehr, Hans: Mein wissenschaftliches Lebenswerk. Gewidmet meinen Freunden und meinen Studenten zum 9. September 1944. Bern: Haupt 1945.
Fehrle, Eugen: Deutsche Hochzeitsbräuche. Jena: Dieterich 1937.
Feilchenfeldt, Konrad (Rez.): Dagmar von Gersdorff: Lebe der Liebe und liebe das Leben (Frankfurt a.M. 1981). – In Zeitschrift für Deutsche Philologie 101 (1982), S. 596–603.
Feilchenfeldt, Konrad: Brentano-Chronik. Daten zu Leben und Werk. München, Wien: Hanser 1978 (Reihe Hanser 259).
Feilchenfeldt, Konrad: Varnhagen von Ense als Historiker. Amsterdam: Verlag der Erasmus Buchhandlung 1971.
Fink, Gonthier Louis: Von Winckelmann bis Herder. Die deutsche Klimatheorie in europäischer Perspektive. – In: Gerhard Sauder (Hrsg.): Johann Gottfried Herder (1744–1803). Einheit und nationale Vielfalt. Hamburg: Meiner 1987 (Studien zum achtzehnten Jahrhundert. 9), S. 156–176.
Fischer, Bernd: Gerechtigkeit erzählen oder Kleist vor Gericht. – In: Dieter Sevin and Christoph Zeller (eds.): Heinrich von Kleist: Style and Concept: Explorations of Literary Dissonance. Berlin, Boston, Mass.: de Gruyter 2013, S. 181–199.
Fischer, Bernd: Literatur und Politik – Die »Novellensammlung von 1812« und das »Landhausleben« von Achim von Arnim. Frankfurt a. M., Bern: Peter Lang 1983 (Europäische Hochschulschriften. Reihe I. Deutsche Sprache und Literatur. 593).
Fischer, Rotraud: Ein »Zirkel liebender Freunde« – Romantik in Gossfelden und Marburg. – In: Johann Heinrich Christan Bang, die Marburger Romantiker und die Märchen der Brüder Grimm. Hrsg. vom Förderverein Gemeinschafts- und Kulturzentrum Rossweg e.V. Joh. Heinrich Chr. Bang-Haus. Lahntal-Gossfelden: Selbstverlag der Autorinnen und Autoren 2014, S. 93–113.
Fischer, Rotraud: Recht, Poesie, Geschichte – Friedrich Carl von Savigny und der Kreis Marburger Romantiker. – In: Aurora 61 (2001), S. 67–82.
Fischer-Lichte, Erika: Ästhetik des Performativen. Frankfurt a. M.: Suhrkamp 2004.
Foucault, Michel: Die Wahrheit und die juristischen Formen. (La verité et les formes juridiques, dt.) Aus dem Französischen von Michael Bischoff. Mit einem Nachwort von Martin Saar. Frankfurt a. M.: Suhrkamp 2003 (Suhrkamp-Taschenbuch Wissenschaft. 1645).
Foucault, Michel: Naissance de la clinique. Paris: Presses Universitaires de France 1988 (Quadrige. 100).
Franz, Günther: Über Jakob Grimms Nationalgefühl. – In: Helmuth Rössler (Hrsg.): Festgabe dargebracht Harold Steinacker zur Vollendung des 80. Lebensjahres, 26. Mai 1955. München: Oldenburg 1955, S. 301–309.
Friedrich, Hans-Edwin, und Claus-Michael Ort (Hrsg.): Recht und Moral: Zur gesellschaftlichen Selbstverständigung über »Verbrechen« vom 17. bis zum 21. Jahrhundert. Berlin: Duncker und Humblot 2015 (Schriften zur Literaturwissenschaft. 39).
Friedrich, Hans-Edwin: »Geordnete Freiheit«: Zur anthropologischen Verankerung der Verslehre in der poetologischen Diskussion des 18. Jahrhunderts. – In: Aufklärung 14 (2002), S. 7–22.
Frühwald, Wolfgang: Das Spätwerk Clemens Brentanos (1815–1842). Romantik im Zeitalter der Metternich'schen Restauration. Tübingen: Niemeyer 1977 (Hermaea. Germanistische Forschungen. NF 37).
Frühwald, Wolfgang: Der Zwang zur Verständlichkeit. August Wilhelm Schlegels Begründung romantischer Esoterik aus der Kritik rationalistischer Poetologie. – In: Silvio Vietta (Hrsg.): Die literarische Frühromantik. Mit Beiträgen von Wolfgang Frühwald, Heinz Gockel, Hans-Joachim Mähl, Horst Meixner, Lothar Pikulik, Gerhard Sauder, Silvio Vietta. Göttingen: Vandenhoeck & Ruprecht 1983 (Kleine Vandenhoeck-Reihe. 1488), S. 129–148.
Frühwald, Wolfgang: Stationen der Brentano-Forschung 1924–1972. – In: Deutsche Vierteljahrsschrift für Literaturwissenschaft und Geistesgeschichte 47 (1973), Sonderheft S. 182*–269*.
Frühwald, Wolfgang: »Von der Poesie im Recht«: Über die Brüder Grimm und die Rechtsauffassung der deutschen Romantik. – In: Nicholas Saul (Hrsg.): Die deutsche literarische Roman-

tik und die Wissenschaften. München: iudicium 1991 (Publications of the Institute of Germanic Studies, University of London. 47), S. 282–305.

Fulda, Daniel: Schau-Spiele des Geldes. Die Komödie und die Entstehung der Marktgesellschaft von Shakespeare bis Lessing. Tübingen: Niemeyer 2005 (Frühe Neuzeit. 102).

Funk, Albrecht: Polizei und Rechtsstaat. Die Entwicklung des staatlichen Gewaltmonopols in Preußen 1848–1918. Frankfurt, New York: Campus 1986.

Gaedertz, Karl Theodor: Bettina von Arnim und Markus Niebuhr. – In: Gaedertz: Was ich am Wege fand. Blätter und Bilder aus Literatur, Kunst und Leben. Neue Folge. Leipzig: Wigand 1905, Bd. 2, S. 11–126.

Gajek, Bernhard: Homo poeta. Zur Kontinuität der Problematik bei Clemens Brentano. Frankfurt a. M.: Athenäum 1971 (Goethezeit. 3).

Gans, Eduard: System des Römischen Civilrechts im Grundrisse nebst einer Abhandlung über Studium und System des Römischen Rechts. Berlin: Ferdinand Dümmler 1827.

Gatter, Nikolaus: »Gift, geradezu Gift für das unwissende Publicum«. Der literarische Nachlaß von Karl August Varnhagen von Ense und die Polemik gegen Ludmilla Assings Editionen (1860–1880). Bielefeld: Aisthesis 1996.

Gatter, Nikolaus: »Impietät, Indiscretion, Scandalsucht und Frivolität.« Ludmilla Assings Veröffentlichungen »Aus dem Nachlaß Varnhagen's von Ense«. – In: Johann Holzner und Stefan Neuhaus (Hrsg.): Literatur als Skandal. Fälle, Funktionen, Folgen. Göttingen: Vandenhoeck & Ruprecht 2007, S. 224–235.

George, Marion: Vom historischen Fakt zur Sinnfigur der Moderne. Zur Gestalt der Hexe in Tiecks Novelle »Hexen-Sabbat« (1832). – In: Marion George und Andrea Rudolph (Hrsg.): Hexen. Historische Faktizität und fiktive Bildlichkeit. Dettelbach: Röll 2004, S. 253–270.

Gerhard, Ute: Frauen in der Geschichte des Rechts: Von der Frühen Neuzeit bis zur Gegenwart. München: Beck 1997.

Gersdorff, Dagmar von: Dich zu lieben kann ich nicht verlernen. Das Leben der Sophie Brentano-Mereau. Frankfurt a. M.: Insel 1984.

Gerstner, Hermann: Die Brüder Grimm. Biographie. Gerabronn-Crailsheim: Hohenloher Druck- und Verlagshaus 1970.

Geschichte der Universität Jena 1548/58–1958. Festgabe zum 400jährigen Universitätsjubiläum. Im Auftr. von Rektor u. Senat verf. u. hrsg. von e. Kollektiv d. Histor. Inst. d. Friedrich-Schiller-Universität Jena unter Leitung von Max Steinmetz, Bd. 1: Dastellung. Jena: Gustav Fischer 1958.

Gierke, Otto von: Die Historische Rechtsschule und die Germanisten. Rede zur Gedächtnisfeier des Stifters der Berliner Universität, König Friedrich Wilhelm III., in der Aula derselben am 3. August 1903 gehalten. Berlin: Gustav Schade 1903.

Ginschel, Gunhild: Der junge Jacob Grimm 1805–1810. Berlin: Akademie Verlag 1967 (Veröffentlichungen der Sprachwissenschaftlichen Kommission. 7).

Goedeke, Karl: Grundrisz zur Geschichte der deutschen Dichtung aus den Quellen: Bd. 6: Zeit des Weltkrieges. Siebentes Buch, erste Abteilung. 2., ganz neu bearb. Aufl. Leipzig, Dresden, Berlin: Ehlermann 1998.

Goltdammer, Theodor: Ueber das literarische Eigenthum an Briefen. – In: Archiv für literarische Unterhaltung 9 (1861), S. 533–546.

Goßner, Johannes (Hrsg.): Martin Boos der Prediger der Gerechtigkeit die vor Gott gilt. Sein Selbstbiograph. Leipzig: Tauchnitz 1826.

Göttert, Karl-Heinz: Wider den toten Buchstaben. Zur Problemgeschichte eines Topos. – In: Friedrich Kittler, Thomas Macho und Sigrid Weigel (Hrsg.): Zwischen Rauschen und Offenbarung. Zur Kultur- und Mediengeschichte der Stimme. Berlin: Akademie-Verlag 2002, S. 93–113.

Goydke, Jürgen: E.T.A./W. Hoffmann als Jurist. – In: Michael Kilian (Hrsg.): Jenseits von Bologna – Jurisprudentia Literarisch: Von Woyzeck bis Weimar, von Hoffmann bis Luhmann. Berlin: Berliner Wissenschafts-Verlag 2006, S. 19–60.

Greiner, Bernhard, Barbara Thums und Wolfgang Vitzthum (Hrsg.): Recht und Literatur: Interdisziplinäre Bezüge. Heidelberg: Winter 2010 (Beiträge zur neueren Literaturgeschichte. 270).

Grellmann, Heinrich Moritz Gottlieb: Die Zigeuner. Ein historischer Versuch über die Lebensart und Verfassung, Sitten und Schicksahle dieses Volkes in Europa, nebst ihrem Ursprunge. Dessau & Leipzig: Buchh. d. Gelehrten 1783.

Großfeld, Bernhard: Zeichen und Zahlen im Recht: Zahlen in Rechtsgeschichte und Rechtsvergleichung. Tübingen: Mohr 1995.

Gutschmidt, Holger: Vernunfteinsicht und Glaube. Hegels These zum Bewusstsein von etwas »Höherem« zwischen 1794 und 1801. Göttingen: Vandenhoeck & Ruprecht 2007.

Haferkamp, Hans-Peter: Christentum und Privatrecht bei Moritz August von Bethmann-Hollweg. – In: Jens Eisfeld u.a. (Hrsg.): Naturrecht und Staat in der Neuzeit. Diethelm Klippel zum 70. Geburtstag. Tübingen: Mohr Siebeck 1999, S. 519–541.

Haferkamp, Hans-Peter: Naturrecht und Historische Rechtsschule. – In: Matthias Armgardt und Tilman Repgen (Hrsg.): Naturrecht in Antike und früher Neuzeit. Symposion aus Anlass des 75. Geburtstages von Klaus Luig. Tübingen: Mohr Siebeck 2014, S. 61–95.

Haller, Rudolf: Studie über den deutschen Blankvers. – In: Deutsche Vierteljahrsschrift für Literaturwissenschaft und Geistesgeschichte 31 (1957), S. 380–424.

Handwörterbuch zur deutschen Rechtsgeschichte. Unter Mitarb. von Wolfgang Stammler hrsg. von Adalbert Erler, Ekkehard Kaufmann und Dieter Werkmüller unter philolog. Mitarb. von Ruth Schmidt-Wiegand. 1. Aufl. Bd. 1–5. Berlin: Erich Schmidt 1971–1998.

Handwörterbuch zur deutschen Rechtsgeschichte. Begründet von Wolfgang Stammler, Adalbert Erler und Ekkehard Kaufmann. 2., völlig überarb. und erw. Aufl. hrsg. von Albrecht Cordes, Hans-Peter Haferkamp, Heiner Lück, Dieter Werkmüller und Ruth Schmidt-Wiegand, ab 9. Lieferung Christa Bertelsmeier-Kierst als philologischer Beraterin. [Bisher] Bd. 1-4, 2. Lfg. Berlin: Erich Schmidt 2008–2018 (HRGdigital).

Härtl, Heinz: »Findet, so werdet ihr suchen!«. Briefe Achim von Arnims an verschiedene Empfänger 1803–1830. Mit weiteren Quellen als Anhang. – In: Impulse 8 (1985), S. 242–279.

Härtl, Heinz: Chronologie der Briefe Clemens Brentanos 1792–1802. – In: Text. Kritische Beiträge 7 (2002), S. 229–241.

Härtl, Heinz: Ludwig Achim von Arnim. Metamorphosen der Gesellschaft. – In: Bernd Leistner (Hrsg.): Deutsche Erzählprosa der frühen Restaurationszeit. Studien zu ausgewählten Texten. Tübingen: Niemeyer 1995 (Untersuchungen zur deutschen Literaturgeschichte. 75), S. 168–203.

Hartmann, Eduard von: Die Kategorien der Sinnlichkeit. Kategorienlehre Teil 1. Hrsg. von Fritz Kern. 2. Aufl. Leipzig: Meiner 1923 (Die Philosophische Bibliothek. 72a).

Hartmann, Regina: Eichendorffs Novelle »Das Schloß Dürande«. Eine gescheiterte Kommunikation. – In: Weimarer Beiträge 32 (1986), S. 1850–1867.

Hattenhauer, Hans: Einleitung. – In: Hans Hattenhauer (Hrsg.): Thibaut und Savigny. Ihre programmatischen Schriften mit einer Einführung von Hans Hattenhauer. München: Franz Vahlen 1973, S 9–58.

Hattenhauer, Hans: Preußens Richter und das Gesetz (1786–1814). – In: Hattenhauer und Hans-Jürgen Becker (Hrsg.): Das nachfriderizianische Preussen 1786–1806. Heidelberg: Müller 1988, S. 37–65.

Haym, Rudolf: Die romantische Schule. Ein Beitrag zur Geschichte des deutschen Geistes. 3. Aufl., besorgt v. Oskar Walzel. Berlin: Weidmann 1914.

Hegel-Lexikon. Hrsg. von Paul Cobben unter Mitwirkung von Paul Cruysberghs, Peter Jonkers und Lu De Vos. Darmstadt: Wissenschaftl. Buchgesellschaft 2006.

Heimböckel, Dieter: Eichendorff mit Kleist. »Das Schloß Dürande« als Dichtung umgestürzter Ordnung. – In: Aurora. Jahrbuch der Eichendorff-Gesellschaft 65 (2005), S. 65–81.

Heinrich, Gerd: Die Geisteswissenschaften an der brandenburgischen Landesuniversität Frankfurt/Oder um 1800. – In: Kleist-Jahrbuch (1983), S. 71–97.

Henckmann, Gisela: Das Problem des »Antisemitismus« bei Achim von Arnim. – In: Aurora. Jahrbuch der Eichendorff-Gesellschaft 46 (1986), S. 48–69.

Henne, Helmut, und Georg Objartel (Hrsg.): Bibliothek zur historischen deutschen Studenten- und Schülersprache. Bd. 1–6. Berlin, New York: de Gruyter 1984.

Henning, Leopold von: Ueber das Verhältnis der Philosophie zu den positiven Wissenschaften überhaupt, und insbesondere zur Rechtswissenschaft, als auf historischer Grundlage ruhend. –

In: Neue Berliner Monatschrift für Philosophie, Geschichte, Literatur und Kunst 2 (1821), S. 1–23 und S. 89–115.
Herrlich, Maria: Organismuskonzept und Sprachgeschichtsschreibung. Die »Geschichte der deutschen Sprache« von Jacob Grimm. Zürich, New-York: Olms Weidmann 1998 (Schriftenreihe Werke der Brüder Jacob Grimm und Wilhelm Grimm. 1).
Hesse, Bernd: Die Kriminalerzählung »Das Fräulein von Scuderi« als Spiegel des Richteramts E.T.A. Hoffmanns. – In: Neue juristische Wochenschrift 61 (2008), S. 698–704.
Hesse, Bernd: Reflexion und Wirkung der juristischen Tätigkeit im Werk E.T.A. Hoffmanns. »Dem im irdischen Leben befangenen Menschen ist es nicht vergönnt, die Tiefe seiner eignen Natur zu ergründen«. Frankfurt a. M.: Lang 2009 (Europäische Hochschulschriften. Reihe I. Deutsche Sprache und Literatur. 1973).
Hettche, Walter: »Ein eignes Blatt«. Der Schreiber Licht und der Prozeß um den zerbrochenen Krug. – In: Heinz-Ludwig Arnold (Hrsg.): Heinrich von Kleist. München: Edition Text + Kritik 1993, S. 84–99.
Hinz, Gerhard: Die Geschichte der Universität Heidelberg. Überblick. – In: Gerhard Hinz (Hrsg.): Ruperto-Carola. Sonderband. Aus der Geschichte der Universität Heidelberg und ihrer Fakultäten. Heidelberg: Brausdruck 1961, S. 20–39.
Historisches Wörterbuch der Philosophie. Unter Mitwirkung von mehr als 1200 Fachgelehrten in Verbindung mit Günther Bien u. a. hrsg. von Joachim Ritter †, Karlfried Gründer † und Gottfried Gabriel. Bd.1–13. Darmstadt: Wissenschaftliche Buchgesellschaft 1971–2007.
Hitzig, Julius Eduard: Hoffmann's Leben und Nachlaß. 2. Teil. Stuttgart: Brodhag 1839.
Hitzig, Julius Eduard: Zeitschrift für die Criminal-Rechts-Pflege in den Preußischen Staaten mit Anschluß der Rheinprovinzen. 1825, H. 2, S. 261–376.
Hocks, Stephan: Gerichtsgeheimnis und Begründungszwang. Zur Publizität der Entscheidungsgründe im Ancien Régime und im frühen 19. Jahrhundert. Frankfurt a.M.: Klostermann 2002.
Hofer, Sibylle: Freiheit ohne Grenzen? Privatrechtstheoretische Diskussionen im 19. Jahrhundert. Tübingen: Mohr Siebeck 2001 (Jus privatum. 53).
Hoffmann, Alfred: E.T.A. Hoffmann. Leben und Arbeit eines Preußischen Richters. Baden-Baden: Nomos 1990.
Hoffmann, Lutz: Das deutsche Volk und seine Feinde. Die völkische Droge – Aktualität und Entstehungsgeschichte. Köln: PapyRossa 1994 (Neue kleine Bibliothek. 42).
Hoffmann, Werner: Clemens Brentano. Leben und Werk. Bern, München: A. Francke 1966.
Hoffmeister, Gerhart: Deutsche und europäische Romantik. 2., durchges. und erw. Aufl. Stuttgart: Metzler 1990 (Sammlung Metzler. 170).
Hölter, Achim: Ludwig Tiecks »Hexen-Sabbat« – In: Hölter: Frühe Romantik – frühe Komparatistik. Gesammelte Aufsätze zu Ludwig Tieck. Frankfurt a. M.: Lang 2001 (Helicon. 27), S. 143–158 .
Hönn, Georg Paul: Betrugs-Lexicon, worinnen die meiste Betrügereyen in allen Ständen nebst denen darwider guten Theils dienenden Mitteln endecket von Georg Paul Hönn. Zweyte und vermehrte Edition. Coburg: Paul Günther Pfotenhauer 1721.
Horn, Franz: Umrisse zur Geschichte und Kritik der schönen Literatur Deutschlands während der Jahre 1790–1818. Berlin: Enslin 1821.
Hübner, Rudolf: Jacob Grimm und das deutsche Recht. Mit einem Anhang ungedruckter Briefe an Jacob Grimm. Göttingen: Dieterichsche Buchhandlung 1895.
Ignor, Alexander: Geschichte des Strafprozesses in Deutschland 1532–1846: Von der Carolina Karls V. bis zu den Reformen des VormärzPaderborn: Schöningh 2001 (Görres-Gesellschaft zur Pflege der Wissenschaft: Rechts- und staatswissenschaftliche Veröffentlichungen der Görres-Gesellschaft. 97).
Jacob, Joachim: Heilige Poesie. Zu einem literarischen Modell bei Pyra, Klopstock und Wieland. Tübingen: Niemeyer 1997 (Studien zur Deutschen Literatur. 144).
Jacobs, Carol: The Unclosable Wound. – In: Jacobs: Uncontainable Romanticism. Shelley, Brontë, Kleist. Baltimore, MD, London: The Johns Hopkins University Press 1989.
Jamme, Christoph, und Otto Pöggeler (Hrsg.): »Frankfurt aber ist der Nabel dieser Erde«. Das Schicksal einer Generation der Goethezeit. Stuttgart: Klett-Cotta 1983.

Japp, Uwe: Die Identität des Künstlers. Arnims Erzählung Raphael und seine Nachbarinnen. – In: Sheila Dickson und Walter Pape (Hrsg.): Romantische Identitätskonstruktionen. Tübingen: Niemeyer 2003 (Schriften der Internationalen Arnim-Gesellschaft. 4), S. 217–227.

Japp, Uwe: Das serapiontische Prinzip. – In: E.T.A. Hoffmann. Hrsg. von Heinz Ludwig Arnold. München: Edition Text + Kritik 1992 (Text + Kritik. Sonderband), S. 63–75.

Jendreiek, Helmut: Hegel und Jacob Grimm. Ein Beitrag zur Geschichte der Wissenschaftstheorie. Berlin: Erich Schmidt 1975 (Philologische Studien und Quellen. 76).

Jenisch, Erich: »Das Klassische nenne ich das Gesunde und das Romantische das Kranke«. Goethes Kritik der Romantik. – In: Goethe-Jahrbuch 19 (1957), S. 50–79.

Jessen, Jens C.: Das Recht in den Kinder- und Hausmärchen der Brüder Grimm. Diss. Kiel: 1979.

Joachimsthaler, Jürgen: Rechtsfiktionen, Gerichtsaufführungen und das »als ob« der Gesetze: Die juristische Textur als literarische Kunstform. – In: Non Fiktion. Arsenal der anderen Gattungen 3 (2008), S. 31–49.

Käfer, Margret: Widerspiegelungen des Strafrechts im Leben und Werk des Richters und Poeten E.T.A. Hoffmann. Baden-Baden: Nomos 2010.

Kant-Lexikon. Hrsg. von Marcus Willaschek, Jürgen Stolzenberg, Georg Mohr, Stefano Bacin Bd. 3: Sache – Zyniker, Zynismus. Berlin, Boston, Mass.: de Gruyter 2015.

Kempen, Anke van: Die Rede vor Gericht. Freiburg: Rombach 2005.

Kiefner, Hans: Deus in nobis – »Objektiver Idealismus« bei Savigny. – In: Kiefner: Ideal wird, was Natur war. Abhandlungen zur Privatrechtsgeschichte des späten 18. und des 19. Jahrhunderts. Goldbach: Keip 1997 (Bibliotheca Eruditorum. Internationale Bibliothek der Wissenschaften. 21).

Kiefner, Hans: Ideal wird, was Natur war. – In: Quaderni fiorentini per la storia del pensiero giuridico moderno 9 (1980), S. 515–522.

Kippel, Markus: Die Stimme der Vernunft über einer Welt des Wahns. Studien zur literarische Rezeption der Hexenprozesse (19.–20. Jahrhundert). Münster u. a.: LIT 2001 (Zeit und Text. 16).

Klausnitzer, Ralf (Rez.): Theodore Ziolkowski ›Heidelberger Romantik‹ (Heidelberg 2009). – In: Arbitrium 30 (2012), S. 365–365.

Knaack, Jürgen: Achim von Arnim – Nicht nur Poet. Die politischen Anschauungen Arnims in ihrer Entwicklung. Mit ungedruckten Texten und einem Verzeichnis sämtlicher Briefe. Darmstadt: Thesen 1976.

Kohl, Katrin: Poetologische Metaphern. Formen und Funktionen in der deutschen Literatur. Berlin, New York: de Gruyter 2007.

Köhnke, Klaus: »Hieroglyphenschrift«. Untersuchungen zu Eichendorffs Erzählungen. Sigmaringen: Thorbecke 1986.

Kolkenbrock-Netz, Jutta: Wahnsinn der Vernunft – juristische Institution – literarische Praxis: Das Gutachten zum Fall Schmolling und die Erzählung ›Der Einsiedler Serapion‹ von E.T.A. Hoffmann. – In: Jutta Kolkenbrock-Netz u.a. (Hrsg.): Wege der Literaturwissenschaft. Bonn: Bouvier 1985, S. 122–144.

Kollektiv für Literaturgeschichte (Hrsg.): Erläuterungen zur deutschen Literatur: Romantik. 3. Aufl. Berlin (Ost): Volk und Wissen 1977.

Koller, Michael: Not kennt kein Gebot. Entstehung – Verbreitung – Bedeutung eines Rechtssprichwortes. Wien, Berlin, Münster: Lit. 2009 (Recht und Kultur. 7).

Kommers, Donald P.: »The Basic Law: A Fifty Year Assessment.« – In: Southern Methodist University Law Review 53 (2000), No. 2, S. 477–492.

Koopmann, Helmut: Der Zweifel als mörderisches Prinzip und das Raubtier Revolution. Joseph von Eichendorff, Das Schloß Dürande. – In: Koopmann: Freiheitssonne und Revolutionsgewitter. Reflexe der Französischen Revolution im literarischen Deutschland zwischen 1789 und 1840. Niemeyer: Tübingen 1989 (Untersuchungen zur deutschen Literaturgeschichte. 50), S. 143–170.

Koopmann, Helmut: Eichendorff, das Schloß Dürande und die Revolution [1970]. – In: Alfred Riemen (Hrsg.): Ansichten zu Eichendorff. Beiträge der Forschung 1958 bis 1988. Sigmaringen: Thorbecke 1988, S. 119–150.

Koselleck, Reinhart, Fritz Gschnitzer, Karl Ferdinand Werner und Bernd Schönemann: Volk. Nation. Nationalismus. Masse. – In: Otto Brunner, Werner Conze und Reinhart Koselleck

(Hrsg.): Geschichtliche Grundbegriffe. Historisches Lexikon zur politisch-sozialen Sprache in Deutschland. Bd. 7. Stuttgart: Klett Cotta 1992, S. 141–151.

Košenina, Alexander: Literarische Anthropologie. Die Neuentdeckung des Menschen. 2., akt. Aufl. Berlin, Boston, MA.: de Gruyter 2016.

Kroeschell, Karl (Hrsg.): Festschrift für Hans Thieme zu seinem 80. Geburtstag, Sigmaringen: Thorbecke 1986.

Kroeschell, Karl: Studien zum frühen und mittelalterlichen deutschen Recht. Berlin: Duncker & Humblot 1995 (Freiburger rechtsgeschichtliche Abhandlungen. N.F. 20).

Kronauer, Ulrich: Gefühle im Rechtsleben. Aus der Werkstatt des Deutschen Rechtswörterbuchs. – In: Merkur 52 (1998), S. 1181–1186.

Kronauer, Ulrich: Verzweiflung und Kindermord im 18. Jahrhundert. – In: Sylvia Kesper-Biermann und Diethelm Klippel (Hrsg.): Kriminalität in Mittelalter und Früher Neuzeit. Soziale, rechtliche, philosophische und literarische Aspekte. Wiesbaden: Harrassowitz 2007, S. 141–153.

Krotoszynski, Ronald J.: »A Comparative Perspective on the First Amendment: Free Speech, Militant Democracy, and the Primacy of Dignity As a Preferred Constitutional Value in Germany.« – In: Tulane Law Review 78 (2004), S. 1549–1610.

Krüger-Fürhoff, Irmela Marei: Den verwundeten Körper lesen. Zur Hermeneutik physischer und ästhetischer Grenzverletzungen im Kontext von Kleists »Zweikampf«. – In: Kleist-Jahrbuch 1998, S. 21–36.

Kunz, Josef: Eichendorff. Höhepunkt und Krise der Spätromantik. Altkönig-Verlag: Oberursel 1951.

Kürschner, Joseph: Klingemann, August. – In: Allgemeine Deutsche Biographie 16 (1882), S. 187–189 unter Klingemann, Ernst August Friedrich [Online-Version]; URL: https://www.deutsche-biographie.de/gnd118563300.html#adbcontent [Zugriff: 08.08.2017].

Laeverenz, Judith: Märchen und Recht. Eine Darstellung verschiedener Ansätze zur Erfassung des rechtlichen Gehalts der Märchen. Frankfurt a. M., New York: Lang 2001 (Rechtshistorische Reihe. 247).

Landfester, Ulrike: Selbstsorge als Staatskunst. Bettine von Arnims politisches Werk. Würzburg: Königshausen & Neumann 2000 (Stiftung für Romantikforschung. 8).

Landsberg, Ernst: Savigny, Friedrich Carl v. S. – In: Allgemeine Deutsche Biographie 30 (1890), S. 425–452.

Laurs, Axel: »Noch einmal hinter die Gardinen zu kucken«: Reflections on Absolutism in E.T.A. Hoffmann's *Das Fräulein von Scuderi*. – In: Journal of the Australasian Universities Language and Literature Association 94 (2000), S. 1–18.

Lehmann, Johannes: Lebensgeschichte und Verbrechen. E.T.A. Hoffmanns Gechichte *Die Marquise de la Pivardiere* und die Gattungsgeschichte der Kriminalerzählung. – In: Jahrbuch der Deutschen Schillergesellschaft 49 (2005), S. 228–253.

Lenôtre, Guy: Die Guillotine und die Scharfrichter zur Zeit der französischen Revolution (La guillotine et les exécuteurs des arrêts criminels pendant la Révolution, dt.). Aus dem Franz. von Simon Michelet. Berlin: Kadmos 1996.

Lenz, Max: Geschichte der königlichen Friedrich-Wilhelms Universität zu Berlin. Bd. 1: Gründung und Ausbau. Halle a.d.S.: Waisenhaus 1910.

Levin, Herbert: Die Heidelberger Romantik. Preisschrift der Corpus-Suevia-Stiftung der Universität Heidelberg. München: Parcus & Co 1922.

Liebrecht, Johannes: Brunners Wissenschaft. Heinrich Brunner (1840–1915) im Spiegel seiner Rechtsgeschichte. Frankfurt a. M.: Klostermann 2014 (Studien zur europäischen Rechtsgeschichte. 288).

Lindemann, Klaus: Eichendorffs »Schloß Dürande«. Konservative Rezeption der Französischen Revolution. Entstehung – Struktur – Rezeption – Didaktik. Paderborn u. a.: Schöningh 1980 (Modellanalysen Literatur. 1).

Lischewski, Andreas: Person und Bildung. Überlegungen im Grenzgebiet von philosophischer Anthropologie und Bildungstheorie im Anschluß an P. L. Landsberg. Bd. 1. Dettelbach: Röll 1998.

Loening, Richard: Über ältere Rechts- und Kultur-Zustände an den Fürstlich Sächsischen Gesammt-Universität zu Jena. Rede, gehalten bei der akademischen Preisvertheilung am 19. Juni 1897 in der Kollegienkirche zu Jena. Jena: Neuenhahn 1897.

Loeper, Gustav von: Arnim, Bettina von. – In: Allgemeine Deutsche Biographie (ADB). Bd. 2. Leipzig: Duncker & Humblot 1875, S. 578–582.

Lox, Harlinda, Dietrich Kluge und Sabine Lutkat (Hrsg.): Dunkle Mächte im Märchen und was sie bannt. Recht und Gerechtigkeit im Märchen. Forschungsbeiträge aus der Welt der Märchen. Krummwisch b. Kiel: Königsfurt 2007 (Veröffentlichungen der Europäischen Märchengesellschaft. 32).

Lüderssen, Klaus: Produktive Spiegelungen: Recht und Kriminalität in der Literatur. Frankfurt a. M.: Suhrkamp 1991 (Suhrkamp-Taschenbuch. 2080),

Luig, Klaus: Die sozialethischen Werte des römischen und germanischen Rechts in der Privatrechtswissenschaft des 19. Jahrhunderts bei Grimm, Stahl, Kuntze und Gierke. – In: Gerhard Köbler (Hrsg.): Wege europäischer Rechtsgeschichte. Karl Kroeschell zum 60. Geburtstag dargelegt von Freunden, Schülern und Kollegen. Frankfurt a. M.: Lang 1987 (Rechtshistorische Reihe. 60), S. 281–307.

Luig, Klaus: Römische und germanische Rechtsanschauung, individualistische und soziale Ordnung – In: Joachim Rückert und Dietmar Willoweit (Hrsg.): Die Deutsche Rechtsgeschichte in der NS-Zeit. Ihre Vorgeschichte und ihre Nachwirkungen. Tübingen: Mohr 1995 (Beiträge zur Rechtsgeschichte des 20. Jahrhunderts. 12), S. 95–137.

Lüthi, Max: Es war einmal. Vom Wesen des Volksmärchens. Göttingen: Vandenhoeck und Ruprecht 2008.

Lutz, Daniel: Religion. – In: Claudia Stockinger und Stefan Scherer (Hrsg): Ludwig Tieck. Leben – Werk – Wirkung. Berlin, Boston: de Gruyter 2011, S. 289–302.

Magon, Leopold: Jacob Grimm. Leistung und Vermächtnis. Berlin: Akademie-Verlag 1963.

Mährlein, Christoph: Volksgeist und Recht. Hegels Philosophie der Einheit und ihre Bedeutung in der Rechtswissenschaft. Würzburg: Königshausen & Neumann 2000 (Epistemata. Reihe Philosophie. 286).

Mallon, Otto (Hrsg.): Brentano-Bibliographie (Clemens Brentano, 1778 bis 1842). Reprografischer Nachdruck der Ausg. Berlin 1926. Hildesheim: Georg Olms 1965.

Mallon, Otto: Bibliographische Anmerkungen zu Bettina von Arnims Sämtlichen Werken. – In: Zeitschrift für deutsche Philologie 56 (1931), S. 446–464.

Mandelartz, Michael: Die korrupte Gesellschaft. Geschichte und Ökonomie in Kleists »Zerbrochnem Krug«. – In: Kleist-Jahrbuch 2008/09, S. 303–323.

Mangold, Hartmut: Gerechtigkeit durch Poesie. Konfliktsituationen und ihre literarische Gestaltung bei E.T.A. Hoffmann. Wiesbaden: Deutscher Universitäts-Verlag 1989.

Mangold, Hartmut: Restoration and the Rule of Law: E.T.A. Hoffmann in Prussia in 1819. – In: Juridical Review 1 (1990), S. 83–97.

Mangold, Hartmut: »Heillose Willkühr«: Rechtsstaatliche Vorstellungen und rechtspraktische Erfahrungen E.T.A. Hoffmanns in den Jahren der preußischen Restauration. – In: E.T.A. Hoffmann. Hrsg. von Heinz Ludwig Arnold. München: Edition Text + Kritik 1992 (Text + Kritik. Sonderband), S. 167–176.

Martínez, Matías, und Michael Scheffel: Einführung in die Erzähltheorie. 10., überarb. Aufl. München: Beck 2016 (C.H. Beck Studium).

McChesney, Anita: The Female Poetics of Crime in E.T.A. Hoffmann's »Mademoiselle Scuderi«. – In: Women in German Yearbook 24 (2008), S. 1–25.

Mecke, Christoph-Eric: Begriff und System des Rechts bei Georg Friedrich Puchta. Göttingen: V&R unipress 2009 (Beiträge zu Grundfragen des Rechts 1).

Mecke, Christoph-Eric: »*Regeln werden nur den Schwachköpfen dienen, um sie des eigenen Denkens zu überheben*« – Puchtas und Savignys juristische Hermeneutik im Vergleich. – In: Stephan Meder, Gaetano Carlizzi, Christoph-Eric Mecke und Christoph Sorge (Hrsg.): Juristische Hermeneutik zwischen Vergangenheit und Zukunft. Baden-Baden: Nomos, Stämpfli 2013, S. 37–58.

Meder, Stephan, und Christoph-Eric Mecke (Hrsg.): Savigny global 1814–2014. »Vom Beruf unsrer Zeit« zum transnationalen Recht des 21. Jahrhunderts. Mit 23 Abbildungen. Göttingen: V&R unipress 2016 (Beiträge zu Grundfragen des Rechts. 22).

Meder, Stephan, und Christoph-Eric Mecke: Savignys Rechtsdenken im Spiegel deutscher und italienischer Romantik. – In: Quaderni Lupiensi di Storia e Diritto 6 (2016), S. 189–215.

Meder, Stephan: Mißverstehen und Verstehen. Savignys Grundlegung der juristischen Hermeneutik. Tübingen: Mohr Siebeck 2004.

Meder, Stephan: Urteilen. Elemente von Kants reflektierender Urteilskraft in Savignys Lehre von der juristischen Entscheidungs- und Regelfindung. Frankfurt a. M.: Vittorio Klostermann 1999 (Ius Commune. Sonderheft 118).

Mehigan, Timothy J.: Legality as a »Fact of Reason«: Heinrich von Kleist's concept of law with special reference to »Michael Kohlhaas«. – In: Bernhard Greiner (Hrsg.): Recht und Literatur: Interdisziplinäre Bezüge. Heidelberg: Winter 2010 (Beiträge zur neueren Literaturgeschichte. 270), S. 153–169.

Meier-Dörken, Christoph: Zum Verhältnis zwischen Schleiermachers Predigten und romantischen Schriften. – In: Kurt-Victor Selge (Hrsg.): Internationaler Schleiermacher-Kongreß Berlin 1984. Berlin, New York: de Gruyter 1985 (Schleiermacher Archiv. 1, 2), S. 673–679.

Meier, Rolf: Dialog zwischen Jurisprudenz und Literatur. Richterliche Unabhängigkeit und Rechtsabbildung in E.T.A. Hoffmanns »Das Fräulein von Scuderi«. Baden-Baden: Nomos 1994 (Nomos-Universitätsschriften / Recht. 151).

Metzler Lexikon literarischer Symbole. Hrsg. von Günter Butzer und Joachim Jacob. Stuttgart, Weimar: Metzler 200

Meves, Uwe: Jacob Grimms Stellungnahmen zum Altdeutschen im Unterricht. – In: Ludwig Denecke (Hrsg.): Brüder Grimm Gedenken 5. Marburg: Elwert 1985 ((Schriften der Brüder-Grimm-Geselschaft Kassel e.V.11), S. 83–93.

Meyer-Hepner, Gertrud: Der Magistratsprozeß der Bettina von Arnim. Weimar: Arion 1960.

Mieder, Wolfgang: »Findet, so werdet ihr suchen!« Die Brüder Grimm und das Sprichwort. Bern, New York: Lang 1986 (Sprichwörterforschung. 7).

Miller, Norbert: ›Du hast mir deines Angesichtes Züge bewährt…‹. ›Der Zerbrochne Krug‹ und die Probe auf den Augenblick. – In: Paul M. Lützeler und David Pan (Hrsg.): Kleists Erzählungen und Dramen. Neue Studien. Würzburg: Königshausen & Neumann 2001, S. 215–239.

Mittermaier, Carl Joseph Anton: Die Mündlichkeit, das Anklageprinzip, die Oeffentlichkeit und das Geschwornengericht in ihrer Durchführung in den verschiedenen Gesetzgebungen: Dargestellt u. nach den Forderungen des Rechts und der Zweckmässigkeit mit Rücksicht auf die Erfahrungen der verschiedenen Länder geprüft. Stuttgart: Cotta 1848.

Mix, York-Gothart, und Jochen Strobel: Der Europäer August Wilhelm Schlegel: Romantischer Kulturtransfer – Romantische Wissenswelten. Berlin, Boston, Mass.: de Gruyter 2010 (Quellen und Forschungen zur Literatur- und Kulturgeschichte. 62).

Moeller, Ernst von: Die Entstehung des Dogmas von dem Ursprung des Rechts aus dem Volksgeist. – In: Mitteilungen des Instituts für Österreichische Geschichtsforschung 30 (1909), S. 1–50.

Moering, Renate: Quellen und Zeitbezug von Achim von Arnims Drama *Marino Caboga*. – In: Aurora. Jahrbuch der Eichendorff-Gesellschaft 46 (1986), S. 262–280.

Möller, Eva Renate: E.T.A. Hoffmann als Darsteller aktueller rechtlicher Fragen. Diss. Wien 1934 [Masch.].

Moser, Hugo: Studien zur deutschen Dichtung des Mittelalters und der Romantik. Kleine Schriften II. Berlin: Erich Schmidt 1984.

Mückenberger, Ulrich: Phantasie und Gerechtigkeitssinn. Der Dichter und Jurist E.T.A. Hoffmann. – In: Neue Rundschau 100 (1989), H. 2, S. 163–186.

Müller, Jan-Dirk: Kleists Mittelalter-Phantasma. Zur Erzählung »Der Zweikampf« (1811). – In: Kleist-Jahrbuch 1998, S. 3–20.

Müller, Jörg Jochen: Die ersten Germanistentage. – In: Müller (Hrsg.): Germanistik und deutsche Nation 1806–1848. Zur Konstitution bürgerlichen Bewusstseins. Unter Mitarb. von Reinhard Behm. Stuttgart, Weimar: Metzler 2000, S. 297–318.

Müller, Rainer A.: Landshut 1800–1826. Von der Aufklärung zur Romantik. – In: Bernd Huber u.a. (Hrsg.): Die Ludwig-Maximilians-Universität München in Geschichte und Gegenwart. 3., vollst. neu bearb. u. erw. Aufl. Haar bei München: Lutz Garnies 2011, S. 47–65.

Müller, Ralph: Unsittlichkeit und Unzüchtigkeit. Zwei literarische Wertungsbegriffe. – In: Johann Holzner und Stefan Neuhaus (Hrsg.): Literatur als Skandal. Fälle, Funktionen, Folgen. Göttingen: Vandenhoeck & Ruprecht 2007, S. 100–110.

Müller, Senya: Sprachwörterbücher im Nationalsozialismus. Die ideologische Beeinflussung von Duden, Sprach-Brockhaus und anderen Nachschlagewerken während des »Dritten Reiches«. Stuttgart: M&P 1994.

Müller-Dietz, Heinz: Dialog zwischen Jurisprudenz und Literatur. Richterliche Unabhängigkeit und Rechtsabbildung in E. T. A. Hoffmanns »Das Fräulein von Scuderi«. – In: Juristenzeitung 50 (1995), Nr. 15/16 vom 11. August, S. 776–777.

Müller-Freienfels, Wolfram: Zur Diskussion um die systematische Einordnung des Familienrechts. Teil II. – In: Rabels Zeitschrift für ausländisches und internationales Privatrecht 38 (1974), S. 533–570.

Müller-Salget, Klaus: Heinrich von Kleist. Stuttgart: Reclam 2002 (Reclams Universal-Bibliothek. 17635).

Müller-Seidel, Walter: Versehen und Erkennen. Eine Studie über Heinrich von Kleist. 3. Aufl. Köln: Böhlau 1961.

Nehlsen-von Stryk, Karin: Zum »Justizbegriff« der rechtshistorischen Germanistik. – In: Ius Commune 17 (1990), S. 189–222.

Nehring, Wolfgang: Eichendorff und die Leser [1977]. – In: Nehring: Spätromantiker. Eichendorff und E. T. A. Hoffmann. Göttingen: Vandenhoeck & Ruprecht 1997 (Sammlung Vandenhoeck), S. 29–48.

Netzer, Katinka: Wissenschaft aus nationaler Sehnsucht. Die Verhandlungen der Germanisten 1846 und 1847. Heidelberg: Winter 2006.

Neumann, Gerhard: Ritualisierte Kontingenz. Das paradoxe Argument des ›Duells‹ im ›Feld der Ehre‹ von Casanovas »Il Duello« (1780) über Kleists »Zweikampf« (1811) bis zu Arthur Schnitzlers Novelle »Casanovas Heimfahrt« (1918). – In: Gerhard Graevenitz und Odo Marquard (Hrsg.): Kontingenz. Iin Zusammenarbeit mit Matthias Christen. München: Fink 1998 (Poetik und Hermeneutik. 17), S. 343–372.

Neumann, Michael: Dresdner Novellen. – In: Claudia Stockinger und Stefan Scherer (Hrsg): Ludwig Tieck. Leben – Werk – Wirkung. Berlin, Boston, Mass.: de Gruyter 2011, S. 551–567.

Neumeyer, Harald: Von der »wahre(n) Kunst« des Verbrechens und der »Ungewißheit« der Ermittler: Giftmord in Wissenschaft und Kriminalliteratur 1730–1820. – In: Tötungsarten und Ermittlungspraktiken. Freiburg i. Br.: Rombach 2015, S. 115–132.

Nienhaus, Stefan: Geschichte der deutschen Tischgesellschaft. Tübingen: Niemeyer 2003 (Untersuchungen zur deutschen Literaturgeschichte. 115).

Nienhaus, Stefan: »Die Liebe stirbt uns ab«. Zum Scheitern verbaler Intimität und zur gestischen Affektäußerung in Tiecks »Aufruhr in den Cevennen«. – In: Frank Almai und Ulrich Fröschle (Hrsg.): Literatur und Kontext. Kunst und Medien, Religion und Politik. Festschrift für Walter Schmitz. Dresden: Thelem 2014, S. 20–214.

Nilges, Yvonne (Hrsg.): Dichterjuristen: Studien zur Poesie des Rechts vom 16. bis 21. Jahrhundert. Würzburg: Königshausen & Neumann 2014

Nilges, Yvonne: Schiller und das Recht. Göttingen: Wallstein 2012.

Nipperdey, Thomas: Deutsche Geschichte 1800–1866. Bürgerwelt und starker Staat. 6., durchges. Aufl. München: Beck 1993.

Nitschke, Wolf: Adolf Heinrich Graf v. Arnim-Boitzenburg (1803–1868). Eine politische Biographie. Berlin: Duncker & Humblot 2004 (Studien und Texte zur Erforschung des Konservatismus. 50).

Nobili, Massimo: Die freie richterliche Überzeugungsbildung. Reformdiskussion und Gesetzgebung in Italien, Frankreich und Deutschland seit dem Ausgang des 18. Jahrhunderts (Il principio del libero convincimento del giudice, dt.). Aus dem Italienischen von Thomas Vormbaum mit einem Vorwort von Manfred Maiwald. Baden-Baden: Nomos 2001 (Juristische Zeitgeschichte. Abt. 1. Allgemeine Reihe. 8).

Noguchi, Yoshiko: Die Zahl »Sieben« in den Grimmschen Märchen. Über das Auftreten der Unglückszahl Sieben. – In: Doitsu bungaku ronko 53 (2011), S. 7–29, in japan. Sprache; dt. Zs.fassung S. 27–29 (web).

Nörr, Dieter: Savignys philosophische Lehrjahre. Ein Versuch. Frankfurt a. M.: Klostermann 1994 (Ius commune. Veröffentlichungen des Max-Planck-Instituts für Europäische Rechtsgeschichte. Sonderhefte. Studien zur Europäischen Rechtsgeschichte. 66).

Nottarp, Hermann: Gottesurteilstudien, München: Kösel 1956 (Bamberger Abhandlungen und Forschungen. 2).

Nünning, Ansgar: *Unreliable Narration* zur Einführung: Grundzüge einer kognitiv-narratologischen Theorie und Analyse unglaubwürdigen Erzählens. – In: Nünning (Hrsg.): Unreliable Narration. Studien zur Theorie und Praxis unglaubwürdigen Erzählens in der englischsprachigen Erzählliteratur. Unter Mitw. von Carola Surkamp und Bruno Zerweck. 2., unveränd. Aufl. Trier: Wissenschaftlicher Verlag Trier 2013, S. 3–39.

Nuzzo, Angelica: Sinnliche und übersinnliche Erkenntnis. – In: Klaus Vieweg und Brady Bowman (Hrsg.): Wissen uund Begründung. Die Skeptizismus-Debatte um 1800 im Kontext neuzeitlicher Wissenskonzeptionen. Würzburg: Königshausen & Neumann 2003 (Kritisches Jahrbuch der Philosophie. 8), S. 75–92.

Oestmann, Peter: Gerechtigkeit im Hexenprozess? – In: Veronika Jüttemann (Hrsg): Mehr recht als schlecht. Eine interdisziplinäre Auseinandersetzung mit der Gerechtigkeit. Münster, New York, München, Berlin: Waxmann 2008 (Studium im Alter. Forschungen und Dokumentationen. 10), S. 197–214.

Oestmann, Peter: Wege zur Rechtsgeschichte: Gerichtsbarkeit und Verfahren. Köln, Weimar, Wien: Böhlau 2015.

Ogorek, Regina: Adam Müllers Gegensatzphilosophie und die Rechtsausschweifungen des Michael Kohlhaas. – In: Kleist-Jahrbuch 1988/89, S. 96–125.

Ogorek, Regina: Richterkönig oder Subsumtionsautomat? Zur Justiztheorie im 19. Jahrhundert. Frankfurt a. M.: Klostermann 1986 (Rechtsprechung. 1).

Ort, Claus-Michael: Das Problem der Schuldzurechnung und die Konkurrenz juristischen, medizinischen und moralischen Erzählens. Zur Diskussion über den Fall Schmolling und das Votum von E. T. A. Hoffmann. – In: Internationales Archiv für Sozialgeschichte der Deutschen Literatur 31 (2006), S. 174–202.

Osterkamp, Ernst: Diskussionsbericht zum Vortrag Schneider. – In: Kleist-Jahrbuch 1988/89, S. 327–330.

Otto, Jochen: Auf den Spuren von Friedrich Carl von Savigny (1779–1861). Der junge Savigny 1779–1804. – In: Zeitschrift der Savigny-Stiftung für Rechtsgeschichte. Romanistische Abteilung 128 (2011), S. 442–463.

Otto, Jochen: Auf der Spuren von Friedrich Carl von Savigny (1779–1861). Auf dem Weg nach Berlin: 1804 bis 1810. – In: Zeitschrift der Savigny-Stiftung für Rechtsgeschichte. Romanistische Abteilung 129 (2012), S. 604–635.

Otto, Jochen: Goethe, Savigny und die Anfänge der Romantik sowie deren Verwerfung. Bestandsaufnahme zur Frage einer romantischen Rechtswissenschaft. – Honos alit artes. Studi per il settantesimo compleanno di Mario Ascheri. L'età moderna e contemporanea. Giuristi e istituzioni tra Europa e America, a cura di Paola Maffei e Gian Maria Varanini. Firenze: Firenze University Press 2014, S. 89–110 (Reti Medievali. E-Book; 19/IV. Accesso alla versione elettronica: http://www.ebook.retimedievali.it).

Pape, Walter: Heiliges Wort und weltlicher Rechenpfennig. Zur Entwicklung der Sprachauffassung im 17. Jahrhundert (Jacob Böhme, Athanasius Kircher, Leibniz). – In: Religion und Religiosität im Zeitalter des Barock. In Verb. mit Barbara Becker-Cantarino, Heinz Schilling und Walter Sparn hrsg. von Dieter Breuer. Vorträge u. Referate gehalten anläßlich des 7. Jahrestreffens des »Wolfenbütteler Arbeitskreises für Barockforschung« der Herzog August Bibliothek Wolfenbüttel vom 26. bis 28. August 1991). T. 2. Wiesbaden: Harrassowitz in Komm. 1995 (Wolfenbütteler Arbeiten zur Barockforschung. 25), S. 817–843.

Pape, Walter (Hrsg.): Raumkonfigurationen in der Romantik. Tübingen: Niemeyer 2009 (Schriften der Internationalen Arnim-Gesellschaft. 7).

Paulin, Roger: Ludwig Tieck: Eine literarische Biographie. Autorisierte Übertr. aus dem Engl. von Hannelore Faden. München: Beck 1988.

Paulin, Roger: The Life of August Wilhelm Schlegel: Cosmopolitan of Art and Poetry. Cambridge: Open Book Publishers 2016. Web.

Piché, Claude: Die Bestimmung der Sinnenwelt durch das vernünftige Wesen (Folgesatz § 2). – In: Jean-Christophe Merle (Hrsg.): Johann Gottlieb Fichte. Grundlage des Naturrechts. 2., bearb. Aufl. Berlin, Boston, Mass.: de Gruyter 2016 (Klassiker auslegen. 24), S. 45–56.

Pietsch, Yvonne: Edierende Dichterin, dichtende Editorin: Bettina von Arnim als Herausgeberin der »Sämmtlichen Werke« Ludwig Achim von Arnims. – In: Steffen Dietzsch und Ariane Ludwig (Hrsg.): Achim von Arnim und sein Kreis. Berlin, Boston, Mass.: de Gruyter 2010 (Schriften der Internationalen Arnim-Gesellschaft. 8), S. 113–128.

Pirholt, Mattias: Metamimesis. Imitation in Goethe's »Wilhelm Meisters Lehrjahre« and Early German Romanticism. Rochester, N. Y.: Camden House 2012.

Polaschegg, Andrea: Genealogische Geographie. Die orientalistische Ordnung der ersten und letzten Dinge in Achim von Arnims »Isabella von Ägypten«. – In: Athenäum. Jahrbuch der Friedrich Schlegel-Gesellschaft 15 (2005), S. 95–124.

Pott, Hans-Georg: Vom Krieg gegen die Muslime und die Frau. Zeitgemäße Betrachtungen zu Ludwig Tiecks Trauerspiel »Leben und Tod der heiligen Genoveva« (1799). – In: Neue Zeitung für Einsiedler 12/13 (2012/2013), S. 87–94.

Pravida, Dietmar: Brentano in Wien. Clemens Brentano, die Poesie und die Zeitgeschichte 1813/14. Heidelberg: Universitätsverlag Winter 2013 (Frankfurter Beiträge zur Germanistik. 52)

Prinz, Katharina, und Simone Winko: Wertungen und Wertmaßstäbe in literarischen Texten. Analyse von Recht und Moral in E.T.A. Hoffmanns *Das Fräulein von Scuderi*. – In: Hans-Edwin Friedrich und Claus-Michael Ort (Hrsg.): Recht und Moral. Zur gesellschaftlichen Selbstverständigung über »Verbrechen« vom 17. bis zum 21. Jahrhundert. Berlin: Duncker & Humblot 2015, S. 331–358.

Reiss, Hans: Politisches Denken in der deutschen Romantik. Bern, München: Francke 1966.

Resenhöfft, Wilhelm: Faust, der Dreißigjährige. – In: Goethe-Jahrbuch 90 (1973), S. 200–211.

Ribbat, Ernst: Babylon oder der Schein des Scheins. Sprach- und Rechtsprobleme in Heinrich von Kleists Lustspiel ›Der zerbrochne Krug‹. – In: Klaus-Michael Bogdal und Dirk Grathoff (Hrsg.): Heinrich von Kleist. Studien zu Werk und Wirkung. Opladen: VS Verlag 1999, S. 133–148.

Ricklefs, Ulfert: Arnims lyrisches Werk. Register der Handschriften und Drucke. Tübingen: Niemeyer 1980 (Freies Deutsches Hochstift. Reihe der Schriften. 23).

Ricklefs, Ulfert: Geschichte, Volk, Verfassung und das Recht der Gegenwart: Achim von Arnim. – In: Alexander von Bormann (Hrsg.): Volk – Nation – Europa: Zur Romantisierung und Entromantisierung politischer Begriffe. Würzburg: Königshausen & Neumann 1998 (Stiftung für Romantikforschung. 4), S. 65–104.

Riedel, Wolfgang: Literarische Anthropologie. – In: Wolfgang Braungart u. a. (Hrsg.): Wahrnehmen und Handeln. Perspektiven einer Literaturanthropologie. Aisthesis: Bielefeld 2004, S. 337–366.

Rinder, Johann Christian: Eine Hexe nach ihrer greslichen Gestalt und gerechten Strafe stellete auf das erschollene und sich weit ausbreitende Gerücht eines zu Apolda vermeintlich vorgegangenen Zauberwerks in Nachmittäglicher Sonntags-Predigt den 17. Nov. 1748. Aus einem besonders dazu erwehlten Text 2 B. Mos. XXII, v. 18. Die Zauberinnen solt du nicht leben lassen vor und gabs nebst wahrhaftigen Bericht der ganzen Sache zum Druck Johann Christian Rinder. Jena: Marggrafische Buchhandlung 1748.

Ringger, Peter David: Goethes Blankvers: Entstehungs- und Entwicklungsgeschichte. [Diss., Zürich.]. Hamburg: Reimers 1948.

Rölleke, Heinz: Die Brüder Grimm und das Recht. – In: Harlinda Lox, Dietrich Kluge und Sabine Lutkat (Hrsg.): Dunkle Mächte im Märchen und was sie bannt. Recht und Gerechtigkeit im Märchen. Forschungsbeiträge aus der Welt der Märchen. Krummwisch b. Kiel: Königsfurt 2007 (Veröffentlichungen der Europäischen Märchengesellschaft. 32), S. 109–127.

Rölleke, Heinz: Die Märchen der Brüder Grimm. Eine Einführung. Stuttgart: Reclam 2004 (Universal-Bibliothek. 17650).

Rölleke, Heinz: Die »Stockhessischen« Märchen der »Alten Marie«. Das Ende eines Mythos um die frühesten KHM-Aufzeichnungen der Brüder Grimm. – In: Germanisch-Romanische Monatsschrift 25 N.F. (1975), S. 74–86.

Rölleke, Heinz: Drei Bildnisse der Märchenvermittlerin Hassenpflug. – In: Ludwig Denecke (Hrsg.): Brüder Grimm Gedenken. Bd. 3. Marburg: Elwert 1981 (Schriften der Brüder-Grimm-Geselschaft Kassel e.V. 5), S. 146–148.

Rückert, Joachim: Friedrich Carl von Savigny (1779–1861). Geschichte des Römischen Rechts im Mittelalter. – In: Volker Reinhardt (Hrsg.): Hauptwerke der Geschichtsschreibung. Stuttgart: Kröner 1997, S. 560–564.

Rückert, Joachim: Savigny und die Philologie seiner Zeit. – In: Claudia Lieb und Christoph Strosetzki (Hrsg.): Philologie als Literatur- und Rechtswissenschaft: Germanistik und Romanistik 1730–1870. Heidelberg: Winter 2013 (Beihefte zum Euphorion. 67), S. 185–204.

Rückert, Joachim: Savigny-Studien. Frankfurt a. M.: Klostermann 2011 (Studien zur europäischen Rechtsgeschichte . 255; Savignyana. 9), S. 235–269.

Rückert, Joachim: Idealismus, Jurisprudenz und Politik bei Friedrich Carl von Savigny: Ebelsbach: Rolf Greimer 1984 (Münchener Universitätsschriften. Juristische Fakultät. Abhandlungen zur rechtswissenschaftlichen Grundlagenforschung. 58).

Rückert, Joachim: Politische Romantik im 20. Jahrhundert – eine fatale deutsche Erbschaft? – In: Politisches Denken 2011, S. 123–142.

Rückert, Joachim: »...der Welt in der Pflicht verfallen...«. Kleists ›Kohlhaas‹ als moral- und rechtsphilosophische Stellungnahme. – In: Kleist-Jahrbuch 1988/89, S. 375–403.

Rudorff, Adolf Friedrich: Friedrich Carl von Savigny. Erinnerung an sein Wesen und Wirken. (Abdruck aus der Zeitschrift für Rechtsgeschichte II.1). Weimar: Hermann Böhlau 1862.

Ruge, Arnold: Die berliner Juristenfacultät. – In: Hallische Jahrbücher für deutsche Wissenschaft und Kunst 4 (1841), S. 501–518.

Schad, Brigitte: Christian Brentano. – In: Bernd Heidenreich (Hrsg.): Geist und Macht. Die Brentanos. Wiesbaden: Westdeutscher Verlag 2000, S. 93–116.

Schadewaldt, Wolfgang: Der »zerbrochene Krug« von Heinrich von Kleist und Sophokles' »König Ödipus«. – In: Walter Müller-Seidel (Hrsg.): Heinrich von Kleist. Aufsätze und Essays. Darmstadt: Wissenschaftliche Buchgesellschaft 1967, S. 317–325.

Schadwill, Uwe. Poeta judex: Eine Studie zum Leben und Werk des Dichterjuristen E.T.A. Hoffmann. Münster und Hamburg: Lit-Verlag 1993 (Zeit und Text. 3).

Schäfer, Frank L.: Juristische Germanistik. Eine Geschichte der Wissenschaft vom einheimischen Privatrecht. Frankfurt a. M.: Klostermann 2008 (Juristische Abhandlungen. 51).

Schaub, Gerhard: Le Génie Enfant. Die Kategorie des Kindlichen bei Clemens Brentano. Berlin, New York: de Gruyter 1973 (Quellen und Forschungen zur Sprach- und Kulturgeschichte der germanischen Völker. 55 [179]).

Schirnding, Albert: Recht und Richter im Spiegel der Literatur. Stuttgart u.a.: Boorberg 1990.

Schlegel, August Wilhelm von: Rezension Gebrüder Grimm, Altdeutsche Wälder. – In: Heidelbergische Jahrbücher der Litteratur 8/2 (1815), S. 721–766.

Schlossbauer, Frank: Das Lustspiel als Lust-Spiel. Eine Analyse des Komischen in Heinrich von Kleists »Der zerbrochne Krug«. – In: Zeitschrift für Germanistik N.F. 2 (1992), S. 526–549.

Schmidt, Hartmut: »Kein Deutscher darf einen Sclaven halten«. Jacob Grimm und Friedrich Wilhelm Carové. – In: Werner Neumann und Bärbel Techtmeier (Hrsg.): Bedeutungen und Ideen in Sprachen und Texten. Werner Bahner gewidmet. Berlin: Akademie-Verlag 1987 (Reihe Sprache und Gesellschaft. 20), S. 183–192.

Schmidt-Wiegand, Ruth: Einleitung zu Jacob Grimm Deutsche Rechtsalterthümer 1 (1899). Forschungsausgabe. Hildesheim: Olms-Weidmann 1992. Sonderdruck aus: Deutsche Rechtsalterthümer 1 (1899), 1992; S. 146.

Schmidt-Wiegand, Ruth: Jacob Grimm und das genetische Prinzip in Rechtswissenschaft und Philologie. Marburg: Hitzeroth 1987 (Marburger Universitätsreden. A. Veröffentlichungen des Präsidenten. 12).

Schmitt, Carl: Die Tyrannei der Werte. 3., korrigierte Aufl. Berlin: Duncker & Humblot 2011.

Schnack, Ingeborg (Hrsg.): Der Briefwechsel zwischen Friedrich Carl von Savigny und Stephan August Winkelmann: 1800–1804 mit Dokumenten u. Briefen aus d. Freundeskreis ges., hrsg.

u. komm. von Ingeborg Schnack. Marburg: Elwert 1984 (Veröffentlichungen der Historischen Kommission für Hessen. 23,3; Hessische Briefe des 19. Jahrhunderts. 3).
Schneider, Hans-Peter: Justizkritik im ›Zerbrochnen Krug‹. – In: Kleist-Jahrbuch 1988/89, S. 309–326.
Schneider, Helmut J.: Dekonstruktion des hermeneutischen Körpers. Kleists Aufsatz »Über das Marionettentheater« und der Diskurs der klassischen Ästhetik. – In: Kleist-Jahrbuch 1998, S. 153–175.
Schneider, Helmut J.: Lebenstatsachen. Geburt und Adoption bei Lessing und Kleist. – In: Kleist-Jahrbuch 2002, S. 21–41.
Schneider, Helmut J.: Standing and Falling in Heinrich von Kleist. – In: Modern Language Notes 115 (2000), S. 502–518.
Schneider, Manfred: Die Inquisition der Oberfläche. Kleist und die juristische Kodifikation des Unbewußten. – In: Gerhard Neumann (Hrsg.): Heinrich von Kleist. Kriegsfall – Rechtsfall – Sündenfall. Freiburg i. Br.: Rombach 1994 (Rombach Wissenschaft. Reihe Litterae. 20), S. 107–126.
Scholz, Felix: Clemens Brentano und Goethe. Leipzig: Mayer & Müllet 1927 (Palaestra. 158).
Schoof, Wilhelm: Bettina von Arnim und die Buchhändler. Zum 100. Todestag von Bettina am 20. Januar 1959. Unter Benutzung des Arnimschen Familienarchivs. – In: Börsenblatt für den deutschen Buchhandel. Jahrgang Nr. 10 (Frankfurter Ausgabe), 3. Februar 1959, S. 125–129.
Schoof, Wilhelm: »Was unsere Sprache redet, ins unseres Leibes und Blutes«. Jacob Grimm und die deutsche Sprache. – In: Deutscher Wissenschaftlicher Dienst 1940, S. 5–6.
Schröder, Jan: Recht als Wissenschaft. Geschichte der juristischen Methodenlehre in der Neuzeit (1500–1933). 2., überarb. und wesentlich erw. Auflage. München: Beck 2012.
Schröder, Jan: Zur Vorgeschichte der Volksgeistlehre. Gesetzgebungs- und Rechtsquellentheorie im 17. und 18. Jahrhundert. – In: Zeitschrift für Rechtsgeschichte, Germanistische Abteilung 109 (1992), S. 1–47.
Schubert, Ernst: Der Zweikampf. Ein mittelalterliches Ordal und seine Vergegenwärtigung bei Heinrich von Kleist. – In: Kleist-Jahrbuch 1988/89, S. 280–304.
Schuler, Theo: Jacob Grimm und Savigny. Studien über Gemeinsamkeiten und Abstand. – In: Zeitschrift der Savigny-Stiftung für Rechtsgeschichte. Germanistische Abteilung 80 (1963), S. 197–305.
Schuller, Marianne: Ein Fall des Gerichts. Zur Konstruktion des Körpers in Kleists Lustspiel ›Der zerbrochne Krug‹. – In: Joachim Küchenhoff und Joachim Pfeifer (Hrsg.): Körper.Konstruktionen. Würzburg: Königshausen & Neumann 2009 (Freiburger Literaturpsychologisches Gespräch: Freiburger Literaturpsychologische Gespräche. 28), S. 147–157.
Schultz, Hartwig: Schwarzer Schmetterling. Zwanzig Kapitel aus dem Leben des romantischen Dichters Clemens Brentano. Berlin: Berlin Verlag 2000.
Schultz, Hartwig: »Unsre Lieb aber ist außerkohren.« Die Geschichte der Geschwister Clemens und Bettine Brentano. Frankfurt a. M., Leipzig: Insel 2004.
Schulze, Friedrich, und Paul Ssymank: Das deutsche Studententum von den ältesten Zeiten bis zur Gegenwart 1931. 4., völlig neu bearb. Aufl. München: Verlag für Hochschulkunde 1932.
Schumann, Detlev W.: Betrachtungen über zwei Eichendorffsche Novellen. »Das Schloß Dürande« – »Die Entführung«. – In: Jahrbuch der deutschen Schillergesellschaft 18 (1974), S. 466–481.
Schütz, Christian Gottfried: Darstellung seines Lebens, Charakters und Verdienstes nebst einer Auswahl aus seinem litterarischen Briefwechsel mit den berühmtesten Gelehrten und Dichtern seiner Zeit. Hrsg. v. Friedrich Karl Julius Schütz. Bd. 2. Halle: Scharre 1835.
Schweizer, Mark: Beweiswürdigung und Beweismaß. Rationalität und Intuition. Tübingen: Mohr Siebeck 2015 (Jus Privatum. Beiträge zum Privatrecht. 189).
Schwerhoff, Gerd: Die Inquisition. Ketzerverfolgung in Mittelalter und Neuzeit. 3. Aufl. München: Beck 2009.
Segebrecht, Wulf: Beamte, Künstler, Außenseiter: Analogien zwischen der Juristischen und der Dichterischen Praxis E.T.A. Hoffmanns. – In: Imprimatur. Ein Jahrbuch für Bücherfreunde. N.F. 11 (1984), S. 295–307. Wieder abgedruckt in: Segebrecht: Heterogenität und Integration Heterogenität und Integration: Studien zu Leben, Werk und Wirkung E. T. A. Hoffmanns. Frankfurt a.M. u.a.: Lang 1996 (Helicon. 20), S. 91–106.

Segebrecht, Wulf: E.T.A. Hoffmanns Auffassung vom Richteramt und vom Dichterberuf. Mit unbekannten Zeugnissen aus Hoffmanns juristischer Tätigkeit. – In: Jahrbuch der deutschen Schillergesellschaft 11 (1967), S. 62–138.

Seybold, Steffen: Freiheit statt Knechtschaft. Jacob Grimms Antrag zur Paulskirchenverfassung. – In: Der Staat 51 (2012), S. 215–231.

Sjöholm, Elsa: Rechtsgeschichte als Wissenschaft und Politik. Studien zur germanistischen Theorie des 19. Jahrhunderts. Berlin: Schweitzer 1972 (Münchener Universitätsschriften. Jurist. Fak. Abhandlungen zur rechtswissenschaftlichen Grundlagenforschung. 10).

Stahl, Friedrich Julius: Die Philosophie des Rechts. Bd. 1: Geschichte der Rechtsphilosophie. 3. Aufl. Heidelberg: Mohr 1854. (Bd. 2: Christliche Rechts- und Staatslehre. Erste Abtheilung. Heidelberg: Mohr 1833, 3. Aufl. Heidelberg: Mohr 1854.)

Stašková, Alice: Metalepse als *Translatio* bei E.T.A. Hoffmann. – In: Daniel Müller Nielaba, Yves Schumacher und Christoph Steier (Hrsg.): Figur, Figura, Figuration: E.T.A. Hoffmann. Würzburg: Königshausen & Neumann 2011, S. 73–88.

Stein, Peter K., Andreas Weiss und Gerold Hayer (Hrsg.): Festschrift für Ingo Reiffenstein zum 60. Geburtstag. Göppingen: Kümmerle 1988 (Göppinger Arbeiten zur Germanistik. 478).

Steinsdorff, Sibylle von: Joseph von Eichendorff. »Das Schloß Dürande«. – In: Joachim Horn, Johann Jokel und Albert Meier (Hrsg.): Deutsche Erzählungen des 19. Jahrhunderts. Von Kleist bis Hauptmann. München: Deutscher Taschenbuchverlag 1982 (dtv. 2099), S. 542–552.

Stern, Ludwig: Die Varnhagen von Ensesche Sammlung in der Königlichen Bibliothek zu Berlin geordnet und verzeichnet. Berlin: Behrend 1911.

Sternberg, Thomas: »Und auch wenn wir entschiedne Protestanten sind«. Achim von Arnim zu Religion und Konfession. – In: Roswitha Burwick und Bernd Fischer (Hrsg.): Neue Tendenzen der Arnimforschung. Edition, Biographie, Interpretation. Mit unbekannten Dokumenten. Bern, Frankfurt a. M. u.a.: Peter Lang 1990 (German studies in America. 60), S. 25–59.

Sternberg, Thomas Die Lyrik Achims von Arnim. Bilder der Wirklichkeit – Wirklichkeit der Bilder. Bonn: Bouvier 1983 (Abhandlungen zur Kunst-, Musik- und Literaturwissenschaft. 342).

Stichweh, Rudolf: Zur Subjektivierung der Entscheidungsfindung im deutschen Strafprozeß des 19. Jahrhunderts. – In: André Gouron u. a. (Hrsg.): Subjektivierung des justiziellen Beweisverfahrens. Beiträge zum Zeugenbeweis in Europa und den USA (18.–20. Jahrhundert). Frankfurt a. M.: Klostermann 1994 (Studienhefte zur Europäischen Rechtsgeschichte. 64), S. 265–300.

Stoll, Adolf: Friedrich Karl v. Savigny – Ein Bild seines Lebens mit einer Sammlung seiner Briefe. Bd. 2: Professorenjahre in Berlin 1810–1842. Berlin: Carl Heymanns 1929.

Stolleis, Michael: Geschichte des öffentlichen Rechts. Bd. 2. München: Beck 1992.

Strobel, Jochen: Schlegel als Übersetzer und Literaturkritiker. – In: York-Gothart Mix und Jochen Strobel (Hrsg.): Der Europäer August Wilhelm Schlegel: Romantischer Kulturtransfer – Romantische Wissenswelten. Berlin, Boston, Mass.: de Gruyter 2010 (Quellen und Forschungen zur Literatur- und Kulturgeschichte. 62).

Stultz-Herrnstadt, Nadja: Berliner Bürgertum im 18. und 19. Jahrhundert: Unternehmerkarrieren und Migration, Familien und Verkehrskreise in der Hauptstadt Brandenburg-Preußens, die Ältesten der Korporation der Kaufmannschaft zu Berlin. Berlin, New York: de Gruyter 2001 (Veröffentlichungen der Historischen Kommission zu Berlin. 99).

Sulzer, Johann Georg: Allgemeine Theorie der schönen Künste in einzeln, nach alphabetischer Ordnung der Kunstwörter auf einander folgenden Artikeln abgehandelt. Neue verm. 2. Aufl. Leipzig: In der Weidmannschen Buchhandlung, 1792. Web.

Tafani, Daniela: Beiträge zur Rechtsphilosophie des deutschen Idealismus (aus dem Ital. von Thomas Vorbaum). Berlin: LIT Verlag Dr. W. Hopf 2011 (Rechtsgeschichte und Rechtsgeschehen – Kleine Schriften. 30).

Tausch, Harald: Literatur um 1800: Klassisch-romantische Moderne. Berlin: Akademie-Verlag 2011 (Akademie-Studienbücher Literaturwissenschaft).

Thalmann, Marianne: E.T.A. Hoffmanns »Das Fräulein von Scuderi«. – In: Monatshefte 41 (1949), S. 107–116.

Thieme, Hans: Der junge Savigny. – In: Deutsche Rechtswissenschaft. Vierteljahresschrift der Akademie für Deutsches Recht. Hrsg. von der Abteilung für Rechtsforschung der Akademie für Deutsches Recht. 7. Band. Hamburg: Hanseatische Verlagsanstalt 1942, S. 53–64.

Vismann, Cornelia: Medien der Rechtsprechung. Hrsg. von Alexandra Kemmerer u. Markus Krajewski. Frankfurt a. M.: S. Fischer 2011.

Vollhardt, Friedrich. Naturrecht und schöne Literatur im 18. Jahrhundert. – In: Otto Dann und Diethelm Klippel (Hrsg.): Naturrecht, Spätaufklärung, Revolution. Hamburg: Meiner 1995. (Studien zum achtzehnten Jahrhundert. 16), S. 216–232.

Vonessen, Franz: Gerechtigkeit und Gnade im Märchen. – In: Harlinda Lox, Dietrich Kluge und Sabine Lutkat (Hrsg.). Dunkle Mächte im Märchen und was sie bannt. Recht und Gerechtigkeit im Märchen. Forschungsbeiträge aus der Welt der Märchen. Krummwisch b. Kiel: Königsfurt 2007 (Veröffentlichungen der Europäischen Märchengesellschaft. 32), S. 296–308.

Vonessen, Hedwig: Friedrich Karl von Savigny und Jacob Grimm. Köln: Höricke 1958.

Vordermayer, Martina: »... die Zeit, wo Clemens Brentano wie ein Komet durch diese Münchener Gesellschaft fuhr«. Vermischtes aus den Münchener Jahren 1833 bis 1842. – In: Claudia Christophersen und Ursula Hudson-Wiedenmann in Zusammenarbeit mit Brigitte Schillbach (Hrsg.): Romantik und Exil. Festschrift für Konrad Feilchenfeldt. Würzburg: Königshausen & Neumann 2004, S. 149–160.

Warning, Rainer (Hrsg.): Rezeptionsästhetik. Theorie und Praxis. 4., unveränd. Aufl. München: Fink 1994 (UTB. 303).

Webler, Meike: Leben und Werk des Heidelberger Rechtslehrers Richard Carl Heinrich Schroeder (1838–1917). Ein Rechtshistoriker an der Schwelle vom 19. zum 20. Jahrhundert. Berlin: Duncker & Humblot 2005 (Schriften zur Rechtsgeschichte. 124).

Weigelt, Horst: Martin Boos. Initiator und wesentlicher Repräsentant der Allgäuer katholischen Erweckungsbewegung. – In: Zeitschrift für Bayerische Kirchengeschichte 64 (1995), S. 85–104.

Weiss, Hermann F.: Achim von Arnims Harmonisierungsbedürfnis. Zur Thematik und Technik seiner Novellen. – In: Literaturwissenschaftliches Jahrbuch N. F.15 (1974), S. 81–99.

Weissenborn, Birgit: Einleitung. – Karoline von Günderrode: »Ich sende Dir ein zärtliches Pfand«. Die Briefe der Karoline von Günderrode. Hrsg. und mit einer Einl. vers. von Birgit Weissenborn. Frankfurt a. M.: Insel 1992, S. 5–39.

Weitin, Thomas: Der Geschmack des Gerichts. Zur Urteilsproblematik in Heinrich von Kleists ›Der zerbrochne Krug‹. – In: Cornelia Vismann und Thomas Weitin (Hrsg.): Urteilen / Entscheiden. München: Fink 2006, S. 217–235.

Weitin, Thomas: Recht und Literatur. Münster: Aschendorff 2010 (Literaturwissenschaft – Theorie und Beispiele. 10).

Wellbery, David: Der zerbrochne Krug. Das Spiel der Geschlechterdifferenz. – In: Walter Hinderer (Hrsg.): Kleists Dramen. Stuttgart: Reclam 1999, S. 11–32.

Werkmüller, Dieter: Über Aufkommen und Verbreitung der Weistümer: Nach der Sammlung von Jacob Grimm. Berlin: Erich Schmidt 1972.

Werner, Lutz: Zum wissenschaftlichen Wirken und zu den politischen Vorstellungen von Adolf Dietrich Weber (1753–1817). – In: Wiss. Zeitschrift der Univ. Rostock, Gesellschafts- und sprachwiss. Reihe 38 (1989), S. 19–30.

Wieacker, Franz: Privatrechtsgeschichte der Neuzeit unter besonderer Berücksichtigung der deutschen Entwicklung. 2., neubearb. Auflage. Göttingen: Vandenhoeck & Ruprecht 1967.

Wienfort, Monika: Patrimonialgerichte in Preußen. Ländliche Gesellschaft und bürgerliches Recht 1770–1848/49. Göttingen: Vandenhoeck & Ruprecht 2001 (Kritische Studien zur Geschichtswissenschaft. 148).

Wiese, Benno von: Der Gedanke des Volkes in Herders Weltbild. – In: Die Erziehung. Monatsschrift für den Zusammenhang von Kultur und Erziehung in Wissenschaft und Leben 14 (1939), S. 120–146.

Wilberg, Max: Regententabellen. Eine Zusammenstellung der Herrscher von Ländern aller Erdteile bis zum Beginn des 20. Jahrhunderts. Unveränd. fotomechan. Nachdruck der Aufl. Frankfurt (Oder) 1906. Berlin: VEB Verlag für Verkehrswesen 1986.

Wildenburg, Dorothea: »Aneinander vorbei«. Zum Horenstreit zwischen Fichte und Schiller. – In: Wolfgang H. Schrader (Hrsg.): Fichte und die Romantik. Amsterdam u.a.: Rodopi 1997, S. 27–42 (Fichte-Studien. 12).

Wilhelm, Walter: Zur juristischen Methodenlehre im 19. Jahrhundert. Die Herkunft der Methode Paul Labands aus der Privatrechtswissenschaft. Frankfurt a. M.: Klostermann 1958 (Frankfurter wissenschaftliche Beiträge. Rechts- und wirtschaftswissenschaftliche Reihe. 14).

Windscheid, Bernhard: Recht und Rechtswissenschaft. Eine Rede im Namen der Universität Greifswald zur Feier des Geburtstages Seiner Majestät des Königs Friedrich Wilhelm IV von Preussen. Greifswald: Kunike 1854.

Wingertszahn; Christof: Ambiguität und Ambivalenz im erzählerischen Werk Achims von Arnim. Mit einem Anhang unbekannter Texte aus Arnims Nachlaß. St. Ingbert: Röhrig 1990 (Saarbrücker Beiträge zur Literaturwissenschaft. 23).

Wittkowski, Wolfgang: Der andere Eichendorff: »Das Schloß Dürande«. – In: Klaus Garber und Teruaki Takahashi (Hrsg.): »Sei mir, Dichter, willkommen!« Studien zur deutschen Literatur von Lessing bis Jünger. Kenzo Miyashita gewidmet. Unter Mitw. von Ludger Rehm. Köln u. a.: Böhlau 1995 (Europäische Kulturstudien: Literatur, Musik, Kunst im historischen Kontext. 4), S. 81–92.

Wittkowski, Wolfgang: *Die heilige Cäcilie* und *Der Zweikampf*. Kleists Legenden und die romantische Ironie. – In: Colloquia Germanica 6 (1972), S. 17–58.

Wiwjorra, Ingo: Der Germanenmythos. Konstruktion einer Weltanschauung in der Altertumsforschung des 19. Jahrhunderts. Darmstadt: Wissenschaftliche Buchgesellschaft 2006.

Wohlhaupter, Eugen: Dichterjuristen. Bd.1: Savigny-Brentano. Savigny-Arnim. Thibaut-Schumann. Goethe. Grillparzer. Kleist. Hrsg. von H. G. Seifert. Tübingen: Mohr Siebeck 1953.

Wolff, Hans: ›Der zerbrochne Krug‹ und ›König Oidipus‹. – In: Modern Language Notes 54 (1939), S. 267–272.

Wolff, Jörg (Hrsg.): Das Preußische Allgemeine Landrecht. Politische, rechtliche und soziale Wechsel- und Fortwirkungen. Heidelberg: Müller 1995 (Motive, Texte, Materialien . 70).

Würtenberger, Thomas: Johann Gottfried Herder und die Rechtsgeschichte. – In: Juristenzeitung, Jahrgang 12 (1957), S. 137–141.

Wyss, Ulrich: Die wilde Philologie. Jacob Grimm und der Historismus. München: Beck 1979 (Edition Beck).

Zelger, Renate: Teufelsverträge: Märchen, Sage, Schwank, Legende im Spiegel der Rechtsgeschichte. Frankfurt a.M., New York: Lang 1996 (Rechtshistorische Reihe. 149).

Zelger, Renate: Vom Teufel, dem die Lust zum Heiraten verging: Pferdefuß und Schwefelgestank in Geschichten und Schwänken. Gütersloh: Gütersloher Verlagshaus Mohn 1992 (Gütersloher Taschenbücher. 915).

Zeuch, Ulrike: Einleitung. Recht und Literatur um 1800 im Kontext des »Law and Literature Movement«. – In: Internationales Archiv für Sozialgeschichte der deutschen Literatur 31 (2006), S. 77–84.

Ziegler, Klaus: Die weltanschaulichen Grundlagen der Wissenschaft Jacob Grimm. – In: Euphorion 46 (1952), S. 241–260.

Ziolkowski, Theodore: Das Amt der Poeten. Die deutsche Romantik und ihre Institutionen. Aus dem Amerikanischen von Lothar Müller. München: dtv/Klett-Cotta 1990 (4631).

Ziolkowski, Theodore: Faust and the University: Pedagogical Ruminations on a Subversive Classic. – In: John L. Hibberd und H[ugh] B. Nisbet (Hrsg.): Texte, Motive und Gestalten der Goethezeit. Festschrift für Hans Reiss. Tübingen: Niemeyer 1989, S. 65–79.

Ziolkowski, Theodore: Heidelberger Romantik. Mythos und Symbol. Heidelberg: Winter 2009.

Ziolkowski, Theodore: Historisierung der Wissenschaften im Heidelberger Kreis. – In: Friedrich Strack (Hrsg.): 200 Jahre Heidelberger Romantik. Berlin, Heidelberg: Springer 2008 (Heidelberger Jahrbücher. 51), S. 471–485,

Ziolkowski, Theodore: Kleists Werk im Lichte der zeitgenössischen Rechtskontroverse. – In: Kleist-Jahrbuch (1987), S. 28–51.

Zurcher, Andrew: Shakespeare and Law. London: Arden Shakespeare 2010 (The Arden critical companions).

Verzeichnis der Beiträgerinnen und Beiträger

Dr. Antje Arnold · Universität zu Köln · Institut für deutsche Sprache und Literatur II · Albertus-Magnus-Platz · D–50923 Köln

Prof. Dr. Barbara Becker-Cantarino · 6703 Ladera Norte · Austin, TX 78731 · USA

Prof. Dr. Christopher Burwick · Hamilton College ·198 College Hill Road · Clinton, NY 13323 · USA

Prof. Dr. Roswitha Burwick · Distinguished Chair of Modern Foreign Languages, Emerita · Scripps College, Department of Foreign Languages and Literatures – German Section · Claremont, CA 91711 · USA

Dr. Sheila Dickson · Programme Director and Senior Lecturer in German · University of Glasgow · School of Modern Languages and Cultures · Glasgow · G12 8RS · UK

Prof. Dr. Steffen Dietzsch · Kondylis-Institut für Kulturanalyse und Alterationsforschung · Fern-Universität in Hagen · Universitätsstr. 33 (KSW) · D–58084 Hagen

Prof. Dr. Lothar Ehrlich · Rainer-Maria-Rilke-Str. 8 · D–99423 Weimar

Prof. Dr. Konrad Feilchenfeldt · Nikolaiplatz 6 · D–80802 München

Prof. Dr. Hans-Peter Haferkamp · Universität zu Köln · Institut für Neuere Privatrechtsgeschichte, Deutsche und Rheinische Rechtsgeschichte ·Albertus-Magnus-Platz · D–50923 Köln

Dr. Norman Kasper · Martin-Luther-Universität Halle-Wittenberg · Germanistisches Institut · D–06099 Halle an der Saale

Christina Marie Kimmel-Schröder · Deutsches Rechtswörterbuch (DRW) · Forschungsstelle der Heidelberger Akademie der Wissenschaften (HAdW) · Karlstrasse 4 · D–69117 Heidelberg

Dr. Christoph-Eric Mecke · Juristische Fakultät der Leibniz Universität Hannover · c/o Lehrstuhl für Zivilrecht und Rechtsgeschichte · Königswortherplatz 1 · D–30167 Hannover

Prof. Dr. Stefan Nienhaus · Università degli Studi di Salerno · Cattedra di Letteratura Tedesca · Dipartimento di Studi Umanistici · Via Giovanni Paolo II · I-84084 Fisciano (SA), Italien

Prof. Dr. Dr. h.c. Walter Pape · Universität zu Köln · Institut für deutsche Sprache und Literatur I · Albertus-Magnus-Platz · D–50923 Köln

Dr. Karin Raude · Deutsches Notarinstitut ·Gerberstraße 19 · D–97070 Würzburg

Yasmine Salimi · Doktorandin, c/o Prof. Dr. Pape · Universität zu Köln · Institut für Deutsche Sprache und Literatur · D-50923 Köln

Prof. Friederike von Schwerin-High, Ph. D. · Pomona College · Department of German and Russian · Mason Hall · 550 North Harvard Avneue · Claremont, CA 91711 · USA

Prof. Dr. Christof Wingertszahn · Direktor des Goethe-Museums / Anton-und-Katharina-Kippenberg-Stiftung · Jacobistr. 2 · D–40211 Düsseldorf

Jan Wittmann · Platanenstraße 24 · D–40233 Düsseldorf

www.ingramcontent.com/pod-product-compliance
Ingram Content Group UK Ltd.
Pitfield, Milton Keynes, MK11 3LW, UK
UKHW041844031026
15587UKWH00003B/1010